日 新 文 库

福柯的主体问题考古学

汤明洁 _ 著

商务印书馆
The Commercial Press

中国社会科学院学科建设

"登峰战略"项目（编号 DF2023YS11）

日新文库

学术委员会

日新文库

出 版 说 明

近年来，我馆一直筹划出版一套青年学者的学术研究丛书。其中的考虑，大致有三。一是当今世界正处于"百年未有之大变局"，当代中国正处于民族复兴之关键期，新时代面临新挑战，新需求催生新学术。青年学者最是得风气先、引领潮流的生力军。二是当下中国学界，一大批经过海内外严格学术训练、具备国际视野的学界新锐，积学有年，进取有心，正是潜龙跃渊、雏凤清声之时。三是花甲重开的商务，以引领学术为己任，以海纳新知求变革，初心不改，百岁新步。我馆先贤有言："日新无已，望如朝曙。"因命名为"日新文库"。

"日新文库"，首重创新。当代中国集合了全世界规模最大的青年学术群体，拥有最具成长性的学术生态环境。新设丛书，就要让这里成为新课题的讨论会，新材料的集散地，新方法的试验场，新思想的争鸣园；让各学科、各领域的青年才俊崭露头角，竞相涌现。

"日新文库"，最重专精。学术研究，自有规范与渊源，端赖脚踏实地，实事求是。薄发源于厚积，新见始自深思。我们邀请各学科、各领域的硕学方家组成专业学术委员会，评审论证，擘画裁夺，择取精良，宁缺毋滥。

"日新文库"，尤重开放。研究领域，鼓励"跨界"；研究课题，乐见"破圈"。后学新锐，不问门第出身，唯才是举；学术成果，不图面面俱到，唯新是求。

我们热烈欢迎海内外青年学者踊跃投稿，学界友朋诚意绍介。经学术委员会论证，每年推出新著若干种。假以时日，必将集水为流，蔚为大观，嘉惠学林。

是所望焉！

商务印书馆编辑部

2022 年 6 月

目　　录

缩略语表 ①

CV   *Le courage de la vérité. Le gouvernement de soi et des autres II*（《真理的勇气》，《对自我和对他者的治理》第二卷），Cours au Collège de France. 1983-1984, Paris, Seuil/Gallimard, 2009；

DE   *Dits et écrits*（《言与文》），Paris, Gallimard, 2001；

GSA   *Le gouvernement de soi et des autres*（《对自我和对他者的治理》），Cours au Collège de France. 1982-1983, Paris, Seuil/Gallimard, 2008；

GV   *Du gouvernement des vivants*（《对活者的治理》），Cours au Collège de France. 1979-1980, Paris, Seuil/Gallimard, 2012；

HF   *Histoire de la folie à l'âge classique*（《古典时代疯狂史》），Paris, Éditions Gallimard, 1972；

HS   *L'herméneutique du sujet*（《主体解释学》），Cours au Collège de France. 1981-1982, Paris, Seuil/Gallimard, 2001；

---

① 文中福柯法文原著引文信息采取文中注形式，由著作缩写加页码或文章编号组成，如：HF，316；DE，N°281。

LVS *Leçons sur la volonté de savoir*(《求知意志》)，Cours au Collège de France. 1970-1971, Paris, Seuil/Gallimard, 2011 ;

MC *Les mots et les choses*(《词与物》)，Paris, Édition Gallimard, 1966 ;

SS *Le souci de soi*(《关照自我》)，Paris, Gallimard, 1984 ;

SV *Subjectivité et vérité*(《主体性与真理》)，Cours au Collège de France. 1980-1981, Paris, Seuil/Gallimard, 2014 ;

UP *L'usage des plaisirs*(《愉悦的使用》)，Paris, Gallimard, 1984。

导　　论

　　主体是一个近现代的哲学概念，在笛卡尔我思的旗帜下，在康德批判的影响下，成为现当代哲学不可避免的问题。福柯作为 20 世纪初期成长起来的哲学家，他对主体概念最大的贡献就是"对主体理论的质疑"（DE, N°281），[①] 从而形成了一个截然不同的主体问题论域。福柯这个质疑的关键在于拷问"人类主体运用于自身的诸理性形式"（DE, N°330），在福柯看来，这些理性形式无法仅仅从某个"理性内部"或"理性自身"得到充分说明，还必须放到它们所处的"历史内部"（DE, N°139）进行考察，因为这个"历史内部""不是从外部加之于认知主体，而是其本身就是构成认知主体的因素"（DE, N°139）。人们常常认为福柯对"主体理论"的质疑是对主体甚至是对"人"的摧毁，但如果我们细致考察福柯在主体问题论域中进行的考古学研究，就会理解福柯"对主体理论的重新展开（réélaboration）"（DE, N°139）在何种意义上是一种"我们自身的存在论式批判"，[②] 这种批判不

---

① 　如无特别说明，本书对福柯著作的引用，均为作者本人翻译。

② 　M. Foucault, « Qu'est-ce que les Lumières ? » ("What is Enligthenment?"), in Rabinow (P.), éd., *The Foucault Reader*, New York, Pantheon Books, 1984, p. 33.

是否定主体，而是打开了存在论意义上的主体。

一、别样意志：主体问题

要理解这个存在论意义上的主体，把握福柯所展开的主体问题论域，就要从福柯的考古学研究方法入手。按照福柯的考古学方法，这个理解首先不是在福柯所写的那些改变着或印证着各种人文科学领域变革的著作中寻找，而是要在其所立足的特定历史时期的哲学和政治选择中寻找：

> 对我来说，政治是我选择尼采或巴塔耶经验方式的契机。对于二战后二十来岁的年轻人来说，对于没有被战争气息带走的人来说，当面临在杜鲁门的美利坚和斯大林的苏维埃之间，在陈旧的法国工人国际和基督教民主之间做选择的时候，他们应该选什么呢？在这样一个世界，成为一个资产阶级知识分子、教授、记者、作家或其他都是难以容忍的。战争经历使我们迫切需要一个与我们所生活的这个社会极端不同的社会。这个曾使纳粹成为可能，并被纳粹撂倒的社会，这个被打包到戴高乐那边的社会。面对这一切，大部分法国年轻人的反应是深彻的恶心。人们不仅需要一个不同的世界和社会，而且需要一个与我们自己相异的社会；人们希望成为一个在完全别样的世界里的完全别样的人。因此大学向我们推崇的黑格尔主义的历史的连续理性不能使我们满足，同样，推崇主体至上及其奠基性价值的现象学和存在主义也不例外。（DE, N°281）

　　这是福柯在他所处的时代对主体理论进行问题化研究的一个深层原因。在福柯看来，"推崇主体至上及其奠基性价值"的主体理论实际上"在主体面前形成了一个大窟窿"（DE, N°1）。基于笛卡尔式我思的自由运动（比如在梦中）的认识并不表现为对另一个世界的构造，"梦并不是对另一个世界的另一种经验方式，而是做梦主体对此世的一种极端的经验方式，如果说这种方式在此意义上是极端的，这只是说存在在此不被宣称为世界"（DE, N°1）。福柯的这一看法大抵来自弗洛伊德，因为弗洛伊德"在梦的经验里，发现了将做梦者置于梦中戏剧（drame onirique）内部处境的迹象，就好像梦不满足于用图像象征化和诉说之前经验的历史，就好像梦是在经历主体的整个存在"（DE, N°1）。

　　尽管"我思的戏剧"似乎可以上演"主体的整个存在"，但这个存在并不来自上演存在的剧场本身——那个对世界进行空洞象征的"大窟窿"：弗洛伊德的"无意识"不是意识领域的事物，我思的无思（impensé）不是我思。这个在公元前 3 世纪第一位拉丁语作家普劳图斯（Plautus）那里就被称作 cogito[①] 的当即（immédiate）层面，从福柯 1954 年关于宾斯万格的第一篇文章开始，就被看作某种"整平化和社会化的空间"（DE, N°1）。甚至可以说我思与"主体的整个存在"之间的这个张力，正是产生"别样意志"的无限动力。"通过与使清醒意识心驰神往的客体性相决裂，通过重建人类主体的极端自由，梦不无矛盾地揭示了朝向世界的自由运动，揭示了自由得以塑造世界的原始出发

---

① "Sed quom cogito, equidem certo idem sum qui semper fui"［当我思（考）的时候，我肯定是我一直是的那个人］。参见 Plautus, M., *Accii Plauti Comœdiæ*, Volume 1, AMPHITRUONIS, 290。

点。"（DE, N°1）福柯研究中期出现的这个"别样意志"，不仅呼应着福柯早期与我思所关联的特定客观世界相决裂并重建人类主体某种极端自由的观点，还呼应着福柯晚期对斯多葛学派中精神性／灵性（spiritualité）的探讨，比如马可·奥勒留的"使（人的）灵魂（显得）伟大"（megalophrosunê）①的分析法，或塞涅卡的使人变得渺小的综合法。②

然而，这种呼应并非简单的等同甚至主张。这些从被给予的世界中解放出来的主题几乎贯穿了福柯研究的所有时期，但这不仅是一种想要与过往时代有所不同，想要从中解放出来的意志，更是对这种意志的反思和批判。1978 年，福柯在明确表达"别样意志"的存在之后，在同年的《法国哲学学会公报》的演讲《什么是批判？》中明确了主体问题所包含的这个批判态度："批判就是主体给予自身追问真理之权力效果以及权力之真理话语的运动；批判，就是有意识地不服从的艺术，就是有反思地不顺从的艺术。批判本质上的功能就是在所谓真理政治的游戏中去奴役化……"③

因而，福柯在"别样意志"的意义上对传统主体理论关于我思或主体首要性的批判，对人的空洞构造的批判，并非诉诸对黑格尔主义、存在主义或现象学哲学等所包含的"主体理论"本身的分析。这个关键的方法论选择可以基于这样一个逻辑来理解：克勒兹控诉阿波罗的侵犯不能诉诸阿波罗的神谕，④因为立法者的

---

① Marc Aurèle, *Pensées*, livre III, 11；参见 M. Foucault, *L'herméneutique du sujet, Cours au Collège de France. 1981-1982*, Paris, Seuil/Gallimard, 2001, p. 278。

② 参见本书第三部分第三章第三节"自我操练与主体性的用法（主体）"。

③ M. Foucault, « Qu'est-ce que la critique? [Critique et Aufklärung] », *Bulletin de la Société française de Philosophie*, 84 (1990), pp. 35-40.

④ 参见本书第三部分第二章导言"《俄狄浦斯王》与《伊昂》中的讲真话"。

问题及其解决办法不能诉诸立法者自身，而要诉诸使立法者成为可能的事物。这就是福柯的考古学方法的基本出发点，这也是为什么福柯认为，批判既是"对强加在我们身上的局限性的历史分析"，又是"对克服这些局限性的可能体验"。①但这并不意味着德里达对福柯本身作为认知主体来反对我思的非法性指控是成立的，因为福柯并不否认，这个对主体整体存在的意指首先通过我思、意识或沉思主体表现出来。福柯在完成《古典时代疯狂史》和《词与物》的研究后，于 1967 年的一次访谈中说道：

> 我并不否认我思，我仅限于观察到，我思的方法论生产力最终并不像我们所认为的那样巨大，不管怎么说，我们今天能够完全跨越我思，进行那些在我看来客观且实证的描述。尽管人们数个世纪以来就已笃信，不从我思出发就不能分析认识，但我不诉诸我思而能够在整体性上对知识的各种结构进行描述，这就是极能说明问题的。（DE, N°50）

从这里可以看出，人们通常理解的福柯对我思、意识或主体的否定，其实只是对它们首要（primat）地位的否定，而不是要完全抽离这些认知基本要素。福柯要质疑的是传统主体理论将我思、意识或主体当作知识或人之自由的基础，这种主体哲学希图在我思的基础上，在人作为自身认识对象的同时，使人成为自身自由和存在的主体。可是，这样一个在主体悖谬中的人，"这个传说中的人，这个人性（nature humaine）或人类本质甚或人类

---

① M. Foucault, « Qu'est-ce que les Lumières? », *op. cit.*, p. 33.

特性，从未有人找到过"（DE, N°55）。

二、我思、主体、主体性：考古学的问题化

对于福柯来说，主体是一个问题，这个问题不能仅在"为自身立法"的"理性"本身中探明，更要在使其成为可能的那个"主体面前的大窟窿"中探索，这就需要使用福柯的考古学方法展开和理解福柯的主体问题考古学，这包含两个方面：

一方面，福柯本人对主体的问题化研究是以考古学方式进行的。因为如果仅仅在后康德意义上理解主体，很容易走向乔姆斯基提出的"将主体悖谬重新引入语法分析领域"（DE, N°132）。福柯的问题化路径是"将对理解，对理解的诸规则、诸体系、诸整体性转换的视角引入个体性认知游戏"（DE, N°132）。这个主体问题的考察路径，不仅要避免主体悖谬破坏知识、权力和伦理的实在性，反过来也要把知识、权力和伦理重新置于主体自身的"个体性认知游戏"，从而建构主体问题的论域，重新理解主体。

另一方面，本书使用福柯的"考古学"一词的另一含义，是要表明我们对福柯关于主体问题研究的展开当然不是唯一途径，更不可能穷尽。1966年，福柯在《词与物》付梓出版后，开始重新思考他在这一"人文科学考古学"中提出的方法问题。在给沃尔夫和萨丕尔的信中，福柯写道："哲学是诊断的事业，考古学是对思想的描述方法。"（DE, Chronologie, 36）因而，考古学描述的目的在于诊断，而不是也不可能还原全貌或穷举综合。1969年《知识考古学》出版之际，福柯在一次访谈中表明，"事件史"与"思想史"的区别在于，前者强调"断裂、不连续、差

距和事件"，^① 且"事件史"不会用某种同质的和融洽的知识模式重构历史。当柏拉图在《大希庇阿篇》中第一次使用"考古学"一词时，他指的是"英雄和伟人的诞生（γενῶν），城邦的起源和城邦最初建立的方式，总而言之，是一切关于古代的叙事（ἀρχαιολογία）"。^② 这里的考古学，无论是作为思想描述，还是作为古代叙事，都不是在弗洛伊德的"考古学隐喻"^③ 意义上说的，也就是说，福柯的考古学不是要对消逝的庞贝城进行完整挖掘。福柯在《词与物》中对文艺复兴、古典时期和现代诸知识型的考古学研究，选取的是语言学、生物学和政治经济学三个特定领域，这绝不能说涵盖了现代人文科学的所有知识领域，但这样的考古学研究仍然可以在"诊断"的意义上发现知识型的问题所在。

因此，我们认为福柯关于主体问题的研究可以在考古学意义上划分为我思、主体和主体性三个问题域。之所以称之为"考古学意义上的划分"，不是因为我思、主体和主体性是福柯所讨论主体问题的历史发展阶段，也不是因为我们对我思、主体和主体

①　出自 1969 年乔治·沙博尼耶（Georges Charbonnier）在福柯出版《知识考古学》时对福柯的访谈录音稿。该访谈无文字稿，本书所用文本系由录音听译。

②　《大希庇阿篇》的维克多·库赞（Victor Cousin）译本（1822—1840 年）和阿尔弗莱德·柯瓦塞（Alfred Croiset）译本（1921 年）在翻译 γενῶν 时，都直接使用"系谱学"（généalogie）一词，但翻译 ἀρχαιολογία（关于古代的叙事）时，却没有直接使用"考古学"（archéologie）的译法。这可能与当时已经有了成熟的"考古学"学科有关，这也意味着 ἀρχαιολογία 与当时的考古学（archéologie）无论在概念上还是方法上都无直接关联。

③　参见 Freud, *Malaise dans la civilisation*, Paris, PUF, 1979, p. 12-15。1971 年《纽约时报书评》称，福柯的"人文科学考古学"中"考古学"这个词具有"自弗洛伊德以来，超出通常领域的深度和生成意味"。福柯后来撰文强烈反对这个说法，参见 « Les monstruosités de la critique », *Dits et écrits* I. 1954-1975, Éditions Gallimard, 2001, p. 1089。

性三个领域的展开可以囊括福柯对主体问题的所有讨论，而是因为我们可以在福柯所探讨的我思、主体和主体性各自的历史发展阶段和相应的理论和实践领域发现现当代主体问题成为可能的条件，福柯的考古学是要在历史性的理论和实践中理解"使某种形式的思想成为可能的"条件。[1]

通过这种使主体问题成为可能的我思、主体和主体性问题域的考古学定向，本书旨在探寻主体问题在考古学意义上而不是哲学史意义上的含义。因为通过福柯在考古学意义上的理论祛魅，我们才会发现：那个基于"个体性认知游戏"的主体表现为一种穿透其所面对世界的积极力量的源泉——当人们不再被动地回应所在的环境条件，当人们希望能活着或更好地活着，当人们不再顺应被给予的事物，似乎就出现了某种人的主动性、意志和自由，人也因此被定义为人类主体；我们才会发现：古代的这种"个体性主体"的主动性表现在与自然（包括诸神）的斗争，中世纪表现在与上帝的对峙，古典时期表现在对科学知识的发现；我们才会发现：我们现代的这种"个体性主体"的主动性表现在面对当下，面对那个具有双重"包袱"（历史和未来）的当下，它必须是一个具有"主体史"[2]的主体性，必须是一个有着不同主体化模式的"我们自身"，必须是一个有着"将人类存在转化为主体的各种客体化模式"（DE, N°306）的主体性。这就是福柯的主体问题考古学给予我们的基本启示。

---

[1] 参见拙文：《福柯考古学与系谱学的关系：辨析与反驳》，《哲学研究》2018年第7期。

[2] "我想着要做一个'主体史'，这不是关于一个会在某天发生的事件的历史，而是必须讲述主体的生成和最终实现。"参见 DE, N°354, « Le retour de la morale »。

在对福柯在我思、主体和主体性三个问题域展开的考古学进行概述之前，需要对本书所考察的福柯文本做一个简要说明。福柯对疯狂、疾病、犯罪以及性的经验研究，在某种意义上都体现出为获得理性知识而将我思或"认知的主体"葬送的主题，这些研究共同构成了康吉兰所谓的"谬误哲学"（DE, N°219）。但本书认为，在福柯所探讨的疾病和犯罪的经验中，"病人"和"罪犯"通常被视为认知对象，而非"认知的主体"。福柯 20 世纪 80 年代对《性史》研究计划的改变，就涉及人在性的经验领域中的角色改变，也就是说，福柯实际上最终划分了人作为知识和权力对象的经验领域和人作为知识和权力主体的经验领域。本书的主题是主体问题，因此不涉及人仅仅作为对象的关于疾病和犯罪的经验领域。另外，福柯虽然有对考古学方法进行专门阐述的《知识考古学》，但本书使用"考古学"一词，是作为对这个方法的运用和呈现，而不是要对这个方法进行专门的理论分析和批判。正如福柯在讨论柏拉图对狄奥尼修斯的教育时所表明的，哲学教育的目的在于将哲学运用于实践。理论分析和批判需要在这个实践的运用和呈现之后进行，这也许是本书之后的任务。[①]

本书第一部分的主题是我思的问题化。我思在这里特指福柯所说的"认知的主体"[②]。我思这个概念之所以在福柯的"主体问题考古学"中十分关键，并不是在其作为认知基础和条件的笛卡

---

① 关于"考古学"方法本身的一些初步研究和探讨，参见笔者拙著：《当下的骰子——福柯的光与影》，上海人民出版社，2023 年。

② 这里"认知的主体"（sujet de connaissance）和"认知主体"（sujet connaissant）有一定区别，前者是更为广泛的进行认知活动的主体，后者则局限在笛卡尔以来的具有或按照普遍理性模式进行认知的主体。参见 DE, N°84, « Nietzsche, la généalogie, l'histoire »。

尔式我思的意义上，相反，我们认为福柯所要呈现的我思比笛卡尔式我思的范围更大，是要把笛卡尔式我思"为了成为纯粹思辨而仅仅受制于理性"（DE, N°84）所分解和牺牲掉的那个本身自由的"认知的主体"重新找回来。在这个意义上，"疯狂"是最符合我思问题化的考古学论域。对疯人或疯狂的传统定义，历来建立在我思无序性的基础上，建立在疯人被排斥为非认知主体并被定义为认知对象的基础上，建立在人具有某种普遍性的真理并能够将其说出的基础上。因此，本书第一部分对《古典时代疯狂史》进行集中研究，希图更好地理解福柯对我思的批判或问题化。

本书第二部分的主题是主体的问题化。主体在这里指的是福柯所说的"主体悖谬"（DE, N°132）中的主体，我们又称之为"康德陷阱"中的"主体部署"，也就是包含着康德所设想的既构造知识又被知识构造的主体。在历史中，主体的这两个层面之间存在着交互性，这一交互性既由它们之间的力量差异所推动，又在彼此寻求各自强势的过程中制造着差异。本书认为，福柯在《词与物》中所呈现的同时作为认知主体和认知对象的主体是讨论这一主体问题化的最佳文本。

本书第三部分的主题是主体性的问题化。主体性在本书中指福柯所说的"在与其自身真理的关系中所构制和所改换的事物中被设想"的主体性（SV, 15）。福柯在1981年法兰西公学院讲座《主体性与真理》开篇即说，"没有独立于真理关系的主体理论"（DE, N°132）。同样可以说，也没有独立于治理术（gouvernementalité）、判真（véridiction）和精神性/灵性（spiritualité）的主体性。

以下将对本书在我思、主体和主体性三个问题域展开的考古学描述做进一步的说明。

1.《古典时代疯狂史》：我思的问题化

1961 年的《古典时代疯狂史》是福柯的首要著作，不仅在时间意义上是如此，在其囊括了福柯后续研究几乎所有问题的意义上更是如此，这些问题包括奇幻想象的迷雾、惩罚社会及其刑罚机构、资本主义的人口功能、基督教主体的悔告坦白、人类行为的非正常性、主体性与真理的交互以及自我治理的无能和必要等等。这部著作就像福柯思想的模阵（matrice），疯狂问题表现为可以将所有主体理论重置的"生命谬误"。相对于存在主义或现象学的"意义、主体和体验的哲学"，福柯的这部《古典时代疯狂史》与康吉兰的《正常与病态》一样，属于"谬误、概念和生命的哲学"（DE, N°219），它们在另类视角下重新思考并重新提出了主体问题。

本书第一部分在历史上理性对疯狂的四种意识中呈现这个我思的问题化。这四种意识分别是"对疯狂的批判意识""对疯狂的实践意识""对疯狂的陈述意识"和"对疯狂的分析意识"（HF, 216-220）。本书将这四种意识划分为三大主题：

（1）疯狂主体的诸体制。我们在这一主题（第一部分第一章）下处理"对疯狂的实践意识"。对于福柯来说，"人文科学与历史之间陈旧的传统对立（前者研究同时性和无演化性，后者研究连续的巨变）已经消失"（DE, N°48），因此，他在处理疯狂的体制问题时，不是按照同时性，而是按照历时性，也即研究疯狂主体的体制（institutions）或者部署（dispositifs）在不同历史时期的形成和变化。

这就首先涉及"理性对疯狂之意识"的分期问题。福柯的分期不是依据理论演变，而是依据实践事件的断层。在这个意义上，福柯常说的笛卡尔时刻（moment cartésien）并不仅仅指笛卡尔在《第一哲学沉思集》（1641 年）中说出排斥疯狂的名言"什么？它们是疯人"① 的时刻，而是一系列将这一"古典时期"召唤出来的事件，这些事件要比笛卡尔的声言更早，甚至是笛卡尔做出如此声言的前提。这是那些将神圣苦难转化为平庸穷苦、将传统宗教极刑从驱逐出教转变为死刑的宗教改革事件，这是那些建立医疗总署和逮捕流浪者的国家法令事件，这是那些将宗教禁忌去神圣化和道德化的伦理变革事件。正是通过这些历史上实际发生的事件，福柯定义了 17、18 世纪的疯狂。然而，古典时期并不是同质的。如果说 17 世纪可以称为大禁闭（internement）的时代，那么 18 世纪则是精神病院（asile）的时代。后者完全不是对监禁疯狂的解除或是对疯狂的解放，相反，精神病院时代以解放的名义禁闭疯狂，它不是用铁链，而是用知识的枷锁禁闭疯狂。因此，我们将 17 世纪称为"驱逐道德谵妄"的时代，将18 世纪称为"解放的隐喻"的时代，也就是说，18 世纪的解放实际上是对 17 世纪的驱逐的深化：对思想的禁闭远甚于对身体的驱逐。

在福柯《古典时代疯狂史》的历史分期基础上，我们补充了一个简短的"历史沉淀"。就像福柯在分析拉辛的《安德洛玛克》时所说，对俄瑞斯忒斯所有认知的考古学"已经在悲剧的简单闪烁中，已经在《安德洛玛克》最后的遗言中告诉我们了"（HF，314）。《安德洛玛克》的最后遗言宣告了沉积在疯狂的俄瑞斯忒斯脑中的各种知识类型：烦扰之神（Érinnyes）、奇幻想象和道

① R. Descartes, *Méditations métaphysiques*, Paris, Flammarion, 1992, p. 59.

德谵妄。这些沉积说明了俄瑞斯忒斯的疯狂，但这些沉积的诸因素并不产生于俄瑞斯忒斯自身的我思。它们的确存在于俄瑞斯忒斯的我思之中，并经由其思想和语言表达出来，但它们是先前历史时代的产物，比如：烦扰之神产生于古希腊，奇幻想象产生于中世纪，道德谵妄产生于古典时期。

第一章的三个小节分别探讨表明疯狂之我思的这三个部署。我们试图以此说明，每一历史时期的特定实践和事件构成了后续时代人们的一系列集体记忆，这会在个体的我思中形成某种不以个体我思为主导的思想沉淀，即历史性先天（*a priori historique*）。这并不是说我思是某种实体领域，人们可以在里面放置历史（集体）记忆，而是说"记忆"是人的一种功能，它构成了通常所说的我思的一大特性。但如果我们认为我思、意识和主体只不过是一个装满历史实践的无差别的记忆盒子，那么这种假设在面对歧视、驱逐和转换的实践时就会遇到问题：俄瑞斯忒斯并不是在这些无差别的历史记忆中举棋不定，他完全是非常清醒地认为：事实上，解释其疯狂的，并不是这些浮现在脑中的各种历史沉淀，而是其所爱之人，"然而不要，请你们走开，让赫耳弥俄涅来"（HF, 316）。

（2）对疯狂的批判意识。黑格尔或萨特的主体意识的神秘整体性，著名的黑格尔式或现象学式的问题"所有这些如何可能达至一个意识、一个自我、一个自由和一个存在？"（DE, N°84），都表现为某种悖谬，即用我思的自由来批判我思的非理性（déraison）。然而，这里的"自由"和"非理性"并非界限分明且在历史上恒定。在此悖谬的视角下，在不同历史时期中，非理性和理性、自由和服从其实难分难解。在仍然相信上帝存在的时代，疯狂是"相对于理性"的，它们二者是"永恒可逆的"，"所有疯狂都有判决和掌控它的理性，所有理性都有它在其中发现自身可笑的疯狂"（HF, 49）。在笛卡尔依据对良知的伦理选择而对疯狂进行驱逐的时代，这个良知其实是基于对所处历史和社会现实的掌握和认识，自由（即我思的非理性）被同样属于我思的意志所驱逐。"在这里，理性-非理性的区分就像是一个决定性的选择，在这个选择中，有主体最为本质的甚或最应为其负责的意志。"（HF, 186）这一理性（我思的产物之一）对疯狂（我思的另一产物）的驱逐，甚至不是来自医学认识，即并非来自科学知识。

在这一点上，福柯的研究给予我们很深的启发，"在'我思'之前，在理性与非理性之间有某种非常古老的对意志和选择的运用"（HF, 187）。因而，我们对笛卡尔提出的良知概念进行了进一步的细致考察。但我们对笛卡尔式我思的研究，不是对其推理进行逻辑分析（甚或不应满足于这些我思和理性的逻辑推理，因为对这个推理的运用是为了证明这个我思运用的合法性或可靠性，而这个运用本身实际上是不合法的），而是考察那些使笛卡尔式我思得以运作、推理和排斥的条件，因为"哲学家的问题不再是要知道所有这些是如何可思的，亦不是世界是如何被主体体验、试验和穿透的。现在的问题是要知道什么是加诸每个主体的那些条件，那些使主体能够成为我们周遭系统性网络中被采纳、起作用和充当网结的条件"（DE, N°84）。通过这个研究，我们在笛卡尔那里发现了一个简化和变形了的斯多葛式精神性／灵性，"依据理性，所有你不具备的好也都是完全在你的力量之外的……你要习惯于不去欲求它"。① 所谓良知以及作为科学法则

---

① Descartes, *Discours de la méthode* [1637], Paris, Flammarion, 2000, p. 112.

的清楚分明因而完全是一种伦理选择，这个伦理选择要求人们抛弃所有人都对之无能为力的那些欲求，这也是福柯在晚期研究中所说的真理伦理（éthique de la vérité）。从这一点来看，这个顺应人类存在（当然这种"人类学"还处于"上帝存在"的阴影之下）的"真理伦理"在康德时代被转化为对物自体的不可知论，也就不足为怪。

（3）对疯狂的分析意识和陈述意识。在这一部分我们要表明事物本身是如何在这个以人自身的伦理选择为基础的笛卡尔式我思中丢失的，以及这个完全人类学的限制如何阻碍人自身的认识。这一点主要体现在古典时期精神病学的非科学性发展之中。

首先，在患病主体方面，作为认知对象的疯狂并不是在其自身既作为医学的又作为法学的整体存在中被看待的。17 世纪的大禁闭在封建社会朝向资本主义社会的变革运动中发明了疯狂的各种形象。这些疯狂形象的建立不仅没有任何医生的实际介入［福柯称，医生在这一"去精神病学的事业"（entreprise de dépsyciatrisation）中扮演着"认知的身份性主体"（sujet statutaire de connaisance）的角色（DE, N°143）］，而且掺杂着按照权利主体的条件来定义疯人的司法经验。这两个完全不同的领域在疯狂这里的历史性综合构成了疯狂自身的存在，但这一复杂的存在整体却给 18 世纪的医生提出了一个巨大的难题：严肃实证的医学如何科学地对待由庸医和资产阶级公民法权定义的疯人呢？

其次，在医疗主体方面，正是这一"认知的身份性主体"建立了 17 世纪以来对疯狂的治疗史：医学毫不犹豫地将这些由大禁闭发明的疯狂形象继承下来，并把这些形象视为病人的本来特性，医生唯有通过自身的想象，关联和衡量这一作为道德规则和身体机制共同产物的复合体。不无讽刺的是，17 世纪医生的想象神奇地符应了"谵妄者"的想象，对疯狂复合体的治疗通过医生的综合性想象完成了。然而对于 18 世纪的实证医学，清楚分明的科学要求（医学实践的这个要求比哲学思想的这个要求晚了一个世纪）遭遇了无法化约的困难：所有可见的，医学把它视为物理性疾病；所有剩下的，也就是所有不可见的，医学将其推到精神疾病，也就是精神病学的领域。不幸的是，这一实证主义的划分方式更深刻地混淆了道德规则和身体机制。将异质因素整平在同一可见性基准下的分类方式，必然遭遇疯狂所包含的历史社会复杂性的顽强抵抗，这是人类的历史性对有限认知进行嘲讽的第一步。第二步则是实证医学将这些分类障碍推向精神病学，推向那个只是将对疯狂的认识变得更为模糊的精神病学。精神病学必然遭遇因果、激情和意象的循环，因而不得不发明滋生更多问题的心理学，"心理学冲击和物理学介入相互叠加，但从不沟通"（HF, 407）。

　　因此，在这个"科学的精神病学"出现之际，产生了"对疯狂的陈述意识"。史上首次医患之间的直接面对就发生在实证主义医学的自然分析之后，发生在实证主义医学剥除所有可见因素之后。至此，精神病学对疯狂的治疗只能通过"对疯狂的语言和现实的综合"（HF, 638）进行，因为谵妄被认为只能存在于非存在（non-être）中（这一观点始于笛卡尔），也就是说，只能存在于疯人的我思中，存在于其纯粹语言性和想象性的推理之中。不无悖谬的是，在医生那里，发生作用的是笛卡尔式的普遍理性我思，是这个我思去面对疯人的我思和疯人的"现实"，也是这个我思用"现实"治愈我思。当然，医生的我思和病人的我思不是一回事，更确切地说，在二者之间，发生作用的是我思的不同功能。

对《古典时代疯狂史》这三个主题的研究表明了我思的两个功能：对社会实践的记忆和对历史伦理的良知。这也在一定程度上呼应了福柯主体问题研究的两个轴心：权力和伦理。

本书认为，对疯狂主体之历史构成的研究可以视作福柯对主体问题进行考古学研究的一个特例，但这个特例揭示了几乎所有之后用来客体化主体的因素和历史结构。历史性的主动性层面使人能够参与其中，即使有时候是以理性、认知主体或有限人性的名义。但这一层面总是留给人的主动性一个空间，使人能够安置其自由、意志和主体性，尤其是当疯狂的存在总是保留着某种非理性的神秘内核，当疯人作为最忠诚的笛卡尔主义者从不背叛其自身我思之时。

2.《词与物》：主体的问题化

在福柯所揭示的主体问题中，最残酷的不是本书第一部分探讨的那个执拗的但仍保留自由希望的疯狂，最残酷的是，理性与疯狂的区分并不是绝对的。在历史性先天的层面上（也就是考古学层面上），理性和疯狂具有相同的"神秘内核"。这个历史性先天实际上使理性认知主体和疯狂谵妄者处于同一命运之下："普遍语法"的木偶戏。这正是《词与物》的研究所揭示的。《词与物》处理的是与《古典时代疯狂史》相同的历史时期，但它在知识型的层面上深化了《古典时代疯狂史》在"谬误哲学"层面上观察到的理性主体的构造。《词与物》不仅表明理性主体的政治、经济和哲学条件与疯狂主体一样，是由某个历史时期的历史性先天塑造的，而且这个历史性先天本身也是由认知主体的不同历史模式构造的，比如文艺复兴时期的相共（ressemblance）模式、古典时期的表征（représentation①）模式和现代的意指（signification）模式。

但这并不是说，现象学意义上的人或认知主体以"意义赋予者"（DE，N°330）的方式介入了历史。《词与物》对理性主体的研究，揭示了理性主体"语言类型的结构"（structure de type linguistique，DE，N°330），这将之与《古典时代疯狂史》对理性（以拒斥"谬误"的方式定义出来）主体的研究区分开来，并获得不可替代的价值。《词与物》不仅揭示了我思的运用背后隐藏着"我说""我劳动""我活着"，更为深刻的是，它还揭示了在"我"的使用背后，在所有这些已经在《古典时代疯狂史》中揭示出来的社会历史条件背后，还隐藏着语言的社会历史结构，正是这个结构更为根本地构造了理性的认知主体。不像《古典时代疯狂史》中所揭示的外部历史社会事件外在地作用于主体，从而主体还可以像在疯狂那里有退避于内部的可能性，这个语言结构作用于认知主体的方式，是对于理性主体和谬误主体而言同等至关重要的内部作用方式，即作为其认知的条件和可能性发生着作用。在这个意义上，语言结构对主体构成的关键作

---

① 该词已有的中译还有"表象""表现"等。在中文里，"象"指世间万物的可观外形，"现"指显露，使隐藏物可见。而 représentation 这个概念传达的既不是万物本身的可观外形，也不是隐藏物变得可见，而只是一种显露出来的迹象，这个迹象可能是与其所要表达的事物不同的另一事物（详见本书第二部分第二章）。这个迹象与其所表达的事物有"征（取用）"的关系，因此本书主张用"表征"翻译 représentation，即传达、显示的不仅是某种异于原物的迹象，还包括迹象与原物的征用关系。

用，对于塞万提斯、狄德罗和康德，与对于堂吉诃德、拉蒙的侄儿和萨德是一样的。福柯早期关于《雷蒙·鲁塞尔》和《知识考古学》的研究，在某种程度上就是对这一语言问题的发起或对这一历史语言结构的总结，而《词与物》则是对主体的语言结构问题的全面阐释，因而我们将对该问题的探讨集中在对《词与物》的研究上。

由于《词与物》这部著作本身艰深晦涩（即使对于法国哲学界也是如此），我们对《词与物》的研究采取的是细致、详尽和逐章逐段的线条式文本解读方法。但福柯在这部著作中对三个典型历史时期（文艺复兴、古典时期和现代）的研究绝不是线性接续的，而是逐一回返对照，描述标志性人物的时代差异，标注断裂点。我们以认知主体的三种历史模式为标志，用相共、表征和意指表示这三个时期。这并不是说这三个概念是相互独立和隔离的，正相反，古典时期的表征通过文艺复兴时期的相共才能得到更好的说明；同样，如果不了解古典时期的表征，亦不能更好地理解现代的意指。

正因为存在这样的回返式对照链条，福柯所揭示的我们自身当下的系谱学才会从现代链接古典时期，从古典时期链接文艺复兴时期或更远的中世纪或古代，这个系谱学不是线性的连续发展，而是环环相扣的断裂、转化和勾连的结合体。正因为各个环节和链条所具有的对照作用不同，福柯对不同环节和链条的研究力度也不是等同的。相对于古典时期和现代，福柯对文艺复兴时期的研究相对薄弱，因为这一时期主要作为古典时期和现代的参照点。很难说福柯的这种回溯没有对特定时期的某种独特强调，但这一点需要在具体的问题中讨论。比如福柯对博尔赫斯所描述的"中国百科全书"发出的情不自禁的"笑声"并不是嘲讽的，而是尴尬的。这也不是来自中西差异的尴尬境地，因为对于我们当代中国人来说，这个"中国百科全书"同样是可笑的。尽管从未有人真的在中国古代典籍中找到博尔赫斯所描述的这样一个"中国百科全书"，大多数学者将它看作"博尔赫斯的玩笑"，但福柯的重点并不在于这个"中国百科全书"的真实性，并不在于地理区域的差异性，而是在于历史性的共同场所（lieu commun historique）的丢失。福柯所要强调的是时代力量造成的这种共同场所的缺失，是我们自身的历史性存在使我们对我们自身感到陌生。因此"我们自身当下的系谱学"虽然要基于对不同历史环节的描述，但更为关键的是，要从不同历史环节对照下的这种"陌生"中发现"我们自身当下"的其他可能性。

那么，这个我们不能再认出自己的"陌生"是什么呢？这就是存在的语法，事物本身的语法，我们自身作为自然事物并与其他事物共享自然法则的语法。正是在这个意义上，16世纪的相共，相对于我们现在的知识有一种"奠基者"（bâtisseur）（MC, 32）的意义。16世纪将事物并置在一起的力量就是事物本身的相共。尽管是人将这些事物并置在魔法、鬼怪学、占星术和数学之中，是人依据自身的感知相共原则将它们安置于某种秩序之中，但这个文艺复兴时期的"人"对上帝的信仰如此虔诚，对世界如此这般的感知如此不可动摇，以至这个认知的主体只不过是在不可抗衡的上帝世界之下的一个沉静、惰性和封闭的观察者，人与所有其他事物同等和交互地分享着同样的原则。在这个意义上，由于人本身也是世界中所有事物的一部分，其作为认知的主体的部署也即是世界上所有其他事物本身的部署，也就是说，具有事物本身的多样性和复杂性。

　　然而，古典时期在这一认知的主体的部署中添加了一个"轻微"的改变：多样性事物相互之间复杂的相共关系变成了一个事物对其他所有事物的表征。这个表征其他所有事物的事物就是"语言"。正因如此，堂吉诃德不再能认出羊群、仆人和客栈，他看到的都是城堡、妇人和军队。因为他是依据其仅有的语言阅读经历来读解世界，而这个语言所记述的世界只不过是世界的历史镜像之一。这并不是说在古典时期之前就没有语言，而是说从古典时期开始，对世界的认识被对世界的语言镜像的认识所替代，简单说来，就是书本知识代替了对世界的实际认识。但在这一时期，这些对世界的语言镜像是通过我思，通过人的思想产生的，而这个我思本身也是属于世界的，所以事物本身理性的理知（mathesis）和我思的生成（genèse）并不损害符号（signes）在分类（taxinomia）中的存在，它们二者就像同谋，一起重组知识世界，重组生命、自然和人。但问题在于，当涉及不能被语言（我思，理性）表征、分类、陈述和交流的事物时，这一语言镜像化、重组化、分类化世界的认知活动必然丢失某些属于事物本身的事物。而这一部分不能被表征的事物在语言镜像活动中是永恒存在的，因为这恰恰是使语言镜像成为可能的一个不可避免的条件，因而也是它无法摆脱的缺陷和悖谬：如果能指不脱离所指，就不具备节约记忆的语言功能，就不存在表征，亦不存在语言。

　　不过，在古典时期，这一脱离并不是完全的。就像委拉斯开兹的《宫娥》向我们展示的，在这个时期的表征中，画家（表征者，认知主体）、画布（充斥着能指和认知活动的表征）和国王

（被表征者，认知对象，事物本身）都有自己的位置，只是它们的形象或远或近，或清晰或模糊。表征（能指，知识），即便是可疑的、不确定的和不能令人满意的，但通过与事物本身混杂在一起，存在于事物本身之中，即它在物自体之中，它与物自体并不是格格不入的。

但从康德开始的现代，这个能指与所指的脱离变成全面的和完全隔绝的。语言，而不是认知主体，抛弃了多样性的我思生成、事物理知和符号分类。生命、自然和人，所有由语言、语言的逻辑语法和语言构成的知识所表征和反思的事物，都必须顺服于且仅顺服于语言的单一规则之下。这就是意指的世界，这就是康德与萨德的世界。语言的创生力量无限蔓延在现代性中，在康德的纯粹思辨中以及在萨德的纯粹欲望中发挥着同样的威力。在这个现代性中，人的自由、意志和主体性似乎找到了一个自我解放的空间，但这个空间只不过是"意识的形而上学背面"（MC，222）。意指世界的自由、意志和主体性，借用福柯的一个表述，"只不过是儿童游戏池中的暴风雨"（MC，273）。

3.《性史》及相关法兰西公学院讲座：主体性的问题化

福柯在《古典时代疯狂史》和《词与物》中对主体问题的考古学工作，要么是通过疯狂主体与理性主体的对峙，要么是通过揭露构造认知主体的条件和形式，"摧毁了主体的至高权力 / 主权"（ruiner la souveraineté du sujet，DE，N°354）。但这个"摧毁主体至高权力"的工作，对福柯来说并不是对主体的否定，更不是对人的自由、意志和主体性的消灭。在此之后，正如福柯所说，"就涉及重新引入那些我在最初的这些研究中或多或少搁置的主体问题，尝试捕捉那些在其整个历史中出现的道路和困难"（DE, N°354）。但福柯对主体问题的重返是朝向一个新的维度、一个新的领域和一个新的历史时期：这就是一个涉及和联结权力-知识-主体的三轴维度，这就是关于"性"（sexualité）的领域，这就是既在现代性之外又在现代性之中的古代。

本书第三部分研究福柯后期对主体问题的重返。这一部分的研究，与第一部分关于《古典时代疯狂史》和第二部分关于《词与物》的研究都有所不同。首先，对于福柯本人来说，《性史》第二、第三卷相对于第一卷有着很大的转变，"完全是在另一个形式下"（DE, N°338）。其次，这部《性史》是未完成的著作。[①] 我们认为，《性史》第一卷与福柯 20 世纪 70 年代在法兰西公学院的研究和讲座有关，第二、第三卷（甚至是第四卷[②]）则与其在 80 年代的研究和讲座有关。这个主张可以在很多具体的问题上得到印证。比如，1981 年《主体性与真理》从古希腊到希腊化罗马时期对婚姻和同性恋的研究，1982 年《主体解释学》对关注自我的研究，就分别在《性史》第二、第三卷中按照历史时期的顺序进行了重新组织。涉及福柯生前尚未面世的第四卷，福柯在 1984 年法兰西公学院讲座最后一次课，关于讲真

---

① 《性史》第一卷发表时的计划是出版六卷本，即第一卷《知识的意志》，第二卷《肉体与身体》，第三卷《儿童圣战》，第四卷《女人、母亲和歇斯底里》，第五卷《反常者》，第六卷《人口与种族》。福柯从开始撰写第二卷《愉悦的使用》（研究古希腊时期）时就改变了这个计划，《性史》于是变成了目前的四卷本，第三卷是《关注自身》（研究希腊化罗马时期），第四卷是《肉体的坦白》（研究基督教早期教父）。

② 本书主体部分研究的成稿时间是 2015 年 7 月，福柯《性史》第四卷《肉体的坦白》（*Les aveux de la chair*）法文版出版时间为 2018 年 2 月，因此所有相关研究在本书中未能涉及。

话（parrêsia[①]）的研究中也做了说明："我也许会尝试在明年将这个主题继续下去……在古代哲学之后，就是基督教……如果我能继续，这对我来说就是一个起点；如果由你们接手（这项研究），这就是一个邀请。"（CV, 290）福柯关于早期基督教中的讲真话的研究（亦即在当时还未面世的《肉体的坦白》中将要做的研究）其实在1984年的这最后一次课中已经有了一个简单的陈述，更不要说，早期基督教中的讲真话问题其实在1980年《对活者的治理》中即已出现，并一直贯穿着后期的法兰西公学院讲座，尤其这一问题还始终作为对照点，出现在《对自我和对他者的治理》（1983年和1984年）关于讲真话的系列研究中。

基于此，本书第三部分的研究所依据的文本就不涉及《性史》第一卷，因为福柯在20世纪70年代的研究主题超出了本书的研究范围。但反过来，我们对《性史》的研究又不局限于已出版的第二、第三卷，我们还细致考察了福柯1981—1984年法兰西公学院讲座中相应的具体研究。从我们对这最后四年法兰西公学院讲座和《性史》第二、第三卷的研究来看，性主体，与疯狂主体一样，是一个独特和多产的领域，这为研究福柯的主体问题提供了丰富的素材和思路。

首先，性主体这个领域是独特的。就像福柯1970年在一篇

---

① 该词来自希腊语 παρρησία，由 πᾶν（pan，一切、所有）和 ῥῆσις（rêsis，话语、言论）组成，字面的意思是"尽言"。但该词从古希腊的使用上就具有政治维度，关联着雅典公民在议会上发言的平等权利；随后在希腊化罗马时期指的是导师的"坦言／直言"，与奉承或修辞相对立；之后还在基督教中的发展变化等。详见本书第三部分第二章。考虑到福柯主要是在话语／言说与"真（理）"（vérité）的关系意义上展开对该词所代表问题的考古学考察，本书将该词译作"讲真话"。

对作家皮埃尔·居约塔（Pierre Guyotat）的评论文章中所说：
"这也许是个体与性的关系第一次如此坦诚和决绝地被颠覆了：
人不再在各种因素、结构和人称代词中被抹去，而是性从个体的
另一端中跑出来，并停止作为'被奴役者'。"（DE, N°79）由此，
"性"成为历史社会结构摧毁作为整体的个体之后，唯一保留下
来的能够给主体以广泛性的层面。继这篇关于皮埃尔·居约塔的
文章之后，福柯又在 1977 年的另一篇文章《并不在于性国王》
（*Non au sexe roi*）中确立了"性"的重要性，认为"性"是"我
们人类主体真相凝结的故土，它也是人类的未来"（DE, N°200）。

　　其次，性主体也是一个极具生产力的领域。因为这个领域
涉及主体与真理、主体与权力、主体与自我的多重关系。它不
仅涉及具有性主动行为的主体，还涉及对自己和对他人讲真话
和"进行控制"的主体。福柯在《性史》第二卷谈到研究和写作
计划变更的时候，多次提出这些问题，"为什么性行为、性主动
性和性愉悦会成为道德忧虑的对象？为什么这一伦理关注会显得
比其他领域的道德关注更为重要？"（DE, N°340）因而，福柯
对"性主体"的问题化必然导向一个对更久远时代的考察，一个
对尚处于更原初状态的"性"的考察，一个对权力、真理和主体
之渊源的考察，这就是对古代社会的考察，就是对古希腊的性
（aphrodisia）[①] 的考察，就是对伦理系谱学的考察。"是的，我在
写伦理系谱学。这就是作为伦理行动之主体的系谱学，或是作为
伦理问题之欲望的系谱学。"（DE, N°326）

---

① aphrodisia 一词本义是"性"，但在福柯的论述中特指"古希腊的性"，其所包
　含的内容与其他时代的"性"有所不同。本书中提及"古希腊的性"，均特指
　福柯使用的 aphrodisia。

正是由于福柯对"性"进行问题化的特殊性和复杂性，由于他没有将研究计划完整地浓缩于一部独立的著作中，而是分散在其后期的法兰西公学院讲座中，所以我们必须重新组织这些或多或少离散、断裂和倒置的问题。因此，我们这部分的研究并不是严格按照福柯著作或讲座的时间顺序，而是按照问题本身的关联来组织的。比如，1981年的《主体性与真理》就是《性史》第二、第三卷的先导性研究，就是其对于伦理主体系谱学研究的开端，我们将关于这一部分法兰西公学院讲座的研究放在本书第三部分的第一章；1982年的《主体解释学》虽然比1983年和1984年的法兰西公学院讲座在时间上要靠前，但它处理的问题更为系统化，更具开放性，更有扩张性，我们将关于这部分的研究放在本书的末尾。

另一个不按照时间顺序重新组织福柯后期研究的原因是，福柯的这些研究本身具有一种叠加、转换和延伸的结构。虽然福柯将其研究分为三个轴心（知识、权力和主体）这一点是很明确的（GSA, 41），但必须注意的是，福柯在后期研究中对"知识、权力和主体"这三个现代概念做了重要的改换：第一，知识理论被替换为与真理关系的历史分析，这是"基于对话语实践和语词化历史形式"的分析；第二，权力理论被替换为与他者关系的历史分析，这是基于"治理术的进程和技术"进行的分析；第三，主体理论被替换为与自我关系的历史分析，这是基于"主体实效的……模式和技术"进行的分析（GSA, 42）。

在此基础上，我们认为关于"古希腊的性"的主题是属于第一个轴心的问题，也就是主体与真理的关系问题，即判真模式问题。也就是说，古代的"性"问题实际上是一种性行为自由的主体处理其与一系列"真理"的关系的问题，这些"真理"包括健康、经济、对主体性之爱和对永恒性的追求。这正是《性史》第二、第三卷中的四大主题。然而，福柯是在1981年的《主体性与真理》中清晰而明确地提出了古希腊时期性行为之伦理态度的两个原则，即：社会与性的同构（isomorphisme socio-sexuel）原则和积极性（activité）原则（SV, 79-92）。正是这两个原则的瓦解导致了希腊化罗马时期和古希腊时期"性"问题的一个重大和根本的分野。在"古希腊的性"中最为根本的，并不仅仅在于"古希腊的性"是一个欲望、愉悦和性行为不可分解的整体，更重要的是，这个整体允许性行为主体既在自然层面又在社会层面作为一个自由主体。也就是说，性自由首先是身体及身体关系的自然属性，尤其是对于具有勃起和插入天然主动性的男性身体来说。其次，性自由在古希腊社会中也具有社会价值，正是因为男性具有这种天然的主动性特征，他才能够保护城邦、安排经济运作和延续种族。在这样一个尊重积极性和社会与性的同构原则的古希腊社会，在自由主体意志下的节制、婚姻和同性恋中的禁欲（ascèse）才能施行。也就是说，自然和社会的确存在规则和限制，但永远是自由主体的意志来决定如何依据"真理"来控制自身的性（即欲望、愉悦和性行为的整体）。不幸的是，这个基于自由主体的"古希腊的性"文化从希腊化罗马时代开始坍塌了。

第二个轴心问题，即关于主体与权力、与他者的关系问题，用福柯后期的话来说，就是治理术问题。我们认为关于讲真话（parrêsia）的主题是围绕这一轴心进行的。尽管讲真话的主题首先出现在《主体解释学》中关于精神指导的问题上，但这一主题在1983年和1984年关于《对自我和对他者的治理》中得到了充分的、系谱学的阐明。我们可以说，作为精神指导因素之一的讲真话问题是福柯在之后两年里继续对其进行深入的系谱学研究的原因。正是出于对主题的这个安排，我们将《主体解释学》和《对自我和对他者的治理》中关于讲真话的研究分开来论。一方面，我们首先在第三部分第二章中特别研究了作为治理术的讲真话的系谱学。另一方面，我们随后在第三章中探讨《主体解释学》，并将这部分视作对"与自我的关系"的研究，即涉及关注自我和自我技术的主题。

关于讲真话在古代社会中的系谱学，这涉及从伯里克利、苏格拉底、柏拉图直到犬儒主义的一系列发展变化。讲真话之所以能够成为治理术，在于它与真话语（discours vrai）、探真活动（alèthurgie）和主体判真（véridiction du sujet）等几个相关相近的概念紧密相联。在今天，我们很容易把讲真话简单地理解为某种语言形式的话语或孤立的言说行为。但这个概念在古代要远为复杂。在伯里克利的讲真话概念中，这涉及一个四边形的结构：民主制度是其体制性节点，优越性是政治性节点，真理话语是认知性节点，斗争和风险是伦理性节点（GSA, 157-158）。这些体制性、政治性、认知性和伦理性因素是伯里克利时代讲真话的必要因素，因为在政治领域，缺少任何一个，讲真话都会沦为虚假和有害的活动。

福柯继 20 世纪 70 年代的一系列政治活动之后，在 80 年代，对伦理主体的考古学研究产生了重大转变，"我非常赞同说我更感兴趣的是道德而不是政治，或者不管怎么说，我更感兴趣的是作为伦理的政治"（DE, N°340）。这一作为伦理的政治尤其表现在福柯在《主体解释学》中对《阿尔西比亚德》的分析，在这里，关注自我、对自我的忧虑和实践、对自我的治理是对他者进行治理的条件。正如福柯所说，"关注自我的必要性与权力的施行相关联"（HS, 37）。但从苏格拉底本身意义上的关注自我（epimeleia heautou）到柏拉图意义上的认识你自己（gnothi seauton），二者之间的转换揭示出"灵魂–自我"（soi-âme）与"生命–自我"（soi-bios）之间的一个重大区别。这个区别就是《阿尔西比亚德》与《拉凯斯篇》的区别，就是晚期柏拉图与苏格拉底式柏拉图的区别。

对"生命–自我"的关注总是要求某种"认识自身"，但这是某种"关联于生命（bios）问题"（CV, 148）的认知。这一"认知"不是通过对神性或绝对真理的话语性、形而上式或命令式的灵魂沉思获得，而是通过人自身实际的体验、考察和操行获得。通过有意志的实践获得"认知"，对于人来说只是一种对生活的选择，并且是一种需要为之付出实际努力和切实的自身改变的选择。这个"生命"的选择指向某种"有价值的生活"概念，即通过某种生活方式达到一种"幸福"和"善好"的状态，这是一种"有意外，有必然性（的生活），也是一种我们能够通过自身达成，通过自身决定的生活"（SV, 36）。因此，福柯又说，"生命（bios），就是古希腊的主体性"（SV, 255）。这个主体性是一种治理术，就像在古希腊的性中，它表现为一种对节制的自愿操行。真正的治理术只属于自由人，属于能够按照已知真理选择自身生活方式的人。但对于这个主体性的使用，存在着一个问题。当涉及自我的治理，作为生命的自我同时也是一种人类生命，对这个主体性的使用可以是一种选择自身存在方式的自由；当涉及他者的治理，这个他者有可能是神圣真理或某种社会或历史性的真理，这一"自我关注"的领域，就会变成灾难性的媒介，变成牧师、社会或国家权力的立足点。

我们将《主体解释学》放在最后进行研究的第三个原因是，它涉及一个对主体"权力–知识–伦理"三元结构的全面阐释：在关注自我中，对主体性的运用表现为治理术功能；在转变自身（conversion à soi）中，对主体性的运用则表现为判真功能；在操行（askêsis）中，对主体性的运用表现为精神性/灵性功能。对主体性的第一个使用体现在古希腊时期，后两个则体现在希腊化罗马时期。也就是说，古希腊时期的主体性是某种对自身和对他者的治理术，关注（epimeleia）要求关注自身并同时关注他人，即关注城邦。城邦的福祉（salut）也是自我的福祉。到了希腊化罗马时期，关注自我只有唯一一个目的，就是"自我"；只有唯一一个可能的回报，就是自己对自己的主宰。作为主体，就是可以脱离非主体状态，唯一可以"自由地、绝对地和永久地（进行要求的）……就是自我"（HS, 128）。①因而，对自我实践和生活技艺的教育可以普及到每个人身上，而福祉的获得只能依靠每个人自己，也就是说依靠每个人自身的努力。在希腊化罗马时期，已经没有了城邦政治，也没有了通过城邦福祉而获得个人福祉的机制，这里只有个体化的政治和个体化的福祉。在希腊化罗马时期的人那里，通过自身获得自身的福祉，就是要不断进行操行。这些操行有两个进程：一个是获得对真理的认识，另一个是将真理身体力行（mise en œuvre）。在第一个进程中，主要是对主体性进行某种清洗式（cathartique）的使用，它表现为认识

---

① 这一点，正是康德"自律即他律"的希腊化罗马起源。

真理过程中的伦理态度，比如专心、禁欲等；在第二个进程中，主要是对主体性进行某种政治式的使用，它表现为体验将真埋付诸实践的存在模式（êthos），比如在面对死亡或面对欲望对象时，人亲历切实的宁静状态。

我们邀请读者加入到我们对福柯的主体问题的考古学描述中来，就像我们加入福柯的考古学行列，不是加入那些由知识的结构和历史性决定的主体认知，而是加入身体力行我们自身的主体性和我思的自由行动 / 创制（ergon）。

本书是一个开端，而不是一个结束："以我获得的自由向福柯致敬。"

第一部分

疯狂的理性

——被构造的主体及其抵抗

第一章

疯狂主体的诸体制

第一节　古代和中世纪的沉淀

> "您是来将我带到永恒之夜吗？"
>
> "但是……我身边是怎样的血流成河啊！"（HF, 315）
>
> ——拉辛，《安德洛玛克》

一、拉辛的《安德洛玛克》与笛卡尔的《第一哲学沉思集》

疯狂是主体的一种模式，体制性的疯狂是这种主体模式中的一种，它是主体行为的一种或内在或外在的习惯方式。在由社会和历史力量构成的部署中，个体以不无矛盾的独立方式自我建立为主体。福柯指出，"疯狂只存在于社会之中"（DE, N°5），并由此确认了主体的这个矛盾特征：主体是疯狂的某个范畴，相对于某个给定"社会"，主体既异常忠诚又极端自由。然而，只有在超越社会主流的历史维度中，只有在福柯所谓对疯狂的"知识考古学"中，才能探明主体与社会的这个奇怪而神秘的关系。而这个知识考古学"在安德洛玛克的最后语词中，已经以一个简单的悲剧闪光告诉了我们"（HF, 314）。

拉辛《安德洛玛克》的丰富性首先显现为一个矛盾：真相只在消失中得以宣告。因为疯狂无法在古典时期的知识中存在，《安德洛玛克》最后一幕所具有的丰富的考古学维度，表现为一个同时是（在古典时期知识的意义上）第一和（在前古典时期知识的意义上）最终的显形，因为令人炫目的疯狂只有在作为类似于黎明前之黑夜的投影时，才有可能为古典时期的光明所触及。

按照福柯对《安德洛玛克》最后一幕的解读，俄瑞斯忒斯的狂怒闪现了这个黎明的三重黑夜，或者更确切地说，闪现了古典时期（拉辛所处时代）的三种社会模式：1）古代用来组织所有原初想象的永恒烦扰之神；2）中世纪产生的诸幻想图景；3）古典时期排斥疯狂所依据的道德谵妄。有趣的是，这个三重黑夜与笛卡尔在第一沉思中怀疑的三个步骤相似：幻想的狂热指出错误的空无黑夜，永恒的复仇与惩罚宣告了梦的虚无，贪婪的爱构成了疯狂的谵妄。这个三重相共并非巧合，它在深层次上揭示了古典时期（大概也直至如今）种种知识的一种同时齐平和堆积的构成方式。

首先，在第一重黑夜中，烦扰之神成为必要的解释，因为俄瑞斯忒斯谋杀皮洛士是盲目的。因此，俄瑞斯忒斯为赫耳弥俄涅复仇不可能得到应得的逻辑上的回报，得到的反而是赫耳弥俄涅的背叛。其次，在第二重黑夜中，烦扰之神在自身固有之地即虚无中呈现出来，在那里，俄瑞斯忒斯进入永恒复仇，死亡的图景和语言的承诺无限纠缠。最后，烦扰之神退到真相之后并与之相分离，俄瑞斯忒斯将其疯狂的原因指向赫耳弥俄涅。在这一幕的最后几句话中，俄瑞斯忒斯倾向于将他的疯狂归因于忘恩负义的人（赫耳弥俄涅）而非烦扰之神。

必须区分拉辛笔下的俄瑞斯忒斯与欧里庇得斯或荷马笔下的俄瑞斯忒斯。在后者那里，"不应期待在希腊悲剧中重新找到这种带着完美的雅致精神的……包含温情、迟疑和高雅的忠诚"。[1] 在古希腊神话中完全自然的事情，对拉辛来说则是难以忍受的。例如，在古希腊悲剧中，被皮洛士俘虏的安德洛玛克成为皮洛士的姘妇并生有一子；而在拉辛那里，安德洛玛克总是在抵制皮洛士的爱之中斗争着，安德洛玛克总是在拒绝皮洛士，因为安德洛玛克应该忠于她的丈夫赫克托耳。同样，对于俄瑞斯忒斯也是如此：对古希腊人来说，"诸烦扰之神就是最终的命运和真相"（HF, 316），俄瑞斯忒斯的激情只是一个工具而已；而在拉辛那里，导致俄瑞斯忒斯杀人之狂怒的原因不是古希腊悲剧中的烦扰之神带来的命运，而是俄瑞斯忒斯对赫耳弥俄涅的爱。也就是说，在古典时期，古希腊悲剧中的一切被颠倒了："赫耳弥俄涅作为谵妄的构造性形象介入，而诸烦神[2] 实际上只是为之服务。"（HF, 316）

当然，在福柯对古典时期疯狂的研究中，关于诸烦扰之神的部分只呈现为显得相当遥远和复杂的一个历史转变，正因如此，福柯将"古希腊疯狂的大问题搁置一边"（HF, 237）。[3] 在涉及古典时期的思想的部分，这个永恒的烦扰之神就像在拉辛笔下的俄瑞斯忒斯那里一样，只是作为一个沉积和空无的记忆，注定消失

---

① *Tragédie d'Euripide*, traduction française par M. Artaud, Paris, Charpentier Libraire-éditeur, 1842, notice sur l'Andromaque.

② 在古希腊神话中，"烦神"（Euménides）是烦扰之神的委婉说法。

③ 涉及福柯晚期的研究，古代在主体问题的研究中是一个重要时期。

殆尽——尽管这个坍塌在某种意义上正是疯狂的真相，是疯狂的诞生之地，是疯狂本身所包含的虚无（HF, 316）。

二、基督教：洗礼、永久苦行与意识指导

对于幻象来说也是如此，幻象是孤独中我思的自发胜利。正如俄瑞斯忒斯在犯罪之夜的最后，在节日清晨的开端，在这个接近清晨的夜晚，这些孤独中取得自发胜利的幻象出现在我思的最初时刻中，但它们被古典时期视作虚假光芒、梦的王朝和错误。幻象在古典时期失去了在古代可以作为一切之来源的外部神话的可能，又尚未达到致力于消除幻象但终究徒劳的现代。在这个意义上，中世纪扮演了一个分离古代和古典时期的角色，同样扮演着向现代之黎明进发的一个过渡，也就是逐渐将这些幻象从我思、从个体的心灵中清除，不再像古代那样，将幻象放在神话与人的共同存在之中。按照福柯1980年在《对活者的治理》中的研究，这个幻象机器建立于基督教的三个体制：洗礼、永久苦行和意识指导，而基督教时期的我思正是由此变成控制和生产幻象的工具和场所。因此，古典时期在我思层面发起的解放变革，恰恰是要针对基督教时期的我思，也就不足为奇。正是在此意义上，古典时期的这个变革以一种针对基督教时期我思的既继承又抵抗的方式形成，它的进步性恰恰体现在它的斗争目标的局限性中。

因此，要理解古典时期的我思，首先要厘清基督教时期我思的三层构造体制：洗礼、永久苦行和意识指导。①

---

① 这部分内容在福柯身后出版的《性史》第四卷《肉体的坦白》（2018年）中有更详尽的研究，但鉴于本书主体部分研究和成书的时间（2015年）早于该书的出版，此处的探讨仅基于福柯1980年的法兰西公学院讲座《对活者的治理》。

　　1. 洗礼。在基督教那里，洗礼最早是一种能够让人进入真理（早期柏拉图意义上的真理）的实践，神圣正义规范着社会和政治冲突中的各种信仰混乱，而人只是一个绝对无知者，因此，人的理性相对于上帝的理性而言，总是处于次等状态，必须以永恒的谦卑服从上帝的理性。但不应忘记，在古代人那里，神圣优越性的观念恰恰来自对某种（自然或人的）能力的不可理解性，疯狂状态就是这个不可理解性的一部分，并因此让人认识到神圣性的存在。① 在这个意义上，相对于人类生活中这个不寻常的神圣性（疯狂），正常人是低等的、绝对无知的，没有能力理解人在社会冲突的日常生活中发生的自然错乱。因此，这个时期的人必然且迫切需要咨询"何以行事"。所以在公元 2 世纪以前，洗礼实际上是关于日常生活道德处方的预备教育。② 一旦这个教育完成，求知者就得到净化，获得进入洗礼的权利，而斋戒和水只是这个净化过程的仪式要素。③

　　然而，从公元 2 世纪中叶开始，洗礼不再执行道德教育和净化仪式的功能，而仅仅是给予"那些相信所教和所说的事物皆为真的人"④ 的仪式。由此，预备教育和净化仪式被简化为绝对信仰

---

① 按照多兹的研究，在荷马那里，已经存在疯狂与神圣性的双重转化：对疯狂的神圣化和对神圣性的道德化。参见 Dodds, E. R., *Les Grecs et l'irrationnel*, Pais, Flammarion, 1977, pp. 41-42。

② 关于道德规范的教育，涉及教育的可能性问题，我们将在第三部分讨论教授道德知识的可能性问题。

③ Didachè, *La doctrine des douze apôtres*；参见 M. Foucault, *Du gouvernement des vivants*, Cours au Collège de France. 1979-1980, Paris, Seuil/Gallimard, 2012, p. 101。

④ Justin de Naplouse (100-165), *Apologia*；参见 M. Foucault, *Du gouvernement des vivants*, Cours au Collège de France. 1979-1980, Paris, Seuil/Gallimard, 2012, p. 102。

的一个简单统一体,[①] 教育在此不再是为了培育一个主权主体:一个能够在其自身有意识和有意愿的选择中以美德行事的人,[②] 而变成了给予绝对真理的活动:善恶已经在上帝知识中被决定,而不在于人类主体的选择或偏好。由此,这个绝对信仰的统一体对于个体来说成为一个空洞的步骤,只在承诺重生的意义上发生作用:人们可以因这个重生而变得纯洁,能够与各种邪恶的倾向做斗争。因此,实际上没有任何需要个体去学习和实践的内容,只需要信仰。换言之,只需要弃绝作为行动主体的自我,只需要作为净化对象完全服从。这可能是公元 2 世纪以来洗礼的本质:"何以行事"的教育被完全抛弃。

因此,德尔图良发明了"原罪"(GV, 110, note 28):不是因为人对日常"何以行事"无知,所以人需要世界的真理;而是因为人有原罪,所以人必须涤除心灵的罪恶,以便进入上帝的真理,以此让上帝的真理保障纯粹和完美的道德。"洗礼的角色,确切来说就是在灵魂内部追捕这个敌对的、奇怪的、外在的和作为他者的撒旦"(GV, 121–122)。撒旦所代表的似乎就是古代模糊指出的"恶魔"(daimôn, moira[③])。由于恶魔产生既不可理解又威力无比的行为,它们常常引发社会性的"耻辱",助长人类毁灭谦卑的自负,从而引发家庭和政治的紊乱。这些复杂的因素和机制在基督教那里通通转化为一个撒旦的形象,一个"恶"的

---

① 来自精神性 / 灵性的信仰可能在希腊化罗马时期对真话语的主体化产生重要作用。

② 这涉及古希腊时期的理性运动,参见第三部分第三章。

③ 在古希腊时期,单数的"恶魔 / 守护神"(moira)指的是某种超自然或外在于自我的人的行为原因。它并不是普遍的神圣性,尽管外在于自我,但只属于个人。"恶魔 / 守护神"不是命中注定的,它就是命运;因为具有这个个人层面,它只负责特定个体的生命,不操纵诸神。参见 Dodds, *op. cit.*, p. 18。

符号。"原罪"的发明将人置于恐惧和无尽的不安之中，从而顺理成章地接受将"苦行"作为洗礼的补充和必要准备。

2. 永久苦行。基督教制造的第二个幻象机器：永久苦行（pénitence permanente）。它是宽恕和救赎需要支付的无尽代价。它一方面分离操行与回报，另一方面也分离真理的存在和主体的真理。

首先，关于操行与回报的分离。对原罪的预设彻底改变了希腊化罗马时期"苦行"（希腊语：metanoia，拉丁语：paenitentia，法语：pénitence）的方式：它通过无尽地悬搁启迪（illumination）的回报，彻底拆解了苦行的操练与启迪的回报之间的关联。在柏拉图那里，一旦朝向光明，光明会"给予被隐藏之物的景象，同时让人完全认识自己"（GV, 125），美德就是这样一种认知的产物；在希腊化罗马时期，这种启迪之回报是通过将个体转化为行动主体和独立自主主体的操行来保证的。重返危险、邪念、错误、罪和不纯的问题从来没有像在基督教时期那样首当其冲，以至人必须被定义为某种天生具有原罪的存在种类，以至人永远也不能脱离错误，永远需要净化灵魂，却永远无法完成对灵魂的净化。这是一种既有决定性又有矛盾性的部署。

其次，在假设了原罪的情况下，基督教又在上帝之真理与人之真理之间建立了一个更为本质的分割。也就是说，真理不再是唯一真理，一边是真理的存在，需要找到进入这个存在的方式，一边是主体具有一个真相（vérité），它秉持着这个真相，寻找真理的进入方式。（主体的真相必须满足某种条件，才有进入上帝真理的可能性，在这个意义上，基督教和笛卡尔是相同的。然而这个进入的可能性在希腊化罗马时期是怎样的呢？）也就是说，在可能进入外部（上帝）真理之前，主体必须首先进入自身的真相。

这种真理体制的两极化使得洗礼的准备分为两个层面：表明灵魂本身的真相和通过灵魂获得真理。由于操行必须终其一生，[①] 启迪回报就总是悬搁于洗礼之中，也就是说，通过灵魂获得真理既是必要的又是不可能的：它是必要的，因为正是通过对上帝真理的认知，我们才能自我认识，才可能自我掌控，我们才知道在日常生活中如何行事；它又是不可能的，因为带着原罪（真理的决定性伦理，人的有限性），无人能够进入上帝真理并因此对自身产生真正的认知：对自身的真正认知同时是进入上帝真理的条件和结果，因而这成为一个不可能实现的认知悖谬。在这个前康德主义的矛盾部署里，用于将人引入启迪的苦行实际上在理论上永远也不能让人获得启迪。[②] 然而，这不只是某种理论难题，它还因此引入了永久苦行的必要性，引入了对自我之真相进行深渊般告解的必要性。但最糟糕的结果是，它诞生了所谓坦白（aveu），"因此，坦白也将与信仰相分离"（GV, 131）。因为对自我真相的无尽坦白从未导致真正的信仰（即能够保证不犯错误的理想生活），因为启迪不再是操行的效果，因为操行不再是为了获得世界的真理并让这个真理启迪和指引灵魂，而是相反，操行是为了净化灵魂，为了让灵魂具备某种反过来能够启明世界之真理的完美工具。不幸的是，这种净化从定义上就是不可能完成

---

① "生命作为考验"的观念在斯多葛学派那里已经存在，福柯1982年对此有所研究，参见第三部分第三章。在这个意义上，被认为是德尔图良之发明的原罪，在福柯看来有着更早的、出自斯多葛学派的来源。

② 当然基督教引入此世和彼世的区分来保障和承诺这个悖谬。

的任务。"在灵魂真相中的存在"（操行）和"在灵魂存在中的真相"（自我的转变）之间的关联不仅被分离了，也被颠倒从而被摧毁了。

3. 意识指导（direction de la conscience）。洗礼和永久苦行的部署给更为根本的部署提供了前提和条件，这就是基督教我思的第三个体制：意识指导，"告诉我你是谁"（GV, 143）。这个"告诉我你是谁"的命令直接将思维主体转向言说主体。一方面，驱魔的任务，驱除撒旦的任务，其实预设了灵魂原始状态的撒旦形象，必然要求对自我的抛弃；另一方面，还有一个双重任务：探究自我和对自我错误的详尽语词化。

在前两个真理显现的体制（洗礼和永久苦行）中，只存在重大的戏剧性忏悔①（GV, 205, 317-319），这种忏悔在于通过行动表明的某种心灵状态或某种灵性。罪人的表明不需要语词，忏悔也不是通过话语完成的。从公元 4 世纪（GV, 248）开始，构成意识指导特征的驱魔和语词化才成为僧侣制度的必要过程，这一过程与希腊化罗马时期的意识省察（examen de conscience）过程相比，具有深刻的差异。

首先，在希腊化罗马时期，人们并不放弃自身的意志，"我参照别人的意志，来作为我自身意志的原则，但我自己必须想要这个他人的意志"（GV, 225）。其次，从属于他人的意志是一种自由的、意愿性的和有限的行为，没有惩罚也没有强制的因素，"你总是可以自由地不再想要被引导"（GV, 226）。然后，指导的

---

① 这里的戏剧性忏悔（exomologèse）指的是一种进入真理的戏剧性方式，福柯要强调这是一种非语言的方式，不同于与之相对应的言语性告解（exagoreusis），后者指进入真理的话语性方式。

目的不是得到一个外在的结果，而是内在的结果。这就涉及自我与自我的关系模式，也正是在这个自我关系的模式上，人们有所领会，获得自制力，得到灵魂的安宁，"我以我能够遵从的方式自由地遵从你要我想要的事物，由此，建立某种自我与自我的关系"（GV, 227）。最后，语词技术和话语的不同手段是为了自由地再造事物的关联而产生的。这涉及在好的行为和坏的行为之间做出区分，而不是对情感、灵魂状态或善恶的意图进行区分；这涉及为未来构造可操作性的纲要，而不是为了重新发现错误的原因或根基。希腊化罗马时期的意识省察正是以这种方式进行意识的指导。

在基督教的理论里，有柏拉图主义的理论痕迹，例如在亚历山大城的克莱蒙（Clément d'Alexandrie）的《教育学家》（*Pédagogue*）中，"认识自己的人，也会认识上帝，有了这个认知，他也会与上帝相似"（GV, 248）。也有斯多葛学派的痕迹，例如在圣安博（saint Ambroise）的《诗篇》（*Psaume*）第 18 篇中，"必须思考我们应该做什么。当反思、思索走在前面，那么，这时，行为就能达到成熟"（GV, 249）。然而，在基督教的实践中，却找不到任何与古代实践相同的部分。

第一，在基督教的实践里，意识指导不是自主和自愿性质的，反而，服从成为指导的条件和效果。不管怎样，必须服从，"所有其他事物，所有事件，都必须按照被给予的秩序来进行"（GV, 265）。必须以完全被动的方式回应秩序，不能有任何抵抗；必须将自身置于所有其他事物之下，服从并服务于其上之物，不能有任何自身的意志。而且，指导者也不是在给予建议，他是治理者，所以必须绝对尊重、听从甚至害怕他。为了很好地听从指导者，首先必须审视自己，严密观察自己身上发生的事情，"不能因为虚伪的羞耻而隐藏任何咬噬其内心的思想"（GV, 284）。然后，这种自我监视的义务立即与言说的义务（彻底的坦白）关联起来，"我必须把我看到的自己的一切都说出来，我必须在看到的同时就把它说出来"（GV, 284）。最后，所有这些自我操行并不导致自我的完善，还需要某种永恒的审慎，以避免松懈和过度。重要的是，基督教强调希腊化罗马时期为达到完善（美德或拯救）而进行的操行，却又（从理论上必须）否认人之完善的存在。

第二，基督教僧侣制度中不断省察的不是行为，而是自我的思想（我思）。"而僧侣最常使用的是思想。"[1] 这种对思想的使用，并不像在古代那样，指的是"使用逻各斯以到达真理"（GV, 293）的那种理性思考，而是指抵达心灵的所有可疑的、否定的和坏的思想，所有与上帝所指引的意识相对立的思想。以这种方式，思考的简单事实本身就是否定的，所以意识省察在此扮演的是"磨坊、百夫长和换钞机"的角色，它执行着筛选善恶的功能。在斯多葛学派那里，需要分辨的是"所做"和"应做"的行为；在基督教这里，需要立刻分辨的则是"正在呈现的思想"（GV, 295）。

这个被基督教扭曲了的斯多葛学派的沉思传统（GV, 436），又在古典时期甚至现代得到更深刻的追随。笛卡尔追问的并不是"我所思考"的真相，而是"进行思考的我"的真相，也就是

---

[1] Évagre le Pontique (346-399), *Traité pratique ou le Moine* ; 参见 M. Foucault, *Du gouvernement des vivants*, Cours au Collège de France. 1979-1980, Paris, Seuil/Gallimard, 2012, p. 293。

用自身的度量进行区分，"笛卡尔的恶魔绝不是激进哲学的奇怪和极端的发明……而是基督教精神绝对顽固的主题"（GV, 298）。在康德那里，是通过将主体定义为自身的裁判来进行区分。对于基督教来说，则是用话语、告解进行筛选，"告解就是区分的操作者"，因为它就是耻辱的标准，"如果我不能说出我所想的，那么我所想的就不具有好的品质"（GV, 299），因为如果思想不能变得清晰，就意味着它处于昏暗费解中，就像黑暗中的撒旦。因而，仅仅是说出来，就已经像驱逐一样发生着作用，语词化就是一种驱魔术。

所以在洗礼和永久苦行中，出现了与戏剧性忏悔相对立的言语性告解，将自我用语言表达出来，置于意识指导之下。因而，这两种表现真相的方式也确立了基督教的两种真理体制：信仰和坦白。对于信仰来说，真相以一种戏剧性的方式"通过态度、动作、服饰、服丧、斋戒、祈祷、祈求、下跪，表明罪者的事实"（GV, 301）。对于坦白来说，真相是一种自我对自我的关系，这种真相只有通过"我说"才得以成为可能，"我所是"是由"我所说"决定的，而"我所思"是由语词化、话语性表现的，这种语词化和话语性将模糊性视作恶，将清晰性视作善，语词将识破"居于我全部存在中的幻象和错觉力量"（GV, 301）。

其结果就是：忏悔抑制意志，告解筛选思想。静默的疯狂因此诞生了，一种没有语词的静默，但也只是没有语词而已。基督教时代疯狂的出现，并不是因为疯人没有用语词说话的能力，而是因为（上帝）语词不言说疯狂。因此我们看到，不被理解的事物，首先在古人那里被视作变幻莫测的神性；随后，变幻莫测的事物经由（上帝）语词的筛选，被视作基督教的撒旦。一旦有了

（上帝）语词，善恶之分也就有了定义。由此，所有不能用（上帝）语词、话语表现的事物就封闭在图像的暗夜里，封闭在纠扰"隐士安宁"[①]的幻象里。

我思（思想，灵魂）作为人类灵魂与上帝理性的相似甚或是沟通之地是如此重要，但语词化无论如何并非表达我思的唯一方式，尽管奥古斯丁宣称必须将所有其他方式作为"非法持有者"拔除。[②]对撒旦的宣判只不过是一种善恶的评判，但所有能够"呈现于心"[③]的事物，作为我思之真实存在，实际上是不加评判（超越善恶）的。

罪的反复就是一个见证，它见证了用语词将人类主体锚定于上帝理性这样的做法是何等脆弱。"主体如何能在获得真理后，又失去真理……主体如何能够从知返回到无知，从光明返回晦暗，从完善返回不完善和错误。"（GV, 183）基督教的意识形态，即用对罪的忏悔来消除罪过，被重犯（rechute）问题深刻质疑乃至颠覆。"这正是位于基督教核心之谦卑的矛盾"（GV, 209），而在某种意义上，或许只有当我思从某种智慧和支配它的忠告[④]中解放出来，只有当"世界——其精神意味的网络过于紧凑——开始混沌，任由含义只在荒诞中显现的诸形象显现出来"（HF, 34）的时候，这个问题才能有所解释。

---

① 此处"隐士安宁"指《圣安东尼的欲念》所要表达的意象。
② Jacques Le Goff, *La civilisation de L'Occident médiéval*, Paris, B. Arthaud, 1964, p. 148.
③ "我思"（cogito）的用法之一。参见 Albert Blaise, *Dictionnaire latin-français des auteurs chrétiens*, Brepols, 1954–1967, art. « cogito »。
④ 基督教话语与荷马史诗的话语相区别，后者不限制宗教想象。问题出现在语言的表面，但根源在语言之外。

正如在博斯的画作《圣安东尼的欲念》中，"纠缠隐士安宁的，不是欲望的对象，而是这些关于秘密的荒唐的和封闭的形式，它们在梦中显示出来，并停留在那里（我思），在那个寂静又转瞬即逝的世界表面"（HF, 35-36）。也就是说，即使对于隐修士和僧侣，对于服从和实践基督教洗礼、永久苦行和意识指导的人来说，他的舍弃、悔过和孤独也不能阻止幻象的泛滥，不能阻止在我思深处不停咬噬的梦魇的疯狂。这个用语词进行的筛选反过来还会繁衍图像，这种在白天放弃的自我又会在夜晚自我散布，这种与世隔绝的孤独实际上反而使自我的世界更加活跃。

如果古希腊人的理论有其存在的道理，恶魔／守护神的设想就不是简单的"根本恶"的问题，它有其在人类生活中的精神使命，它可能是存在于人类深处的不安和警觉的自然和纯粹的表现，就像博斯在狡黠的怪相中所表现的人兽合体的讽刺画——格里尔怪面（Grylle）。这种画可以给人一种奇怪的力量，让人在自然和社会的吞噬中仍然有存活的可能。从这一点来看，隐修士的欲念说明了"对于 15 世纪的人来说，梦的自由（尽管可怕）和疯狂的幻象，比肉体的可欲现实更有吸引力"（HF, 36）。因为后者被严格地驱逐，甚或是在前者的情况中，想象的自由体现了人最难以抵抗、最深刻的欲望（能力），尤其对于人的我思和人的精神生活而言。因此，基督教的建制致力于将恶魔／守护神纳入秩序，控制它，将其从所有外在因素中孤立出来，这反过来构成并刺激了大量我思的想象和幻象。

由此，通过 1500 年的基督教机制以至到了哥特时代末期，仅仅归诸我思层面的恶魔／守护神实际上激发了超载含义的增生，

"一整个不属于预言范畴但具有想象同等性的符号体系"[①] 只能在梦中、在发疯中、在非理性中找到出口。例如，智慧的图像在德国雕刻中以长脖鸟的形象出现，长脖鸟的脖子无限地增长以便能够慢慢反思。[②] 因此，人们不是在日常的真实生活中寻找智慧，而是在我思发疯的想象中寻找智慧，正如福柯所言，"这个象征性的智慧是梦之诸疯狂的囚徒"（HF, 35）。另一个例子就是格里尔怪面。在中世纪，这种人兽合体的讽刺画指出了"在欲望之人那里，灵魂如何变成野兽的囚徒"（HF, 35）。为了教授不可用形象表现的观念（区别于不可用语言表达的事物），也就是不存在于真实生活的事物，只在想象中产生的事物，只有唯一且同一个办法：通过想象，通过我思的工作本身，发明这个观念。与中世纪一样，无数没有直接指称的抽象观念由这同一个我思生产者的幻象表现和解释。这个生产者也产生了随后关于人的强大和难以辨认的自我迷恋。

然而，在某种意义上，由于在我思中对形而上学观念进行想象的泛滥，中世纪的人发现了（例如在亚当[③]的动物兵团中）道德的动物寓言集，即人的秘密和使命之一。这些在抽象神学中描述人之自然秘密的想象（因而也发明了一些不可能的动

---

① Émile Mâle, *L'Art religieux de la fin du Moyen Age*, Paris, A. Colin, 1908; *Speculum humanae salvationis (Miroir du salut humain)*；参见 M. Foucault, *Histoire de la folie à l'âge classique*, Paris, Éditions Gallimard, 1972, p. 34。

② Charles-Victor Langlois, *La connaissance de la nature et du monde au Moyen Âge d'après quelques écrits français à l'usage des laïcs*, Paris, Hachette et Cie, 191；参见 M. Foucault, *Histoire de la folie à l'âge classique*, Paris, Éditions Gallimard, 1972, p. 35。

③ René d'Anjou (1409-1480), *Traité de la forme et devis comme on fait les tournois*, 1451-1452；参见 M. Foucault, *Histoire de la folie à l'âge classique*, Paris, Éditions Gallimard, 1972, p. 36, note 2。

物），在文艺复兴时期，奇怪地成为有罪之人在丑陋赤裸中的魔鬼形象。那些被神学强化、被想象夸张了的动物形象，现在在真实生活中用来谴责人的兽性。不存在的事物最后被指配给现实的存在。这种从自然人到抽象神学，从不可形象化的形象到真实的人之间的双重差距，又在我思的想象下产生了双重的相互繁衍。一方面，这彰显了魅惑的否定和有害力量；另一方面，这种魅惑力量又积极地揭示了疯狂之幻象的不可见和珍贵的意象。

尽管从中世纪到文艺复兴时期的图像只是语词的图解评论，[①]但如果根据图像和语词本身的属性来区分它们，幻象与神学的第一个分岔反而莫名地将这个坏的意识形态统一体澄清了：幻象的可塑性说明了不能被语言赋予形象，"绘画借由其本身可塑的价值，强行进入了某种总是更加背离语言的经验"（HF, 33）。被语言形象化的事物与被图像形象化的事物传递的完全不是同样的事物，"形象与话语还在同一个道德世界描述同一个疯狂传说，但它们二者已然采取了两种不同的方向"（HF, 34）。文艺复兴就是以这种方式悄悄地且从反面表达着冷酷的真相：欲望的动物性、地狱的灰暗必然性和世界的普遍狂暴。[②]正如福柯所言，关于世界的重要知识在疯人肩上可笑的灯笼里闪烁着，[③]大地乐园中间的

---

① 参见罗兰·巴尔特：《符号帝国》，汤明洁译，中国人民大学出版社，2018 年；扉页："文本不'评注'图像，图像不'例示'文本"。

② Albrecht Dürer (1471-1528), *Les quatre cavaliers de l'Apocalypse* [1496-1498]；参见 M. Foucault, *Histoire de la folie à l'âge classique*, Paris, Éditions Gallimard, 1972, p. 38。

③ Pieter Brueghel (1525-1569), *Margot la Folle* [1562]；参见 M. Foucault, *Histoire de la folie à l'âge classique*, Paris, Éditions Gallimard, 1972, p. 37。

知识之树成为疯人船上的桅杆。[①]

第二节 17世纪的道德谵妄

> "然而不要，请你们走开，让赫耳弥俄涅来……
> 而我最终会把我的心交给她来毁灭。"（HF, 316）
>
> ——拉辛，《安德洛玛克》

在拉辛的《安德洛玛克》中，诸烦扰之神的短暂召唤和幻象的闪烁都是留不住的，因为在古典时期，这些瞬间真理注定消失，其闪光只能在日夜之间转瞬即逝的过渡中见到。在古典时期的知识之中，解释非常规行为的不再是诸烦扰之神或幻象，而是使俄瑞斯忒斯心碎的赫耳弥俄涅，谵妄只与日常和可笑的现实相关，也就是与人的爱、激情或道德相关。从此，在古典时期白日般的清晰性中，智慧回到日常生活中，小写的理性代替了大写的理性，将疯狂与神圣的神话和幻象的图景相分离，后者被斥为空幻和非存在，反而成为疯狂的新的真相。

古典时期的斗争以将人从宗教的残酷体制中解放出来作为自身的正当性，这个斗争因此无差别地将限制人的事物和作为人之基础的事物一并抛弃了。由此，人类所剩的疯狂脱离了古代悲剧，与"重新获得的真实与解释的新语言"（HF, 317）联系在一起。不幸的是，这是一种禁闭的语言，一种进行彻底和泛滥排

---

① Jérôme Bosch (1450-1516), *Jardin des Délices* [vers 1503]; *La Nef des fous* [vers 1500]；参见 M. Foucault, *Histoire de la folie à l'âge classique*, Paris, Éditions Gallimard, 1972, p. 38。

斥的语言。重返大地的智慧不是日常生活自身的理性，而是既武装着上帝大写理性之绝对权威，又清空了神话和不可解释内容的智慧。言语形式①的智慧重新安排人类生活，但这次不仅仅是如基督教那样在我思的领域，而是如在古代那样，组织真实生活的所有道德方面。不过，古典时期也与所有这些先前的时期保持距离，它运用了我思确定性的专断；而我思的确定性本身实际上在自身领域之外是可疑的，但这次，我思的内在性还是将安排世界的外部性。

　　笛卡尔在《第一哲学沉思集》中说："但是，这都是些疯人；如果我按照他们这样行事，我不是疯人吗？"②那么这是些什么榜样呢？认为自己是国王的穷人，以为自己穿金戴银、身挂红衣的赤裸之人，把自己当作玻璃罐子的人。笛卡尔并没有真的考察这些疯人，而是直接宣告他们作为认知主体的无效，因为这在17世纪上半叶的社会中是常识。这个时期的革命性科学家（笛卡尔当然也是其中之一）还没有来得及或有机会重新考察这些人被定义为疯人，从而被指责、被追捕、被惩罚和被禁闭的实际原因，这些人就已经被定罪了：疯人总是不停地给家庭带来耻辱，在社会制造紊乱。这次，疯人"不再是另一世界的迹象，而成为非存在的矛盾显现"（HF, 317）。这个已经被定罪的特征因此成为某种历史性先天，回过来决定着科学家尤其是哲学家的倾向和观点。在笛卡尔宣称他不能是疯人的时刻，这已经是一个预先存在着严格道德排斥的时代。

---

① "'理性'……古希腊人称之为逻各斯（Λόγος），在我们这里等同于言语（Verbe）。"参见 Tertullien, *Contre praxéas ou sur la trinité*, 183。
② Descartes, *Méditations métaphysiques*, Paris, Flammarion, 1992, p. 59.

一、贫穷

在笛卡尔所处的 16 世纪末和 17 世纪上半叶，宗教改革已经引发了面对苦难的新回应。

一方面，当路德颂扬上帝的恩典和拯救，拒斥人为恩惠之时，[①] 加尔文将人为恩惠视作信仰的迹象和见证。[②] 后者的结果是：17 世纪后半叶，大量修道院和麻风病院变成"医院"，用来消化注定属于疯人或注定把人逼疯的苦难："创立征税，进行宗教募捐，青睐捐赠，促成遗赠"（HF, 82）。

另一方面，贫穷不再因表明人类的卑微而带有荣耀的特征，而是成为上帝盛怒下的羞辱和惩罚："遭受冰雹和风暴的葡萄园、耕地和牧场，都是上帝进行特别惩罚的见证"。[③] 宗教对贫穷的这种负面态度不无巧合地符合甚或是逢迎了新兴国家或城市的需要，并为之做出了贡献：贫穷只不过是"无序的结果和社会秩序的障碍"（HF, 83）。三十年战争（1618—1648 年）期间，从 1632 年开始，"赋税的增长达到前所未有的规模"，[④] 并且出现了新的经济结构，所有这些同时增加了乞讨和游手好闲的数量和危险性。"穷人的数量与日俱增，所有为缓解这一现象而出现的事

---

① 见 1530 年 6 月 25 日的《奥格斯堡信纲》，路德宗的奠基文本。参见 M. Foucault, *Histoire de la folie à l'âge classique*, Paris, Éditions Gallimard, 1972, p. 82, note 1。

② 见 1542—1545 年的《日内瓦教理问答》；参见 M. Foucault, *Histoire de la folie à l'âge classique*, Paris, Éditions Gallimard, 1972, p. 82, note 3。

③ Calvin, *Institution chrétienne*, I, chap. XVI, éd. J.-D. Benoît, p. 225；参见 M. Foucault, *Histoire de la folie à l'âge classique*, Paris, Éditions Gallimard, 1972, p. 81, note 2。

④ Yves-Marie Bercé, *La naissance dramatique de l'absolutisme* (1598-1661), Paris, Pointe, 1992, p. 143.

物只是让事态更加恶化……许多堂区促使它们的穷人和不愿劳动的强壮工人……去乞讨、扒窃或偷盗以求生存，结果导致城镇被这些恶行不幸侵入。"① 慈善机构不再用于消极地缓解苦难，而是更具侵略性地消除和镇压苦难者，这些慈善机构从此致力于扮演人口、经济和政治的蓄水池："在有充足岗位和高薪的时代，为市场提供人力；在失业时期，吸收游手好闲者，提供社会保护以抵御动乱和暴乱"（HF, 95）。1606 年，也就是笛卡尔 12 岁那年，法国议会宣布"巴黎的流浪者将在公共场合被鞭刑、烙肩印、剃头，并驱逐出城"（HF, 91）。1630 年，国王命令逮捕流浪者和乞丐，此时正是笛卡尔形成其永恒真理的构想② 并向梅塞纳写信说想要考察道德的时候。

那么，生活在这样的社会之中，笛卡尔能怎样考察道德？这些像犬儒主义一般仍然认为享有国王附身之荣耀并穿金戴银的穷人，成为笛卡尔第一沉思中的疯人；那些认为自己是玻璃罐的人因此拒绝劳动，他们是被国王追捕、被资产阶级道德唾弃的流浪汉。在这个意义上，笛卡尔只是这个新兴的矛盾社会的一个见证：相信苦难的荣耀并保持贫穷的人会被拘禁在见证信仰的精神病院中，不愿工作的人会被拘禁在教养所并强迫劳动以拯救外部世界的经济。"被拘禁者都必须劳动。我们将拥有他们劳动成果的价值，且只需要给他们其中的一小部分。"（HF, 95）我们相信笛卡尔是无比真诚地宣称自己不可能是这些疯人，因为他既然有

---

① Thomas Dekker (1572-1632), *Grievious groan for the poor*(1622); cité in George Nicholls (1781-1865), *History of the English Poor Law*, Londres, 1898-1899；参见 M. Foucault, *Histoire de la folie à l'âge classique*, Paris, Éditions Gallimard, 1972, p. 93。

② Descartes, *Traité du monde et de la lumière*, 1632-1633.

避免布鲁诺火刑的智慧，自然也有避免大禁闭的智慧。虽然对布鲁诺的火刑并不能改变日心说的数学论证，但对疯狂的逮捕和禁闭不能说对笛卡尔的道德论毫无影响，尤其是对作为我思前提的（道德）明见性，而我思所蕴含的数学证明只是这个前提下的一个无关痛痒的逻辑结果。

二、渎神

在笛卡尔所处的这一时期，尽管天文学在付出巨大代价的前提下发动了科学和宗教的巨大变革，但这个时期一直没有在对疯人的科学确认和科学认知道路上有所进步，因为关于疯人的科学与关于天文学的科学一样，不可避免地要触及《圣经》体系。例如，1601 年，日心说和地心说的争论会导致火刑；1633 年，这样的争论会被判处终身监禁，[①] 因为《诗篇》第 93 篇说："世界就坚定，不得动摇。"同样，一切范畴内的渎神都被看作疯狂，因为《诗篇》第 52 篇说："精神失常者心里说过：没有上帝。"[②]

笛卡尔在 1632 年和 1633 年分别写作了《论世界》和《论光》，其中笛卡尔用数学理论为日心说辩护，但他没有勇气出版这些著作。在听说了伽利略的诉讼结果之后，笛卡尔甚至回避了自己的科学成果（在分析、几何和光学方面的工作）。也就是说，笛卡尔不敢冒犯《诗篇》第 93 篇，更没有理由冒犯《诗篇》第 52 篇。在这个意义上，我们能够更好地理解"但是，这都是

① 1633 年 6 月 22 日的宗教法庭判决。这是笛卡尔 1634 年放弃出版《论世界》和《论光》的直接原因，也是笛卡尔 1637 年出版《谈谈方法》并投入哲学生涯的直接原因。

② 参见 Muriel Laharie, *La folie au Moyen Âge XIe-XIIIe siècles*, Paris, édition Le léopard d'or, p. 53。

些疯人"这句话中笛卡尔所体会到的紧张。这个理解不是要对笛卡尔进行学术道德的指责，因为不能因为疯人（如布鲁诺）如此勇敢和值得敬佩，就认为不疯的人（如笛卡尔）是软弱的和应被指责的。笛卡尔不像布鲁诺以及随后所有被关进收容所的人那样犯傻，他是非常明智的。这个时代，对疯人的认知和处理昏暗无边，明智之士都会避免卷入其中。

对拒绝承认有罪的典型顽固派布鲁诺执行的火刑只是"诸多宗教刑罚，如戴铁颈圈刑、示众柱刑、烙铁切唇刑、切舌刑、火刑"（HF, 127）中的一种。然而，教会所能宣告的最严重的刑罚本来是逐出教会。[1] 基督教死刑的合法性继承自犹太传统："以命抵命，以眼还眼，以牙还牙，以手还手"。[2] 针对异端的死亡极刑是从与国家理性相关的教会理性开始的，"如果危害王权罪要被处以死刑……那么冒犯基督者更应被铲除……因为冒犯永恒君主要比冒犯短暂的君主更加严重"。[3] 因此，当教会从中世纪开始将罪犯交给世俗权力，就将宗教苦行（主体在我思或心灵领域中的苦修）转化为身体惩罚，转化为对现世生命的惩罚，这其实符合当时世俗社会的权力斗争。这个转变不容忽视的结果，除了上面提到的宗教极刑从逐出教会变成判处死刑外，还包括"宗教改革和宗教斗争可能将渎神变得相对化"（HF, 127），因而其实宗教极刑在逐渐消失，而经济和社会上的惩罚则越来越多。禁闭就是作为一种经济惩罚而诞生的。

---

[1] Laurent Albaret, *L'inquisition rempart de la foi ?*, Paris, Gallimard, 1998.

[2] Exode 21, 23–25；参见 Sylvie Bukhari-de Pontual, « Des chrétiens et la peine de mort », http: //www.fiacat.org/introduction-des-chretiens-et-la-peine-de-mort。

[3] 教宗英诺森三世 1199 年颁布的教皇谕旨（Vergentis in senium）。出处同上。

　　1656 年，笛卡尔去世六年后，笛卡尔以形而上学的方式一劳永逸地论述过的这个道德社会发生了更深刻的变化：根据巴黎总济贫院（l'Hôpital général）基金会的法令，"性病患者、放荡者、挥霍者、同性恋者、辱骂宗教者、炼金术士、不信教者：一整个形形色色的人口一下子被……幽禁在收容所里"（HF, 139）。可以说，禁闭成为针对贫穷和渎神之罪的新的惩罚形式，诞生于宗教和国家的合作与互相依赖之中。禁闭同时是去神圣化的宗教和神圣化的世俗，它因此也创造了新的疯狂类型：贫穷、渎神、性病和放荡。在宗教犯罪和社会失序之间组合诞生的所有新的范畴构成了古典时期对疯狂的模糊概念："在神圣与病态的半途之中，（疯狂）完全被根本的伦理拒斥所支配——这就是古典时期的非理性。"（HF, 129）

　　尽管社会处境是贫穷的外部原因，但对于古典时期的思想来说，贫穷的真正起源"既不是食品短缺也不是失业，而是'规训的薄弱和道德的松懈'"。[①] 同样，在去神圣化的世界里，渎神只能以精神失常来解读：辱骂宗教的人不再被看作内心不虔诚，也不会被判处死刑，而是被看作存在精神问题，必须被禁闭起来。试图自杀的行为也不再具有渎神的内涵，而只是灵魂无序的表现，必须通过限制来消除。巫术也脱离了它们模糊和神圣的力量，不再被视作异端，而是与迷信、缺乏道德和恶意欺骗联系起来，"魔法被清空了所有的亵渎效力，不再是渎神，而是欺骗"（HF, 132）。

---

① George Nicholls (1781-1865), *History of the English Poor Law*, Londres, 1898-1899；参见 M. Foucault, *Histoire de la folie à l'âge classique*, Paris, Éditions Gallimard, 1972, p. 103。

在这个意义上，我们回到笛卡尔。当1664年笛卡尔的《论世界》和《论光》终于出版之时，笛卡尔已经在1641年的《第一哲学沉思集》里用了一个半宗教和半道德的长证明提前声明，自己不是疯人并尊重上帝的权威。我们因此能够理解，对真理的坚持从来不是偶然成功的，笛卡尔否认自己是疯人并尊重上帝权威的行为不是毫无目的的。毫无疑问，笛卡尔的科学著作之所以能够出版，仅有科学性是不够的，还要有其对时代的道德适应，换句话说，还要有能够接受这个科学的时代和社会。在这个意义上，笛卡尔永远是聪明的哲学家：懂得如何实践讲真话，并在周到和谨慎的科学活动中实现他的我思。

这个笛卡尔深谙并服从的处境，其实是对三个各自独立要素的混合：实践系统、实践者的信仰和指责者的判断。这个混合处境促使笛卡尔这样的科学家将所有外在于个体的事物宣告为虚幻，从而将所有内在于个体的事物看作最具有决定性的因素，"要么是具有潜在犯罪特质的错误，要么是有意利用错误的犯罪"（HF, 133）。正是在这样的时代背景下，笛卡尔式我思将内在性视作真理的来源。这并不是笛卡尔的发明，笛卡尔只是具有揭示这一点的时代敏锐性。在这个意义上，我思真理与世界真理间沟通的疑难就不再只是一个笛卡尔哲学的问题。诸形象的链条像两个世界的分割一样被打破了，这其实已经是这个时代的事实。正如康德后来所确定的：外部世界是不可进入的、空无的或封闭在幻象之中，而意识的内部世界被自身意图的有罪性所包围。表征与事物相混合的世界，"神圣与世俗危险对峙"（HF, 133）的世界正在消失，世界将信仰和古代实践的"象征效力"化约为幻想图景和语法式语言，因而已经不再有能力重新发现犯罪的复杂意志，而这样的世界反而越发熠熠生辉。

　　这个正在消失的世界，福柯称之为"诸操作的世界"，那是魔法、渎神、辱骂宗教、性病、同性恋、妓女、放荡和博学放纵的世界，也是笛卡尔、伽利略、布鲁诺的世界。与物理真理独立于人类社会的原因相同，这个"诸操作的世界"的真理被一分为二：一个是物理世界，出人意料的是，这个世界被托付给人（我思）的认知；另一个是人和人类社会的世界，这个世界限于历史中的社会范畴，因此，要么是神话的，要么是幻想的，要么是道德的，要么是陈述性的，这个世界从来都不是客观存在的，因为这个世界是自身的主人、裁判和命运。人和人类社会的世界就是疯狂的真相所在，在古典时期，这个真相总是在被禁闭者那里，就像我们在贫穷和渎神中所观察到的，正如古典时期对待贫穷和异端的道德化。

三、性的问题：性病、同性恋、放荡与放纵

　　在医学领域，性病揭示了同样类型的道德化。在我思的确定性自以为是地确立性病以前，性病曾经被视为重大外部冲击的受害者，如饥荒和鼠疫，这是一种"惩罚，只具有普遍价值，不制裁任何特定的伤风败俗"（HF, 117）。性病患者大多是被导致不寻常行为的寄生虫所感染，就像"僵尸"蚂蚁被毒菌控制，毒菌出奇复杂的组织控制了被感染者。在我们现代的医学定义中，性病被界定为在性关系中发生的多种可传染疾病。但在古典时期的济贫院（收容所），性病的确定是针对"因无序或放荡而得病的男人或女人，但不包括因婚姻或其他方式（比如通过丈夫或通过哺乳）染病的人"（HF, 118, note 1）。

关于这一点，最令人惊叹的是：水银疗法对性病的治疗已经有400年的历史，[①] 而这个治疗方法的产生本来是出于对身体的惩罚。这其中的治疗逻辑就是：因为完美的健康很容易引致愉悦的过度，"圣徒贝尔纳害怕在宗教中存在的完美健康，如果人们不懂得与使徒一起责罚身体，通过苦修、斋戒和祷告使身体服从，他知道完美的健康将导致什么"。[②] 这正是水银擦身疗法所要扮演的角色：通过伤害身体来减弱甚至消除身体不被认可的功能。古典时期的理性继承了这种对惩罚和治疗的混淆，因为这种混淆符合"医学理性的计谋：良药苦口（伤害是为了救赎）"。然而，这个医学计谋是基于宗教的一个矛盾逻辑：一方面，暂时的痛苦不能解除永恒的痛苦；永久的苦行能够且应该减少永恒之苦。因此，性病治疗中就出现了水银疗法：不治愈，但平息。

被禁闭的群体中还有另一类人涉及性的问题，这个群体能够揭示医学与道德的更多混杂，这就是男同性恋群体。首先是社会对鸡奸的指责，最终这个指责导致男同性恋者被关入收容所或拘留所。距历史上最后一批鸡奸者被判处"在沙滩广场用烈火焚烧"（HF, 121, note 2）的宗教极刑之后不到40年，伏尔泰在1764年的《哲学辞典》中，对同性恋者的严厉指责诉诸的是他们之间的同性爱（HF, 121, note 1）。然而，这个对柏拉图之爱的回返完全不是像罗马文化或文艺复兴文学中的"同性恋抒情诗"。伏尔泰的这个革命性操作只是在用同性恋的道德化将鸡奸去神圣

① 参见 Joseph Rollet (1884), « Syphilis », in *Dictionnaire encyclopédique des sciences médicales* ; 3ème série, tome 14: 302–401, Paris Asselin et Masson。

② Jacques-Bénigne Bossuet (1627–1704), *Traité de la concupiscence*, 1691–1693 ; 参见 M. Foucault, *Histoire de la folie à l'âge classique*, Paris, Éditions Gallimard, 1972, p. 119, note 1。

化，这就像解除对巫师和异端的死刑而将他们视为疯人。鸡奸仍然是被谴责的，但谴责的理由发生了变化：不再是依据神圣禁令，而是依据道德谴责和丑闻制裁。鸡奸不再是异端行为，不再是一种性活动与神圣目的（生育）的对抗，而是"身体的一种盲目疯狂"，或者"屈从于非理性的灵魂的巨大麻醉"（HF, 123）。在这个意义上，在我们的时代，同性恋被视作性倒错就不足为奇了，因为古典时期已经开始将之纳入疯人行列。因而，对同性恋的道德化必然需要将同性恋纳入爱情层面，但这实际上是在把同性恋划为对非理性之爱，换言之，属于理性之爱的（异性的）性爱是正常，属于非理性之爱的（同性的）性爱是疯狂。

　　同样的道德化还出现在有关妓女和放荡者的主题之中，只是这个道德化不是基于不合理的爱，而是基于公共丑闻、家庭利益和挥霍家产。这些是18世纪的警察不经诉讼程序就可以进行逮捕的金标准。在这个时代，"家庭需要成为理性的根本标准之一"（HF, 124），所有不在婚姻契约下的性行为都要被判处监禁。古希腊性伦理中的神圣之爱被资产阶级道德下的婚姻契约占为己有，"神圣的不再是爱情，而只有婚姻"（HF, 125）。家庭理性因此成为判断非理性的第一标准，因此也成为古典时期以来疯狂的多种形式之所以诞生的冲突之地。在这个意义上，可以说在外在于个体的机构中，继宗教和国家之后，家庭成为异化的另一个创造者。

　　道德化监禁者中的最后一个范畴是博学的放纵者。古典时期的道德化进程当然不会忽视思想领域，这个进程把反宗教的攻击去神圣化为道德涣散。布鲁诺所坚持的言说和信仰（如灵魂转生或再生）不再被指责为异端或无信仰，而是被指责为"总是不能满足的道德自由的衍生形式"（HF, 134）。因而，反基督教的同样言说不是被看作宗教亵渎，而是被视为宗教幻象和生活放纵。博学的放纵者之所以被监禁，不是因为他们对宗教来说是危险的，而是因为他们因信仰的混乱而冒犯了社会秩序。因此，监禁其实是在履行教育功能，即通过限制自由来达到教育的目的。真理之光变得不可避免，或更确切地说是强制的。

由此，发生了一种奇怪的观念运动。17 世纪初，思想自由就像一种新生的理性主义，曾经作为反对宗教理性之非理性的革命力量。一个世纪之后的 18 世纪，思想自由本身成为非理性，因为思想自由在继续对抗古典时期理性所包含的非理性。从根本上说，这个思想自由（有时被称作怀疑主义）并非理性的敌人，而是秩序的敌人。正因如此，思想自由在建立新秩序的斗争中是一种革命力量；但对于已建立的秩序（无论是何种秩序，自然的或超自然的，天上的或人间的，神圣的或人类的）来说，思想自由毫无价值、不合理甚至危险。不过，这个思想自由要比古典时期的新生理性更源远流长，但古典时期的理性傲慢地将之视为自己的对立面或内在奴隶。这种思想自由的放纵，作为古典时期理性的近亲、混乱和不对称物，实际上不无讽刺地成为古典理性的深层不安，尽管这种思想放纵常常被低估，甚或在表面上服从古典理性的规则。萨德就是一个不容忽视的极端而矛盾的标志：萨德其实是在用古典时期道德理性的语言组织着他的思想放纵，并且这个语言由此"顺从内心欲望"，与"不道德的失常"结盟，衍生出新的事物：基于理性的非理性和话语激情的奴隶。

从 1656 年开始，通过在社会道德的光芒之下异化疯狂，通过阉割被心灵隐匿的疯狂之生命，通过嘲笑疯狂对宇宙的永恒不安，禁闭操作实际上创造了比任何时代都更为丰富的疯狂种类。这些疯人失去了神话和幻象的意涵，在负面价值（相对于统一的伦理，封建社会由此转化为资本主义社会）中诞生。疯人由此获得了他们具体、孤立、片面和可疑的内涵。所有这些被折叠进阴影和沉默中的事物，人们一般性地称之为非理性。因而，疯狂也许成为固执地保留着回返（对所有资本主义社会所丢失之物的回返，对未驯化和未开化之地的回返）之模糊记忆的唯一方式。疯狂因此也是"诸文化的自发考古学"，"民族的大记忆，对过去的最大忠诚"（HF, 144）。疯狂就是活着的历史。

俄瑞斯忒斯的三重黑夜已经为我们见证了这个活历史。在同一性的诸幻术中，本质的不连续性被表面的连续性掩盖，只能披着可笑的无序之衣才能维持下来。疯人与非疯人共同构成了完整的主体：不是在水平维度，也不是在垂直维度，而是在"经验场域的转化"之中（HF, 144），即交错的折叠（只有对于以同样方式被迷蒙的双眼才是可见的）和转瞬即逝的闪烁（熄灭并不取消存在）。在这个意义上，疯狂不是不可进入的玄奥，因为这个自然丰沛和完整的主体在自命不凡的排斥之外，从未离开过日常经验的土壤。

第三节　18世纪的解放隐喻

17世纪，禁闭剥夺了疯狂在非理性中所具有的神秘和怪异的部分。疯狂因此失去了成为理性主体的权利，但这时的疯狂还有与自身的非理性一起留在其固有的模糊性之中的权利。到了18

世纪，新机构甚至把这最后的权利也剥夺了，以疯人也应具有人的本性取而代之，也就是说，无人有权停留在自己的阴影之中：即便是疯人，也必须做人，做个作为认知对象的人，做个分享着普遍和永恒真理的人。由此，疯人完全失去了作为主体的权利，既不是理性的主体，也不是非理性的主体，变成了一个有待治愈的对象。不无矛盾和讽刺的是，这个完全和彻底的剥夺是通过对人的解放完成的，是通过大革命的人道主义者完成的。疯人被解放，带着被强加的真理被解放，带着不可见和不可推却的新锁链被解放。这个真理首先在解放疯狂的两个运动中出现。

一、两个解放运动

1. 第一个解放运动

第一个解放运动发生在由大禁闭所定义的空间内部，是某些特定疯狂脱离非理性的运动。17 世纪，像笛卡尔那样模糊的理性只知道无差别地排斥和否认疯狂，这种理性完全处在疯狂的绝对外部。正是这种非理性的外部理性禁闭了疯人，因此，这种理性总是停留在禁闭之外，与疯人的非理性相区别。虽然 17 世纪的理性没有与疯狂进行任何交流和理解的可能性，然而，在大概一个世纪的禁闭经验之后，禁闭理性通过与诸多差异面孔的交锋，出人意料地发展出有关疯狂的知识。

首先，禁闭理性成功地区分了被禁闭者的两极：狂暴（fureur）与愚笨（imbécillité）。这不是说疯狂从此变得可认知和可理解，而是说禁闭理性开始组织"非理性最可见的领域"（HF, 487）。一方面，疯人制造的积极暴力可以导致对他人或者对自己的死亡；另一方面，疯人没有能力靠自己存活下来，这个无能也将疯人被动地置于危害甚至死亡之中。死亡的这个简单可见性构成了实证主义者的第一个基础，成为 18 世纪以来疯狂开始言说的第一个语言。通过死亡的这个言说，换言之，通过死亡，疯狂与所有其他仅仅是"错误和缺乏的巨大个体群集"区分开来（HF，489）。

其次，也是更为根本的一点，禁闭理性提出了对疯狂的另一个区分：精神失常者（les insensés）和精神错乱者（les aliénés）。疯狂也言说一种不是诉诸生死，而是诉诸"对疯狂自身且对疯狂所能包含的意义和无意义之物"的语言（HF, 489）。精神失常者不仅能被他人意识到，也能被自身意识到。精神失常者并不是完全与理性世界格格不入，他们可以与他人分享感观、判断和信仰，以这种方式，人们可以认出和推断出精神失常者，人们可以对之进行干涉。相反，精神错乱者对于他人来说是不可认知的，因此人们也无法知道精神错乱者本身是否对自己有所认知。但对于他人来说显而易见的是：精神错乱者的所有感观都付诸幻觉，"他的每个真理都是错误，他的每个明见性都是空幻"，因为其所表达的所有事物，对于他人来说都是无法理解的；其所有作为，对于他人来说都是无意义的。

在以上两个区分的基础上，禁闭理性发展了三种疯狂概念：狂怒者——暴力且不可理解，顽固者——暴力但带有可被理解的失常观念，愚笨者——失常但不那么暴力（HF, 491）。疯狂第一次不再呈现出任何外部力量：没有预言的力量，没有迷狂或着魔的力量，没有滑稽的力量，只有内部力量。从禁闭理性所确认的这种疯狂的内在性来看，人们似乎开始关注疯人本身，但这种关注是在罔顾疯狂所可能包含的多种多样的外部力量的前提下，换言之，就是"让人独自与其种种激情在一起"。[1] 以这种方式，非理性与宇宙、奥秘、进入世界真相的所有其他可能性的关系中断了，非理性被还原为人自身的疯狂，仅仅属于人而已。疯狂从外部力量中解放出来，但被封闭于人类自身的力量之中。人将会为这个独自承担的自由付出不可估量的代价。

2. 第二个解放运动

第二个解放疯狂的运动是依据经济和社会需要完成的。

从 17 世纪开始，疯狂就已经属于治安（police）事务，禁闭首先就是一种将疯狂置于社会循环之外的清理。然而，并不是置于劳动力循环之外，正如伏尔泰所言："什么？……您还没有掌握富人强迫穷人劳动的秘密？所以您对治安第一要素的秘密也一无所知。"[2] 最初之所以采取禁闭措施，很大一个原因就是为了吸收失业者和控制税率（HF, 98）。

一个世纪以后，仍然是警察建议疯人离开疯人院，因为他们"对诸岛有益"（HF, 503）：最好释放疯人，但将他们释放到别处，用来开垦对法国经济有益的美洲。从 1720 年开始，这些流放的可怕疯人构成了美洲移民的一部分。50 年后，这些疯人一部分成为宣告美国独立战争的人，另一部分构成了引发财政危机并随后促成法国大革命的人。先将这些疯人惊人力量的循环放在一边，对 18 世纪法国殖民来说，确定的是："禁闭成为储备移民的仓库。"（HF, 503）

然而，殖民只是 18 世纪法国经济危机的衍生现象之一。由

---

① Dodds, *op. cit.*, p. 186.

② Voltaire, *Œuvres complètes*, Garnier, XXIII, p. 377；参见 M. Foucault, *Histoire de la folie à l'âge classique*, Paris, Éditions Gallimard, 1972, p. 90.

于"小冰川纪"①，18 世纪出现了 16 次极寒严冬，这 16 个悲惨时期直接导致庄稼歉收和农业收入降低。而且在这个时期，青睐大地主的农业结构的改变摧毁了小型种植业，大量脱离土地的农村人口暴露于生产危机和就业危机之中。这些悲惨的贫民和失业者促成了监狱工厂和收容所的诞生，"在那里，制造业和商业得到迅速发展，人口也最为密集"（HF, 504）。

　　然而，大禁闭远远不是 18 世纪中期以来三大严重经济危机有效的解决办法，大禁闭本身也在制造问题。1748 年和 1765 年的前两个经济危机以逮捕所有乞讨者告终，这些乞讨者包括被遣散的士兵、健康的贫民、生病的穷人或拒绝劳动的人。在始自 1770 年的第三次经济危机期间，大禁闭曾经具有的吸收失业人口的有效性已经耗尽，要解决经济危机，反而需要释放具有更大数量和流动性的人力。必须有能够依据商品市场需要以最低价格进行交换的自由劳动力。最终吸收经济危机恶果、吞下自然与社会苦难的正是这些最廉价的劳动力，因为自由个体的苦难比被监禁者的劳动更有效。

　　从 18 世纪开始，财富生产不再依据重农论的逻辑发展，因为"从土地到财富的重要中介"（HF, 511）不再是人力所能调节的，这都是农业衰落的结果。生产力的发展现在依据的是经济学家的逻辑：贫穷使财富成为可能，"没有穷人的民族将会是贫穷的民族"（HF, 510）。因为在工业转化和商业流通过程中，财富会产生得更为迅速并创造更多利润，而这些只有依赖付出更多劳动并极少消费的穷人才是可能的。将被监禁者解放到劳动力市场

---

① Françoise Labalette, « Les terribles ravages du "grand hyver" » in *Historia*, mars 2009, no. 759, p. 47.

因此会产生双重贡献：降低投资代价和增加真实财富。

在这个意义上，济贫院系统救助穷人的慈善成为"致贫和经济逐渐停滞的原因，也是所有生产性财富的缓慢死亡"（HF,514）。因此，解放被监禁者的措施本质上不是为了将被监禁者从苦难中解放出来，而是为了利用被监禁者的生产力。正因如此，在这个时代，需要依据社会有用性区分健康的穷人和患病的穷人。也是因为这同一个理由，在新的精神病院里，治愈病人的功能比慈善功能更为首要。

二、疯狂经验的三种结构

在大禁闭内外的这两个解放运动的基础上，疯狂必须被确认为客观和医疗的事物。这在 18 世纪引入了疯狂经验的三种结构：有限禁闭的医疗空间、判断的客观表面、疯人与罪犯的结合（HF, 532-533）。

1. 禁闭与医疗

古老的禁闭空间要服务资本主义经济，就需要具备医疗功能，但这必须在禁闭内部的改变和肃清中才能完成。对于健康的穷人来说，他们是"珍贵的材料"；对于患病的穷人来说，救助的基础只是"怜悯和团结的情感"（HF, 517），这些本来源于社会，但已经被社会遗忘。18 世纪打破了救助的社会空间，神圣的慈善不再可能。因此，18 世纪的收容所都是由私人救助建立的，在那里，尚有将痛苦与怜悯结合起来的关联，这与"想象与同情"① 的性质一样；但同时又具有将疯狂纳入资产阶级秩序的

---

① 想象与同情的关联可能是根据休谟的想象和同情原则建立的。

性质：这种同情不是针对所有人，也不是不可穷尽的，尤其对于陌生人。由此，疯狂进一步变成一件私事，只属于家庭责任。对于富人来说，家庭有能力照顾疯了的家人，以减少他对其他家人的危害；对于穷人来说，疯了的家人只能去准监狱、准家庭的收容所。

不过，在 18 世纪这个已经完全重构的社会空间中，有关疯狂的知识一直没有真正转变。疯人还是由 17 世纪的老伙伴们构成：穷人、流浪者和病人。不过这次，他们不是落到神圣慈善或社会道德之中，而是掉入私人领域。那些人道主义的博爱革命其实预设精神错乱者应该作为"在自身且为自身的问题"处理，而禁闭仅仅在解决医疗问题的范围内才是必要的（HF, 539）。这些新观念深刻改变了排斥疯人的意义：从前，排斥是绝对的，理性与非理性之间没有共同之处，社会与禁闭之间没有混杂；现在，由于禁闭本身只能由"情感与义务、怜悯与恐惧、救助和安全"（HF, 540）之间的分界线建立起来，唯一的和简单的"排斥价值"不再具备存在的条件，必须伴有某种"实证意指"（HF, 539）和社会有用性，也就是为救助义务所需要的人类学情感、为救助组织所需要的对痛苦的怜悯以及为建立安全所预设的恐怖危险。因为在 18 世纪，甚或从 17 世纪开始，人人都"在（资产阶级理性的）墙内"（intra muros）（HF, 539）：在人的层面上的适用道德。

因此，对于资产阶级来说，理想的精神病院就是禁闭与医疗的协调：禁闭的保护，可以抵御精神错乱者产生的危害，避免公共危险；医疗，可以消除实证主义者和实用主义者眼里的疾病迹象，让病人重返工作。

2. 耻辱与观看

18 世纪的疯狂经验也可以在确认疯狂的人那里找到，如精神病院内部的监视者与鉴定者（HF, 533）。17 世纪创造了一个多样的异化场域，在那里，疯人与诸多对我们现在来说已经与疯狂无关的形象监禁在一起。18 世纪毫不犹豫地继承了这个临时混合的场域，并将其视为疯狂的自然属性；同时也继承了这个场域在历史上使用过的种种强制措施，并将其看作这个场域的决定要素，"曾经作为禁闭之社会变革的要素，成为忠于疯狂深层真相的要素；人们异化疯狂的方式被人遗忘，反而重新显现为（疯狂之）异化的自然属性"。① 所有这些都是通过对客观性的一个简单复现（récurrence）完成的，即通过对诸可见概念的重复完成。

复现的第一层："从权利到本性"（HF, 547）。从《十二铜表法》②开始的司法传统就已经剥夺疯人的公民权，将疯人限于近亲的监护之下。对自由的这个控制甚或取消，只是一个司法结果，更确切地说，是一种罗马法的解决办法：为了防止疯人挥霍家产，要在疯人行动前控制其自由。在这个意义上，限制自由并非是针对犯罪的唯一解决办法。再往前追溯到荷马时期，阿伽门农因错觉之神（atê）犯下罪行，③即不在自身意志之下的犯罪，阿伽门农无罪，但他还是做出了补偿。在自身意志缺乏自由的情况

---

① Pierre Jean Georges Cabanis (1757–1808), 1791；参见 M. Foucault, Histoire de la folie à l'âge classique, Paris, Éditions Gallimard, 1972, p. 546, note 1。

② *Lex Duodecim Tabularum* (451–449 av. J.-C.), Table V (succession)："如果某人狂暴且没有监护人，那么他最亲近的亲属就权处置他和他的财富"（Auct., Her., 1, 13, 23）；"挥霍者或疯人被剥夺了对财产的管理权，并受到宗族的管理"（Ulpien, Reg., Livre XII, 2）。

③ 参见 Homère, *Iliade*, 19.86 seq。

下，也就是在错觉之神的状态下，自身没有过错，但仍需为其行为承担责任和进行补偿。因此，古希腊的惩罚是一种犯罪后的解决办法，这种惩罚并不限制自由，而是要求补偿。从这个角度来看，自由作为司法权利是从罗马法开始的，至少剥夺自由不是唯一的惩罚方式。

然而，到了 18 世纪，罗马法所包含的从解决特定问题而来的司法选择成为理性与自由之间唯一的绝对关系。"自由与理性具有同样的界限。理性受损，自由就会受限。"（HF, 547）对个体自身存在或他人自由的威胁直接表明理性受损和失去意志的疯狂。由此，自由被取消，意味着本性也丧失了，"自由对人来说成为一种本性，妨碍合法使用自由的事物必定会改变它在人之中所具有的自然形式"。① 由于疯狂已经在意志层面取消了自由，禁闭疯人就只是对事实状态的一种承认。对 18 世纪来说，缺乏意志已经构成了导致监禁的犯罪，这种缺乏直接指向剥夺自由，即对疯人的真实禁闭。这是以（如《十二铜表法》中）从权利到本性的复现之名来证明其合法性的。奇怪的是，对自由的限制本来只是限制权利的一种方式，从 18 世纪开始，这发展成惩罚的主要方式，并同时支配着司法和医疗的专业经验。

通过大革命时期正常人的这种至高权力（即由家庭决定家人是否是疯人），旧制度得以重新活跃：老的观念和习惯就像慢性病一样在公民那里既被摒弃又被重拾。这些家庭审判并不遵循司法或医疗的各种规则，不注重核实调查或对病人的医学观察，而仅仅顺从"健康、理性或自由规范下的生活、经济或家庭道德规

---

① Pierre Jean Georges Cabanis, *Vue sur les secours publics*, 1798 ；参见 M. Foucault, *Histoire de la folie à l'âge classique*, Paris, Éditions Gallimard, 1972, p. 547, note 1。

则"的直接诉求（HF, 557）。这就像某种独裁，但执行者是人民
（家人）。不过，这种人民的独裁实施不像禁闭理性那样努力避免
"犯罪的暴戾"，而是寻找丑闻，因为丑闻是民众能够实行同时
具有裁判和惩罚的主权功能的唯一方式。人民（家人）通过"作
为唯一的理想和即时行动的观看"（HF, 558），审判、执行和偿
付同时完成了。观看有如此功能的单纯理由就是：最内在和最原
初的罪就是淫乱（vice），这在其完成之前就构成罪，是意志之
前的原罪，是所有罪的起源。奇怪的是，这个起源是由耻辱而不
是由惩罚加以制裁的。其实在十二铜表法甚至荷马文明之前，正
是耻辱作为社会守则发挥作用。但这里并非是一个对耻辱的简单
回归。

　　禁闭将阴影之中的事物隐藏起来，革命意识将这些事物公之
于众。革命意识不寻找过错在人心之中实现的模糊深度，而是满
足于"丑闻（在观看下）的肤浅轰动"（HF, 559）。这当然不是
司法的人性化，相反，在社会耻辱的简单曝光下，加重了非理性
的晦暗，这是比古典时期更深刻的隐藏。不过，这只是一个社会
心理学的游戏，旨在制造和玩弄公众效应，这只能在资产阶级傲
慢和闪耀的圈子里发挥作用。在更为复杂的社会中，表面和谐可
以隐藏个体的深层阴暗，甚至后者是用前者来伪装的，"意识的
警惕和丑闻只能产生虚伪"（HF, 559）。

　　3. 疯狂与犯罪

　　18 世纪的革命意识还会产生另一个矛盾运动：一方面，"犯
罪内在化"（HF, 560）；另一方面，这种内在化并非个体性的，
而是相反，这种内在化必须普遍适用，必须能够随后进行集体和
社会的外在化，即内在性必须能够通过某个公共标准评测。这

种用公共舆论确认的内在性（集体的、一般的、普遍的和有组织的内在性）代替了"特定的法学规则"（理性规则）。"犯罪失去了绝对含义，失去了其在已完成行为和冒犯中所具有的统一体"（HF, 561），犯罪被一分为二：一部分是由痛苦所定义的过错，这种痛苦是在社会观看下的痛苦，是公共意识中的痛苦，将私人生活的公共表现与公共生活依据耻辱感所构成的个体惩罚混合在一起；另一部分是由起源解释的过错，即依据他人的认知指定、判断和定性的起源。

这个分离体现在心理学对个体认知的处理方式中。18 世纪的个体心理学是一种个体史，这种个体史在与公共意识所宣告的判断形式的关系中发生，是一种相对于"社会意识"的"丑闻重组"（HF, 561）。只有通过在人自身的意志中定位过错和犯罪，通过从资产阶级或普遍理解的观看下借取其意义，才可能对"遗传特性、过去和动机链条"有所认知。在这个心理学概念层面的齐平化基础上，犯罪失去了"其真实密度"，犯罪在丑闻中毫无秘密可言，犯罪既是私人的又是公共的。心理学概念的沟通可以单独构成对犯罪的判决。

这个既私人又公共的犯罪悖谬表现在 18 世纪两个最初的激情犯罪之中。

1783 年，一个有产者因杀害了一个女人被逮捕（HF, 562, note 1）。他的家人和医生都证明他是疯人，因此他像其他精神错乱者那样被处置。但因为这个人的疯狂迹象很少，他被关在疯人院的一个单人房间；又因为这个人几乎没有什么暴力迹象，他又回到了精神错乱者中间。他最后提出出院，得到的回答是：监禁已经是优待了，因为他本来是要被执行死刑的。在这个例子中，疯狂之心理状态虽然可以作为不负刑事责任的理由，但其实并不改变惩罚。这个心理状态的本质作用实际上是分离犯罪统一体并从中孤立出暴力因素，以此为严格的惩罚做出合理性证明：通过对疯狂之心理状态的认知，犯罪被孤立和定义为一个可以分配特定惩罚的简单暴力。不再需要用诸多不可知秘密的复杂性来解释不可理解的疯狂，只需要补偿（惩罚），只剩下一个赤裸裸的阿伽门农。

不过，另一个激情犯罪的案例则是第一次将疯狂状态作为无罪辩护的理由。1792 年，一个名叫格拉的老工人杀害了他不忠诚的情妇并被判处死刑，但诉诸心理学的传讯深刻改变了他的犯罪责任（HF, 565, note 1）。律师贝拉尔的辩护并不带有对疯狂的任何科学认知，但这个辩护成功了，只是因为这个辩护创造了一个作为人之真相的心理空间：自然之爱属于年轻人，一个老人的爱只不过是在虚空激情、孤独幻象和无差别恋爱对象中的疯狂；这个走向暴力的虚空爱情只是想象、盲目和猛烈激情的结果。因此，犯罪事实与疯狂真相被分离开来：只有暴力和虚空的行为是有罪的，剩下的就是处于理性缺乏和不可抵御的激情风暴中的不幸者（疯人）。最神奇的是这个辩护使格拉成功脱罪。

比较 1783 年和 1792 年的这两个案例，关键不在于对疯狂的心理控诉，而在于使这个心理状态得以支撑之物。让格拉成功脱罪的不是疯狂机制，而是他在深层所诉诸的资产阶级道德——忠诚，对忠诚的坚持乃是 18 世纪资产阶级社会的珍贵美德，因此很难为这样的美德定罪。心理学所做的只是向疯狂内部重新引入了一种可辨认的和亟需的价值。这种去异化的方式"就是异化本身"（HF, 566）。在这两个激情犯罪的案例中，尽管结果完全相反，但心理学扮演的角色是相同的：在非理性中构造一种可辨认的道德空间，尽管这是对非理性进行了再次异化。

三、治愈的两种操作

18世纪末，通过两个解放运动（一个将疯狂从所有不可见和非客观的事物中剥离出来，一个为了提供服务于经济的劳动力而解放和治愈疯狂），现代精神病院在大革命的重大法律重组中诞生了，"资产阶级国家为自身需要发明了私人慈善"（HF, 581）。随着对疯狂真相的判断及其与犯罪的心理关联，现代精神病院中的疯人就如同自由的因犯和被释放的奴仆。图克（Tuke）的疗养院与皮奈尔（Pinel）的收容所给出了自由与监狱之间游戏的两个典型例子。

1. 图克的疗养院

首先来看图克的神话及其实际操作。17世纪将资产阶级道德强加给疯狂，18世纪将之确认为疯狂的原因。疯狂成为"一种既非自然亦非人本身的疾病，是一种社会的疾病"（HF, 587）：情感、不确定性、社会动荡、人造食物将疯狂从人获得其直接和本质归属的自然中脱离开来。因此，在疯狂经过17世纪的异化之后，18世纪的去异化就会是这样的图景：图克相信并肯定"在户外空气中的运动、规律的散步、花园和农场的劳动总是对疯人的治愈有益并能促使其成功"（HF, 590）。疗养院闪耀着神秘的力量，疯狂可以借此重新找到其本质真相，并趋同于"远古第一自然人和第一社会人"（HF, 590），也就是最终不可异化的界限。然而，这个神奇的疗养实际上是如何进行的呢？

（1）图克疗养院里的疯人可以在开满鲜花、长满水果和蔬菜的花园里无忧无虑地奔跑，但并不是无论什么疯人都可以进入图克疗养院。图克疗养院实际上是一个社会团体，它寻求重建一个类似于"贵格共同体"（HF, 598）的社会，这样的共同体基于认购建立某种"契约式同盟"和"利益聚合"（HF, 589）。在贵格会的世界里，兴旺发达是人得到上帝降福的象征。因此，工作是图克疗养院"道德治疗"的第一条，因为工作可以通过把人投入一个责任系统——"作息规律、注意力集中、凡事必求成果"（HF, 602），从而将病人从自由涣散的心灵中解脱出来；甚或研究自然和智慧的脑力劳动也能有效减少疯人的自由思想（胡思乱想），并让疯人意识到自己的责任。这些都极其符合资产阶级经济治理的逻辑。

（2）这个回归自然，当然不是回归中世纪所面对的那种冷酷无情的宇宙。这个外部自然非常简单，或者更确切地说，非常完美：只有幸福的田园生活。通过构造这样一个人工的外部自然，图克疗养院取得了两方面的"成就"：

首先，疯狂被封闭在一个严格的"家庭"之中，在那里，既没有纵容，也没有不公正，其所给予的保护既不屈弱也不殷勤。这是一种符合圣经家庭伟大图景的自然，其本质是大写的健康、理性和真理。这个宗教层面发挥着本性和规则的双重作用：其在本性上的深度在于"先祖习惯、教育和日常练习"（HF, 599），在于人们在生命开端的童年时期耳濡目染的所有事物，这就是人之本性的来源，这也是掌握着可以限制疯狂暴力之最后力量的事物。实际上，就是回归基督教传统。对疯人的保护实际上是在与自身的斗争中完成的，是在被大写法则和过错所威胁的永恒不安中完成的。

其次，疯狂被孤立在一个父权制家庭中，在那里，"个体旨趣"必须自我牺牲以重新找到对家庭成员的"自发情感"（HF, 590）。而达到这个目的的办法就是"痛苦表演"（反面教材），这对于所有仍有感知的人（包括疯人）来说都会是一种有威慑作用的痛苦经历，因为疯人有害激情的起源正是"恐惧、仇恨和蔑视"（HF, 598）。这种做法导致不再是疯人让人害怕，而是让疯人感到害怕：疯人被交付给"良知、真理和道德教育"（HF, 600）。因此，在图克疗养院，恐惧不再是通过镣铐或笼子的限制制造的，而是通过话语和话语性的惩罚威胁制造的。实践表明，语词的力量比真正的惩罚更有效。因为在物理惩罚的力量之下，疯人通过牺牲生理上的痛苦，还可以诉诸和转向其内心疯狂的主体性（尽管被缩减），诉诸和转向更高层面的想象。而语词威胁实际上直接是在内心的想象中进行操作的，并且在去神圣化话语的张力下操作，疯人的幻象和玄奥都直接被带入和坠入他人用言词构造的意识之中，坠入用言词构造的坚固的日常生活之中，坠入需要自行负责的罪感之中。疯人对自身的疯狂再无可诉诸的出路，亦无可托辞的借口。

（3）通过这种言词制造出来的清楚分明的罪感，疯人不得不暂时放下其空幻飘渺的主体性，成为一个由惩罚意识来衡量的对象，把自身交付给自己和他人的良知。疯人从外部或内部所有模糊的和不可见的事物中解放出来，也就是说，一个谵妄主体变成一个有自我意识的主体。疯人从幻象中解脱出来，重新找到或重建的意识也让疯人成为责任主体，即我们通常所说的理性主体。在图克疗养院，这些都是在简单的观看和被评价的需要中由疯人自己和他人一起完成的。在古典时期的禁闭中，观看是外部的：

对于疯人自己，如果有机会，他会在更高的层面或宇宙的层面进行自我审视；而对于他人来说，他们仅仅能看到的是其"怪物般的表面"和"可见的动物性"（HF, 603）；在古典时期，这种观看至少有可能是双向的，也就是说，像一面镜子一样，观看者看到自身的堕落。而在图克疗养院，观看只针对内部，也就是形成疯狂与理性的共同必经之路：我思。在这个共同平台上，疯狂和理性的唯一区别就是：随着社会不停转变，疯狂比理性更难以与过去、与旧社会相脱离，而理性总是能伺机而动、与时俱进。

图克疗养院的"茶话会"（HF, 604）就是为了在疯人的意识中强制重构一个给定社会。通过茶话会的其乐融融（集体和谐），疯人处于一个即使在他自己看来也是美好的世界之中；但在这样一个美好的世界里，只有自己显得格格不入——在这个关键点上，疯人不得不以集体和谐的视角进行观看，包括观看自己，这使自己成为上述视角的观看对象，结果就是：疯人对自己都忍无可忍，因为他的古怪不符合在这个集体和谐中作为一个和谐和顺服的匿名者的角色（以集体和谐视角进行观看使之具有匿名者角色）。因此，对于处在这种被营造出来的外部和谐和不对称的内部角色中的疯人来说，他只剩下不得不投入到强大和谐中去的"自由"。这种不得不的自由为什么是可能的呢？因为疯人本身在自身内部的自由中实际上是奴隶、弱者和盲目者，他对这个自由从何而来、由谁决定一无所知，这也是疯狂可以在他身上发生的基础。但在图克疗养院，"意志薄弱"的这个基础要为"理性"奠基，甚至是"理性"得以可能的条件：为了从强迫觉醒的罪感中逃脱，选择成为社会和谐的一名匿名成员是更为安全和舒适的。

（4）所有这些转变只有在可见性中才能获得成功，即通过道德实证主义和资产阶级实用主义。这里有一个例子：一个坠入"完全白痴"状态的年轻女性在发烧期间变得完全有理性了，而在发烧结束之后，她又坠入白痴状态（HF, 587）。图克疗养院的科学家得出的结论是：在疯狂中，本性未泯但被遗忘，疯狂与理性之间总是有一个不可异化和分割的本性（HF, 588）。古典时期在理性与疯狂之间建立的绝对排斥关系在可观察现象中得以解除。也正是通过可见物的这个相共性和相近性的平台，回归自然和回归集体的和谐力量才得以证明其合理性。在观看的世界，疯狂只对自身的可见部分负责，"只有被看见，疯狂才存在"（HF, 605）。也正是在这一点上，通过权威观看而介入、规训和构造人的监视才得以诞生。

不过，在图克疗养院的实践中出现了一个矛盾。从外部世界的自然、社会和谐、所有可见事物到疯狂的内在自然和所有不可见事物的过渡，实际上穿越了一个深刻的断裂。将非理性主体替换为心理主体和惩罚与补偿系统的对象，这个替换实际上是一种虚假的实证主义和真实的实用主义：如果重要的只是可见结果，那么掩盖疯狂以适应监视权威的这个过程，可以完全通过图克疗养院的虚假治愈完成。也可以说对于资产阶级，疯狂的真相只有在影响工作能力或经济社会的可见秩序时，才是有意义的。因此，关键并不在于可见与不可见之间的矛盾，而是实用主义的和谐可以忽略所有不相容冲突，并将之化约为不可见的个体内在，这个个体内在仍然可以存在于 18 世纪非理性那不可见的同样昏暗之中。

2. 皮奈尔的收容所

法国的皮奈尔解开枷锁的神话与英国的图克疗养院既相似又

对立。当图克把古典时期的社会斥为疯狂之古怪性的原因，并强调一切自然的原初性之时，皮奈尔则要让疯狂的动物性、奇异性以及所有绝对外在于人的形象销声匿迹，皮奈尔要将所有这一切释放到真实社会之中，并将所谓的社会美德作为人之根本。

最奇妙之处在于，负责宣告终结旧制度所制造的疯人之动物性的，恰恰是乔治·库东（Georges Couthon）——"瘫痪的革命者"。库东将疯人视作野兽，但他本人就是"非人性中最可怕之物"（HF, 592）的体现：一个兽性之人将兽性之名转嫁给疯人。库东在旧制度时期将国王砍头，他身上所体现的事物才是让人发疯的原因："在精神错乱者那里显现出来的只是对此（库东及其同类所为）的一种局促不安的反映"（HF, 593）。

尽管图克、皮奈尔甚至库东的解放计划截然不同，但他们都在做同一件事：将过去的枷锁替换为新的或者更旧的枷锁，这个枷锁要么可见要么不可见，依社会所需，这就是所谓革命。"解放疯人，打破枷锁，打造人性环境——这些就是证明"（HF, 601）。那么让我们来考察一下，皮奈尔实际上打造的是什么"人性环境"。

首先，皮奈尔与图克一样，都在社会中寻找疾病的起源。但皮奈尔并不一般性地斥责社会，而是将疾病的起源指向天主教。皮奈尔认为，天主教是"激烈情感和可怕图像"的来源，正是天主教诱发和维持着种种幻觉，从而导致"人们走向绝望和忧郁"（HF, 610）。不过，皮奈尔在抛弃宗教的种种想象形式的同时，保留了宗教的道德内容及其社会效力（HF, 610）。在皮奈尔的收容所中，凭借宗教默契，一个年轻女人被她的直系亲属治愈了，一个年轻的虔诚女孩听取了她所信赖之人（HF, 611）建议的道德原则，最终是宗教因素使在走入迷途的心灵中重建理性的艰难工作变得简单。对皮奈尔来说，必须重拾宗教的这个有效部分，因为这部分在道德上进行操作，它在"美德、劳作和社会生活"（HF, 612）层面都是有用的；反过来，宗教中的无限幻想和神话则必须消除，因为它们对资本主义社会是无用的甚至是有害的。建立这个无需宗教的宗教作用领域，只不过是依据社会需要而建立的一种用来使道德变得纯粹和统一的策略。

其次，皮奈尔延续了依据家庭和劳动价值形成的社会道德。这与图克在疗养院中使用的"本性/自然"一样，只是在皮奈尔这里被称作"美德"。对他们来说，即便是在疯狂所异化的暴力和无序之下，原初道德或纯粹美德也是不可异化的。之所以如此，是因为原初道德或纯粹美德正是疯狂主体的真相，这些被强加的真相因此反过来也是主体至高权力的命令和证明。

但正是在这一点上，问题出现了。缩减差异、压制恶习并消除不合理行为的正是既定社会的道德。如果社会发生了改变，其道德也会相应改变，那么原初道德或不可异化的美德又在于何处呢？普遍道德如何证明自己对疯人的独特性施行暴力就是正当的呢？实际上，图克和皮奈尔所诉诸的这个原初道德或纯粹美德，正是使个体依附于社会条件的服从。在这个意义上，服从是普遍的，可以永远没有固定的内容，服从可以依据社会改变而做出适应；这也许是个体与社会间关系的一个永恒原则：个体应该顺从社会，个体为了避免在社会中什么都不是（一无是处），就必须谁都不是（匿名）。

然而，个体在社会中必须遵行的这个整合不能只是在这样的理论综合或逻辑中单独完成。正如在古典时期，必须先将顺从者和固执者分门别类：前者被称为具有本性和美德的公民，他们可以留在社会之中；后者被称为本性和美德遭到异化的疯人，必须关起来。通过实施这种"社会隔离"，资产阶级道德在社会中获得了事实上的普遍性，这是资产阶级随后能够将这种普遍性作为异化一切异化形式的正当性所在（HF, 614）。在皮奈尔的收容所里，这是通过三种方式完成的。

（1）沉默。皮奈尔释放了一个把自己当作基督的前教士，且一言不发，所有周围的人也都保持沉默（HF, 615）。这个疯人教士被孤立在自己的自由之中。这个空无的自由让这位疯人教士感到一种比镣铐和单人囚室更强烈的侮辱：这次遭到侮辱的不是他的谵妄，而是他的整个存在。这个自由但孤立的存在让他无时无刻不感受到自身孤独的种种限制；冷漠是一种比约束更有效的力量，尤其对于习惯于抵抗约束的人——这种人将抵抗视作本质上的荣耀。在这个令人不适的自由的眩晕之中，疯人教士（病人，并不真正具备自由的能力）不可避免地坠入一种脆弱的自我关系之中。这是一种极易依据过错秩序而重组的关系，因为这个空洞的自我关系不能承受孤独或"与他人无关"（HF, 616）的耻辱。这个虚假的和人为的自由，在收容所给予这个疯人教士的绝对沉默中破碎了，同时粉碎了真实自由的幸福，强迫意志薄弱的病人放弃自我并服从同时具有接纳性和支配性的新的社会枷锁。

（2）镜像承认。三个自称路易十四的疯人被看守的两句话治愈了："您为什么和这些明显是疯人的人争吵？""如果他是君主，他怎么不结束对自己的监禁？为什么还和这些五花八门的疯人混在一起？"（HF, 617）

第一句话召唤（第二人称）疯人去谴责别人，同时也保证其与自身谵妄内容是相符的（即肯定对话者／疯人的主体身份）；
当对话者／疯人成为对话中判断他人的主体时，对话者不会觉得
自己认定的（路易十四）自身立场是不安全的，因此很容易毫无
戒备地去谴责其所见——警惕是维持主体地位或捍卫成为主体之
权利的第一个和最后一个方式。然而，这个第三者视角带来的审
视他人的便利会把主体引入另一个悖谬的立场：分裂为主体和客
体的立场。在这个新立场上，谵妄假定和平庸现实之间的差异变
得显而易见，因为进行谵妄假定的绝对主体被分解了，从而也在
这个对对象立场的绝对判断中缺席了，尽管这个被分解的绝对主
体本身就是这个被自身加以绝对判断的对象。使疯狂显现为无依
据自负的事物，不是作为真实存在的疯狂本身，而是这个同时具
有对象性和人为性（主体性）的立场。谵妄主体的基础（绝对主
体的立场）因而被这同一个在双重立场上进行指责的主体忽略，
或更确切地说，被取消；尽管这个主体本身，作为一个真实存
在，具有同样的疯狂，即这个主体在作为对象的他人那里所见到
的疯狂。

　　因此，通过无差别主体而获得的客观认知并不会去考虑自身
的谵妄主体身份，这个无差别主体从而变成一面纯粹（绝对）的
镜子，反过来应用于谵妄主体及自身的真实存在。但这次不再是
无差别的了，而是最终通过忘记自己的谵妄身份，或更确切地
说，因为无差别认知的力量而被迫忽略自己的谵妄身份，从而认
识到自身的谵妄身份。"其作为主体的坚固的至高权力通过承担
这个对象而在这个去神秘化的对象中坍塌了。他被自己毫不留情
地观看着。"（HF, 618）

　　（3）无休止的评判。在 17 世纪，禁闭是由单一法官一劳永

逸地确立的，这个禁闭确认和分类疯狂并永远为疯狂脱罪。古典时期禁闭中的冷水浴曾经被当作唤醒机体、缓解灼热和干燥心弦的解药（HF, 620, note 2）。到了18世纪，在皮奈尔的收容所，令人生畏的司法机构和"对法官与刽子手一整套人员的想象"（HF, 619）总是不停地呈现在疯人的心灵中。皮奈尔的收容所继承了上述残酷的治疗手段，但把它们作为惩罚工具，将"医学转换为司法"，将"治疗转换为压抑"（HF, 620），以便让疯人认识到，他的过错总是会被监视、裁判和惩罚。通过将司法和惩罚的坚决要求变成暴力和永不穷尽的内在威胁，即持久的恐惧，悔恨就被植入病人的内心，成为一种消极的理性。"疯狂会在收容所里受到惩罚，即便这种疯狂在外面是无辜的"（HF, 623），疯狂躲开了监狱的锁链，但没能逃出道德世界的囚禁和惩罚。

　　从荷马到皮奈尔，几乎跨越两千年，疯狂领域（概念）总是扮演着蓄水池或替罪羊的角色，在不同的时代根据不同社会的需要，将这样或那样的人纳入或排出社会网络。

第二章

我思的批判

"当我思（考）的时候，我肯定是我一直是的那个人。"

——普劳图斯 [①]

疯狂体制的这些重大变化常常是被批判意识激发的，用福柯的话说，就是批判态度。这个批判态度常常是在我思中并朝向我思涌现或至少呈现。因此，本章的关键在于批判与我思之间的因果关系、可逆性或同时性。

福柯很少直接谈及我思，他也很少使用我思这个词。福柯在1968年的一次访谈里说："我并不否认我思，我仅限于观察到，我思的方法论生产力最终并不像我们所认为的那样巨大，不管怎么说，我们今天是能够完全跨越我思，进行那些在我看来客观且实证的描述的。"（DE, N°50）在这个意义上，我思一词甚或对我

---

① 普劳图斯（Plautus，公元前254—184），用拉丁语写作的戏剧作家，拉丁文学的先驱。他可能是最早使用 cogito 一词的人。参见 Plautus, M., *Accii Plauti Comœdiæ*, Volume 1, AMPHITRUONIS, 290。

思的传统分析的缺席并不能否认我思在福柯研究中的重要性，这种缺席只是一个方法论上的策略。我们可以在后面考察的文本中说明这个策略。

还有另一个关键问题，需要在下面的研究展开之前加以澄清，这是一个完全不同的双重性：何以说在批判和我思之间，存在着某种因果关系、可逆性或同时性？只有在下述两个具体语境下，这个问题才是有效的。

首先，我们在本章中处理的批判意识尤其存在于我思领域，即存在于"思想的认知"领域，不论是个体的还是集体的。这个我思领域，要比笛卡尔式我思的领域更为丰富。这里的"我思"一词是动词，[①] 指的是思想的最初行动。然而，这个行动完全不像笛卡尔所定义的我思那样是清楚分明（clare et evidenter）的。这里的我思的具体特征会根据思想的历史规则发生变化，但所有时代都无法抗拒的一个特征是：我思总是（要不就是潜在地是）最自由的。个体我思的这个自由的特征同时具有创造性和革命性的作用，不同真理体制在不同时代都会因这个特征得以形成和转化。这个特征也会让思考主体或者被视为疯人，或者被视为天才，这会依据思想主体所在的具有不同解放进程的社会时期而有所不同。不过，个体我思不断受到社会的批判，因为个体我思的自由很少直接符合既定的"社会"（集体我思）。在这个意义上，每个社会都是对个体我思的一种批判。

其次，由于我思的深层特征是自由，其自然运动重则表现为对特定社会的反抗，轻则表现为批判。由此可以说，批判意识表

---

① cogvto（"我思"）这个词在《基督教作者拉丁-法语字典》（*Blaise Patristic*）中，有"思考、遐想、想象、想起、反思、犹豫困扰和想要做某事的意愿"等含义。

现为我思的事务，因而呈现出我思的矛盾性质：总是摧毁其所构建之物，也总是重构其所摧毁之物。我思永不疲倦的批判运动因此与地质学运动相似：无数微小的自由运动最终改变了地貌，而地貌的彻底改变就是彻底的批判，用福柯的话说，就是相对于先前结构的"断裂"。这个转变当然不是通过明显的代替或轻而易举的替换，而更是通过沉积来实现：既堆积又散落的运动。在这个意义上，批判从来不会消除先前的结构：要么是旧事物作为新事物中的一个（未言明的和几乎无意识的）要素，要么是二者共同存在，逻辑上不相容，但却被同一时代的不同个体（有时是同一个体）所接受。

总之，本书认为我思的这两个品质（自由和批判）是人最为珍贵的本性。二者并不总是同时可供使用，也不总是同时具有建构性。但如果我们忽略它们或者以为它们终有一天会被耗尽，那么我们总是会收获惊喜，这也是为什么我思的疯狂总是不断让我们感到意外。

第一节 对理性–非理性的批判

一、文艺复兴时期：颠倒的林神

我们在博斯的画作《治疗疯狂》中的"著名医生"[①]那里，还能找到一个包含着宇宙悲剧和道德批判的疯狂经验的统一体：

---

① Jérôme Bosch (1450-1516), *La Lithotomie* (ou *La cure de la folie*) (1488-1516)；参见 M. Foucault, *Histoire de la folie à l'âge classique*, Paris, Éditions Gallimard, 1972, p. 44。

医生比他所要医治的疯人还要疯狂。不过，这个统一体随后就被一个深邃的再也不会闭合的巨口分开了：这个巨口是图像与语词之间的巨口，一边是由博斯①、勃鲁盖尔②、鲍茨③和丢勒④所代表的悲剧，一边是由布兰特和伊拉斯谟所代表的批判（HF，45-46）。

　　在伊拉斯谟⑤、蒙田⑥、沙朗⑦和加尔文⑧笔下，疯狂仍然是一个相对于（人类）理性的事物，二者永远是可逆的："所有疯狂都有判断和掌控疯狂的理性，所有理性都有可以在其中找到其可笑真相的疯狂。"（HF, 49）理性排斥疯狂，疯狂拒斥理性，但正是在这个双重指责的运动中，疯狂和理性相互定义并相互奠基。

　　1. 从疯狂到理性

　　这也许可以用"基督教的古老主题"进行解释：人类世界在上帝眼中就是疯狂，"上升到上帝的精神，或者深入到我们自身所投入的荒谬深渊，这是一回事"（HF, 49）。不过，如果我们上溯得更远，在古希腊时期，"疯狂"状态曾在苏格拉底那里表现为某种接受神示的形式，⑨ 甚至对神性的最初命名就是来自人类对

---

① Jérôme Bosch (1450-1516), *La Tentation de saint Antoine* (1501).
② Pieter Bruegel (1525-1569), *La Chute des anges rebelles* (1562).
③ Dieric Bouts (1410-1475), *La Chute des damnés* (1470).
④ Albrecht Dürer (1471-1528), *Les quatre cavaliers de l'apocalypse* (1497).
⑤ Érasme (1466-1536), *Éloge de la folie*；参见 M. Foucault, *Histoire de la folie à l'âge classique*, Paris, Éditions Gallimard, 1972, p. 50, note 2。
⑥ Montaigne (1533-1592), *Essais*；参见 M. Foucault, *Histoire de la folie à l'âge classique*, Paris, Éditions Gallimard, 1972, p. 55, note 1。
⑦ Pierre Charron (1541-1630), *De la sagesse*；参见 M. Foucault, *Histoire de la folie à l'âge classique*, Paris, Éditions Gallimard, 1972, p. 54, note 2。
⑧ Calvin (1509-1564), *Institution chrétienne*；参见 M. Foucault, *Histoire de la folie à l'âge classique*, Paris, Éditions Gallimard, 1972, p. 49, note 1。
⑨ 参见 L.-F., Lélut, *Du démon de Socrate*。

自身疯狂的无法理解。[①]基督教继承了古希腊对人的"疯狂"的这个不可被自身理解的看法，人无法认识、理解乃至控制的，都不属于人自身，而是"上帝的无度（démesuré）理性"，后者反过来转化为人类理性的绝对参照，换言之，所有人类理性只不过是相对于绝对疯狂的一个疯狂，人的所有意识、清醒和知识，相对于绝对疯狂、绝对无序的秩序（神性），只能是一种无序。"所有事物都有两副面孔，因为上帝坚决让世界相互对立……正因如此，每个事物与其表现在世界上的样子是相反的：一个颠倒的林神。"[②]

　　如果仔细考察林神中所包含的这个"表象"与"真理"[③]之间的悖谬，我们会发现这个悖谬本身是由对"表象"和"真理"的定义产生的，也就是说，这里并未触及现实（真相）问题。这些

[①]　比如在古希腊早期（早于荷马），moira 是不可理解的，atê 常常将人引致无法解释和理解的"疯狂"。因而，相对于在一定社会能够被理解的正常人类行为，这个出离于这个"正常"并且无法被理解的行为，在古代人那里不是被解释为今天的"疯狂"，而是被解释为某种"超自然"的力量。根据多兹的研究，荷马史诗中的人性化诸神就是来自对这个"超自然"力量的表达，这也是后来"神性"诞生的一个起源。

[②]　Sébastien Franck (1499–1542), *Paradoxes*；参见 M. Foucault, *Histoire de la folie à l'âge classique*, Paris, Éditions Gallimard, 1972, p. 50, note 1。在希腊神话里，林神是半人半羊的形象，是一直伴随着狄奥尼索斯的养父和老师。在希腊古典时期，他变成样貌丑陋，鼻塌肚圆，经常以衣衫破烂醉酒欢乐的形态出现的老头。在《会饮篇》里，阿尔西比亚德把苏格拉底比作林神，但这并不是在侮辱苏格拉底，因为林神在希腊神话代表着诸神。因而阿尔西比亚德说，林神的雕塑的确显得滑稽可笑，但如果打开这些雕塑，里面都是诸神的形象。

[③]　对法语词 vérité 的翻译是困难的，已有的常见翻译如"真理"和"真相"在中文语境中会表达出不同的意思，这也是 vérité 本身可能包含的不同含义。由于福柯通常讨论的是复数的 les vérités 中的 vérité，也就是 vérité 并不是唯一的，因此本书倾向于将 vérité 译作"真理"，意在表明"真理"不是只有一个；只在特别表示 la vérité 的唯一性时，才用"真相"来翻译该词。

概念本身的定义和规则已经包含了它们之间的矛盾，其实是概念本身的悖谬游戏制造了矛盾。"它［表象与真相的矛盾］[1] 已经出现在表象［这个概念］内部，因为如果表象符合自身的概念［表象表达的是某个真相］，那么表象至少揭示着一种真相，并作为这个真相的空洞形式。"（HF, 50）从而，对表象的否定，并不能直接抵达表象所表达的真相，而是将表象视为某种真理，就可以用来否定与之相反的表象，概念游戏的运动因而永不停息。"颠倒的林神并不是上帝剥夺我们（获得真相权力）的那个真相的象征，这个被倒置的林神比这个象征更丰富也更简单"（HF, 50）：更丰富，是因为颠倒的林神不仅是被抽离的真相的象征（即表达真相的表象），也是呈现出来的真理的象征（即表象自身的真相），它见证了表象和真理只不过是同一事物的两面；更简单，是因为相反事物的象征（即表达真相的表象和表象自身的真相）窃取／遮蔽了朝向真相的唯一且直通的道路，因此不应被囚禁在林神的这个相反事物的矛盾象征中。用索绪尔的能指和所指区分，可能更容易理解这里的"表象"与"真理"／"真相"之间的悖谬："表象"是一种能指，其所指是一种真相，但"表象"作为能指本身也有自己的真相，后者就是"真理"的领域。在这个意义上，疯狂与理性的可逆性并不是一个从表象到真相的可逆，而是从一个表象到另一否定它的表象的可逆，也可以说是表象与真理的可逆性。

不过，柏拉图主义以及所有在想象中与上帝的绝对真理相关联的思想，实际上都在不停地自嘲，但与此同时，这些思想为了

---

[1] 方括号中的内容为笔者的补充解释。

从人类疯狂中摆脱出来并进入上帝世界而排斥人类疯狂。14 世纪神学家陶勒已经预言了笛卡尔式的道路——驱逐"疯狂"并走向更晦暗和令人绝望的疯狂：恶魔，"小舟驶向大海，就像人处于这种无依无靠的状态，因而所有焦虑、欲念、意象和苦难都溯于人上"。[1]人，为了能够脱离自身的孱弱而希图进入上帝（绝对真理）的世界，因此抛弃感知，排斥疯狂（正如笛卡尔），但活在能指的真理世界只能使人更加疯狂。面对亘古不变的同样苦难，人丢失了经验世界（表象与真相混合的世界），但又不能抵达上帝（能指的纯粹真理世界），实际上被悬隔在一个撕裂的世界上。"人其实是被前所未有地抛给了疯狂"（HF, 51），抛给了这个相对于现实真相的有限真理的避难所。上帝之绝对真理作为想象的避难所，其实从来都是不可进入的，那只是一个黑暗的非理性（非人类可以想象和控制）深渊，就像希腊神话一样。然而，希腊神话以自身的非理性结局（悲剧）发挥着作用，人们实际上通过这个神话过程，通过这个对痛苦、希望和无知的不可捉摸的模糊性进行着自我安慰：神即如此，人又如何？而基督教的上帝则声称朝向光明的道路，排斥所有感知的焦虑和不安，但人们其实也不过是朝向同一个神话式的悲剧结局。所以加尔文说，"上帝啊，你的忠告深渊似海"（HF, 51, note 3）。"那个我们以其之名而宣告废除人之疯狂的（上帝）所揭示的，只不过是一个理性缄默的眩晕。"（HF, 52）

---

[1] Jean Tauler (1300–1361), cité in Maurice de Gandillac, *Valeur du temps dans la pédagogie spirituelle de Jean Tauler*, Montréal, Institut d'Études médiévales et Paris, Vrin, 1956 ; 参见 M. Foucault, *Histoire de la folie à l'âge classique*, Paris, Éditions Gallimard, 1972, p. 51, note 2。

2. 从理性到疯狂

在与上帝神话般之理性的张力中，人类同样神话般之疯狂也奇怪和必然地成为理性的某种形式。正如蒙田所说，"人等同于神，正是这同一个想象的虚妄"。[①] 但在福柯眼里，这是"人最糟糕的疯狂"，因为在人自身的想象中（我思之中）自命不凡地将上帝的理性形象与人的理性形象视为同一，这忽视了或更确切地说拒绝了围绕和构成人的非理性、孱弱和苦难的现实。这既不能接近上帝，也没能摆脱人。"拒斥非理性这个作为其本身条件的特征，就是永远地剥夺了合理使用其理性的可能性。"（HF, 53）

至于文艺复兴时期的疯狂概念本身，也不是要回到对不可理解的神圣性的神秘信仰，而是相反，疯狂成为一个矛盾的形式：在这个形式中，疯狂可以意识到自身，疯狂既具有秘密的力量又将其显示出来。我们接受相对于上帝世界的疯狂世界，但我们在这个疯狂世界自身之中迎接它，在同时作为观众和剧场（HF, 54）的清晰意识中迎接它。这不再是与古希腊疯狂相同的疯狂：相信不死的灵魂（psyché）可以通过时空得到循环，古希腊这个便利的接受同时也是无形的拒绝："理性倾注了疯狂"。古希腊的这个可认知和可理解的疯狂不在别处，正是在我思之中：我思仅仅通过某种内在融贯来识别疯狂。正因如此，疯人可以做出极其睿智的行动，而最荒谬的疯狂可以来自审慎和具有寻常智慧的人；正因如此，我们不再能够理解为什么在埃庇米尼得斯、恩培多克勒和毕达哥拉斯那里，同时存在着宗教和科学的视角，因为比起我思中的逻辑综合，一个人的真实存在中的综合（混合）是

---

① Montaigne, *Essais*, liv. II, chap. XII；参见 M. Foucault, *Histoire de la folie à l'âge classique*, Paris, Éditions Gallimard, 1972, p. 53。

难以理解的，因为头脑中的（上帝）秩序比真实世界的无序更享有特权，因为所有这些都是在有序的我思中而不是在多样的现实中面对的。

对伊拉斯谟、蒙田和沙朗来说，理性诸形式与疯狂诸形式的相似和邻近是巨大的和令人不安的，"转身即是彼此"（HF, 54, note 2）；疯狂和理性就像相互依赖和相互牵连的表里：理性从疯狂中提取其"最非同寻常的资源"，反过来，疯狂只是理性"活跃而又秘密的力量"（HF, 55, note 2）；疯狂是理性最危险的工具，理性以其没有灵魂的清晰性和"好奇和艰苦的努力"蒙蔽了疯狂，理性引导疯狂直至愚蠢。疯狂的这种因制裁理性努力而获得的愚蠢，其实正是这个理性努力所追求之物的一部分，因为上帝普遍理性的概念（制裁这个理性努力的疯狂目标）包含一切，愚蠢或智慧，理性或疯狂。这不再是在个人独特现实中的综合，而是在人格之外，是无人称的和普遍的综合。在人这里，这样的综合只有在我思中才是可能的。

怀疑论思想中的理性，正如在蒙田那里一样，是意识到限制理性的诸形式和驳斥理性的诸力量，但同时又将这些形式和力量安置在自身工作的核心之中，安置在我思之中，并将这些形式和力量确定为自身本性、自身思想的本质时刻，"人必然是疯人，不发疯的这种疯狂就已经是疯人了"（HF, 56, note 1）。伊拉斯谟区分了疯狂的疯狂与智慧的疯狂，这个工作将疯狂纳入理性，同时抛弃拒绝加入理性、留在"最简单、最封闭、最直接的疯狂"（HF, 56）中的那些疯狂，就像柏拉图在神圣疯狂和病态疯狂之间进行的区分和拆解。对疯狂的这种过滤或分类也许只是一种"理性的胜利"，一种最后的掌控，一种毫无保留的支配，一种理性主义的实用论。这种理性忽略了疯狂在其整个存在中的所是，冷酷无情地撕裂疯狂，就像冷酷无情地撕裂自身，同时发明了疯狂的一种真相，"那就是内在于理性，是理性的一种形象、一种力量，以及一种为了更好地稳固理性自身的暂时需要"（HF，56）。但由于疯狂的真相仍然未知，胜利既不属于上帝也不属于人，"它属于疯狂"。[①]

二、古典时期：排斥性的良知

1. 死亡与虚无

然而，古典时期的禁闭，打碎了理性实践与非理性实践的这个错综复杂的混合，化简了人之理性与上帝之疯狂间这些悖谬和颠倒的林神，这一切都变成无差别的尘埃和浮云。在古典时期，唯一重要的就是良知（bon sens）。而且，不再是大写的理性定义良知，而是良知定义理性。因为正如古希腊第一次理性化浪潮末期，大写的理性没能在可怕的世间苦难中成功拯救人类，这个上帝的大写理性在中世纪末期的不安时刻也同样失败了。

在中世纪末期，"死亡主题统治一切"差不多有 60 年（HF，30）。世界末日不再是一个想象中的概念，它有着现实的形象：鼠疫、麻风病和战争。因而，在死亡的绝对限制面前，对这个真实死亡的恐惧常常被转化为日常生活中无时无刻的和矫揉造作的嘲讽："终会变为骷髅头的脑袋，本来就是空的。疯狂，就是死在死亡之前……死亡揭示的（生命的离去），只不过是面具而已……（生命）作为行尸走肉徒劳的面具，同样的笑容延续着。"

---

① Albrecht Dürer, *Les quatre cavaliers de l'Apocalypse*, 1496–1498；参见 M. Foucault, *Histoire de la folie à l'âge classique*, Paris, Éditions Gallimard, 1972, p. 39。

（HF, 30-31）疯人的狂笑本来是为了"笑在死亡之笑之前"，失去理智（发疯）在此本来是为了卸除对死亡的恐惧。

到了古典时期，所有这些中世纪作为面对真实死亡之权宜之计的疯狂，都神奇地变成了死亡的征兆。对真实死亡的不安变成对死亡之表征（疯狂）的不安，变成对于从内部缓解这种不安的解决办法的不安。中世纪用来藐视死亡和缓解恐惧的骷髅舞，如今成为恐惧的对象本身。因此，"存在的虚无性"（HF, 31）问题不再被理解为一种外在的威胁和终极的结论（如中世纪的自然灾害或世界末日），而成为我思深处无法消解的内在之"烦/不安"：即使外部世界安好，资产阶级先生小姐们依旧忧郁如故。

由此，我思层面的"虚无"感似乎与嘲笑死亡的"疯狂"相遇，但后者作为自我缓解的方式实际起着慰藉的作用，前者却恰恰相反。因而，这是一个仅仅存在于人内部（我思层面）的相遇，它不仅消除了疯狂在死亡之外嘲笑死亡并慰藉生命的效果，反而将死亡和疯狂混淆在一起，加重了死亡对生命的胁迫。人们开始把疯狂认作死亡，"疯狂，就是死亡的既现"（HF, 31, note 1）。以前，是人的疯狂在死亡来临之前看到死亡，疯狂通过它的死亡之舞召唤人的智慧；现在，智慧不在于面对现实的死亡，而在于四处诋毁和驱逐疯狂。[①] 因为现在，"疯狂"概念所产生的恐惧，与死亡本身带来的恐惧是一样的。疯人和世界末日的角色颠倒过来了，"不再是时间之末或世界末日让人们回想起他们是如此疯狂以至没有好好准备，而是疯狂的显现、疯狂的沉闷入侵表明了世界正在向最后的灾难靠近，好像是人的精神错乱召唤并使

---

① 这类似于不去解决问题，却要去解决提出问题的人。

世界末日成为必然"（HF, 32）。

2. 良知与疯狂

笛卡尔的良知概念就是在这一刻诞生的，这个"知"是语词的而不是现实的，是在选择和自由的开放空间中，而不是如数学那样是在牢固封闭于自身的理性意识中。正是在这里，"理性-非理性的分割作为一个决定性的取舍实现了，在这个决定性的取舍中，有着主体最本质性的，也许是最应负责的意志"（HF, 186）。这个意志可以在笛卡尔的伦理选择中得到印证，这个选择排斥疯狂，且要在理性的表面上不留任何疯狂的痕迹或疤痕。

"但是，这都是些疯人。"[1] 笛卡尔在理论的层面彻底取消了疯狂作为进入真理和朝向上帝理性的方式。笛卡尔式我思的这个光辉时刻更多来自几何学的严格性，而不是怀疑方法的确定性。在新科学发现逐渐导致上帝理性衰落并摧毁原有世界意识的时候，在这个充满不确定的处境中，笛卡尔式我思备受青睐。在医学严肃考察疯狂现象之前，笛卡尔式我思已经是最具有决定性的理性基础，已经在医生之前判断疯狂，甚至从理论上（a priori）构成了医学的可能性。笛卡尔式我思在理论上对疯狂的排斥如此具有决定性，以至很长时间（三百多年）以来，没有人确切追查笛卡尔对疯狂的这个肤浅认知。在笛卡尔式我思的确定性光芒下，毕达哥拉斯、苏格拉底和诸使徒其实一无所知，因为他们进入真理的方式就是疯狂。

不过，在古典时期，这个被笛卡尔式我思所排斥的疯狂并没有一个如我思般清楚分明的面孔，而只是以否定的方式呈现，甚

---

[1] R. Descartes, *Méditations métaphysiques*, Paris, Flammarion, 1992, p. 59.

至完全被古典时期的话语所排除。笛卡尔形而上学的怀疑步骤在并未真正分析疯狂的危害及其揭示真理的可能性的情况下，就已经因为外在于形而上学的伦理和社会因素排斥了疯狂。这一轻率、直接和决定性的非哲学操作从未引起哲学上的真正关注和反思。然而，这一未经审查的排斥造作却使笛卡尔式我思得以诞生，奠基了古典时期的理性，定义了直至今日的科学和真理。因此，有必要回溯笛卡尔式我思观念的来源，即在理性与非理性共有思想自由的原初性中探索笛卡尔式我思的独特倾向。这正像福柯在《古典时代疯狂史》中第一次直接提及笛卡尔的我思时所要说的："在'我思'之前，理性与非理性有着一个非常古老的意志和选择的意涵。古典时期的理性并没有对伦理的真相拷问到底……伦理，如同反对非理性的一个选择，从一开始就存在于所有已被商榷的思想之中……在古典时期，理性就是在伦理空间中诞生的。"（HF, 187-188）那么，我们就将探索这个伦理意志的使用如何造成诸多微妙的转变，这个伦理意志如何通过一个排斥性的对立改变并重新建立认知的方式，从而使自此之后的真理认知受到限制。

笛卡尔的我思最初并不是出现在 1641 年以拉丁文写作的《第一哲学沉思集》中，而是出现在 1637 年以法语写作的《谈谈方法》中。在《谈谈方法》的第四部分，笛卡尔简要地谈到了他的前几个沉思，为了使这本书能够"被大众接受"（第一个伦理需求因素），他不准备对所有的怀疑环节（如 1641 年的《第一哲学沉思集》）做出详尽说明，他选取了"错觉"怀疑和"梦幻"怀疑，省略了"疯狂"怀疑和"恶魔"怀疑，并解释说，"（这后二者）如此形而上学和不常见，它们也许不能适应所有人的口味"。①

　　由于"恶魔"怀疑具有某种形而上的绝对性，我们很容易理解它"不适合所有人"。但为什么笛卡尔在表达如此革命性（因此在当时是有些疯狂）的思想时，要在法语版的《谈谈方法》中省去拉丁版的《第一哲学沉思集》中的疯狂论证？如果说在笛卡尔所处的时代存在逮捕和监禁疯人的政令，足见该时期"疯狂"是一个较为常见的现象，那么，笛卡尔为什么认为"疯狂"怀疑"不常见"呢？除了在上一章"疯狂主体的诸体制"中谈到的害怕被监禁的层面，笛卡尔还有更深刻的伦理考虑：读者类型。一方面，用拉丁语写作的《第一哲学沉思集》面向的是受过良好教育的知识阶层，如果被指责为"疯狂"（笛卡尔的怀疑的确有疯狂和不常规的层面），他不仅会被逮捕，还会在追寻真理的知识阶层被看作不具备考察真理的认知主体资格。因而笛卡尔在这里声明对疯狂的排斥，实际上是为了确保自身的认知主体资格。另一方面，用法语写作的《谈谈方法》面对的是更广泛的大众，这里不涉及认知主体资格问题，因而不必特意排斥疯狂以正身份。但反过来，如果在这里进行真正的"疯狂"怀疑，则有可能使大众倒向将"疯狂"视为神性的宗教之路，这又与笛卡尔的立场相悖，因而完全没有必要在这里进行这个有害无益的"疯狂"怀疑。笛卡尔所做的这种区分，类似于或者说是符应了从荷马以来知识阶层理论与民众实践之间的距离。

　　就《谈谈方法》本身来说，第一句话即"良知是世界上最普遍之事"。这句话是笛卡尔的理论出发点，也是福柯所说的"理

---

① R. Descartes, *Discours de la méthode*, Paris, Flammarion, 2000, p. 65.

性与非理性有着一个非常古老的意志和选择的意涵"（HF, 157）。
笛卡尔解释说，良知指"良好判断和区分真假的力量"，并补充
说"被称作良知或理性的事物自然在所有人那里都是一样的"[①]。
这会带来两个系列的问题：第一，什么是良知？如果良知可以替
换为"良好""判断"，那么什么是"良好的"判断？为什么"判
断"必不可少？第二，如果良知等同于"良好判断"，为什么以
及如何这个能力"自然在所有人那里都是一样的"？为什么能够
被更多人分享的就是理性且可以反过来诉诸所有人？为了回答这
些问题，我们将考察两个被认为是笛卡尔良知概念起源[②]的斯多
葛学派文本：西塞罗的《图斯库路姆论辩集》第五卷和塞涅卡的
《论幸福生活》。

（1）西塞罗："良"的问题

西塞罗在《图斯库路姆论辩集》第五卷考察了贤人（sage）
的幸福。"心灵（esprit）中好的事物是美德"，[③]"存在美、诚实和
卓越的事物是欢乐的来源"，"因此幸福是美德的效果"。[④]为了
区分好坏，西塞罗将两种精神对立起来：一种产生于"反思和对
理性的追求"，"带有我们在精神发明中所能找到的所有欢乐"；
另一种"活在杀人、不正义之中，在日夜不停的恐惧之中"。这
个对立可以与先前关于"贤人与疯人之间的对立"[⑤]相呼应，西塞

---

① R. Descartes, *op. cit.*, p. 29.

② Ibid., note 1, 这个概念源自斯多葛学派；参见 Cicéron, *Tusculanes*, V, 67; Sénèque, *De vita beata*, 2。

③ Les stoïciens, *Tusculanes*, V, ed. par Pierre-Maxime Schuhl, Paris, Gallimard, 1962, p. 385.

④ Ibid., p. 379.

⑤ Ibid., p. 380.

罗这里的疯人指的是暴君。"心灵中的好事物"之所以令人向往，是因为它是欢乐的来源；反过来，对于暴君、疯人和杀人者，西塞罗说"我认为是不幸的"。[①] 这说明两个问题。第一，良知基于对幸福的偏好，这个偏好因此也是笛卡尔良知的来源和深层基础。先不考虑这个幸福来源的合法性以及这个来源如何能成为认知的基础，我们在此仅强调其基础角色。第二，"成为数学家比成为暴君要好"。[②] 由此看来，贤人与疯人的对立，笛卡尔并非始作俑者。

那么，定义良知中之"良"的美德到底是什么呢？西塞罗对贤人的描画是这样的：贤人是懂得物理、伦理和逻辑的人。[③] 笛卡尔和西塞罗一样，也寻求"敏锐和完备（bien fait）的心灵"，[④] "我常常希望拥有如此灵敏的思想，或如此清楚和分明的想象，或如此充分的记忆，或如此专注"。[⑤] 但对于笛卡尔来说，增长知识程度的方式"要坚实地（solidement）好和重要"。[⑥] 相对于西塞罗，这个对"坚实"的要求是一个补充，甚或是一个相对于"好"和美德的排斥性条件。那么，笛卡尔的这个"坚实"的观念是从哪里来的呢？

笛卡尔在 1645 年 8 月 4 日写给伊丽莎白女王的信中表明，对于那些超出我们意识能力的事情，如果我们弄错了，那是不可

---

①   Les stoïciens, *Tusculanes*, V, ed. par Pierre-Maxime Schuhl, Paris, Gallimard, 1962, p. 381.

②   Ibid., p. 385.

③   Ibid.

④   Ibid.

⑤   R. Descartes, *op. cit.*, p. 30.

⑥   Ibid., p. 31.

避免的；"但对于那些因为没有被理解力澄明的事情"，[①] 如果我们的意识没有审查我们追求做好（bien faire）的意志或决心，那么这个意志或决心有可能是错误的／虚假的（fausse），它会"把我们带向坏的事情，而我们却以为这件事是好的，因而导致的满足也是不坚实的"。[②] 在笛卡尔看来，如果没有经过理解力的充分审查，"追求做好的意志或决心"就有可能搞错，而之所以是"错误的／虚假的"，在于"我们以为好"和"实际上坏"的差异。当有这个差异时，即使存在"满足"，这个"满足"也不"坚实"，因而仍然是不可取的。

在这里，我们可以看到笛卡尔进行了以下三个操作：

A. 从人的"意识能力"层面将世界分为可被澄明的部分和不可被澄明的部分。不可被意识澄明的部分不在笛卡尔的考虑范围之内，主体的任何努力都无济于事或者说无意义。果真如此吗？这个部分其实就是所谓非理性的领域，这个领域被笛卡尔抛弃，甚至不是因为得不到确定的结果，而仅仅因为在"意识能力"之外。但对于斯多葛学派或者更早的古代人，"意识能力"之外甚至不确定的结果（世界的多变）并不是放弃主体努力的原因。这可以看作笛卡尔对人与世界的第一重阉割。

B. 在可被意识澄明的部分，笛卡尔认为只要通过理解力的审查，即可辨明"我们以为好"和"实际上坏"。这意味着将"以为"和"实际"拉平到理解力（我思）之中，那么这个"实际"实际上也是"以为"。在斯多葛学派那里，"我们以为好"和"实

① R. Descartes, *Correspondance avec Élisabeth et autre lettres*, Flammarion, Paris, 1989, p. 112.

② Ibid., pp. 112-113.

际上坏"的差异是通过与外部世界的复杂多样性进行不断融合和适应的实际操习消除的；而笛卡尔的消除办法就是将"以为"和"实际"都放在我思的逻辑中。这可以看作笛卡尔对世界的第二重阉割。

C. 笛卡尔并不是认为只要将"以为"和"实际"都放在我思的逻辑中就没有问题了。因为"满足"在某种意义上就是我思的满足，疯人的神话与幻象也可以导致我思的满足。可在笛卡尔这里，我思中的"满足"有"坚实"与"不坚实"之分。由于笛卡尔在上述两点中已经遗漏或者抛弃了非理性的部分和（或）意识之外的部分，这就意味着笛卡尔的这个"坚实"也不是像斯多葛学派那样承认世界多变，并让主体通过不懈的锤炼而不断跟上世界的步伐，以此得到在"以为"与"实际"真正相符的情况下获得的"坚实"满足。笛卡尔的"坚实"是用一种单纯意识的"坚实"，而且是用这种单纯意识的"坚实"和"确定"修正或取消所有其他意志。这可以看作笛卡尔对人的第二重阉割。

综上三点可见，在笛卡尔这里，无论是"澄明""坚实""确定"还是"满足"，都处在认知的、期望的和偏好的主体（我思）层面。但即使在这个层面的我思也完全可以是疯狂的，因为这里的我思与疯狂一样，都不需要关联现实世界的真相和多变。但由于前面提到的种种原因，笛卡尔不接受我思的"疯狂"层面，笛卡尔再次阉割了其一切思想的基础——我思：为达到"坚实"满足而用意识或理解力对意志进行的考察，并未让人的自然意识或意志得到释放，而是将我思限制在一个被清楚分明的语词、逻辑甚或数学构造和凝固的那个不"真实"的世界里。在这个意义上，"好"或"坏"、"满足"或"不满足"不在于真实存在的事物，而在于人的意识中的构造。而这个不"真实"的世界其实掩盖的是一个真实的世界，即笛卡尔在我思层面排斥疯狂的真正原因：古典时期的伦理、政治甚至学术规范。"按照理性，所有其所不拥有的财富也全都是在其权力 / 能力（pouvoir）之外的……要习惯于不去欲求它们。"① 所以笛卡尔的"澄明""坚实"和"确定"的伦理需求背后，是封建等级思想残余与资本主义社会交换原则的合谋。"欲望"与"满足"已成为一种被局限和被掏空的主客关系，作为主体的人和作为对象的自然都已被异化。

（2）塞涅卡："知"的问题

塞涅卡在《论幸福生活》② 中，不仅加固了对第一系列涉及"良好判断"问题的回答，而且回答了第二系列涉及良知对所有人都一样的问题。

从西塞罗的《图斯库路姆论辩集》可以看到，所有服务于满足的理性规则并不能坚实地和绝对地导向人的幸福。用斯多葛学派的话来说，并不是所有人都可以转向掌控自身满足的理性主体身份。③

首先，在人类世界中，总是存在自由，总是存在不能进入有组织之意识的事物；在人类我思中并没有绝对确定性，让人变得

---

① R. Descartes, *Discours de la méthode, op. cit.*, p. 112.

② 笛卡尔在 1645 年 8 月 4 日与伊丽莎白讨论《谈谈方法》的通信中提到了这个文本。参见 Descartes, *Correspondance avec Élisabeth et autre lettres*, Flammarion, Paris, 1989, p. 110。

③ "大多数是持酒神杖的，只有少数是酒神"，参见 Platon, *Phédon*, 69 c；转引自：M. Foucault, *L'herméneutique du sujet*, Cours au Collège de France. 1981–1982, Paris, Seuil/Gallimard, 2001, p. 120, note 33；"召唤是普遍的，拯救是少数"；参见 M. Foucault, *L'herméneutique du sujet*, Cours au Collège de France. 1981–1982, Paris, Seuil/Gallimard, 2001, p. 117。

非人或机械化的压制性方法只是一厢情愿的理论诉求，因而这种方法在个体中的实现是不确定的。其次，即使上述理论诉求是可能实现的，这也不是通过对规则的简单知识化完成的，而更是通过像斯多葛学派那样的自我训练和操习来完成。欢乐和幸福是在"最深刻安宁所支配的灵魂中"获得的，[①]"因为美德很难与平庸的心灵为伍"。[②]但笛卡尔承诺的或让我们相信的恰恰相反：平庸的心灵也能达到对事物的认知，只要运用可靠的方法，"我心灵的平庸……也能到达"。[③]笛卡尔与斯多葛学派的差异，或者更确切地说，笛卡尔对斯多葛学派的改变，在于对心灵品质的要求。在笛卡尔那里，认知真理的保障，也就是进入真理的条件，是我思方法的可靠性和严格性，这种方法的适用范围很广，即使是对于无法进行深层次改变的平庸心灵来说也适用。但在希腊化罗马时期，这个保障真理认知的美德，是贤人的美德，必须能够内化在心灵之中。这种内化，不是仅仅用我思的方法就能得到的，而是要经过艰苦的操练直至自我转化。[④]

塞涅卡和西塞罗一样，其出发点也是幸福生活。塞涅卡也将两种人对立起来：最优秀的和最普遍的，"如果要让最优秀的人得到大多数人的喜欢，人类的事情不会进展顺利：大众的意见是最糟糕的指标"。[⑤]塞涅卡也寻求确定性："为了区分真假，我有某种更好和更确定的光（lumière）。"[⑥]这些主张也许就是笛卡尔

---

① Les stoïciens, *op. cit.*, Cicéron, p. 379.

② Ibid., p. 385.

③ R. Descartes, *op. cit.*, p. 31.

④ 参见本书第三部分第三章，"关注自我与自我操练"。

⑤ Les stoïciens, *op. cit.*, p. 724.

⑥ Ibid.

在我思和符合"自然之光"的良知中设定对立并寻求确定性的来源。但笛卡尔只在表面上继承了斯多葛传统，或者更确切地说，笛卡尔在运用斯多葛思想的时候改变了斯多葛的传统。具体表现在以下三点：

a. 塞涅卡的确寻找"更好和更确定的光"，但这个"更好的光"不是"在世人中有最多分享的"。塞涅卡补充了一个解释："因此寻找最好的，而不是最普遍的"，因为"如果要让最优秀的人得到大多数人的喜欢，人类的事情不会进展顺利"。因此，对于塞涅卡来说，能够带来"不可动摇且始终如一的巨大欢乐"的，不是最普遍的道路和方法。就像对西塞罗文本的分析一样，笛卡尔缺乏斯多葛学派所强调的能够实际改变心灵并将思考主体转化为行动主体的操练。

b. 塞涅卡的方法也的确是内在的，"灵魂之善，需要灵魂来发现"。[①] 塞涅卡的这个方法似乎与笛卡尔的方法很相似，就像诉诸内在的我思的起源。但必须注意到，塞涅卡和笛卡尔在内在中寻找的事物是不同的，或者更确切地说，内在性的应用场域发生了变化。对塞涅卡来说，"灵魂之善"甚或"更好和更确定的"，是"不可动摇且始终如一的巨大欢乐"，是"灵魂平静、协调，与温和相结合的高贵"。[②] 因此，塞涅卡运用内在性的原初场所是伦理，运用内在性的理由是"善/好"，是"我所感受到的，而不是我所展示的"，[③] "善/好"是一种内在感受，不是可观看（展示）的。这种内在性之所以是可进入的，是因为"我赞同的是自

---

① Les stoïciens, *op. cit.*, p. 724.

② Ibid., p. 726.

③ Ibid., p. 725.

然／本性（nature）"。①从内容上，"自然／本性"保证了可理解性，塞涅卡也解释说因为人从来不会远离"自然／本性"，人符合其"自然／本性"和模式；从连接方式上，塞涅卡的这种"赞同"是行为而不是我思或观念，这种可进入性不是通过我思的单一内在性完成的，而是通过可操作的行为完成的。

但对于笛卡尔来说，"研究的目的是指导心灵，从而使心灵对所有呈现事物形成坚固和真实的判断"，②"我只愿忙于追寻真理"。③内在性的必要性来自伦理（即寻求欢乐）这一点被忽略，追求真理代替了追求幸福生活，且运用灵魂的场域被直接转移到追求真理。按照西塞罗对贤人的描绘，贤人需要懂得物理、伦理和逻辑。这里的认知不只是"知道"，还包含冥想和获得。笛卡尔的确在沉思，但只是沉思物理和逻辑的部分，不包含伦理的部分，或至少，笛卡尔获得伦理认识，而并没有对之进行冥想。例如，笛卡尔并不反思排斥疯狂的伦理理由，他知道这个理由，他也照做了，但他没有对之进行反思。另外，在笛卡尔这里，赞同转化为判断，欢乐的确定性变成判断的确定性，确定性的角色和内容都发生了变化。笛卡尔的确继承了"不可动摇且始终如一"的意志，但笛卡尔改变了对这个确定性概念的用法。对塞涅卡来说，"不可动摇且始终如一"是伦理内容的意志，是幸福生活的确定性，而且这个确定性来自一系列灵魂深处的实践，这些实践旨在使灵魂转变到具有确定性的欢乐状态。在塞涅卡那里作为一系列操练结果的确定性，在笛卡尔那里变成了我思的条件和

---

① Les stoïciens, *op. cit.*, p. 725.

② R. Descartes, *Règles pour la direction de l'esprit*, Règle I.

③ R. Descartes, *op. cit.*, p. 65.

标准，清楚分明成为一切的前提条件。目的成为条件，换言之，真理认知结果的特征（具有确定性的欢乐）成为认知真理的条件（具有确定性的判断）。可以说是寻求幸福的伦理让位于寻求绝对真理的认识论。新真理，旧我思。

c. 塞涅卡的确将自己与大众对立起来："大众的意见是最糟糕的指标。"① 笛卡尔则将自己与疯狂对立起来："但是，这都是些疯人；如果我按照他们这样行事，我不是疯人吗。"② 但两种对立之间有一个本质差别：塞涅卡与大众保持距离，但并不拒斥大众本身思考和寻求光明（真理）的意义，相反，对塞涅卡来说，"灵魂之善"是"在个体意义上被考验的"。也就是说，尽管"大众的意见"总体来说很糟糕，但这不妨碍作为大众的每一分子在自身个体意义上追求和考验其"灵魂之善"。塞涅卡的对立不排斥大众追求真理的权利。而笛卡尔的对立本身就不是理性反思的结果，是为了逃脱被看作疯人的伦理和政治危险，这个对立或排斥可以说并非由笛卡尔所建立；让笛卡尔害怕的并非疯人本身，而是疯人的社会地位在政治上会使其丧失思考的权利。

福柯对笛卡尔在《第一哲学沉思集》中描述疯人的三个不同的拉丁词的分析可以说明这一点。"如果我不被比作某些精神失常者（insani），我怎么能否认这手和这身体属于我？""但是，这都是些疯人（amentes）；如果我以他们为榜样，我就再荒唐（demens）不过了"③。福柯指出，insani、amentes 和 demens 这三

---

① Les stoïciens, *op. cit.*, p. 724.

② R. Descartes, *Méditations métaphysiques*, Paris, Flammarion, 1992, p. 59.

③ « Mon corps, ce papier, ce feu », in Foucault (M.), *Histoire de la folie*, Paris, Gallimard, 1972, appendice II; DE 2001, N°102, p. 1121.

个词不是"不耐烦和加重的同义反复"（DE, N°102）：insani 是"医学术语中的常见词汇"，[①] 是显示疯人特征的符号；amentes 和 demens 表示"不具有宗教、民事和司法行为能力的人"，[②] 这是使疯人失去资格的无能力。

疯人的存在不仅是医学存在，还是司法存在，即疯人不仅是具有某些医学层面疾病的人，也是在司法上被剥夺某些权利的人。疯人的存在涉及本节第二系列讨论的有关不同心灵能力平等的问题。笛卡尔在《谈谈方法》中提出，我们的意见来自"我们以各种途径引导我们思想的内容"。[③]"方法"（méthode）在词源上来自古希腊词 meta 和 odos，meta 指"在……之后，遵循……"，odos 指"道路、途径和方式"。因此，"方法"的意思其实就是"按照某种道路"。正如笛卡尔的良知概念，笛卡尔主张一种能够逐步将良知引向认知增长的正道。笛卡尔试图以自身的经验和有限调查的见证，把人的各种能力看成是平等的。笛卡尔说："我仔细考察了许多人的天性，几乎没有人粗劣或迟钝到无法进入良好的感受……，如果他们被正确地引导。"[④] 因此，笛卡尔认为，只要引导得当，对于"许多人"来说，"几乎"都能进入正道。出于谨慎，笛卡尔不能说对于所有人，也不能得出一个肯定的结论，笛卡尔也没有在此运用清楚分明的原则，因为在各种人中，没有确定性和明晰性，即使走同样的正道，也会因人而异地走向真理的不同面。因此，虽然数学家的正道可以在人的

---

① « Mon corps, ce papier, ce feu », in Foucault (M.), *Histoire de la folie*, Paris, Gallimard, 1972, appendice II; DE 2001, N°102, p. 1122.

② Ibid., p. 1121.

③ R. Descartes, *Discours de la méthode, op. cit.*, p. 29.

④ R. Descartes, *Lettre-préface à l'édition française des Principes*, AT IX, p. 12.

某些经验中取得成功，但数学家的正道并非是所有经验或所有人进入真理的唯一道路。

综上所述，将疯狂排除出思想主体的所谓良知，实际上来自某种特定的伦理语境，这个伦理语境不仅存在于大禁闭的现实境况中，也存在于需要良好判断和普遍方法的知识阶层的活动中。笛卡尔的良知将多样的道路选择化简为单一的确定性方法，并将作为目的的心灵确定状态替换为作为条件的确定性方法。笛卡尔的良知将这种特定倾向无差别地强加给所有人，并因此排斥不能分享这个倾向的人。蒙田之所以说"我们不能确信我们不是在做梦，我们从不能确定我们不是疯人"（HF, 69），是因为蒙田还处在有宗教信仰的世界，正是相对于上帝，人类是不知道自己是疯人的疯人。在这个意义上，笛卡尔的确定性只是一个已经在现实中和理论上去神圣化和道德化的世界中的确定性。"恶魔经验以及 17、18 世纪对恶魔经验的缩减，不应解释为人类和医学理论对迷信的古老野蛮世界的胜利，而应解释为在批判经验中重新把握曾经承受世界撕裂诸威胁的形式。"（HF, 46, note 1）

三、现代：自我折叠的他者

笛卡尔在宣称他作为思考主体不能是疯人之时，忽视了其良知实际上分享着与非理性相同的来源和力量。从 18 世纪开始，疯人被排斥在古典时期我思之外的这个极端进程，或许以一种矛盾的逆转加深了。

1. 我思的戏剧

在狄德罗笔下，拉摩的侄儿有能力意识到自己是疯人，即同时拥有良知和非理性（HF, 432）。但这不是对非理性的一种积极、秘密和独立的意识，不是一种有能力与非理性深层力量沟通的意识，而是一种知道自己在别人眼中之所是的消极意识：拉摩的侄儿之所以知道自己是疯人，是"因为别人说他是疯人且人们把他当疯人看待"（HF, 431）。18 世纪将疯狂刻画为一个没有深度的形象，疯狂被"理性中更不确定的事物"宣告为对"更不自由的事物"的屈服（HF, 432），完全降到毫无价值的疯狂层面。

因而，疯人的外表及其实证性在一种具体理性的基础上构成疯狂的特征，这种具体理性使疯狂远离外在和不可进入的领域，即在非理性的缺席中安排疯狂。在这个可感理性的表面上表现出来的疯狂，已经是一个从本质上被掏空的新的疯狂：中世纪的疯狂被看作小丑的疯狂，小丑的嘲讽力量原本有着揭示人类相对上帝大写理性之所有蠢事的作用；现在，这个力量变成与均质教育、社会惯例和行为礼规脱节的盲目，① 成为一种"错误"的力量，可能揭示着以善掩饰的人之恶。如果拉摩的侄儿仍然具有揭示真相的功能，也已经不是因为他与非理性的神秘力量相通，而是因为他是不能忍受虚伪的犬儒主义者，因为他屈服于自身存在消退一切外部调解的直接压力。这个孤零零的赤裸裸的直接性，不是像斯多葛学派那样，是由主体的意志去寻求的，而是世界完全被还原为笛卡尔式我思的结果。这是完全没有外部、没有中介的话语理性的极端。

萨德就是一个非凡的证明（HF, 436, note 2）。萨德的疯狂是诉诸非存在之幻想的理性，这种理性的疯狂在黑暗中、在只有思想者自身的世界中衰竭，是没有任何出口的我思囚徒，只能在自

---

① Diderot, *Le Neveu de Rameau*, *Œuvres*, Pléiade, p. 426-427；参见 M. Foucault, *Histoire de la folie à l'âge classique*, Paris, Éditions Gallimard, 1972, p. 435。

身的想象中重现一切"更遥远、更脆弱、更不坚固"（HF, 436）的事物。这种理性的疯狂既是存在的迫切又是"非存在的矫揉造作"，因为器官的"直接必要"与"镜像的无尽反思"相互混合或相互增衍。这种理性的疯狂也是心醉神迷的孤独产物，既不依赖也不分享真实世界，但又是如此强大，以至心醉神迷本身就可以独自安排一切，直至把饱满的空洞意识等同于真实的"世界总体经验"（HF, 437）。

在这个意义上，拉摩的侄儿就像萨德一样，也只是我思的囚徒，是绝对饱满的空洞绝对。对他们来说，世界就是在思想中实现的喧闹、音乐、演出和戏剧。这是一个如此健谈的世界，它可以让沉湎于其中的人眼花缭乱、精疲力竭，进入主体（笛卡尔式主体，我思主体）"支配意识的至高荣耀"（HF, 437）。在福柯看来，萨德或拉摩的侄儿的存在是"比一切洛克、伏尔泰或休谟更反笛卡尔主义的告诫"，因为"现代思想的非笛卡尔主义"不是笛卡尔的经验论对手在对立面所做的内在观念批判，也不是存在论论证在笛卡尔主义之外的指责，而是笛卡尔的继承者康德、黑格尔甚至荷尔德林在笛卡尔式我思自身范围内的深化和颠覆。

因此，最深刻的笛卡尔主义实际上就在现代的非笛卡尔主义或反笛卡尔主义之中。例如，在狄德罗《演员的悖谬》中，[①] 问题不在于真理是否在戏剧的非存在中通过"一颗冷静的心和一个清晰的理智"（思想主体）而显现，而在于看到非存在可以通过谵妄主体的中介在"意识徒劳至极的饱满"（HF, 437）中实现，换

---

① Denis Diderot (1713–1784), *Paradoxe sur le comédien* (1773–1777)；参见 M. Foucault, *Histoire de la folie à l'âge classique*, Paris, Éditions Gallimard, 1972, p. 437。

言之，封闭在自身之中且几乎很少接收外部世界信息的我思，可以在自身领地（当然真实经验也落脚在这里）产生关于世界的饱满却空洞的经验。

为了追问理性并随后追问世界真相，笛卡尔或康德的方法实际上只是在自身迷宫中且对自身迷宫的诊断。虽然可以说笛卡尔主义或康德主义克服了非理性的诸多危害，如疯、梦和错觉的所有不确定性，但并没有因此逃脱狄德罗意义上的演员的戏剧，这个自以为是的逃避也并没有成功抓住世界的本质。正因为笛卡尔主义或康德主义尝试避免这些不确定性，其考察的缺陷和本质反而显现了出来：想要把现实中的存在和非存在整合在一个等同于真理的幻象之中，这样的综合也只是一种无意识的谵妄，"理性建立对疯狂的观察，就必然在具有疯狂的诸关系中将自身牵连其中"（HF, 434）。正如疯狂是我思的囚徒，理性也是我思的囚徒。同样作为我思囚徒的疯狂和理性，都会让智慧和真理无限后退。理性主义者通过将非理性化约为理性而宣称获得确定性，意味着对世界的撕裂和丢失。因为理性与疯狂无限蕴含，疯狂的胜利不仅根植于理性表面的胜利，还根植于理性与疯狂之亲属关系中不可修复的脆弱性，根植于理性在为自身获得存在而剥夺非理性的过程中不停的崩塌，"理性在其支配非理性的运动本身之中失去自身"（HF, 434）。理性与疯狂分享着同样的荒唐，正是同一个谵妄的系统意志将我们推向我思的意识和世界经验。如果看不到这一点，我们永远也无法走出我们自身的演出：从来没有上演真正的世界景观，我们将永远是虚妄戏剧中的演员。

2."同一世界"与主客异化

明亮表象与晦暗现实之间的游戏总是会滑向赫拉克利特所

谓的 "同一世界" (ίδιος κόσμος),然而是以一种白天与黑夜的对话方式进行。"存在中最当下的事物" 盲目但又固执地对峙着 "在表象的蜃景中最无限反思的事物" (HF, 438),就像在拉摩的侄儿那里,错误所具有的偶然力量。但对峙不是对立,更不是排斥,因为通过对峙,并悲剧性地显示出需求与幻象,二者互相适用并且互相显示。

如果世界真相在走向和消散在内在性的过度和尺度之时,只能维持在一个绝对空洞的内在,这个空洞内在性的确定性和光明就是对真相的一个有害眩晕。恶魔之最不是将人流放到外部世界真相之中的恶魔,而是 "沉迷直至破灭于被人放在自身之手、面孔和言说中的人自身的真理" (HF, 439)。恶魔之最介入的不再是人与世界的对峙,而是世界构造的人与人构造的真理之间的对峙。恶魔在人的感知中施以诡计已经毫无意义,因为人已经封闭和抛弃了感知;但恶魔开始在人的表达中做鬼脸,因为嘲讽和谵妄的模糊价值可以在当下和感知受辱之时被双倍地激发出来。在从理性到真理的道路上,后笛卡尔主义、后康德主义、后黑格尔主义以及拉摩的侄儿做的是同一件事:只有 "心灵活动" (HF, 440),即我思,不管是从理性而来还是从疯狂而来,不管是经过反思的还是当下直接的。

《拉摩的侄儿》还表明了另一个问题:在这个 "心灵活动" 之中,总是有 "一个不经过心灵活动的中介,一个总是在时间之基已然产生的中介"。这个中介,福柯称之为同时遥远和近切、否定和肯定的力量,就是 "非理性的谵妄"、疯狂的 "谜之形象" 以及人的 "无边痛苦"——既不显露在表面需求的恳切游戏中,也不显现在对世界感知的表达中,而是 "饥渴之痛",欲望的深渊。

尽管有这样一个共同的和谜一般的来源，理性与疯狂的命运分道扬镳且势不两立：一边成为进行判断的主体的命运，另一边变成实证主义者的对象；因为只有理性之声有宣告、书写的可能性或权利，"我们称疯狂为神经器官疾病，这种疾病阻止人像其他人那样必然地思考和行动"。①

因此，理性与疯狂之间在现代建立起一个外部关系：疯人，就是关于另类世界的另类例外。在疯人的实证明见性形式下，认知主体既不能被疯狂牵累，也不能被疯狂召唤。正是通过疯人与主体的这个分离，通过对疯人成为主体之权利的剥夺，通过强加给疯狂作为对象的唯一角色，才有可能宣告"这是一个疯人"。这个宣告看起来要比笛卡尔的空洞陈述更科学，但也只是同一种"相异系统"的重复：在自我（Moi）和他者（Autre）之间，疯人是他者；在其他一般物之中，疯人还是他者。通过这个双重相异性，进行判断的主体得到了"双重安全"：疯人代表着"诸他者外在性中的他者差异"（HF, 237）。正是通过这个双重的极端距离，考察疯人的实证主义者才是可能的。

由此，18 世纪末以来，疯狂经验在两个表面上有两个截然不同的运动："诗意转化"和"心理学演化"（HF, 440），这二者都建立在同一个基础之上，这个基础不是疯狂的本性，而是不能被认知主体描述的非理性的本质：不可感知性，绝对他者。通过对非理性的这个定义，在认知主体的视角和立场上，疯狂必然且不可避免地丢失于所有将之曝光的事物中。

不过，这个矛盾或这个不可能性只是来自认知主体自身的定

---

① Voltaire, *Dictionnaire philosophique*, 1764；参见 M. Foucault, *Histoire de la folie à l'âge classique*, Paris, Éditions Gallimard, 1972, p. 236, note 1。

义。绝对他者并非疯狂自身的本性。鲜明与退隐、诗意与沉默、白天与黑夜、"语言在显现中的完成"与"谵妄在无限中的丢失"（HF, 441），这一切在作为存在统一体的非理性自身中毫无意义。疯狂统一体的这个不可分享的经验在梵高和尼采那里都有所释放，但不是在他们的作品中，而是在他们无法与人交流的痛苦中。荷尔德林、奈瓦尔（Nerval）、雷蒙·鲁塞尔和阿尔多（HF, 441）的珍贵观看都有异化疯狂的危险，不是因为疯狂不能停留在语言的任何私人角落，而更是因为非理性体验会在观看不可避免的主客分离中消失。

观看对于疯狂来说如此致命的原因是：合理与理性的诸结构在非理性之中彼此嵌入。一个简单的观看就会混合着道德否定性和客观肯定性，并同时已经构成了批判与悲怆的距离。观看会摧毁疯狂的统一体。对疯狂的反思只能是保持距离的否定性定义与特征的饱满性定义（由理性创造，对理性的信仰不可避免地根植其中）之间的重叠和巧合。由器质肯定性衡量的道德否定性只能是对疯狂的双重异化。不可跨越的最后距离不是理性与疯狂或理性与非理性，而是主体与客体。

第二节　对自由-服从的批判

一、伦理选择

1.科学预设

古希腊的疯狂在原初社会中表现为非习俗之事；古典时期主体理性的诞生也是扮演疯狂的角色，扮演非习俗之事的角色，以反抗当时基督教社会的习俗。当这个主体理性成为新的社会习俗被确定下来，就会像"永远沉睡并抛弃幻想的欲念"（HF, 187）。但这并不是简单调换矛盾概念的双方立场，不断重复的互逆反转实际上揭示了习俗与非习俗、沉睡与苏醒、幻想与现实之间的过渡，揭示了一个总是可以更新并不可穷尽的表面：在这个表面上，自由无差别地迸发，按照其所着陆土地的性质而被命名为"疯狂"或"理性"。

曾经，或更确切地说，本然地，这个自由迸发无视其目的、意义和用法。直到有一天，第一个反思性思想①认为人形崇拜的习俗是可笑的，人的伦理就开始为这个自由迸发奠基，或更确切地说，人的伦理显现或转化为一个选择，这个选择要让人的习俗或人类社会的习俗显得不那么可笑。这就是所谓审慎（Σοφία）的诞生，即公元前 5 世纪的古希腊理性。同样，古典时期主体理性的诞生也将自由转化为一种伦理选择。这次，这个反思性思想认为习惯于享受"在假想（上帝）自由的沉睡中"的喜悦只是奴隶之梦，"我领会到要从这个昏睡状态中苏醒过来"，②这是 17 世纪所谓科学和古典时期理性的诞生。悖谬的是，这个反假想自由的理性不仅诞生了运用且缩减自由的伦理，还诞生了以清晰性为标准将思想一分为二的我思。"在我思之前，理性与非理性有着一个非常古老的意志和选择的意涵。"（HF, 157）那么，这个在笛卡尔式我思奠基科学之前就存在于理性与非理性之间的意志和选择来自哪里呢？

为了回答这个问题，上一节我们分析了笛卡尔的历史处境

---

① 参见 Dodds, *op. cit.*, p. 180-181, note 5, 6, 7。

② R. Descartes, *Première méditation*, 1641；参见 M. Foucault, *Histoire de la folie à l'âge classique*, Paris, Éditions Gallimard, 1972, p. 187, note 2。

和良知偏好，这里我们要强调，笛卡尔在 1633 年着手研究形而上学之前，首先是一个数学家和物理学家。在 1637 年《谈谈方法》第四部分最初用法语提出"我思故我在"之前，笛卡尔的科学基础就已经显现出来了：《谈谈方法》本来就是 1637 年出版的《论世界与光》节选版《屈光学》《气象学》和《几何学》的前言。因此，笛卡尔的形而上学可以说只是其抽象科学新发现的哲学表达，"具有苦行和纪律的思想特征"。[①] 1641 年，笛卡尔在《第一哲学沉思集》中用拉丁语再次表达了自己的推理，他运用指导心灵的原则，为每个个体规定了"主要结论及花时间比较这些结论"的反思立足点。[②] 不过，作为"笛卡尔学说旗帜"[③] 的拉丁词 cogito 只出现在 1644 年用拉丁语写作的《哲学原理》之中，"因此，这种知识，我思故我在，是有序思考者首先想到的，也是最确定的"（Ac proinde haec cognitio, ego cogito, ergo sum, est omnium prima & certissima, quae cuilibet ordine philosophanti occurrat）。思想的确定性并不是对所有思考的人，也就是说，并不是无论什么我思都要和都能达到"我思故我在"的确定性，而只是针对"有序思考者"。

在这个笛卡尔式我思的简史中，"抵达科学的唯一方式"[④] 即指导心灵的第一原则：清楚分明，是需要在笛卡尔自身的沉思中运用的原则，是可以导向确定性的原则[⑤]。尽管这个推理一般看

---

① Étienne Gilson, *Études sur le rôle de la pensée médiévale dans la formation du système cartésien*, Paris, Vrin, 1930, p. 187.

② E. Gilson, *op. cit.*, p. 187.

③ Roger Lefèvre, *La bataille du « cogito »*, Paris, PUF, 1960.

④ 参见 1637 年的《谈谈方法》，其中 scientia（科学），即希腊词的"认知"。

⑤ 参见 1641 年的《第一哲学沉思集》，其中 verum（真理），被定义为对思考主体来说确定（certissima，参见 1644 年的《哲学原理》）的事物。

来是显而易见和合理的，但通过福柯的分析，我们会看到概念发生了转化，其中存在的抉择是预设的，认知与真理是混淆的。在《第一哲学沉思集》著名的形而上学怀疑方法之前就已经预设的清晰性的意志，实际上是一种决定，并且在它排斥非理性的意义上也是一个重大的举动。"所有从理性初始计划而来的逐渐发展……不断通过一个伦理抉择才得以保全，这个伦理抉择就是保持清醒的坚决意志"（HF, 156-157）。当然，哲学史家会解释说这个保持清醒的意志是由沉睡、幻想、不确定性和错误（正如笛卡尔所言）的威胁引发的。但这个说法的危险在于只看到哲学话语让我们看到的内容，而不去审查这个话语所面对的事物，即使之成为可能的事物。

2. 怀疑步骤

1641 年的《第一哲学沉思集》看起来像是一个逐渐加深和普遍化的怀疑过程，一个逐渐达至确定性的哲学沉思，一个为非哲学家努力通过自己达至真理的指导。但当我们在一个更为广阔的视野中去考察，也就是不仅限于文本、话语，还涉及言说的作者、思考的主体时，所有这些耀眼和"科学"的表面就会失去光泽。"我思故我在"的第一次表达并不是在《第一哲学沉思集》中，而是在《谈谈方法》中以"我思故我实存"（je pense donc j'existe）的法语形式表达的。"我思故我在"（cogito ergo sum）的拉丁语表达更接近于"我思故我是"（je pense donc je suis）的含义，这个论断并不是在《第一哲学沉思集》中似乎具有形而上学说服性的怀疑推理中得到决定性论证的，它是《谈谈方法》已然确定的方法导致的结果。这个著名的结论已经在别的领域通过别的方法得出，而这个"别的领域"和"别的方法"尚不是大众喜爱和易于接受的。笛卡尔所用的怀疑方法只是用来反驳和说服有教养的人（当时代的神学家和哲学家）。

在此意义上，笛卡尔的怀疑是为了不再怀疑而进行的怀疑，因此笛卡尔也背叛了蒙田，背叛了中世纪和古希腊的怀疑论传统。笛卡尔几乎采用了传统怀疑的所有要素，除了一个最为根本的要素：永不打断怀疑假装到达绝对真理。实际上，在错觉、疯狂、梦和恶魔这四个传统怀疑要素中，怀疑论者常常给予疯狂以相对于其他要素更为独特的论证效果，笛卡尔却轻易地放弃了疯狂论证，形而上学的永恒怀疑态度让位于虚假的上帝信仰。这些表面上必要和合理的改变不仅服务于清楚分明的推理过程，也构成了笛卡尔式我思理性的基础，更确切地说，是古典时期理性与真理的条件。

实际上，笛卡尔追求清楚分明的意志与其科学方法是对立的。疯狂并不真的与清晰性对立，而是完全符合逻辑规则的。疯狂是有逻辑的，扎克奇亚的例子就可以表明，疯人的推理"既不荒唐也不违反逻辑"。[1] 例如：疯人认为自己是玻璃做的，因此推理出自己是脆弱的，需要避免被打碎。这个推理本身在逻辑上是合理的，只是前提所涉及的判断与现实不符。正是因为对这个"可笑前提"的信念超出了人们的共识，才导致进行这个推理的人成为疯人。而能够进入笛卡尔怀疑步骤的错觉和梦幻，都是一些可以在清醒时候纠正的"错误"，是可以在思想主体回到正常思想状态时消失的判断，更根本的是，这些"错误"不会破坏对真理的信念。但疯狂没有这样的反转，唯一的反转就是消除疯狂。

---

[1]　Paulus Zacchias (1584-1659), *Questiones medico-legale*；参见 M. Foucault, *Histoire de la folie à l'âge classique*, Paris, Éditions Gallimard, 1972, p. 298, note 3。

疯狂的问题在于疯人持有与正常人不同的真理信念，疯人相信自己所感知的事物，并不依据社会共识修正自我感知。疯狂的这一特征才是被排斥的决定因素。如果回到笛卡尔的怀疑论证，笛卡尔运用怀疑过程，是为了寻找真理。如果笛卡尔抛弃疯狂的理由是疯狂不具备其他人对真理的信念，那么这个排斥理由其实就是在对真理进行哲学探求之前，已经预设了一个既定真理。在这个意义上，笛卡尔的怀疑论证不仅蕴含着清晰性的意志，还包含着对某种预设真理的肯定。这二者其实都是需要通过哲学论证（如笛卡尔的怀疑论证）本身确认的，至少这是寻求真理的哲学论证所宣称的目标。

因此，在古典时期，认知与真理的确认和产生是同时和互逆的。真理不再是由自然或上帝给予的，而是通过我思和人确认的。过去从真理到人的过渡在古典时期颠倒过来了。曾经，如古希腊时期、希腊化罗马时期，人在真理之中，作为真理的一部分；如中世纪，人相信上帝给予真理，上帝从不欺骗。到了笛卡尔的时代，人与真理的关系成了问题：大部分基督教教义被新科学发现所质疑，上帝信仰逐渐消失，但诸科学也无法回到古代探寻真理的反思方式，因为基督教长期的苦行实践已经摧毁了人通过自身实践进入真理的独立性，因为对上帝层面真理完全服从的历史已经构成了一个符号与书写的话语世界——这个话语世界充斥甚至遮蔽了从人到真理的直接道路，将真实世界掩盖在表征和意指不可破解的历史厚度之中。在古典时期的诸科学诞生之前，诸科学就已经处于一个充满谜之符号的世界中。在这个已经给定和混淆了事物和符号的世界空间中，在这个上帝保障失去其无处不在权威的世俗空间中，人通过自身所获的认知必然需要验证，要求一个能够像上帝那样扮演向我们保证普遍确定性的角色。这正是古典时期笛卡尔及诸科学所做的事情：寻找一个新的确定性来替代上帝曾经扮演的角色。这次，不再是从外部保障的确定性，而是从人内部保障的我思确定性。

在这个意义上，从我思之自由而来并通过历史性伦理抉择而构成的这个选择，一劳永逸地为理性奠基并排斥非理性，因为"选择的自由在一个自由消失为选择并作为理性必然而完成的统一体中结束"（HF, 188）。在这个选择之后很久，即便实证理性不再在我思选择的自由空间中探寻，且对疯狂的排斥不再是伦理排斥，疯狂的处境也只是变得更糟，因为疯狂的整个历史已经被整合为疯狂自身的本性，被强加的距离已经不再能够消除；即使实证理性不再对疯狂有任何先见，这些疯狂背后的先见也已经与疯狂融为一体，成为实证理性眼前的疯狂本身，而且在实证主义者的观看面前，疯狂总是会被二次异化。因此，正是通过这个清晰性的选择，疯狂必须暴露在观看之下以呈现他的自由（疯狂），从而涌现出二次恐惧。

二、控制恐惧

古代对自由的恐惧[①]在古典时期大禁闭垮台之后变得更为丰富。在启蒙时期的解放运动中，疯人重新回到社会，成为其在中世纪时期那样的社会成员。但这次，疯狂不再像在古代或中世纪那样具有宇宙悲剧的色彩，而只有禁闭制造的恶名。在精神病院时代向疯人强加规训恐惧之前，已经有禁闭时代的恐惧在先了。

---

① Dodds, *op. cit.*, chapitre VIII, pp. 233–252.

18世纪中叶，就流行着一种对"监狱热病"的恐惧（HF, 445），这种"监狱热病"来自医学术语，并在道德传说中获得活力，将被抛在城市之外的麻风病院变成了城市中心的麻风病。

一方面，对于禁闭中有关腐朽的想象完全不区分社会原因和物理结果之间的历史混淆，同时牵涉着道德败坏和肉体腐烂，这导致人们认为疯狂这个混合物在城市上空沸腾和释放着"有害气体"和"腐烂味道"（HF, 446），它们会浸透邻居的身体，玷污邻居的灵魂。这种对身体和灵魂同时具有传染性的神秘之恶威胁着整个城市。1780年，人们将传染病的出现归咎于济贫院（HF, 447）。疯狂的恐怖力量重新成为一种恶的标志，这次是一种可见之恶，混合着非理性的可怕和麻风的古老纠缠。被召唤到禁闭世界的医生远没有在此区分犯罪与疯狂、疾病与非理性，医生的实际任务是防止疯狂的模糊危险流出禁闭所。不过，正是这个想象中的恐惧促成了对医生的召唤，非理性在历史上第一次开始面对医学思想；也正因为这个对峙，实证主义者才有机会对非理性形成新的把握，并随后以消除可见之恶的名义将疯人放回社会。

另一方面，正是这些想象中的禁闭危害威慑着被禁闭者的想象和欲求。封闭中的恐怖奇怪地向外界释放出一种对城墙所孤立出来的"不可进入之愉悦"和"快感面孔"进行探索的不可抗拒的吸引力。1785年萨德的《索多玛120天》用语词的逻辑力量在几何学般精确的表征图板中生产了种种全新的欲望；1793年戈雅的《疯人内院》突显了被古典时期封闭的人类幻想的惊人储备（HF, 452）。大禁闭50年间（1656—1798年）混杂和混淆在一起的理性与非理性、罪恶与疾病的图像，在想象力的阴影下静静地演变成一个不可消除的巨大记忆，从而引发了一种"不经由内心中介的辩证"："欲望与谋杀、忍受痛苦的残酷与对忍受痛苦的饥渴、主权与奴役、侮辱与受辱"（HF, 453）。施虐狂以萨德这样的被囚禁者为名，并非是像古希腊时期古老情欲（Éros）那样的实践，而是一种在没有界限的话语和欲望中生成和繁衍的群体文化。施虐狂之所以没有界限，是因为它封闭于我思的想象，封闭于萨德的囚室，封闭于有限场所的无场所（non-lieu）。内心、欲望、爱与死亡形成于这样的领域：欲念自行准许、自行繁衍、自行折叠、自行展开。这不再是世界中的诸形象，而是且仅是我思的诸形象。

封闭自由的这些矛盾产物构成了 18 世纪末资产阶级的自由特征，既海纳百川又让人心生畏惧。疯狂作为"来自道德和宗教的偶然和意外遗忘"（HF, 475），符合资产阶级的根本精神——解放一切，使之成为可变动的和可交换的。这也是禁闭在 18 世纪失去必要性的原因之一。但资产阶级自由主义秩序的这个矛盾状况也从内部构成了对自身最直接和可见的威胁：为了解决对疯狂的恐惧问题，一方面，必须澄清非理性与疯狂的混淆——病态疯狂的危害不能与主张自由的非理性的好处混杂在一起，这就是资产阶级的实证主义运动；另一方面，必须通过减轻所有这些封闭状态以消灭浑浊空气，这就是资产阶级的医疗运动。由此，18 世纪末，非理性与疯狂分别受到两个对立方向的影响：一边是不断向时间之始追溯的非理性经验，如荷尔德林和尼采；另一边是对疯狂的认知，总是寻求以更精确的方式将疯狂置于自然和历史发展的方向上，如实证主义和进化论（HF, 455）。

然而，通过分离非理性和疯狂而建立的自由，反而是人的一个更深和更受限的自由，这种自由增衍着极端的危害和恐惧：最糟糕的危害和恐惧就是对不可见和不可感知的危害和恐惧。一方面，疯人从非理性和疯狂的晦暗混合中解放出来，但疯人并没有摆脱物质性的强制手段，只是原先的集体控制变成了现在的个体控制。个体化的控制手段可以同时避免疾病的可见危害，并让其余人重返劳动市场。但个体化的控制仍然甚至尤其忽略个体与世界的一体关系，从而忽略外部环境对个体的影响，比如月亮和气候等。另一方面，进入外部世界真相的方式并未打开，而是通过对人身体状况及其所有机械效果的控制来衡量。非理性和疯狂的两极化打断了疯狂统一体与宇宙悲剧循环总体之间的"自然主义与神学"（HF, 457）的关联：没有疯狂的非理性只是理性自身的一种无度，没有非理性的疯狂也只是由同样理性所衡量的单纯疾病。

三、"穿透力"与介质

1."穿透力"的三种关系

布丰使用"穿透力"（force pénétrante）（HF, 457）概念来解释气候影响造成的人种、食物和生活方式的多样性。这个概念为疯狂的不可理解的自由提供了一个否定性的度量，完全抛弃了有趣和晦涩、神秘和神学的解释。

（1）在与他人的关系中，疯狂来自资产阶级社会不再限制欲望的意识自由。

古罗马的自杀是一种道德或政治行为，是由某种个人意志决定的；英国人的自杀则没有道德或政治解释，不涉及个人意志。孟德斯鸠说："对于英国人的自杀，我们无法想象任何决定性的理由，他们甚至在幸福中自杀。"（HF, 458）正是由于这种如同古希腊人那里曾经出现的不可理解性和非寻常性，一种诸如"穿透力"的新解释诞生了。人类社会就像可以度量的气候一样，"克制的气候来自自然，过度的气温来自介质"（HF, 458）。乔治·切尼（George Cheyne）在《英国病》（1733 年）中提出了同样的机制：英国病的神经问题是在富有、细腻的食物、悠闲的生活和懒惰中产生的（HF, 458），正是因为精神生活超出了人的界限，从而导致人发疯。施普茨海姆[1] 在《对疯狂的观察》（1818 年）中则为疯狂提出了一种政治和经济的解释：意识自由比权威和专制更危险（HF, 459）。英国人创造的商品世界刺激了一种不停关注得失算计的心灵。"商业精神"（某种自利主义）很容易因嫉妒和厌倦产生行动，这种精神会不停地唤起其他救援性的官能：恐惧或希望，躁狂或忧郁。图克也诉诸这样的理由：英国的自由精神受需求的限制和压迫，这种自由是一种"金钱利益的勾结和联合"（HF, 459），它忽略甚或往往超出个体的自然欲望。

　　然而，乔治·切尼和施普茨海姆撰写《英国病》和《对疯狂的观察》的时期，也是英国重建专制政体的时期。让自由主义承担对疯狂的一切控诉，完全是在情理之中。福柯的批判当然不会因为当时政治斗争的偏见而指向自由主义，而是依据"青睐、扩大和增衍疯狂的心理和生理机制的非自然介质"（HF, 460）进行分析。在神秘的宇宙要素与理性的人类要素之间，福柯反对后者对疯狂的简单化；在人类要素内部，他将利益自由与内心自由相比较，同意施普茨海姆的主张：疯狂是被无限制的经济利益所刺激的意识自由。这是对人的自然界限的尊重。但脱离宇宙和人的

---

[1]　约翰·加斯帕尔·施普茨海姆（Johann Gaspar Spurzheim, 1776—1832），奥地利生理学家，颅相学的倡导者和宣传者。

区分所框限的视阈，抛除后者的限制，这两个层面又是贯通的。商业自由也属于宇宙要素，因为这些宇宙要素将人交给必然矛盾并逃离时间统治、混淆季节的当下。只是这次，人被自身的欲望剥夺，因自身的利益法则而行动。也正因如此，被自身利益所激发的疯狂对自身来说是可理解的。尽管福柯批评诉诸可理解性和人性的限制来解释疯狂，但这并不意味着福柯拒绝其可能性。"自由，远不是让人拥有自我，而是不停地让人更加远离其本质和世界。"（HF, 460）不限于人类世界，不意味着人只能被绝对外部的他者所蛊惑和控制，如在资本主义社会中，这个外部性就可以是金钱。不去窒息激情，也不意味着亲睐激情和欲望的不可逆转和不可完成的内在性。这里成问题的是不可逆转性和不可完成性。

（2）在与时间的关系中，宗教因素作为某种亲睐所有幻觉和欲望的"想象景致"或"虚幻介质"（HF, 460）发挥着作用。

"想象景致"或"虚幻介质"是一种对不可承受的道德严格性的逃避方式，是一种对拯救和未来生活之不安的逃避方式。然而，这个古老的宗教功能在古典时期之所以遭到指责或抛弃，是因为它会引发谵妄或幻觉，会因极端说教激发过度恐惧。[1]18 世纪对这个宗教因素的批判出人意料地伴随着类似于基督教早期非理性信仰的重新活跃，这个批判及其伴随效应似乎是公元前 5 世纪第一次理性化及其伴随效应的历史重现。这个批判像古希腊第一次理性化一样，以疯狂的有害表象为名，批评对幻觉和谵妄的制造，但这个批判忽略了疯狂作为满足或压抑激情的介质作用。绝对权力也会提供幸福时光：当人们每时每刻都在关心节日

---

[1] *Encyclopédia*, art. « Mélancolie » ；参见 M. Foucault, *Histoire de la folie à l'âge classique*, Paris, Éditions Gallimard, 1972, p. 461, note 1。

庆典、宗教仪式和朝圣，人类生活平淡无奇的时刻就会被卷入一种有组织的集体幸福，人们没有任何闲暇去顾及自己空洞的激情以及对生活的反感和乏味，所有的过错和问题都可以通过某种常常是物质的真实惩罚而获得修补（要么是酷刑，要么是漫长的朝圣，要么是经济补偿），而这实际上具有安抚心灵的作用。[1]

因此，关键在于个体自由与绝对权力（宗教介质）之间的选择。个体自由同时会带来让人感到厌倦的自由并需要对所有过错负有责任，绝对权力构造了"人与过错、人与惩罚之间的中介"，[2] 让人可以"避免在过错的无度谵妄中错乱"，还可以在仪式和要求的充斥中收编"人的激情在过错前的无用闲暇，以及对懊悔的徒劳重复"（HF, 462）。问题就变成：谁来照管人不可避免的过错？谁能让人更幸福？谁能更好地面对关于时间的不安？是当下的"时间光晕"——人所栖息的自身的自由和空洞介质，充满"闲暇和懊悔"，"被弃于自身的不安"，填满"无忧无虑的激情"和重复？还是相反，一种无时间的荣耀——过去与未来每时每刻都在被安排，惩罚与救赎不停地调整着激情与过错？谁会让人更疯狂，谁会让人更幸福？答案也许不是简单的二选一。

（3）在与感知的关系中，疯狂在思想与知觉的无限制间距中产生。

为了避免错误，人们发展了诸门科学，而科学反过来增衍着"书房生活"和越来越抽象的思辨研究所产生的胃口和躁狂。蒂

---

[1] Johann Carl Wilhelm Moehsen (1722–1795), *Geschichte der Wissenschaften in der mark Brandenburg*, 1781；参见 M. Foucault, *Histoire de la folie à l'âge classique*, Paris, Éditions Gallimard, 1972, p. 461。

[2] Moehsen, *op. cit.*；参见 M. Foucault, *Histoire de la folie à l'âge classique*, Paris, Éditions Gallimard, 1972, p. 462。

索 ① 因此得出：文人的脑硬化就像工人的肌肉强壮，因为经常投入工作的部分会得到加强，"一门科学越抽象或复杂，它所引发的疯狂风险就越大"（HF, 463）。对于普莱萨万 ② 来说也是如此：在知觉上越直接，所需的内感官和脑部工作就越少，只会引起某种生理上的幸福。按照普莱萨万的说法，最容易感知的事物会因为感知及其对象间的和谐共振而呈现出二者间最舒适的关系，因为这样的和谐只会产生对机器所有功能都有利的轻微活动，在这个轻微活动中，人处于平衡和不费劲的状态。相反，去除当下或知觉的活动只会刺激某些脑神经的紧张，这个特别的张力只会使身体失去平衡。

关键并不在于从对象到脑的机制，而在于围绕感知的"抽象关系的介质"（HF, 463）的出现，因为丧失人之生理愉快的风险会使人与世界的关系受到谴责。这里被质疑的是：知觉的原因不再是自然的必然运动，而是社会生活的需要，如戏剧、小说和艺术所表现的。这些表现只是对真实生活的模仿，但它们激发了最"暴力和危险的知觉幻象"（HF, 464）：灵魂脱离了感知中一切具有直接和自然属性的事物，被卷入"比不真实更暴力、更少用自然的温和法则调节的想象的知觉世界"（HF, 465）。

2. 介质的用法

从人与他人、时间和感知的这三种关系出发，疯狂不再是不

---

① Samuel Auguste Tissot (1728–1797), *Avis aux gens de lettres sur leur santé*, 1767；参见 M. Foucault, *Histoire de la folie à l'âge classique*, Paris, Éditions Gallimard, 1972, p. 463。

② Jean-Baptiste Pressavin (1734–1799), *Nouveau traité des vapeurs*, 1769；参见 M. Foucault, *Histoire de la folie à l'âge classique*, Paris, Éditions Gallimard, 1972, p. 463, note 2。

可理解的，不再是过错和动物性的模糊道德起源，相反，疯狂是与自身自然欲望的差距，与过去和未来的时间差距，与诸平衡知觉的差距。人因为这些改变人的否定介质，在对自身的自由运用中失去了自由。

不过，这种解释唯有相对于一个预设了人之抽象和绝对本性和真理的凝固秩序才是可能的。这些"穿透力"无视一个活物的本性可能建构的事物，忽视"适应、相互影响或调节"（HF，466）的可能性。对于预设了这些凝固介质的 18 世纪医生和哲学家来说，活的存在并不拥有自由的能力。在他们眼中，人不是一个有能力运用和规定自身生命规范的主体，只是一个有待接收、改变和摧毁的结晶了的对象。这些"穿透力"所面对的，不是活的存在和自由主体，而是只能等待自然决定的对象。

因此，对于"谁让人更疯狂，谁让人更幸福"这个问题的回答，不在自由介质或专制介质的二选一之中，而是在对这些介质的自由使用之中，在作为这些介质的对象还是主体的选择之中。布丰或比夏的生物学主题"一切围绕活的存在的事物都倾向于摧毁活的存在"，异于黑格尔的哲学主题"异化在于中介的运动"（HF，471）。个体的死亡、疯狂和异化外在于自身，正是在人为的外部性和沉重的记忆中，人才失去其真实和本性。人类介质的自由不是人的自由，也不是疯狂的否定性；相反，正是可以让疯狂栖居的人才拥有真正的自由，人正是在这个同时是自身之居所和异化场所的地方，才能用个体的内在性抵御集体的外部性，才能用"非存在的无休止工作"（HF，471）完成自身的实现。

第三章

纯粹主体性的分析科学

"由此忘记作为纯粹主体性时刻的疯狂。"（HF, 341）

——福柯,《疯狂史》

第一节　两种经验的并置

17 世纪，古典理性排斥疯狂作为思考主体，但并没有与真正的疯人相遇；古典理性以明晰性为名排斥疯狂，但古典理性宣告废除疯狂作为主体的资格之时，对去神圣化的道德化运动没有丝毫的明晰性。古典理性只是单纯地追捕疯人并将他们关进收容所。正是这个大禁闭强迫疯人与 17 世纪理性化运动中所有反肉体的罪恶和反理性的过错共存。大禁闭"模糊了数世纪以来已经个体化了的一个面孔的边界"（HF, 161），将他们无差别地与"性病患者、放荡者、放纵者和同性恋"封闭在一起。疯狂所具有的个体性标志因此丢失在这个为理性明晰性而进行的奇怪演进之中——这个号称明晰性的理性运动对待疯狂却没有丝毫精细之处，相反退到非理性的那种"更为粗犷的感知形式里"。

如今理解精神错乱者所借助的非理性与犯罪的这种历史关联，医生借以发现精神错乱者之性质真相的这个有关责罚和消除办法的含糊联合，实际上是通过在不了解精神错乱者的情况下排斥精神错乱者的理性主义建立的。奇怪的是，在大禁闭一个世纪以后的18世纪，正是同一个理性主义毫不犹豫地基于大禁闭所有未经审查的遗留记录，对精神错乱者进行分析、分类和治愈。"病理学在知识的永恒性中分配心灵疾病所凭借的医学的牢固范畴"（HF, 157），正是来自大禁闭这片土壤。

古典时期，医院收治和大禁闭两种结构以一种同时具有"明显断裂和平衡"（HF, 166）的方式支撑着疯狂的经验。两个不同的世界并置着：一个是司法的世界，一个是医疗的世界，二者正是在相互异化和取消的情况下发展起来的。

一、医学与法学的综合

17世纪上半叶，即1624年左右，现代法医奠基人扎克奇亚已经指出医学角色所承担的严格职责，"只有医生有能力判定一个个体是否是疯人以及其疾病留下多大程度的行为能力"。[1] 尽管如此，这个职责一直未得到尊重。1641年，笛卡尔以数学家和哲学家的良知排斥疯人，1797年，康德在《论心灵的力量》[2] 中

---

[1] Zacchias, *Questions médico-légales* (1624-1625)；参见 M. Foucault, *Histoire de la folie à l'âge classique*, Paris, Éditions Gallimard, 1972, p. 167。

[2] Kant, *Von der Macht des Gemüts, durch den bloßen Vorsatz seiner krankhaften Gefühle Meister zu sein*, 1797；参见 Kant, *Anthropologie d'un point de vue pragmatique*, précédé de Michel Foucault, introduction à l'anthropologie, thèse complémentaire pour le doctorat des lettres, Paris, Vrin, 2008, p. 18；参见 M. Foucault, *Histoire de la folie à l'âge classique*, Paris, Éditions Gallimard, 1972, p. 167。

也在谈论有害感知。这仅仅只是代表着知识分子流行判断的两大哲学家的例子。

在大禁闭的实践中，这样的判定还要更加轻率。对于医学证明的行政要求只是一个空洞的程序。实际上，负责查明精神紊乱状况的是治安法官周围的人甚至治安法官本人。疯人通常是在行政官员、主教或教士会议的命令下被逮捕的（HF, 170）。父母、亲近和邻居都可以是疯狂的判定者。通过这种方式，17 世纪的疯狂成为一件具有社会敏感性的事务，因而也在接近犯罪、无序和丑闻。从扎克奇亚到康德直到雷涅奥的过程，①是一种对医学科学权威持肯定态度的基督教教会法的退化，因为康德在《论心灵的力量》中挑战了这一权利，雷涅奥则在《医生权限的级别》中完全拒绝了基督教教会法："这些人性的奉承者假装尊敬人性，同时却将犯罪当成疾病，将杀人者当作疯人。"②在医学的帮助下，关于疯狂的法律理论被社会和治安的实践决定着，后者几乎是以一种粗放的理解，通过镇压性的禁闭对待疯狂，而忽略了疯狂的"微妙区分"（HF, 172）。

尽管判定疯人的医学义务未被严格遵守，法律依然将疯人定义为医学对象。人们免除了疯人的法律责任，将疯人关进医院。在这个意义上，精神疾病的医学科学不可避免地要接受大禁闭的判定，并实际上在这个法律经验的基础上构造自身的科学。从扎

---

① Élias Régnault (1801-1868), *Du degré de compétence des médecins dans les questions judiciaires relatives aux Aliénations Mentales*, Paris, 1828；参见 M. Foucault, Histoire de la folie à l'âge classique, Paris, Éditions Gallimard, 1972, p. 167, p. 171。

② Élias Régnault, *op. cit.*；参见 Robert Castel, *L'ordre psychiatrique*, Paris, Minuit, 1978, p. 178。

克奇亚到埃斯基罗尔，① 延续的是同样的范畴。但"在法律概念的压力下，在明确勾勒法律人格的必要性中"（HF, 173），仍然存在一种深刻的差异或改变：对疯狂的医学分析要不断适应司法判例的要求，同时按照并非专攻疯狂问题的医学理论进行精炼。例如，像"低能"这样的术语只在含糊的排斥时代是有价值的，用笛卡尔的话来说，就是缺乏某种特定社会的良知。然而，这个术语一直留存在后续的医学范畴中，而医学不得不将这种术语囊括到科学分类中，尽管会带有不可化解的困难和不一致。

因此，精神医学的发展发生在两个层面。一方面，在法律语境下，精神医学必须"牵涉法律主体的能力"，必须准备"一种混合了……对官能的哲学分析和对能力的法律分析的……心理学"（HF, 174）。另一方面，在大禁闭的社会实践中，精神医学又必须"牵涉社会人的行为"，并依据社会运行，按照正常与不正常、健康与有害的措辞"准备一种二元论的病理学"。18 世纪末稍早于法国大革命的时候，尽管在法律主体的错乱与社会人的疯狂之间存在事实上的冲突，在法律语言可分析的事物与社会敏感性最直接形式所能感知的事物之间有不相容，人们还是预设这两个层面是可调和的。

无论如何，疯人这个奇怪的统一体（在法律上无能，又被社会视作扰乱者）通过《民法典》实现了这样一个时刻：像皮奈尔这样的革命者假装解放被枷锁囚禁的人，并第一次把他们当人看待。但不要忘了，疯人这个奇怪的统一体也是实现这样一个时刻的条件：精神错乱的司法判例成为所有禁闭的先决条件。君主政

① 让-艾蒂安·埃斯基罗尔（Jean-Étienne Esquirol, 1722—1840），法国精神病学家，被认为是法国精神病院之父。

体时代未经法律程序对疯狂进行逮捕的实践不无讽刺地成为民主政体时代其他人自由的法律基础。"皮奈尔及其同时代人所体验到的对博爱和科学的同时发现，实际上只是对 18 世纪分划意识的调和。"（HF, 175）限制自由权利是《十二铜表法》针对狂暴（fureur）的特定处理办法，这一办法被古典时期的禁闭事实扩展为对所有精神错乱者的合法限制；随后，通过法国大革命后的《民法典》（1804 年），这一被外部刻意限制自由的事实又变成所有精神错乱者自身的一种无能，并演变为对自由的绝对禁止。医学的运用一方面试图确定疯人的责任和能力的细致结构，一方面又只是在协助发布禁闭政令，二者最终通过《民法典》的简单构造得以调和并联合。

然而，这个法律运动对精神医学后来的发展作用极大，后者不得不同时渗透和联合着道德经验和法律经验。法律经验是"是或否""无害或危险""是否适于监禁"类型的"规范和二分"，医学经验则是"性质上的、细致区分的、敏感于界限和级别问题的，并在主体活动的所有领域寻找精神错乱可能具有的多态面孔"（HF, 176）。已建立的《民法典》系统发明了一个混合着权利主体社会性（socius）的自然人（homme natura）形象。精神疾病的"实证"科学和大革命的人道主义无法不异化疯狂，甚或异化人，因为"自然人"的基础已然是通过社会人（homme socius）定义的。

二、实证主义者的分析性自然化

由此，"疯病"与"监狱热病"并置在一起。简陋的医疗关照只是对已经出现的疯人身处医院的证明，而这个医院只不过是

"从精神错乱到所有其他轻罪犯的一种许可"（HF, 154）。轻罪犯与疯病人的奇怪关联，如狂暴者与精神失序者的关联，既是禁闭的原因，也是禁闭的效果。正因如此，禁闭中对精神错乱者的处理不是为了治愈，而是为了获得"懊悔的聪明人"（HF, 155）。疯人院从来没有脱离"矫正风格的吸引"（HF, 155）。

司法和医疗两个领域部分重叠，奇异地围绕主体性定义了两种本质不同的精神错乱形式。一种是"主体性的限制"（HF, 177），即追踪个体力量的界限，因此区分了对个体责任来说清晰的部分和对个体责任来说模糊的部分。正是后者，即主体性的模糊性，证明了疯狂的本性以及剥夺个体自由的正当性，就好像一个不具有清楚分明特征的主体性会取消个体对自身的权利，从而确立他者对个体的权利，比如监护人。这就是所谓通过（对自由的）消除获得的（对责任的）解放，也就是消极自由。另一种是社会对主体性的指责，疯狂在社会中被看作"自身故土的异乡人"，其主体性的自由被认为是"他者、局外人和被排斥者"（HF, 178）。

通过主体性的这个概念，甚或是这样一种指定，诞生了"异化/精神错乱"（aliénation）概念。凭借这个概念，两个不可调和的异化经验的人类学混淆和联合得以成为可能。这个可能性在于：个体不但能够与自身分离以指责使之生病的他者力量，而且能在一个异于他者的权利主体整体中联合这个他者力量。在古典时期的思想中，只有一个同质的我思，没有"居间"（HF, 264），没有非存在，没有空白，没有任何缺席，"精神疾病在古典时期是不存在的"（HF, 265）。古典时期只有一种统一的意识，这个意识自认为可以无中介、无概念分歧地了解疯人，这种意识无法分析或分解疯狂整体，只能直接将之宣告为疯人。

但对于 19 世纪的实证主义思想来说，主体及其主体性不再是一个永恒、统一和不可分离的整体，因为表征（作为符号）可以同时显示和掩盖真相，人的自然部分因而会遭到背叛，会出现脱离人之统一体的作为符号、表征或表象的反叛。凭借这些可脱离的符号，在主体性与主体之间，在被分析的精神错乱和被感知的疯人之间，发明一种疯人与其疯狂的虚拟关联就成为可能。精神疾病的概念就是在这个时候诞生的，精神病学也因此成为可能。从此，主体及其主体性彼此陌生，各有各的真理，一个是法律上的真理，另一个是医学上的真理，二者各自收编了人的一个部分。

因此，古典时期作为一个整体的主体的人消失了。思考的主体回到其充满"想象、记忆和判断"的多样国度。[①]这一事件是积极的，因为非存在重新成为存在；这一事件又是消极的，因为这个与非存在相连的存在只存在于符号中。在这个意义上，这个相对于"理解力时代"的回返，实际上通过一个让主体和主体性彼此陌生的"深刻分化"（HF, 265），创造了一个异化的和空洞的主体。"禁闭就是这个空洞的机构化版本"（HF, 265），在司法体系中对疯狂的直接而武断的认定，类似于在知识体系中对主体的直接而武断的认定，二者都包含着对分割的疯狂和分岔的主体

---

① "想象、记忆和判断"是德国哲学家和医生维克哈德关于内感官的分类。我们可以将之视为启蒙时期对我思的一个分析。参见 M. Foucault, *Histoire de la folie à l'âge classique*, Paris, Éditions Gallimard, 1972, p. 254。17 世纪普拉特的另一个分类是"想象、理性和记忆"（imaginatio, ratio et memoria）。参见 M. Foucault, *Histoire de la folie à l'âge classique*, Paris, Éditions Gallimard, 1972, p. 249。

性的某种次级和实证的确立。这表现在以下两点：

首先，对疯人的总体感知成为公民权判定的内容，成为一种社会理性：有能力或无能力，有责任或无责任；同样地，对主体的综合判断只相对于某种知识判断才有意义，成为一种认知理性：可认知或不可认知，融贯或不融贯。其次，对疯狂的分析依据某种人类学智慧的范畴，可见或不可见，可鉴别或不可鉴别，一切都在人类认知的界限之内；对主体性的剖析同样如此，这种剖析成为一种符号、对象性的分辨，根据抽象概念的近似或矛盾予以度量。在这种实证的充实中，疯狂或主体性只是理性道德范畴的某种一般呈现，而这种呈现正是通过疯狂或主体性本身不无矛盾的缺席实现的：因为作为疯狂之内容的正是非疯狂，指出疯狂之主体性的正是其对象性（客体性）。

而古典时期的非存在只有通过否定性标志才能转化为现代的存在。18 世纪意识到了理性与非理性错综复杂的呈现，但古典时期空洞的否定不足以在保留尽可能多的积极因素的同时抽除消极因素。古典时期没有绝对排除一切消极呈现，而是将这些消极因素重构在疾病的逻辑和自然领域，重构在概念理性的领域。非存在和困苦不再作为自然实体的有限性、限制、缺陷和剥夺而得到确立，而是在具有真实性、实证性和充实性的事物中得以确立。后者只有通过概念在理论平台上的奇特力量才能实现。这个魔法般的平台包含消极性或否定性的方式，就是将它们最终转化为概念的积极性或肯定性。

当然，非理性的生动和神秘的力量以及主体性无限自由的善好，会在投射到理性和有限平台的时候遇到种种困难。但正因为这些困难，新的关于激情、想象和谵妄的先验概念诞生了，这些先验概念成为疯狂和主体性的构成形式。同样，医生与病人的对峙也产生了，在这个对峙中，想象世界的治愈游戏不断与自我暗示相契合。主体间的对话也是如此，语言游戏在某个深厚或空洞的空间中增衍和进行，空的意指以一种约定的方式相互匹配，显现为某种可见的融贯性。

从威利斯①的《论痉挛》(*De morbis convulsivis*)到索瓦热②的《系统疾病分类》(*Nosologie méthodique*)的过渡可以很好地说明这一点。在威利斯这样的解剖学家那里，承载疾病并因此带来病理事件的是不符合自然或反自然的模糊事实，这些事实一方面被看作"有病实体"(HF, 242)，但同时又无法被观察到。因此，解剖学家不得不保留像古希腊人的"恶魔"那样的超验标记，如"巫灵之气"③。而在索瓦热这样的植物学家看来，"缺乏既不是疾病的真相，也不是疾病的本质，严格来说甚至不是疾病的性质"(HF, 242)，因为无序的来源和否定的逻辑可能性是无限和无尽的，而且被"完全空洞的逻辑行为"所删除的事物是没有任何积极（实证）面孔的。因此，实证主义者就要寻找疾病的特定内容，而他们通过列举症状所找到的只是"真实的、可观察的和积极的现象"(HF, 243)。通过这种方式，缺乏、删除和否定就能被解释为疾病的原因。对索瓦热来说，即使疾病带有难以解密的因素，即使疾病真相的主要部分仍然处于隐藏状态，疾病

---

① 托马斯·威利斯 (Thomas Willis, 1621—1675)，一位在解剖学史上发挥重要作用的英国医生。

② 弗朗索瓦·布瓦西耶·德·索瓦热 (François Boissier de Sauvages, 1706—1767)，法国医生、植物学家，疾病分类学的创始人。

③ Thomas Willis, *De Morbis convulsivis*, 1681；参见 M. Foucault, *Histoire de la folie à l'âge classique*, Paris, Éditions Gallimard, 1972, p. 243, note 3。

中总有某种在最显见（明见）的现象层面可认知的独特性，无论这种独特性是本质的还是偶然的，是相关的还是无关的。最重要的是"清点感知中最明显事物"（HF, 244），用笛卡尔的话来说，就是我思的明见性，这就是笛卡尔清楚分明原则的医学版本。症状方法因此成为不可进入和不可见事物的解决办法，这种方法用肯定性（积极/实证）的伴随物来定义否定性的疾病。

在这个意义上，实证主义伴随着植物分类学，并随之得以完成。如英国医学之父西德纳姆[①]所言："用植物学家所倾注的同样的专注和精确性将所有疾病化约为确切类别"（HF, 245, note 1），荷兰医生高比乌斯[②]因此主张按照自然史家的系统秩序来组织人类疾病。然而，这种系统组织的合理性需要用更高层面的权威来证明。"物种园"（HF, 245）的计划只有在"诸病之神"深谋远虑地组织疾病形式并分配其多样性的前提下才是可能的，用福柯的话来说，必须先有一个"疾病的细心园丁"为人类创造一个"理性的（植物性）生长"（HF, 245），而疾病就只是相对于这些"理性的（植物性）生长"的无序。种种疾病是"理性作品"的唯一原因就是，它们本身也是上帝全能理性的作品。因此，人类疾病就像植物一样，应该是自然理性本身的化身。

在这个自然化的过程中，人们忘记或忽略的是：现代精神病理学定义疯狂的植物学方式之所以可能，是因为排除了所有可能包含在古典时期道德世界中的事物，是预设了医学的客观性能

① Thomas Sydenham (1624–1689), *Dissertation sur la petite vérole* (*Dissertatio pistolaris*, 1682), 1784.

② Hieronymus David Gaubius (1705–1780), *Institutiones pathologiae medicinalis*, 1758；参见 M. Foucault, *Histoire de la folie à l'âge classique*, Paris, Éditions Gallimard, 1972, p. 245, note 2。

够并应该确定疯狂的本质和秘密真相。在理论上，病理学之所以可以收编疯狂，是因为病理学以科学之名拒绝大禁闭实践所暗示的与疯狂面孔亲近的诸种关系。但这个拒绝只是一种虚假抛弃，实际上却继承了古典时期疯狂所包含的所有道德内容。"自然规律性"的决定论通过逻辑的"因果链条"，通过"形式的话语性运动"，通过化约到"兽与物的沮丧世界及其受缚的自由"（HF，208），取消了主体性之自由的一切形式。

除此之外，最糟糕的遗忘则是对先于我思、先于人类认知之前事物的遗忘：恶魔，即非理性的永恒可能性。人与所有外在于人的事物之间的关系，不只在于可观察的自然，也包括在这个可观察自然之外的事物，总是存在着对这种事物进行观察的不可抗的甚至绝对的障碍。"我思的启明所获得的真理最终完全遮盖了恶魔的阴影，但不能因此就忘记恶魔永恒的威胁力量。"（HF，210）古典时期忽视"彼世"的可能性，从来不把疯狂与其"彼世"非理性的本质联系起来；同样，关于疯狂的心理学也不能自以为说出了疯狂的真相。让疯人脱离所有这些牵涉，让他们从疾病中解放出来，不能仅仅通过剥离古典时期陈旧的道德偏见，也不能仅仅通过更接近可见真相的科学行动，所有这些只是"闭眼并自弃于人类学沉睡"的方式。

这种"人类学沉睡"忽视并鄙视激发人最锐利感知的非理性。但这是人最大的傲慢与无知，这使人失去原初运动的面孔，失去不可穷尽的古早模式，使人进入无尽的罪责和耻辱之中。但并不是耻辱或罪责活在疯狂中，而是疯狂活在超出感知或矛盾的无辜之中。疯狂的存在要比人类世界的病理学更丰富，有其在更大世界的理性，在那个世界中，人所提出的关于自身的问题毫无意义。

因此，医学和法学的综合，或者实证主义者的分析性自然化，只是人跟自己玩的游戏，"我们在这一边描述为事件的事物，我们在另一边将其重新发现为概念发展的形式"（HF, 226）。与其说实证主义科学是对疯狂的真正发现，不如说它是对大禁闭实践的理论化。大禁闭与科学以共谋的方式相互支撑，共同奠基了"分划的戏剧形式"与"构造的寂静运动"（HF, 227）。大禁闭与科学带着消除和忽视断层的融贯性和统一体，在认知的循环中相互解释并相互证明。相同的经验形式只是彼此的同一化和彼此的相共性，疯狂则既是"断层的理性"又是"统一体的理性"（HF, 227）。适于分类和语词化的部分只是理性授予的价值。这些价值有产生自身疑难的风险：疯狂越是被所有那些证明它们的事物所衡量，理性就越不能辨认、平息或驾驭疯狂。

第二节　灵魂与身体的齐平

涉及医学领域的分类问题，疯人的感知意识与疯狂的话语性认知之间的对立还会在多重标准下产生更多问题。

16 世纪初帕拉塞尔苏斯 [①] 的分类具有一种不可否认的融贯性：任性 / 月亮疯（Lunatici）来自月亮，不理智（Insani）来自遗传，脱离理智（Vesani）来自暴饮暴食，忧郁（Melancholici）来自内在性。但这种分类遭到古典时期思想的拒绝，因为这种分类并不是按照疾病本身的形式建立的，而是按照外部原因建立

---

① Paracelse (1493-1541), *Sämtliche Werke* ; 参见 M. Foucault, Histoire de la folie à l'âge classique, Paris, Éditions Gallimard, 1972, p. 248。

的。16 世纪末普拉特^①的分类按照疾病的逻辑渐进，小心翼翼地遵循疾病的形式：要么是简单的减少，要么是总体的取消，要么是倒错，要么是夸张。然而在这个逻辑的分类中，特定疾病有时按照（内部或外部）原因确立，有时按照病理语境（健康，疾病，痉挛，僵化）确立，有时又按照相关症状（发烧，不发烧）确立。这个多重标准的问题从 17 世纪一直持续到 18 世纪，如琼斯顿^②、索瓦热、林奈^③和维克哈德^④都存在这个问题。所有这些分类只是在空转，最终只能放弃，从来不能成功地成为有效的分类，因为它们只是按照植物意涵的图像进行分类。

但为什么找不到一个融贯、持久或普遍的标准？在这些勤勉却徒劳的分类中，人们到底遇到了什么困难？如果人类理性有能力在逻辑上无限增衍，为什么从来无法符应疯狂的复杂而多样的现象？^⑤

一、对分类的抵抗

实证主义者依据疯狂自身的可见迹象对疯狂的伟大计划进行

---

① Félix Platter (1536–1614), *Praxeos Tractatus*, 1609；参见 M. Foucault, Histoire de la folie à l'âge classique, Paris, Éditions Gallimard, 1972, p. 249。

② Jan Jonston (1603–1675), I*dée universelle de la médecine*, 1644；参见 M. Foucault, Histoire de la folie à l'âge classique, Paris, Éditions Gallimard, 1972, p. 249。

③ Carl von Linné (1707–1778), *Genera morborum,* 1763；参见 M. Foucault, Histoire de la folie à l'âge classique, Paris, Éditions Gallimard, 1972, p. 250。

④ Melchior Adam Weikard (1742–1803), *Der philosophische Arzt*, 1790；参见 M. Foucault, Histoire de la folie à l'âge classique, Paris, Éditions Gallimard, 1972, p. 250。

⑤ 福柯提出的问题是："有哪些对立的阻力？""谁从本性上就妨碍了被分类到疾病分类学的计划里？""什么特定结构使其不可被化约？"参见 M. Foucault, *Histoire de la folie à l'âge classique*, Paris, Éditions Gallimard, 1972, p. 252。

分类，他们无一例外遭遇了一个偏离时刻：异质来源改变了组织秩序，在疯狂及其可感知形象之间，引入了一系列"道德揭露"（HF, 252）或某种因果系统。疯人似乎是一下子就能确认的，但细致考察之后，又会是一个空白：除了疯人的身份，一切皆有可能。由此，人类心灵力量的分类在面对人类心灵的种种无序时，根本无法避免转向和诉诸"他者"，因为疯狂作为对象，无任何内容可言。

1. "他者"：道德与身体

18世纪早期研究精神疾病的英国近代教育家托马斯·阿诺德[①]按照哲学家洛克引入的心灵的两大职能划分疯狂：观念（idée）上的疯狂和概念（notion）上的疯狂。前者根据"表征要素的品质"和"真理内容"定义，狂热谵妄、不融贯、躁狂和（幻觉）神经质都属于这一范畴。后者根据"反思性工作"和"真理结构"定义，区分了9种不同的疯狂：幻象、幻想、古怪、冲动、诡计、激奋、忧虑、食欲疯、悲怆疯。而最后一个悲怆疯又有15个变种：恋爱、嫉妒、吝啬、愤世嫉俗、狂妄自大、暴躁、多疑、腼腆、羞怯、悲伤、绝望、迷信、怀旧、反感和热情。福柯称之为"道德肖像画廊"（HF, 253）。没有哪个具体的人可以在没有社会内容的情况下归于"观念"或"概念"上的疯狂。在疯狂的所有这些方面中，没有任何一个是疯狂本身完全而独立、由自身且为自身产生的，换言之，纯粹主体性（没有社会内容的疯狂）是不存在的。

---

① Thomas Arnold (1742–1816), *Observations on the nature, kind, causes, and prevention of insanity, lunacy and madness*, 1702 ; 参见 M. Foucault, *Histoire de la folie à l'âge classique*, Paris, Éditions Gallimard, 1972, p. 253, note 1.

　　同样，在维克哈德、路易·维泰① 和皮奈尔② 这里，疯狂现象总有"道德特征化"（HF, 253）的位置，如罪恶、邪恶或病态情感。实证主义者寻找疯狂的病态形式的客观性，但只能找到变形主体性与变质客体性的混合体。疾病概念本身都是个问题，纯粹病理的意指仅在价值批判的意义上才存在。维泰与维克哈德的分类与大禁闭登记簿之间奇怪的一致说明了这一点，因为实际上，"18 世纪的疾病分类学家从来没有与医疗总署和收容机关有过接触"（HF, 254）。奇怪之处正在于，大禁闭与疾病分类学是分开发展的，但它们在不被社会接受的疯狂与人不能承受的疾病之间却达成惊人一致的结论。这当然不是有意的和现实中的共谋，而是道德排斥的普遍一致性。所谓的科学思辨，只要处理人类领域的问题，就不再能坚持客观态度，因为带有社会价值判断的人类批判是不可避免的。这损害了疾病概念的科学性，甚至可以说，疾病从来就没有纯粹客观的概念。

　　索瓦热植物学式的分类计划就是建立稳固的精神疾病症状学。但分类的坚固特征只能根植于因果意指，例如：幻觉是一种灵魂的偶发错误，在这个错误里，罪恶不在于大脑，而在于"使想象被引诱的事物"（HF, 255, note 3），也就是在于某个道德原因。而这个道德原因本身有可能是空洞的，只有通过对道德原因

① Louis Vitet (1736–1809), *Matière médicale réformée ou pharmacopée médico-chirurgicale*；参见 M. Foucault, *Histoire de la folie à l'âge classique*, Paris, Éditions Gallimard, 1972, p. 254, note 1。

② Philippe Pinel (1745–1826), *Dictionnaire des sciences médicales*, 1819；参见 M. Foucault, *Histoire de la folie à l'âge classique*, Paris, Éditions Gallimard, 1972, p. 254, note 1。

的某个器官上的指定才能将幻觉与其他疾病区分开来，如：幻觉与谵妄的区别是它们的器官来源，前者在神经系统的多种器官中，后者在大脑中。因此，当涉及疯狂的具体形式，基于症状和道德原因的分类原则不得不诉诸身体原因。

精神疾病的组织因此要么安放在道德判断中，如：人的行为可能来自自由的激情或错误；要么安放在对身体原因的分析，如：动物心灵或神经种类已经被严格决定的机械论。将道德和机械论、自由和身体、激情和病理联合起来并予以衡量的，正是想象。① 在想象中，所有错误、空想和推断都是某种机理的发条式产物：在那里，从灵魂到身体的异质要素可以通过人眼中的想象、相共或相近连接起来。实际上是想象分析在对疯狂与疯人间的异质性进行综合，是想象在其中插入了非理性的神秘经验。"想象……就是古典时期的医生和哲学家一致称作谵妄的事物"（HF, 254），由此，所有非理性、疯狂和疯人都重新汇合于谵妄之超验性的唯一且同一经验中。

2. 古典时期的诸传统

然而，疾病分类学家如此容易地将疯狂之疾病描绘为身体疾病，其中的综合不可避免地会遇到一个古老的问题：灵魂在哪里并以何种方式被关涉？

在古希腊传统中，疯狂状态是与不死灵魂和神圣力量沟通的主要途径。在神学决疑论传统中，疯狂的途径不是确定的，但并非不可能；苦修会给出某些外部迹象，所有人甚至是疯人都能够在忏悔的时候得到领会并获得宽恕，因为圣灵并不是通过（被认

---

① 即与《词与物》中的"表征"相关，凭借"表征"，分类才是可能的。

为是疯狂所缺少的）可感途径或物质途径照亮灵魂。①

在古典时期的法律和法官传统中，人们认为疯狂的灵魂不完整，所以在某种意义上取消了疯狂的刑事责任；但这并不是说疯狂的灵魂是病态，相反，人们并不取消疯人的公民资格，"大禁闭毫不改变主体的法律能力"（HF, 269, note 1）。在这个意义上，无责任性和大禁闭并不矛盾，因为疯狂的无责任性只是不按照正常行为能力人的刑事责任划分来归责，因而它只是一个空洞的和否定性的指定，实际上疯人要承担的是更可怕的无法确定期限的"医学"监禁。这完全不是对疯人作为无行为能力者的秘密自由的保护，相反，这是对其自由（身体自由）的否定。不过，这个有形的否定不能用灵魂疾病来证明其合理性，因为后者并不必然要求身体的限制。鉴于此，人们开始用灵魂与身体的古老因果性证明大禁闭的合法性：身体不可抗拒的力量伤害了灵魂，直到将灵魂消除殆尽。毫不奇怪，这个因果性可以在柏拉图那里找到来源——灵魂是身体的囚徒；甚或在清教徒那里找到来源——身体越虚弱，灵魂就越强大。无论如何，灵魂可以被身体影响。因此，身体处罚被认为在纠正灵魂的邪恶上是有效的。这种"灵魂的物质性"（HF, 254）可以在兵工厂的登记簿中得到证实，因为灵魂"专注于大脑的痕迹在其中形成的图像"（HF, 269, note 2），一旦质料与身体获得重组，理性也被重整。因此，灵魂在质料中可以获得应有的效力和完善。

而在学究和博学者的传统中，疯狂被安置在身体现象中，灵

---

① Jacques de Sainte-Beuve (1613–1677), *Résolution de quelques cas de conscience*, 1689；参见 M. Foucault, *Histoire de la folie à l'âge classique*, Paris, Éditions Gallimard, 1972, p. 268, note 2。

魂纯洁性遭损正是因为身体。提出"所有的克里特岛人都说谎"的克里特岛人埃庇米尼得斯将克里特岛的萨满作为雅典的危险污迹涤除，[①] 伏尔泰则认为埃庇米尼得斯的灵魂在身体里安置不当，因为这个身体的"房间窗户被堵塞……房间缺少空气，灵魂窒息"（HF, 270, note 2）。伏尔泰的这个隐喻隐藏了两个滑移：一方面，疯狂问题被化约为感官问题。在洛克的影响下，大多数关于疯狂起源的医学讨论都停留在感官问题上。通过诉诸感官，初级的感知主义缩减了灵魂的力量。但索瓦热认为："这并不是因为窗户状态不佳，而是因为住户生病了。"（HF, 271）另一方面，被假定的疯狂模式（从灵魂到身体的因果性）成为疯狂的质料因（大脑）。对于伏尔泰或古典时期哲学家而言，人是用大脑思考的，就像人用脚走路或用眼睛观看，灵魂的功能被化约为诸关系的某种连接，而这些关系类似于身体自身建立的种种关系。由于灵魂只是连接这些关系，灵魂的疾病因而成为身体诸联结的损害，尤其是诸如大脑（诸器官之器官）器官的损害。由此，灵魂的疾病不是随便哪个感官的损害，而是大脑感官的损害。这已经是初级的感知主义，因为不再溯因于一般感知，如视觉或听觉；而是二级的感知主义，因为现在要溯因于大脑，即灵魂本身且唯一的感官。

　　从疯狂向感官、从模式向原因的这两个滑移，将感官幻觉或心灵谵妄的医学问题转化为哲学问题："疯狂是否能够证实灵魂的质料性？"（HF, 272）初看之下，哲学问题拒绝直接的感知

---

① 埃庇米尼得斯（Épiménide）被认为是历史上的真实人物，参见 Dodds, *op. cit.*, p. 146。

主义回答（也是医学的回答）——感官感知是疯狂的起源，但这种拒绝不妨碍哲学运用假设的和空洞的二级感知主义，用福柯的话来说，哲学的拒绝是"为了更好地将之设定为解决办法"（HF, 272），其实是以另一种方式肯定感知主义，这种方式就是：将大脑设想为灵魂感官，使灵魂具有某种质料性。由此，感觉器官在疯狂的起源中扮演不可忽略角色的医学问题实际上被抛弃了。相反，在医学的先验反思层面上构想的大脑-感官或中心-周边问题转化为一个批判分析，或更确切地说，转化为疯狂问题上的意指叠合，它分离并对置灵魂与身体，使灵魂的力量在身体的机械论中化为乌有。然而，灵魂与身体的矛盾和联结也许只是一种意愿性和理论性的发明，它将疯狂或人的实际经验悬置起来，将问题的复杂性转化为（灵魂与身体）概念间的空洞和精妙的辩证和争议。"物质源的器质性患病"与"非物质灵魂的精神问题"之间的二分法只是一种人为的考问，是"基于哲学意图所岔开……引入的问题"（HF, 273）。

至于与伏尔泰同时代的医学传统，医生的朴实性给出了一个完全不同的景象，福柯称之为"灵魂与身体可感的美好统一体"。[①] 这个美好统一体任由形而上学去思辨心灵与身体的因果和机械论，它自身只忠实于现象："如此的身体状态必然产生灵魂的如此运动，后者反过来改变身体"（HF, 273）。心灵与身体的统一体不是思辨的叠合，而是一个如此强烈的现象，以至很难想象心灵与身体的不一致。从 17 世纪到 18 世纪，如在蒂索、威利斯[②]、索瓦

---

① Tissot, *op. cit.* ; 参见 M. Foucault, *Histoire de la folie à l'âge classique*, Paris, Éditions Gallimard, 1972, p. 273。

② 在威利斯看来，躁狂是一种头部疾病，歇斯底里是一种痉挛性疾病。

热①、波哈夫②和迪默布罗克③那里，精神疾病（如心理或精神事实上的问题）并不是与器质性疾病对立的领域，而是某种身体和灵魂共同出现问题的领域。

二、因果、激情和想象的循环

从古典时期这些有关身体与灵魂的传统出发，对疯人、疯狂和非理性的综合修平了所有这些道德和机械论的凸起，通过从外到内、从可见到不可见、从图像到语言的三种循环，即因果、激情和想象的循环，身体与灵魂被化约为齐平化的经验总体。

1. 第一个循环：近因与远因

第一个循环是在对疯狂进行概念化的一个双重演进中进行的：一个是"近因"（直接的和熟悉的）概念化，另一个是"远因"概念化（HF, 275）。这两个概念在灵魂、身体和外部世界之间建立了一个线性和多样的关联。

首先，古典时期的医学理论通过清除过去"性质转置"（HF, 288）的循环，建立了拉近身体和灵魂的直接因果论。例如，对于神经解剖学和神经病理学的 17 世纪先驱威利斯来说，躁狂是动物心灵的双重改变。一方面是同时带来活动力量和轨迹变化的机械改变，心灵由此产生剧烈活动，穿透到"从未开辟也不应开辟"（HF, 275）的路径上，也就是之前被称为"不寻常的"或后来被称为"不正常的"路径。由于心灵走向新的道路，诸多新现

---

① 在索瓦热看来，产生差错的疏忽、眩晕和烦恼都是精神疾病。

② 赫尔曼·波哈夫（Herman Boerhaave, 1668—1738），荷兰植物学家、医生和人文学者。在他看来，躁狂是一种妄想狂。

③ 雅布兰·范·迪默布罗克（Isbrand van Diemerbroeck, 1609—1674），荷兰解剖学医生、教授。在他看来，忧郁是一种强迫性的神经官能症。

象也在那里产生：奇怪的观念，突然和不寻常的活动，相对于人的自然力量来说异常的活力（就像古希腊人所相信的神力或超自然力）。另一方面这个改变也是化学的改变。心灵因为具有了某种酸性，使自己变得"更有腐蚀性和穿透性，也更为轻盈并担负更少的质料"（HF, 275），就像火焰般活跃而不可触知。"活跃、无规律、热烈的"躁狂行为由于与火焰相似，被直接赋予了火焰的化学特征。

由此，在疾病的显现中，一切最可见事物都按照直接因果的秩序假定重新组织起来。通过由外而内、从实证主义感知领域到分析性解释领域、从可见效果到原因的不可见运动的滑移，既可观察又异质的性质转化为同一层面的具有表征性和同质性的图像。从此，疯狂的言行无序在不可感的想象犁沟错综复杂的交错中固定下来。这些无序不再是从神到人、从大宇宙到小宇宙、从道德判断到纯粹主体性这些不同层面之间的无序，而仅仅是人的且在人之中的无序。灵魂所有神秘的或幻象的、伦理的或社会的力量，现在只依赖于动物心灵的力量，后者就是灵魂诸功能运行的工具。这个力量既具有最细微的物质部分，又最接近于精神实体。

有关疾病的种种现象被无差别地归为两类：近因及其效果。在"被感知性质的效果"与"想象图像的原因"之间，建立起某种"直接的性质沟通"，形成某种"同时呈现的系统"（HF, 277）。然而，这些要素彼此之间的循环实际上只是相共性的一种隐喻力量：人们基于感知的习惯归纳出某种图像，同时演绎出疾病症状学上的特定物理属性，随后将后者赋予前者。因此，症状被表征性要素所表征，从而按照诸如语言、物理材料这些表征要素的规则进行活动。这个赋值的动作非常重要，其证明就是原因、深层"真相"的解释，后者的作用就像表征、一般化和普遍化操作的借口。但近因系统只是构造了一个衬里，这个衬里在性质的因果性中强调和组织症状的经验认知。

这个游戏在 17 世纪打开，在 18 世纪获得发展。所指的规则在能指的规则中不再扮演任何角色。演绎不再需要性质或想象的因果性交流，近因直接成为"先成事实"（HF, 277）。正如西德纳姆所言："我们有一整套物质网络可以用来作为近因指定的感知支撑。"①

这里令人奇怪的是，作为疯狂之直接原因的改变不可感知，但它能在感官组织中实施。这不无悖谬地涉及一个纯粹物理的但又不可见的改变，也就是说，这是一种纤维机制的改变。这种小宇宙的改变保留了不可见的性质，只以一种无限小且在所有可能感知之下的方式运行。意大利解剖学家莫干尼以现代病理解剖学之父著称，他通过在一个实验中刺激青蛙的神经，指出没有人能观察到在纤维上或纤维中有"任何可测量的紧张或松弛"。② 然而，执业医师却在一个躁狂症者身上看到完全不同的景象："肌肉收缩，龇牙咧嘴，急剧不稳却又暴力的动作，对最小的刺激回以最极端的暴躁"（HF, 278）。

因此，性质交换中的改变理论转向其他可观察现象。人们不再描述从原因到结果的循环，而只是描述一个能够以更直接

---

① 托马斯·西德纳姆（Thomas Sydenham，1624—1689），被称为英国的希波克拉底。参见 M. Foucault, *Histoire de la folie à l'âge classique*, Paris, Éditions Gallimard, 1972, p. 277, note 2。

② Jean-Baptiste Morgagni (1682–1771)；参见 M. Foucault, *Histoire de la folie à l'âge classique*, Paris, Éditions Gallimard, 1972, p. 278。

的方式测定疾病的可感要素。例如，皮埃尔·蓬姆就亲自观察到紧张、干燥和萎缩这些众所周知的状态。[1] 因此，疯狂与大脑之间性质交换的直接原因让位于器官的单一可见改变，无论这种改变是否与疯狂有关。原则就是：如果只能观察到能指，那这些能指就是认知所指的唯一途径，能指的规则也应该是所指的规则。这正是康德的原则。"因果的接近性不再是在感觉的统一体、在性质类比中获得，而是在最大可能严格的解剖学邻近中获得。"（HF, 279）

　　相对于邻近近因的性质演化，一系列远因在17—18世纪以相反的方向演化着。内部世界的诸事件，如"灵魂激情、精神紧张、强制学习、深度沉思、愤怒、悲伤、恐惧、漫长而剧烈的忧伤、被鄙视的爱"，[2] 以及外部世界的诸事件，如空气、气候、社会生活、文化或奢华，"所有使想象鲜活的事物"，[3] 都被视作远因。初看之下，18世纪的理论作者和精神病院的执业医师在不停地扩大这些远因。但仔细比较每个时代对同一原因的发展，就可以看到深刻的改变。例如，月亮病在16世纪非常稳固，在17世

---

① Pierre Pomme (1728-1814), *Traité des affections vaporeuses des deux sexes, ou maladies nerveuses, vulgairement appelées maux de nerfs*, 1767；参见 M. Foucault, *Histoire de la folie à l'âge classique*, Paris, Éditions Gallimard, 1972, p. 278。而且约翰·弗里德里希·迈克尔（Johann Friedrich Meckel，1724—1774）对健康人和肺痨者的脑髓进行称重，他的结论是患病者的脑髓更轻，髓腔的干燥会对脑部活动造成影响，从而带来理性使用的问题。参见 M. Foucault, *Histoire de la folie à l'âge classique*, Paris, Éditions Gallimard, 1972, p. 281。

② 《百科全书》中对躁狂的描述，参见 M. Foucault, *Histoire de la folie à l'âge classique*, Paris, Éditions Gallimard, 1972, p. 284, note 2。

③ Joseph Daquin (1732-1815), *Philosophie de la folie*, Paris, 1792；参见 M. Foucault, *Histoire de la folie à l'âge classique*, Paris, Éditions Gallimard, 1972, p. 284, note 6。

纪仍然很常见，在 18 世纪变得少见，并在 18 世纪末完全以另一种模式重现（HF, 286-287）。月亮病是一种在时空中因巧合而对疯狂产生直接影响的传统形式，现在则要通过对如神经系统这样的一系列中介产生影响。也就是说，宇宙力量不再是直接引入疯狂，而是必然通过"人类有机体的特殊感知"（HF, 287）。这个特殊感知用身体与外部世界之间的一种新的同质性代替了灵魂与身体之间的运转。

通过对原因的这个双重演化，身体既是疯狂各种直接现象的居所，又是感知外部世界的神秘统一体，身体因此成为"疾病灵魂"与"过度世界"的中介。这个身体是大脑、次级符号和可观察能指的身体。

2. 第二个循环：激情统一体

以上第一循环的一个结果就是：在将灵魂与身体联合在对外部世界做出反应的同一感知的激情概念中发生了第二循环。这个激情概念就像身体与灵魂的一个相遇点和沟通场所。在激情概念的范围内，又诞生了欲望概念，疯狂就在欲望概念中被定义为某种盲目："既不懂得克制也不懂得节制激情"，由此，道德和责任在此可以呈现为"爱的欲望""同情""败坏的趣味"等。[①]

对于主张体液说的医生，如皮埃尔·拜耶（Pierre Bayle）和亨利·格兰奇温（Henri Grangeon）来说，激情导致体液运动并增加体液数量，例如：愤怒会增加胆汁，悲伤会加重黑胆汁，快乐会强化血液。对于主张心灵说的医生来说，体液决定论还是太模糊，他们认为心灵运动在力学上是严格的，因为这些运动遵循

---

① Sauvages, *Nosologie méthodique*；参见 M. Foucault, *Histoire de la folie à l'âge classique*, Paris, Éditions Gallimard, 1972, p. 289, note 1.

心灵自身的运动，而心灵本身对于身体来说完全不透明或不可穿透。正因如此，疯狂的激发通常不是因为身体的运动，而是因为心灵的运动。这些具有自身机制的心灵在马勒伯朗士 ① 那里被解释为动物心灵。当没有激情对象（如狮子的猎物）出现的时候，心灵规律地安放在整个身体之中；但当激情对象出现，心灵的平衡布局就会出现问题，并为激情处境做准备，即准备狩猎，这时心灵四处流转、散布和集中，以便进行捕猎活动，这必然在大脑中形成狩猎对象的形象并在灵魂中形成其图像。尽管这个激情机制从心灵的重组开始，但这个重组会改变身体状态，使身体不再按照心灵机制运行。因此，当身体空间发生改变，心灵反过来不再能扭转这个运动，只能接受激情的身体运动。所以，身体与灵魂之间的这个直接和生动的交流不是可逆的，既没有不一致也无法抵抗。

　　然而，激情机制触发的这些要素只是心灵与身体之间的共同意指。人们假设二者之间这种不可逆性的原因可能来自概念间易于获得的同一性，因为这些概念已经被假设为对彼此的表达，它们在定义上就是相符的，因此，不需要让这些概念彼此交互，也不需要让它们对峙或相互作用。对这样一个消极激情的部署因此并不是在灵魂与身体对峙的空间之中，而"是在它们的对立尚未给出的地方，在那个同时建立二者统一体和区分的区域"（HF，291），换言之，这个部署是在二者统一体的想象表面。这个部署不再是疯狂的原因之一，而是疯狂之可能性的条件。这个部署就像先于所有灵魂或身体运动之存在的某种先天（a priori），正

---

① Malebranche (1638-1715), *Recherche de la vérité*, 1674-1675；参见 M. Foucault, *Histoire de la folie à l'âge classique*, Paris, Éditions Gallimard, 1972, p. 290, note 2。

是这个部署为身体和灵魂强制规定和分配了诸种价值。在这个意义上，如果存在着疯病，那就是身体和灵魂的共同疾病，既不是因为灵魂，也不是因为身体，疯病是在激情的事实本身之中被给出的。

尽管疯狂与激情的关系在古希腊时期和希腊化罗马时期的传统中已经存在，在这个传统中，疯狂是"激情的惩罚"，激情是"暂时和减轻了的疯狂"（HF, 292），但古典时期疯狂与激情的关系与古代赋予它们的关系完全不在同一范畴。在古典时期，奠基疯狂之幻想的激情，不再是一种外部力量，而是源于人对自由的滥用；激情是由人自身的有限性定义的，如在笛卡尔那里，激情就属于我思。[①] 不无矛盾的是，这个不再在心身统一体之中的激情，这个由人的先天有限性所定义的激情，损害、腐蚀并扭转着心身联合体的法则，激情促使的疯狂威胁着使激情成为可能的事物，"（激情）打开了处于使人丧失的无尽运动中的这同一个人"（HF, 292）。这个无尽运动就是自由我思的运动，换言之，在身体和灵魂的真实法则被悬搁并同时被转化为我思自身的法则的意义上，在身体与灵魂统一体深处的激情成为思想表面上（只将身体作为工具使用）的情感的意义上，这就是纯粹主体性的运动。

这在罗伯特·怀特医生那里可以得到更确切的解释[②]：激情既是灵魂中的冲击，又是神经纤维的震动，在此，各种故事、可怕的场景、悲伤的叙事会在神经症候上产生骤然和狂暴的印象；可逆性不是被假设的从身体到灵魂的单向转换所打断的，而是被这

[①] Descartes, *Les Passions de l'âme*, 1649.

[②] Robert Whytt (1714–1766), *Traité des maladies nerveuses*, 1764；参见 M. Foucault, *Histoire de la folie à l'âge classique*, Paris, Éditions Gallimard, 1972, p. 293。

个单向转换的过度所打断，后者会导致静止乃至死亡。因此疯狂状态很可能不是毫无用处的，而是作为某种停顿、某种缓冲，减少或切断身体与灵魂之间的粗暴运动，疯狂是灵魂与身体间无尽运动中的自然不安。按照福柯的说法（HF, 294），这个不安、抵抗和不一致的状态，处于一个更接近马勒伯朗士而不是笛卡尔的空间：前者持身心一元论，后者则持身心二元论。

在这个唯一机制的重叠中，激烈的痉挛与普通的冲击都是通过某种总是以炸裂告终的积累和扩大来解释的。例如 17 世纪意大利医生及解剖学家兰奇西提到，"兴奋的次级、补充、延长和不断回响的多样性"，导致来自城市、宫廷和沙龙的疯狂。[1] 因为这些兴奋仅仅在精神上产生作用，而没有身体的相应活动，所以它们从不会减弱且毫无止息。索瓦热则认为，对恐惧的某些印象会堵塞和压迫脊髓纤维，恐惧越持续，对这种恐惧更多关注的灵魂想象就越会加强这种堵塞和压迫。这种关注不仅将恐惧孤立起来，而且将之与相差甚远的观念（如摄取食物）联系起来；所有这些新的观念加强了恐惧的力度，后者最终变得不可抵御，直至灵魂与身体的极端断裂；最后，任何灵魂意志或任何身体活动都不能修复恐惧。

因此，17—18 世纪的医生将疯狂定义为激情统一体的分离。疯狂既是来自这个激情统一体的必然，又是"被这同一个激情所启动并在其之外运动的混乱"（HF, 295）。后者悬搁和打断了激情所包含的因果链条，直至摧毁统一体所预设的一切。例如，躁

---

[1] Giovanni Maria Lancisi (1654-1720), *De nativis Romani coeli qualitatibus*, in *Opera omnia*, 2 voL, Genève, 1748；参见 M. Foucault, *Histoire de la folie à l'âge classique*, Paris, Éditions Gallimard, 1972, p. 294, note 1。

狂症最终的结果是神经和肌肉的状态高度兴奋，以致任何图像、观念或意志都不能与之相对应，这就是我们经常遇到的不可理喻。忧郁症则在身体中产生了一种止息或惰性，外部对象已经不再像在健康的身体中那样激发同样的印象。

然而，这不是说灵魂与身体不再有任何关联，也不是说二者在疯狂中不再能重新具有自身的自治，相反，这个关联在增衍，只是以抽象的开裂方式增衍。疯狂不是灵魂的单独产物，而是灵魂与大脑、神经及其纤维一起构成的产物，与玄妙的身体一起构成的产物；疯狂因此不是对心身统一体的绝对脱离，而是对在现实感知上操作的感知器官的脱离。疯狂只是任由还处于运动中的最具有流动性的纤维占据上风，这些纤维在震动中仍然在模仿和重复感知中所发生之事。在我思的这个瓦解或重组中，灵魂与身体的总体性分化为诸种形而上学和想象的形象，但它们又通过真实的要素联合起来。

3. 第三个循环：想象

正是在这点上，作为想象的第三循环产生了。伴随激情而发端的疯狂仍然处于非理性的层面，在这个层面上，一种异常活跃的运动呈现在灵魂与身体的机械统一体中；当这个运动迅速走向无机械性的无序，疯狂就进入不合理的层面（HF, 296）。① 在后

---

① 这里非理性的（déraisonnable）是相对于良知（bon sens）而言的脱离，不合理的（irrationnel）是相对于常识（commun sens）而言的脱离。前者是无度与有度的区分，在福柯这里，无度可以包含不可为有限者理解的无限者的世界，也就是不可为人类理性把握的事物，本书译作"非理性的"；后者是是否与他人共享真理认知的区别，也就是在人类理性可把握范围内，将不符合特定时期共同认知的事物当作真理，本书译作"不合理的"。在福柯看来，与后者词根 ratio 相对应的rationalité 可以是复数的，强调的是认知的历史性，即不同历史时期所构造的理性形式可以不同；与前者相对应的 raison（理性）强调的是认知界限。

者这个层面上，暴力、惊愕和失去理智的宣传使之脱离正常人的真理认知，脱离人之限制，走向幻想的自由。不过，对于古典时期来说，在这个层面上，并不是心灵产生的图像造成疯狂，而是在心灵抽象地将其幻想肯定为真理之时，人才成为自身心灵的囚徒，成为不合理的疯人。这类似于人与梦中图像之间的关系。对真理的意识不是单独由图像的呈现构成，而是在判断并关联"在图像中所接收的事物"与"信以为真的事物"中构成。同样，疯狂只存在于这样一个时刻：人给予他的幻想以真理价值。"只有心灵才能让在图像中给出的事物成为滥用的真理（即错误），或被认可的错误（即真理）。"（HF, 297）

在这个意义上，（理性）肯定错误或（疯狂）肯定真理都是在图像之外。因此，疯狂的问题就在于对图像的忠诚，因为疯狂就是通过其获得的图像（无论是不融贯的还是不真实的）来确认完全和绝对的真理。疯狂从不跨越呈现出来的图像，完全将自己托付给直接的鲜活性，只确认被自己包裹的真理价值。在这个意义上，疯人是最忠诚的笛卡尔主义者，而理性人才是背叛自身图像的人，将自身置于图像之外的人，用外在于自身图像的事物溢出、衡量和判断图像的人。换言之，在理性人的情况中，信仰、确认和否认的行为超出了感知行为，在整个推理过程中加工、挖掘和膨胀着图像，并随后按照语言机制组织这个图像。正如达甘所言，"人不是因为想象自己是玻璃而是疯人……但如果他相信自己是玻璃，他就是疯人"。①

---

① Joseph Daquin (1732–1815)；参见 M. Foucault, *Histoire de la folie à l'âge classique*, Paris, Éditions Gallimard, 1972, p. 298, note 2。

　　因此，怀疑自身存在的笛卡尔是在自身心灵的图像中，在我思的行动中。笛卡尔被认作思想主体的原因，或者不因其荒诞的图像而被视作疯人的原因，根本上并不在于他对疯人的简单否定，而在于他最终对自身存在（如他人那样的存在）的肯定。然而，用于肯定在当时被认作真理的图像，并不是夸张怀疑的图像（在那里，人的存在被质疑），而是导致夸张怀疑的上帝图像。

　　另外，疯人的推理并不荒唐也并非没有逻辑。扎克奇亚就在一个任由自己饿死的疯人那里发现了三段论（HF, 298, note 3），这个疯人有着"令人赞叹的逻辑"和最高程度的理性语言。疯人和理性人的区分，不在图像中，也不在推理中，而是在图像与推理的关系中，在图像总体与话语普遍性的融贯中。而这个关系不只是依赖感知，不只是依赖事物的现实，还依赖话语秩序，依赖语词的有限性。

　　在此意义上，古典时期的疯狂并不是指心灵或身体的某种确定改变，而是在身体的变化之下，在行为的古怪之下，指向一种谵妄的话语存在，一种超出图像与话语既定历史关系的话语。用福柯的话说，"语言是疯狂的第一和最后结构"（HF, 303）。语言之所以是疯狂的第一结构，是因为疯狂恰恰是在语言上陈述了自身的真理并显露出自身的性质；语言之所以是疯狂的最后结构，是因为所有解释疯狂的循环都是以语言的方式表达的。尽管因此歇斯底里式的痉挛很少出现在古典时期疯狂的列表之中，疯狂的谵妄话语仍然不仅被置于"沉默的语言"（心灵呈现直接的图像）之中，还被置于身体行为和运动的可见表达之中。古典时期悬搁了因果、激情、想象的循环，悬搁了灵魂与身体间显现的所有直接交流，只是通过谵妄语言来定义疯狂。疯狂中决定性的事物不是在灵魂与身体间交流的激情，而是表明疯狂之真相的谵妄话语，甚或是疯狂对图像的幻想。谵妄话语在其对这些图像的可笑肯定中，解开了所有复杂的机制，最终，谵妄话语成为疯狂的严格意义，是谵妄话语从一开始就组织着疯狂。因此，谵妄话语既是疯狂本身，又是构成疯狂的沉默复本，它是对一切异质事物的齐平化，是一切被一致化之事物的异质性。

第三节　治疗性一致

"医生治疗身体疾病，明哲使灵魂从激情中解放出来。"[1]

——德谟克利特

一、象征原则

治愈心灵的最古老活动之一可能就是狄奥尼索斯式的集体崇拜，因为狄奥尼索斯就是民众之神（dêmotikos），狄奥尼索斯的快乐是所有人（包括奴隶）都能获得的。[2]狄奥尼索斯的仪式在山上进行，在晦暗的夜晚进行，在火焰不确定的光芒中进行，并且带有喧闹的音乐。女人们一边欢声尖叫，一边围着火堆狂热舞蹈，她们狂奔乱跑宣泄情感直至极致，然后承受某种"神圣疯

---

[1] 根据第尔斯的说法，将这个残片归属于德谟克利特是成问题的。第尔斯认为它更接近于《希波克拉底的书信》(*Lettres d'Hippocrate*, D. K. II. 227, ligne 11)。参见 Jackie Pigeaud, *La maladie de l'âme. Étude sur la relation de l'âme et du corps dans la tradition médico-philosophique antique*, Paris, Les belles lettres, 2006, p. 17。

[2] Dodds, *op. cit.*, p. 83。

狂"，换言之，承受某种带有无边力量的神圣灵魂。①

　　然而，这个集体和野性的活动后来变得越来越个体化，直至与阿波罗元素②相调和，后者向德尔菲神庙的宗教仪式中引入了心醉神迷（extase）。这种心醉神迷在苏格拉底的实践中也会出现，柏拉图将之描述为某种神圣疯狂。在古希腊的古典时期，心醉神迷的通灵者、起净化作用的祭司和起认知作用的祭司之间的行为彼此并存，形成了这个时期进入真理的三种模式。

　　到中世纪末期，心醉神迷的最后痕迹还表明某种医学人本主义的智慧。"实际上阿拉伯世界似乎很早就建立了专属于疯人的真正医院。"（HF, 159）在阿拉伯思想的影响下，出现了用音乐、舞蹈、演出和听诵的方式介入灵魂的治疗。15 世纪时，熟悉阿拉伯世界的仁慈兄弟（les Frères de la Merci）建造了西班牙最早的疯人院。③ 由此，疯人成为治疗对象。

　　从 17 世纪开始，这些神秘的、魔法的和超医疗的实践因为当时的医疗理论而失去了原初的形式。不过，这些实践的有效性重新获得了新的生命，它们不断在治疗实践中发挥作用：因为它们比新理论更为牢固和稳定，更加紧贴传统结构；因为在理论的各种发展和更新中，这些实践发生自由和极端改变的可能性更小。当谵妄话语中医学与法学的并置、灵魂与身体的齐平在医疗体制和理论层面建立起来的时候，当疯狂成为神经（灵魂与身体在其中结合，并依照相同性质同步行动）疾病的时候，这些传统

---

① Erwin Rohde, *Psyché. Le culte de l'âme chez les Grecs et leur croyance à l'immortalité*, Paris, Payot, 1952, p. 270.

② Ibid., p. 305.

③ Ibid., p. 160.

实践不无奇怪地与之相符。尽管心身二元论与心身一元论仍然难分难解，但这并不妨碍医生在治疗中伴随着新理论实践旧方法。例如，心身具有共同性质的理论就同时是旧实践的见证和证成，因为无论在哪种情况中，都是图像（想象的或可观察的）在组织和构成旧实践的单纯性和原初性。这个可沟通的统一体拒绝灵魂和身体的概念分野（按照现代的话来说，就是区分器质疾病和心理疾病），而是依托着对这个统一体的设想，医生和病人之间的沟通才没有那么多的困难，或者在更宽泛的意义上，正是因为这个统一体，主体间（如医生与病人）的沟通才是可能的。这体现在以下两个方面：

1. "治头疼"的鸦片仍然长期如万灵药般保持着神秘性和有效性。鸦片由于可以减弱神经固有的感知能力，因此减少了痛苦和痉挛。鸦片作为万灵药的功能就在于这个反通感的特征，这一特征可以让所有通感性感知无感化，而灵魂与身体正是凭借这些通感性感知得以同步，内在与外在也正是借由这些通感性感知得到沟通。在这个意义上，并不是鸦片的效果对所有疾病是普适的，而是其"应用点——神经"（HF, 376）使其变得普适。在埃凯的医学想象中，① 鸦片是一种固体，可以在热的作用下，几乎全部转化为由醇构成的蒸汽或者又轻又细的部分。这些丝滑的蒸汽渗入并粘附在没有间隙的薄膜表面，并与神经液紧密混合，从而加强神经并使之更有可塑性，它们以此调整和纠正神经，从而激活神经。在这个医学想象中，鸦片相对于灵魂与身体的连锁反

---

① Philippe Hecquet (1661–1737), *Réflexion sur l'usage de l'opium, des calmants et des narcotiques*, 1726 ; 参见 M. Foucault, *Histoire de la folie à l'âge classique*, Paris, Éditions Gallimard, 1972, p. 377。

应，既是间接的中项，又是直接的要素，所有话语性因果关系都依托于它。因此，鸦片的有效性在于它原初的有益性。然而，这个益处并不处于某种可见机制中，它是通过指派和类似于（在身体和灵魂中同样发生作用的）"秘密天赋"（HF, 378）获得的。大麻也有这个"天赋"，或更确切地说有这种作用，它会让人产生幻象和心醉神迷的感觉，用法接近于使用红酒和使用黑胆汁之间。① 这种用药模式依据的是要素近似以及与自然力量进行原始沟通的原则，这是一种隐藏在自然之中的原则，只在效果上才是可见的。不过，这种万灵药的观念在对症下药的研究中会产生障碍，因为后者需要将药效定位在与特定症状或特殊原因建立的直接关系上。

2. 在疾病的小宇宙和自然的大宇宙之间，有某种依据象征价值的对应建立起来的复杂系统。在对疯狂的治疗领域中，植物和盐的解毒性具有可观的稳定性。但就像上述鸦片的例子，组织治疗的并不是鸦片的植物属性，同样地，人体药和矿物药的使用依据的是象征体系。例如，在 17 世纪的药学著作中，天青石悦目强心；祖母绿警醒智慧和美德，增强记忆，预防淫欲。② 在 18 世纪的药典中，人的头发和头骨粉末可以祛湿，新鲜的人尿可以治歇斯底里和疑心病。③ 在布乔兹那里，人奶可以治愈烦躁，自

---

① "黑胆汁和葡萄酒是通过性质同一性构成的'性格塑造者'。"参见 Aristote, *L'homme de génie et la mélancolie*. Problème XXX, 1, traduction, présentation et notes par Jackie Pigeaud, Paris, édition Payot & Rivages, 2006, p. 13。

② Jean de Serres (1540–1598), *Œuvres pharmaceutiques*, 1638；参见 M. Foucault, *Histoire de la folie à l'âge classique*, Paris, Éditions Gallimard, 1972, p. 380。

③ Nicolas Lémery (1645–1715), *Dictionnaire des drogues*, 1759；参见 M. Foucault, *Histoire de la folie à l'âge classique*, Paris, Éditions Gallimard, 1972, p. 382。

缢者的头骨提取物或人血可以治愈痉挛。[①] 在比安维尔那里，朱砂再生的水银可以抵抗爱欲。[②] 在埃特米勒那里，阿魏（assa fetida）可以帮助去除歇斯底里者所有的不良欲望和禁忌欲念。[③]

这些图像化的象征通常来自某些远古梦境，或依据简单的以毒攻毒（similis similibus curantur）原则（HF, 384）。这些疗法可以流行数个世纪的唯一原因就是在思辨性的解释和想象中持久存在的象征图式：以强制弱。长期影响西方医疗技术的正是这些古老的道德命令、图像象征和仪式。

二、对纯粹主体性之统一体的物理治疗

基于这种"为治疗规定了逻辑处方的自然统一体"（HF, 387），在同时代的自然科学实践中，诞生了四种治疗观念：

1. 对抗疯狂之"软弱"的加强观念（HF, 388）。例如，疯狂的抽搐和痉挛通常被视作神经纤维的软弱，即过于敏感和应激，缺乏抵抗特殊震撼的强健和力量。按照这种力量均衡理论，治疗就是要让神经具有弹力，让心灵顺从怡人、有度和规律的情感或运动，使其摆脱所有能够让它加热、酝酿和浑浊的化学沸腾。当时能够强化人之自然的力量通常来自自然本身，但处方多是依据古老的象征性想象。例如，匈牙利女王水可以"治

---

① Pierre-Joseph Buchoz (1731–1807), *Lettres périodiques curieuses*, 1769；参见 M. Foucault, *Histoire de la folie à l'âge classique*, Paris, Éditions Gallimard, 1972, p. 382。

② J. D. T. de Bienville (1726–1813), *Traité de la nymphomanie*, 1778；参见 M. Foucault, *Histoire de la folie à l'âge classique*, Paris, Éditions Gallimard, 1972, p. 384。

③ Michael Ettmüller (1644–1683), *Chirurgia transfusoria*, 1682；参见 M. Foucault, *Histoire de la folie à l'âge classique*, Paris, Éditions Gallimard, 1972, p. 385。

悲伤"，① 因为它能让人打起精神：它的气味令人作呕，让不悦的感觉形成漩涡，从而阻止心灵变得呆滞，防止心灵无法阻挡冲击。另一个强壮剂的例子就是铁，因为铁同时"最坚硬和最顺从，最具抵抗性和最易弯曲"（HF, 389）。古希腊隐喻"烧红的铁可以让死水变活"② 似乎可以给出证明。17 世纪医生西德纳姆就建议直接吞咽铁屑，③18 世纪医生怀特建议每日服用 230 格令铁屑。在当时代的医学思想中，隐喻性质可以以一种直接且立竿见影的方式流转和传递，"没有任何推论性活动"（HF, 391）的空间。

2. 对抗疯狂之"不洁"的净化观念（HF, 391）。错误观念的沸腾、内脏的堵塞、蒸汽和暴力的发酵、体液和心灵的腐化，所有这些无差别地构成了疯狂的"不洁"。一方面，存在着整体的净化，用清亮的血液替换充满尖刻或抑郁情绪的血液。比如1662 年，德国医生莫里茨·霍夫曼（Moritz Hoffmann）就使用输血疗法处理忧郁症。运用这种疗法的第一个病人是关在伦敦伯利恒精神病院的一名爱情抑郁症患者。当医生给他输入牛血后，他居然真的痊愈了（HF, 392, note 2, note 3）。另一方面，这种

① M. Foucault, *Histoire de la folie à l'âge classique*, Paris, Éditions Gallimard, 1972, p. 389, note 1. 鸦片（或大麻）和香水（或咖啡）都是抵抗悲伤的药剂，都来自"秘密天赋"的同样作用机制和效果，但它们在资产阶级时代的命运大相径庭。前者进入最为常见和暴力的犯罪领域，后者进入最为流行和高利润的商业领域。资产阶级时代的人力市场既需要治疗悲伤，又不能丧失生产力。

② 迪奥斯科里德（Dioscoride，40—50），古希腊医生、药理学家和植物学家。参见 M. Foucault, *Histoire de la folie à l'âge classique*, Paris, Éditions Gallimard, 1972, p. 390。

③ Thomas Sydenham (1624-1689), *Dissertation sur l'affection hystérique in Médecine pratique,* 1682；参见 M. Foucault, *Histoire de la folie à l'âge classique,* Paris, Éditions Gallimard, 1972, p. 390, note 1。

净化疗法也寻求摧毁特定的病变，"要么偏离变质的物质，要么溶解腐蚀性的实体"（HF, 392）。涉及"偏移技术"，法洛斯医生提出"促生头上的小脓包"，[①] 作为黑蒸汽的开放出口。涉及"洗净技术"，当时人们会用苦味剂[②]，如咖啡、金鸡纳酒、肥皂、蜂蜜、烟囱中的烟炱、东方藏红花、鼠妇、螯虾钳粉和朱庇特毛粪石等等。[③] 所有这些肥皂般的事物其实只是苦味剂，即对身体或灵魂中的疾病甚或良好状态实施腐蚀。尽管这些从内部溶解或从外部偏移的方法都是诉诸身体的，但它们的出发点和目的都不是身体，而是灵魂与身体的统一体，无论这个统一体是想象的还是实在的。

3. 对抗疯狂之"不平衡"的浸没观念（HF, 395）。过去在宗教净水和生物浸透之间的融贯统一体观念一直持续到 18 世纪末。水作为简单和原初的液体，属于自然中更纯净、更澄澈、更平衡的事物。因此，水在医学和道德的想象中一样，从公元 2 世纪的希腊医生索兰纳斯[④]直到如今，都是不洁、含混和不平衡的解药。

---

① Thomas Fallowes, *The best method for the cure of lunatics with some accounts of the incomparable oleum cephalicum*, 1705；参见 M. Foucault, *Histoire de la folie à l'âge classique*, Paris, Éditions Gallimard, 1972, p. 392。

② 如作为苦味剂的咖啡像是一种没有火焰的火，可以干燥身体却不用燃烧。提索建议直接吞食肥皂以减轻神经病。怀特推荐苦涩和使人振奋的金鸡纳酒。参见 M. Foucault, *Histoire de la folie à l'âge classique*, Paris, Éditions Gallimard, 1972, p. 393。

③ Joseph Raulin (1708–1784), *Traité des affections vaporeuses du sexe*, 1758；参见 M. Foucault, *Histoire de la folie à l'âge classique*, Paris, Éditions Gallimard, 1972, p. 394, note 7。

④ 索兰纳斯（Soranez d'Éphèse），生于以弗所的希腊医生，公元 2 世纪上半期行医并著有医学著作。现仅存的几部作品（用希腊语撰写）包括四卷有关妇科的《论妇女病》。参见 M. Foucault, *Histoire de la folie à l'âge classique*, Paris, Éditions Gallimard, 1972, p. 396。

然而，水的优先特权的普遍性在 18 世纪不仅仅来自对其物理效果的普遍承认，更是因为水是更容易交换性质的一般概念，因为水属于净水和重生的宗教传统，交换性质的游戏在水的流质实体中几乎是永恒的。这一方面表现在，冷水有时可以清凉解渴，[①] 有时可以让人回暖，[②] 可以成为祛除湿气的办法，反过来也可以成为保持湿气的办法；另一方面表现在，热水可能保留湿气，[③] 或者反过来，热量实际上消除湿气。水的多样才能最终表现为一种中和作用，人们用冲浴代替浸泡和饮水，冲浴将转化为另一种统一的力量：暴力（HF, 401）。

4. 对抗疯狂之 "无规律" 的运动调节观念（HF, 402）。疯狂最可见的表现就是无规律的运动，相应的消除办法就是运动修复，即按照外部世界有规律的运动来调整，这通常是通过行走、跑步、骑马[④]或海上摇晃（HF, 403）完成。首先，世界中的运动是规律、自然并符合宇宙秩序的，这些运动因此也被视为器官活力的调整器。其次，旅途可以提供多样风景，可以直接作用于观念的产生，可以减弱忧郁情绪的顽固性，让躁狂的内部暴力骚动附着在规律的外部性上。总之，节奏性运动或回归真实世界的调节原则就在于对 "纯粹主体性"（HF, 405）的遗忘，换言之，对

---

① 巴泰勒米-卡米尔·德·布瓦修（Barthélemy-Camille de Boissieu，1734—1770）认为，洗澡水可以消炎，饮用水可以直接降温。

② Darut, *Les bains froids sont-ils plus propres à conserver la santé que les bains chauds?* 1763；参见 M. Foucault, *Histoire de la folie à l'âge classique*, Paris, Éditions Gallimard, 1972, p. 399, note 1。

③ 人们甚至认为过度饮用热水有变得女性化的危险。参见 M. Foucault, *Histoire de la folie à l'âge classique*, Paris, Éditions Gallimard, 1972, p. 400。

④ 西德纳姆建议用骑马治疗忧郁症和疑心病。参见 M. Foucault, *Histoire de la folie à l'âge classique*, Paris, Éditions Gallimard, 1972, p. 403。

疯狂时刻的遗忘；或者更确切地说，运动调节原则旨在建立一种开发的主体性，使人能够在灵魂与身体、主体性与客体性之间进行沟通和交换。

在这四个模糊地甚或无差别地强加在灵魂与身体之上的治疗观念中，疯狂被视作某种"双重虚无"（HF, 405）：一方面，由于疯狂将所有客观真理的呈现拒之门外，因而疯狂表现为一种对客体性的纯粹否定，可以说是一种纯粹的主体性；另一方面，疯狂不仅仅是一种纯粹的主体性，还是一种坏的、无规律的、不平衡的、不洁的和软弱的主体性，是一种相对于积极主体性的消极主体性。治疗技术就会在两个基本极点上组织起直至最具想象强度的物理象征：首先，要赋予主体性的惰性以活力，就要治疗、加固并使之恢复运动；随后，再让恢复活力的主体性变得规律化，将之从自身无规律的运动中脱离出来，将之安置在外部世界的运动中。换言之，就是通过保留甚或加强纯粹主体性来消除纯粹主体性产生的非存在，使其接受规律和真实的外部世界。这个纯粹主体性既是脱离真实世界的疯狂的可能性条件，又是重回真实世界的理性的可能性条件；这个纯粹主体性对质料的敏感度与对道德的敏感度是一样的，但它既不是身体也不是灵魂，而是它们的统一体。

三、对对象不可见性的心理治疗

1. 心身统一体的瓦解

这种准一元论的治疗结构一直存续到 18 世纪末，它在历史编年的时间上与笛卡尔的二元论思想以及半医院半监狱的大禁闭属于同一时代。但涉及疯狂作为身体和灵魂统一体的概念，它又与前笛卡尔时代更为相符。换言之，哲学思想与社会实践的心身二元论是从下一个时代才开始在医学中得到体现，即从 18 世纪开始，心身一元论结构才分野为两个不同模式：物理治疗与心理治疗。

区别于物理治疗的心理治疗潮流，始于 1771 年比安维尔在治疗一名女性求偶狂时对病人想象的处理。[①] 十年后，法国解剖学家和外科医生博谢讷指出，物理疗法从来不会在没有诉诸精神治疗的情况下获得成功。[②] 当然，在物理治疗与心理治疗这个分野之前，医疗技术中就存在心理要素，正如在心理学出现之后，物理治疗也一直在医疗技术中存在。但这种共存只是表象，如果我们深入考察，每个模式其实都发生了深刻的转变。

（1）心理要素方面。在古典时期的医学中，一直存在着对身体和灵魂共同性质的指定，这种指定基于隐喻：疯狂之病是一种性质发生变异的统一体。音乐治疗的例子可以说明这一点。如果在古典时期，音乐具有治愈作用，这不是通过某种解释音乐所表达内容的纯粹想象，而在于音乐所发出声音具有的物质现实"会给身体带来隐藏在乐器本身实体中的秘密效力"。[③] 因此音乐的治疗效果来自音乐在身体中进行的解体转化：音乐的和谐在空气中产生和谐的声音，这随后也会在人的神经纤维中产生和谐。这甚

① Bienville, *De la nymphomanie*, 1771；参见 M. Foucault, *Histoire de la folie à l'âge classique*, Paris, Éditions Gallimard, 1972, p. 407, note 2。

② Edmé François Pierre Chauvot de Beauchêne, *De l'influence des affections de l'âme*, 1781；参见 M. Foucault, *Histoire de la folie à l'âge classique*, Paris, Éditions Gallimard, 1972, p. 407, note 3。

③ Giambattista della Porta (1535-1615), *De magia nalurali (La Magie naturelle)*, 1558-1560；参见 M. Foucault, *Histoire de la folie à l'âge classique*, Paris, Éditions Gallimard, 1972, p. 408。

至不需要通过听觉途径，而是通过乐器的弓弦与人的神经纤维的直接共振，"神经纤维就像'聋哑舞者'，其运动是与一个它所听不到的音乐的共度完成的"（HF, 409）。身体和灵魂都不是反乐器的，它们是同一个自然共振的乐器。

同样，古典时期医学思想中像激情这样的心理要素也不是某种纯粹心理学的医疗。这种心理要素是作为灵魂和身体的双重效果系统及其意指直接对应中的一个事件。例如，恐惧作为当时最值得推荐的治疗疯狂的方法，被认为是对约束的自然补充。恐惧的有效性不仅在于它对病人的效果，恐惧本身就具有凝固神经系统运作的性质，具有僵化过于流变的神经系统的能力，来自自然生活的恐惧就像在危险中降低大脑刺激的制动器。至于愤怒，提索将之视为"卸载胆汁"（HF, 410），它可以分解积痰，可以在从身体到灵魂以及从灵魂到身体的自身模式中直接发生转换。愤怒在现代人眼里纯粹是一种心理要素，但对于古典时期的执业医师来说，愤怒与物理治疗一样，只是产生同样效果链条的另一条道路和事件。正因如此，福柯说，"对于古典时期的医生来说，不存在心理治疗"（HF, 408），因此，在古典时期，"心理学不存在"（HF, 427）。

（2）物理要素方面。由于物理学和实证主义仅仅按照可见现象和逻辑秩序来定义它们的科学，所以在物理学的发展和实证主义运动中，对某种特殊的病因学的需要越来越迫切。例如，治疗的诸个步骤、治愈发生的诸阶段以及构成治愈的诸时刻，这些都是逐渐围绕疾病的可见现象表达出来的，而且每个现象都必须有自己的原因和自己的消除办法。这会产生两种结果。一方面，所有神秘和道德的要素不再立足于灵魂和身体的想象和共同符号，也不能融合在基于现象表面的概念逻辑之中；另一方面，治愈不再能由疾病的意指性统一体承载，也不再围绕其共同的和主要的性质，治疗不再是为了健康的某种总体或一般状态，而仅仅是为对抗某个具体现象和部分摧毁的需要被专门化，在这样的治疗中，"心理攻击和物理介入并置、相互补充，但从不互相渗透"（HF, 407）。

最终，心身统一体瓦解了：实证主义将不可见的事物，曾经完全是神秘的、宇宙的和社会的事物，转移到疯狂的个体主体性之中，而伦理学家随后回收、收编和内在化这种个体主体性，使之成为负有责任的心理主体。从此，激情概念不再被用于对激情本身的改进，而成为用于惩罚或补偿的间接概念；疯狂在司法上的无责任性只是疯狂主体的个体道德责任的变体。一整套激励、劝说、说理、对话出现在 18 世纪的医疗技术之中，它们也被牵涉到身体药剂所进行的独立治疗之中。索瓦热说，"要治愈灵魂疾病必需哲学家"，[①] 这似乎回应了德谟克利特的名言"医生治疗身体疾病，明哲使灵魂从激情中解放出来"。[②] 但索瓦热所说的哲学家对灵魂疾病的治疗，远不是古代解放灵魂的智慧，也不是对灵魂疾病的治愈；相反，这是指语言，指对真理或道德的表述，它们将负责身体中一切不可见的事物，且仅仅负责不可见性。

2. 针对心理要素的三种技术

新的实证主义二分法表现在对越来越首要的心理要素所实施的三种技术之中。

---

① Sauvages, *Nosologie méthodique*；参见 M. Foucault, *Histoire de la folie à l'âge classique*, Paris, Éditions Gallimard, 1972, p. 412, note 1。

② 参见 Jackie Pigeaud, *op. cit.*, p. 17。

（1）强迫苏醒。将疯狂排除到思考主体之外的哲学家对宗教囚徒（精神病人）说："我思故我在。"医生认为疯人并不会因这个口号而苏醒，于是对精神病人说："你醒悟过来，我就释放你。"因此，福柯的一句评论意味深长："医生相对于疯人，重现了我思相对于梦、幻觉和疯狂的时刻。"（HF, 414）但宗教囚徒并不因此成为思考主体，被释放的病人也不因此就处于健康状态；相反，宗教囚徒虽然是作为具有思想自由的主体而服从某种宗教或某种真理，但当这个主体被化约为一个客体／对象时，就不再拥有自由思想的权利，在思想和行动的领域，这个变成客体的主体只能服从。医生施行的强迫苏醒操作似乎排斥了所有疯狂幻想的形式（疯狂在准睡眠状态中的谵妄），正如笛卡尔在其孤独的勇气中对自己所做的那样。

但通过他人（医生）获得的苏醒，深刻和本质地改变了通过自我（我思）获得的苏醒：后者虽然也是从主体幻象的沉睡中苏醒，但这个苏醒是自治的，并非像前者那样通过他人的专制而介入。这个从医生到病人的路径，教条地勾画出笛卡尔式我思的漫长道路，"笛卡尔在其分解最后，在一个从未与自身分离也不能拆分医学的意识折叠之中所发现的事物，从外部将笛卡尔置于医生与病人的分离中"（HF, 414）。医生重现的我思时刻，只能在将病人石化的代价下才能施予病人，而这只能在权威或威胁的压力下才能完成。例如，在对疯狂进行治疗的稳定形式中，法国医生利厄托[①]在一位痉挛的年轻女孩耳边发出一声枪响，以实现突如其来的苏醒，而这种苏醒导致病人后来得

[①]　Joseph Lieutaud (1703-1780)；参见 M. Foucault, *Histoire de la folie à l'âge classique*, Paris, Éditions Gallimard, 1972, p. 414, note 1。

了重度抑郁症。荷兰医生波哈夫[①]为了重新唤起突然和激烈的情感，用烧红的烙铁烫入疯人骨髓。在威利斯那里，对痴愚者的唤醒更为漫长和确定，它的实现是通过教学，通过数学或化学真理最为严格和明显的形式，通过从外部施加给日常生活的社会秩序。医生的治愈成了道德家的矫正：真理的重新打开、对善的承认和对法则的回忆。无论这是通过物理的还是教学的介入，"真理的显露在治愈中不再有意义，只有盲目地屈服和顺从"（HF, 416）。

（2）导演戏剧。相对于暴力和不可争辩的苏醒，导演戏剧是一项让理性在病人的想象空间中运行的耐心而深刻的工作。首先，医生在一个虚构和可感的现实中模仿疯人的非现实图像，从而构造幻象的一个可感现实。随后，医生在其中插入一个对疯人来说可接受的谵妄话语，但这个话语悄悄地塞入了一个语言的演绎要素。一旦疯人进入这个对话，并追随话语的语法和意指，疯人就必须继续服从这个话语。结果就是，疯人被话语逻辑引向极端，即必然出现矛盾。然后，疯人就会产生自身幻象的危机，因为这个幻象在话语秩序中呈现，从而在炫目的语言中不可避免地显现出荒唐。最后，医生引入一个诡计，或者更确切地说是引入一个出口，一个在谵妄的自治游戏之外的出口，疯人在自身幻象的话语性危机中别无选择，只能打消自己的谵妄，选择医生为他准备的便易出口，因为疯人本人也无法承受话语性无序及其让人头晕目眩的危机。在存在中对谵妄之非存在的假装实现，能够在疯人的幻象中对之进行消除，这凭借的是语词与幻象的游戏所具

---

① Herman Boerhaave (1668-1738)；参见 M. Foucault, *Histoire de la folie à l'âge classique*, Paris, Éditions Gallimard, 1972, p. 415, note 1。

有的内在矛盾的纯粹机制。谵妄进入存在危机从而被消除，因为谵妄只能在非存在中存在。一旦幻象谵妄在感官感知和语言逻辑的意识中被感知，就会被光明捕获，从而变得毫无意义。正如福柯所言："将谵妄插入存的感知[①]已经秘密地使之走向自身的毁灭。"（HF, 421）

（3）回到当即（immédiat）。这个技术比前一个技术更为直接，它假设疯狂是且应该是一种自然存在，从而将疯狂及其幻象世界送到自然充实或不承认其非存在的现实充实之中。在这个意义上，疯狂的谵妄是相对于自然的异化，它应该且能够被自然治愈，或更确切地说是纠正。这个技术运用了一种浪漫和完美的矛盾：它是对严格治疗的典型拒绝，它以一种忘记所有照顾的方式照顾疯人。似乎在自然中的疯人进行了一个双重弃绝：一方面，他弃绝了人有关人为社会的消极性；另一方面，他在自然静默的工作中弃绝了自身谵妄的主体性。然而，这个自然实际上向疯人强加了另一种消极性，回到当即，既不是绝对的也不是单纯的。

医生预设疯狂是对最原始欲望的野蛮表达，这种表达显露了在"由捕猎和死亡本能所主导的"（HF, 423）动物世界中对威胁的敏感性；矛盾的是，这个原始欲望是由社会中最人为的部分激发和维持的。医生认为这种直接的、个体的和被社会激发的发狂不是一种相对于自然欲望的回到当即，而是相对于在一切人为、非真实和想象中远离人类生活及自身愉悦的想象。医生的这些假设将野人（Sauvage）的直接与劳动者（Laboureur）的直接对立起来：前者是动物欲望，"既无纪律，也无约束，亦无现实

---

① 出自贝克莱名言"存在就是被感知"（Esse est percipi）。

道德"；后者是直接愉悦 ① 的欲望，"没有中介……没有虚幻的煽动，没有想象的刺激或实现"（HF, 423）。劳动者的愉悦如此直接和自发，以至无需抑制欲望，因为甚至不需要欲望、想象和欲求，因为直接满足的完满和美好现实的先决呈现使野人的欲望都是不必要的、可笑的甚至不可能的。劳动者的直接世界因此是一个一切都被安排好和衡量好的世界，不再有疯狂的空间，这是一个无需欲求和倾注于想象世界的世界。这样，谵妄的一切可能性都随着这个无任何想象余地的想象而消除。然而，这个理想化的自然中的直接，实际上是一种小资产阶级道德所调制和封闭的自然，"在反自然的空幻形象中，自然不再能够被辨认出来"（HF, 426）。

四、不可能的对话

1. 医生与病人

随着这类围绕惩罚而组织起来的心理治疗技术成为备受推崇的治疗方式，随着物理治疗方法越来越局限于可见和局部现象，医学思想不明确区分物理治疗与道德／精神治疗的时代最终结束了。一方面，物理治疗成为"天真决定论的疗法"：精神疾病仅仅显现的是器官问题；另一方面，道德／精神治疗，或更确切地说心理治疗成为"虚假自由的疗法"（HF, 412）：属于非理性和话语超验性的事物仅仅被齐平在心理层面。

然而，物理治疗和心理治疗的分离也并不是回到原初状态，即医学经验与司法或道德经验尚未混淆的状态；相反，正是基

---

① 欲望与愉悦的对立是复杂的，这既会出现在对疯狂的治疗中，也会出现在关照自我与真理的关系中。后者将在本书第三部分进行讨论。

于这个混合，现在这个关于物理治疗和心理治疗的区分才得以建立：指定疯狂有罪且需要对所有原因负责，无论这些原因是物质的还是道德的。笛卡尔时代的医学思想没有受到笛卡尔主义区分广延实体和思维实体的影响；而在其后的一个半世纪，后笛卡尔时代的医学在思想上和实践上仍然未能采纳物理和道德/精神的异质性主张。最终，医学思想没能逃脱"制裁实践"（HF, 412）所定义的纯粹心理学意义上的医学：盲目变成无意识，错误变成缺乏，自然中非存在的自发涌现变成道德之恶的自然处罚。简言之，宇宙论转向人类学，也就是同时具有道德实践和实证主义实践含义的人类学。在这个意义上，"19世纪'科学的精神病学'成为可能"（HF, 374）。

医生与病人的第一次对峙就在这个"科学的精神病学"出现之时。不过，相遇的双方表现各自特征的方式不同。在病人这边，呈现给治愈的不是他们的特定痛苦，而是他们的现象；在医生这边，他们的介入不是依据某种由客观认知所保证的医学知识或权力，而是依据他们唯一且独一的道德任务所获得的法律和道德保障，这个道德任务就是：掌控疯狂。然而，随着"实证主义强加其科学客观性的神话"（HF, 630）——什么也不能实际上证明疯狂意志的转移——这个在一开始还保持透明和清晰的道德实践被掩盖了。但人们总是尊重科学的权威，人们将科学的无能转化为疯狂本身的反常，就像古希腊人因为知识上的无能而将疯狂理解为超自然力量。结果就是，在这样的医生与这样的病人相遇之时，唯一重要的就是把绝对权威转交到医生之手。①

---

① 参见第一章中图克和皮奈尔的有关实践。

　　不过，这个权威只在语言的层面上才是可能的，在这个语言层面上，自然的表面以某种共同的或至少可沟通的语言，在医生和病人的想象中无限增衍。因此，沟通问题不再在医生想象中的灵魂和身体之间，而是在治疗中的医生和病人之间。灵魂与身体的象征统一体被医生与病人之间暗示性的一致意指代替了。

　　19 世纪的整个精神病学是以 18 世纪的精神病院实践为基础，但在图克和皮奈尔发明的所有话语性实践之外，整个精神病学都趋向弗洛伊德（HF, 631）：心理学所掩盖的非理性经验似乎开始被精神分析揭露出来。不过，这个揭露未能脱离 17 世纪以来对疯狂的本质性界定，精神分析只是在一个新发明的无意识概念中宣告非理性，而精神分析的无意识概念仍然是在人类领域被定义的，实际上它与意识和理性处于同一层面，也就是语言的层面。正是语词技术秘密地引入"曾经分散在精神病院集体存在之中"（HF, 631）的所有权力技术并使它们重现。例如，图克和皮奈尔的绝对观看、纯粹沉默、惩罚和补偿的裁判、自我到自我的镜像，这些在精神分析师那里并没有发生改变。精神病人从精神病院释放出来，但又掉入心理医生之手，或者更确切地说，掉入语言之手；就像之前疯狂脱离枷锁却掉入精神病院的囚笼：17 世纪以来在疯狂存在中的一切本质性的事物从未得到摆脱。异化和去异化相互折叠，作为主体的疯人和作为客体的疯狂相互支撑，医生和病人相互想象，最内在的和最外在的总是彼此分离。"精神分析不能也不会理解非理性的声音，不能也不会为精神失常者的符号做出适于它们自身的辨识。"（HF, 632）

　　2.诗人与疯人

　　不过，古典时期疯狂的沉默所证明的疯狂与理性的不相容，在精神分析赋予疯狂自身操作某种"自身语言和真理的综合"（HF, 638）时被打破了。这类似于笛卡尔的操作，只是发生了一个本质转换：笛卡尔放弃了自身对非理性进行抒情表达的可能性，精神分析重新拿起这个可能性，但不是精神分析师进行非理性的抒情表达，而是作为对象的精神病人。看似疯狂重现为言说主体，可以陈述某种真实之事，就好像梦在幻象中所言也能够在疯狂的言说和诗歌之中被说出。似乎在"主体性的极致和具有讽刺性的客体性的尽头"（HF, 639），某种在所有明见性真理之下的真理可以被揭示出来。似乎宇宙中贴近事物本身的最广泛流传和最为始动的事物能够被语言陈述出来，而个体的人在这个语言中则消失于深远的退隐。似乎在抒情表达的孤独中被激化之心的诗歌能够重新找到事物原始的歌唱，世界的客观性极具讽刺地在那里找到了自己的声音。

但所有这些都可能被质疑，因为像荷尔德林这样的诗人所言并不真的是真实的漫长的"史诗性回返"（HF, 639），而是对在重新找到的主体性中那些瞬间闪烁的"抒情性（lyrique）的回返"。现代诗歌不是古代的古老悲剧话语，而是"抒情性的炸裂"（HF, 640）中的某种直接总体性，它发现主体性最自由的部分就是在对对象的直接入迷中进行的自然回响。然而，这个回响并不是世界在此隐约显现的不可见形象，而是人自身的秘密真理："他不看见自己就无法看见。"（HF, 640）不过，疯人诗人可以更深刻地看见，因为他将主体、吸引和入迷的力量重叠起来；他给出一个抒情诗（lyrisme，带有"话语性思想的顽固"），因为他自身就是这个"抒情性经验"（HF, 641）。纯粹主体性既是某种透明的客体性，又是某种纯粹的感知性。前者提供给它最为外在的现象，后者征服了所有与之有着共同真理的狡诈亲近性。

然而，奇怪的是，思辨性反思能够辨认诗歌或文学的抒情性，但丝毫不能接受疯人的抒情性。这也许涉及正当性（droit）的历史问题，就像古典时期的思想排斥疯狂作为思想主体，现代思想将之推向医学对象，在这两种情况中，疯人都不具有认知主体的正当性。对尼采和梵高疯前和疯后经验的区分就能说明这一点。纯粹主体性仅仅在其客体性的表面折射中才是可辨认的，在那里，抒情诗和抒情性必然散布为"大量矛盾"（HF, 641）。

首先，这个矛盾显现为童年与晚年的对立。一方面，当疯人显现出人的直接瞬间时，医生对高昂情绪的反思将之转译为身体的直接和原初欲望，疯人因而成为人之不成熟（童年）状态。另一方面，当疯人表现出由激情、社会生活和所有远离自然的事物所推动的最终不安，就会被解释为"理智功能的失序"（HF, 641, note 3），时间的复合面孔在疯狂中构造了世界的晚年，疯人变成每个文明堕落的重叠符号。

其次，这个矛盾还出现在身体与灵魂的对立中。一方面，疯狂以空间的方式分裂人的自由，也就是说，疯狂用身体的决定论介入其不连续性和深渊，这个身体的决定论是"人能够被科学客观化和感知的唯一真理"（HF, 642）。另一方面，疯狂又不是纯粹的身体疾病，它让一个疾病和痛苦的精神世界呈现出来：自由的野蛮状态就是恶意和暴力，就是灵魂疾病。

然后，这个矛盾还在于合理与不合理的对立。一方面，疯人因激情、欲望和图像的连锁反应而本身无辜，疯人是由导致疯狂的理性来衡量的；另一方面，疯人的推理是任何理性都无法承认也无法穷尽的，它是"无连贯性的自动作用"（HF, 642）。理性越空洞，疯狂越纯粹。

最后，这个矛盾还是普遍真理与特殊真理的对立。一方面，疯狂的治愈可能性在于预设人共有的某种真理或本性。另一方面，这种治愈原本就是建立在对所有不被允许的特殊真理的压制之上，建立在对疾病的摧毁之上，建立在对其暴力和欲望的遗忘之上。在普遍真理中的治愈，实际上就是对特殊真理的异化。

在这个意义上，抒情性中诗歌经验的直接总体性与对抒情诗中疯狂的抒情性确认，二者在 19 世纪的反思中是相互对立的，尽管它们都处在某个调和二重性的唯一形式之下，可以在未分割的语言朴实性中被指出，就像世界与欲望、感知与非感知、夜晚与晨曦之间的回响。这些对立并非属于疯狂的矛盾，而是属于时间性和线性语言的矛盾。在谵妄成为作品，抒情性成为抒情诗之时，疯狂最后的纤细真理也消失了。阿尔托的疯狂在作品中体验了自身的缺席，尼采最后的喊叫画出了一道消失线，梵高的不可调和拒绝使用疯狂作画，这些共同大声说出一个不可撤销的判决："有作品的地方，就没有疯狂。"（HF, 663）

如此一来，就需要我们去发现这个被作品规定的世界，这个对作品的过度（démesure）所衡量（mesuré）的一切负有责任的世界。"作品倒塌之处的疯狂，就是我们工作的空间……我们的使命混合着使徒和注释者。"（HF, 663）

第二部分

无主帝国

——构造性的主体及其枷锁

第一章

相共：从自然到想象

第一节　在事物相共性中主体的自然缺席

一、中国百科全书

如果说在《古典时代疯狂史》中，总是疯狂在某个社会中显得奇怪和不可理解，那么在《词与物》中，古怪性不再是在人的群体中，而是直接来到语词系统，更确切地说，在语词与事物的混合之中。不再是某些个体是疯人，而是一个时代、一种文化甚或一种文明的知识体系变得根本无法想象。然而，当福柯转移其考古学研究的场所时，当他跟随疯狂被排斥的诸作品的踪迹时，他所找到的实际上完全不是某种纯粹理性的出现，而正相反，是知识与理性广阔无边的疯狂，这种疯狂被整合到不同时空的"真理"之中。正如康吉兰所说，福柯找到了一个"人类理性的谬误博物馆"。[1] 但福柯要寻找的正是这些谬误的理性，福柯认为，主体正是在自己的笑声中丧失了自己。

在《词与物》前言之始，福柯直接把我们引到某种古怪上：博尔赫斯的中国百科全书，这本书让"我们"[2] 发笑，它震撼了"所有思想——我们的思想——的熟悉感"，动摇了对"我们"来说"所有井然有序的表面"，使"我们关于同一与他者的千百年实践"（MC, 7）变得不安。然而，博尔赫斯的中国百科全书到底古怪在哪里？首先，这不是范畴的模糊性，因为每个范畴都指出一个明确的含义并包含一个可指涉的内容。其次，这也不是真实动物与想象中的动物之间的混淆，在这个中国百科全书中，"刚刚打碎罐子的"与"美人鱼"[3] 和"神话的"被区分得很清楚。而且，这里既没有恐怖的组合也没有奇怪的力量，没有构造多种化身和恶魔般的动物。这个古怪，这个对"我们"来说赤裸裸的不可思性，不在于任何条目的不合时宜，而在于诸范畴的奇怪并置。

为了解释这个中国百科全书的奇怪并置，福柯引用了另一个例子：拉伯雷《巨人传》中厄斯急纳的嘴巴（palais[4]）。也就是说，在西方历史中，也有不恰当的内容相互并置的情况，例如，所有以字母 A 开头的腐烂物都可以在斋戒之后作为美食进入厄斯

---

[1] Canguilhem, « La naissance de la vie », *Les mots et les choses de Michel Foucault. Regards critiques 1966–1968*, Presses Universitaires de Caen, 2009, p. 18, note 1.

[2] 具体指福柯所在的"我们的时代和我们的地理位置"。

[3] 博尔赫斯使用的是 sirène 一词，又译"塞壬"，指中世纪北欧民间传说中的半人半鱼形象。根据中国传说，此处应称为"鲛人"。见干宝的《搜神记》记载："南海之外有鲛人，水居如鱼，不废织绩。其眼泣则能出珠。"

[4] 法语 palais 一词除了有解剖学意义上的"嘴巴"之意，还有"宫殿"的意思，而"宫殿"可以是一个安置多样元素的"共同场所"。本书作者认为这里可以将福柯对"厄斯急纳的嘴巴"的引用做双关理解。

怠纳的嘴巴。同样，在洛特雷阿蒙^①著名的"操作台"上，缝纫机和雨伞能够并置在同一张桌子上（MC, 8—9）。

将中国百科全书的并置与厄斯怠纳和洛特雷阿蒙的并置区别开来的，正是"共同场所"问题。当然，厄斯怠纳的嘴巴或洛特雷阿蒙的操作台与中国百科全书一样，都混合了许多古怪的事物。前二者各有一个"共同场所"，要么是嘴巴，要么是桌子；而对于后者来说，如果不是在"语言的乌有之所"，这些动物如何能够相遇？正是这个问题促成了福柯对人与语言关系的深刻反思。

"比起不适宜之物的无序与拉近不适当之物的无序，还有更糟糕的无序；这就是既没有法则也没有几何性的无序，这就是异质混杂（hétéroclite^②）的无序。"（MC, 9）异质混杂就是共同场所、接受空间的不可能性，就像 κλιτος（气候、区域、斜坡或山丘）同时以同一（Même）方向又以另外（Autre）的方向并置起来，就像莫比乌斯带只有一个共同的表面，但并不是朝向同一个方向。事物在此卧倒、放置或布置，如同中国百科全书中的"美人鱼"和"野狗"，但它们并不在同一空间；除非在这个语言的非现实场所，它们并不共享任何共同场所。但在这个乌托邦式的

---

① 洛特雷阿蒙（Lautréamont, 1846—1870），一个患深度语言谵妄症的病态狂人，一个默默无闻却被超现实主义奉为先驱的怪异神魔，还是一位被纪德视为"明日文学大师"的文字开掘者。在 1869 年的法国文坛，还没有人意识到福楼拜的《情感教育》和洛特雷阿蒙的《马尔多罗之歌》是同时问世的。参见 *Les mots et les choses de Michel Foucault. Regards critiques 1966–1968*, Presses Universitaires de Caen, 2009, p. 10.

② 拉丁语：heteroclitos；希腊语：ἑτερόκλιτος (heteroklitos)。其中 κλιτος 有气候、区域、斜坡、山丘的意思。参见 *Le Grand Bailly Dictionnaire Grec Français*, Paris, Hachette, 2000, p. 1103.

共同场所，语言的幸福所在就是消除所有差异、冲突、异质性，事物的历史都在同一个表面。就像中国百科全书中的动物，它们在由字母的宽敞大街构成的城堡里安身，尽管语言的幸福乌托邦将它们所有的原初场所都摧毁了。正是这个空幻的入口让"我们"感觉不适，让"我们"发笑。

由此，有必要在此考察这个对中国百科全书式乌托邦感到不适和发笑的"我们"。首先的一个问题是：这种中国百科全书的扭曲分类之所以被视为乌托邦，是否是因为神秘的中国对异质的西方来说才是如此？

乍看来，福柯似乎承认中国百科全书的古怪性源自中国的异域文化，这个让"我们"无法思考的事物，这个没有融贯空间的图板，"博尔赫斯给它……一个确切的地域，仅仅是它的名字就构成了一个对西方来说巨大的乌托邦储备库"（MC, 10）。正如福柯所说，中国在西方的梦和想象中，是"一个注重空间的地方"，是"最细致入微、最等级分明的"，对时间充耳不闻，对幅员魂牵梦绕。为了加固这一印象，福柯还强调中国是"一个用墙围起来的大陆"，中国的传统书写以竖排的方式再造了"事物本身静止和仍可辨认的图像"。问题就在于，何以"一整个献给幅员秩序的文化"（MC, 11）能够在其百科全书中忽略真实的共同场所？何以一个最细致入微、最等级分明的文化能够将自己置于分类的无序？博尔赫斯引用的中国百科全书的例子将我们引入"没有空间的思想，不食人间烟火的语词和范畴"，这种西方想象的东方是否真的属于中国文化？如果传统中国与自身的图像、空间和等级文化有起码的融洽，它就不可能像博尔赫斯所引的分类那样安排事物的繁复，尤其不会像福柯所分析的那样毁灭共同场所。

这并不是说福柯对中国的理解错了，相反，福柯强调的是这个共同场所的毁灭（新的共同场所的建立：语言），而这只是来自博尔赫斯的中国百科全书。不管这个语言的共同场所产生自博尔赫斯的想象还是真的来自古代中国，都不影响福柯的思路。

然而，就中国文化来说，它本身与西方文化一样，并不是一个一成不变的、唯一的统一体；如果我们能够在西方文化的整个历史发展中找到种种断裂和转变，那么作为文明古国的中国也没有理由始终是千篇一律的。

在这一点上，需要提出这样的问题：博尔赫斯所引的中国百科全书出自哪个时期？许多研究者已经研究过这篇博尔赫斯引用了中国百科全书的文章《约翰·威尔金斯的分析语言》[①]，文章中，博尔赫斯声称他所引中国百科全书借自著名的中国小说翻译家弗兰茨·库恩（Franz Kuhn）。然而，在弗兰茨·库恩的全集中，谁也没找到博尔赫斯所引中国百科全书的蛛丝马迹。因此有学者认为，这个中国百科全书是"博尔赫斯的创造性想象"。[②]

若不论确切来源的瑕疵问题，如果博尔赫斯真的从弗兰茨·库恩那里借取或总结了这些内容，如果弗兰茨·库恩真的对中国文本有所研究，那么这些文本的时期也许是 17—18 世纪。

[①] Jorge Luis Borges, « El idioma analítico de John Wilkins », *La Nación* (in Castilian), Argentina, 8 February 1942; « La langue analytique de John Wilkins », dans *Enquêtes*, trad. P. et S. Bénichou, Paris, Gallimard, 1957, p. 144；博尔赫斯：《约翰·威尔金斯的分析语言》，见《探讨别集》，浙江文艺出版社，2008 年版第 141 页。

[②] Viviane Alleton, « Présentation: classifications chinoises ou les dangers du réductionnisme », In: *Extrême-Orient, Extrême-Occident*. 1988, N°10, pp. 7–12.

如果博尔赫斯有其他的中国文本来源，那极有可能是来自传教士马丁·德·拉达[1]，拉达为冈萨雷斯·德·门多萨[2]提供了明朝（1368—1644年）中国百科全书的原始材料。在那里，我们可以看到博尔赫斯所引中国百科全书的一个历史轮廓。

古怪并不仅仅是西方对神秘中国的一个想象，还有历史的距离。因为这样一本中国百科全书，不仅在西方看来是难以想象的，对于更多受到现代西方而非自身传统影响的当代中国人来说，也是不可想象的。这不仅是水平的以及来自地域距离的共同空间的毁灭，也是中西方共同面对的历史断裂和时间力量。

这个"我们"，不是西方的"我们"，而是现代的"我们"；使"我们"发笑的不仅仅是博尔赫斯的中国百科全书，还是它所提示的对"我们"和"我们的时代"所有奇怪的分类；这个发笑的"我们"，就是在世界散文中迷失在自身赤裸经验中的主体。

二、16世纪的知识型：物的语法

为了更深入地理解这个"我们"，福柯首先引向对16世纪相共性的研究，因为这个世纪被福柯认为是扮演了"西方文化知识的建构者角色"（MC, 32）。这也是与古典时期以来的表征最为接近的先驱。这部分将研究作为知识基础的相共性是如何产生的，以及它如何在我们精打细算的知识中将无限形象组织成我们熟悉的语义。

16世纪，当魔法和魔鬼学、天文学和数学还保有各自的位

---

[1] 马丁·德·拉达（Martín de Rada, 1533—1578），早期访问中国的传教士。

[2] 冈萨雷斯·德·门多萨（González de Mendoza, 1540—1617），西班牙传教士。

置时，皮埃尔·格莱姆格尔发展出一套科学百科全书，[①] 将所有可见或不可见的事物整理到一个单一和普遍的艺术中，使它们能够可逆地相互沟通，也就是说，使可见与不可见相互阐释。这个艺术就是相共性的语义学框架，在此框架中，异质事物以友好、协议平等、和平与融合社会、共鸣、争论、连续、类比、均衡、形式、关联和系词的原则组织在一起（MC, 32）。这种并置力量令人惊讶的程度并不逊于中国百科全书，但二者都是人类将历史经验联合在同一图景中的最早努力。对于中国的皇帝和文人，百科全书更像是一种可供快速查阅的缩略版收藏，可供参阅古人数不胜数的知识；对于西方 16 世纪的学者来说，这个百科全书是为了让不同科学进行沟通，它更像是一种相对普遍化。

先不论这两种百科全书略微差异甚或融贯的目标，一个福柯式问题[②] 需要在这里提出来：这个将不可见与可见同质化在同一可沟通图景中的力量，这个将无数知识缩略为可供参阅的力量，其正当性何在？这种将自然组织成一种可为人类辨认之栅格的力量，其正当性能否仅用人类认知目的予以证明？在同一个世纪，哥白尼指出地球是围绕太阳转的，而康德在哲学中的哥白尼革命尚未诞生，16 世纪的思想，无论是西方的还是东方的，还不知道"人"，在神或自然的知识中，认知主体还没有统治性地位。正如在中国传统思想中，天与人是"合一"的。因此，道德原则（友好、平等）和抽象原则（共鸣、类比、均衡等）才会被一起运用

---

① Pierre Grégoire (1540–1597), *Syntaxeon artis mirabilis* (1578)；参见 M. Foucault, *Les mots et les choses*, Paris, Édition Gallimard, 1966, p. 32, note 1。

② 参见 M. Foucault, *Du gouvernement des vivants*, Paris, Seuil/Gallimard, 2012, p. 76。

起来，而毫无异质感。

1.四种相共性形式

福柯从 16 世纪的思想中提取了四个主要原则，可以用来阐释这个异质甚至是和谐关联的绝妙艺术。

（1）相共性的第一个形式是"相近性"（convenientia），表示由于地点的邻近而产生的相近的可见效果。当事物因模糊的亲近关系在共同的场所并置，它们就会共有一些具有普遍性的活动。例如，一旦人们肯定灵魂和身体在同一个地点相靠近，就可以假设它们会一起运动。正是在这个意义上，灵魂与身体的相共性才显现出来，尽管它们可能没有任何内在或外在的关系。而且，凭借这种场所的相近，灵魂和身体不可避免地相互交换，从而产生新的相共性，即相近的效果。由于身体是沉重的，所以灵魂必须同样厚重，才能与之一起运动，因此，需要某种原罪使其如此。

这个推理假设了模糊的亲近关系和可见的相近效果，而它们又相互支持。这就是福柯所谓的"相近性"（convenance，契合性）原则，"世界的广袤句法"：苔藓与贝壳结合，植物与鹿角相适应，植虫同时拥有动物和植物的特性。不是事物自身的本性决定了它的存在，而是这个"世界句法"将它们安排在它广延的土地上，将之定义为身体或植物、灵魂或动物，既让相近者相邻，又让相邻者相似，将它们连接在一个广阔的循环之中，最终根据唯一且同一根弦震动："一根从第一因一直延伸到最卑微事物的弦"。[①] 这根弦与最古老的关于逻各斯和融贯世界的理性主义想象一致。

---

① Giambattista della Porta (1535–1615), *Magie naturelle*, 1650；参见 M. Foucault, *Les mots et les choses*, Paris, Édition Gallimard, 1966, p. 34, note 2。

（2）相共性的第二个原则是"相仿性"（aemulatio），来自既不相邻亦无接触的仿效。仅仅通过模仿，便可以取消上帝与世界的固有距离，甚至不可能辨认谁是最初谁是反射，不可能区分谁是现实谁是模仿的图像。这与中国关于天与人的传统思想类似，但后者的重点并不在于二者不可辨别，而在于二者有着和谐的融合。

中国传统思想中的这种天人和谐与西方不同。在西方 16 世纪的思想中，至少根据福柯的研究来看，仿效不是一个惰性的、紧致的和互逆的冷静镜像。典范与映像总是处于力量斗争的对立之中，因而较弱的一方必须接受并遵从较强的一方、不可变的一方，"总是会有一方更弱，并接受在其被动的镜像中反射出来的较强的力量"（MC, 35）。在此，我们看到一种竞争理论，一种为生存或统治的竞争，但"优胜劣汰"不是 19 世纪进化论的观点吗？

福柯在此首先提出了关于形式的问题，星星是最为强大的，"它们是无变化的模型，具有不可改变的形式"；而草木只能遵从"（星星）它们影响的王朝"。随后，福柯引用了克罗利乌斯①："两个竞争者在价值和尊严上都不平等。草木的清澈，毫无暴力地再造了天空的纯粹形式。"（MC, 35）这样看来，不仅有优胜劣汰的竞争，还有不可逆的等级。但更仔细地考察福柯对克罗利乌斯的引用会发现，这并不是某种进化主义的或片面的等级制度，

---

① Oswald Crollius (1560–1609), *Traicté des signatures ou vraye et vive anatomie du grand et petit monde*, 1610, "星辰是草木的模板……每颗草木都是仰望天空的陆上星辰……"; 参见 M. Foucault, *Les mots et les choses*, Paris, Édition Gallimard, 1966, p. 35, note 1.

"每棵草木都是一颗仰望天空的星星，同样地，每颗行星都是天空中的一棵精神形式的植物，它与大地上的植物仅在质料上有所区别"。[①] 当然，克罗利乌斯也说草木的生命是天空中的草木给予的，后者给予前者一些特别的属性，但这并不取消天地之间的可逆性。

然而，当涉及上帝与人之间的仿效，不可逆的等级则非常清楚。在帕拉塞尔苏斯那里，人有一个内在的天空，全靠这个天空，人才自由和有力、自治和独立；条件是这个天空应该与来自人的世界秩序相似，并应在此天空中做与可见的星星相同的事情。对所有自然造物之外上帝的信仰，使天与人的和谐变得不可能。因为这个信仰，西方思想永远逃不脱反思关系问题：这个镜像智慧如何反过来面对这个它曾经所在又对之进行模仿的上帝世界？映像如何毫不扭曲地反映其模板以及这个模仿本身？这些问题本身是由镜像与反映的等级模式决定的，建立在观看主体与被观看对象的对立之上。所以，西方思想必须证实这个模仿的质量甚或同一性。然而，对于人来说，正是在这个最高质量上，才会产生所有认识论问题。例如，模仿的本质在于人之可见性的隐喻，这会带来不可跨越的扭曲问题。而且，尤其当人们相信其所模仿的是最高的真理，人与其所模仿的事物之间固有的距离是不可能通过模仿取消的，即便是完美的反映也无法做到这一点，因为反映终究是反映，反映本身包含着悖谬：没有距离，就不再是模仿；有距离，智慧就总是有瑕疵的（不真的）。康德的哥白

---

① Oswald Crollius (1560–1608), *Traicté des signatures ou vraye et vive anatomie du grand et petit monde*, 1610；参见 M. Foucault, *Les mots et les choses*, Paris, Édition Gallimard, 1966, p. 35, note 2。

尼革命看似解决了这个悖谬，康德承认认知的"中心"是认知主体（人或理性存在），但这只是模仿咒语的一个精致祭品。相像永远是相像，复制品永远是复制品，它所遵循的永远是它所反映之物。

（3）相共性的第三个形式是隐喻的"类比性"（analogie），它将"相近性"与"相仿性"结合在同一个隐喻中。它像"相仿性"一样超越距离，但又因为它仍然要求"相近性"中的关联和交接，它避免了反映循环；它像"相仿性"那样进行模仿，但它不存在将模糊的亲近关系与相近的可见效果相混淆的问题（这是"相近性"的问题）。它超出了这两个限于事物本身的相似性，它脱离事物本身，只处理关系的相似性。例如，在切萨尔皮诺（Césalpin）那里，这不再是一棵植物与一个动物的比较，在植物中所能发现的关系同样适用于动物：植物是某种直立的动物，二者的营养都是从低到高，动物的静脉网络就像植物的茎，等等。[①]以这种方式，"类比性"因为具有可逆性和多种用法，而打开了一个无限和普遍的亲近领域。

然而，就在"类比性"朝向所有路径的时候，一个特别的形象奇怪地成为所有类推的支撑点（当然，这种类推仍然是可逆的），因而，这个形象占据了类推地图的半壁江山。"这个点，就是人"（MC, 37）。例如，在皮埃尔·贝隆（Pierre Belon）那里，对鸟类骨骼的阐释就与人的骨骼进行了非常细致的类比：翅膀的翼端是用人手的拇指来解释的，鸟类的小腿骨与人的脚跟相

---

① André Césalpin (1519–1603), *De plantis libri*, 1583；参见 M. Foucault, *Les mots et les choses*, Paris, Édition Gallimard, 1966, p. 37。

符，等等。[1] 在贝隆的时代，还没有进行比较解剖学的足够认识，这个类比只能是一种习惯的想象。但这种建立在人体骨骼基础上的对鸟类骨骼的解释，已经影响了人对鸟类知识的基本预设。同样地，乌利塞·阿尔德罗万迪（Ulisse Aldrovandi）将地狱与人的低下部位相类比，[2] 克罗利乌斯将暴风雨与人的中风进行类比解释。[3]

这种对人之隐喻的倾向，不应理解为 16 世纪知识中的人类学。原因有二：首先，类比隐喻的存在不是人的行为，而更多属于自然本身；其次，隐喻是互逆的，人在所有类比中都涉及了，但反过来，人传递并接收人从世界的所获。

（4）相共性的第四个形式是"相通性"（sympathies）游戏。"相通性"产生相共性的方式，既不像相近性那样通过先天的地域决定性，也不像相仿性那样通过远距离的模仿，更不像类比性那样通过相似关系，它几乎独立于所有这些外在性，独立于所有用外在和可见运动来促成事物的相近："相通性"本身是一种品质交换的内在运动。它不仅仅是对相似之物的被动相通，它本身是一种好斗的力量，倾向于将所有等同的或差异的事物进行比较，倾向于消除所有独特性和异质性。它是同一的原初力量，借此，它能够将所有事物转化并改造为同一。不无悖谬的是，"相通性"总是伴随着孪生的"相斥性"（antipathie）。后者与前者

[1] Pierre Belon (1517–1564), *Histoire de la nature des oiseaux*, 1555；参见 M. Foucault, *Les mots et les choses*, Paris, Édition Gallimard, 1966, p. 37, note 3。

[2] Ulisse Aldrovandi (1522–1605), *Monstrorum historia*, 1642；参见 M. Foucault, *Les mots et les choses*, Paris, Édition Gallimard, 1966, p. 38, note 1。

[3] Oswald Crollius, *op. cit.*；参见 M. Foucault, *Les mots et les choses*, Paris, Édition Gallimard, 1966, p. 38, note 2。

一样是自治和独立的，不过是以相反的方式，只要有一点差异，"相斥性"就会将所有相似或同一之物孤立起来。这一相互平衡的对子，既可以拉近事物也可以疏远事物；在这个对子中，不丢失事物本身独特性的相共性就变得可能了。也正是在这个平衡中，前面三个相共性的形式才得以建立。

关于这个相通性和相斥性建立的相共性，很容易与心理学的精神状态相混淆。但对于 16 世纪的思想来说，这种相通性内在于自然本身，它只是在描述自然的可见或不可见事实，它甚至不是一个认知概念。因此，如果身体的潮湿状态引起了忧郁的气质，如果在杨桃中间有一个星星的形状，如果暴风雨的系统与中风相符，不应感到奇怪，也不应仅仅用人的视角或人的认知来理解这些现象。这些世界上无处不在的"巧合"是自然的相通性，它们完全可以脱离人的认知而存在。

模糊的亲近性或可见效果，连贯或断裂的线索，等级或互逆的镜像，反映或融贯的映像，人具有优先性或完全无关紧要，这些相似性天生就有各种问题，但这些问题本身内在于自然。它还不是人的问题，不是那些发现它们、使用它们并从中获益的人的问题。

2. 相共性的语法

然而，这个关联的美妙艺术，这个相共性的游戏，只是朝向相似性的道路。相似性本身处于自然状态，不仅可见而且明显，因为它的存在既不是为了被看到也不是为了掩藏，它天然地与人的可见性毫无关联，哪怕在人的可见性看来，这些相似性也是可疑的和毫无科学可言的。在这个意义上，除非有一个固执的因素决定将之标记出来，否则，自然的相共性对人来说并不存在。在

16 世纪的思想里，这个固执的因素是上帝，"（上帝）用特别的标志为所有事物留下了外在和可见的征象——就像人埋藏了宝藏，并在埋藏地做了记号，以便日后再找到"。① 对帕拉塞尔苏斯来说，根本不涉及对自然的发现，而只涉及对上帝标记的揭示或辨认。16 世纪思想坚信相共性是上帝给出的标记，由此可以看出，人们坚决要将异质事物关联起来并为人类的理性对象寻求保障。从这个自我证明正当的信仰出发，通过 16 世纪独特的标记系统，即在"纹章、特征、密码、含糊之词和象形文字"（MC, 42）的庇护之下，模糊的世界变得清晰，不可见的相共性变得可见。

那么，是何种象形文字让平静的巨大镜像和静默的映像在相互模仿和反映的事物深处言说？在乌头和眼睛的相通性中，是那些镶嵌在白色薄膜中的不透光的小球显现了眼皮包裹的眼睛；在核桃和脑袋的相共性所证明的治愈关系中，由于果核显现出脑的模样，所以果实厚厚的皮层可以治愈颅骨膜的伤口；② 在手纹与命运的相似性中，短线反映了生命的短暂，交叉线指出了所遇到的困难。③ 形式上一个简单的相通或模仿就能成为医疗知识和预测命运的类比符号。也可以将这些关系的用法颠倒过来。当人们说天在看，这是因为星星像我们人类的眼睛：在光明中看，在黑暗中盲；也许正是因为这个原因，光亮对于认知事物如此重要，因为眼睛是看的重要工具：没有看，我们什么也不能认知；没有光

---

① Paracelse, *Die neun Bücher De natura rerum*, 1537；参见 M. Foucault, *Les mots et les choses*, Paris, Édition Gallimard, 1966, p. 41, note 1。

② Crollius, *op. cit.*；参见 M. Foucault, *Les mots et les choses*, Paris, Édition Gallimard, 1966, p. 42, note 3, note 4。

③ Jérôme Cardan (1501–1576), *Métoposcopie*, 1658；参见 M. Foucault, *Les mots et les choses*, Paris, Édition Gallimard, 1966, p. 43。

明，就没有理性。古希腊人说人的面相和手相揭示了人的灵魂秘密，是因为他们假设灵魂和身体共享一个相近的共同场所：监视灵魂，得知身体状态；观察身体，得知精神状态。

因此，象形文字不是别的，就是相共性本身。所有给予标记以符号价值的事物，是标记自身带有的与其所指事物的相共性。符号的意义在于表明标记与其所指事物相似，而标记之所以可以是标记，在于它既与其所指事物相似又与之有所区别。存在区别，不是因为标记与其所指事物是两个事物，而是因为当标记成为符号的时候，标记与其所指事物相似的存在就在标记的符号可见性存在中消失了，也就是说，（不可见的）相共性并不在（可见的）标记之中显现。标记与其所指事物既相似又相区别，相似是因为它与其所指事物都具有某种相共性（标记与其所指事物各自具有第一个相共性和第二个相共性），相区别是因为这两个相共性在二者之中都是隐藏的，因此才需要一个标记；标记除了具备与其所指事物的相共性，还具备某种并不与之共享的事物，即某种并不隐藏的、可见的事物，因此它才可能成为其相似之物的标记。标记与其所指事物既同一又差异的特性，必须通过第三个相共性才能被揭示，即在标记与其所指事物之间既隐藏又分享的那个相共性。正是这个既被隐藏又被分享的第三个相共性蕴涵着一个标记，一种共有且不隐藏的形式。在初级的不可见的相共性循环（相通性、类比性、相仿性和相近性）上，出现了次级的可见的符号循环：相通性的符号被转置到类比性中，类比性的符号被置于相仿性中，相仿性的符号被转移到相近性中，相近性为了能在这些转化之后仍然被辨识出来，需要一个相通性的记号（marque）。

尽管存在着所有这些转化和转移，标记及其所指事物是处于同一层级的事物，"是同一个切分"（MC, 44）；但是经过相共性和从不可见到可见的游戏安排，它们会时隐时现。但不管是隐还是现，标记及其所指事物总分享着某种相共性的关联，这个关联使它们在 16 世纪的知识中非常普遍。这个知识既是最可见的，因为它是由遵循相似性的具有可见性的标记构成；又是最不可见的，因为在可见性的标记之下，还有不可见的相共性所具有的丰富内容。

对于可见之物，相共性的这四种形式构成了一系列符号学的认知和技术，让人们能够"区分符号在哪里，确立将之制定为符号的事物，认识到它们的关联及其咬合（enchaînement）法则"（MC, 44）；标记系统正是在这个阐释学咬合上建立起一系列认知和技术，从而"让符号说话并发现它们的含义"。但这里的符号学和阐释学并不是在我们现代的含义而言，因为符号的含义和法则都在相共性之中，在"世界的句法"之中，在"（存在）物的语法"之中，注释和解释也是在事物本身之间进行，是事物本身的相互阐释。因此，对于不可见之物来说，可见标记与可知相共性只是一层薄片，这层薄片凭借相共性关联的差距本身掩盖着自然。当然，相共性给出了对自然的一个认知，代价是忽略了那些模糊的亲属关系和相似性的摇摆。这个代价是致命的，因为这就是福柯所谓"缺口"（cran, MC, 45）：相共性固有的距离——使知识成为可能的，是对相似之物的不可避免的无限劳作。

三、物的语言

1. 相共性何以必要

这四种相共性及其标记，构成了福柯所谓的 16 世纪的知识型。福柯对这个认识论结构的描述或分析，并不意味着主张某种可以普遍适用于各个时代的结构主义，即便在结果上，可能在误解的人那里产生这样的效果。而通常是在这样一些历史学家那里产生这种效果：这些历史学家重复堆积历史事件，只知道复制历史已经塑造的雕刻。然而，对于福柯这样的考古学家来说，雕刻的形状并无重要性，正如他所说，新柏拉图主义的宏观宇宙与微观宇宙之间的关系"只显现出表面的简单效果"（MC, 46）。考古学在历史上所要搜寻的，在于"使之成为可能的事物"。关于这个对 16 世纪具有决定性的相共性，问题在于这种相共性之力量的必要性，甚或是不必要性。

让我们回到《词与物》开端关于博尔赫斯中国百科全书的福柯之笑。对于 16 世纪的魔法，这同样的笑也是不可避免的。例如，根据帕拉塞尔苏斯的记载，[①] 赫尔维西亚[②]、阿尔及利亚或瑞典的蛇，能听懂希腊词"Osy, Osys, Osy"，"为了不再听到这样的词，它们会把尾巴转过来堵住耳朵"。[③] 而这甚至不是声音的效果，因为当人们拿一张写着这些词的纸给蛇看，蛇也会变得动弹不得。如果这个魔法让我们发笑，就像中国百科全书那样，并不是因为这是一种迷信，而是因为我们不再处于 16 世纪的知识系统，我们不再能理解这种知识的必要性。那么，它的必要性是什么呢？

---

① Paracelse, *Archidoxis magicae libri VII* (*Les sept livres de l'Archidoxe magique*), 1524.

② Helvétie，指现在的瑞士，直译为"阿尔卑斯山北的国家"。

③ Paracelse, *Les sept livres de l'Archidoxe magique*, trad. en français, précédés d'une introduction et d'une préface par le Docteur Marc Haven. 1983, p. 15–16；参见 M. Foucault, *Les mots et les choses*, Paris, Édition Gallimard, 1966, p. 48.

　　这种必要性就像皮埃尔·格莱姆格尔致力于以一种唯一和普遍的艺术建立百科全书，而这是为了让 16 世纪的不同科学和各种认知能够相互沟通。16 世纪的认知的确非常混杂，它是"理性知识、魔法实践衍生而来的观念和整个文化遗产的不稳定混合物"（MC, 47），其中有三种认知来源：一个是"对古人的忠诚"，这包括魔法实践的传统和古代科学家的著作；一个是"对卓越的品位，这就是对上帝的信仰；一个是"对理性统治的觉醒"，这就是科学的兴起。这三种迥异的认知来源的交锋和竞争，在 16 世纪产生了某种对严格性的需求，但这种严格性肯定不能诉诸魔法、信仰和科学互不相容的部分。如皮埃尔·格莱姆格尔所说，需要一种既唯一又普遍的艺术，既能够适应每种不同的认知，又能自身融洽。这门艺术就是我们上节所分析的相共性。由于神圣性不再像中世纪那样具有不可逾越的权威和绝对的统治力，它变成认知的一个部分，其角色缩减为保障人类认知的信仰，这在笛卡尔那里表现得淋漓尽致。而魔法和博学在其竞争者面前，只有当它们具有严格的符号时才具有权威。因而可以说，在这个充满互不相容和相互竞争的认知的时代，这些相共性原则大概是最少带有历史强制的，换句话说，它们是最普遍也最不刻板的。

　　这样，我们也就能更好地理解为什么相共性原则能够联合所有认知。首先，在魔法中，两种事物甚至更多事物同时出现，可见标记和可想象的相共性构成了魔法的基本知识。在这个意义上，魔法是"认知方式所固有的"，[1] 而这种认知方式可以与

---

① Tommaso Campanella (1568-1639), *De sensu rerum et magia*, 1620；参见 M. Foucault, *Les mots et les choses*, Paris, Édition Gallimard, 1966, p. 48, note 1。

科学共通，例如，16 世纪的化学还没有和炼金术区分开来。而且，上帝在大地上安排的可见标记、圣经清晰易辨的语词或古代的博学，都可以通过这个相共性联合起来，"与文本的关系和与事物的关系性质相同"（MC, 48），语词仍然是那些在事物中真正存在的符号。例如，人声与某些声响的相共性，自然音乐与话语声音的某些共鸣，甚或事物的形象与东方字符的相似性。只需要像揭秘自然那样去揭秘古代，只需要去发现真实和当代事物中的相通性符号。而在这些事物中，隐藏并分享着上帝的符号和古代智慧的符号（后者是在卜筮之光下获得的启发）。"卜筮（divinatio）与博学（eruditio）是同一种阐释学"（MC, 48），因为它们都关联着事物相共性的深刻关系，就像自然符号一样。圣经或古训本身与其所揭示的事物有着"无时代性的亲和"，它们的价值仅在于它们与事物本身的相似。凭借这种亲和性，尽管它们在形成镜像和模仿的同时对事物本身有所调整，它们仍然保持着所有自然标记的真相，它们在异质认知的对峙中仍然是可交流的。

因而，在福柯关于相共性的这个必要性的研究指引下，我们看到相共性本身内在于自然，它可以为魔法、信仰和科学所共享，我们还能看到它在知识的构造和保存中可以起到沟通的作用。这里不涉及质问或论证相共性所揭示或保存的知识是否是真理，而是将其视作一种媒介因素，也就是说：不是因为它们为真，它们才能够沟通；而是因为它们能够进行沟通，它们才被视为真。这个观点也可以反过来解释我们，16 世纪的中国百科全书和魔法对我们来说不再具有真理的价值，而且还让我们发笑；这是因为它们已经失去了它们的真理性，还是因为我们已经丢失了对真理标志的敏感性？使真理成为真理的事物，在于真还是在于可沟通性？这个真理与主体认知的关系，还有待探索。

2. 相共性与语言的悖返

再回到事物与符号、记号与语词的相共性上来。在此，福柯发现的最本质的事物是：16世纪，只有"一个唯一的大文本"（MC, 48）。这个唯一的大文本就是事物本身，事物的语言因此与事物通过镜像反映和宣称的事物同样复杂。这是一种来自事物并保持为事物的语言，它只是一个记号的网络，在那里，每个记号既可以作为内容，也可以作为其他事物的符号。正因如此，这个语言的各个要素，就像植物、动物和石头的各个要素一样，有一个相共性的法则，即每个要素都有一个内在的属性，这个属性与其所指的事物相似。按我们现代的说法，这个法则被称作"语法"。这些属性构成我们现在所谓的"词源学"；同样，我们的"句法"，对16世纪来说，就是按照其所相似事物的属性来建构语言要素。也就是说，唯一的语法规则就是相共性，语法联结的唯一秩序就是事物联结的秩序。

然而，关键问题恰恰出现在这里。16世纪的语言是根据其所相似事物的秩序，而不是根据语言本身的属性进行组织，语言本身的内容不重要，甚至被抹去。以此方式，语言说的是其所相似的事物，而不是语言本身。但我们只能看到语言本身，而不是其所言之物。当语言为了表达其所相似之物，而必须与自身产生这个差距的时候，隐藏所言与所见之相共性的语言之谜，就与一般性地隐藏所有相共性的事物之谜重叠了。这个双重谜题构成了16世纪知识的双重困难。初看之下，这个所言与所见的差距有点类似我们现在通常所说的能指与所指的差异；但仔细考察16世纪的"唯一文本"所包含的意思，就会发现这不是同一个差异：当所言与所见相似，唯一要做的不是直接和盲目地寻找（所言之语言）所指的事物，而是在（所言之）语言本身之中找到这个相共性，并在其中找到这个相共性的符号。"名称就被置于其所指称的事物上，就像力量写在狮子的身体里，王者之威写在鹰的目光中，星宿的影响记在人的额头上：用相似性的形式。"（MC, 51）

因而，16世纪的语言是一种既透明又遮蔽的揭示：透明，是因为它就是为了反映自然而存在的；遮蔽，是因为它是在人类的清晰性中表现自然。在基督徒的想象中，上帝用语言和事物所共享的符号给予了这种透明性，所以保留着大量事物标志碎片的希伯来语就是上帝的语言；也是上帝用多种语言的分殊摧毁了巴别塔的这种透明性，因而拉丁语以及那些从左往右、从右往左、从上往下或从下往上书写的语言，不再与事物直接相似。尽管这可能是基督徒的某种偏见，但有一件事是肯定的：如果语言是表达其所反映事物不可避免的方式，那么，在语言中实际上可以存在多种表达事物相共性的方式。

由于越来越要求符号的清晰性和可交流性，语言中的意指功能的重要性就超越了重叠（redoublement）功能的必要性。所以，能够为人所理解和交流的意指成为语言的原则，曾经作为语言第一原则的词与物的相共性逐渐消失，这样一来，相共性的消失反过来就使意指变得空无或难以辨读。书写的出现和优先性就是一个证明。

首先，在克劳德·杜雷特（Claude Duret）那里，尽管他所想象的沟通所有科学的"唯一和普遍的艺术"仍然遵循相共性的原则，但这已经是一种空间的相共性，他致力于"用语词的连贯及其在空间中的部署"（MC, 53），即用书写重构世界秩序。正因如此，百科全书同时以世界秩序（魔法、信仰和科学相互混合）和字母顺序（或更确切地说书写秩序）来组织事物，就显得非常奇怪，让人发笑（如中国百科全书）。阿尔德罗万迪让布丰感到诧异的就是：一个博物学家混合了"精确的描述，被转述的引用，未加批判的传说，无差别地记叙有关动物的解剖学、纹章、栖所、神话价值以及在医药或魔法中的用法"（MC, 54）。所有这些也让我们感到诧异，但这些只是在书写的共同空间中对16世纪知识的忠实反映。相共性以书写的一种总体、饱满和凝固的方式保存下来，但相共性也因此丢失在这种方式之中，因为人们在书写的方式中不再能辨认出事物的相共性。

其次，福柯要强调的书写优先性产生的重要影响，不仅在于这个秩序的转换（从当下声音的秩序或更为复杂和多样的相共性秩序，转换到书写的空间秩序），还在于将倾听、记忆和实践的当即和相互作用转换为沉默的阅读过程。"法则刻在石板上，而不是人的记忆里"（MC, 53），这就像是在说：真理还留在书本里，而不是已经进入日常生活。因此，也许不仅对于我们来说，这些书写无法辨读，对于当时代日常生活中的人来说，这些书写也只能是秘传的奥义。

因此，为了辨认出相共性而对相共性进行的表达，反而使相共性更加不可辨认。无论这是因为事物本身之谜，还是因为语言之谜，16世纪为了重新找回事物的相近性、相仿性、类比性和相通性里的直接相共性，其解决办法不是在相共性与人的最初相遇中，而是在从语言到语言的一再重复中，在评论的二级话语中。人们用解释解谜，用将会掩盖和转化相共性的事物揭示被掩盖和被转化的相共性，而这只能是语言自身的重复和衍生。"这丝毫不是对埋葬在自身纪念碑下的某种文化破产的观察，而是对16世纪语言与自身不可避免的关系的定义。"（MC, 55）福柯极其强调这种二级和未来话语的无限循环，"这个话语本身不具有自我停止的力量，其所言不仅被自身封存为某种承诺，还要留给另一个话语［来言说］……"（MC, 56）当评论被定义为朝向真理、第一话语、原初文本的话语，就已经假设存在着由上帝写就且直接存在于自然之中的"某个原初自然的书写"；从而，在所见和所言之间，只有相共性，没有差异，只有"唯一文本"（书写和事物均为上帝的同一文本），没有书写和事物的差距；这些假设实际上包含了对概念或更确切地说对信仰的承诺。这是可穷尽的遗产，因为它在绕着自己转，绕着语言自身的法则运行，绕着遗忘自身来源的自身游戏展开。当然，这还不是为了人而运转的游戏，但是人作为启动这个无限游戏的主体，连带人自以为懂得的人周围的所有事物，一起陷入语言静默的统治。

3. 主体的自然缺席和在场

这样，我们就可以看到相共性消失于自身的相共性游戏之中。相共性，从自身定义来说，就是一个无尽靠近相似性的无限的和不可完成的任务。这是16世纪知识型的弱点，但相对于之后甚或之前的知识型，这个弱点有一个珍贵的优势。

从斯多葛学派开始，符号系统曾是三元的：所指、能指和节点（conjoncture）本来是三个不同的事物，三者由第三个事物节点而相互连接。在文艺复兴时期，这个三元系统并未改变，但三者是由相共性联合起来的，这个相共性既内在于自然又对人类是可见的；同时，两个事物的属性如此相似，以至认知主体将之联合在一起的努力既基于自然本身的关联，又常常混同于自然本身的关联。

在这个意义上，可以说在相共性的世界里，主体本质上是缺席的：它在那里就像它不在那里，自然存在与主体经验在所阅与所见的深刻隶属关系中相互符合。然而，不能忽视的是，在这个相共性的统一体中，从认知主体的可见性所确认的第一个模糊的相近开始，从基于服从上帝绝对模版的主体而建立的第一个等级化模仿开始，从以人的隐喻为轴心的第一个类比开始，从可能被主体的相斥性所挑战的第一个相通性（反之亦然）开始，从同时被自然标记和被主体寻得的第一个可辨认的标记开始，从在语言平台上反映自然的第一书写开始，就有主体的不可见呈现：这种不可见性甚至成为诸多美好事物（诸神、上帝或自然等）的属性；但所有这些主体呈现在知识中几乎没有留下任何痕迹，因为这个主体本身只是与自身相共的自然事物，它无论如何并不与事物相分离。正是在这个主体与自然事物同一的意义上，可以说：主体的缺席就是一种在场，主体的在场也是一种缺席。

第二节　混合图板中主体的部署性呈现

一、表征的主体部署

1. 堂吉诃德

随着相共性在 16 世纪末、17 世纪初的消失，文艺复兴时期主体的自然缺席也消失了。堂吉诃德的出现就是这个双重消失的证据。康吉兰说，福柯和奥古斯特·孔德是仅有的两个发现塞万提斯的《堂吉诃德》蕴含着哲学事件的人。[①] 这个哲学事件就是：出现了新的主体部署；这个新主体部署出现的时刻，就是自然的相共性在人类的书写游戏中丢失之时，就是认知主体为了见证丢失的相共性，或为了找到能指与所指之间节点的新类型，而不得不越出其自然存在的时候。对福柯来说，堂吉诃德就是相共性双重丢失的见证者，《宫娥》中精妙的闪避系统就是对节点新类型的探索，二者共同为我们展现了古典时期的新生主体。

堂吉诃德的形象是一个被置于断裂深渊的主体，他的双脚分别踏在两面断墙上：在一面断墙上，他只依据相共性关系认知事物——羊群像军队，仆人像贵妇，小旅馆像城堡；在另一面断墙上，他只凭借骑士叙事来看待现实世界——施展诱惑的魔法可以解释所有变形的差异。如果相共性的世界并未在书写中丢失，如果所阅与所见仍与文艺复兴时期一样等同，堂吉诃德就应该是"同一之英雄"（MC, 60），他是物之语法最虔诚的朝圣者——当自然的相共性需要人来证实之时，因为相共性已经在其所阅中展现出来，他甚至不必在其所见中冒险寻找这个相共性。可如果知识权威无论如何要求某个认知主体的证明，这是因为符号的可辨读性不再与存在的可见性相似，也就是说，书写文本只是世界的悬搁，一个不可贴现的空无——如果没有这个空无，"世界的形象就并未改变"（MC, 61）。

在此意义上，堂吉诃德的出现不可避免，因为知识或书写不再是独立的，它需要见证，需要额外的证明。最糟糕的是这个见证或证明是（人类）认知主体。作为"同一之英雄"，堂吉诃德

---

① Georges Canguilhem, « Mort de l'homme ou épuisement du Cogito? », *Les mots et les choses de Michel Foucault. Regards critiques 1966–1968, op. cit.*, p. 249.

可能是一个过时者；但作为试图用自身对相似性的寻求来证明知识的真理（这曾经都是由上帝所保障），堂吉诃德却是 17 世纪的主体先锋 [1]——现在要由认知主体来完成知识的承诺，来将现实转化为书写符号，来解读世界以证明书本。奇怪的是，这个骑士式的、伊利亚德式的认知主体随后沉溺于自身所创造的真理（真相）之中：小说第一部分中堂吉诃德的冒险成为他在小说第二部分里为人所熟知的社会生活背景，寻找相共性未果的自大骑士必须成为其所追寻之物的辩护者，"他必须保护那些错误，那些伪造，那些不可靠的系列；他必须补充遗漏的细节，撑住真理"（MC, 62），就算承诺已然破产，就算他寻求证实的只不过是沉睡在纸页间和灰尘里的空词。

塞万提斯的文本进行了自我折叠，但堂吉诃德这个主体保持着融贯和无知。堂吉诃德周围的人可以读到这本谈论堂吉诃德冒险的书，这个书写的知识迫使堂吉诃德在小说第二部分的现实中维护他的真理（真相）。一个虚构的主体可以被一个真实的作者书写出来，并被虚构的读者阅读，一旦完成这些工作，这个虚构的主体就在阅读过其虚构经历的读者那里获得了真实，即便这些读者也是虚构的；就像堂吉诃德本身也是一个虚构的读者，他阅读了一个真实作者所写的骑士小说，书中所言对他来说也就变成了真实。堂吉诃德是否证明了他所读内容的真假（他的任务实际上是失败了的）并不重要；就像堂吉诃德周围的人所阅读到的堂吉诃德是真实的，但堂吉诃德本身是虚构的，然而这也并不重要；塞万提斯的文本真正重要之处在于，这个混合了真实与虚构

---

[1] 类似于古代的俄狄浦斯、伊昂或苏格拉底，但境况有所不同，详见本书第三部分第二章有关讲真话的探讨。

的叠加和重复的循环，揭示了能指与所指之间可能发生的复杂循环：堂吉诃德这个主体（文学形象）在第一次意指中将所阅（第二层级的真实）与所见（第一层级的真实）等同起来；然后这个主体的能指可以在二次意指中再次作为所指被书写和阅读，由此，空无的所指（堂吉诃德这个虚构形象）能够被赋予二次层级的真实。这个二次层级之意指的真实，同时被第一层级的主体书写和阅读，这能够创造和勾连出第二个甚至第 n 个堂吉诃德：任何一个真实的人，只要将所阅和所见等同起来，就会像堂吉诃德那样重复堂吉诃德的同样循环。这个复杂的循环不会在等同所阅和所见的第一循环上停止，就像小说第一部分的人物堂吉诃德在证实所阅为真时失败了一样；这个循环必须加入第二层级的意指，能指变成所指，一个真理空间就创立了：认知主体变成已知对象，主体的真实性也就建立起来了；这个新建立的真实代替了之前所要寻找的真理（骑士小说），代之以一个新的寻找真理的任务——主体的构造本身。对相似性的寻求变成对意指的辩护，世界的问题变成主体的问题。

2. 宫娥

作家塞万提斯只是在 17 世纪开端（1605 年）为我们展示了 17 世纪以来将在新知识型的循环和重复空间中出现的可笑和煞有介事的主体。50 年后，画家委拉斯开兹在著名油画《宫娥》（1656 年）中将这个空间具体化，并指出了这个主体的一个本质性的特征：没有面孔。《宫娥》这幅油画有一个真实的历史背景：西班牙国王菲利普四世与王后是这幅肖像画的出资者和绘画对象，小公主马克里特-戴海斯及其仆从是这幅油画的真实绘画场景中的看客。对于画过很多经典肖像画的委拉斯开兹来说，他不想让这幅肖像画仅仅成为一个按传统方式反映画家眼前事物的镜像，因为毕竟摆放镜子的方式本身可以是一门考究的艺术，正如其师帕切科[①]曾经对他说，"图像应该走出画框"。帕切科是有道理的，图像不在画框里，因为图像本身是某个观看眼中或某个思想的想象中即时的固定刹那，图像不仅不应留在画框里，它从未在画框里。图像在现实世界中本来就是波动的，当涉及这个多变图像在想要捕捉它的任性主体中的显现时，图像的波动比在现实世界中更甚。然而正是这个波动的图像呈现在这位巴洛克画家面前，真正的简单肖像并不是自然中的简单相共性，而是展开人为表征的表征：越出画框的主体正是诞生于此。在这个意义上，塞万提斯和委拉斯开兹做的是相同的事，即表明 17 世纪以来知识型中的主体部署。福柯在委拉斯开兹的《宫娥》中发现的三个不可见点，构成了一个表征部署，正是在这个表征部署中，一个普遍主体诞生了。

　　表征部署的第一个不可见点是一个具有三重不可见性的点：首先，它是委拉斯开兹绘制这幅油画时所在的点，这幅画的画面内容并不真的在他（画《宫娥》的画家）面前，而是在他的想象中，在他记忆的映像中，甚或在他对绘画场景的再造中；其次，它也是画中所呈现画家的模特所在的点，也就是菲利普四世和王后的位置；最后，它还是真实观画者的所在点，也就是所有在看这幅委拉斯开兹 1656 年油画的人所在的地方。这个三重不可见性的点并未呈现在油画的空间里，但又被油画的内容呈现不可避免地意味着，并且正因为是意味出来的，所以三个完全不同的主体可以重合：画家-国王-观者。正是在这一点上，所见与所阅之

---

① 弗朗西斯科·帕切科（Francisco Pacheco, 1564—1644），西班牙画家，撰写了一部绘画手册，成为今日理解 17 世纪西班牙艺术的重要文献。

间不可分离的关系被拆解了：委拉斯开兹的所见不是他让我们看到的，我们作为观画者的所见也不仅仅是一个充满颜色和线条的画布，而是17世纪的菲利普四世（和王后）的所见，也就是说，我们看到的是国王和王后的所见，是委拉斯开兹想象的和让我们看到的菲利普四世（和王后）的所见。只有国王（和王后）在画中见到了他在绘画过程中的所见，任何观画者或画家委拉斯开兹只是在看再造的图像。这是委拉斯开兹想要告诉他的国王（和王后）及所有观画者的吗？那么谁是国王？菲利普四世以及所有菲利普四世所意指的主体：见其所见而不是见其所阅，因为从此，所阅的记号不再是所见事物本身的符号，而总是某种不可见事物的能指。诚然，这些符号仍然保留着事物的相共性，但也正是因为这个原因我们还能区分其意指，我们还能假装是作为观看主体的国王。只是，这个在人的眼皮底下（我思）再造的最后相共性，这个仍然自然但又正在消失中的相共性正在消失，我们正开始丢失我们自己的双眼，正开始丢失我们自己的主体性，正开始迈入无尽转化事物的大门。

　　表征部署的第二个不可见点是画中房间深处墙上的镜子。它的不可见并不像前面那个点那样因为在画外，它不可见是因为画中没有人去看或能够看到它，它对于其他能指来说是不可见的。它也是唯一一个表现了委拉斯开兹真正绘画对象（菲利普四世和王后）的点，它还是唯一和最后一个忠实的自然相共性：一面被直接描画的镜子，一面没有受到画家再造影响的镜子。但它又提供了双重的疑虑、模糊和忧愁，即画家的诚实和虚伪——他要让我们相信他反映的是真实，但他向我们显现的却是他的我思产物。画家诚实地表现着作为相共性象征的镜子，他还诚实地加入国王在镜中反照出来的轮廓。但这个精心设计的诡计也泄露了它的局限，因为一面真正的镜子应该反映所有在它面前的事物，无论何时无论何地；而一面画中的镜子，只显示某时某地所复制的真相，它并不反映任何观画者。这并不是一个要求画中镜子具有真实镜子功能的天真批判，这正是在揭示表征声称向我们说出真理的自负。

　　表征部署的第三个不可见点是画中背朝观画者的巨大画布。它对所有在画中出现的人物来说并不是不可见的，它只是对观画者或国王（绘画对象）来说是不可见的。因而，观画者和国王也因这个不可见性而被质疑。国王（绘画对象），那个唯一真的看到这幅表征场景的人，是被画在画中的画布上了吗？我们只能在我们所见的画里看见它的背面。观画者，在观看这幅画的时候，我们处于画中画布的绘画对象位置，因而我们可以认为我们正在被画中画师画在画中画布上了吗？"我们所在，即我们所是"（MC, 20），那些在我们所见的画中呈现的人物、动作和眼神所至，只不过是那个只见其背的画中画的同谋。这个半可见、半不可见的模糊性表明：表征（我们所见的画）与所指（绘画对象，菲利普四世和王后）既相关联又可分离，只要表征被观看，能指（我们所见的画中人物及不可见的画中画）和观画者就能关联起来。换言之，表征只要被观看，表征就是普遍的，所有人都可以成为国王；也就是说，所有人都能成为主体，只要他阅读表征。[1]因此，观看主体的主体性到底如何，无关紧要，重要的是按照表征制作者所呈现的表征去观看，观看的行为本身就足以定义主体。因而这并不是具有主体性、好奇心、激情和自由的观看，不

---

[1]　这与笛卡尔的《第一哲学沉思集》构造我思主体的哲学方法是一样的。

是能够发现自然无尽秘密的观看，这是一种被预设、被给与、被固定和被照亮的观看，没有可挖掘的空间，没有秘密，一切都是确定的，一切不确定的都是错误的。

因此，可以说所指（国王、观画者、主体）可以在能指（画）中缺席，它并不是由能指中的直接相共性来呈现的，而是通过表征场景，通过人物（能指）的观看（意味），通过命令式的不可见的线来呈现。更进一步也可以说，能指就是所指的缺席。主体，是否有主体性并不重要，只要观看，只要进入表征的部署，就可以是主体。在这个意义上，如果是一条狗（一个缸中之脑，一台 AI 机器……）站在表征面前观看（阅读），它也能成为国王和主体。曾经是联合能指与所指唯一方式的相共性，被表征部署设定的主体取代了，后者只需用它对表征部署的模式化理解，就能完成将能指与所指关联起来的任务，就能完成认知活动，就能构造世界。

3. 断裂与差距

那么，让我们来考察这个取代了 16 世纪相共性的 17 世纪的主体部署。堂吉诃德的探险是相共性知识型与表征知识型之间断裂的一个符号，但一种新的思想模式是如何开始的呢？

人们一般会想象有某种外在的侵蚀逐渐深刻地改变着思想，但这就像忒修斯的船一样，人们无法知道究竟是什么做出了决定性和普遍性的改变。对于福柯来说，回答这个问题并不在于对不连续性进行基于理论构造的想象性填充，因为对此断裂的深渊，几乎无法进行任何直接和实证的描述。因此，福柯的考古学要做的仅仅是承认这种在实证性中被给予的断裂，并在范围尽可能广泛的实证性中，观察知识型如何脱离自身并发生本质改变。

　　我们在塞万提斯的讽刺小说和委拉斯开兹的巴洛克绘画中可以很清楚地看到，如果没有一个附加的秩序来进行组织，过时的知识型（相共性）往往会变成错误的起因和意指的工具，它就会成为像中国百科全书的无序那样无意义的纯粹空想或幻想。的确，在 16 世纪末，相共性成为巫术的场所，"这是崇尚障眼法、滑稽幻想、戏中有戏、张冠李戴、梦与幻影的时代"（MC, 65）。在人们的记忆中，那个时代只有杂七杂八、失常错乱的认知，那些对严格标记以及自然本身被隐藏的相似性所做的谨小慎微的研究努力，却被毫无剩余地掩盖或忽视。但是，将自然的相共性与人类的相共性游戏等同起来，不加区分地一并谴责和抛弃是否恰当呢？人类游戏和主体游戏是否等同？自然游戏与人类或主体游戏的关系是怎样的？

　　在培根对相共性的批判中，问题并不在于事物本身的相共性，而在于"主体的精神类型和幻象形式"（MC, 65）。那么什么是这些心灵（esprit）构造相共性幻象的主体类型？对培根来说，就是那四个著名的幻象：一个是人类凭借其共有的某些感觉器官，使心灵成为曲面镜（idola tribus，即族群幻象）；一个是个体在特定教育和习惯下形成的世界观，通过这种世界观，光明变得模糊和被遮蔽（idola specus，即洞穴幻象）；一个是在社会生活中因使用可交流的命名所形成的公共语言（idola fori，即市场幻象）；一个是常常被高估的在特定场景中对传统权威的滥用（idola theatri，即剧场幻象）。[1] 这四个幻象描述了人的自然和社会功能，而这些功能会产生人类知识不可避免的变形。正如福柯对《新工具》的引用，"人类心灵很自然地会倾向于假设，事物中有比他实际所发

----

[1]　参见 Francis Bacon, *Novum Organum*, 1620。

现的更多的秩序和相共性；而当自然充满例外和差异的时候，心灵看到的却到处是和谐、一致和相似"（MC, 66, note 1）。

这个"更多的秩序和相共性"假设了一种原始的、原初的和确切的就像上帝世界里的那种秩序或相共性，而人永远也不可能达到这种秩序或相共性。直到这里，上帝与人的距离以及人的卑微还与中世纪甚至古代晚期的信仰无任何差异。培根的这个经验论视角也可与他的观念论对手笛卡尔共享。因此，17世纪初发生的知识型断裂并不在于真理与人的差距，而在于如何解决这个差距：17世纪的思想虽然不再认为上帝用自然中相共性的可见给予来解决这个差距问题，但它相信这个距离将会由人自己解决。经验论和观念论都假设这个上帝真理的不可进入性问题来自"轻率"的心灵，他们因此认为，一个谨慎、清楚分明的主体可以解决这个问题。断裂的关键就在主体的部署上：一个可以超越上帝（真理）与人之距离的主体。

然而，笛卡尔的观念论与培根的经验论还是有区别的，笛卡尔没有像培根那样假设人类心灵具有"更多的秩序和相共性"，而是相反，他认为人类心灵具有"更少的秩序和相共性"，因而需要加强相共性概念，将之分为确切的同一性和绝对的差异性，而这是通过在人类心灵中建立量度和秩序完成的。也就是说，需要武装起一个新的有度和有序的主体，通过消除人的弱点的方式超越上帝（真理）与人的距离。①"如果说笛卡尔拒绝相共性，这

---

① 这种主张在一定程度上保留了与基督教相同的对人的有限性的设定，也在一定程度上与古希腊理性时期拥有同样的自负。换言之，人类历史上的每次理性主义浪潮都是人类理性超越自身有限性的一次膨胀，而历史上每次的理性自负都无法真正解决人类有限性问题，反而使人在异化的道路上越走越远。

不是在理性思维中排除比较行为，也不是寻求对比较的限制，而是反过来，将比较行为普遍化，由此赋予比较更纯粹的形式。"（MC, 66）这个更纯粹的形式就是笛卡尔的我思。

二、17世纪的知识型：从理知秩序到分类符号

1. 量度与秩序

如果说笛卡尔式我思能够用直觉（明见性）辨别出最简单的自然，而不是去发现相共性的标志，如果说在同一性与差异性之间的推演由数学的清楚和可辨认的逻辑保证，而不是直接由上帝的神秘逻辑保障，那么比较的保障是什么？谁来保障将简单自然（natures simples）安排为确切的同一性和绝对的差异，却毫不改变"充满例外和差异"的自然？笛卡尔主义者凭借何种许可得以肯定复杂自然（nature complexe）符合量度和秩序？这些问题直到康德才有答案，因为康德诚实地承认了表征/表象只是主体部署的表征。

尽管存在这些未解难题，从17世纪开始，笛卡尔式我思还是取得了显著胜利：人们可以忽略我思对自然的无知，但不能忽略认知主体的不确定性；不可认知和神秘的自然可以扔给疯狂的夜晚，但对波动和未决之宇宙的焦虑必须通过人类对最美好世界景象的选择来解决，哪怕囚禁在这个理性与真理的幻象中也在所不惜。康德提出的认知主体的界限问题只是为人类的这个对不确定性的秘密焦虑寻找了一个借口，而原初人类，所谓的非理性人，开放的主体，则投身于自然的不确定性，并迎接他们自身的焦虑，他们是没有界限的。

那么回到这个17世纪定义的界限，看看这个主体的新部署

如何将严酷的自我和自然隐藏在量度与秩序最伪善和最夸张的幻象里。一方面，量度操作非常简单，无论何种大小或多样性，无论连续或不连续，"首先考虑全部，并将其分成部分"（MC，66）。对于那些不连续的大小，或者没有自然统一体的多样性，就给它们指定算数统一体，这样就能对它们进行比较，按数学单位进行计算。这样，复杂事物就变成相等或不等、同一或差异，更确切地说，它们的表征就变成可比较的。另一方面，秩序操作更简单，"找到最简单的，然后找到与最简单的最接近的，以便必然地达到最复杂的事物"（MC，67）。很难说寻找最简单事物和最接近的事物，比在自然中寻找相共性的标志更简单，但无论如何，人们不仅无视这第一步的困难乃至不可能性，而且还很乐意看到其后能使夸张的怀疑得以安心的系列论证。一旦建立秩序，确定性的喜悦就超过了所有不安，后者反而变得不合时宜且非理性。量度与秩序并不是相互独立的：数学量度是最好的秩序，由此建立的秩序又是最好的量度。它们共同建立了17世纪的知识型。

但17世纪的这种知识型隐藏着危险。我们在福柯对知识型所发生变化的分析（MC，68-70）中考察这些危险：

（1）量度和秩序吞噬了某些不可度量或不可排序的要素。自然事物只有在被认知捕捉之后，才能被度量和排序。因而，量度或秩序只有在我们能够对事物进行辨认的前提下才可能产生。由此，认知主体介入了曾经由上帝（或者换种说法，曾经由自然）安排的知识。然而，这个认知主体并不是如原初人类那样纯粹和自然的人，甚或不是康德所说的人类表象世界中的认知主体。这其实是一种在人类认知的限度内对量度和秩序的理性化。

（2）度量后的相等和不相等依据复杂性程度被排列成序列，差异就通过这个序列的等级增长来分析，价值的等级系统就是借由这种可计算的等级而建立起来的。但被计算的并不是事物本身的性质（有时，事物本身的性质是不可计算的），而是被抽象为数字的事物的符号，是事物的无差别且局部的等级。事物建立在被计算和准表征性的特征基础上的价值系统，不可能是对事物价值的真正评估。它甚至也不是人类主体的（单纯主观的）评估，而是一种混合了逻辑秩序与人类认知限制的复合部署。

（3）对世界的完全列举是由逻辑秩序与人的限制共同构造的。在这个意义上，这种知识既非完全客观，亦非完全主观。首先，由于人的认知是有限的，所以对事物的清查可以是穷尽的；其次，用普遍逻辑进行范畴化以及用范畴分析进行系统化，抽象地避免了所有可能的遗漏。在这个意义上，我思（cogito）与理性（ratio）是古典时期知识型的两个同谋，它们既消解人类主体也消解自然存在，因为在这个所谓的对世界的完全列举中，人的自然主体性和对整个自然的分类一同丢失了。

（4）通过筛滤世界和消解主体，建立了一个虚假的确定性。这个在认知意象中的完美确定性是让人安心的力量，它在自然中以极大的概率发生着作用，而人的认知则很难遇到例外；况且，排斥不相容的非理性还可以对此予以保障。

（5）通过固执地追求这种对人有安抚作用的确定性，以及在半科学性-半社会性上取得成功的大概率，思维主体的正当性似乎得到了证明。现在，是由思维主体反过来分辨"同一性"，建立所有等级的"必要"通道，而不顾这些通道的异质性、疏远性或不相容性。然而，这个由直觉完成的第一区分与确立，并不是毫无争议的。古典时期所有关于经验论和观念论的争论都在于此。

（6）凭借这些尽管存在问题的直觉及其理性化的连贯，一种关于判断的科学成为可能，甚至成为主导。在不确定性层出不穷的历史中出现的博学，与神话和魔法一同被抛弃。那些充满原初、神秘和不稳定性的符号失去了神圣和自然真理的魅力。然而，在抛弃这些历史文本的同时，这些古老知识在语言中留下的事物的原始标志并未一起消失；从另一方面说，对于自诩既无历史亦无亲族关系的科学来说，并没有一种全新的语言可供使用。科学的语言系统要换血般地输入知识，需要一个比知识型的跳跃更漫长的过程。反之，用旧语言言说的新科学必然遇到不可解释和不可破解的冲突和矛盾。透明性和中立性不过是科学的梦想而已。

2. 符号关联与我思的必然性

在这整个理性化和知识秩序的建立中，认知主体既具有决定性又是被约束的，既是反动者又是绊脚石，既必不可少又无足轻重。说主体死了，并不恰当；说主体活了，也不合适。从 17 世纪开始，主体是由点和线构成的，而不再是骨和肉；主体有一个坚固的框架，可以毫不犯错地行走——有时它会跌倒在自然的深坑里，但在这个框架里仍然流淌着既来源不明又无休无止的血液。

这个血液就是语言及其符号。福柯强调了这些符号在古典时期的三种关联变量，这些变量深刻地改变了文艺复兴时期"相共性或亲近性坚固而又秘密的关系"（MC, 72）。我们下面将讨论这些符号是如何在我思和理性的同谋中获得的。

（1）符号关联的起源。符号如何在众多其他已知或未知的事物中脱颖而出，突然成为一个能够被认识的符号？

16 世纪，标记是上帝（或自然）安放的，它们的存在本来并不是为了起到让人认识事物的符号作用，尽管从效果上，这是大自然无意中赋予人类的最美好的礼物。正如福柯所说，标记是"事物本身的语言"，它叙述着自己的秘密、本性和特质。但也有可能，这个语言是静默的、模糊的和充满诡计的。正因如此，文艺复兴时期的语言才会与大自然本身一样神妙莫测。

然而，从 17 世纪开始，语言不再处于自然一边，也不再与自然相符；它被置于人类认知一边，并与之相协调。一个符号一旦被辨认出来，就必然与所指相关联，这就成为认知。一些模糊的符号也能通过这种认知与确定的所指关联起来，但这些确定的所指只是我思的观念而已。福柯引用贝克莱说："观念的连接指出的并不是从原因到效果的关系，而只是从一个迹象、一个符号到其所意味的事物。我们见到的火……是提醒我们这个疼痛的迹象。"[1] 在贝克莱那里，火是一个自然符号（事物），疼痛是我思通过对火的经验认知而产生的观念。一方面，一旦疼痛的所指进入我思（的记忆），它就固定下来，成为某种观念，成为可以进行度量和排序并重新计算的再生观念，这就是笛卡尔的观念论；另一方面，由于火并不总是在所有人那里引起同样的疼痛观念，因此自然符号和再生观念的网络构成了一种可能性的认知，这就是休谟的经验论。但不管是确定的还是可能的，被意指的观念变成了新的符号，这些新的符号可以通过量度和秩序在主体的认知中流通。17 世纪，只有在两个要素已经被认作观念的时候才能成为符号；由此也建立了一个同样已被认知的关联，因为这个认知

---

[1]　George Berkeley, *Principes de la connaissance humaine*, 1710；参见 M. Foucault, *Les mots et les choses*, Paris, Édition Gallimard, 1966, p. 74, note 1。

只有已经在我思中有所指（即被置于光明之中，在量度和秩序中重组之后）才是可能的：没有不在光之下的认知，也没有不在认知之中的符号，更没有无符号的光明。正是这个奇怪的循环构成了 17 世纪的知识型，而这个奇怪的循环就是从我思开始，从借由自适应的量度和秩序而进行自我折叠的思维主体开始的。

悖谬的是，尽管古典时期的理论认为符号是从认知开始才进行意味并借取了认知的确定性；但其实在这个理论产生之前，就已经有了语言——这种语言直接由大自然给予，有时不会引发任何我思的观念，有时只能引发模糊的观念，有时的确可以引发清晰的观念。一方面，这也许能够解释明见性或直觉的来源；另一方面，尽管知识与预言（divinatio，卜筮）的古老关系不再能够进入光明之中的观念，但这不妨碍它们仍然会秘密地联手，形成"在印象间建立的认知和关联，以便在我们的心灵中安放意指关系"（MC, 73）。在这个意义上，在古典时期的思想里，笛卡尔的明见性、马勒伯朗士的感觉、贝克莱的感官和休谟的印象，所有这些作为知识起点的事物，无论确定还是不确定，都必不可少地来自这个自然语言，这个仍然保留着自然标志的语言。这个语言既仓促又坚决，既含混又强硬；它们是预言，又是从粗略的认知中搜集而来，在漫长的判断序列中折叠起来，也就是说，混合着我思和理性。以这种方式，那些只不过是相共性和可能性的自然符号的碎片就一步步地被组织成确定的秩序。语言抛弃了多少没有所指的符号和不确定的我思观念，认知就忽略了多少自然；也许，反之亦然。

（2）符号关联的形式。符号指示其所指的方式是什么？

在 16 世纪，一个符号能够指示一个所指，是因为它们二者具有相共性，而同时，这个相共性内在于事物，它不以认知主体观察它的时空变化而变化。

从 17 世纪开始，除了这种本身就是所指物之一部分的符号，还出现了一种与其所指实际分离的符号。由于符号（能指）和所指二者都是我思的观念，如果符号（能指）没有与所指的整体印象区分开来，那么能指和所指的观念就会在我思中混淆。这种问题并不会出现在 16 世纪的知识型中，因为 16 世纪的符号和所指并不是通过区分我思的观念而得到区分，而是本就在自然中属于不同事物。然而，当堂吉诃德开始为证实骑士小说进行冒险的时候，当存在必须在认识中予以表征的时候，这个问题就开始出现了。

因此，在 17 世纪，要想在整全印象的所有要素中找到可以跃入眼帘作为符号的要素，必须将这个复杂的印象划分开来，并隔离出其中之一。这个必不可少的构造符号的工作，在 17 世纪被认为是由认知主体完成的。这就是所谓的"分析"，没有分析，符号（能指）就不会出现。也正是通过这个"分析"，自然符号被随后能在新的印象上召回自身的清楚分明的观念符号代替。符号由此可以成为普适的记忆执行者和概念先驱；它负责将世界展开在逻辑上无限的我思平面上，它让人能够在自身思想中表现世界。[①] 正因如此，符号学说和关于我思（或思想）分析力量的理论在古典时期的认识论中才如此重要，而认识论也因此比存在论更重要。这不是因为符号还在努力让世界与自身相似并与自身形

---

① 在这个意义上，我们现代所说的"思想离不开语言"，是因为语言是这个"思想"成为可能的条件，是构成这个"思想"的本质要素，但显然这只是一种狭隘意义上的"思想"。

式不可分割，这个梦想被另一个幻象——上帝（真理）与人的距离——永远地否决了。这也不是因为在这一点上，人放弃了认知真理的可能性；正相反，通过这个拥有特权的认识论及其符号和分析力量，人致力于发现，在度量化的我思和人类思想中，理性认知是如何成为可能的。古典时期的思想由此也相信，符号既可以（观念上）内在于其所指，又可以（必须）与之相分离。古典时期的思想满足于站在远处，自我沉溺，因为这些符号和分析使它能够以自己的方式确认、分辨、判断和主宰事物，也就是说，它能成为世界的主体——尽管是以某种特定的方式，而他者在这种方式下则被驱逐。

　　（3）符号关联的确定性。这是 17 世纪的选择。总是有两种构造符号的方式：自然的和协定的。17 世纪并没有改变这一点，它改变的是由谁来主导。在 16 世纪，人工符号建立在自然符号之上，由自然符号组织所有的可能符号；到了 17 世纪，这个关系被颠倒过来，协定符号成为所有认知的基础，这仅仅是因为它们更容易为认知主体所把握。对世界的认识不再直接由自然符号承担，而是由认知主体的协定符号来承担；因为符号需要能够在思想的复杂运动中唤起、运用、划分和组合其他符号，而僵硬和原初的自然符号难以胜任，尤其当涉及人类心灵，涉及“将想象转化为意愿性的记忆，将随兴的注意力转化为反思，将本能转化为合理认知”时，[1] 由认知主体构造的协定符号效率更高。

　　在 17 世纪，甚至连自然符号也逃脱不了认知主体构造的命

---

[1]　Étienne Bonnot de Condillac, *Essai sur l'origine des connaissances humaines*, 1746；参见 M. Foucault, *Les mots et les choses*, Paris, Édition Gallimard, 1966, p. 76, note 1。

运。尽管相对于协定符号，自然符号是随意的"粗糙轮廓"和"遥远描画"，然而，"只有在人们想要指出已然建立之符号的建立方式时，'随意'才与'自然'相对立"（MC, 76）。正是在自然符号的这个创立方式上，福柯为我们指出了认知主体如何扮演构造性主体的角色。这些自然符号似乎是偶然创立的，但这个偶然不是由自然符号本身的性质，而是由它在认知行为中的作用来衡量和支配。自然符号必须像协定符号那样能够满足分析和组合的需要，必须让认知主体能够将自然事物一直分解至最简单事物，即所谓"起源"，并按照量度和秩序进行重组，直到某种"复杂事物的理想生成"，即所谓"乌托邦"。在"起源"和"乌托邦"之间的空间里，自然处于原始印象层面，并且处于对认知主体来说所有可能的构型之中。

但这个空间只是在我们现代的视野里才显得如此空幻和主观，因为对于古典时期的思想来说，体系与自然不是不相容的，存在着一个上帝给予并保障的"普遍计算"，只是需要找到一个认知主体可以无差错予以识别的"基本起源"，从这个起源出发，根据上帝给予的"理性"进行计算，就可以建立对自然的整个知识。古典时期的思想并不担心这个"基本起源"和"普遍计算"是人为的还是自然的，仅仅是观念还是真实的自然，对于古典时期的思想来说，这种矛盾甚或并不存在区别，所有人为的或可计算的、印象或现实，都是对世界的认知，都是由上帝给予的；相对于直接和模糊地标记自然的相共性来说，这只不过是认知的另一种形式，另一种确定和清晰的形式，亦即科学的形式。由此，计算语言的制作，不是主观行为；相反，正因为古典时期的思想预设存在论与认识论是等同的，它才认为应该构造一个符合世界图景的语言。

　　由此，符号关联的这三个变量描述了 17 世纪的"符号系统"。符号关联的起源解释了符号与所指如何通过主体或然性经验的认知而联系起来，从而将或然性引入认知；符号既内在又分离于所指的（观念）形式，解释了符号何以是清楚分明的（在我思之中，与所指相区别的方式就是它不再是所指的组成部分，而是所指的观念），从而分析和综合成为认知中的必然；构造性符号的确定性解释了在对自然逻辑的操作中，人工符号对于认知主体来说比自然符号更为优先，从而系统和普遍语言为此科学世界而诞生。正如福柯所说，"或然性、分析、组合、系统和普遍语言，不像某种接续性的主题互相生成或互相追逐，而是作为必然性的唯一网络"（MC, 77）。不是经验论或观念论创造了这些认知的新形象，而是这个重叠于世界"理性"之上的我思的必然性使古典时期的所有哲学成为可能。

　　那么，什么是这个我思的必然性？首先要看我思之观念的必然性在自我拆分和重叠的表征中是如何展开的。当符号与所指的关系可以是或然的、疏远的和随意的，并且不再由事物本身之间的相共性中介来保障，16 世纪"唯一且三元"的系统① 就被 17 世纪以来的二元系统代替。能指和所指都转化为对事物的观念，它们不再是在事物本身中相遇，而是在我思的观念中相遇，在认知主体对事物的表征中相遇。

　　但并不是我思的任何观念、图像或感知都能够成为符号，"它必须进行表征，但这个表征活动反过来又是在它之中被表征

---

① 　这个系统极好地区分了"什么是被标记的，什么是进行标记的，什么是使得在此物上看到彼物之标记的"（MC, 77），之所以能够将其联合起来，仅仅是因为它们共享事物的某个具体相共性。

的"（MC, 78）。福柯引用《皇港逻辑》来解释这一条件："当我们总是以某个对象表征着另一个对象的方式看这个对象的时候，我们对它所具有的观念就是符号的观念，而这个对象则被称为符号。"[1] 在我思的所有观念、图像和感知中，某些并不能引起关于其自身的观念，而是引起关于另外事物的观念；它表现着自身，但只能引发其他事物的观念。例如，火在我思中只不过是红色和闪耀的图像，但这个红色和闪耀的图像经常是热或痛的符号，因为通过我思的经验或认知，这个红色和闪耀的图像引发另一个感知。在此意义上，能指性观念就是那种能够让关于自身的观念后退并将自身的观念形式转让给另一个观念的观念，就是能够将自身分裂为能指之呈现（形式）和所指之表征（内容）的观念，就是将不属于所表征事物的自身内容、功能和决定性隐藏起来的观念。但这个安排和透明性并非能指性观念自身的本性，也就是说，并不是能指性观念本身按照自己的本性将自己推后、分裂和隐藏，而是我思在安排它，使它透明，让它后退，将它分裂，把它隐藏，并通过忽略它本身，而将之认作另一个观念；所有这些都是在"（理性）我思"的意志或需要之下，按照其认知或习惯进行的。也正是在这一点上，出现了某种主体性，自由追求确定性的主体性；正是在这一点上，我思自我撕裂为无意识和意识；正是在这一点上，固执尊重"同一"的疯人被这种能指与所指之间的错位置于迷惑不解之中。

但在 17 世纪，这个错位还不是一个完全的分离，"一个观念

---

[1]　*Logique de Port-Royal*, 1622；参见 M. Foucault, *Les mots et les choses*, Paris, Édition Gallimard, 1966, p. 78, note 2。

能够成为另一个观念的符号，不仅因为它们之间可以建立一个表征的关联，还因为这个表征总是能够在进行表征的观念内部再显现出来"（MC, 79）。痛或热的观念通过经验进入火的观念之中；地图再现了城市，因为地图指出了城市的道路和建筑；国王在一张他未出现的画中被设想，因为表征国王的场景在画中所有这些呈现出来的形象的内在关系中再现（意指）了国王。换句话说，能指的内容并未完全消失，所指"在符号表征的内部既无剩余亦不晦暗地"（MC, 79）被指示出来了。这一点可以在福柯所强调的 17 世纪符号系统的三种后果中更好地得到解释。

第一，符号系统与表征同外延。尽管能指与所指间直接的相共性已经消失，符号仍然总是建立在同时与他者和自身相关联的表征之上。这一点极其重要，福柯多次做了强调，"符号置身于符号之表征的内部"（MC, 79），"表征能够总是在进行表征的观念内部再显现出来"（MC, 78），"一旦一个表征与另一个相关联，并在自身之中再现这个关联，就有了符号"（MC, 79）。福柯还引用了孔狄亚克、贝克莱和休谟为证。在孔狄亚克那里，意味着具体感知的抽象观念是在这个具体感知中形成的。在贝克莱那里，作为他者符号的一般观念本身是一个个别观念。对贝克莱和孔狄亚克来说，因为感觉是上帝要告诉我们之事的符号，所以这些感觉能够成为一系列符号的符号。在休谟那里，作为感知符号的想象来自感知。我们因此可以看到，在 17 世纪，没有连接能指与所指的表征，就没有符号；在能指中，如果没有同时来自所指和被表征之物的符号，就没有表征。"符号是自我拆分和重叠的表征。"（MC, 79）能够自我拆分和重叠的表征，不是别的，正是我思的观念。在 17 世纪，这些我思的观念与符号一起仍然是透明的，它们在符号中还有剩余；因此，在观念与符号之间，没有谁是至上的，它们相互拥有共同的外延；对观念的定义已经解释了符号理论。

第二，当符号与观念（或更确切地说与表征）有共同的外延时，意指理论就是不可能的。意指的必要性在于观念和符号间的不透明性：符号不能引起任何观念，观念不被任何符号表征。这类问题在17世纪的我思之中还不存在，因为如果一个对象不能引起任何观念，它就不能成为符号；如果一个观念不能被任何符号表征，那么这个观念也就不存在，或者至少，它对于古典时期的理性来说并不存在。"如果现象只在表征（这个表征在其自身之中并由于自身的表征性，整个就是符号）中被给予，意指就不会产生问题。"（MC, 80）在此意义上，17世纪的我思更接近于16世纪的相共性理论，它将明见性作为事物本身安放在透明观念的表征之中；而与19世纪的意指理论非常疏远，后者通过意识的特别活动即意向来安置明见性。但17世纪这样做的代价是，符号和观念在表征性上是有限的，并且要排除所有不能在我思中用明见性符号清楚表征的观念（或符号）。"没有符号之外或之后的含义，没有任何隐含先决话语的呈现……没有构造意指的行动，亦无意识内在的生成"（MC, 80）。在17世纪，能指与所指之间既没有像文艺复兴时期那样的中介（相共性），也没有像19世纪那样的不透明性，观念或符号的明见性含义在其观念或符号诞生之时就预先构造好了。17世纪的我思追随的是"表征的自我再现的力量本身"，我思的确定性也正是通过这个力量实现的。而表征的这个力量是通过其符号理论实现的，这个符号理论"不会给予所指某种与符号被给予的本性不同的本性"，符号与含义

（sens）是对事物的同样剪裁。

第三，二元符号理论将自然思作二元。能指与所指之间的关系只能通过表征建立，也就是在思维主体的认知中建立。尽管符号和含义对事物进行同样的剪裁，但这个剪裁是由我思根据"理性"进行的。因而可以说，符号的二元理论的条件或可能性就在于表征——表征将观念与符号关联起来，用现代术语来说，就是将图像与概念关联起来。

3. 相共性的遗留：想象

既然在自我拆分和重叠的表征内部，在观念和符号的共同领域，能指与所指既相互区分又相互显示，似乎古老的相共性不再具有作为知识基础的角色。正如福柯所引霍布斯（MC, 82, note 1），在古典时期的思想看来，相共性只是最粗糙的经验性事物，就像非理性一样不属于哲学的范畴。但我们通过《古典时代疯狂史》的研究知道，非理性与古典理性有着深刻的关系；在此，通过对相共性的考古学考察，福柯向我们展示了相共性何以是我思认知不可缺少的边缘。当然，通过度量化符号的操作，古典时期的思想确实建立了清楚的同一和分明的差异，但当我们追问如何在不可避免的比较情况下实施量度和秩序时，我们会发现相共性问题潜藏其后。休谟说，在预设着反思的哲学领域，只有同一性关系；但他也说，相共性属于自然关系，属于"根据某种'静默但又不可避免的力量'来约束我们心灵"（MC, 82, note 2）的关系。因此，福柯引用了梅里安（Merian）对哲学家的挑衅：没有相共性的帮助，哲学家寸步难行。[①] 如果我们同意休谟的假设，

---

① Johann Bernhard Merian (1723–1807), *Réflexion philosophique sur la ressemblance*, 1753；参见 M. Foucault, *Les mots et les choses*, Paris, Édition Gallimard, 1966, p. 82, note 3。

那么，只要哲学还面对自然关系，相共性就必然且不可磨灭地踞于认知深处。

实际上，在 17 世纪，相共性仍然扮演着重要的角色，只是它不再像 16 世纪那样揭示先于认知的秘密，而是为我思提供着认知所需的最平凡也最直接的形式：它是认知的界限和条件。当《皇港逻辑》说"符号包含两个观念，一个是进行表征的事物的观念，另一个是被表征的事物的观念；其本性在于用后者激起前者"（MC, 78, note 1），如果丝毫没有相共性，也就没有后者激发前者的可能。正是在这里，出现了我思的想象：想象只能在相共性的基础上进行，使一个过去的观念重现（réapparaître），而正是与这个过去观念的相共性使它在我思的想象中的重现（re-présentation）成为可能。没有这个过程，比较、分析和综合都不可能。由于真实的印象在我思中不断波动，两个印象静止地并置起来以供我思进行比较是不可能的。正是想象通过记忆在众多繁衍和保留下来的印象中选择了几近相似的一个过去观念，比较才成为可能。如果没有相共性在想象中的帮助，将过去观念逐个与一个新出现的观念进行比较就将是无限的。相反，如果没有想象，相共性也永不可能出现。

在表征中，相共性与想象都必不可少也不可分离。正因如此，二者从未停止过相互靠近，直到康德的时代，二者结合起来形成了一个共同的理论：观念论。但二者从 17 世纪开始就在两个不同的方向上前进。关于表征，"想象的可能折叠"是在我思的分析领域，在那里，作为印象、记忆、想象或回忆的种种表征被组织成为时间的序列和一个非现实的图板，这就是福柯所谓的"想象分析"，用现代术语来说，就是认识论领域。至于被表征的事物，"相共性的紧迫低语"是在还保留着未被秩序化、没有同一和差异要素的分解和重组的相共性的分析之中，这种分析寻问的是混合和无序的事物如何通过对历史性的和警惕的记忆而透露出来，这就是福柯所谓的"对自然的分析"，用现代术语来说，就是存在论领域，或考古学存在论（archéontologie）。

"想象分析"是对主体进行肯定的时刻，因为这涉及一个构造性主体，这个构造性主体积极地在秩序中将它的种种印象组织起来；"自然分析"则是一个对主体进行否定的时刻，因为这涉及一个构造性主体在自身的无序中消极地面对它的种种印象。在17世纪，存在着两种将这二者联合为"生成"的方式。

一方面，像笛卡尔、马勒伯朗士和斯宾诺莎这样的哲学家将"对自然的分析"纳入"想象分析"，自然之种种印象的无序被表征的重复重构于秩序之上，在此秩序中，想象的功能甚或是任务就是避免直接面对粗糙的印象，并从中提取清晰的同一性和分明的差异。因此，想象是秩序化和进入数学真理的力量，它是创造性和构造性的。但对于这些哲学家来说，想象也是错误的巨大可能性，它是跨越可理解性边缘的双重力量，它是我思的悖谬和双重面孔，"想象的力量只是其缺陷的背面或另一面。它就在人之中，在灵魂与身体的缝合之处"（MC, 84）。

另一方面，像卢梭、孔狄亚克和休谟这样的哲学家，将"想象分析"纳入"对自然的分析"，想象扮演着接收自然的无序、灾难和多样性的角色，它只向表征提供相似之物。从这些相似内容出发，表征自发和自由地自我"重复、唤起和折叠"，产生几近自然的印象，并促进想象的生成。在此意义上，自然的相共性就是想象力量的释放之处，这个相共性在真实自然中唤醒笛卡尔式我思的紧迫梦想，它将认知主体作为静默的旁观者引入世界，"这里的这个生成（genèse-là）切实地代替并完成着生成（Genèse）本身的功能"（MC, 85）。

4. 从理知秩序到分类符号

秩序科学、符号理论、想象与相共性的合作，三者构成了17世纪到18世纪的经验性空间。这个知识型的整体只能在知识考古学中才能发现，因为我们在这个时期的科学中所看到的"生命""自然"和"人"只是体系所表征的外表而已，而这个体系在我们的时代早已改头换面，并且被掩盖起来了。因而，必须置身这个特定的考古学层面进行观察，以便更好地理解生命、自然和人如何同时"自发地和被动地"（MC, 86）呈现给价值理论、自然史和普遍语法，更好地理解经济主体如何用货币交换自身的需求和欲望，自然的主体性如何以连续性而被归类，以及我思如何切割自身的连续性来谈论其感知。

那么这个17、18世纪地层（strate）的独特结构是怎样的呢？根据福柯的研究，我们用以下图表来表示这个结构：

经验序列	复杂表征		简单自然
生成领域 （Genèse） （我思，cogito）	分类学领域 （Taxinomia）		理知领域 （Mathesis） （律则，ratio）
所指 （"相共性"+想象）	符号 （同一-/差异）		代数 （计算）
	→ ←		
	↓		
	"生命"，"自然"，"人"		

在古典知识型的两端，作为可计算秩序的理知（Mathesis[①]）为右翼，作为经验秩序的生成（Genèse）为左翼，同一与差异的分类（Taxinomia[②]）为中路。理知、分类和生成这三个概念并不指相互分离的领域，相反，它们在一个坚固的网络中相互联结，就是这个网络表明了古典时期知识的一般形象。

首先，分类领域和理知领域相互关联。

一方面，简单自然是在理知秩序中表征的，复杂自然则是在分类秩序中表征的。因为复杂自然是无法在我思的确定性需求中被辨识的，所以必须能够被分析为简单自然；这样，分类领域就与理知领域联系起来，将复杂自然转化为经验表征，分类领域就成为某种"质的理知"（MC, 88）。但必须注意的是，理知秩序与17世纪后半叶在医学和生理学这些领域中出现的机械论，或在天文学和物理学这些领域中出现的数学化是不同的。理知秩序在生命、自然与人中表现出来，它是价值理论、自然史和普遍语法的秩序。理知领域的"普遍方法是代数"（MC, 86），是"作

①　mathesis借自希腊语 μάθησις（学习知识和科学的活动）。在希腊语和拉丁语作家那里，这个词甚至表示数学乃至所有认知的基础。此词在文艺复兴时期非常流行，曾在新柏拉图主义者如玛西留·斐奇诺、库萨的尼古拉、达芬奇和哥白尼那里出现，也在逻辑学家、数学家、物理学家和医生如彼得吕斯·拉米斯、帕拉塞尔苏斯、伽利略、科普勒和阿德里安·范·罗门那里出现。在约翰·威尔金斯1668年的一篇名为《关于真实符号与哲学语言的论文》（An Essay towards a Real Character and a Philosophical Language）的文章里，mathesis是人们所寻求的"完美语言"。在笛卡尔和莱布尼茨那里，这个词用在mathesis universalis词组中，表示两个意思：数学和先天普遍科学。但这个词的使用也有另一种方式，比如在罗兰·巴尔特的《文本愉悦》中，mathesis不是某种模仿数学的科学，而是普鲁斯特的作品。对福柯来说，这个词更倾向于表示事物的有组织序列。可以说这个词的历史就是一部科学史，也是一部人类认知的考古学。

②　taxinomia借自希腊语 ταξινομία（taxinomia），由 τάξις（taxis, 安置、分类、秩序，其闪语词根是 taksh，琢磨、制作、构形）和 νομός（nomos, 法则）构成。

为量度与秩序的普遍科学"（MC, 70），不能与"将自然机械化和计算化的企图"相混淆。另一方面，对简单自然的感知，也就是所谓的明见性，只是对多样、复杂和发散之自然的一种表征，一种清楚分明的情况，在此意义上，"理知领域只是分类领域的一个特例"（MC, 86）。"集体我思"借以建立分类领域的符号是按照一种复杂表征的代数构造起来的，而代数反过来给这些符号分配简单自然，并将它们在理知秩序中组织起来。理知领域扮演赋值和判断、相等与不等之科学的角色，它是"真理的科学"；分类领域扮演关联和分类、同一与差异之科学的角色，它是"存在物①的知识"（MC, 88）。

其次，分类领域也依赖生成领域。由于经验表征附着于理知领域，组织这些经验表征的分类领域因而获得事物的某种连续性，而这是通过在生成领域进行的想象力量完成的。分类领域将可见的差异和同一性在空间的同时性中展开，我思的生成将它们以编年史的顺序排列成接续的系列。正是在这个分类领域，我思使得将经验表征分析为简单自然、将简单自然综合为复杂表征成为可能，这是通过想象与相共性的合作完成的。分析首先为不连续的表征建立了一个时间关联，综合随后重构存在的可能连续性（自然的某一种情形），我思在生成中的这个双重工作给我们带来了考问认识论的必要性。尽管这个双重工作来自我思领域的想象与相共性，但它并不与另一来源（分类领域和理知领域）不一致，相反，正是想象（在我思的生成领域）与相共性（在自然的生成领域）的合作，生成与理知的合作——换句话说，某种我

---

① "存在物"是对法语词 êtres 的翻译，与海德格尔的"存在者"既有关系也有区别。

思、"理性"和"自然"的联结——制造了分类领域的符号；而这些符号反过来使一个更为深刻的合作——我思与"理性"的观念论——成为可能，使一个更为遥远的合作——与自然的合作——成为可能。

因而，分类领域在理知领域的真假断言（apophantique）面前扮演了存在论的角色，它同时也在生成的历史面前扮演着符号学的角色。分类领域按照"理性"定义了存在物的一般法则，按照我思定义了认知的条件，它实际上是古典时期将认识论与存在论、独断与经验整合在一起的符号理论。正是在这个分类领域之中，自然史、财富理论和普遍语法才建立起来，一种既后退又坚决的统一体才建立起来。也许正是在这个表征与符号的领域，古典时期追寻真理和主体的努力勾勒出它的双重界限："这将由从表征到符号的完美透明性问题主导。"（MC, 91）

第二章

表征：人之镜

在我们当代，思想可以表现存在物，语言可以表现思想，这是显而易见的。所有存在论和认识论的努力都在于这两个表现，但存在论的努力和认识论的努力是分离的。自然科学似乎关注了前者，关于语言的人文科学则负责后者，就好像这本来就只是科学的不同领域。如果真是如此，这不是因为这些科学都处于意见知识的层面，而是因为每门科学都有不可动摇的自身前提，因为各门科学忽略了它们的共同条件，甚或是各门科学让它们的共同条件相互协作，才"使同时且显然矛盾的诸意见的游戏得以可能"（MC, 89）。尽管各门科学有融贯或不融贯，对疯狂的考古学分析已经显示出诸存在物、思想和语言之间从古典时期（对清楚分明之意识的迫切追求）开始不可避免的和系统性的差距。我们在上一章考察了清楚分明这个 17 世纪的迫切需要如何通过理知领域构造了生成，并踞于分类领域。我们接下来要看这个我思的要求是如何通过语言实现的，即它如何来自我思且生成了主体的部署，又如何背叛我思并转而约束对自然的认知。

第一节　普遍语法理论

古典时期的理性主义贡献了甚或是构造了世界知识中的两个对等：事物与思想的对等和思想与语词的对等。这两个对等是通过表征游戏建立的。关于表征的语法已经向我们表明，这个双重表征并不是以事物或思想自身的精确性对事物或思想进行可见复制的，而是在量度和秩序的精确性基础上，对认知所给予的符号进行可见复制。这是一种观念自我再现的表征，这些观念通过"在反思的观看下，一部分一部分地相互并置"（MC, 92）来进行自我分析。它们不是根据世界本身的诸法则运作（但这些观念从这些法则中借取了它们的最初含义），而是根据唯一且简单的理知法则运作。而且，基于这个很难说是属于思想本身的空间，观念完全依赖语言，这个语言则反过来隐秘地统治着观念。可以说理知是通过语言实现的。

一、语言的存在

在追问语言如何实现理知领域之前，我们要先考察一下这个古典时期的语言是如何存在的。但福柯认为，"说到底，可以说在古典时期语言并不存在。但它发挥着作用"（MC, 93）。那么，什么是福柯意义上的语言存在呢？如果说表征使语言本身的存在不可见或至少透明，那么语言本身的存在是什么呢？是"与事物混在一起或潜流其下的图形"，是"置于手稿或书页上的字母"，是像 16 世纪那样用语言自身的存在保留着事物本身的相共性，而不是用我思的想象，后者总还是需要一个"二级语言"，像解密自然本身那样解密自然的标志。"语言的存在，如同一个静默的执拗，先于人们能从中解读出来的事物，先于人们使之回响的言说"（MC, 93）。由此看来，福柯所认为的语言的存在，是进行言说、再现并向人类视域给出可见或不可见标志的存在物，这个语言的存在不处于语言自身的存在之中；因此，语言的存在处于不进行言说的存在物之中，因为语言的存在不是语言。

　　既然福柯以 16 世纪的语言来对照说明语言的存在本身，那么我们可以先回顾一下文艺复兴时期的思想到底对这种语言的存在做出了什么贡献。一方面，16 世纪的语言出现在第一文本（《圣经》）和有关古代博学的文本中，这种语言的存在是所有文本的绝对前提，这是上帝置于自然中的语言；另一方面，当没有任何标志显现的时候，这不是上帝不言说或语言不存在，而是上帝没有向人之认知言说，因而需要去发掘其中的秘密，并让在第一文本中沉睡的语言进行言说。后者诞生了整个中世纪到文艺复兴时期的诸种阐释，前者则使这种阐释无穷无尽，也就是说：上帝有不言，所以需要阐释；上帝有言，所以阐释无穷尽。尽管在古典时期，语言的存在被表征游戏抹去或隐去，其副产品却从未消失：无尽的阐释（解释和解密）转变为对绝对真理的无止境追寻，解释自然语言之谜的二级语言变成语词符号（这些语词符号言说着自身的话语性）的表征性表征。由于古典时期的语言不再在自然标志的难解之谜中呈现，它也就与文艺复兴时期语言的存在相疏远了；又因为古典时期语言仍然负有"解释"世界的表征功能，因而它尚未到达意指的世界（在抽象观念的纯粹话语性中进行意指）。正是由于这两个原因，福柯才说"在古典时期语言并不存在"。也就是说，其（文艺复兴时期的）存在已不复存在，其（文艺复兴时期的）功能依然存在。

因而，在古典时期，分析思想之话语性的批判使命就代替了发现自然秘密的阐释任务，就好像前者是后者的一个进步。由于古典时期的思想还企图对自然进行确切的表征，批判就扮演着双重角色：一方面，批判追问语言的纯粹功能和机制，就好像这是"符号的一个自治的盛大游戏"（MC, 94）；另一方面，批判又得关心语言在可认识形式（对可认知性的质疑从康德开始）下的原始目标：使自然之真重现、显现，为真之呈现而要让语言自身透明。康德后来提出的关于形式与内容之对立的著名问题，在古典时期理知的魅力和美妙之下，还没有显得那么迫在眉睫；古典时期兼具批判的这两种角色，而并不将它们抽象地对立起来，正如福柯所说，"像一个整块（bloc）那样没有分离"（MC, 94）。

二、语词性符号

这个整块就是表征，这个表征既是作为语词性符号的表征者，又是作为认知的被表征者，这是一个有组织的语言整块。但为什么是语言？为什么在如此多的表征性符号中，古典时期要选择语词性符号（signes verbaux）作为理性思想的衬里以及世界与观念的缝线？答案就在认知主体之中，在这个使语词诞生又被语词支配的我思之中。根据霍布斯的理论，是某些任意个体第一次选择了能够唤起某个表征场景的标注（notes），人们也是通过这些表征场景第一次认识了某个事物；这些标注的指定，可以通过协议，也可能通过暴力或社群教育。

在这一过程中积极的一面是，以这种方式形成的语词含义停留在"诸个体逐个获得的思想"（MC, 96），也就是说，一开始，这些语词含义来自我思，这个我思是严格意义上的"我"思：最初以及必然有某个"我"；而且，这个"我"必须思考，必须是种种观念浮现的场所，必须在充满表征多样性的整体场景中处于接收这些观念的状态，"谁也不能直接将它们用作其他事物的符号，除非是对他自己心灵里有的观念"。[①] 正是在这个涌现和接收观念的场景里，语言从所有其他符号中脱颖而出。一方面，思想本身作为某种自然存在，并无重复整个多样性自然的全部方式，思想必然与时间、空间、特定场合紧密结合。按照孔狄亚克的观点，这个序列在每一时刻都会给出其整体性："如果心灵能够将观念'如其所觉'地宣告出来，毫无疑问，它必须一下子将所有观念都宣告出来。"[②] 按照德斯蒂·德·特拉西（Destutt de Tracy）的观点，思想如此之快地接续，以至没有任何"观察它们或将之纳入秩序"的机会。[③] 在孔狄亚克和特拉西这两种情况下，除了他们的关键词差异（一个强调思想的表达，另一个强调思想的意识），这些表征的场景在思想中是流溢的和整块的。另一方面，为了能够在恰当的时刻引起注意或有所指称，必须制造有效的符号；而最有效的反应方式就是叫喊，用自己的方式弄出声响，这种叫喊和声响的指称作用是以牺牲自然的整体性为代价的，而这种自然的整体性无论如何都是不可进入和不可传达的。

但是，以叫喊或声音为基础的语言并不外在于表征或作为反

---

① John Locke, *Essai sur l'Entendement humain*, 1729；参见 M. Foucault, *Les mots et les choses*, Paris, Édition Gallimard, 1966, p. 96。

② Condillac, *Grammaire*, 1775；参见 M. Foucault, *Les mots et les choses*, Paris, Édition Gallimard, 1966, p. 97。

③ Destutt de Tracy (1754-1836), *Élément d'idéologie*, 1800；参见 M. Foucault, *Les mots et les choses*, Paris, Édition Gallimard, 1966, p. 96, note 4。

思与表征背道而驰，它与其他抽象或人工的符号，诸如"手势、模仿动作、转译、绘画、纹章"，[1] 并没有什么特别的不同，因为它本身既是表征又是符号。福柯在这里要强调的是以叫喊或声响为基础的语言的独特性，即声音的接续性，"实际上，声音只能一个接一个地连接起来"（MC, 96）。因此，如孔狄亚克所说，将思想同时宣告出来是不可能的；如特拉西所说，以思想的速度说出思想，恐怕要比表征更为奇幻。正是在这个接续性上，语言异于表征。当然，思想在整体上既不可进入也不可传达，另外，思想本身也是以某种方式接续的。但是，将符号以接续的方式重新组织起来是一种双重的变形：不仅失去了整体性，还在时间中（如果语词符号以声音为基础）和在空间中（如果语词符号以图像为基础）失去了不连续性。以声音为基础的语词符号，"用一个接一个的等级秩序代替了各部分的同时比较"；以图像为基础的语词符号，用单维度的秩序代替了各部分的多维度比较。这种为了标出可辨认观念而将声音或图像[2] 纳入秩序的做法，深刻地建立了主体的两个著名范畴：线性时间和平面空间。

三、语词性秩序

古典时期创造了新的认识论领域——普遍语法，这个语法并不是现代逻辑学或语言学的含义，也不是文艺复兴时期事物化的含义，而是在语词性的含义上而言："普遍语法，就是在与语

---

① Destutt de Tracy, *op. cit.*；参见 M. Foucault, *Les mots et les choses*, Paris, Édition Gallimard, 1966, p. 97, note 3。

② 福柯并没有提到将图像纳入秩序，但这是为建立如中文这样的象形文字所需要的操作。

词秩序所要表现的同时性关系中，对语词性秩序的研究。"（MC，97）这个语词性秩序就是话语秩序，然而，这并不是某种与思想的当下反思相符的语词性符号秩序，它与自然标志的秩序甚或是无序的距离更加遥远，它只是将语词性符号按照线性秩序进行排列的简单序列。由于这是将思想的多样和复杂秩序转化为唯一且同一的线条，因而存在多种线性化的方式。这也是为什么会诞生多种不同和奇特的语言种类，它们的差异和奇特性就在于这个"不相容性"甚或是"独特性"，也即接续的任意性。然而，这种制造了语言多个种类的任意性，这种非普遍性的随意性，并不是说语言是"野蛮状态的反思"，相反，每门语言都是被彻底地分析化和组织化了的。一般说来，"语言是随兴、无反思的"（MC，97）；但从个别来说，语言又是人为的和反思性的。在语言能够在人的协定和习惯中成为可沟通的语言之前，它首先是分析过的表征与自发反思之间的沟通。而这在古典时期的知识中产生了许多具体的后果。

1. 为了建构普遍语法，诸语言科学相互分工与合作。一方面，修辞学建立了观念的图像与语言的语词（声音）、自发形象与协定隐喻之间的关联。从而，语词性符号被赋予空间碎片的特征，语言逐渐空间化了。另一方面，语法构造了语词在接续秩序上的关联，更确切地说，在根据时间流逝而进行的声音接续运动中的关联。结果就是，空间碎片形式的语词性符号奇怪地根据时间的接续序列连接起来。这个时间与空间的组合并不是自然的时空组合，而是语言的，更确切地说，是人为的时空组合，是以某种人为方式分解和组合的重新组织过的表征。

2. 普遍语法使观念论（Idéologie）成为可能。"普遍"的意思就是普适性，普遍语法指出了语言与表征之间的普遍关系，这就是福柯所谓的"普遍语言"（MC, 98）；普遍语法还指出了表征与心灵之间的普遍关系，这就是福柯所谓的"普遍话语"（MC, 99）。"普遍语言"假设所有表征能够且应该由语词性符号予以表现，所以"普遍语言"能够通过语词性符号的分析和综合来分析和综合种种表征，各种表征碎片的"所有或然关系"就能够被指明，思想的所有可能秩序就能够被语言把握。"普遍话语"假设心灵所有"自然和必然"的运动都能够和应该用分析化和综合化的表征来定义，从而，心灵的所有认知都应该服从表征的安排；继而，"所有认知的基础"就在心灵的自然和必然运动（即笛卡尔式我思）中建立起来；同时，这些认知分享"以连续话语显现的起源"，即话语性我思变成了认知的起源。正如特拉西所说，"所有真理的唯一核心就是对其理智能力的认知"。①

以上两个关联只有在我思借取了语言力量之后才能建立。这个语言力量既是这些关联项的共同目标，又是它们的支配者，而这通过两个途径完成：一个是陈列，"在一个单一的基本图板的同时性中，展开所有可能秩序"；另一个是强加，即语言的观念论"重建唯一且对连贯中的所有可能认知都有效的生成"。因此，在古典时期，"普遍语言"和"百科全书"的计划层出不穷。而这两个计划只不过是为完成"神的百科全书"和"第一文本"想象的人类可操作版本。如果"神的百科全书"和"第一文本"逐渐变得难以维系，并不是因为它过于荒谬，古典时期按字母顺序排列的百科全书和通用书写法的计划也同样荒诞不经；其难以维

---

① Destutt de Tracy, *op. cit.*；参见 M. Foucault, *Les mots et les choses*, Paris, Édition Gallimard, 1966, p. 99, note 1。

系的原因更可能是，它们在社会领域，在自然符号和人类理解，从而在人们之间的沟通中遭遇失败。看起来科学的观念论只是在消除这种不可沟通性，它并没有消除对绝对和普遍真理之想象的荒谬，它只是这一想象在语言中的实现。"在绝对百科全书的基础上，人类构造了组合的和有限的普遍性的中介形式……无论所有这些计划具有怎样的局部特征，无论这些事业具有怎样的经验背景……古典时期知识型……只是通过语言的中介才与普遍发生关系。"（MC, 101）

3."普遍语言"与"普遍话语"惊人的结果：分析化表征和自发反思之间的沟通离奇地化约为二者之间的对等，可组织的认知与线性语言严丝合缝。从而，分析化表征的普遍语法成为心灵的逻辑，而普遍语法任意和自发的本性（处于不可避免的不完整和片面的线性化之中）则成为心灵逻辑"未被控制"甚或是非普遍的特性。[①]普遍语法成为思想的思想，成为对同时性、自发性和非反思性思想的可分析性思想，后者代替了前者，换言之，处于语言秩序中的笛卡尔式我思大胆地代替了处于自身存在中的自然我思。普遍语法的哲学成为"心灵的内在哲学"，语言名正言顺地成为"所有反思的原初形式，所有批判的第一主题"。"没有无认知的语言"这一原则变成"没有无语言的认知"。所有这些都是因为认知和语言在表征中的功能从此只有唯一且同一起源和原则，那就是心灵，就是理性化的我思。"正是通过同样的过程，人们学会说话和发现了世界体系或人类心灵之操作的原则，也就

---

① Condillac, *Grammaire*；参见 M. Foucault, *Les mots et les choses*, Paris, Édition Gallimard, 1966, p. 98。

是我们认知中所有卓越的事物。"①

　　然而，认知活动（"知识（动词）"）与语言活动（"言说"）原本并不是在反思形式下进行的。古典时期的科学不再像古人那样是一种单纯的认知活动（scientia），它们已经是用制备良好的语言（langues bien faites）构造而成。一方面，制备良好的语言并不是说它们由科学本身造就，而是相反，它们在科学出现以前就已经造就，它们只是经过分解和重组而被重新整理。也正是出于这个原因，没有哪门语言天生就遵循分析性秩序，所以古典时期要求语言本身必须是制备良好的，以便能够解释、判断和调整认知碎片，并将这些碎片变成"既无阴暗之处亦无空白之地的完全澄澈"。另一方面，这个制备良好的语言也不是因自身或"审美"而制备良好，它是根据"规范性存在的语法"（即逻辑，分析秩序）组织起来的。"18 世纪逻辑学的最好论述是由语法学家写就的。"（MC, 101）同样地，也可以说对我思的最好论述是逻辑学家写就的，而这不限于 18 世纪。

　　4."时间是语言的内在分析模式，而不是语言的诞生之地"（MC, 104）。语言曾经是相继和世代相传的，古叙利亚语和阿拉伯语源自希伯来语；然后，科普特语和埃及语源自古希腊语，意大利语、西班牙语和法语源自拉丁语。从 17 世纪开始，不再是各门语言追随历史，而是历史追随各门语言，因为是各门语言用适于分析的自身序列展开（历史）时间。在各门语言之间，没有历史年代的演变关系，而只有诸类型学。深刻改变语言的，并不是某些门类的语言逐渐去除了某些语词的词形变化，而是这些门

---

① Destutt de Tracy, *Élément d'Idéologie*；参见 M. Foucault, *Les mots et les choses*, Paris, Édition Gallimard, 1966, p. 101, note 1。

类的语言产生了新的分析元素和表征接续的排列方式。当"可重新排列"（transpositives）的各门语言满足于用词形变化标记语词的功能，它们还能够遵循图像、激情和兴趣最自发的秩序；然而，在种种"模拟"（analogues, MC, 105, note 1）语言中，语词的功能是由它们恒定的位置决定的，语词表面上的秩序比自然思想的秩序更为重要，或者更甚，前者支配后者。

通过分析这四个后果，我们可以看到我思的认知和我思用以表达的语言如何分享着同一个双重性的表征框架。下一节我们将考察这个框架是如何构造起来的，也就是说，语词性符号和表征如何相互交织，从而使"所想象""所知"和"所表征"相互关联和统一。

第二节 语词：主体的话语之镜

一、赋指（attribution）

1. 系词"是"的判断

知识与表达的对等并不是显而易见的。原初民战斗时的嚎叫，阿韦龙野人的简单叫喊，只不过是发声记号，表达着痛苦或心灵的印象，也就是说，这些原初民或者野人知道并表达，但这不是说话。尽管阿韦龙的维克多能够很好地发出"奶"这个词的音，但他是否将可以喝的液体与装奶的瓶子或者他自己喝的欲望区分开来，这一点并不明确。这几乎是蒯因关于 gavagai 例子[①]

---

① Willard van Orman Quine, *Le Mot et la Chose*, trad. J. Dopp & P. Gochet, avant-propos de P. Gochet, Paris, Flammarion, coll. "Champs", 1977.

的一个颠倒的版本：发出 gavagai 的音，即便是土著的语言行为，也不能翻译为"兔子"；gavagai 几乎是不可译的，因为土著的这个"词"萦绕着"兔子不可分割的部分""兔性的物化"和"兔子的生命阶段"这些模糊的含义。用福柯的话来说，土著不具有"将发声符号从其表达的直接价值中脱离出来，并将发声符号最终建立在它的语言学可能性中的命题"（MC, 107）。这个脱离是从古典时期开始的：仅有心灵中的知识和单音节的表达不足以言说，命题在原始表达之上树立语词。在此意义上，蒯因的翻译不可能性并不令人惊讶，人们总是可以用一个表示不满意的叫喊来表达"不"这一拒绝，但"叫喊"永远也不能用"不"（实际上包含着一个隐藏的命题）来翻译。

那么我们会问：由源于叫喊的语词构成的命题，为什么以及如何失去了返回的道路？让我们来看看古典时期命题的三个必不可少的要素：主词、谓词和系词。按照霍布斯的观点，"这两个名称（主词和谓词）在心灵中引发的是单一且同一事物的观念，而系词则产生一个原因的观念，正是由于这个观念，这些名称才被强加给这个事物"。[①] 如果没有系词，"奶""白"和"热"这些词的作用就会像 ga、va 和 gai 一样，如同自发和激情的叫喊，对事物的兴趣、名称和观念就都是可逆、可流通、等价从而没有区别的。但是，语言正是从这个强加了不可化约关联的关系点上开始的，这个关系点就是动词：可见或潜在的动词是话语的核心，命题正是因为这个核心才与发声标记的序列相区别；从而，也正是凭借这个关系点，语词的接续才成为话语。这个关系点既在被

---

① Destutt de Tracy, « Hobbes, calcul ou logique », *op. cit.* ; 参见 M. Foucault, *Les mots et les choses*, Paris, Édition Gallimard, 1966, p. 108, note 3。

言说的区域中，也就是说，它是遵循句法规则的诸语词之一；又在言说的区域中，也就是说，它是"哲学家的点金石"，能将叫喊转化为语言，将"被言说之物"（所指）和"进行言说之物"（能指）缝合起来。在此意义上，古典时期命题中的动词似乎扮演了文艺复兴时期自然中的相共性的角色。但这只是表面关联，这里的动词不仅外在于自然，它的作用方式也与相共性完全不同。

福柯对《皇港逻辑》的研究表明，古典时期的动词具有一个任何过往时代都不曾假定的全新力量。古希腊时期，如在亚里士多德那里，动词意味着时间，"与时间一起，声音有所意味"（vox significans cum tempore）。[①] 在 16 世纪，比如在斯卡里格尔[②]那里，动词表示行为或激情的观念，也就是所有非永恒的事物，因为永恒事物是用名词表示的。但从古典时期开始，出现了表示行为或激情的名词，所有瞬间性的事物都拥有自己的名称；因而，有除了动词以外的很多其他词也能够完成这个指涉时间的功能，如副词、形容词和名词。同样，在古典时期，原来属于动词的功能也不再专属于动词。比如在 17 世纪的布克斯托夫[③]那里，动词是"随时间和人称进行多种变化的词"，[④]而在古典时期，这个功能也可以用某些代词完成。《皇港逻辑》则认为，动词的真正本性是"我向我所言说的对象确认这一行动"，人或更确切地

---

① Aristote, *L'Organon*, livre II, Peri Hermeneias, chapitre III；参见 *Logique Port-Royal*, Librairie classique d'Eugène Berlin, 1898, p. 114. 也可参见 M. Foucault, *Les mots et les choses*, Paris, Édition Gallimard, 1966, p. 109。

② 约瑟夫·朱斯特·斯卡里格尔（Joseph Juste Scaliger, 1504—1609），法国 16 世纪著名博学家。

③ 乔纳斯·布克斯托夫（Johannes Buxtorf, 1564—1629），巴塞尔大学希伯来语教授。

④ *Logique Port-Royal*, Librairie classique d'Eugène Berlin, 1898, p. 114.

说言说主体不仅仅接收名称的意指，更对它们进行判断。对孔狄亚克[1]来说也是如此，命题在于用一个简单且唯一的词，肯定言说主体赋予两个事物的关联：这个是那个。在这个意义上，可以说"动词的整个空间都归结为那个意味着'是'的词"（MC，109）。

动词"是"的肯定功能是古典时期动词的唯一功能，尽管也有其他动词，但它们也只不过是进行肯定的其他方式。例如，当人们说"我思考"的时候，也可以说"我是思考着的"（或"我在思考着"），动词"思考"就是动词"是"（即汉语的"在"）加上一个表语（属性）"思考着的"。也正是出于这个原因，所有动词都能够变位为分词（在汉语中，就是所有动词都能变成形容词）。而且，加入表示时间的元素，"我是思考着的"所处的时间就整合到词形变化中（在汉语中，则是："着"表示正在进行——"我是思考着的"，"过"表示过去——"我是思考过的"，"要"表示将来——"我是要思考的"）。同样地，在某些像拉丁语这样的语言中加入表示人称的规定，一个单一的动词 cogito（我思）就可以代替 ego cogito（我思考）。[2]

但奇怪的是，各门语言的实际发展并非如此。拉丁语在这种关于动词"是"的（以上述《皇港逻辑》为代表的）理论出现之前就已经存在了。这个理论与其说是对语言形成的真实过程的描述，不如说是对已有语言的分析。在这种情况下，蒯因的翻译难

---

[1] Condillac, *Grammaire*；参见 M. Foucault, *Les mots et les choses*, Paris, Édition Gallimard, 1966, p. 109。

[2] 汉语中没有将人称与动词整合为一个词的情况，故这里对拉丁语这种整合情况下的 cogito 的翻译只能采取"我思"的译法，将 ego cogito 译作"我思考"。

题似乎也可以得到解决：gavagai 可以分解为 ga、va 和 gai，并解释为"兔子是在跑的"。但这并不是一个成功的翻译，因为 20 世纪哲学家提出的疑难问题正是 18 世纪的规定：言说主体的判断不等于认知主体的观察。蒯因提出的翻译不可能性问题，并不是因为我们无法找到土著用 gavagai 所指明的某种兔子或兔性的本质，而是因为 gavagai 不是一种我们的时代甚或古典时期的语言；如果我们硬要翻译它，那么这个翻译就既要对自然标记进行解密，也要用语词性符号进行表征，这就是从古典时期开始语言对事物所做的工作：用这个特殊的动词"是"维系语言的巨大表征链条。①

因此可以说，可分析语言代替了语言的天然存在。后者在世界中正如自然的标记，前者则用最初和最后的动词"是"与世界的存在系结在一起，系词就是唯一和最后一个宣告、重返和肯定存在的道路。然而，系词也不是单纯的"在语言中被表现的存在"，这只是它被预设的使命；它还是"语言的表征性存在"，这是它可资利用的自身存在。正是通过对后者（能指）的使用，言说主体将"其所言"肯定为前者（所指）。

2. 真假判断

由此，真与假的可能性就出现在命题中。也就是说，如果话语中没有对存在的肯定，那么命题也不会有真或假。"肯定存在"这个功能将命题系统与其他符号系统区别开来。因为，在其他符号系统中，无论这些符号是否与其所指相符，是忠实还是有所修改，真与假的问题都不存在，因为这些符号系统不对其所指

---

① 此处汉语"系（jì）"正好表达的是系（xì）词"是"所进行工作的形式，即打结、连接。而"系"（xì）在汉语用法中有"是"的意思。

的存在做出肯定，"其所指"可以是思想中的任何观念，可以是世界上一个现实存在的表征，也可以是某个想象中的幻象。例如，"方的圆"，既无真也无假，它只是一个要素的组合，没有对其存在的判断。但"方的圆在我脑子里"对于古典时期的思想来说就是一个错误，因为这句话肯定了一个不存在的"方的圆"的存在，即便是在思想里（对古典时期的思想来说，"方的圆"是不可思的）；这句话又是真的，因为它等于是在说"我在思考一个方的圆"，在这种情况下，它只是对某个思考行为的存在进行了肯定，这个思考行为真的存在。一方面，正如福柯所说，动词"是"的力量将符号系统引向其所指的存在，在这个意义上，就有一个真或假的可能性；另一方面，这个真假的可能性只是"被言说的"和"进行言说的"二者是否相符的抽象关系，由于存在本身的存在还需要一个判断，而这个判断还是需要用古典时期的思想本身来完成，这个肯定的循环是属于古典时期语言的固有特性。

古典时期的思想也是用其语言的这个固有特性来解决自己的问题："肯定一个观念，就是宣告它的实存（existence）吗？"（MC, 110）对于古典时期的思想来说，这取决于实存的定义。这个实存当然不是事物没有变化的本质，也不是事物不断变化的瞬间存在；这个实存随着时间而改变，这个时间就是从过去朝向未来的线性序列，就是在动词的变化中可被表征的时间。如孔狄亚克所说，"如果实存能够从事物中提取出来，那是因为它除了是一种属性以外什么都不是"（MC, 110），博泽[①]也在实存中找到

---

① 尼古拉·博泽（Nicolas Beauzée，1717—1789），法国语法学家，法兰西学院院士。

了动词为什么要有种种时间变位形式的理由。但这个能从事物中提取出来的、遵循线性接续时间的实存到底是什么？"这个溢出符号所朝向的存在，不多不少，正是思想的存在"（MC, 110），这个实存绝不是事物的存在，而是在我思之中对诸观念的表征——这解释了这种实存何以能够通过表征从事物中提取出来，解释了它又为什么能与动词分享时间线。正如福柯所说，"这个共存（coexistence）不是事物本身的一个属性，而只是表征的一种形式"（MC, 110）。

一个这样在我思之中被表现的实存并不直接要求事物的存在，而是要求使其表征成为可能的我思的存在。而我思这个存在的唯一条件就是它需要是一个清楚分明的镜子，一个有两面的镜子：一面是动词之幕，类似线条的名词和类似颜色的形容词在其上共同进行描画；另一面是镜子的反射面，它面对的不是认知主体所见，而是在认知主体自身的观看中，认知主体的观念所表现的事物。这与《宫娥》向我们展示的完全一样：画家（委拉斯开兹）就是这个认知主体，他看到了场景的存在，他画下的是在他的"特定之看"中所呈现的事物，更确切地说，是在他想象中的一面镜子里呈现的事物。因此，我们能更好地理解这幅委拉斯开兹的画要告诉我们什么：言说，既是用表征性符号在我思中再现表征，又是通过系词"是"的纤薄表面将这些表征性符号综合为存在本身的某种实现。

二、关联（articulation）

1.通名与普遍性

当动词"是"及其变体承担着系词的功能，名词及其变形以及各种还未根据功能区别开来的"词类"则承担着主词和谓词的功能，也就是说，具有主词和谓词功能的都是由命名决定的名词：并不是对存在的直接命名，而是对我思中的"纤细形象"（MC, 113）的命名，这个"纤细形象"指称存在并命名"被给予表征的事物"（MC, 114）。命名行为首先产生专名，也就是说，每个表征、观念或印象只要能够被标记出来，认知主体就给它一个专名。但正如福柯所强调的，这个在思想中的表征，这个我思的形象如此纤细，如此具有决定性，它"几乎不可察觉又处于中心位置"：之所以不可察觉，是因为当人们给我思的某个具象以名称时，人们常常以为是在给这个具象所表示的存在命名；也是在这个意义上，这个具象是中心的并具有决定性。

由于命名所朝向的是我思中的表征，用通名来命名普遍性就成为可能，因为存在本身并没有普遍性，普遍性只能存在于思想中，存在于可分析和综合的表征中。这种普遍性的可能性并不新鲜，因为亚里士多德已经提出"是其所是"的概念，存在已经在将所见视作"所是（其存在）"的认知主体的视野中。如果说这个"所是"是我思的表征，这会犯时代错误。但因为这个"所是"，亚里士多德与古典时期的理性主义者需要共同面对这个问题：普遍者（universaux）是实体（substance）吗？换言之，普遍性（généralité）是存在吗？

对福柯来说，历史上的各种思想对这两个问题的不同回答表明了它们各自的知识型。对亚里士多德这样的古希腊哲学家来说，"普遍者"或普遍性的观念不是来自人类思想，而是来自神圣性；普遍性并不是从观念的分析和综合得来的，而是通过真理、存在的神圣入口；在此意义上，如果某个存在直接给予某种普遍性，尽管这可能是一个个别的存在给予的，它也是一种实体。古希腊人没有像现代研究者 [1] 在我思的表征性融贯中进行分析时所具有的矛盾。就像对于古典时期的哲学家，这个问题恰恰在于对我思之表征的命名。尽管表征性形象纤细且对于存在来说几乎是透明的，但不能忘记，这个表征性形象存在于强有力的语言之中，后者会重新组织予以表征的事物。因此，有两种类型的名称：专名和通名；它们之间的区别不仅在于其所指称的是一般之物还是个别之物，还在于反思性的普遍性与个别性（particularité）的区别，其中这个个别性既与存在本身相容，又与经过深思熟虑的表征相容。

在古典时期，普遍性的产生不仅是可能的，也是必需和必不可少的。"如果我们对于实体性事物（substantifs）只有专名，那就会无尽地增加专名。这些专名的无限繁多会使记忆超载，不能给予我们的认知对象从而也无法给予我们的观念以任何秩序，而我们的所有话语就会处于极大的混乱之中。" [2] 这个通名的必要性背叛了命名的初始本质：不是因为诸实体性事物是普遍的，我们才给它们以通名（因为我们甚至可以给每个普遍性下的事物以专名），而是因为专名的命名方式容易让我思（记忆与想象）超载，我们才需要通名。为了节省我思的精力，人们分析和比较种种表征，从中提取共同要素，即使这些共同要素在真实世界并不真的存在，人们还是给这些共同要素命名，并把它们放在句子中，让

---

① 参见 S. Marc Cohen, « Aristotle's Metaphysics », *Stanford Encyclopedia of Philosophy*, 2012, p. 103。

② Condillac, *Grammaire*；参见 M. Foucault, *Les mots et les choses*, Paris, Édition Gallimard, 1966, p. 112。

动词给它们分配关系：通名拆解存在，动词"是"重新组合存在，这两个步骤中的"存在"当然不是一回事。所有这些操作都根据表征本性的科学秩序在理性我思之中实现，但也许对于被这些操作所组织的事物来说，它们就不那么科学了。

如果通过必要性还不足以说明古典时期人为和表征性的普遍性，那么让我们再看看古典时期获得这种普遍性的两种方式：（1）"横向关联"（MC, 112），这实际上是一种对个体的人为分类：这种关联根据某种同一性，将具有专名的事物归入某个通名的群组；同时，在某个通名的群组，这种关联也可以根据新的（常常是片面的）区分进行无止尽的划分。这些分类操作所分组或划分的这些原始要素，就是个体的实体性部分。（2）"纵向关联"（MC, 113），即在同一个个体中对自我存续的实体以及那些从来不会以独立状态存在的性质进行划分。这种划分方式不是在个体的实体性部分上进行操作，而是在具有指称依赖性性质的形容词部分进行操作。通过这两个互相垂直的关联，世界在两个方向上划分开来：一个是从单个个体到一般群组，一个是从个体的实体性部分到其性质。普遍性就处于它们交界的每个点上，在这样的点上，人们就赋予一个通名。（如下图所示。）

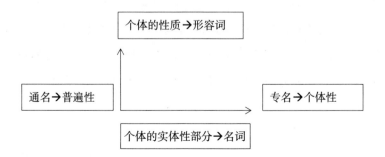

　　这不仅仅是对语词的分化，在深层次上，这是一种对同一模式下分析化表征（甚至事物）的分化。尽管《皇港逻辑》区分了指称事物的实体名词和指称方式的形容词（通过指出这些方式所适用的实体）（MC, 113, note 2），但语言的关联很容易混淆二者，比如："善"（bon）这样的形容词是以实体性名词的形式指称性质，"人"（humain）这样的实体性名词是以形容词性的名词形式指称独立个体。这个语言关联与表征关联之间的微妙错位甚或是不可避免的混淆，蕴藏着一个几乎具有魔力的游戏：当事物的特有表征与语言本身在我思之中会合，它们遵循相同的组合和分解规则。从而，一个个体的特有表征能够通过我思的分析被分解，语言随后扮演一个被拆分表征的角色，它能够在之后与这个个体表征结合。例如，在"善是人性的"（le bon est humain）这样的句子里，"善"成为绝对实体，尽管它本来表示某种依附于实体上的性质；"人性的"成为某种偶然的性质，尽管它实际上指某个具体的实体。仅仅是因为"实体是自身存续的事物"，像"善"这样的形容词性的名词就能在话语中自身存续，"尽管它们意味着偶然"（MC, 114, note 1），"善"的偶然性质就变成某种绝对实体。而这只有在语言关联与表征关联都在我思的同一个场所并遵循相同的法则才是可能的。凭借这个具有魔力的场所，命题能够根据与事物本身的表征相关联的同样模式进行关联，或更确切地说，命题借取了事物本身的表征进行关联的力量，模仿其关联的方式，并同时制造着前所未有的新实体，而这都是通过福柯所谓"既构造了话语自由又制造了语言差异的错位的可能性"（MC, 114）来完成的。

　　2. 语法药剂

　　然而，依据动词"是"进行赋指的单调功能所进行的名称的联合并不足以表现事物关系的复杂性。为了联结通名与形容词性的名词（从个体中分离出来，但又要指称个体），必须有一个勒梅西埃（Lemercier）所谓的"进行具体化的词"或"去抽象化的词"（如冠词、指示词）所进行的次级关联。[1] 为了指出分析性名词的接续、隶属和推论，需要介词、连词和性数格变化。这些尘埃般语词的诞生并不是为了指示任何表征性内容，而只是为了完成"命题的赤裸形式"，为语言关联与表征关联之间的错位做准备，为名词和动词的"绝对意指"能够适用于个别和相对的事物。它们构造了能够矫正绝对和平坦的表征性语词的语法关联，我们因此称之为语法药剂。

悖谬的是，一旦这些语法药剂充满了句子，语词的表征价值就逐渐消解或悬置，因为忠于表征规则的名词和动词只有通过语法整体才有价值，然而，这些语法材料有它们自己"协调、补置、变位、音节和声音"（MC, 115）的机制，而不是表征的机制。正是在这点上，语言不仅切断了与事物的关联，还解除了我思的控制，它既不以被表征事物的方式，也不以人类我思的方式，而是以自身的方式成为自行运转的机器。主-谓-宾的系列被语言的种种器官充胀起来，这些器官本身也是由相同原则构造起来的命题，它们完全没有表征价值，只有语法角色，"表明时间、因果、所有和地点关系"（MC, 116）。因此，从第一次在《普遍语法》一书中使用补语的博泽（MC, 116, note 1）开始，句法逐渐成为语法的重要内容。直到西卡德（Sicard），句法要求每个

---

[1]　J. B. Lemercier, *Lettre sur la possibilité de faire de la grammaire un Art-Science*, Paris, 1806；参见 M. Foucault, *Les mots et les choses*, Paris, Édition Gallimard, 1966, p. 114。

词都有自身的形式规则。^①到 18 世纪末，在西尔韦斯特·德·萨西（Sylvestre de Sacy）那里，命题的逻辑分析甚至不再依赖句子的语法分析，而是完全处于独立的逻辑秩序之中。^②然而，在 18 世纪，这个独立的逻辑还不是现代语文学的逻辑，而是"用法和历史"（MC, 116）的逻辑，它仍是随意性的场所，主要还是依据各个民族自身习惯所进行的选择来决定的。

因此，福柯在对 18 世纪的反思中还能找到对语词性符号的分析，这些分析从 19 世纪以来会变得毫无意义，但它们是古典时期"知识实证形象的组成部分"。如果让这些实证形象经过命题语法分析的筛网，它们也会消失无踪。如果真如《皇港逻辑》所主张的，所有的联结性"补语"都有它们自身的内容，那么这些内容也丝毫不表现个体对象，它们只是表示"人们用以指出这些个体对象或模仿它们的联系或接续"的动作。^③因为这些动作，这些与身体和处境的联系，按照不同民族的习惯，是易逝的、不稳定的、历史性的和流动的，它们不会被眼睛看到，不会被我思的印象捕捉到，它们不进入会被稳定下来的记忆，它们的表征性要么逐渐丢失，要么被整合到其他表征性之中，它们在这些其他表征性中"找到稳定的支撑，它们也反过来为这些其他表征性提供一个改造的系统"（MC, 117, note 3）。在表征的基本操作意

①　Abbé Sicard (1742-1822), *Élémens de grammaire générale appliqués à la langue française*, Paris: Deterville, 1808；参见 M. Foucault, *Les mots et les choses*, Paris, Édition Gallimard, 1966, p. 116, note 3。

②　Antoine-Isaac Silvestre de Sacy (1758-1838), *Principes de grammaire générale*, 1799；参见 M. Foucault, *Les mots et les choses*, Paris, Édition Gallimard, 1966, p. 116, note 4。

③　Charles Batteux (1713-1780), *Nouvel examen du préjugé de l'inversio*, 1767；参见 M. Foucault, *Les mots et les choses*, Paris, Édition Gallimard, 1966, p. 117。

义上，可以说所有的语词都通过命名诞生并基于名称发生转化："动词将形容词性的名词连接到动词'是'，连词和介词是从此以后静止动作的名称，性数格变化和变位只不过是被吸收了的名词。"（MC，117）

勒贝尔（Le Bel）说，"任何组装的各个部分在被组装前都是分别存在的"，[①] 在组装的每个部分都与文艺复兴时期一样以相同方式产生的意义上，他这样说是极有道理的。但到了古典时期，命题各个部分是以不同的方式生产出来的：要么是通过上一个时代中符号与事物之间的相共性，要么是通过表征的拆分/双重性，要么是通过人为普遍性的结合。组装不再纯粹是直接地分解存在本身的状态。像蒂埃博（Thiébault）（MC，117）和古·德·杰柏林（Court de Gébelin）（MC，118）那样将所有语词化约为音节元素的分析，只不过是组装的逆向操作，这种操作在语言的厚度中寻找古老表征性功能和已经丢失的原初相共性。然而，只有假设表征的步骤是可逆的，这种操作才可能成功。不幸的是，实际情况并非如此。

三、指称（assignation）

妨碍表征到事物之间纯粹可逆性的不仅仅是命题性的关联，还有混在"一般化命名"的指示基底本身上的判断。语言本质上是一种命名，这种命名用符号指示事物，就像用手指指出事物一样，由此，语言在某种意义上抵消了自身作为"记号、标记、相关形象、动作"的存在本身原本具有的差距，但当这个双重角

---

① Le Bel, *Anatomie de la langue latine*, 1764；参见 M. Foucault, *Les mots et les choses*, Paris, Édition Gallimard, 1966, p. 117, note 4.

色（一个是其表征性功能，一个是其本身的语词性存在）进入历史和文化的发展中，换言之，进入生产和使用语言的主体历史中，语言的平衡及其分析原初表征的能力就常常消失得无影无踪。

然而，古典时期的语言理论总是试图找到"语言曾是纯粹指称的原初时刻"（MC, 120）。不无悖谬的是，古典时期的语言理论没有察觉言说主体的失衡角色，反而完全依赖主体功能来寻找原初表征。因此，古典时期的语言理论会假设：在语词与其所命名事物之间，总是有一个深层的关系，如"这样的音节或这样的词总是为了指称这样的事物才被选择的"（MC, 120）。因此，古典时期的语言理论提供了关于词根的研究，与此同时，或在更深的层面上，这种理论建立了一种行为语言分析——尽管在此过程中，会遇到无数无法解释的抽象和模糊性，比如，指称一个对象的语词远不是一个朝向这个对象的动作。

古典时期的语言理论中这两个主题的关系与柏拉图的语言理论①并不一样。在后者中，"自然"与"法则"相互对立、非此即彼。而在前者中，这二者缺一不可，正如福柯所言，"它们彼此绝然不可或缺"（MC, 120）。但这种连带性到底基于什么？福柯并没有指明。通过考察以下两个分析，我们可以看到古典时期将这两个分析都整合到言说主体之中：是主体活动用符号代替了所指示的事物，也是主体的能力证明甚或限制了符号的这个永久的指示功能。

---

① 参见《克拉底鲁篇》，苏格拉底讨论了两个对立主题：语言表明与其所表征事物的内在关系，那么语言是抽象符号的系统，还是自然符号的系统？

1. 行为语言分析

孔狄亚克与德斯蒂·德·特拉西的共同之处在于，他们都用动物主体与惰性自然间的联系来分析原初语言，就好像这二者是所有生成中最基本的要素，就好像通过这样一个创始性的生成，行为语言（langage d'action）就是不可避免和必然的。他们假设惰性的自然只允许人类做出动物性的动作，如激动不安的面孔、自发的叫喊，甚至不必使用舌头和嘴唇。[①]孔狄亚克与德斯蒂·德·特拉西正是在这些明显的身体应激中找到了某种普遍性，某种由人的动物性器官构造的局限性所定义的普遍性。

然而，这完全忽略了我思的领域，就好像我思并不是原初的存在，就好像在人的动物性中没有任何思想，就好像大脑的唯一运动就是服从身体的无意识应激。但实际上，在原初民那里，想象和幻想的活动要比身体的活动更为频繁并占支配地位，灵魂（psyché）和神话的真实而又丰富的历史就是不可忽视的证据。不过，在古典时期，这些想象和幻想的活动（甚至在对原初活动的分析中）消失殆尽并不奇怪，正如福柯之前所表明的，并不是历史现实决定某个时期的知识，而是这个时期的知识型决定了历史现实。

因此，可以说古典时期对主体角色（即使符号存在与符号功能关系失衡）的分析不是缺席，而是片面。语法学家当然察觉到主体在语言生成中的角色，但他们完全忽视了这一点：自然给予人的不仅仅是身体的应激，还有一个更为广阔的想象领域。古典时期认为发音不清的叫喊和自发的脸部动作之所以是普遍的，仅

[①] Condillac, *Grammaire*；参见 M. Foucault, *Les mots et les choses*, Paris, Édition Gallimard, 1966, p. 120, note 1。

仅因为它们来自器官的普遍构造，这实际上是将主体的个体和瞬间自然变成主体的社会和永久语言，用福柯的话来说，这就是"人在自身及其周围人那里得出主体认同的可能性之所在"（MC，120）。从此以后，在转瞬即逝的纯粹指称中诞生的认知主体就能够与过去和未来交流，与周围的人及远方的人交流，也就是说，实际上，忽视所思的行为语言却在表达和交流思想。正是从此刻开始，主体不再是简单的认知主体，而是一个言说主体，一个可以向自己和他人言说的主体。所有这些凭借的是"思想的标记和替代品"（MC，120）。

这样，我们就看到古典时期的语言理论与之前语言理论的区别在于，古典时期用作符号的是人类身体的"标记和替代品"，这个符号并不是与其所指的事物相关联，而是与其在思想中所反射的事物相关联。这会产生两方面的问题：一方面，尽管人类身体是紧急时刻最可及的标记来源，但相对于自然的多样性来说，它也是最受限的手段。另一方面，尽管人类思想拥有记忆不可重复事物和事件的优势，但人类思想也会以自己的方式进行想象、组合和分解；就算人们可以忽略这些不稳定的功能，也很难说记忆总是毫无偏差地重复所发生之事，更不要说这些记忆是通过人自身的身体表达的。奇怪之处并不在于叫喊、手势和脸部表情与我思的表征、观念、感觉、需要和痛苦相关联，而在于这种关联会被看作是普遍和永恒的。

这就会产生一个问题：行为语言如何能够避免意义在思想中的滑移，并使之在任何时刻、对任何人都是普遍的？正如福柯所说，"通过某种生成，行为语言将语言与自然很好地联系起来，但这造成的语言与自然的脱离更甚于语言在自然中的扎根"

（MC, 120）。尽管这种行为语言的诞生已经显现出对事物的一种可疑的忠实，实际上，为了使之普遍化和可交流，或更确切地说，为了将之转化为真正的语言，这种行为语言在建立它的不可避免的人为性时，还标示出一个与叫喊不可消除的差异。

这个不可消除的差异正是叫喊与叫喊所指称事物之间的脱离。行为本身并不是语言。一个在过去时刻伴随着疼痛或恐惧的叫喊，只不过是一个被记忆的复杂经验，它实际上与诸如脸部表情、凝固的手势、恐怖的场景或瞬间的创伤等许多其他迹象混杂在一起。当我标记或使用我自己或他人的一个叫喊作为语言：一方面，这需要将这个叫喊与一个过去经验做类比，尽管这其中有场景、手势、创伤甚至主体的差异，且尤其必然有一个时间的差距；另一方面，还需要对伴随着这个叫喊的一系列事物进行一个分离，这个分离必须能表明真正的疼痛或恐惧，以便忽略差异并节约记忆。否则，就不存在类比，不存在可定位、可表征的经验，不存在自我认知（对过去或未来），不存在对他者的理解，而只有不断更新的事物，只有关于自我和他者的黑匣子，换言之，就没有语言。语言"不是基于理解或表达的自然运动，而是基于符号和表征的可逆、可分析的关系"（MC, 121）。语言是跨越时间、主体和现实而对经验、记忆和世界采取的经济实用的行为。那些"静默待解"又经常挂在嘴边的原初行为符号，既不是出自言说的自我，也不是来自我所言说的事物内部，它们是我行为（既是赋予我的又不由我决定）的来源，但从来都不是"我的"或"言说主体"的行为来源：语词只有在行为给予表征以符号时才能诞生，语词只是"发声符号的后期组织"，"行为语言"实际上是没有行为的语言。

由此，这个后期组织，即这个经过反思的人工制品，扮演了决定性的角色。福柯强调在行为语言中，尽管诸如声音、手势、脸部表情这样的元素是由自然给予的，但它们与其所指称的事物并无相同内容，"叫喊与恐惧并不相似，伸出来的手也与饥饿感不相似"（MC, 121），二者之间只有"同时或接续"的关系。奇怪的是，人的突发奇想和任意并没有因这种同时性或接续性而获得解放，反而是在语言深处消失了：自然一劳永逸地创立符号，剩下的就只有将这些符号部署为表征事物或印象所需要的分解和组合要素，无论所创立的符号与事物或印象是一致还是不同，是相符还是僭越。在这个意义上，从自然获得的真正表征只存在于语言的生成之中。卢梭在《论人类不平等的起源》一书中假设，"没有任何语言能够建立在人们的一致同意之上"，[①] 这只不过是一个抽象推论，这假设了语言建立在绝对同意上，而绝对同意必须是对一个"已建立、已知、已实践语言"的完全同意。因此，说语言"是人们所接受的而不是人们所建立的"就不太恰当了。实际上，人从自然所获得的事物是多样的，人最初选择发声符号的唯一理由，就是这些发声符号"更易于从远处且是唯一能在夜间辨认的"，这是人们一致同意的；其次，所有用发声符号重新组合和转化并用来指出未知、邻近甚或想象之表征的符号，只有在人的协定或同意下才是可能的。

而这个同意不是别的，就是行为语言的"类比"，或更确切地说，是发声符号的类比，正如孔狄亚克所言，"正是这种相共

---

① 转引自 Condillac, *Grammaire*；参见 M. Foucault, *Les mots et les choses*, Paris, Édition Gallimard, 1966, p. 122, note 1。

性给理智提供了便利。人们称之为类比"①。对比文艺复兴时期的四种相共性，相近、相仿、类比、相通的原则并没有完全改变。将基于行为语言的语言生成理论与文艺复兴时期的语言生成理论区别开来的，仅仅在于与自然相接触的部分不再具有相共性，叫喊不与恐惧相似；相共性现在存在于发声符号与被组合和转化的符号之间，相共性在这里是为了给理智提供便利，为了在思想中重新制造符号。

如果我们跟随这个深刻的和起决定作用的人类化进程（humanisation），一个循序渐进和危险的偏差过程就会显现出来。所有像叫喊、手势、脸部表情这样的符号存在于人类身体的自然之中，而且它们并不与其所指（即在思想中的表征，如恐惧、饥饿、疼痛）相似。人们在追求表征的便利之时，倾向于选择对自身有意义的发声符号，也就意味着人类身体既是表征的便利，也是表征的局限。没有了在多样性自然中散布的符号，相共性不可避免是有限的，甚至要被同时性或接续性抛弃和代替，而后者都是在时间原则之中，在人类感知的时间原则之中。一方面，符号（甚至是身体符号）由自然之力提供，它们无可争议且转瞬即逝；另一方面，人在所有自然符号（包括发声符号）中选择围绕人的那些符号，选择那些能够被人所控制的符号，选择那些能够被商定和稳定化，即能够成为人工制品的符号。奇怪的是，这种商定遵循某种类比原则，这种类比不是来自然并为了与自然相似，而是为了理智的操作并来自人之间的"意愿性同意"。在语言与其所指之间进行的第一个垂直性操作，排除了存

① Condillac, *Grammaire* ；参见 M. Foucault, *Les mots et les choses*, Paris, Édition Gallimard, 1966, p. 122。

在的"幻想和任意",换句话说,排除了基于自然的符号任意性;在语词之间进行的第二个水平性操作,使基于思想的一个巨大的相共性网络得以成为可能,它反过来繁衍着我思最糟糕的"幻想和任意"。这个行为语言理论恰恰在最深层次上呼应了古典时期理性与非理性的悖谬。

2. 词根理论

古典时期的词根理论包含在行为语言理论中,自然也不能逃脱认知主体的连带性。这个词根理论实际上是行为语言理论的倒置版本:词根理论从已被造就的语言中寻求甚或分解出像是词根的初级形式和共有要素,并将它设想为自然的强制规定,与非意愿性的叫喊联系起来。就好像由此,协定语言就能回到自然并证明其忠实表征的预设本性。然而,如果反过来考察这种词根理论形成语词的四种方法,我们就会看到这只是一种二次协定,一种反思过的规定,它不是言说主体之间,而是认知主体之间的规定。

(1)正如德布罗斯(De Brosses)在《论语言的机械形成》①一书中强调的,形成语词的第一个"机械和自然"方法就是象声。例如,模仿"布谷"的声音就是布谷鸟的名字。从相共性的角度来说,这个方法类似于文艺复兴时期的"相仿性"。但这种对声音的模仿不是人性的自发模仿,也就是说,人并不是自然发出这个声音,这种声音原本并不存在于人类生活中。这种模仿实际上是一种"对相似符号的意愿性发音",它预设着对所指事物的某种认识。如果一位聋人从未听过布谷鸟的叫声,但他经常见到布谷鸟,那么他该如何表达布谷鸟?对于古典时期的语言思想

---

① De Brosses, *Traité de la formation mécanique des langues*, 1765;参见 M. Foucault, *Les mots et les choses*, Paris, Édition Gallimard, 1966, p. 123, note 1.

来说，他就没有表达布谷鸟的方法了；通过象声的方法进行的命名越多，聋人就越失语，也就是说，通过某种认知建立的语言约束了多样性的认知表达。

（2）按照柯比诺神甫（Abbé Copineau）的理论，形成语词的第二个方法是"运用在感觉中得到证实的相共性"。[①] 由于视觉上的红色印象与字母 R 在听觉上产生的声音印象都是"尖锐、迅速和费力的"，人们就将字母 R 作为词根来命名红色。这种方法类似于文艺复兴时期的"相通性"，但这种方法局限于人的感觉。

（3）形成语词的第三个方法是模仿所要意指事物的运动，如"刮擦喉咙用来指称身体间的摩擦"（MC, 123, note 3）。这种方法类似于文艺复兴时期的类比，但同样地，两个相似的事物并不具有同样的性质，即器官的运动只不过是由意愿性的模仿获得，这种类比活动是人为的。

（4）形成语词的第四个方法是用器官本身的自然声音来命名器官。例如，喉咙自然发出 ghen 的声音，人们就将喉咙命名为 ghen；同样地，齿音 d 和 t 为牙齿命名。这类似于文艺复兴时期的"相近性"，自然声音与器官是两个具有共同场所的事物。但古典时期的"相近性"预设每个器官都有一个自然声音，如果某个器官从不发声，那么如何命名这个器官呢？

这四种方法共有一个一般原则：所有的相共性都要化约为口腔中器官的一个单音节声音，因此它们只能限于较小的数量。这当然能给予记忆和交流以便利，但也必然在表征中限制相共性。

[①] Abbé Copineau, *Essai synthétique sur l'origine et la formation des langues*, 1774；参见 M. Foucault, *Les mots et les choses*, Paris, Édition Gallimard, 1966, p. 123, note 2。

所有不能通过词根的相共性予以表征的事物，都必须在德布罗斯所谓的"连续演变关系的空间"（MC, 124）中寻找，但这个研究常常是徒劳的。这个系谱性空间要解释复杂语词的衍生，就好像所有复杂语词都能被安置在一个绝对接续的秩序中，安置在一个完全紧凑和穷尽的序列中。

尽管有许多词、对话和语言不能够放在这个连续的网络中，尽管有许多表征既不能被词根也不能被其历史演变所表征，古典时期以来的思想仍然相信，越是远离初级的相共性，语词就越有分析（不是表征）思想中表征的"效率和精细度"。然而，这个"效率和精细度"只不过是重叠表征的产物，它只能分析它所综合的内容，反之亦然。

总之，从古典时期开始，不再是语言表现为历史的一部分，而是相反，所有历史必须在语言空间中运行，用福柯的话来说，古典时期的语言是"人的时间和知识得以展开的分析空间"（MC, 125）。构造语言历史空间的词根分析并不意味着语言重新找到了它的历史存在，正如福柯所说，"词根分析并没有把语言置于其诞生和转化之地"（MC, 124），词根分析只是以自然和人为表征为基础的人类协定史。这个围绕着语词的质料转化的历史并不是为了语词的存在本身，而是为了证明它们意指的稳定性，证明它们作为思想表征的牢固工具的功能。

四、衍生（dérivation）

古典时期的词根理论成功定义了词根，并通过某种词源学研究分离出前缀和词尾。这种词源学研究追踪不断变化着的组合和词形变化，唯一能够保证某个词根同一性的线索就是"意义单位……语词的意义是'所能参照的最有把握的光'"（MC, 125）。

然而，在整个语言历史中，语词单元与其原初意义单元的距离越来越远，"不仅在形式上，还在外延上"（MC, 126）。按照意义线索追踪变化的词源学研究并不能解释这些变化的来源。正是在这一点上，福柯的考古学研究与大多数历史研究区别开来：考古学始终把语言作为历史中的存在本身，它追问的不是语言发生了哪些变化，而是这些变化在自身存在中是如何产生的；并不是因为语言在表征中失去了自身的存在，其自身的存在就不重要，而正相反，福柯发现语言的自身存在在意指的变化中扮演了决定性的角色，正是其自身存在要求有新的发音元素、新的内容和语言的多样性，正是在语言自身的存在中，人类的需要才既起到刺激的作用，又起到限制的作用。

因此，福柯对衍生的考察并不关注形式的变化，这并不是因为这些变化"没有规则，几乎无法定义，从未稳定"（MC, 126），而更是因为像"发音便利、风尚、习惯、气候"这样的形式变化的起因是外在于语言本身的，甚至外在于人的意志；自然以及人之自然直接改变了这些形式，它们因此才对所有历史学家来说是显而易见的。至于意义的改变，认知主体的影响既不直接也不明显，但却是决定性的。那么认知主体是如何改变语词的原初意指的呢？这些改变的原则是什么呢？福柯指出了两点：一个涉及"形象"，即依据可见相共性或事物间的比邻传递意义的"形象"；另一个涉及"书写"，即依据"语言沉淀之所"和"语言保存的形式"转移意义的"书写"。

1. 象形文字与拼音文字的关系

两大书写类型——象形文字与拼音文字的关系向来众说纷

纭，并不清晰。按照杜克洛（Duclos）的说法，在某些民族那里，拼音文字取代象形文字是"天才之举"。[①] 按照特拉西的说法，这两种文字同时出现，但出现在不同民族那里：象形文字出现在善于绘画的民族那里，拼音文字出现在善于歌唱的民族那里。[②] 福柯认为，象形文字与拼音文字之间存在一个"严格的分割"。但考虑到书写的起源，正如沃伯顿（Warburton）所强调的，"想要让我们的思想流传下去，让远方的人了解我们思想的情况常会发生，而声音不能延伸超出言说的此时此地，人们就在想象了声音之后，发明了形象和字符，从而使我们的观念分享得更广阔、更长久"。[③] 因而，这是将思想转移到言说场景之外，说出那些已拥有意指系统的声音的时机，换言之，口头语言的存在表明书写系统是一种后续的存在。即使是擅长绘画的民族，在拥有书写字符之前，他们可能已经拥有了声音的意指系统，已经有言说主体。同样，对于擅长歌唱的民族来说，在开始拼音文字之前，他们可能也有象形字符。

公元前 1200 年的腓尼基字母作为几乎所有拼音书写的起源，也许就是一个证据。腓尼基字母表是辅音字母表，并不是图画形式的字母表。但按照某些研究者的说法，它原本是对某些埃及象形文字的简化："它（腓尼基字母）是对埃及文字的一种改编，

---

① Charles Pinot Duclos (1704-1772), *Remarque sur la grammaire générale et raisonnée*, 1806；参见 M. Foucault, *Les mots et les choses*, Paris, Édition Gallimard, 1966, p. 126, note 3。

② Destutt de Tracy, *Élément d'Idéologie*；参见 M. Foucault, *Les mots et les choses*, Paris, Édition Gallimard, 1966, p. 126, note 4。

③ William Warburton (1698-1779), *Essai sur les hiéroglyphes des Égyptiens*, 1744, pp. 2-3.

一些希伯来工人在那时属于埃及的西奈山工作，他们能说一到多种闪语方言，他们创造这种改编自埃及文字的腓尼基字母表是为了标注他们自己的语言。"① 由此，第一张字母表就像是一种"有缺陷的识字课本"，它是为了用口语、用那时还只在口头言说中使用的语言标注象形文字。

另外一个线索可以证实这一观点：腓尼基字母记号可以与埃及象形文字记号关联起来，例如：在埃及人那里，象形符号◁表示房子，说闪语的人称之为 bet，意思也是"房子"；在这个意指关联的基础上，图式符号◁成为 [b] 这个发音的书写形式，[b] 反过来成为◁这个记号的发音，而且能够根据声音的组合，与其他音节结合起来成为新的语词书写形式。正因如此，腓尼基字母表中的每个图式标记都表示一个辅音带某个元音。不过，如果最初的那些说闪语的人不知道象形文字的意指，他们也没有任何办法将声音与这些标记联系起来。在此意义上，字母表的诞生实际上是用声音对图式标记的一种命名，但这种命名与象形文字的本质不同：象形文字是通过形象的相共性建立关联，而腓尼基字母表是间接通过意指的协定建立关联。

据此，尽管拼音文字原本是依据象形文字，这个关系只是拼音文字乃人为生成的一个证据，因为在此最初定义之后，拼音文字与象形文字相区别甚至替代了后者。因此，关键并不在于它们之间有一个原初关系上的严格区分，而在于为什么拼音文字替代了象形文字并成为西方文字的主流。对于古典时期的思想来说，这个问题可以通过衍生的需要来解释，也就是说，思考主体对其

---

① G. R. Driver, *Semitic Writing, from Pictograph to Alphabet*, Oxford University Press, 1948, nouvelle édition 1976.

自由表征工具的要求。

2. 象形文字与意指的滑移

首先，来看象形文字。文字本质上是一种图式表征，图式所记录的内容区分了两大文字类型。对于象形文字来说，"最初就是对其所指称事物做确切的描画"（MC, 126），但即使对象形文字来说，真正的文字也不会是完整的描画，在描画中呈现的并不是所要指称的事物，而是对事物的表征。因此，必然有对这种图画式表征的表征技术。根据沃伯顿对埃及象形文字历史的记述，福柯总结了三种象形文字技术：

第一种是埃及人的"珍奇象形文字"（hiéroglyophes curiologiques），这种象形文字技术就像修辞学中的提喻，即从构成所要指称事物的诸多重要要素中提取一个要素，例如：战斗中的弓箭指称战斗，城邦的梯子指称城邦所在地。按照沃伯顿的说法，这种象形文字常常作为事件或征战的记录出现在古埃及的方尖碑上，这种象形文字非常简单，所记录事件或征战能够为民众所阅读和理解。[1]

第二种是"转格象形文字"（hiéroglyphes tropiques），这种象形文字就像修辞学中的换喻，一个事物代表另一个事物，依据的是它们相似的属性。正如沃伯顿所发现的那样，这种"转格象形文字"常常用于神学或哲学中性质较为隐蔽、模糊的主题。[2] 在这里，这个代表其他事物的事物必须经过精炼和细究，也就是说，它会越来越符号化。这也许是因为神学或哲学事物没有任何直接和具体的形象，所以埃及人必须在自然中为它们寻找他们自

---

[1]　Warburton, *op. cit.*, p. 125.

[2]　Ibid., p. 129.

身所熟悉的图式。例如，上帝由一只眼睛代表，神性由蛇代表。因此，"转格象形文字"已然是一种符号文字，只是这些符号借自自然。

第三种是"谜语式象形文字"（hiéroglyphes énigmatiques），它借用艺术的象征符号。[①] 由于相共性通常相当隐蔽和秘密，这种象形文字就像修辞学中词的误用或比喻等意义超出词的严格意义（超喻）。在这里，神秘事物也是由符号的神秘组装来表现，例如，一条长着鹰头的蛇，爪子攥着圆球的金龟子。[②]

这三种象形文字技术遵循三大修辞技术，使文字的象征性越来越发达，"最初的命名成为漫长隐喻的起点"（MC, 127）。因而，在"绘画"民族的认知中发展出种种诗意力量、迷信、秘传知识、寓言甚至"知识在于认识相共性"的幻象。总之，就是通过形象化想象的力量繁衍和累积知识；这也意味着，语言不再是消极地参与知识的构造，正相反，语言承载着先人的想象，它以一种深刻的方式构造着认知：语言给出认知的可能性，同时，语言也约束着这种可能性。例如，在使用象形文字的民族那里，"民众的想象比反思更受欢迎。轻信，而不是科学"（MC, 127）。就像在我思的两种功能（想象和反思）中，通过象形文字，想象更流行，更具有生产性，更易于操作。

在象形文字通过图像的即时相共性传递直接意指的时候，它同时也制造了滑移甚至是随后发生偏差的巨大空间。这会损害一个民族的知识累积，正如福柯所说，"新颖性（累积性）不可能，传统也受牵连"（MC, 127）。这个民族的学者唯一能做的就是

---

① 　Warburton, *op. cit.*, p. 130.

② 　Ibid., p. 132.

"迷信式的崇敬",因为传统的遗产封闭在相共性、隐喻和艺术性象征的秘密之中;辨读工作则必然与时下的风俗(而不是过去的风俗)掺杂在一起,正如德斯蒂·德·特拉西所说:"一切风俗的改变都裹挟在语言之中,一切语言的改变混淆、取消了他们所有的科学"。[1]想象空间打开了总是承载当下风俗的可能,而带有想象的象形文字为传递这一附带物提供了便利,损害了只是作为纯粹简单的计算和保存的科学和历史(其同一与差异不允许任何相共性的滑移)。正是在这一点上,福柯说,"当一个民族只有形象化书写,其政治必然排斥历史"(MC, 127),也就是说,本质上就是风俗统一体的政治恰恰与历史本身相悖。

在一般意义上,福柯有理由说"语言的空间部署规定了时间法则"(MC, 128),也就是说,文字(不仅限于象形文字,而常常是伴随着象形文字)使得在持久和遗传性的空间中保存时间知识成为可能。例如,方尖碑跨越时间甚至在时间之外留存下来。当人们以为这个刻着象形符号的"空间部署"教给我们先人的历史或知识时,我们常常忘了正是在时间之流中的历史给予我们这样的语言,这个历史迫使我们按照这个语言所指示、表征和意味的方式想象或反思历史或真相;我们如此轻易地任由这个历史性的语言传递和转化与之同样具有历史性的历史和知识;我们任由这个历史性的语言对历史强加支配,任由这个历史性的语言决定时间的另一法则:线性、相继和接续,这是空间的诸种品质,或更确切说,是我思的本性,它总是辨读当下,而这个当下从未真

---

[1]　Destutt de Tracy, *Élément d'Idéologie*;参见 M. Foucault, *Les mots et les choses*, Paris, Édition Gallimard, 1966, p. 128。

正独立于风俗，我思在已经过去的"当下"的相共性基础上，诞生了文字的存在。

3. 拼音文字与意义的衍生

那么，这些通过想象发生的意义衍生，以及通过我思空间的同时性和连续性进行的时间重构，是否只属于象形文字呢？福柯说："实际上，随着拼音文字，人的历史整个都改变了。"（MC，128）

拼音文字的第一个优势是它在空间中通过时间记录声音（如果没有意指的具体认识，这些声音没有任何直接意义），而不是传递形象（形象可以在无任何认知的情况下激发无尽的想象）。例如，最早说闪语的人之所以能够赋予埃及图式以声音，是因为他们已然知道埃及图式的实际意指。同样，当古人用字母书写时，他们用少量发声符号重构口头语词，而这些发声符号是凭借声音的同一与差异原则，从日常生活的所有发声符号中提取出来的。由此，拼音文字在文字与日常言说之间建立了一种生动而确切的关联，这种拼音文字不是通过我思的想象或对隐喻的想象性辨读来唤起意指，而是通过声音的助力、索引和相共性，这些声音通过继承日常生活中实际操习的言说，能够回到它们的原初状态。

其次，拼音文字不仅通过日常生活中声音的重组可以辨识意指，而且声音的组合避免了"表征与图式的确切平行"。不再是字母（如同笔画那样的基本符号）根据我思的观念或想象进行编织和松解，而是观念根据识字课本的字母进行编织和松解。更重要的是，诸字母有它们自身的原则，例如，发音和谐、嘴部发音的习惯，在某些地区，这些原则数世纪以来很少发生变化。这些字母组合的原则在自然或集体习惯中特别牢固，形象的组合原则一般来说则会因为个体我思的想象和隐喻而变得多样化。在这些牢固的原则下，意指保持着相对的恒定，这使语言和思想同时得到进步。

由此，我们看到拼音文字的这两个优势很好地解决了象形文字的第一个问题，即通过个体我思的想象所产生的意义滑移。但这并不是因为拼音文字彻底解决了意指滑移的问题或绝对消除了意义的衍生。实际上，这是因为拼音文字通过某个时期、某个区域的集体协定和日常认知，联合和同一了个体我思的想象，拼音文字相对地驱散了特定或个体的滑移。但拼音文字也不能避免协定衍生的问题。事实上，拼音文字并不直接通过意指的层面发生派生，而是在由分析后来协定或强加的表征与符号的层面上进行派生，这是"关注、符号和语词的共同滑移"（MC, 129）。换言之，想象并不直接在意指的特定增衍中，而是在能指与所指间的协定中，"对语言循序渐进的分析和更为深入的关联……给予诸多事物同一个名称"（MC, 129）。而这正是通过三大修辞技术完成的，这与象形文字在意指的滑移和增衍中所使用的技术是一样的，"提喻（synecdoque）、转喻（métonymie）和超喻（catachrèse）"（MC, 130）。

4. 我思的修辞空间

这一在提喻、转喻和超喻之间轻微变异的"巨大偏移力量"，不仅支配着象形文字，也支配着拼音文字，使这第二个问题对二者来说都是致命的，"通过我思空间的同时性和连续性重构时间"。正如福柯所说，"在言说的语言中如同在文字的语言中，所能发现的正是语词的修辞空间"（MC, 130）。这个"修辞空间"

有两个同时相互支撑和对立的层面。

一方面，是"符号的自由"，正是符号在其原初意指的基础上无限偏移。这也与福柯所强调的符号、语言的存在本身相对应，正是因为语言（符号）本身有自己的独立存在，所以它们有能力自由地偏移。另一方面，古典时期的思想发现了甚或定义了符号的共同场所，通过这个场所，符号的活性成为可能或得以实现，换句话说，正是在"心灵的注视下"（MC, 131），即在我思中，表征的同时性在秩序和尺度中相继展开；当分散的符号在不连续的时间中通过文字会和，并总是在我思中同时呈现的时候，正是我思使表征成为同时性的。因此福柯说，正是语言"给予时间的永恒断裂以空间的连续性"（MC, 129），这个连续空间就是在某种秩序中的我思空间，确切地说，这个秩序就是发声符号的秩序，如果没有接续秩序的重组，就无法清楚分明地听到（理解）这些发声符号。因此，福柯说，"语言就是将被表征的散布置于线性秩序中"（MC, 131）。语言与我思的关系就像命题与修辞的关系，"命题展开并让人理解形象，正是修辞使这个形象可以为观看所感知"（MC, 131），因此也可以说：语言呈现和保存知识（意指），这个知识（意指）正是我思意识到的。

在此意义上，我思空间就是福柯所谓"修辞空间"的空间，它形成原初意指，并用同样的修辞学重新组织这些意指：在原初意指中，是世界在我思中言说；在重组的意指中，是我思言说世界。正如福柯所言，所有这些从命题到衍生的理论可以用一句话概括："语言在分析"而不是"语言在说话"。我们可以给出另一个版本："我思"而不是"我说"。

第三节　事物：人之镜中的世界

通过对语词的这四个理论（赋指、关联、指称、衍生）的分析，我们从种种考古学层面看到主体的话语之镜（人之镜）如何一步一步地、一个扭结一个扭结地构造起来：的确有主体活动的构造，但在整体上，是话语性和历史性网络的构造。

赋指是系词"是"的理论，但在这个发生作用的、基本的、普遍的系词后面，总是有或每次都有一个主体在进行肯定、判断、宣告真理或犯错误。但又很难将这个表征性话语的成功或失败归诸一个宣告它的主体，毕竟这个判断的成功或失败并不完全依赖于说话者，还依赖于关联，即向判断充塞不同内容，以供建立联系和判断的名词理论，换句话说，没有这个名词理论，判断只不过一个空的语词形式。奇怪的是，在关联中，主体扮演着同样矛盾的角色：既不可或缺又并非独立。一方面，是我思的想象在分析专名（一般意义上的原初符号），并将其综合为通名，判断由此才得以可能；在此意义上，判断实际上并不在判断行为本身之中，在通名的划分里，判断就已经预先规定了。因此，我思的想象与记忆的协作为区分差异和分组同一性而进行的比较就显得格外重要，这个比较产生的判断既是潜在的又是现实的。另一方面，使分析和综合成为可能的我思的想象和记忆，从来都不是分开进行的，也就是说，比较的可能性，要么是相对于主体的个体当下本身，这个主体体验原始事物、用自身动作或自己的原初叫喊对之进行标记；要么是相对于一门语言的集体历史，这门语言以协定的方式记录原初标记。前者构成行为语言理论，后者构成词根理论。在此基础上，指称提供了连接点，通名的关联借由这些连接点才得以可能，而比较从来也不可能逃脱主体（自然或协定）的行为。

主体在表征中的矛盾角色就在这个层面深刻地体现出来。主体的个体和自然瞬间定义了意义的起源，但如果没有一个连续和滑移的运动，既依附又脱离瞬间意义的起源，以便得出表征性、可标志、可沟通的标记，那么这些个体和自然的瞬间就会停留在意义的黑匣子中。这个运动就是衍生，那个既通过主体又在主体之外、既为了主体又反对主体的书写，因为这个主体不是在历史部署中的个体本身，这个主体本身就是那个既个人又普遍的部署，是远古国王的空座椅。

这个部署，我们可称之为从古典时期开始的主体，因为它是表征的完美执行者：它具有思考的能力，但是根据有尺度的秩序进行思考；它有意识，但只有视觉的意识；它充满意志，但这个意志只朝向可进行交换的事物。这个主体说的是有序语词，感知的是可见性，欲求的是可度量财富。也许正是围绕着这个执行表征部署的主体经验，福柯考察了古典时期的三大实证经验：言说、分类和交换。我们已经通过言说的经验表明了这个主体部署，我们将通过另外两种经验继续深入理解这个主体部署。

一、自然史中的分类

17 世纪至 18 世纪科学的新兴趣倾向于观察，这在理论上始于培根，在技术上始于伽利略发明显微镜。这种科学上的新兴趣提升了农业的经济利益，因为它使重农主义和农艺学得到发展，刺激了寻找异国动植物的伟大远航。正如福柯所说，"处于典型的 18 世纪，卢梭也采集植物"（MC, 138）。这一系列理论和实践的兴趣并不是偶然而至，因为对观察的特殊青睐并不是来自无关紧要的好奇心，而是诞生于新的物理理性根基之上。在这种理性中，真理只存在于所见，换句话说，认知主体只是一个观看的主体，如果无所见，也就无所知。初看之下，这种由认知主体本身之观看所证实的真理似乎一方面是对希腊理性的一种精确回应，因为在希腊理性中，所有知识都必须经过考察；另一方面，这种真理方式似乎也是对从上帝而来的消极知识信仰的一种具体抵抗，似乎是人的主体性为了主宰自己的生活起来反抗知识的陈旧部署。但如果具体考察这种理性的导向和限制，我们就会看到，这个认知主体的新部署其实与真理相去甚远。

　　关于这一点，福柯对阿尔德罗万迪与琼斯顿的对比要揭示的是：在自然领域，历史如何成为自然，观看主体如何取代了对多样性进行认知的认知主体。阿尔德罗万迪在对"生命存在"（êtres vivants）的历史考察中，区分了观察、资料和传说，也就是说，不仅有认知主体亲自观察的事物，还有种种"别人观察和传播""别人最终想象或天真地信以为真"的符号（MC, 141）。这个"别人"，不仅是除本人之外的其他认知主体，还是那些为认知事物而持有其他不同的、非普遍性方法和视角的人。例如，阿尔德罗万迪记载的动物寓言及其传说的用法，在琼斯顿那里，被缩减为单一的医疗用法；那些曾对事物所有多样性、各种语义学符号或"与走兽交织在一起的语词"感觉灵敏的认知主体，变成了只能看到"鲜活存在"（être vif）（即观察者眼中的赤裸对象）的绝对主体。这种对曾经编织和整合在存在之历史中的符号的消减甚或省略，见证了"词"与"物"之间的一个巨大断裂，一个按照表征性认知的需要岔开的断裂。也就是说，仅仅出于说出和表征事物的理由，必须将语词从它作为事物（语词本身曾是自然史的一部分）的原初存在中抽离出来，必须删除传说、寓言、神话和有关记录。就好像通过对某些符号的删除，"事物"还能够在表征中维持它们的存在本身。这就是古典时期的革命，以及这些变革的正当性。

1. 明见性与广延

但这些重新找到的"事物"是什么？"不应在其中看到某种在别处窥探自然真相的强行进入的认知经验，自然史……是通过在表征中预设了命名可能的分析所打开的空间"（MC, 142）。脱离了事物的语词并非因此就无用武之地，而是相反，这些语词提供了观看这些事物的可能性，正是借着词与物的古老连接，这种词与物的脱离才能够用于表征事物，认知主体才能够随后谈论这些事物并在远处观看这些事物。如果事物实际上溢出符号或表征性语词直抵"话语之堤"，那么表征的窟窿里还剩下什么呢？这不是处于自身存在中的事物，这是"从一开始就被名称剪裁"的事物，而进行剪裁的正是认知主体，这种认知主体只能在其所能言的范围内观看事物。古典时期知识反叛中的革命性观察正是归功于用语词进行表征的可能性，这就是在古典时期将人唤醒来主宰自身生活的主体性。

让人奇怪的是，古典时期的知识为了表征事物，必须抽去事物的符号作为要说的语词，但也是为了同一个理由，还必须重新将这些符号与事物关联起来。这似乎是两个相对立的行动，但正是在这两个相反的行动中，认知主体才有可能介入对自然的认知，并保留最大限度的客观性。知识的任务因此就是"使语言最大限度地靠近观看，使被观看的事物最大限度地靠近语词"（MC, 144）。需要强调的是，从语词脱离事物开始，从它与事物的重新关联不再自然开始，语言就取得了自身的强制执行力。这完全不是因为认知主体更好地进行了观看并更切近其所观察的事物，而是因为认知主体受制于一个有条件甚或否定式的认知系统，认知主体通过排除不可见事物来框限需要被认知的事物。这些需要被排除的不仅是传闻、传说和寓言，还是在认知主体感知领域本身中的味觉、嗅觉等，也就是所有不确定、多样化以及不能"用普遍接受的清楚要素"来分析的事物。

通过建立一个严格遵守明见性原则的观看主体，古典时期很好地避免了信仰所强加的被动的神秘知识，但同时，认知主体所能感知的一个广阔领域也被排斥了。认知主体因而是一个唯独优先视觉的主体，明见性的意义因此就是广延，即福柯所谓"几何般准确的盲目"。在此意义上，观看技术的进步，如显微镜的发明和使用不过是对这种盲目的深化。显微镜所要解决的问题，例如为什么"成年个体及其种类的形式、部署和特征性比例能够跨越年代转移，并保持严格的同一性"（MC, 145），只是使用显微镜的主体、只能在可见形式中去看繁殖线索的观看主体制造和强加的问题。据此，几何学在自然中的神奇发现完全不是理知之普遍性的一个证据，相反，这是观看主体普遍运用理知来强加给自然的证据。

由于认知主体只通过视觉获得对事物的知识，为了使这个知识对所有观察者来说是确定、明见和同一的，这个知识必然被系统地简化为少数可确定特征，如形式、数量、位置、大小，以此避免诸多的相共性、颜色、味道、声音和触感的不确定性，"所有记录都必须提炼出数量、形状、比例和位置"。[1] 在古典时期认知主体的眼里，事物无非是广延，因为这是唯一能够满足将事物表征为认知主体普遍接受的描述方式。因此，古典时期的真理或知识并不是对事物的靠近，而是一种被系统性化约为对所有认知主体来说具有普遍性的事物：所有事物都"成为同一个个体，每个人都能做出同样的描述；反过来，基于这样的描述，每个人都能辨认符合这种描述的个体"（MC, 146）。这就是古典时期科学的含义以及真理的定义，这也是当时的认知主体能够且应该发现的世界和真理，否则他就是疯人。由此，不是认知主体获得了事物的确定性，而是他自我限制去观察确定的事物；并不是自然成为确定和有序的，而是认知主体强加、过滤、主宰了"自然的确定性"。

正是在遵循这种有四个变量的广延条件的情况下，事物得以转化为语言。人为的分离又通过人工修复，但自然不再是同一个自然，语言也不再是同一个语言。正如福柯所说，从此，语言成为"林奈所梦想的植物图形诗（将诗行安排成图像，从而与诗的主题相应）"（MC, 147），一种植物性语言。因此当有人说语言具有从根到茎的特性时，这就不是一个简单的隐喻。反之亦然，自然从此也变成"语言的线性展开"（MC, 148）。观看主体对具有广延四变量的结构所进行的操作将自然存在的繁衍描述为一系列紧紧相连的要素，通过观看主体进行关联，甚或是过滤所有这些在几何结构中的自然可见属性，语言中的赋指和关联得以可能。而这种广延结构已然成为自然，赋指的动作或系词"是"的

---

[1] Carl von Linné (1707–1778), *Philosophie botanique*, 1788；参见 M. Foucault, *Les mots et les choses*, Paris, Édition Gallimard, 1966, p. 146。

肯定在关联的动作中秘密地进行或得到验证。唯一的合理性证明就是，自然史是一门建立在确定和明见的观察基础上的科学，它有着具备清晰秩序的语言（更重要也更为讽刺的是，这种语言只有对所有符合条件的认知主体才是普遍的）。

2. 特征的指称功能：系统与方法

在广延的这种暴力指称基础上，同属特征（caractère générique）概念的发明使得随后可以依据存在物的邻近将存在物分门别类，并按演化秩序进行排列，而这只能通过观看主体的比较才能实现。在语言理论中，为解释语词的起源及其在历史中的改变，还存在两种进程；在自然史的理论中（由一种"制备良好的语言"构成），这两个进程由唯一且同一特征（caractère）理论完成，这个特征理论既完成了对所有自然存在物的明确指称，又完成了在同一和差异的空间中有控制的演化。

然而，特征的建立并不是不言自明的。尽管观看主体已经根据可见性在广延中构造了一种结构，并已经在话语内部引入事物的增衍，但观看主体仍然无差别地让每个存在的个体性以专名形式存在，以便将它们置于同一与差异的秩序，这样，简单的比较工作就是无止尽的。正是在这一点上，认知主体又一次地介入，认知主体发明了两种比较技术：一种是像林奈那样的系统，一种是像阿当松① 那样的方法。二者目标相同，就是"将自然史构造成为语言"（MC, 152）。尽管这是两种截然不同的方式，但这仅仅是相对于逻辑推理来说，相对于认知主体的部署来说，它们并无二致。

---

① 米歇尔·阿当松（Michel Adanson，1727—1806），法国植物学家和自然论者。

涉及系统的技术，比较是根据某种有选择、有优先性和排他性的结构进行的：等同的要素与结构要素一起获得共同的命名，尽管还有其他不同要素，这些不同要素会被认为是无关紧要的。这种有选择的结构就是所谓特征，它是武断的和相对的，因此它也为人的主体性提供了巨大的空间。但这个空间也只是关于系统选择的空间，因为一旦选择了系统，同一和差异的比较就在逻辑上非常严格，根据特征的命名也必然是刚性的。

涉及方法的技术，特征并不是根据某种武断和相对系统的整体划分得到的，而是通过循序渐进的减法推演获得。比较从任意种（espèce）开始，描述其各要素，然后是第二层次的比较，第三层次的比较，只需要提及差异要素。以这种方式，直到最后，只有在基底上提及的要素会成为区别每个种的特征。然而这个步骤实际上只能以相反的方式进行，比较是从拥有大量同一性的大型科（famille）开始；人们标记出每个种相对于这个大型科的区别，正如亚里士多德所做的那样，种的名称是由科加种或属（genre）差构成。

区别这两种比较技术的是，系统构成的是一劳永逸的协调关系，而方法建立的是总可以调整的从属关系。如果我们将这两种关系与 16 世纪认知主体认识自然的方式做比较，那么这种差异就是无关紧要的。在 16 世纪，动植物的同一性不是通过比较得来的，而是通过整合在自身生活中的标记，例如，某种鸟夜晚捕食，另一种鸟则在水中捕食。某个种类的共同纹章的含义并不是基于肤浅的传闻，而是相反，传闻本身是建立在存在本身的正面标记之上。如果某个种消失了，这并不是相对于其他种的进化，因为这个种不是通过已经存在或仍然可见的事物定义的。然而，到了古典时期，每个个体都必须被强行列入某个通过种的比较得来的分类，不管是通过系统还是通过方法得来的分类，"它就是别的事物所不是"（MC, 157）。

3. 特征的衍生功能：连续性的发明

因此，自然史中的指称理论就表现在来自主体（只能看到可见广延）的比较活动的特征上。不过，特征还应具有像语言中衍生的另一种功能。因为在自然史中，事物既不是在人的介入下也不是在人的想象中发生转变的，正如休谟所质疑的"经验重复的必然性"（MC, 159）。在此意义上，并不是人类主体改变着特征的含义，但认知主体必须找到一种解决办法，使通名（或更确切地说使结构化的特征）不至在自然永不疲倦的多样性转化中丢失。认知主体的解决办法甚或发明就是自然中的连续性。然而，这个连续性概念在知识中实现的方式在系统论者和方法论者那里是不同的。

对于系统技术来说，因为在选择要素上人类主体性拥有巨大的空间，认知主体很容易构造"一个像特征那样经过选择的结构所能采取的不间断的价值层级"（MC, 159）。所有可能的存在物都能在这些不间断的和逻辑上穷尽的价值链中找到一席之地，"即使人们对之还一无所知"，正如林奈所说，"并不是特征构成属，而是属构造特征"。这就是特征的力量，一种人为、任意和全知的协定；在此意义上，这也是借用这种力量并将之加诸自然的认知主体的力量。

对于方法技术来说，解决方法完全不同。由于方法是从个体开始，它并不预设有待填充的空白空间，它直接预设连续性的真实框架，它反过来解释在人的想象中，诸属或纲（classe）的断裂并非真实，且是唯名论意义上的断裂。"自然中没有跳跃：一切都是循序渐进、细腻区分的"，[①]"越是增加自然产物的划分数量，越是接近真相"。[②]因此方法论者就有理由以真实为名，批评系统论者得出的种种特征，认为这些特征只不过是相对于人之认知需求和界限的方式而已。然而，如果像方法论者所说的那种连续性真实存在，就可以像福柯那样质疑，"那就不需要构造一门科学了；描述性指称有充分的权利进行概括，而事物的语言通过自发的运动，就能构造科学话语"（MC, 160）。但情况并非如此，"经验并不给予我们自然的连续性"。自然史对于方法论者与对于系统论者是一样的，都是认知主体在面对被撕碎和被混淆的自然时进行结构化的一种知识。

4. 特征的秩序：物种不变论与进化论

再回到特征秩序或生命模式的问题。就像在文艺复兴时期一样，自然是通过其生命模式而被认知的，也就是说，一棵植物或一只动物的历史不仅仅在于自身的存在，还与环境和周围事物相关。连续性问题仍然存在。如果认知主体限于和专注于特征的人为工作，就不可能走出来，因为决定性事件所处的位置"不在活着的物种本身之中，而是在其所安身的空间之中"（MC, 161）。因此，物种不变论与"进化论"的对立只不过是一种表面的对立，因为二者实际上都假设同样的特征连续性，只不过一个是在一种存在物的连续网络中，这个网络中的两个极点是最简单的存

---

① Charles Bonnet (1720–1793), *Contemplation de la nature*, 1764；参见 M. Foucault, *Les mots et les choses*, Paris, Édition Gallimard, 1966, p. 160。

② Georges-Louis Leclerc de Buffon (1707–1788), *Discous sur la manière de traiter l'histoire naturelle*, 1753；参见 M. Foucault, *Les mots et les choses*, Paris, Édition Gallimard, 1966, p. 159。

在和最复杂的存在；而另一个是在一个连续的时间线中，这个时间线中的两个极点是时间的两个反叛。

福柯批判的认知主体所预设和强加的这个连续性，在 18 世纪中叶前的两个准进化论（真正的进化论从拉马克开始直到居维耶）那里体现得更为深刻。实际上，古典时期的物种不变论与"进化论"都具有进化主义观念："活的形式可以从一个转到另一个"，"现实的种可能是过去转化的结果"，"所有活物可能都朝向一个未来的点"（MC, 164）。然而，对于诸如方法论者邦尼特①这样的准进化论主义者来说，时间只是一个指标，用以将分类学上的所有点分配到一个朝向上帝之完美的阶梯上；系统论者没有看出存在物在时间中的显现，他们要做的只是"在空间的连续和存在物的无限多样性上加入时间的连续"（MC, 165），如莱布尼茨的样式。因此，这不是"渐进的等级化"，而是"已建立的等级"；这不涉及自然的进化，而是认知主体的一种"进化主义"甚或"先成论"（préformationnisme）。对于诸如系统论者贝努瓦·德·马耶（Benoît de Maillet）这样的准进化主义者而言，认知主体则是以另一种方式运用时间：时间只是让具有所有可能价值的活者的所有变化形态接续出现的瞬间；涉及生命模式的要素只是让某种特征显现的时机。尽管它们呈现了达尔文的"特征的自发变化"，以及拉马克的"介质的积极行动"，这也完全不是引发新物种出现的进化主义，因为它们变化的总图板是由认知主体根据已结构化的特征而提前建立好的。正如林奈的主张，并不是特征构成属，而是属构造特征。

---

① 查尔斯·邦尼特（Charles Bonnet, 1720—1793），瑞士日内瓦州的博物学家，最早使用"进化"（evolution）一词。

因此，沿着时间的接续不足以定义这些预先建立的变量以及内部改变的原则，认知主体再次介入创造出先天（a priori）的诸选择。不过，对福柯来说，介入知识的不是一般意义上的认知主体，而是个别的博物学家。

涉及活者"改变形式的自发禀赋"（MC, 166）这个主题，方法论者莫佩尔蒂（Maupertuis）是一个代表。[①] 在莫佩尔蒂那里，物种图板中的平衡连续性是在记忆与偏离倾向间获得的，这个记忆通常就是"在时间中维持种类和彼此的相共性"（MC, 167）。莫佩尔蒂也许是第一个假设物质的积极性和记忆的人，他或许也是 DNA 理论的先驱。凭借这种记忆和可能的积极性，个体虽然可以诞生新种类，但回忆的力量总是存在。以这种方式，即使不考虑时间维度，种类也不是碎片化的，而是来自某种连续性，"一种用无数被遗忘的或失败的小差异编织起来的连续性"，也就是说，从自然中的多样性转化而来的各种怪物性（monstruosités）实际上构成了一个无休止的、闪闪发光的基底，它有时昙花一现、有时经久不衰，但最终是连续的。正因为怪物表现出了所有可能的特征，自然才具有连续的接续。

预设"某种具有所有之前种类特征的终极种类"的选择也是如此。这种选择是由像罗比耐[②]这样的系统论者做出的，他们不是通过记忆而是通过规划来保障连续性：这是从最简单的存在到最复杂的存在的规划，在这两者之间，"有所有复杂性和组合的

---

① Pierre Louis Moreau de Maupertuis (1698-1759), *Essai sur la formation de corps organisés*, Paris-Berlin, 1754.

② 让-巴蒂斯特-勒内·罗比耐（Jean-Baptiste-René Robinet，1735—1820），法国自然论哲学家，进化论前驱之一，狄德罗《百科全书》撰稿人之一。

可能等级"。就像对于方法论者那样，自然的尝试有时持久，有时耗竭，"怪物并不是另一种自然，而是物种本身"（MC, 168）。

因此，不管是系统论主体还是方法论主体，他们都将自然的时间和绵延视作实现连续基底假设的工具。这也许是人最具野心的主体性："连续性先于时间"（MC, 168），或者可以说，主体性先于自然。

二、财富分析中的交换

福柯考察的另一个实证领域是财富分析领域。这个领域在一开始就在主体性上比自然领域具有更多的特权，也就是说，随后，如同语言领域和自然史领域，财富分析领域成为一种奇怪的主体性空间，或更确切地说，这种主体性不是一个意志的主体性，而是诸多意志的主体性。这一点可以在福柯对两种理论的考古学研究中得到证明：一个是价格理论，一个是价值理论。价格理论是连续通过三种货币类型进行说明的：16 世纪的符号-货币，17 世纪的商品-货币，18 世纪的抵押-货币。从自然货币到协议货币，我们看到集体主体性如何不顾个体需要以及自然来定义财富。价值理论则既是货币的双重条件，又是悖谬主体性的表现场所。

1. 16 世纪的价格理论：符号-货币

价格在古典时期的本质含义是表征，当然这不是语言领域中对思想的表征，也不是自然史领域中对广延的表征，在财富分析领域，这是对价值的表征。但这些表征有一个共同的功能：交流。在语言和自然史领域，这个表征功能是决定性的，但由于这个功能常常伪装成真理的普遍性，它又总是表现为某种深处的秘密。但在财富分析中，这个功能既是决定性的又是公认的，因为交流，或更确切来说交换，不再隐藏在证明合理性的"真理"之下；因为在价值领域，没有稳定和绝对的真理；因为在能指与所指二者中，主体性都运用了其比较、失衡和相对化的力量。

为了表明古典时期主体对财富分析的双重表征，福柯首先考察了16世纪的货币方式，从而与之后的货币尺度做比较。这个16世纪的货币方式就是金属，它就像文艺复兴时期的符号一样，就是一种真实的标记，它本身就是一种财富。价格关涉的不是主体的需求，而是贵金属与金属的比例；价格的诞生的确是为了主体间的交换，但它并不来自主体间的交换；货币的价值依赖的只是自身的金属总量，货币是根据"重量估值的"，它"根据自身物质现实的财富"（MC, 181）来校准财富。因此，货币具有双重功能：能指与所指在同一质料上，"票面价值"与"金属数量"在这同一质料上是一致的。

正是在这一点上，金属货币存在着问题。首先，金属货币的现实价值损害了其作为尺度的角色，正如格勒善（Gresham）法则所说，"劣币驱逐良币"，交换主体更乐于藏匿金属含量较高的货币，而让市面流通金属含量较少的货币。其次，由于金属货币本身就是一种财富，它自身也有价格，这个价格依赖的是这种金属的流通频率及其在交换中的稀缺性。然而，尽管在货币市场中存在这些问题，根据16世纪如马勒斯特瓦①的分析，价格上涨不过是一种货币贬值，是一种票面价值的提升，因为"对于同等

---

① 让·德·马勒斯特瓦（Jean de Malestroit），法国16世纪经济学家。

数量的小麦，人们总是支付同样重量的金银"（MC, 182）。这种在主体活动中的价值同一忽略了市场影响，即忽视主体的活动变量，揭示出对事物的固执。甚至两年后，让·博丹（Jean Bodin）观察到，价格上涨并不是票面上的上涨，而是由于"给予事物估价和价格的事物的富裕"（MC, 183），这是财富只依据财富本身衡量的另一证据，也就是说，主体间的交换并不改变价值。

这一点与 16 世纪主体的位置相符合。在 16 世纪，主体在事物的相共性中实际上是自然缺席的。能指与所指都在事物的相共性中，不涉及任何认知主体的指称；同样地，货币和财富在同一个金属质料中体现出来，主体间的交换实际上依据财富间的相似性，而不是相反。因此，小宇宙与大宇宙之间的关系是通过天意建立的；同样，金属货币与商品的这种天意关系也能够固定珍贵金属的总体价值，并校准所有食品的价格。在天意之下，不仅财富缓慢增长，主体本身的需求和欲望也是缓慢增长的，也就是说，主体之欲求与自然之产出是相符的。"这种上天和穷尽的计算，只有上帝能够完成"（MC, 184），也许可以说：只有上帝缺席时主体才存在，反之亦然。

2. 17 世纪的价值理论：商品-货币

然而，16 世纪所建立的这种面貌，即"金属有价，它衡量所有价格，可以用金属交换所有有价之物"（MC, 186），从 17 世纪开始解体。不再是货币的内在财富支撑着其衡量和替换的功能，而是货币的第三个功能即交换成为另外两个功能的基础，将另外两个功能转化为自身的性质。不过，也正是在这第三个功能中，我们发现了主体，这也是其需求和欲望的显现之地。

奇怪的是，这种新面貌，这种颠覆，不是在别的地方出现，而恰恰是在重商主义的反思和实践中出现，也就是说，在那些"唯利是图"的主体中出现。乍一看，人们会把重商主义看成某种"货币主义"，因为他们系统性地混淆了财富与货币，但这种混淆绝不是一种非意愿的错误，而是"深思熟虑的关联"。在这种关联中，重商主义将本身曾作为财富的货币工具化，他们去除了货币的这个内在特征，将货币作为纯粹的表征加以利用，从而便于进行财富分析，并能够让决定何谓财富的需求或欲望主体显现出来。最终，一种集体性主体伴随主体的这种双重运动，在流通和交换中出现了。其中，货币和财富之间建立起一种奇特的自主和互逆关系。借着这种表征的和分析的普遍工具，主体介入财富领域，甚或是主体在进行交换，主体在相互交换。

在财富方面，被重商主义称作"财富"的事物必须是可被表征的欲望对象，也就是说，财富不仅仅是人之需求的对象，相对于其他财富来说还必须是可衡量的。这就像自然史中的特征一样，这种特征不是由自身的生命模式定义的，而是相对于其他生命物得以定义的，是通过它们之间的同一与差异得以定义的。对于财富来说，这个相对于其他财富的关系并不是相对于其他拥有自身价值的事物，而是相对于人的需求。正因为此，17 世纪的"货币获得其纯粹符号功能的价值"（MC, 187）：作为稀有金属的金或银用处很少；但作为货币，它们又是珍贵的。其珍贵之处并不在于金属本身的稀少性，而在于其交换功能，甚或在于其在使之珍贵的人类世界中进行衡量和替换的新品质。"财富之为财富，是因为我们认为它们是财富，就像我们的观念之为观念，是因为我们将其表征为此"（MC, 188），后者制造了意识形态（idéologie），前者制造了欲望形态（désiologie，先验欲望），它们共同制造了无存在的理想主体，无主体性的先验主体性。

在货币方面，贵金属相对于其他商品，有其自身的优点：持久、不灭、不变质、可分、可组合、可运输。不过，这些优点被用于更好地表征用于交换和分析的财富。这些优点，与其说是贵金属自身的"品质"，不如说是对于人类主体而言的二级或功能性品质。因此，说重商主义像追求财富那样追求货币是不恰当的，实际上，他们所追求的并不是货币本身的财富，而是货币所能代表的财富，在此意义上，我们称其为"人类所有可垂涎之物的创造者"（MC, 189），正是以此"普遍符号"之名，货币成为"珍贵的商品"。其价值不在于金属能指，就像语词的意义不再在语词本身，而是在其所表征的所指，也就是说，在于主体赋予它的价值。

但是，在古典时期，这一被指定的价值，也就是财富与货币的关系，并不完全是一种主体性的意志。重商主义虽然将货币从自身的金属价值中解放出来，但又将它封闭在流通和交换的功能之中，也就是说，货币价值虽然去除了金属的客观性，但随后又进入了金属的表征性，甚或是进入了一个承诺，欲望主体用这个承诺可以让别的欲望主体工作，将原始材料转化为商品，繁衍和制造文化，这就是我们所谓的"资本"。不过，在那个时代，资本只不过是财富的载体，正如霍奈克（Horneck）所说，资本是身体的血液，力量的精髓，它在交换中的表征和功能成为资本主义社会不可缺少的价值（MC, 191）。资本是没有自身物质财富的财富，它是在交换中牵引和发动财富的财富，这就给予欲望主体以制造新财富的条件。

3. 18 世纪的抵押：商品货币

18 世纪，货币的表征性与其表面的金属财富更加遥远，更加显示为让欲望主体工作的表征性符号，但此时，货币成为欲望主体间的一种完全协定。这是通过一系列历史事件得以揭示的：17 世纪末到 18 世纪前 15 年，"货币化的金属过于稀少"（MC, 193），这导致一系列货币贬值和价格上涨。结果就是，1701 年，出现了最早的纸币，并很快由国债取代（MC, 193）。尽管后来，符号-货币的支持者通过建立"稳定的金属货币"，化解了危机，但符号-货币与商品-货币的对立只是表面的，它们二者来自同一个部署：抵押-货币。这一点，在沃恩（Vaughan）、洛克和麦隆（Melon）那里已经有所揭示："金银是普遍协定、抵押、等价物，或是所有为人所用之物的共同尺度。"[①] 也就是说，16 世纪的符号-货币实际上已经是一种普遍协定，17 世纪的商品-货币也是如此。"货币，就是一种坚固的记忆，一种具有双重性的表征，一种有差别的交换"，"一种得自普遍同意的筹码"，它的诞生是为了"不完善的交易"，一种悬置补偿的交换，"一种许诺和等待相反交换的不完全操作，通过这个相反交换，抵押就会恢复到其实际的内容"。（MC, 194）在这个意义上，符号-货币与商品-货币没有区别，二者都是为交易所进行的抵押，都是对一种悬置财富的协定。

但是，这些货币形式又有深刻的差别，只是并非通过抵押的部署，而是通过使抵押成为可能的"担保"，更确切地说，是通过为缺席或悬置之物提供担保的承诺。这一点被福柯称作古典时期财富分析的"异端点"（le point d'hérésie），符号-货币是"由

---

① Jean-François Melon (1675–1738), *Essai politique sur le commerce*, 1734 ；参见 M. Foucault, *Les mots et les choses*, Paris, Édition Gallimard, 1966, p. 194。

制成这种货币之材料的商品价值"维持的，而商品-货币和抵押-货币是"由在其之外，但通过集体同意或君主意志关联起来的另一种商品"（MC, 194）保障的。纸币正是凭借后者才成为可能。纸币先驱约翰·劳（John Law）与杜尔哥（Turgot）坚持金属货币的反对者之间的对立，认为这是信用货币的基础，因为他们都没有逃脱同样的原则，即必须保障货币作为符号、共同尺度的价值；因为一个符号或一种共同尺度是由所指的缺席或悬置决定的，也就是说，表征总是要求能指与所指的分离。"在约翰·劳与其批评者之间，对立只涉及抵押物与被抵押物的距离"（MC, 195）。正是在这个从抵押物到被抵押物的距离中，在这个能指与所指不可避免的分离中，古典时期的主体性、主体空间才得以存在。

但这绝不是主体或主体性的纯粹空间。一旦主体选择了抵押，不但抵押物和被抵押物就被稳定地定义，而且主体本身也被决定，并失去了他的主体性。这首先表现在价格领域。由于价格只是"货币数量"与"商品数量"的一个简单比例，受到"数量法则"支配，所以"流通中金属总量的增长会使商品价格上涨"（MC, 196）。"只要用任意一种食品做稳定标记即可"（MC, 196），价格只是表征的普遍力量，特定数量的货币与特定数量的商品之间的一个比例，"因此，没有正确的价格"（MC, 197）。这就像语言领域中的通名，自然史领域中的特征：符号越简单和抽象，就能覆盖越大的一般性和越多的事物；同样，为了让货币代表更多的财富，它必须在支付中以最快的速度流通，就像特征的广延随着分组中的种类数量增加而增加。但如果真实的财富并没有像流通中货币所代表的财富那样增加，就会出现危机。

不过，在这个法则中，主体所能找到的位置正如约翰·劳所示，当金属的稀缺性或其商品价值的变动（就像格勒善法则那样）改变了价格，主体就用纸币替换金属货币，主体改变货币的抵押，根据交换需求修改货币量，这就是在"数量法则"中、在表征机制中，人所能占据的唯一位置。尽管不存在内在正确的价格，但存在修正的价格，集体主体就是在这里回应表征的危机；正是通过"最优比例"，获得了"最佳图板"；正是通过这个"最佳图板"，国家政治才得以出现。这可以从以下两个方面分析。

第一，在一个孤立的国家中，货币量是由四个变量决定的：交换中的商品数量、物物交换以外的商品数量、金属总量和支付速度（MC, 198-199）。例如在理查德·坎蒂隆[①]那里，抵押物的数量就是"金属总量"，它并不代表所有"土地产出量"，而只代表在物物交换之外的部分，也就是说，不用来支付供养农民、人力、畜力以及雇主损耗的部分，即需要用货币代表或担保的部分，是缺席、可以被悬置的部分。坎蒂隆注意到，"工人工资是周结还是日结并不是无关紧要的"（MC, 199）。这意味着：一方面，只有为供养日常生活的部分需要直接补偿（否则工人和雇主就无法维系，企业就会终止），而其他所有部分都可以也可能悬置；另一方面，对于这部分不能悬置支付的部分，有一个可以进行操作调节的空间，这就是劳动主体的空间，即主体性的空间，这个主体性可以忍受贫穷或享受富裕——这是表征危机唯一可以

[①] 理查德·坎蒂隆（Richard Cantillon, 1680—1734），爱尔兰财政官和经济学家、重农论代表，因为约翰·劳的系统而在法国赚了很多钱。著有《一般性商业的自然属性》（*Essai sur la Nature du Commerce en Général*）[1755]，被认为是历史上第一部对经济学问题进行完整论述的著作，被现代经济学家视为"政治经济学的摇篮"。

进行调节的地方，也是表征诞生的地方。但这里起决定作用的并不是个体主体，也不是个人的主体性，因为一个个体不能同时忍受贫穷和享受富裕，不能同时让表征诞生并让表征缄默。这里起决定作用的是集体性主体，是群体的主体性：有的人忍受贫穷，有的人享受富裕；有的人决定纸币的数额，有的人承担这个数额带来的痛苦。

第二，在一个非孤立的国家，这一点会更为明显。因为在国家之间，不能用票面货币支付，"唯一的支付方式就是实物、根据重量估价的金属"（MC, 199），也就是说，这是物与物的交换，不是其表征的交换。不过，国家之间有两种交换活动：人口和铸币。一方面，在铸币方面，据坎蒂隆的理论，商业主体追逐在价格相对低的贫穷国家进行购买，但由于他们直接用金属交换，这导致了贫穷国家金属量的增加，因而会导致这个贫穷国家的价格上涨；由此，商业主体又会重新寻求在另一个价格较低的贫穷国家进行购买，这就会减少上一个贫穷国家的金属量，导致它重新陷入贫穷。另一方面，在人口方面，趋势是相反的：劳动主体会流向铸币丰富、价格较高的富裕国家，这样，他们的工资会比较高，正如福柯所说，这种运动"会不断加重已然贫穷国家的贫困，并反过来增加富裕国家的繁荣"（MC, 200），因为随着劳动力的流入，富裕国家可以牟取更多的财富，反之亦然。正是在人口与铸币两种相反运动的混合之地，诞生了国家政治："一个既自然又商议的混合"（MC, 201），一种以国家繁荣为目的的集体主体性，一个相对于每个国民而代表"普遍"意志的国家主体，这个主体会无限制地延续金属量的增加，而让相对于其他国家的价格不上涨，以带来劳工数量及其产品数量的增加。

这样的分析，不仅揭示了"在人类活动秩序中的进步概念"（MC, 201），也就是福柯说的"时间性标志"，还揭示了用这种"进步"证明其合理性的国家政治，即"主体性标志"。因为货币表示财富的表征游戏只有在不断被商议理论纠正，只有在"政治维持其表征性的恒定"（MC, 202），才是可能的和可持续的。

4. 价值理论：重农主义与边际主义

从一个纵向的平面还能更深地揭示出这种主体政治，这就是价值理论的平面。因为这个理论能够回答需求对象和交换中的欲望问题。在古典时期，对这个问题的回答分为两个表面上相敌对的理论：重农主义与边际主义。但它们相对立的方式，就像语言理论中的赋指与指称：一个确定交换条件，即确定"对象（交换随后将定义其价值）的形成与诞生"；一个解释交换行为中给予或获得的价值，即"需求对象即有用对象基于交换的价值"（MC, 204）。

首先，在重农主义那里，价值只存在于交换中，在那里，物产（bien）的剩余被认为是他人需求的对象，正如魁奈（Quesnay）所言，空气、水以及一切为所有人共有的非交易的物产只是物产，不是财富（MC, 205, note 1）。不过，商业主体可以将这些物产转化为财富，但商业主体不是这些物产的来源，也不是财富的来源。相反，商业主体从某些剩余中抽出一些物产，以便用其交换其他物产。其次，工业主体也不在交换中。来自制造的价值增加如同来自商业的价值增加，工人和雇主的生活资料及其利润，如同商业成本，都只不过是对被交换物产之剩余的消费，"为了制造财富，必须牺牲物产"（MC, 206），而这个牺牲就在工人的消费以及企业主的空闲之中，"价值只出现在物产消失的地方"（MC, 207）。在此，正是那些在此将物产转化为财富过程中的商业主体、工业主体和消费主体，形成了"一个它们本身所消费生活资料的价格"（MC, 207）。产品的这个价格代表了参与产品生产直到销售的所有主体的消费。在此意义上，主体虽然不是剩余物产的来源，但主体是通过消费这些剩余物产来决定其价格的人；商业主体或劳动主体都是消费主体，都是按照自身需求衡量被交换物价值的主体。因此，作为有偿劳动者的农业主体也不是被交换剩余的来源，而是与工人、商人一样参与衡量价值的人。所以，物产的价值衡量是通过主体的消费定义的，也就是说，是通过那些以越来越高的价格使物产得以流通的人的需求决定的。因为所有参与者都要从中抽取用于自身生活资料的提成，也就是说，"利润"必须满足工人必要的生活资料，必须满足企业主的纯粹空闲。促使产品或物产流通的需求实际上是在产品多样化形式中蕴涵消费主体所有需求的要求，即使最终产品本身并不真的是某种需求。

　　然而，由于农业主体与自然有物质交换，"他激发了自然丰富的繁殖力"（MC, 207）。对于重农主义者来说，所有有偿主体能够从中获益的被交换剩余正在于这个"丰富的繁殖力"中，正是多亏产出物产但又不消费这些物产的自然，才会有超出农业主体、制造主体、商业主体欲望的剩余物产，才会有能够养活流通中所有经手人的这些剩余物产。"农业，是唯一一个由生产带来的价值增长不等于制造者给养的领域……这里存在一个不可见的生产者，它不需要任何报偿……一个神圣的制造者……甚至是所有物产、所有财富的制造者"（MC, 208）。在此意义上，被交换的剩余不是来自任何主体，而是来自自然。

　　边际主义者与重农主义者一样，也处于交换系统中，只会放弃需求的剩余并用来交换主体的其他需求。但不同的是，边际主义者不像重农主义者那样提出这样的问题，即"一种物产以什么样的代价才能够在交换系统中获得某种价值"（MC, 209）。边际主义者不在价值所指称的事物本身中寻找价值的要素，他们关注的是"在这同样的交换系统中，某种估价判断能够转化为价格的条件"（MC, 209），他们分析有关主体的条件，而不是有关事物的要素。这也是为什么边际主义理论如此接近"心理学"（MC, 204）和功效主义（MC, 209）的原因：他们的出发点是功效、有用的评价，是对事物既绝对又相对的"评估性价值"：绝对是因为这个价值不是相对于任何其他事物，相对是因为这个价值总是按照主体的渴望、欲望或需求来评估的。

由此，对于边际主义者来说，交换是"功效的缔造者"，因为当人们只在乎功效评价的时候，只有一个事物能够比另一个事物带来更多的好处（就像重农主义那里的剩余，但这里是评价中的剩余），这个事物才能成为二者进行交换的对象，"它为一个人提供了至此在另一个人那里不怎么有用处的价值"（MC, 210）。

价值评估不是建立于两个事物的比较，而是建立于两种需求的比较，在后一种比较中，商业主体"对其所获得的事物比对其所抛弃的事物有更高的估价"（MC, 211）。这个更高的价值，按照格拉斯兰（Graslin）所言，是"事物偶然的属性，它只取决于人的需求"[①]（MC, 212）。所以，这种类型的交换能够创造价值。例如，钻石对于饥饿的人来说毫无价值，但对于那些除了出众别无所求的人来说价值昂贵。在这种情况下，主体间的交换在一种无用的对象上创造了某种价值。另一个例子，边际主义者总是寻

---

① J.-J.-Louis Graslin (1728–1790), *Essai analytique sur la richesse et sur l'impôt*, Londres, 1767.

求新的有用性，因为在给定时期，财富总量是有限的；创新性能够满足额外的需求，为了让新价值在有限的财富总量中占有一席之地，原始需求的价值必须缩减。在这种情况下，为了创造新价值，交换使更有用的事物变得更无用。

尽管重农主义与边际主义存在这些差异，一个是"通过财富的存在来解释价值的逐步划分"，另一个是"在交换的关联之上为事物赋予某种价值"（MC, 213），但二者都预先假设了同样的基础：财富来自土地。因此，在重农主义那里，所有参与交换的主体都能在剩余中抽取自己的那一部分；在边际主义那里，某个时期的财富总量是稳定的，新的估价价值能够通过缩减原始需求而分得一部分比例。二者都将事物的价值与交换联系起来，但一个是交换消费剩余价值，一个是交换创造剩余价值。在考古学研究层面，正如福柯所说，为了"定义在融贯和同时性形式中能够思考的条件"，"重农主义"知识与"功利主义"知识没有区别，二者分享同一个如同语言和自然史领域的四边形：重农主义价值理论通过自然剩余解释了评估性价值的关联，边际主义价值理论通过人的需求指出了评估性价值的赋指，符号–货币理论解释了财富符号原始和基础的指称，商品–货币理论指出了从能指到所指的二次和名义上的衍生。

然而，这个四边形，这个古典时期的主体部署，通过对一个强形而上学意义的系词"是"的想象，肯定了比邻性和相共性，通过强科学意义上的名称的表征，定义了无断裂的存在论；这个四边形在 18 世纪末遭遇了自身的极限，这个通过主客共享的部署所建构的存在之古典主义完满性，将会在其自身奇怪的（既是形而上学的又是科学的）运动中沉默。

第三章

意指：先验主体

第一节　批判与先验主体性

一、萨德与康德

福柯通过对古典时期（17—18世纪）的考古学研究，描画了经验秩序的一个一般性的组构方式。在这个组构方式中，财富分析、自然史和普遍语法都服从同一个四边形构型（赋指-关联-指称-衍生）。但在语言领域，在指称和衍生之间，存在着我思想象的滑移问题，也就是说，我思的反思会繁衍错误。因而就需要一个类似于编码化了的组合艺术（Ars combinatoria）[①]，比如百科全书或辞海，以便控制那些由话语主体造成的不完美的改动。如

---

① 参照莱布尼茨的《论组合》（*Ars combinatoria*）；参见 M. Foucault, *Les mots et les choses*, Paris, Édition Gallimard, 1966, Paris, Édition Gallimard, 1966, p. 217。

果自然史和财富分析真的与语言一起分享着认知主体的同一个部署，那么它们也就极有可能在认知主体那里出现同样不融洽的缺陷。然而，自然史和财富分析都没有这个问题。作为科学的自然史和作为体制的财富运转完全由人创造和控制，组合艺术在（自然和财富概念）表征之初就已植入其中。系统化或方法化而来的自然特征（命名），由偏好而来的（财富）价值评估，早就像对大自然和诸财富的解读宝典一样发生作用了。这些预先编码化的操作也许能够一次性地避免那些认知主体产生的即兴错误，但它们同时也排除了生命体的各种不可见多样性以及价格的自然动荡。通过假设一个阳光普照全体通透的存在论，它们才能呈现为完美的科学。"对经验性的秩序化从而与构成古典时期的思想特征的存在论相关联"（MC, 219），一个旨在逃脱认知主体自发性的存在论，却最终落入认知主体自身的计算之中。这个计算不是别的，正是表征。表征是古典时期认知主体的存在模式，"整个古典秩序系统，这一整个使我们能够认识事物的庞大的分类……在表征表现自身的时候，通过表征展开于表征自身内部的开放空间中"（MC, 222）。语言、自然和欲望不过是语词、生命和需求的表征，一个在事物之外同时反映事物的表征。

在此意义上，古典时期思想的结束只能是一种"表征的隐退"，正如福柯所说，这是一个"对于表征在语言、生命与需求中的解脱……通过一个作为意识的形而上学背面的自由、欲望或意志的巨大推动。某种意愿或力量将涌现在现代经验中"。[①] 那

---

① 对福柯来说，现代经验是指 19 世纪以来以康德哲学为代表的经验形态。参见 M. Foucault, *Les mots et les choses*, Paris, Édition Gallimard, 1966, Paris, Édition Gallimard, 1966, p. 222。

么，什么是这个作为"意识的形而上学背面"的"意愿"，什么是这个将经验性从人之镜中解放出来的"意识的形而上学背面"呢？这个"自由、欲望或意志的巨大推动"将我们的经验解放到哪里呢？

萨德是第一个回答这些问题的人，就像堂吉诃德是第一个悄悄埋下这些问题的人，换言之，堂吉诃德是第一个自我封闭在表征中的人，萨德则是最后一个表达出"欲望的无法之法"与"话语性表征细枝末节的组构"（MC, 222）之间，也就是"物"与"词"之间奇特的平衡和互逆性的人。

"说话或写作……就是逐步走向命名的独立行为，通过语言，走到词与物互相缠绕在它们共同本质的地方，这也是之所以能够给它们一个名字的地方"（MC, 133）。但这个有着词与物共同本质的地方是一个古典时期的乌托邦，"名称"本身就意味着无尽的悬搁。因为"名称"的出现本身就已经是事物的缺席，能指与所指不可避免的分离是"名称"的同胞产物，"名称"的可能性本身，也就是命名，是与修辞性相共性相关联的。因为这个词与物的共同之地就是相共性（相似性）空间，词与物在这里彼此包围、互相游荡。而名称不过是一个转瞬即逝之物，它出现在最后一刻，它填满并因而取消了事物本身的形象，它在竭尽全力的同时扼杀了说的可能性。这就是"语言经验从《克莱夫王妃》中的克制坦白到《朱丽叶》中的直接暴力"（MC, 134）。是萨德穷尽了修辞的形象来表达"欲望"，但这个总是被重复的名词"欲望"不过是要使欲望不可定义的形象显现出来而已。这个名词"欲望"在欲望的鲜活身体中（作者萨德的身体）四处乱窜，却始终不能触及欲望本身，因为欲望被它的名词"欲望"，被这个关于欲望的话语给搁置了。或者又可以说，通过这个名词"欲望"在作者身体里的无穷游历，欲望变得神秘了，成为它自身的退隐，成为一个没有限制的限制，"无法之法"。因此可以说，正是这个表征系统使萨德这样的"放纵者"成为可能，因为只有在话语秩序中，欲望才能有它没有限制的"限制"，无法的"法"，无处可在的"场所"，不存在的共存。

放纵的（思想）生活在这个话语秩序中得以解放，"放纵"的原则以一种相反却又确切的方式符应了表征的原则："所有表征都必须触发欲望之躯，所有欲望都必须在表征性话语的纯粹光亮中被说出。"[1] 不仅欲望产生表征，表征也会产生欲望。正是在这一点上，萨德回答了解脱表征的问题，"名称"在去往事物本身的途中，在达到其所指的承诺的无限搁置中获得自我释放，也就是说，表征在永不抵达地指向其意指的途中获得自由。在此意义上，萨德是第一个康德主义者，也就是说，萨德与康德的同时代性并不是偶然。这就是福柯所称的萨德的"对表征的有组织放纵"，是"在身体的联合性和理性的连贯性之间的精心平衡"。这不像堂吉诃德那样是一种对相共性表征的可笑胜利，这是胜利的另一端，是不完全表征（意指）对完全表征的悖论性胜利。

能指与所指的命运于是在萨德笔下表现为贾斯亭与朱丽叶这样的角色。贾斯亭是"欲望的无限对象"，她是欲望全部表征的所指。但在她那里，被意指的欲望与进行意指（欲求）的"欲望"只有通过一个"他者"的出现才能进行沟通：一个将她视为

---

[1] 也即"语言即做事（制造快感），不可说也得说（不说谁知道你有没有）"之意。参见 M. Foucault, *Les mots et les choses*, Paris, Édition Gallimard, 1966, p. 222。

欲望对象的他者。对贾斯亭来说，被意指的不可抵达的欲望对欲望所知甚少，仅仅有一个"轻薄、遥远、外在和冰封的表征"（MC, 223）。对于朱丽叶来说，她是"所有可能欲望的主体"，她不是欲望的能指，她是在这个能指中自我囚禁的人，她的所有欲望"由表征毫无遗漏地再现，理性地建立为语词并有意识地转化为场景"（MC, 223）。因而朱丽叶是傀儡主体、能指木偶，她所有的欲望、暴力、野蛮及最终的死亡只不过是"表格①中闪烁的表征"，一个塞满表征空洞形象之繁衍和联合的表格。在此意义上，朱丽叶的非理性或可笑毫不逊色于堂吉诃德，她几乎是在做与堂吉诃德相同的事情：她以相似性和表征为阶，步步前进。她以为在追随自身的欲望，她以为自己是自身自由的主人，但她只不过是沉溺在"自身表征的迷宫"之中，因为她的这个自我的欲望并不是她自身的主体性或自身的自由，而是表征的一个无比强大而合理、无比深刻而不可逆转的重新组织。因而，要去靠齐欲望可能性的努力越大，在意指迷宫的厚度中迷失的就越多。被表征遗弃在远方的待饮汪洋（"物自体"）也许不应该在其阴影中寻求，至少不应该在像贾斯亭（康德）那样孤独而又自我繁衍旺盛的牵线木偶（"表象"）那里寻求。

然而，萨德只不过是 19 世纪的"曙光"之一。在这"曙光"里，表征从其陈旧的镜像原则中解脱出来，并通过外部条件重新组织。在经验领域，不再是"表征的单纯自我重叠"（MC, 250）在起作用，就像福柯所强调的，一个神秘事件正在悄然发生，经验"被一下子卷入同一个断裂"（MC, 251）。那么到底是什么样

---

① "表格"一词是对法语词 tableau 的双重翻译，取"表征的格板"之意。

的断裂呢？什么是抛弃表征基础（"物自体"）的必要性呢？或者，还是那同一个问题：经验去向何处？

这个神秘事件涉及"表征与其所表征之物的关系"，也就是说，表征的各种要素之间的关联、秩序、表格和连续不再建立在表征活动之上。各要素的组合和分解、分析和综合不再能自证其合法性。"这些关联的基础从此处于表征活动之外，在其当下的可见性之外，在某种比可见性更深更厚的后方世界（arrière-monde）。"（MC, 252）

这个"后方世界"，这个"连结存在可见形式"的点，这个"必然而又永不可及"的顶峰"在我们的视野之外，隐没于（在我们的观看之外）事物正中"。现代思想将其发掘为一种"依据同样形式分配其表征的恒定性"，这些恒定的表征定义了一个内在空间，一个自主的土壤，一个对于我们的表征来说在外部的事物。这一自此开始组织所有事物的恒定力量不再存在于表征与被表征的关系之中，或者更确切地说，给予表征以秩序的，不再是被表征的事物，而是进行表征的事物中恒定的部分。表征不再是"认知与事物的共同存在方式"，"被表征事物的存在本身现在将落于表征本身之外"（MC, 253）。那么表征还剩下什么呢？认知的恒定部分，这就是康德所说的"纯粹理性"领域。

为了解释这个断裂的"必然性"，福柯引领我们去考察18世纪末观念论（意识形态）和批判哲学的共存：这二者既相互区别，又步伐一致，它们分享着"科学性反思所维持的注定很快要分离的统一体"（MC, 253）。也就是说，姑且不论观念论与批判哲学之间的区别甚或对立，它们的出发点是一样的，也就是"科学性反思"；也正因如此，观念论和批判哲学最终分道扬镳相互对立，因为"科学性反思"本身蕴藏着不可避免的悖论。下面我们将分析"科学性反思"这个悖论的两个方面。

1."科学性反思"悖论的一个方面是关于"观念论"。观念论只能出现在观念与符号"不再完美地彼此通透"（MC, 79）的时刻，也就是说，古典时期的这种观念与符号之间当即的从属性变得模糊了。这其实正是表征的一个必然条件，因为表征必须从诸多观念中抽取一个符号，一个既区别于这些观念又能够表达这些观念的符号。正是在观念与符号既混沌又分离的关系基础上，观念论可以扮演两个角色：一个角色是作为"哲学所能披上的唯一一个理性和科学性的形式"，在此形式上，观念和符号彼此紧密相连，就好像它们是彼此通透的一样；另一个角色是作为"唯一一个可以作为一般性科学和各个知识领域的哲学性奠基"（MC, 253），因为它是"观念的科学"。这些观念，不再是与各个个别领域的科学有着独特关联的观念，而是"同一类型的认知"，是对所有科学都普适的，一种以普遍方式化约成可以用所有科学共有的语词表达的观念，更确切地说，这是所有认知主体共有（所谓"科学性"原则）的语词。这些语词在纯粹推理中重新联结，而不再与事物本身相符应的符号① 相关联，这也是为什么"语法"和"逻辑"在观念论里既本质又主导。从而，建立在语词纯粹推理基础上的观念论，也就是我们所说的分析哲学，"不拷问表征的基础、界限或者根源"，它只关注表征的结果、对表征的表征、一般性、必然连续性、后续的法则以及相近表征并置下在逻辑上可能的各种可能组合。正是在这个意义上，观念论

---

① "符号"一词的法文是 signe，这里是指附着在事物本身属于事物本身的元素，比如杨桃剖面的五角星。

是"所有知识的知识"。

　　然而，只要观念论还建立在表征基础上，它就不能摆脱表征的当即性。18 世纪末观念论的一个内在悖论就是：作为科学性的目标要求认知主体有一个决定性的普遍性，而表征性基础在有待认知的诸存在那里又涌现着持续不懈的多样性。对于后面这一点，德斯特①在《意识形态诸要素》中仍有这样的表述："当你们有一个观点，形成一个判断，你们会说：我是这样想的。很明显，拥有一个正确或错误的判断，这是一个思想行为；这个行为在于感觉到存在着一个关系，一个关联……思考，如你们所见，总是感觉。"②福柯进一步提出，把思想定义为感觉能够"很好地涵盖而不出离表征的整个领域"（MC, 254），因为感觉领域是认知主体接触存在的地方，是它们彼此分离地共存之地，有着最大限度的沟通和独立。然而，德斯特重返的并不是世界与思想共享的"感觉"的整个领域，而仅仅是认知主体所能够察觉的"最初形式""最低限内容"以及"生态学条件"。从而，感觉的复杂领域被化简和破解为一种"动物学独特性"，对世界的认识转换到人类理智能力一隅。18 世纪末科学性极强的这一时刻没有朝向思想更广阔的维度，而是在"通过（思想的）最外围触碰"世界，继而产生了"人的自然科学"，一条与存在论道路同样重要的认

---

① 德斯特·德·特拉西（Destutt de Tracy，1754—1836），哲学、政治家，法国大革命的将军。著有《意识形态诸要素》，被认为是首先提出"意识形态"（idéologie）一词的哲学家。idéologie 在哲学上又可称为"观念论"。但"观念论"和"意识形态"两个词的意思分别在后来的哲学和社会政治领域中被衍生扩展了。这里因为在讨论"观念论（意识形态）"这一说法的诞生，翻译上取"观念论"一词，意义上应在原生性上进行理解，即排除现代哲学史对其的定义。

② Destutt de Tracey, *Éléments d'Idéologie*；参见 M. Foucault, *Les mots et les choses*, Paris, Édition Gallimard, 1966, p. 254。

知科学道路，但二者完全相分离。

2.“科学性反思”悖论的另一方面是关于批判哲学。康德的批判哲学同时引入了认知科学道路的另一入口和存在论道路的决定之门，这一切只为回答同一个问题：表征自身之间的关系。将表征内容缩减到“意识与被动性边缘……纯粹和简单感觉……”的表征层面的拷问，要等到康德哲学和观念论的生发。然而，康德提出了一个“在其一般性中使之成为可能的”向度，这就是著名的随后处于主导地位的先验向度，它建立了定义纯粹印象（而不是感觉）的“普遍有效形式”的条件。尽管康德提出的问题是“表征何以可能的条件”，但我们不能期待他因而会在存在本身的领域，那个事物本身与表征尚未混杂的领域，去寻求表征的“基础、界限或根源”。18 世纪末表征的主导地位和科学的功成名就，就像烙印般将康德引向深刻而又退却的认知，他在已然被认知主体融合得模糊不清的表征领域正确地观察到：不是表征本身（物自体方面）在进行分解和重组，而是经验判断或经验观察建立在这些表征的内容之上。

如果说康德在这一点上不无道理，这不是因为存在本身的认知大门是关闭的，而是因为康德所批判的认知本就是已经被整合到无差别地混杂着表征与存在本身的表征领域。不是存在世界对认知主体是关闭的，而是表征世界原本就是被认知主体所建构从而摧毁的道路。无论是斥责主体性的自发性，还是斥责认知主体相对于多样性自然世界的不完美计算，对认知主体的不信任自笛卡尔伊始，至康德则成为不可避免的问题。在康德那里，为发现表征间的关系（古典时期的真理，以表征为基础的真理），不仅是要排斥疯狂（如笛卡尔），还是要排斥人的所有可能的经验，

"所有的关联，如果要成为普遍的，就必须建立在经验之外，建立在使之成为可能的先天性上"（MC, 255）。康德因此引入了一个奇怪的空间：这不是存在本身所在之地（认知主体包括在内），而是认知主体的表征空间；然而，这也不是认知主体自发和自然地表征事物的空间，而是一个为了使所有主体都普遍能"见"，也就是说为了能够是"科学的"，而精心挑选的表征的孤岛。因而从康德以来，真理呈现为表征的一个确定领域，一个坚固硬实的孤岛，一个在表征下变幻莫测的阴影海域之上漂浮的乌托邦。

在福柯看来，观念论和批判哲学都是建立在表征系统之上的，前者是古典时期哲学的末代哲学，后者是现代哲学的先锋。所有观念论在表征领域尝试寻求的反思，"从原始印象，经由逻辑、算术、自然科学和语法，直至政治经济学"（MC, 255），[①] 正在表征之外建构和重组，这些表征原本是可以提供给观念和符号以共存之地；但也同时在表征之中建构和重组，但这已是认知主体的一个空洞、孤立和抽象的意识之地。然而，康德所代表的现代哲学是一种根据权利（正当性）的界限来考察表征的哲学。也就是说，由于表征本身被关于"其基础、起源和边界"的批判所质疑，整个表征空间就应该退出知识和科学思想。所有古典时期（包括观念论）试图在认知主体的观念与事物存在的符号之间建立共有和无限空间的努力，被批判为"未警醒教条"的建构，就像从未自证其正当性的形而上学努力。以此看来，康德批判对"18世纪哲学仅用表征分析来化约（世界）的形而上学维度"（MC, 256）的异议是极有道理的，但问题在于，镜子的可能扭

---

① 这一过程（自然科学、语法和政治经济学）将在下一节"主体的先验性"进行讨论。

曲是否是放弃所有镜子的充足理由？尽管这个古典时期的形而上学选择是可疑的，但康德其实是从建构性扭曲的道路走向完全建构，即建构"另一种形而上学，其意图是在表征之外追问所有作为表征来源和起源的事物"（MC, 256）。在批判的漩涡，或更确切地说，在批判的眩晕中，对于"我们的经验被解放到哪里"这个问题的回答就变得清晰了。

二、批判的胜利

古典时期的"理知"在认知可能性的基础上将表征变为可秩序化的类似砾岩的团块，现代思想为了消解这个表征的团块，在回答"我们的经验何在？"这个问题时，用批判哲学的话语，即在回答表征间关系的条件问题时，将问题分化为两个维度。

第一个维度在于"在一般意义上使之成为可能的"（MC, 256），也就是在主体方面。康德在主体领域提出的问题使得创造一个主体的先验领域成为可能：先验主体永远也不会是经验的（康德的遗产），因此这个先验主体是在个体主体性的自发性之外的；不过，因为没有"理智直观"，主体的先验性或表征关系的先天明见性也不应在神秘心灵或神示奇迹之中寻找，而应在一般意义上经验的形式条件（笛卡尔的遗产）之中寻找。这样，笛卡尔的认知主体直接"感觉"的优势仍然保留着，而康德关于主体经验普遍性的批判因此在一个先验的、比笛卡尔式主体更为形式化的主体中得到解决。

第二个维度在于"被表征的存在本身"（MC, 257）。在所有表征有一个先验主体之前，也就是在康德哲学之前，被表征的存在（与那些未被表征的存在一起）这个第二个维度是独立和自治的，这些存在与认知主体的表征并置甚或融合在一起，构成了我们经验的一个混合来源。但在康德批判之后，不仅认知主体领域上升为表征的先验（表征之外的）条件，而且被表征存在整个从认知领域抽除了。在存在与表征之间，没有任何需要判断或肯定的事物，对于人类认知来说，它们之间不存在垂直的关联。关于"经验可能性的条件"的批判性问题因此转化为康德式关于"对象及其存在之可能性的条件"（MC, 257）的问题。哲学批判以康德式批判告终。因而"被表征的存在本身"被转化为主体领域，因为"经验对象的可能性"已经预设了一个先于所有经验的主体。因此，"科学的实证性"不再在于"实证性"（即存在的反射因对于多样化存在的自发表征而多变），而是在于"科学"（即反思由先验主体先天地组织好了）。从此，实证性实际上缄默了，科学转化为客观性，转化为客观性认知，这不是因为存在更为真实了，而是因为主体变得更为"先天""先验"甚或"形式化""普遍化"。在此意义上，科学的普遍性并不是来自所有真实的事物，而是来自先验主体。在实证性缄默的地方，先验哲学主宰一切：诸存在物在认知（表征）之外，但它们是认知（表征）的条件，就像先验主体一样，只不过是以另一种方式；没有人知道这二者是否朝向同样的表征，但我们知道（假设）只存在一个世界；如果后者朝向一个普遍的认知，这就应该是真理。因而，形式化的先验性领域代替了这个存在与真理的领域。

1. 先验属性

因此，在 19 世纪以来的劳动、生命和语言领域，出现了种种先验属性（transcendentaux），也就是说，这些领域并不直接认知有关生产、生命存在、语言形式的法则，而是这些先验属性使这些事物成为可能，这也是为什么福柯说"它们在认知之外，但正因如此，它们是认知的条件"（MC, 257）。但这些领域与康德所发现的先验领域有两点本质区别。

首先，这些先验属性属于对象，而康德的"先验性"属于主体。尽管事实上这些先验属性在年代上是后康德的（从 19 世纪开始），但它们还保留着"前批判时期"的特征，即这些先验属性还会将认知起源上溯至存在物本身；它们将现象汇总起来，自称是经验多样性的先天一致性，但这些先验属性依赖一种先于所有认知的神秘现实，它们因此绕过像康德那样的"先验主体性"。不过，福柯将这些先验属性置于与康德的先验性相同的考古学层面，因为这些劳动、生命和语言的先验属性，只有在限制自发经验并将个体性表征普遍化的情况下，才是可能的。换言之，"表征领域预先就是受限的"（MC, 258）。这个领域既是非主体的，又是先验性的。

其次，这些先验属性应用于后天真理及其综合的原则，而康德的"先验性"揭示的则是所有可能经验的先天综合。这些先验属性之所以是后天的，是因为它们涉及的是给予经验的现象；它们之所以是先验的，是因为它们涉及我们的理性（rationalité）及其思想连贯所依赖的"客观基础"，但这个"客观基础"本身又是不可进入、不可知的。这些后天的先验属性与康德批判是相适应的，它们将实体、本质和诸存在物置于认知之外（在表征之外，根据名称原则，符号与观念彻底分离），但它们允许进入现象、法则、规律以及同时是经验（后天）和先验（形而上学）的要素。

由此，我们的经验就被安置在一个三角空间中：批判-实证-

形而上学（MC, 258）。从康德批判开始，存在的世界就彻底不可由认知（实际上，是不可由对表征意义的认知）进入。结果就是，一方面，这个错位诞生了建立在永不可"客观化"（也就是通过表征性认知永远无法进入的）基础上的诸形而上学，但这个基础能够产生我们"表面认知"的对象，也就是说，这个基础是我们表征的来源；另一方面，这个错位也会促成致力于观察就能够给予实证认知之事物的实证主义哲学。

这两个结果表面上是对立的，但在考古学层面，它们是彼此支撑的：如果没有实证经验，奠基的形而上学或先验属性就失去了它们的攻击点；如果没有对可认知事物的绝对奠基和理性（一种先天的理性主体性）的假设，实证主义就无以自证。因此，尽管实证主义似乎是在处理对象的先验属性，但一种先验主体性已经在这个实证主义的可能性和正当性中蕴含；如果实证主义不能避免康德批判的陷阱，或更确切地说，避免表征悖论的陷阱，它就永远不能逃脱这个决定性的三角，不能逃脱这些先验主体性的形而上学。

2. 现代知识型

但从19世纪开始，这个康德陷阱，甚或是这个经过改善的表征陷阱，不仅不可避免，而且成为定义现代知识型的要素。

现代知识型的第一个特征就是人为的形式化或数学化。在古典时期，关于普遍性"理知"的计划很自然地通过量化科学及其对同一和差异的符号分析完成，通过将后天观念秩序化得以完成，在那里，伽利略对自然的数学化或机械论的基础只不过是加入"理知"的经验。从18世纪末开始，表征的关联，或更准确地说，符号和观念、分析和综合共享的关联，在批判哲学的影响下分化为两个领域：一个是"揭示逻辑和数学的先天科学、形式和纯粹科学、演绎科学"，这些科学安排观念和综合的领域；另一个是"只是以碎片化的方式并在狭隘局部化区域使用演绎形式的后天科学、经验科学"（MC, 259），这些科学负责符号和分析的领域。

这个决定性的认识论分离因而引起认识论上的无限忧虑，因为经验科学在观察中分离开来的符号与观念的存在论统一体（因为批判哲学指出，我们无法认识自己的观念，我们看到的只是表征，我们不应以表征为基础进行综合）为了能够继续成为科学的甚或是普遍的，必须重新找到甚或修复到另一个层级，也就是说，在"理知"中不能进入的，我们要在秩序的普遍科学中重新找到它的位置。由此，就出现了一系列改善科学的现代努力：数学分类化，演化等级制，归纳反思，同时是哲学奠基和形式证明的努力，纯粹哲学的企图（用数学形式化来纯化经验）。

然而，先验主体性对统一秩序的这个认识论重构不断遇到存在论的抵抗。例如，"生命不可化约的独特性"，"抵制一切方法论化约的人文科学的特定属性"（MC, 259）。形式化经验的失败也是康德计划的失败，后者预设了先验主体性以及客观但不可进入的基础；"批判"的"前批判"命运就是"早熟的数学化"或"天真的形式化"带来的教条主义，因为对表征关系的康德批判并没有逃脱表征自身的空间。

现代知识型的第二个特征是知识与哲学的关系是不可逆的。在古典时期，知识（甚至经验知识）与普遍"理知"保有持续和基本的关系，这使活"素材"（corpus）成为可能，也就是说，知识可以不断重新开始，而且，这种知识是所有认知的统一。古典时期的"理知"能够接纳知识在可见性表面上在混合但统一的图板中的所有可能性，不管是符号还是观念。从 19 世纪开始，"理知的统一体打碎了。打碎了两次"（MC, 260）：一次是"分析的纯粹形式"与"综合的法则"的分离，一次是"先验主体性"与"对象存在模式"的分离。正如我们在形式化的特征那里所发现的那样，这个双重断裂的修补只能以失败告终，其原因就在于这第二个特征，这种不可逆性，"知识不再能够在理知的被统一和具有统一性的基础上展开"（MC, 260）。的确有一个基础，但不再有重新开始；的确有先验的素材，但不是活的；知识不再与认知主体沟通，而成为绝对的支配者，完全忘记了认知主体是这个基础的一部分，这个基础本来并不区分主体和客体。

知识与哲学的不可逆性将"理知"划分为两个互不沟通的部分。一部分是形式和先验领域排斥或悬置所有经验内容；另一部分是经验性领域和客观基础，在这里，纯粹形式化被搁置一边，并被认为是不适宜的，甚或不具有为这个领域奠基的资格。正如福柯所强调的，或者说，正如福柯本人也对这种不可逆关系有所继承，这就像"对普遍性的哲学思考与真实知识领域不在同一个层次"（MC, 260）。

例如，在费希特的工作中，他从康德咒语所继承的先验领域，即表征的普遍条件，只不过是对"思想之纯粹、普遍和空洞的法则"（MC, 261）的演绎，这个普遍条件定义了现代哲学研究绕不开的两条道路：要么是"将所有先验反思带到形式主义分析中"，要么是"在先验主体性中发现所有形式主义的可能基石"，这二者实际上都陷在思想领域之中，换句话说，陷在认知主体的领域，而且仅仅在这一边。关于黑格尔，福柯认为是"哲学的"

另一个新篇章，这个新篇章接纳经验领域，但是从总体性上接纳的。这个新篇章也是与先验主体性联系在一起的，但并没有相互的沟通。至于胡塞尔的现象学计划，正如福柯所说，"在其可能性与不可能性的最深处"，确切表现了现代哲学的命运：现象学有兼顾两边的野心，"在先验类型的反思中扎根形式逻辑的权利和限制"，并"将先验主体性与经验内容暗含的境域联系起来"（MC, 261），现象学的构造、支撑和开启本身，只有通过"无尽的解释"才能完成。无论这些哲学家是否有意，人类学危险都在这里，并坚持不懈地威胁着所有辩证的事业。

也许，康德批判在 19 世纪只是引入了对这种人类学危险的警惕，在这种人类学危险中，认知主体的局限同时也是实存的具体形式，即在存在论中追问认识论的危险，用认知主体的相共性代替诸存在物的相共性的危险，人在与其他存在物的共存中迷失的危险。简言之，就是不再认识自己的危险。福柯的工作也许也不能逃脱这种危险，但他在面对这种危险的时候，致力于保持积极的警惕，将自己置于经验领域，反思"主体性、人类存在和局限性"，谨慎而非教条地继承康德的财富，"运用哲学的价值和功能，同时也限制或反对哲学"（MC, 261）。

第二节　主体的先验性

一、劳动主体：从亚当·斯密到大卫·李嘉图

众所周知，亚当·斯密 1776 年的《国民财富的性质和原因的研究》一书奠定了现代政治经济学的基础，正是亚当·斯密在

财富尤其是国家财富的分析领域引入了劳动的概念。然而，劳动作为财富尺度，并不是亚当·斯密的发明，这个概念在坎蒂隆、杜尔哥①、魁奈②、孔狄亚克③那里就已出现，在他们那里，劳动量已经开始用来衡量交换价值。不过，亚当·斯密的别出心裁是不容置疑的，劳动不再像坎蒂隆所说的那样是一个简单的测量工具，一个本身就是相对的并可以化约为维持工人及其家人生活的食物数量，而是"一个不可化约、不可跨越和绝对的测量单位"（MC, 235）。在亚当·斯密这里，劳动与财富的关系完全变了，财富的价值不再存在于所需求对象的内部，它不再是通过或凭借劳动所生产的需求对象来衡量，而是直接通过实际进行生产的劳动本身来衡量。

1. 亚当·斯密：劳动作为财富的度量

那么，这个其本身价值在市场和生产过程中就是可浮动的劳动，这个作为财富尺度的不可化约的劳动，究竟是什么呢？如果劳动不是通过维持工人及其家人生活的食物数量来衡量，那么什么是衡量劳动的第一要素呢？

18 世纪发明了一个衡量劳动的不可跨越的单位，即时间和劳苦，"作为一个工作日、劳苦和疲惫的劳动，是一个固定的要素"（MC, 236）。相对于一个工作日，食品供给充裕时，工人的食物消费数量可能会增加；相反，当食品供给缺乏时，工人的食

---

① 安·罗伯特·雅克·杜尔哥（Anne Robert Jacques Turgot, 1727—1781），法国经济学家，重农派重要代表人物。
② 弗朗索瓦·魁奈（François Quesnay, 1694—1774），法国经济学家，重农主义领袖。
③ 埃蒂耶那·博诺·德·孔狄亚克（Étienne Bonnot de Condillac, 1714—1780），法国哲学家，曾与狄德罗一起编撰《百科全书》，对启蒙运动产生重要影响。

物消费数量就会缩减。但食品供给市场的变化情况不会改变一个工作日的"时间、劳苦和疲惫"。同样，生产工艺效率高时，生产数量会提高；相反，效率低时，生产数量会减少。但生产工艺不会改变生产每个产品的工作量，因为同一工作日产品数量的提高会降低其交换价值，从而，生产更多、更便宜产品的劳动者，并不会比生产更少但更贵产品的劳动者具有更强的购买力。

由此看来，18 世纪对价值的衡量奇妙地脱离了需求和交换活动，而转化为对作为劳动主体（即对劳动者）的时间和劳苦的衡量。但这并不是说需求和交换退出了经济领域。需求总还是交换的原因，交换总还是生产和完善生产的动力。然而，亚当·斯密所做的正是对"交换的原因"和"可交换的尺度"进行区分，也就是说，"被交换物的属性"与"使之能够被分解的单位"不是一回事。对亚当·斯密来说，作为测量工具，后者比前者更受青睐，因为后者（人的时间，单位时间的劳苦和疲惫）是恒定的（即每个劳动者的生命都是有限的），而前者（对产品的需求）随着不同个体的欲望需求，随着人们的偏好和品位而变化莫测。尽管亚当·斯密这一绝对测量工具的选择表面上可能避免了所谓人类（消费需求）心理学，但它并没有因此脱离人类经验进入到一个完全客观的世界，而是纳入了某种主体的先验经验，即时间。

那么，对亚当·斯密来说，为什么劳动这样的尺度是恒定不变的？福柯对古典时期"表征退隐"的分析可以说明这一点。亚当·斯密"提出了一个不可化约为表征分析的秩序原则：他使用劳动，也就是说劳苦与时间"（MC, 237）。欲望对象本身不可化约，不可分割，因而也难以交换。通过一个与其完全异质，即在所有变化莫测的欲望和对象之外的尺度，通过相对于人的生命长度、劳动极限和死亡抽象综合而来的劳苦和疲惫，来衡量欲望对象并作为它们的等价物，这些欲望对象的价值就被置换成可以在劳动者之间进行无差别交换的价值，因为对于每个劳动者（每个人）而言，生命时间是一个较为恒定又可以无限分割的概念。正是在这个意义上，福柯提出，这个绝对尺度实际上并没有脱离人类经验，相反，它发明了一个新的人类经验概念，或更确切地说，它构造了一个新的人类经验形式：时间和"外在的终极天命"。

如果说17世纪的人们仍然通过对所欲望事物进行事无巨细的表征而与变化多端的事物保有一种多样性的关联，那么到了18世纪，亚当·斯密则创建了一个在这种表征之外、在事物与认知主体最后的共同土壤之外的秩序，即一个用人类学观念构造的秩序。在这个人类学里，人们使用"人的本质（人的局限性，人与时间的关系，死亡的逼迫）"来衡量一切价值，人们不再需要"了解（人）当下的需求对象，就发明作为时间和劳苦的工作日"（MC, 238）来衡量人所需求之物的价值。福柯指出，这并不是对人类不确定之欲望的抛弃，而是对事物本身多样性的抛弃。人们并不是因而朝向一个更为客观确定的经济学的科学进步，也不是朝向一个更全面考虑人类生活的人性化的人类学前进。而是完全相反，人们在朝向政治经济学，这个政治经济学不寻求真正的财富或需求交换，而恰恰是在不考虑实际需求的情况下，寻求财富的单纯累积性生产，即寻求劳动者劳动时间的无限度累加。在这个意义上，人们的确是在朝向某种人类学，但这个人类学将人变成了一个对自身及其客观欲求来说确定和绝对的主体。在这个主体中，人（自身需求）是自身（劳动时间）的局外人。

但亚当·斯密从人的劳动中抽取作为恒定尺度的"时间和劳苦"，这并不是毫无条件的。"劳动"概念要完成这个角色，仍然必须有一个外在前提，即"制造一个产品必不可少的劳动量"必须等于"这个产品反过来可以在交换过程中购买的劳动量"（MC, 265）。也就是说，"尺度"意味着一个双重表征的吻合，"劳动"表征其所生产产品价值的度量功能不是独立的，还需要这个在生产领域被度量了的"价值"能够再在劳动力市场得以实现，即可以通过等量劳动来购买等量劳动，必须可以通过这个"尺度"对不同欲望对象进行交换。在 17 世纪，这个"度量"的表征不可能是一个一劳永逸的指称，尽管它表征事物的方式是有序的，但它毕竟是不断贴附于事物本身的。正因为此，18 世纪经济学要求一个稳定的指称尺度，这也是为什么亚当·斯密从人类劳动中抽取时间和劳苦，以取代那个以需求作为表征的尺度。但如果劳动本身仍然处于这个既是能指又是所指的双重角色中，也就是说，如果劳动仍然要求一个所谓通透和等价的（双重）表征，即劳动既要表征"人的活动"，又要表征"事物的价值"，这个通透性和等同性就总是要求被证实，因为它并不是天然吻合的。在这个意义上，17 世纪就存在着深植于表征活动本身之中的认识论与存在论的鸿沟；而到了 18 世纪，这个鸿沟就变成了深植于"价值"本身的货币与财富的差距。真理与现实、价格与价值的一致性、通透性和等同性，永远不是显而易见和不证自明的。

2. 李嘉图：劳动作为价值的来源

由于亚当·斯密的劳动理论还存在这样一个表征时代的后遗症，因而，表征的真正退隐直到 19 世纪的李嘉图才算最终完成。李嘉图提出了一个更为极端的理论：劳动本身不仅是尺度，而且是所有事物的价值来源，正因为劳动是价值的来源，劳动才能成为价值的尺度。我们可以看到，亚当·斯密对"劳动"尺度认识论意义上的"表征化"使用，在李嘉图这里就变成了存在论意义上的实际起源。依据李嘉图的理论，生产产品的劳动量之所以能够衡量事物（产品）的价值，并非来自一个必须在交换领域得到证实的赋指。这个度量是可以自我证成的，因为正是劳动创造了事物可交换且现实的价值，"劳动作为生产活动是所有价值的源泉"（MC, 266）。由一定劳动单位（工人一个工作日的劳苦和疲惫）所赋予的这一价值因而是绝对的和不可化约的，这个价值不再是在某个交换体系中通过比较而来的某种表征，"价值不再是某种符号，它成为一个产品"（MC, 266）。也就是说，人的劳动直接产生价值和财富，而不是仅仅表征它们。这就像康德所进行的哥白尼革命，只是李嘉图在经济领域进行了这个革命：不是认知主体必须寻求如何正确表征绝对价值，而是价值本身就是主体的产物。由此，表征在认识事物中的使命彻底告终，从此以后，为了认识事物，只需要认知主体，即认识那个从 18 世纪末以来具有某种先验结构的主体。那么，这个 19 世纪在经济领域进行的哥白尼革命到底对古典时期经济学做了哪些本质和极端的变革呢？

（1）劳动的"历史性"来源

第一个变革，互逆性因果关系变成了线性累积。古典时期（即 17、18 世纪），主体介入经济运行的方式是有限的，因为主体所做的仅仅是认识事物，即仅仅是在实际存在的事物中提取一部分，并将其定义为表征物，其他部分则作为被表征物。一旦这个表征的定义活动完成，经济则照常按照事物的自然增长和缩减运行：当货币-符号（金储量）的增长速度比食物快，价格上涨；当货币-商品（流通中的金含量）相对于其他商品数量减少，生产也会相应自然缩减。决定经济的游戏规则是空间性的，也就是说，所有因素都被置于同一层次上，它们彼此相互表征和度量，因果运动仅仅是在同一层次上的相互作用和循环，所有这些因素都遵循大宇宙大自然的同一个理知秩序。

但从李嘉图开始，由于劳动成为绝对尺度和价值来源，主体介入经济的方式不再仅仅是对表征物和被表征物的关联赋指，而是劳动主体成为决定劳动、创造价值和财富的因素。也正因如此，劳动主体所耗费的时间、劳苦、疲惫及其极限成为劳动不可化约和不可跨越的尺度，亚当·斯密的认识论命题根本性地改换为存在论命题，经济运行从而进入一个崭新的领域。在这里，各种经济因素不再依据某种表征物和被表征物之间互逆的因果关系而被抽取和被组织，也就是说，不再依据事物本身，而是依据劳动主体在时间线上累积和连续的因果关系。财富是由人创造的，价值是由人的劳动时间来衡量的，所有的生产都是为了累积这个劳动时间。人们只追求这个时间的无限线性累积，而不再顾及实际需求的满足与否，这也是 19 世纪以来经济危机的重要肇因。在古典时期的经济活动中，为积累财富，人们四处寻找金矿，这是一种在自然空间中的累积，这是由大宇宙在某个时期的自然状况决定的。在李嘉图以来的现代经济中，积累财富就是积累劳动者的劳动时间（生命），由于人类作为一个物种群体的生命是可以无限接续的（这也说明了为什么与婚姻和生育有关的制度在现代尤为重要），这种累积因而变得没有限制。在这个整体财富的时间性锁链中，在这个财富的连续历史中，单个劳动主体的生命简化为这个连续性和累积性时间的一个无差别的部分。单个主体通过劳动创造财富，它的劳动（生命时间）是财富的一部分；但是对这个财富的总体性累积来说，不仅是大自然，而且任何一个劳动者甚至资本家，谁也没有控制和约束这个积累的能力，谁也没有主动性和主体性。因为财富已经成为一个由诸多个体无差别的、抽象的和线性的时间累积而成的**历史**①。这是一个失控的历史，一个既人性化（由人的生命时间来衡量）又非人性（任何人都不能控制）的历史。

（2）劳动的"人类学"来源

从李嘉图以来的第二个变革就是，事物相对于人类需求的稀缺性变成了相对于关乎人类生存的原初性稀缺，即为了弥补这个原初性稀缺、为了能够活着，必须劳动。对于古典时期的经济思想来说，稀缺性（欲望）是指人不具备所有其所需要的事物，但人的这种自然缺乏可以通过自然本身来弥补，"土地具备满足这些需求的最佳能力"（MC, 268），不仅如此，土地还能提供可以在交换中流通的剩余，即货币（金储备）。

但从李嘉图开始，这个古典时期经济学的乐观主义消失了。对他来说，土地的慷慨只是表面现象，欲望的满足只存在于"人的精神层面"，而大自然的真实情况是"原初性的缺乏"。姑且不论这种古典时期的乐观主义以及这种现代的悲观主义分别从何而来，从理论上说，只有在大自然的即兴给予不能够满足总人口的需求之时，才会出现人的劳动。对于古典时期的乐观主义来说，劳动不是必然的，它只是诸多自然财富（劳动本身也是这个

---

① 这里加粗的历史是对首字母大写的法语词 Histoire 的表达，它不同于一般性的事实层面上的历史，而是一种先验主体模式下的大写"历史"。

财富之一）交换游戏中的一个因素。但对于 19 世纪以来的悲观主义来说，劳动成为一种必然，因为悲观主义将稀缺性（欲望）转化为某种不可避免的生命威胁，劳动从而成为生命（欲望）的拯救者——因为似乎只有经济活动（劳动）才能弥补这个稀缺性（满足欲望）。

至此，古典时期以表征为基础的单纯的经济（交换）游戏变成了关涉人之生死的政治经济游戏。人类学也正是从这里真正显现出来：人不再仅仅是在交换中表达其自然需求，而是成为政治经济主体（经济人，homo oeconomicus），成为"通过度过、使用和失去自己的生命来逃脱死亡胁迫"（MC, 268）的主体。正是在这里，人的有限性问题成为比人的需求问题更为基础性的问题。因而，我们可以说，康德如同李嘉图，这个有限性问题来自认知主体的悲观主义，它是某种人类学的自我折叠，即认知主体由与宇宙理知相关联变成了自我关联。从此，人的自然需求问题反而变成了主观的领域，人们把它留给心理学，就好像人的自然需求是比人的有限性更为空想、更为想象性的事物。那么什么是这个人类学的有限性？这个问题的答案会在第三个变革中更深刻地凸显出来。

（3）劳动的"经济危机"后果

自李嘉图以来的第三个变革是前两个（历史的和人类学的）变革的一个结果，即任何经济变革只能发生在人类学时间线上，在一个越来越固化的历史中。在古典时期的经济思想中，所有经济因素都置身于一个开放的布局（尽管这个布局在某种程度上是由认知主体组织起来的，但其对事物本身的表征是无限的）。当作为事物的货币-符号在大自然中增长，生产也增长；当它开始减少，经济活动也相应缩减。在这里，财富的增长追随宇宙秩序。当然大自然本身的自然变化也会造成不可控的震荡，但有生命的大自然是可以持续发展的，它本身不会石化。

然而到了李嘉图时代，衡量劳动的劳动主体的时间（即人的生命）是有限的，因而经济运行总是朝向某种惰性前进。因为按照李嘉图的悲观主义理论，不仅土地的自发产物无法满足总是增长的人口，更糟糕的是，农业劳动必须不断开垦那些不那么富产的土地来养活这些人口，地租正是出现在这里。然而鼓励开垦贫瘠土地的劳动的唯一方式，就是由这种劳动来决定相同产品的市场价格。因为如果这个价格由富产土地的劳作来决定，那么由于在富产土地生产同样产品所需的劳作相对较少，这个价格就会较低。这样的话，就没有人会投入贫瘠土地的劳作，因为这样付出的更多劳动无法通过市场价格获得补偿。因而这个价格必然是一个被提升了的价格，因为在贫瘠土地上生产相同产品，必须付出相对于富产土地的劳作更多的劳动。当市场上的所有产品分享这个较高的价格，富产土地就必然因为贫瘠土地所决定的较高价格获得盈利。土地不断稀缺带来的价格上涨导致靠这些价格不断上涨的产品维持生活的工人的"名义工资"不断提高，这样企业主的盈利就不断减少，工业生产也因而不断缩减直到整个经济的停滞。当然，土地只是历史贫瘠化的诸多开端之一，随后，还有各种技术革命，但这些技术革命只不过是历史"岩石般固化"的其他开端而已。

这些经济危机，这些经济石化的过程，不断提醒我们，大自然不允许以这个"人不再是自然存在"的速度进行开发。这些由比土地的"吝啬"更为贪婪的技术发明所进行的开发，这些以逻辑化的干枯数字进行繁衍的盈利，这些由其自身人类学证成的文明，共同制造了将人的有限性延展到"远超过物种原初极限和身体当下需求"（MC, 271）的现代主体。在此意义上，这并不是一个属于人自身的人类学，而是属于某种先验主体的人类学。这个人类学可以使其历史变得戏剧化，但从未能摆脱这个历史；这个人类学限定和盘剥的不仅是大自然，还有人的自然。每当这个先验主体以这种人类学和历史性的方式启动一种经济和一种文明，这个经济和文明就会最终撞到大自然和人之自然的边界，"历史只能停滞，在其轴心上摇晃一会儿，然后就永久地停下来了"（MC, 272）。

3. 马克思与李嘉图的殊途同归

从这个角度来看，李嘉图和马克思不过是同一个舞台上的两个戏剧家，也就是说，他们上演的是同一个历史的先验主体，只是他们设定了不同的人类学上演方式。

一方面，面对由历史和人类学定义的主体的先验性，李嘉图代表着某种"悲观主义"人类主体性。在这个视角中，历史耗竭人类学。之所以称李嘉图是悲观主义者，是因为他认为土地从根本上是缺乏的，因而土地变得越来越吝啬，这迫使人们总是必须更加艰难和更加密集性地劳动。这导致虽然生产提高、财富增加了，但也伴随着不断提高的劳动代价。对于李嘉图来说，这一劳动代价不断高昂的发展运动不可避免地会达至一个"经济危机"的极限时刻，即这个劳动代价高昂到任何财富的增加（劳动时间的累加）都不再能够支付维持进行这个劳动的工人及其家庭之生命物质资料的工资。这就会导致生产缩减，人口受限，劳动回到满足基本需要的角色，而不再是用来追求利润，"任何额外的劳动都是无用的，任何过剩的人口都得灭亡"（MC, 272）。在这出悲观主义戏剧中，历史和人类学二者都以时间强制的角色起到作用：历史是一个大自然枯竭的过程，人类学则上演人类主体的有限性，这个主体性可以从最具野心（无限追求利润，不断努力摆脱自身）变成最谦卑（满足最低需求）。悲观主义任由历史将人的主体性侵蚀入骨，直到"人类学最赤裸的部分"，直到"这一使之止于自身的真理"。

另一方面，面对同样的先验性，马克思代表着革命的主体性，在这个主体性的视角中，人类学撕裂历史。历史在李嘉图那里扮演的所有"正面（积极）形象"都被看作是否定（消极）性的。比如，在李嘉图那里，由于相对于维持工人生活必需的生活资料即土地的缺乏是先天的，劳动总是越来越艰辛和代价高昂。而这一点，被马克思诠释为相对于满足生活的最低工资而产生的劳动的剩余价值，即资本的利润。迫于自然的外在历史压力而回返到原初需求的过程，被马克思视为资本家对工人工资的持续压榨，被视为对工人生存的绝对威胁。因而，在李嘉图那里，大自然的吝啬（有限性，人的有限性包含在内）与人的野心之间的制衡，在马克思这里，被转化为资本家与工人之间的阶级斗争。如果说李嘉图的悲观主义已经引致生产和人口趋于稳定甚或停滞，那么马克思对这个悲观主义的消极处理只能导致社会革命。如果历史的正面（积极）作用总是可以将富有野心的人类学引向人与自然的某种和平，那么人类学的负面（消极）处理方式只能将历史卷入人与人之间不可化解的无穷冲突之中。

毋庸置疑，马克思正如同李嘉图，都是通过在死亡边界上同样的悲惨世界认识到人的某种真实，即人永远也不可能逃脱需求和时间、饥饿和死亡。马克思和李嘉图都竭力重建这个"人之本性/自然"，但他们的方式正好相反：一个是对人类学和历史的服从，另一个则是对历史最具野心（革命式人类学）的"消除或至少是颠覆"（MC, 273）。显然，这个消除或颠覆不是面对人与自然的历史，而是针对人与人本身关系的历史，一个人类学的极致。

　　尽管李嘉图和马克思选择了不同的道路，一个进入与自然的和解，另一个投入反对他人的战斗，但福柯尖锐地提出，他们二人所代表的"只不过是实现人类学和历史关系的两种方式"（MC, 273），他们二人表面上的对立其实蕴含着更深层次的从属性，"资产阶级经济"与"无产阶级革命"是由同一个先验性主体模式决定的。尽管他们之间有冲突和对抗，这也只不过是"在表面上掀起一些浪潮和划出几道波纹：这只不过是儿童游乐池里的暴风雨"（MC, 273）。这一先验主体只有在19世纪的特定知识部署中才能被发明和存在下去，它本身只是认知主体的产物。这个认知主体根据"诸生产形式"描画"经济的历史性"，根据"稀缺性和劳动"描画"人类存在的局限性"，从而最终，认知主体描画了"历史终结的期限"，这个期限的到来要么像李嘉图设想的那样是无穷缓慢的，要么像马克思设想的那样是极端颠覆性的。为解决其所面临的问题，19世纪以来的现代只能诉诸对起源的追寻。因为对于这个将自身安置在因果意含之中的现代主体，唯一的乌托邦只能是一个历史、人类学和悬搁未来的混合体，尽管这个混合体的模式或多或少不尽相同。

二、生命主体：从拉马克到居维耶

　　在政治经济学领域，亚当·斯密标志着现代性的预备阶段，在生物学领域，标志着这个阶段的则是居索（Bernard de Jussieu）、拉马克（Lamarck）和维克·达齐尔（Vicq d'Azyr）。他们工作的对象仍然是从"诸个体的总体表征"（MC, 238）中提取的特征，这个总体表征能够根据理知的秩序建立诸存在物和诸表征的分类。但他们之所以是现代性的先驱，是因为他们改变了"建立特征的技术"以及"可见结构与同一标准的关系"（MC, 239）。不再是可见结构（广延的四个要素）之间的比较将种种要素转化为特征，人们不再是在表征层面发现可见功能。对这些现代生物学的先驱来说，可见广延和可逆表征这些原则变得很奇怪且不可还原。就像现代性的所有先驱那样，他们的原则是组织（organisation），但由于这种改变最初由个别主体所为，因此完成这一改变存在四种不同道路。

1. 组织：四条道路

（1）完成组织构造的第一条道路是等级制。

古典时期，物种在表征层面彼此展开：要么是以系统论的方式，要素的组织一开始就是依据诸多系统中的一种选择固定下来的；要么是以方法论的方式，组织是以逐步对照为基础，一点点形成的。也就是说，相对于前一个时代来说，组织并不新鲜。但新鲜的是，这些现代性的先驱在这些无差别展开的特征中发现了某种不再遵循表征秩序的规律性，而是遵照特征本身稳定性的某种秩序："有些特征是绝对恒定的，每个种类都有这种特性"，"另外一些特征则在某科中非常常见"，最终，"一些'第三类半恒定'的特征则是时而稳定时而变化"（MC, 240）。

就这样，这些生物学的先驱根据特征的恒定性构造了一个重要性的等级：那些在所有物种中都存在的特征是最本质的，例如，胚胎对于繁殖来说是本质性的；那些在某科的所有物种中都出现的特征，则是这个科的基本条件，例如，根据胚胎数量将植物分为三类（无子叶、单子叶和双子叶）；那些"时而稳定时而变化"的特征则不涉及种群的本质特征，例如萼、室和茎。一个种群中某个稳定的特征（或共同点）如何能够成为这个种群每个个体的本质？这就是关联（依据共同符号给予通名）的原则。我们可以从这里看到认知主体的行为如何定义所要认知事物的本质，这种混同从古典时期就已经深入知识的核心，再也不能抽离出去。

（2）完成组织构造的第二条道路是根据功能关联特征。

功能主义者可以用"标记或标志的古老理论"（MC, 240）来证明自己的合理性，在这些古老理论中，存在的最本质特征可以表现出来，而且总是用最可见的符号表现出来。只有在古典时期，最可见的才变成广延；对于现代，最可见的就是功能。例如，子叶数量对于植物来说是本质性的，因为子叶在繁殖功能中具有决定性，因为这个繁殖功能"支配着个体的所有禀性"。[①] 因此，对于这些先驱来说，特征不再是相对自身的某种可见性，而是表面上的一个"可见点"，在这个"可见点"下面隐藏着一个复杂和等级化的组织，而功能则在准则和组织中扮演存在之最可见、最本质的角色。这个功能原则为定义特征等级的频率或恒定性给出了一种解释，"因为它在功能上非常重要，所以我们常常能遇到它"（MC, 241）。否则，反过来，"因为它常常出现

[①] Antoine-Laurent de Jussieu (1748–1836), *Genera planarum*, 1788–1789；参见 M. Foucault, *Les mots et les choses*, Paris, Édition Gallimard, 1966, p. 240。

（恒定），所以我们认为它在功能上是重要的"，这是否也是对的？在寻找二者的因果性之前，让我们首先追问一下恒定与本质（"功能上重要"）的关系是如何建立的。

一方面，"恒定"只是一个可见性的特征，一种在时间中的综合。另一方面，如果说功能也隶属于可见性，这不是在可见广延层面上某种面对面的表征，而是在关系层面上的一种总体考虑。关系本身只是关系要素间的一种综合，确切地说，它是认知主体的产物。在此意义上，一种可见关系只是认知主体所做的一种综合，某种功能之可见性的含义不过是综合的可能性。因此，恒定性与可见功能在综合层面相遇，一个是对可见性的垂直综合，另一个则是对可见性的水平综合。因此，功能是一种与频率甚或可见性的时间综合联系在一起的可见性，它不是相对于事物的表征层面的可见性，而更是认知主体的可见性能力，是用语言进行综合的可见性能力。在这点上，居维耶可以说"保持共有的属性是恒定的；就像最恒定的关系是那些隶属于最重要部分的关系，高等部分的特征就在于从最重要部分中的提取"。[①] 因为在这里，"共有"意味着一般普遍性（基于可见性的综合、关联），"恒定"意味着在时间上的普遍性；"重要"是一种基于"共有"和"恒定"的综合，它是一种比这两个基于可见性所进行的综合更高层级的综合。在这点上，关于"恒定"的垂直综合构成了作为"等级制"的第一条道路，关于"共有"的水平综合建立了作为"功能"的第二条道路。

---

① Georges Cuvier (1769–1832), *Tableau élémentaire de l'histoire naturelle*, 1797–1798；参见 M. Foucault, *Les mots et les choses*, Paris, Édition Gallimard, 1966, p. 241, note 1。

（3）完成组织构造的第三条道路是"生命"，就是通过一个更高层级的综合来建立"重要"性。作为一种因具有存在论重要性而发明出来的"生命"概念，来自一种认识论需要，是"将自然存在秩序化不可或缺"（MC, 241）的概念。

首先，当存在着等级和多种多样的功能时，人们会问哪种功能是最紧要的，也就是说，哪种是支配着浅表器官的本质性功能；人们会问哪种功能同时具有垂直和水平的普遍性，也就是既"恒定"又"共有"。因此，我们看到基于这两个根据事物可见性而建立的综合，认知主体开始构造一种新的综合，这种综合不再由事物支撑，而是由综合本身支撑。例如，在施托尔（Storr）那里，① 蹄子的禀性是第一层级的可见性，是与"位移"和"驱动"相关的（第一层级的综合）；"位移"和"驱动"本身又是与"进食"和"消化"（第一层级的综合，但基于不那么可见的可见性）相关；而"进食"和"消化"最终是与"生命"和"存在"相关的（第二层级的综合，一个通过关于"进食"和"消化"的综合进行综合得来的概念）。

其次，施托尔与拉马克关于本质功能可见性的争论都没有排斥现代性，因为二者都不再依据特征的可见性来划分特征：施托尔认为，越是重要的特征越是隐藏，因此他提出循环理论；拉马克仍然坚持特征的可见性，但分类则将可见性归为不可见性。例如，甲壳动物因其身体和四肢被归为昆虫类，但由于它们用鳃呼吸并拥有软体动物那样肌肉般的心脏，拉马克将之归为介于软体动物和蛛形纲之间的类别。呼吸的不可见性显现为一种决定表面

---

① Gottlieb Konrad Christian Storr (1749-1821)；参见 *Prodromus methodi mammalium*, Tübingen, 1780。

上显明之物的更为深层次的理由。"从此，特征重拾其可见符号的古老角色，指向隐藏着的深度"（MC, 242），这个隐藏着的深度只不过是综合性的"某种组织的融贯总和"（MC, 281），这种综合在同一个综合层级上混合了可见性与不可见性，用福柯的话说，"在其统治权的唯一框架之中"（MC, 242）。

（4）完成组织构造的第四条道路是解开分类与术语表之平行论的道路，换句话说，这条道路岔开了能指与所指、划界与命名、种类与名称间的表征关系。在古典时期曾经是同构的要素现在成为两个不同的体系，也就是说，以前是平行的关系现在变成了垂直的关系。一方面，分类区分存在的深度是一个将最可见器官与最秘密器官相关联、将最秘密的器官与最本质功能相关联的深度；另一方面，术语表总是在图板的平面空间中展开，即使名称已经转化为多个层面，在每个存在特定的格子中，名称相对于其所指称的事物总是处于同一层面。由此，这两个垂直线的交点同时指出了深层次的功能和表面上的名称。拉马克在植物学中第一次宣告了对"规定性"（某种二分法）与"发现"（某种复杂和多样的组织）的严格区分。在这个意义上，如果交点依然存在，就不再是根据表征物和被表征物、语词秩序和存在秩序的对应而确立的点，而是认知主体的一个虚拟的点，用福柯的话来说就是"人为定义的……人们开始谈论发生在语词之外的另一个空间的事物"（MC, 243），或者也可以说，人们开始谈论发生在与语词不同层级的另一空间的事物。

2. 组织：支配法则

这就像劳动概念从亚当·斯密到李嘉图的变化，劳动作为尺度的角色之结束，就像特征作为分类的角色之结束，前者被引入生产，后者被引入组织。在拉马克那里，功能仍用于分类，分类的原则仍然与功能以及具有广延（"形状、大小、配置和数量"）的多种器官相混合，这两种模式仍然以一定的精确性相互适用。从居维耶开始，功能不仅取得了绝对的优先权，还具有决定性的支配权。在这个时期，没有任何可见共同点的鳃和肺是相似的，因为它们二者都隶属于呼吸功能，"这个器官不存在、抽象、不真实、不可确定，是所有可描述的种类所缺乏的"（MC，277）。在此意义上，现代性甚至改变了相共性、感知、可见性、同一性，以及所有通过表征获得意义的语词的含义。例如，拉马克和居索时代，"共有""恒定""重要"只是表征印象的功能、等级和生命组织的道路；从居维耶开始，在与表征相分离的基础上，这些道路成为规则和支配者，它们转化为共在、内在等级和依赖性的三种新关系，它们最终在生物学中建立了基础性的组织。

首先，功能不再是对器官共同点进行认识论综合的简单结构，它成为器官关系的基础，成为这些器官存在的理由。例如，由于爪子和蹄子都隶属于进食功能，趾甲的形状就要适应消化器官（消化道或胃液）。其次，某些器官的优先性只是由认知主体的观察导致的一种恒定，它实际上表现的是一种内在等级，如居维耶所言，"动物首先是存在，其次才感知和行动"（MC，278），因此运动功能从属于循环功能，循环功能从属于消化功能，消化功能从属于繁殖和生存功能。最后，这些功能都从属于神经功能，脊椎神经是"动物一切的基础，其他系统只是为了支撑它并为之服务"（MC, 279, note 3）。这可能是现代生物学对"我思故我在"的新阐释。由此，生命功能（甚或活的意志）的本质就建立起来了，这个功能同时定义、证明甚或保障了本质功能的支配地位以及次要功能的依赖性。种种器官可以是分散的，可以相隔遥远并多种多样，但这只是一个游戏，"不可进入者将它们联系起来，显明者使之分散"，周边的多样性不能阻止中心功能的统治。越是可见、特定和个体，越是附属、表面和依赖，"因为多样性是可见的，统一性是隐藏的"（MC，280）。由此诞生了现代生物学，它是由这些深层改变的一系列结果定义的。

3. 主体的参与和自我改变

如果这些改变涉及知识型断裂的必然性，我们就会看到认知主体是怎样参与到这些结果中并自我改变的。

首先，在认知主体的实践领域，出现了两种技术：一个是比较解剖学技术，一个是超验标志（indice transcendant）技术。在福柯看来，第一种技术并不涉及"描述技术的纯粹简单深化"（MC，281）。的确，比较解剖学从技术上能够看得"更清楚、更切近"，但它所建立的空间既不是"可见特征"的空间，也不是"显微要素"的空间，因为对身体的真实切割与简单的观看相对立，它已然分解了具有整体性的有机体；解剖通过碎片化、重新结合、重新组织身体的各个部分，它显现的只是与自然视野迥异的不可见相共性、在真实的日常生活中并不起作用的相关功能，因为解剖学在某种非自然的深度打开的空间，不管多么真实或有效，都必须回到可见世界的表面。这不再是一种古典时期的"语言学的划分"，即以通名的指称告终，而毫不触及对事物存在的改变；这是一种"解剖学离断"，这会真实和彻底地改变事物的存在，它还必须在"显微镜所观察到的"与"真实生活中所看到的"之间建立一个额外的关联。

因此诞生了一个补充技术，这就是超验标志的技术。这个技术与解剖学的关系因此也必须面对这个二难：它必须"在表面可见因素与其他隐藏在身体深处的（不可见）因素之间建立指示关系"（MC, 282），也就是说，这个技术要在可见与不可见、内在与外在、死去碎片的一致性与活者整体的不一致性之间构造关系。如果这种关系能够最终建立起来，这只能是在两个世界间的超越性意义上建立的，这只能是进行调控、组织和支配的认知主体的杰作，不过，这个杰作也不是通过认知主体的主体性创立起来的，而是通过碎片，即认知主体通过片段的相共性来组织整体的相共性，这不是主观的，但也不是"客观的"。由此，人们可以"仅仅通过一根骨头，通过骨头的一个剖面"认识所有恐龙。[①]通过解剖学，人们不仅超越"同一性同质和表格式的空间"（即能指用形象表现出其所指存在的一切），而且超越了"时间上假设的连续性"。知识不只是同时性的现实，还可以是永恒的真理；人们忘了这只是表征，而认为认知主体因此到达一个先验的位置，不仅打破了表征，还打破了时间。

由比较解剖学打断并由超验标志重建的这个关系，只是自然的连续性和非连续性机制的重组，即先验主体的重新组织。一个突然中断的关系，既是非连续性的连续，又是连续性的非连续。尽管这些技术完全无视它们所处理的对象是生是死，它们还是构造了一个活者的科学，即生命具有一个历史性的限度，它是基本的也是决定性的，它也是有限和受限的。所谓主体、

---

① G. Cuvier, *Rapport historique sur les sciences naturelles*；参见 M. Foucault, *Les mots et les choses*, Paris, Édition Gallimard, 1966, p. 283, note 2。

活者，不再是在平面图板上伸展，服从广延、运动以及完全平等之物质性的事物，而是"外在于自身又在自身中表现"（MC, 286）的事物；它是功能、等级和生命，它是一个双重空间，既像规定其法则的"解剖学一致性"那样是内在的，又像给予其身体的"生理学相容性"那样是外在的；它是拒斥年代接续性的历史性，因为这个历史性只是"表征在等级或分类秩序下的时间表象"（MC, 289）；它更是一种活着的历史性，这种历史性本身就有从生到死、从混沌到稳定的历史；它不再涉及"存在的诸可能性"，而是"生命的条件"（MC, 287）；它不再是草木的分类，而是动物的组织学，它是死亡的承载者，一个反对自身的生命。

然而，所有关于生命、活者、先验主体的"想象中的地位"本身都是通过先验主体诞生于 19 世纪，正是先验主体自我定义并进行定义，自我奠基并进行奠基，才有了这样的信条："生命是所有存在的根基……纯粹和简单的存在，是生命的非存在。"（MC, 291）对于这样的认知主体来说，诸存在物不存在，如果它们内部不自身埋藏着自我摧毁的事物，也就是说，没有有限性的存在只是一种"暂时的形象"，一种"假定"，一种"继续存在的意志"，简言之，只是一种主体的认知，一种幻想，"为了重新找到在夜里吞噬它们的那静默和不可见的暴力而必须撕破"（MC, 291）的面纱。因此，活者、先验主体的基础不可避免要引向一种"毁灭存在的存在论"，这反过来促成对先验主体的"认知批判"。超验主体和先验主体的区别，就像诸存在物与生命的区别：生命的所有存在只不过是诸存在物的表象，先验主体的存在只不过是超验主体的想象（认知）。

三、言说主体：从施莱格尔到波普

18 世纪末以前，言说主体在表征中的存在还是自发的。正如我们在前一章中所表明的，当主体言说的时候，其所言即话语是"最为当下、最少商议、最为深刻地与表征活动本身联系在一起"（MC, 245）。因而，对自身话语的表征性分析还延续到 19 世纪初，能指–所指的二元原则规定了从话语到言说主体要具有同样的存在方式。这个存在方式就是将某个语言的每个词与某个（隐藏或衍生）意指联系起来的方式，"其存在的原初理由在于最初的指称"（MC, 246）。

1. 比较语法与词形变化

然而，到了 18 世纪末，"在建立帝国诸语言清单这个政治目的的压力下……"（MC, 246），出现了一种要求比较多种不同语言的倾向。这个比较有两种方式：一个是围绕"同一意指核心"并置语词的多个版本，另一个是选择某个词根并确定其诸含义的范围。初看之下，这两种方式与普遍语法中的关联和指称相似，但仔细考察它们的分析要素就会发现，这两种方式分析的是语词和含义在不同语言中的繁衍。这不再是诸内容的简单关联，或是诸词根的简单指称，而是对它们之间"中间形象"的一个发明，"这涉及的是词形变化（flexion）"（MC, 247）。

在古典时期的语法学家那里，已经存在作为中间形象的"词形变化"，但这些词形变化那时还有自身的表征价值：通过加在不变的词根上，词形变化会改变语词的含义。例如：在"存在／是"（être）一词的拉丁系列（sum, es, est, sumus, estis, sunt）中，这些词的词根相近，词形变化与其意指的变化一致。18 世纪末，不变词根与能指词形变化的这个关系被威廉·琼斯和加斯通-劳伦·格杜① 颠倒过来了（MC, 247, note 1, 2）。首先，他们的比较不再是同一语言中不同语词之间的比较，而是在闪语、拉丁语和希腊语之间的比较；其次，闪语词"存在 / 是"的系列（asmi, asi, asti, smas, stha, santi）与拉丁语词"存在 / 是"的系列之间的对应在于"词形变化的相似"，也就是说，二者之间的关联不再是意指或词根形式，而是词形变化的相共性。这个相共性不是"原始音节"和"最初含义"之间的相似，而是二级层面的相似，也就是说，认知主体面对的不再是原初事物，而是原初事物的表征，即语言；相对于事物的相共性变成了语词之间的相共性，变成了由形式变化分析而来的"词根改变"和由语法功能综合而来的"语法功能"之间的相似性。

"动词变位比较"的视角变得如此重要，以至打破了曾经作为普遍语法四要素之核心的名词的最高权力。这个视角由此也将"词形变化"作为新要素，这个要素虽然只具有二级含义，但它能够通过自身的不可变形式在表征性词根上施加决定性改变。而且，这个不可变形式不再是与特定意指相关的孤立音节，如"根据古·德·杰柏林的说法，字母 e 表示呼吸、生命和存在"（MC, 248），而是一系列具有语法功能的相关音节（如：字母 s 将语词变成第二人称，但字母 s 本身完全不指称第二人称，字母 s 之所以

---

① 威廉·琼斯（William Jones, 1746—1794），英国语言学和东方学家，专攻梵语。1786 年指出梵语与拉丁语和希腊语有惊人的相似之处。福柯在此引用的是威廉·琼斯的《著作集》（1807 年，第 13 卷）。加斯通-劳伦·格杜（Gaston-Laurent Cœurdoux, 1691—1779），法国耶稣会牧师和印度学家，被认为是比较语文学之父。1767 年曾向法兰西文学院（法兰西铭文与美文学术院）提交论文，认为闪语、拉丁语、希腊语甚至德语和俄罗斯语之间存在类同关系。福柯在此引用的就是这篇论文。

能做到这一点，是因为它在 m、s 和 t 构成的动词变位系统之中）。

2. 语文学：四大环节

如果仅仅考察语言的这个领域，我们会惊讶于决定 19 世纪以来语言内部结构的事物居然是不同语言间的"比较语法"；但如果我们将之与 19 世纪生物学领域的"比较解剖学"联系起来，"这就没什么好奇怪的了"（MC, 292）。不同领域经验性共享的这个状态，只能说明现代也存在一个如同古典时期那样的融贯主体，这个主体通过功能组织考察自然，就像它通过语法整体定义自身的话语一样。如果这个主体状态能够产生可以发明由先验主体定义先验生命的生命主体，它也可以产生相应的语文学，即构造由同一先验主体决定其真话语的言说主体。我们首先可以通过 19 世纪以来语文学的四大环节来说明这一点。

（1）一门特定语言与其他语言仅从纯粹言辞要素加以区别。

这是发明言说主体的第一步，而这个言说主体只是通过言说和话语（简言之，在表层）运用一门语言。在古典时期，一门语言的独特性表现在多个标准上。每门语言的分析当然会涉及言辞要素，例如：依据声音的优先性，人们区分了元音语言和辅音语言；依据语词的优先性，人们区分了具体名词的语言和抽象名词的语言。但这些言辞要素只有在与表征发生关系时才可能被分析，这些言辞要素是通过它们的表征性内容而组织和组成的。在这个意义上，言说主体召唤的不仅是语词，也是并且尤其是这些语词的表征。

从施莱格尔① 开始，一些要素不包含任何含义，但它们决定

---

① Frédéric Schlegel (1772–1829), *Langue et la philosophie des Indiens*, 1808；参见 M. Foucault, *Les mots et les choses*, Paris, Édition Gallimard, 1966, p. 295。

名词、动词以及所有词的形式和含义。这些要素的构成或变形原则与表征毫无关系，它们只是根据声音的和谐、音节的便利而得以安排，"语法构成的规律性与话语意指之间是不通透的"（MC，295）。尽管表征要素还继续存在，但因为其意指可能与其他语言相同，人们就忽略这些表征要素，而是关注区分这些语言的事物，即那些没有含义但具有决定意义的要素。

因此，根据施莱格尔，一切语言都安排在语法组合的两个极端之间。语法组合的一个极端是中文，其固定（affixation）系统将各个独立要素并置起来，从而成为一种"原子组装"，一种"通过外部比照而进行的机械聚合"[1]。这个外部比照曾经是表征的比照，现在则变成外在于语言的事物。语法组合的另一个极端是闪语，其词形变化系统"从内部改变关键音节或语词"，词形变化因此成为语言内在的事物。在这两个极端之间，组织起来比较接近中文的巴斯克语、科普特语和美洲语言，而闪语那边则组织起阿拉伯语和克尔特语。

不过，关键不在于固定的语词系列对立于有性数格变化和动词变位的语词系列，就像施莱格尔在极端不可同化的语言间所看到的那样；也不在于这些对立可以分享一个共有的起源，如同波普试图将词形变化归因于词根音节的堆积效果。实际上，施莱格尔和波普就像亚当·斯密和李嘉图、拉马克与居维耶，他们都属于现代：表征从知识舞台退出。从施莱格尔开始，原初音节就已经不再根据表征的新发现，而是根据词根的添加或繁衍来增长了。

---

[1] Schlegel, *op. cit.*; 参见 M. Foucault, *Les mots et les choses*, Paris, Édition Gallimard, 1966, p. 296, note 1。

因此，对于中文这门语言来说，就只剩下再次并置其原初要素，即使有认知增长，也不会触及语言基础；原初要素不再增长，就好像所有的新事物都可以通过过去的语词，通过千百年前创立的指定来表达。在变形语言中也是一样，不管是单音节的闪语，还是多音节的希伯来语，在词根上添加词形变化是语词增长的唯一方式。由此，认知主体变成了言说主体，后者对自身的语言什么也做不了，只能说出古人"叫喊"的组合；正是由于这个原因，不再可能言其所见，只能言其所能言。

（2）对语言内在变化的研究仅限于语音要素。

在古典时期，语源学研究的是字母表的字母变化，而不是发音声音的变化，所以，转变的可能性从来不会逃脱字母的亲近关系，尽管有时候这些亲近关系是可疑和混乱的。因此，字母尤其是辅音字母的优先性导致元音和辅音稳定性的失衡：元音最为变幻无常，因为元音容易发音，因而也容易在表征活动的第一时间发生改变；辅音最为稳定，因为辅音发音的困难阻碍了辅音的自发改变。希伯来语可以说明这一点，"它（希伯来语）不就省去了书写元音？"（MC, 298）

也许正是由于这个属于语言自身所是（叫喊）的路径，从波普以来的语言变成"一系列语音要素"。在语言分析中，语言自身的存在比声音的原因更重要。但语言不再是面对事物存在时的原初和自发叫喊，而是"书写就地枯竭和凝固"（MC, 298）之物，即诗意绽放并在其后毫不留痕的神秘振动。语文学正是在这些干枯的声响上试图建立语言自身的存在，因此，语文学只能获得与可见符号相脱离的声音，只能获得除了声音本身的音乐和谐之外别无安身之处的孤立振动。

所以，人们发现了一种关于各种各样声响的类型学：在某个声响中发生改变的可能性，辅音声音的恒定性。古典时期元音和辅音的关系与原初叫喊相关，与此相反，格林（Grimm）发现字母在语词中的位置决定了字母生命的长度，"词根字母长命，词尾上的声响短命"（MC, 299），波普则发现声响的延续和改变从来都不是随意的。所以从此以后，决定发声语言命运的是声音自治和音乐和谐，也正是语言的这个命运决定了言说主体能说什么。

（3）按照语词的声响，一种新的词根理论出现了。

在古典时期，词根理论建基于字母和意指的双重恒定要素系统。词根之所以可以用相同的字母或音节意指相同的含义，正是由于字母和意指这两个恒定要素的交叉。例如，18世纪的词根多是由直接表征获得的基本名词，这样的词根因此也会指称认知主体观看或某个其他感官的对象。正是基于这个名词性的表征，所有其他类别的语词才得以诞生：形容词是通过名词的抽象而来，可变位动词是通过系词（être）和修饰语构造的。但一个词根的原初含义常常在历史中变得模糊，因此普遍语法会去寻找与原初表征一起产生声音的原初时刻。

到了19世纪，词根完全是以另一种方式确定的：它不再是对自然中最初叫喊的想象，而是从"对词形变化和派生的分析"中获得。① 在波普那里，尽管动词是与某个词根的凝结，但词根不是在系词的"系词功能和命题含义"中寻找，也不是在原初意指的命名和基本要素中寻找；而是首先找到"词根与系词诸形式

---

① Wilhelm Grimm (1786-1859), *L'origine du langage*, 1813；参见 M. Foucault, *Les mots et les choses*, Paris, Édition Gallimard, 1966, p. 301。

之间的物质联结"（MC, 301），正是它们之间的共同添加物在词根中指示着其时态和人称的属性。因此，将词根转化为动词的不是系词的添加物，因为这些添加物只改变时态和人称的意指；而是具有动词意指的词根本身。以此方式，动词本身的词根就被发明出来，这个词根不再来自对事物的表征，而是指示"动作、过程、欲望、意志"（MC, 302）。人自身所有能"做"之事，即使缺乏对象、方式和可能性，言说主体都能在其话语中对之进行言说；这样的话语已经可以不是对事物的真实表征了，这种话语用与系词一样进行变位并发生作用（指判断存在的功能）的动词，构造了一个二级层面的世界（相对于事物本身的世界），而这个世界的存在本身在来源上是由言说主体的存在证成的，它只是言说主体所言之物。

"具有动词意指的词根"的诞生之所以重要，不仅如福柯所说，是因为这种词根定义了"语言在其本质中所能是之物"（MC, 302），还因为这种词根借助这个定义或借助这个创立，创造了现代世界，一个相对于言说主体（其活动、状态和意志）的世界。这种词根"不是要说人之所见，而是要说原初意义上人之所为或人之所受……语言不是'扎根'在所感知事物那一边，而是扎根于在其行动中的主体那一边。因此语言也许来自意志和能力，而不是来自重现表征的记忆"（MC, 302）。由此，古典时期的认知主体转化为现代认知主体：前者只以视觉方式介入事物，后者则进入事物自身存在的游戏之中，以自身的意志和能力谈论其认知。科学话语不再是建立在对事物的记忆之上的话语，而是基于主体活动：如果主体能够说出某些真实，这不是因为主体对这个事物有所认知，而是因为主体参与其中，主体只是在说其所为。在这个意义上，表达行为而不是表征事物的语言纳入了更多言说主体而不是观看主体的深层意志。

首先，我们可以在这里发现一个悖谬的结果：一方面，这里的语文学是由纯粹语音决定的语法构成的，也就是说，语言更多是由音乐、数学和形式原则组织起来的；另一方面，人们用这样的语言作为对主体认知和主体活动的深层表达。因此，我们看到言说主体如何将事物及自身置于凝固的机制和不可还原的表达性陷阱：如果主体言说事物，其语言不再模仿和复制事物，而是"显现和表露言说者的根本意志"（MC, 303）；如果主体言说自身，言说自身的深度和厚度，其语言又会将这些内容引入语言的数学和形式限制。这是名副其实的表达的双重失败。

其次，文明、语言和主体之间的关系完全颠倒了。不再是文明决定表征文明的语言层面，而是"民族（peuple）精神"，某种使文明、语言及自身言说主体得以诞生的集体主体性，"语言及其语法的整个建构，让一个基本意志变得可见，这个基本意志保持一个民族的生命，并给予这个民族言说只属于自身的语言的权力"（MC, 303）。按洪堡 [1] 的话来说，语言不再是工具和创制（ergon），而是不停息的活动（energeïa）。那就不再是认知主体在说话，而是"人之自由"在说话。正如格林所言，"语言是人的" [2]，但这不再是随便哪个人性、随便哪个自由，而是"民族精神"，某个民族 / 国家中的某种普遍人性。这是一种有声的自由，

① Wilhelm von Humboldt (1767–1835)；参见 M. Foucault, *Les mots et les choses*, Paris, Édition Gallimard, 1966, p. 303。

② Grimm, *L'origine du langage*；参见 M. Foucault, *Les mots et les choses*, Paris, Édition Gallimard, 1966, p. 303。

特定类型（如资产阶级民主）国家的某种政治话语。

（4）通过对有声词根的这些分析，语文学制造出各门语言之间的亲属系统。

这不再是古典时期的那种亲属关系：连接原初词根与最初关联的垂直连续性，以及所有表征对所有认知主体都普适的水平连续性。从格林和波普开始，这种亲属关系变成"词根变化、词形变化系统和词尾系列"（MC, 304）的直接关系，以及不是朝向原初表征而是朝向"形式接近性"的侧面关系。因而，各门语言之间的现代亲属关系变成了一种非连续的连续性。

这表现在两个方面：一方面，当要比较词根、词形变化和词尾时，比较只能在两个分离的系统间才可能：一种是单音节词根系统，如闪语族诸语言；一种是多音节词根系统，如印欧语族诸语言；在这二者之间，只有既无中间状态亦无过渡状态的不连续性。另一方面，如果两种语言相似，它们的关系只是建立在彼此之间或从第三种语言的演化上，共同点就只有"一种语言老化的线索"（MC, 305），因为所有语言都是从原初表征中获取关联的。正因如此，我们可以在闪语、拉丁语、希腊语和日耳曼语中找到关联。但它们之间再没有谁是其他语言的母语，而只有兄弟姐妹关系。闪语最多是一个年长的兄弟。

语言的这个历史性所扮演的角色与生命的历史性一样：为了让时间的纯粹演化成为可能，需要组织系统同时与表征和编年的连续性相分离，换言之，与一个所有组织共同的起源相分离。因为生命如果是根据它们的功能组织起来的，语言如果是根据它们的声响确立起来的，它们的历史性永远不会是同质的，它们只能

拥有特定的切割和异质的法则。只有通过这种方式，生命或语言
才能拥有它们自身内部的历史性。由此，我们看到：只有当某个
先验主体将这些组织先天地与其共同（编年的或表征的）起源相
分离，显现在知识各种组织之中的主体性才是可能的，后者正是
康德给予现代哲学的事物，也就是使康德哲学成为可能的条件。
因此，福柯说，"我从居维耶、波普和李嘉图那里，而不是从康
德或黑格尔那里更清楚地看到了这一点"（MC, 318）。

第三节 何种人？何种死？

对于古典时期的思想来说，人并不是一个比其他事物更优
先、厚重和首要的现实，这一点，古典时期沿承的是中世纪或更
遥远的古代；人也并不因为同时作为所有认知之条件的先验主体
而成为一个难以被认知的对象。在古典时期，这样一个如此奇怪
和悖谬的存在还不具备能够出现的条件，所以福柯说，"18 世纪
末以前，'人'不存在"（MC, 320）。然而，如果我们还未能澄
清"何种人"，甚或"人是否真的存在"，怎么能说"人之死"？
如果有人坚持认为福柯宣告了"人之死"，那么必须先在福柯的
考古学意义上对这个"死"或者这个"人"的分层有所把握。

首先，在前古典时期，如文艺复兴时期，人的隐秘的坚实具
有一种无法解码的厚度，这个时期的人将死于古典时期的主体。
甚或可以说，这个时期的人在古典时期的知识中消失了，古典时
期普适性的我思对人进行了解码，将人分解于光亮下，又重组于
语词和清楚分明的话语中，人和所有其他事物一起被我思化简
了。其次，这一与线性表征以及透明存在一起扭结在自身话语中

的人，又将死于现代主体手下。因为这个现代认知主体没收了对知识的表征，取消了通过自身认识存在本身的可能性，因而这个认知主体把自己定义为某种现代人的存在，这个存在既具有自身的（经验）实证性又是自身（所有知识）的基础。然后，这个现代人又毁在当代主体手下。这个当代认知主体既继承了现代性中的康德批判，又将古典时期的语言存在奉为至尊，因而这个当代认知主体完全排斥在普遍性知识中给人以一席之地，人既不在实证主义经验领域，也不再是知识的奠基。不无悖谬的是，这个当代主体的普遍性知识并不能逃脱康德批判，这个当代主体仍然是一个有着自身分析局限的认知主体。最后，凭借一种考古学的信心，甚或是哲学式的希望，人在知识领域的真正死亡（消失）只有在这些认知主体的各种近现代（笛卡尔式的"我思"和康德式的"先验主体"）部署完全消失或推翻之刻才有可能。这是一个什么样的知识领域呢？想象一下古代人眼中的神界，那个世界全知全能全不在乎人。①

孔子言"未知生焉知死"，在考察人"死"了的世界之前，我们先考察一下人"活"着的世界。在福柯眼中作为对象而诞生出来的"人"，只能是 19 世纪康德意义上的"人"。这个"人"在考古学历史上的四层"生死"，贯穿着我们现代人的当下、过去和未来，换言之，这个现代性主体既有过去的影子，又在当代生生不息，它就像长在当下主体身上的一根无法切断的脐带（或毒瘤？）。我们要关注"活"人，就得先澄清这个作为现代性主体的人：19 世纪的人是什么？从哪里来？到哪里去？

---

① 当然不能以现代眼光看待这个神界，即把它看作由人想象出来的世界；也不能以当代科学眼光看待这个神界，即把它看作一个有着清楚"理性"的客观世界。

一、"18 世纪末以前，'人'不存在"

在古典时期话语中，比如在委拉斯开兹的《宫娥》中，认知主体将自己同时置于国王、观众和画家的位置。这个时期的认知主体是存在的，但几乎不出现在其知识的表征中；它观看，从而其所有知识只不过是自身的某种可见性；它指手画脚，不过是在别处，而不是在存在与表征的混合图板中。委拉斯开兹，或者说福柯想要向我们展示的，正是古典时期这一神奇的主体角色：它既是那个使表征存在的"主体"，又是那个将自身的影像或反射与其他事物一同呈现在图板中的"客体"，它是一个既被表征又在表征中缺席 ① 的真实人物。

然而，"18 世纪末以前，人不存在"。福柯为什么这么说呢？这句话有两个意思。首先，"人"作为我们所理解的"生命强力、劳动生产力或语言的历史厚度"，只不过是一个现代的产物。这样的"人"也许在数千年来，一直在神话、（诸）神以及话语的阴影里等待着，但它被照亮、被显现的时刻只能从 19 世纪开始。其次，人的认识论意识在古典时期不存在。这并不是因为古典时期认知主体忽略了这一"专属于人的特别"领域，而是因为"人性及其作用方式的（古典）概念不允许存在一个关于人的古典科学"（MC, 320）。

关于后一点，首先必须明确古典时期的知识存在模式，用福柯的话来说，就是古典时期的知识型，它是一种对自然的表征模式，不像现代知识型那样是人性（人类自然）所进行的重新组织。"自然"是一种"差异"的力量，这个力量将真实而无序

---

① 这个缺席是指作为康德式认知主体的缺席。

的存在并置在一起；而"人性"是一种"同一"的力量，这个力量，通过人的想象游戏，总是想要确定现实与其回忆中事物的同一性。由于所有的古典时期知识仍然建立在这一表征模式之上，"自然"与"人性"的沟通并不损害自然本身的存在。这不仅是因为这个沟通仅发生在表征层面，还因为"人性"在认知主体中的展开，是以一种与"自然"互逆互动①的方式进行的。

　　一方面，古典时期认知主体以自然所给予的方式接收表征的各种不确定因素，这也是为什么古典时期哲学家关注感觉问题的原因。这个认知主体通过记忆循序渐进地将各种要素安置在理知的布局之中，尽管这会是一种对多样性存在的删减，但它能够使世界进入知识，至少，它敞开着迎接世界。在想象和进行比较的多重注意的帮助下，认知主体给所有呈现于思想中的事物命名，依据自身的人类天性形成表征的褶子（pli），并将这些思想的褶子转化为连续性格局下的话语。在这个"自然"与"人性"的相遇中，通过后者对前者的重叠，话语将人性与自然连接起来。

　　另一方面，自然依据自身的游戏规则向人性展现它们的存在关系。尽管这个"存在关系纯粹和简单的本质运行"（MC, 321）并不完全给予，或者说，由于感知它的心灵的有限性而不能完全被接收，因而，给予认知主体的真实世界只不过是"混杂的碎

---

①　康德式认知方式是单向的，即人的知识只能是由物自体对认知主体进行刺激，然后经认知主体综合而形成的产物。而在古典时期的表征模式中，人的知识是由"物自体"的表征物组成，这个表征物本身也是"物自体"的一部分，对表征物进行的所谓"综合"在"我思"中完成，但这个"我思"（虽然是人特有的）也是属于"自然理知"（mathesis，物自体）的一部分。因而知识是由"我思"的活动与作为表征物的"物自体"一起碰撞而来的。而在康德那里，作为表征物的不再是"物自体"。

片"。但一系列的表征可以无限地展开，它们追随不可察知之差异的永无尽头的道路，它们反复、重叠和绽现表征。大自然正是以这种方式显现、铭记在相互关联、赋指、指称和衍生的语词之中。因此，存在不可察知的关系逐渐转化为话语，而"人性"和"自然"则转化为一系列的表征。

由此看来，"自然""人性"及其关系并不是"世界""人""改变世界的人"和"改变人的世界"的原生概念，它们只不过是表征与存在在认知主体之话语中相会的产物。如果没有一个认知主体用语言来"命名、切割、组合、连接和分离事物"（MC，322），就没有一个作为"人"那样的存在，亦没有一个作为"人性"的存在，而只存在着生命体、需求和叫喊，它们必然相对于观看主体的观看而可见，相对于欲求主体的需求而有用，相对于说话主体的话语而透明。如果古典时期的认知主体在语言层面上言说表征和事物之间"共有的话语"，"人类存在"就永远也不会成为问题。比如，笛卡尔之所以能够将"我思"与"我在"（进行我思的"我在"）关联起来，绝不是因为"故"（ergo）这个词包含推断。"只有绕开表征的问题性"，只有那些只能在分析哲学的预设中自我证成的人，才能给自己找到充分而又难以成立的权利，来反对这一神秘的推断："存在一般来说并不是包含在思想中的事物"，"这一由'我在'所意指的存在没有就其本身被质疑或分析"（MC，323）。反而是在考古学的层面上，作为古典时期认知主体的笛卡尔宣称"我思故我在"，他能够从我思跨越到"我在"的原因，与其说是借自"明见性"的自然之光，不如说是因为他是古典时期的认知主体，这一主体在其话语内部定义了表征与存在的关联，定义了"所表征出来的"与"所是"之间的关联，被言说出来的语词已经在表征系统的意义上指明了被言说事物的存在。"只要古典时期的话语存续着，'我思'所意味的存在模式就不可能被质疑。"（MC, 323）

二、一个两难存在的诞生：现代人

然而，在 18 世纪末 19 世纪初，在这个被福柯界定为生物学、政治经济学和语言学的诞生时刻，简言之，即现代性的诞生时刻，也是生命体与其表征共有之地的话语被抹去的时刻，出现了一个奇怪的存在——被分裂的人，它既是认知的对象，又是定义认知条件的主体，用福柯的话来说，就是"顺服的统治者，被观看的观众"（MC, 323）。存在与表征之间相互而又不可见的共舞，被用表征认识存在但又对此失去信心的认知主体打断了，因为这个认知主体拒绝了认知存在的可能。这一切之所以会发生，是因为认知主体将目光转向自身——老办法，新用途：肉身对肉身的观看，表征对表征的表征。某个布局的幽灵繁衍着认知主体的诸角色，国王、观看者和画家被把握、表露和具化为一个奇怪、新生的存在：人。

1. 现代人的第一个环节：人之局限性

把这一多功能的主体部署认作主体自身的存在，其实已经表现在居维耶、李嘉图和语文学的开创者那里，表现在他们重新认识生命、需求和语词的表征之时。然而，与其说他们认识的是生命、需求和语词的始源和原初真相，不如说他们认识的是人的现象及其意识的效果，这里的人及其意识其实也是属于"事物本身及其内在法则"（MC, 324），属于那个在我们的生活、劳动和语言中起着主导作用，但又无法通过自身（人的意识）企及的世界。在表征中，现代主体不再能够认识事物，甚或可以说，这个主体拒绝认知诸存在的同一性，它只懂得认识事物相对于人类存在的外在的、现象的和表面的关系。

因此，人与诸存在物第一次如此不可分离地相互依赖，人既被诸存在物所规定，又统治着诸存在物。一方面，人的具体存在在"外在于他且比其诞生更古老、更先于他"的事物中获得自身的决定性。这些事物"外在"于人，但又直插入人的内在性，确实地将自然的对象性、历史的可抹去形象定义并宣称为"人"的本质、有限性和命运。这就是神经、产品和变位，这些被强加在人身上，并成为人的局限性（finitudes）和有限性（limites）。另一方面，又是人在说话、在生活和在生产使之满足的事物，它不仅是认知的主体，还是说话、生活和劳动的主体。因而，人有局限性，但这并不是一个稳定的局限性；人由生活、劳动和语言所定义，但"人"这个种类的演化从未停止，生产的各种进步改变着异化的方式——不再是通过人的劳苦，而是通过人的娱乐；不再是通过最终有限的需求，而是通过永不能满足的欲望。各种象征变得如此完美，以至这个可被完全认知之世界的象征，已不再象征任何真实的事物。从而，人在其各种实证性中发现其"既无边界亦无绝望"的局限性，一个在时间中无限的局限性。"人"既不是"沉默、夜行、当下和愉快"的动物，亦不是在"无限理解力之光芒"（MC, 325）下的上帝。从而，尽管各种实证性处在使其显明的光芒之下，但这个光芒并不是纯粹的光芒，因为纯粹的光芒会因过于刺眼而致盲，也就是说，在人类的观看下，这样纯粹的光芒实际上会遮蔽这些实证性。以这种方式，各种实证性成为人的经验、身体和欲望。语言被定义为且定义人的局限性，

"每一个使人认识到其有限性的实证形式，无不是在自身的局限性之上被给予的……这个局限性不是（人之）实证性最为纯粹的本质，而是实证性能够显现的前提"（MC, 325）。换句话说，由于局限性是在人类认知的层面被限制的，它并不是某种加诸于人的、使其成为有限的实证性的决定性，而是正相反，局限性的意义在于，认知主体仅仅依存于人的局限性，仅对人本身的事实有所认识，仅对人类界限之内的实证性敞开。

正因为此，对局限性的分析变得如此重要，而这不是因为人们对人或认知主体的存在突然开始感兴趣，而是因为这个局限性被安置在人所有经验性和所有实证性的核心。这个局限性消灭了存在通过互逆性表征给出世界的可能性，它因而成为人进入世界的唯一且无出路的入口，成为通达世界上诸事物的没有入口的道路。人们自 19 世纪以来所发现的并不是人本身，而是认知主体，换句话说，是人和认知主体相互定义并相互奠基的产物。当然，"人"的概念或者"人"的局限性并不是新发明，19 世纪以来阻碍认知主体认识事物本身的事物，其实与在古典时期约束生命体、需求和语词之表征的事物是同一个，人之有限性从古代就已经被深刻地认识到了。

但 19 世纪以来的人之局限性与以往的人之有限性的区别在于：后者是相对于无限的不充分，这种有限性与所有其他被创造物一样，是由无限性确立的，因而，所有存在（包括人在内），其有限性仅是由一个简单的无限姿态（geste）而不是由人的经验性确立的，因而这个存在（包括人在内）是能够以一种人可触及的方式被给予的，即便这种给予也许并不是整全性的。然而，19 世纪的人之局限性不再存在于"对于无限之思的内部"，而是存在于其本身对被给予之内容的有限知识之中，基础和实证性相互循环：实证性为认知的有限进行奠基，而认知的有限又为对实证性的认知可能进行奠基。所有对过去古老哲学之论证循环的质疑都源自现代性本身，或者更确切地说，都源自批判本身，源自现代主体认识世界的方式本身，源自认知主体，源自对穿越表征而被给予的"无限性形而上学"的缺乏。

古典时期的认知主体懂得在表征与（存在之）无限之间建立一个形而上学的关联，这个认知主体以其"人性"，以其对生命体、人之欲望及其语言之分析所具有的同一性力量涉入于世。而现代主体则掉入康德批判的陷阱，并被科学的自负激发：一方面，构造了一个对人之局限性存在的分析，另一方面，构造了一个对生活、劳动和语言之形而上学的固执倾向。"但这只能是倾向，它总是立即就被怀疑并好像就是隐埋于其内部（的痼疾），因为它只能是通过人类局限性度量的形而上学。"（MC, 328）

难道不正是现代认知主体将其对形而上学不可抵御的欲望安置于所谓先验（transcendantale）且不具体的事物之上吗？难道不正是那个既是经验对象又是先验主体的人的出现将真正的形而上学终结了吗？正如福柯所说，"现代文化能够思考人是因为它以自身出发来思考有限"（MC, 329）。

现代人并不是人本身（这仍然涉及尼采的问题："人是否真的存在？"），而是现代的认知主体——先验主体，就好像古典时期的人就是表征主体，而文艺复兴时期的人就是相共性主体。如果人或诸存在物就是所有认知主体可以发现的事物，那么有何种认知主体就给出何种人。因而，某种新的认知主体模式就会产生某种新的人之死亡，这并不是指人本身的死亡（对于这个人本身，我们总是可以问它是否真的存在），而是人之复本的死亡。

由此，现代主体理论的第一个环节，即对局限性的分析得以建立，它确立了这一现代人的空间，它既是各种实证性，又是这些实证性本身的基础。在这一取代了表征空间的奇怪空间里，还有三个其他环节标志着现代人、现代认知主体以及现代性。

2. 现代人的第二个环节：经验-先验的重复

现代人的第二个环节是经验-先验的重复。诚然，人们在现代研究中发现与古典时期思想家孔狄亚克相同的内容，即"（柏拉图的）回忆说、自我意识、想象和记忆"（MC, 329）。但对于孔狄亚克来说，这些要素服务于表征的可能性；而对于现代人来说，这些要素用于表明人的局限性，即作为认知主体的有限性。然而，现代对于人的研究也分野为两种分析类型：一种是"先验美学"分析，这种分析建立在身体领域，比如对于感知、感觉机制、神经和器官模式的分析，它分析人类认知的"本性"；另一种是"先验辩证"分析，这种分析建立于幻象领域，比如在这种分析中，认知的条件存在于"历史、社会或经济"要素中，它分析人类认知的历史。

这两种类型的分析自以为相互独立，或者说它们相互蔑视，就好像它们在主体理论上从不相互依赖，从没有任何共同点。换言之，就好像这两种类型的分析在现代有限性的分析上，有专属于自身的内容，而这些内容可以把这个分析引向对人的先验反思，就好像它们不必通过康德式批判就可以进行纯粹的反思。但事实上，这两种类型的分析只不过是做了一些并不公允的拒斥，它们自身并不能摆脱它们所进行的批判。比如，为了证明对认知本性研究的正当性，这两种类型的分析只是排斥了那些"粗糙、不完美、不均衡和新生的认知"，好像只有这样，即"在稳定和确定的形式下获得和建构"的认知才是纯粹的反思；为了证明对认识历史研究的正当性，它们用科学理论排斥"真理幻象、意识形态空想"。为了证明这些做法的正当性，这两种类型的分析发明了真理的两个概念：一个是以对象秩序为基础的经验性真理，一个是以话语秩序为基础的观念性真理。

正是在这一点上，"真理话语"、现代真理以及科学推测显得模棱两可：或者如在孔德那里，"真理话语"建基于自然和历史的实证性；或者如在马克思那里，"真理话语"通过自身对自然和历史的定义和建构，介入甚或发明了真理。"在先验层面引入经验价值的分析，与其说是一种在经验和先验之间的二择一，不如说是这种分析的内在摇摆性。"（MC, 331）问题并不在于我们要在这二者之间选择其一，而在于这两者在同一个考古层面上是固有的，它们相互穿透和构形：末世论就像"对人之未来的客观真理话语"，实证主义就像是"以对象的真理来定义的话语真理"。兼具这二者，就是"真理话语"了。因而，在现代，批判和真理话语只是制造了一个既被缩减又被许诺的人，一个既自大又天真的认知主体。可以见证这一点的就是，这样一个认知主体对"亲身经历"（vécu）的分析既面向经验又面向先验，它将人转化为先验主体的复杂布局：对"亲身经历"的这个分析，既是"最接近于使经验认知成为可能的经验认知之地"，即它是人类局限性的分析；又是"这些内容当下呈现的纯粹形式"（MC, 331），因为正是这个先验主体定义了对所有这些内容的认知可能性。人，先验主体，因而成为继古典时期的表征之后，"身体经验和文化经验相互建基"的共同场所。在这个意义上，马克思主义和现象学并无二致。

3. 现代人的第三个环节：我思与无思的张力

现代主体理论的第三个环节是我思与无思之间的张力。由于现代思想将人置于经验-先验二重性之中，因而将认知主体摆在了一个十分尴尬的位置上：认知主体不再拥有一个可以穿透并表征存在的通透我思，所有表征都必须在我思自身的条件或有限性（在古典时期，这些有限性来自对无限的定义）之下才有意义；与此同时，认知主体并不处在一个完全在其意识之外的世界里。一方面，我思是半透明的，它不能反思自身的晦涩，必须等待思想行为（意识）对它进行重新捕捉；通过这个认知，我思要面对"经验的拥簇，内容的无序堆积，逃脱自身意识而伸展出来的经验，一整个在无思沙域里被给予的沉寂视野"（MC, 333）。另一方面，我思又是半先验的，其意识总是不断展现在超出我思自身的存在之中，意识总是从逃脱其掌握的事物那里唤起无意识、无思和无限的领域。因而，"先验反思"就有了必要性和诞生之地，它不再像在康德那里存在于自然科学的永恒性之中，而是存在于我思自身，存在于这个"沉默而又随时准备言说……某种虚拟的话语，言说这个未知事物的存在之中，由此，人不停地被要求认知自身"（MC, 334）。

对"先验反思"的源头和证明进行的这个转换，将康德批判整个缩减在我思领域。人们不再从自然经验和必要判断这两个方面提出问题，这两方面的问题从此必须置身于同一个我思领域：那些逃脱了意识，那些我思不能够思考的事物，是如何能够被我思思考和表现的？那些生活、工作和语言之"被埋藏的网络、脉动和力量"，也就是说，那些无限溢出人之生命存在的生命主体，那些对人之需求和欲望部署了如此陌生之要求和法则的劳动主体，那些说着完全不由其参与而形成之语言的言说主体，所有这些是如何能够在"人都不能认出自身的一个无经验之基但又哲学上有清晰意识的领域"（MC, 334）中重新获得的？总而言之，该如何思考现代经验？怎样接纳或是证成这些远离表征、相共性和当下的经验呢？

诚然，笛卡尔式我思曾经扮演了排斥错觉、梦幻和疯狂的角色，正是在对这些经验进行思考的不可能性中，我思安置着那些"思考地不够完善、不真实的、虚幻的和纯粹想象的"经验。那么反过来，对这些内容的思考是否是"所有这些经验和不可置疑之最初明见性"（MC, 334）的唯一可能性之处呢？必须首先区分笛卡尔式我思和现代我思。对笛卡尔式我思来说，错觉、梦的幻象或恶魔并没有真的被排斥在思想之外，笛卡尔将这些经验纳入一般思想活动，并将之作为思想活动中的危害加以排除。

但对于现代我思来说，它实际上在"呈现于自我的思想"与"思想中植根于无思的事物"（MC, 335）之间建立了一个同时分离和再联系在一起的距离。二者铰接在一起的方式是一个总是重新开始、叠加和重启的追问，这个追问既没有被思考也不是无关的，这个追问不寻求意识与无意识之间、已知与未知之间的明显关联，而是寻求"无思之物的惰性脉络"，即内在的一个不可还原和不可摆脱的外在，处于无思者、先验物和规定性之我思中的事物。"不使思想的存在发生分叉直至无思之物的惰性脉络，它就不能把事物的全部存在置于思想之中。"（MC, 335）正因如此，现代我思不能给予"我在"任何明见性。现代我思只是内在化的外在、古老的沉睡者、不再思之思想、死去并化身于人的脉络之褶的摊开。现代我思只是我所说的语言、我所付出的劳动、我所感受的生命：语言只是没有现实的沉淀，劳动从来不为我所有，生命规定着死亡。现代我思从表征和存在之间的关联中抽离，不能再导向对"我在"（思者的存在）的肯定，而只能是一个关于无思中人之存在的思想活动。

4. 现代人的第四个环节：无法抵达的起源与消退

现代主体理论的第四个环节涉及认知的起源，用福柯的话来说，就是"人之存在模式与朝向人的反思"（MC, 339）。

对古典时期的思想来说，起源在最接近于原初表征的地方，也就是说，在认知生成之处，感知标记并通过回忆标记了事物的同一与差异，而这些同一与差异被带给想象，以便重新表征它们；因此，认知就是对表征之副本的再认识。对于古典时期的主体来说，虚构或解释性假说与真实或历史事件并无差别。假说或事件都来自诞生了将它们与存在相关联之表征的最初褶子，假说或事件构造的是同一和唯一的宇宙图板。

到了现代思想，因为作为所有实证性共同场所的表征被抽离出去，对于每种经验来说只剩下自身的历史性，不再有关于所有经验的起源。因此，如果人们仍然寻找起源，这就不再是让诸经验的所有历史性得以发生的起源，而是这些历史性共同描绘的作为"某个锥体虚拟顶峰"（MC, 340）的起源，这个起源只是同一（Même）的一个不可触知的形象，真实的和最大限度的虚构。

这个虚拟顶峰，这个同一的绝对形象，这个不可进入的起源身份，只能通过同一时期（即19世纪初）构造的人（即现代认知主体）来指出。这样的人与如此的起源是同时代诞生的，但人只能在已经铸就的历史性周围得以发现，"它从来都不与这个起源同时代"（MC, 341）。也就是说，当人要思考其认知起源时，为了自我定义并定义他的诸经验性，人只能投入到一个在没有人的情况下就已经开始的基底之上。例如：为了寻找人作为生命存在（生命主体）的起源，人只能找到一个既不是与人一起也不是为了人就开始、发挥作用并组织起来的生命；为了寻找人作为劳动存在（劳动主体）的起源，所有基本事物都已经由人类社会予以机构化和控制起来，人除了付出自身的时间和劳苦，没有别的办法可以养活自己；为了寻找人作为言说存在（言说主体）的起源，人只能发现一个充满阻碍其表达和所见之法则的语言，这个语言只是让人去言说其所能言。

如果通过所有这些，现代认知主体只是发现了起源的一个表面，这是因为人无知地游历了所有与其最为近切的事物，人闭上眼然后睁开：好像这样就总是能重新开始，就能像第一次见到世界那样去发现世界，发现一个与其观看同样年轻的世界；好像通过这个总是重新开始（年轻）的观看，人就能发现事物的同样青春——"那个与人既无相同度量亦无相同根基的事物"（MC, 341）。然而，这个与我的生命同时代的起源表面，这个我应该为了认知事物而游历的起源表面，总是在我去发现它之前就已经铸就。这个起源表面从来不改变它的种种固定形象，就像它已经成熟或死去——它被历史上的人们一劳永逸、永无止境地决定和支配着，它不是变成了认知的起源，而是变成了认知的障碍和限制，在此，劳动、生命和语言的真相隐藏于"那些言说的、存在的和成为作品的事物本身之中"（MC, 342）。

所以，现代认知主体的发现，例如在《精神现象学》中，既不是对于古典时期思想来说的理想发生，也不是其想要描绘的起源（穿越诸存在历史性的纯粹先验起源）；其所抵达的既不是"同一性（identité）的真实或虚拟顶峰"，也不是"他者（Autre）的散布尚未发动的同一（Même）时刻"（MC, 342）。现代认知主体发现的只是"人之中的原初"：人想要寻找所有不是来自人本身的事物作为起源，但人只找到那些只是比自身更为久远的人类经验，而且人不再能掌控这些经验，因为这些经验已经被"多种多样、交错缠结和不可还原的编年"石化。

由此，人宣告抵达起源的不可能性。首先，事物起源存在于人尚未存在的时代，也就是说，诸事物和实证性已然在此，已然在现代人去发现它们之前完成。其次，人之起源也因此丢失在此朝向事物起源的无尽消退（recul）之中。当现代认知主体假定事物只有在人之中才能显现并拥有一个起源或开端时，这些事物的起源就会反过来出现在人的经验范围之中，这个起源只能是一个人之经验性无法进入的消退。由此，经验之人永远也无法抵达开启事物的先验之人，从而永远也无法抵达这个先验之人的起源，"人发现自己相对于这个事物的消退，也完全在消退"（MC, 343）。因为起源的这两种缺席，诸事物模糊但坚实的先在性就可以支配自发和原始的经验当下，取消它们成为起源的权利。最后，鉴于这些起源总是在消退和丢失，现代认知主体开始挑战这些起源，并试图重新建立起源。但时间作为所有诞生的起源，现代认知主体的努力要么是重新找到"时间可能性得以建构的模式"，要么是质疑所有附着于时间之物，"以便使时间所源出的那个既无编年亦无历史的裂缝可以出现"。然而，这个裂缝的出现总是悬而未决，因为认知主体的这种努力从来不能逃脱时间。不过，这样的悬搁产生了一种显现起源轮廓的新方式：消退于未来——某种鸽派认知主体。

三、现代人的两次生命

　　所有这些从古典时期到现代认知主体的分析，对所有这些尤其从 19 世纪以来能够产生各种人之复本的机制（从表征话语到人之有限性，从时间的空间化到空间的时间化）的分析，对于现代主体来说，都是为了保证种种"经验综合"的努力，都是认知主体的知识，都属于现代人，即被定义为主-客、经验-先验、思-无思、起源的回返-消退二难的人。总之，这些分析都处在康德批判的阴影之下。即使康德有意通过对教条主义沉睡的批判及其著名的三个问题（我能知道什么？我应该做什么？我能希望什么？）打开现代性，但他可能并未预见这个批判会产生新的教条式沉睡，甚或产生对人类认知来说的致命陷阱：人类学陷阱——"什么是人？"（Was ist der Mensch?）[1] 这个问题体现着人类学的教条式沉睡和致命陷阱，因为越是警觉于"人之存在"，就越是会在人类学教条中沉睡，越是会混淆人类学教条的单纯流转与"彻底哲学性思想的敏锐与不安"（MC, 353）。当然，就"人类学教条的单纯流转"来说，福柯本身也不例外，正如他所言，"因为就大部分而言，我们仍未摆脱其中［人类学教条］"（MC, 351）；但就"彻底哲学性思想的敏锐与不安"来说，必须看到，福柯与一系列当代哲学家付出了巨大的努力。

　　因此，需要区分两种后康德的倾向，它们既共同隶属于现代知识型，又是两种决然区分甚或对立的结果：一种是现代经验倾

---

[1]　Kant, *Logique*, 1800；参见 M. Foucault, *Les mots et les choses*, Paris, Édition Gallimard, 1966, p. 352, note 1。

向，一种是当代经验倾向。现代经验倾向展开的是认知的最初发展，朝向人之存在，以三大人文科学为代表：心理学、社会学和文学（或神话分析）；当代经验倾向针对 19 世纪人文科学中所具有的人类学特质展开了类似康德批判的"对纯粹理性的二次批判"（MC, 394），但朝向语言的存在，以三大"反-科学"（MC, 391）为代表：精神分析、民族学和语言学。如果我们认同福柯对人的定义：人是现代知识型的发明，是由局限性分析、经验-先验对子、思与无思的张力、起源的回返和消退定义的，那么考虑到这两种后康德的倾向，可以说现代人活了两次：一次是活在人文科学里，一次是活在"反-科学"里。

1. 人文科学：人类学危险中的现代人

关于现代人的第一次生命，必须首先认识到，现代知识将表征抽离出知识的一般基底后，现代知识失去了同质性，而分化为三个维度：数学和物理科学维度、经验科学维度和哲学反思维度（MC, 358）。人文科学之所以与所有这些维度发生争论，原因有两方面。一方面，因为人文科学研究人之存在，且是作为所有知识的认知主体的人，人文科学自认为以自身对人之存在的分析，就可以奠基这些知识。另一方面，不无悖谬的是，人文科学必须寻找自身在现代三大知识维度中进行分析的基础和合法性证明，但人文科学又不属于其中任何一个维度，人文科学处在"这些知识的空隙之中，更确切地说，在由人文科学这三个维度所定义的体量里，人文科学才找到它们的位置"（MC, 358）。也就是说，人文科学之所以能够构造它们的实证性，是因为人文科学将自身投入到一种"数学形式化"的规划之中，投入到"借自生物学、经济学和语言科学"（MC, 358）的概念和模式之中，投入到哲学以极端方式进行反思的局限性分析之中。现代人是由这个双重立场定义的，或更确切地说，是由这个主-客体悖谬定义的，现代人也因此成为问题。

首先，人文科学努力根据数学定义自身，就好像通过形式化方法，人文科学也可以获得同样的科学性，但这种科学性只是一种由认知主体"限制和控制"的应用，并不真的能揭示宇宙中的理知。诚然，通过排除不能被数学化的内容，人文科学似乎获得一个具有科学实证性的领域。但构成人文科学独特实证性的并不是这一部分，尽管这一部分是处理清晰和透明关系的唯一部分，而且，也正是在这一部分中，人文科学拥有"向关于人的实证认知提供一个风格、一种形式、一个科学证明"（MC, 362）的最简单方式。

数学化的可能性与对形式化的抵抗之间的这种问题，在古典时期也存在。但在康德之前，人们并不会宣告放弃"一个整体被构想为理知的知识"（MC, 361）。古典范围的抵抗不妨碍古典知识总是敞开接收在对全部存在的表征中所有可能的微小差异。反过来，现代正是通过对这种理知的废除，制造了诸多质的障碍，这些质的障碍一方面使对数学的普遍使用完全停顿，另一方面又在构造人之存在，给予诸经验分析以建构自身秩序的可能性，且由此构成这个将人之存在处理为研究对象的人文科学领域。"在此意义上，人之出现与人文科学的构造在某种'去数学化'上是相关联的"（MC, 361）。因此，人文科学的独特气质是由这个奇怪的人之出现确立的，这个奇怪的人之出现既是理知的障碍，又是数学的使用者：只有在现代主体用"表面的反效果"（数学的使用）代替"基本事件"（表征中的理知）的时候，这二者才可能同时存在。

其次，结果是：最有问题的实证性，也就是能够最好地定义人文科学的实证性，实际上在于其对经验科学和局限性分析（哲学反思）的依赖。由此，人文科学驻扎在康德批判以来的这个令人尴尬的距离之中，换言之，人文科学同时是康德批判的产物和矛盾实践。人文科学与生物学、经济学和语文学相分离，因为一方面这些经验科学不仅朝向人，还朝向其他生物、经济和语言活动；另一方面，人文科学不仅研究自然（人的生命、劳动和语言），还通过将人之存在处理为主-客体，同时关心"实证性中的人之所是"，以及"让这同一存在能够获得知识的事物"（MC，364）。人文科学也与哲学上极端的局限性分析相区别，因为后者不仅仅需要"其局限性仅依靠自身的存在"（MC，365），而且这个局限性不是外在的，而是内在的或至少"在深刻的表象之中"。由于人文科学不在经验科学之中，人文科学不能把这些经验实证性处理成"人之主体性"（MC，365），相反，人文科学只能将这些经验实证性看作"认知的外部性"（MC，365），① 或在更为合法和科学的意义上说，看作"认知的客观性"。在经验科学和哲学反思间的张力和距离之下，人文科学实际上没有一个作为"人类存在"的确定内容，人文科学更是康德模式下的理想和形式规划：人文科学将实证性重新折叠为"人之存在"，并反过来将之定义为人类经验的条件。人文科学实际上是康德式想象既真实又扭曲的领域。

因此，现代对知识三个分离维度的混合产生的不是人的科

---

① 这种外部性在"反-科学"的实践中并没有改变，相反，成为后来实践的本质性要素。

学，甚至根本不是科学，尤其不是理知的同质话语，而是人之诸科学的一个领域，是人文科学，及其处于"后-认识论"（méta-）、"类-认识论"（ana-）、"亚-认识论"（hypo-）立场的认知主体，也就是这样一个部署：既是根据经验科学所进行的重复，又是具有先验性的实证性模式。

（1）先验与范畴

关于先验的实证性模式，首先需要考察人文科学三个区域与生物学、经济学和语文学的关系。人文科学的第一个区域是"心理学区域"，在此，我们可以发现对生命的一个表征：一方面，"在对其功能、神经-驱动范式、生理学规律性的延伸之中"（MC, 367），简言之，就是对生物学的延伸；另一方面，"在打断和限制它们的悬搁之中"，换言之，就是局限性分析的悬搁。人文科学的第二个区域是"社会学区域"，在此，我们可以发现对社会的一个表征：一方面，根据经济科学，按照劳动、生产和消费分类群体和个体；另一方面，根据哲学反思，由某些"命令、认可、仪式、节日和信仰"（MC, 367）所支撑或标记。人文科学的第三个区域是"文学区域"，在此，文学和神话研究根据某种语言的法则和形式得到安排，但同时，也有人依据极端哲学的权力超出这些法则和形式的空间。在所有这三个区域中，不无悖谬的是：人们根据经验科学来组织那些在意识内部的事物，根据人之局限性或无意识来解释人的那些神秘或不可解释的事物。

然而，这样的区分只不过是一种理想的或哲学的理论区分。人文科学的实际分析，或更确切地说，"使之以其实证性得以定义的事物"（MC, 366），却充满了各区域间的移情（transferts），并加入知识诸维度的混合，这些分析从而给人以不可克服的"模糊、不准确、不精确"的印象。因此，对于这些分析，很难找到一个统一的入口，提出以下问题的理论探讨也是无用的："是生成分析还是结构分析？是解释还是理解？诉诸次级物还是维持阅读层面上的辨认？"（MC, 367）当然，存在着只作为另一种想象方式而发挥作用的隐喻移情，如"19 世纪社会学中的官能主义隐喻"（MC, 368）。但具有决定性和不可抹杀的移情是那些构造性的移情，"它们能够形成一系列可以作为可能知识之对象的现象……它们扮演'范畴'的角色"（MC, 368）。正是构造性模式的"范畴"这个著名的角色在知识中产生种种对象，这些对象同时是抽象的和实证的、意识的和无意识的、主观的和客观的，一言以蔽之，即现代的，尤其是现代人的。

因此，我们要考察这些"范畴"如何生产、转移和构造现代人的认知领域，也就是人文科学的先验部分。

首先，经验科学中产生的三对概念成为人之存在的基本范畴。第一对概念是来自生物学的"功能与规范"。正如我们在拉马克到居维耶的生命主体那里所发现的那样，认知主体（即现代人）是依据生命功能组织起来的，而不是由古典时期的思想中多种多样的广延所表征。人文科学提取出"功能与规范"这对概念，以此提出人随着诸功能的演化，最终找到那些能够延续诸功能生命的强加改变的可适应规范。第二对概念是来自经济学的"冲突与规则"：从亚当·斯密到李嘉图的劳动主体实际上是通过有待满足的需求和有待交换的时间（劳苦）建立起来的，当欲望膨胀而时间因死亡而受限，不可化约的冲突就会出现在人的内部。为了减轻这些冲突，人开始组织劳动间价格、价值和交换的规则。第三对概念是来自语文学的"意指与系统"：从施莱格尔到波普的言说主体通过其所言说的语词进行表达，一个表达给出一个意指；而反过来，只有当一个意指系统已经在各门语言之间建立起来，这些表达才能彼此进行交流。

其次，一旦这样的诸对范畴产生，即便是分别产生并随后有着不同的历史，它们也会进入"人文科学的共同体量之中"（MC, 369）。但如何能够找到这三对范畴间相互解释的可能性？它们又是如何能够在人文科学的三个区域中相互转化的呢？例如，从根本上，人在社会学中是以冲突规则进行分析的，但可以是需求与劳苦（时间）之间的冲突，也可以是诸器官功能间的冲突：更贪吃的人，会让渡更多时间挣取生活费用；同样，依据诸器官功能的规范而更节制的人，会"自由地"按照社会规则自律。借助这样的解释力（而不是相共或表征），经验科学的边界消失了，或更确切地说，分离的经验范畴开始汇合。但这种汇合是通过现代人的解释，换言之，现代主体以解释的方式介入知识。在这个意义上，对印欧神话的社会学分析只是历史叙事的现代版本，"临床"心理学只是通过范畴转移完成模式混合。

最后，通过解释完成的这些转移的起源或证明，不再是基于古典时期对存在进行表征的共同土壤，也不在于人之复杂性，而实际上存在于"能够相对三个模式中的另外两个而定义第三个模式的对立"（MC, 370）。换言之，解释力实际上存在于并通过诸范畴的力量获得合理性证明。这些范畴之所以是可沟通或可转化的，不是因为它们在实证性（尽管这些范畴来自实证性）层面发生了交流；这些范畴间的真实关系，或它们实际沟通的内容只是诸范畴本身，它们是在范畴也就是在概念层面交流的。例如，对立的古典生成与现代结构是不可通约的，因为在考古学层面，它们代表了知识型的深刻改变，从而是认识事物方式的深刻改变。但在范畴层面，这就是在时间中发展、变化和适应的诸功能之间的对立，是"冲突和法则的同时性"（MC, 370）。同样，在古典时期看来"次等"或没有充分根据的分析（如对神话、魔法的分析），也许对立于现代主客体有明确定义的有充分理由的分析；但这个对立并不会超过冲突（"作为原初、古老的给予，从人之基本需求开始就已经记录下来"）与功能（"在自身完成中展开"）（MC, 370）的对立。

由此，人文科学通过三个基本模式建立起来：生物学模式、经济学模式和语文学模式。但通过这些可移情的范畴，"一个广泛的偏移将具有更强生命模式形式的诸人文科学，引向另一个更加充满借自语言模式形式的诸人文科学"（MC, 371），也就是说，诸人文科学的统一体或基础实际上建立在语言层面的种种范畴之上。

在这个意义上，哥德斯坦、莫斯、杜梅泽那里的反转成为可能：一个滑移"让每个构造性对子的第一个概念消退（功能、冲突、意指），并让第二个概念（规范、规则、系统）以更大的强度涌现出来"（MC, 371）。这个反转看起来很容易，就好像只是把视角从第一个概念转向第二个概念，但这个反转是决定性的，它完全将人之"存在"颠倒为"人之存在"的一个"反-效果"。例如，病理心理学的可能性正在于将功能带向规范的视角，也就是说，正是"规范性功能"定义了人：这不再是基于功能寻找规范，而是基于规范来判断功能的肯定性或否定性。社会病理学和意指病理学中的同样操作则会涌现和产生"被禁止的冲突"和"无意义（荒谬）"。"人文科学在自身场域中进行了一个本质

性的分割，即总是在肯定的极点和否定的极点之间展开。"（MC，372）

（2）表征与系统

就此说明了人文科学的实证性（肯定性）是如何由范畴解释的。还需要说明的是，表征通过同样这些范畴如何奇怪地被纳入了人文科学。我们已经发现：在生物学中，功能可以在无广延可见性的情况下运行；在经济学中，需求和时间的冲突可以在没有任何人能够察觉的情况下刺激或停滞生产（危机的消失和出现）；在语文学中，一个意指可以仅仅通过语词的词性变化表现出来，不需要任何真实事物的呈现。简言之，现代那些最初的实证性已经不依赖明晰的意识。由此，原先来自这些实证性的规范、规则和系统不再在意识层面运行。在此意义上，这些范畴实际上处于一个无意识空间，在这个空间中，"表征的坚决要求被悬搁"（MC，373）。正是在这点上，"表征的坚决要求"与"表征法则"区分开来：前者纤毫入里地发生于意识之中，后者总是在意识之外并支配意识。例如，意指所意味的事物不是通过一个直接指称的话语表示出来，也不是在呈现意识所经历的被语言所表征的真实发生之事，而是通过"表征法则"，即通过系统显现，这个系统会给予意指以意义，即使这个意指缺乏原初性和直接性，系统在这个意指被宣告出来之前，就已经构造了其"实证起源"。因此我们可以看到：在通过范畴构造的现代知识中，如果不是基于系统、规则和规范，那么意指、冲突和功能就不可能显现在现代人的认知之中。没有这些大范畴的组织，现代人一无所知。

所以，现代表征，或更确切地说，意指的表征（不仅仅在语言的意义上，而是在作为奠基的语言的意义上）之所以可能，只是因为意识让渡其认知和表征事物的权利，并将之留给一个新的表征，即通过系统定义的意指，通过规范定义的功能，通过规则定义的冲突。在这个意义上，现代知识（人文科学）完全是在无意识场域之中。不过，这个无意识的含义是人文科学完全处于意识与表征的分离之中。这区别于人文科学所强调的认知主体对其所不能察觉的那部分认知对象的无意识。实际上，现代表征将自己定义在意识之外，在生物学、经济学和语文学所揭示的经验知识之外。现代表征是"在人中产生的经验范围的现象"（MC, 374）：经验的，但在人之中；在人之中，但不是通过人的意识。认知主体与有待认知的事物之间的距离仍然像古典时期一样存在于现代。对于古典时期，人们在意识中表征其所见，而见不到的（由此定义了古典时期的无意识）则不能被表征；现代则相反，人们用范畴表征其见不到的事物，不能用范畴表征的事物被定义为现代无意识。因此可以说：古典时期的无意识是感知层面的无意识，现代无意识是范畴层面的无意识。

在这个意义上，虽然可以说"无意识毫不损害表征的至上性"（MC, 374），但无意识和表征的含义已经彻底改变。如果人文科学仍然在谈论表征，这不再是在谈论有待认知的对象，而是在"所有广延内"的场域之上谈论，是在"这种形式知识的一般基底（其之所以可能所依赖的基础）"（MC, 374）之上谈论。这会带来两个结果。

一方面，由于经验科学不再给予直接实证性，人文科学从一开始就是由经验和人类范围内的范畴组织起来的；然而，人文科学声称在对于人之存在的认知中，仍然追随表征的法则，或更确切地说，仍然追随表征的承诺。换言之，在这个人类存在的认知领域，人文科学模仿古典时期的表征，就好像人文科学以经验范畴（而不是以事物的符号）所表征的事物仍是现实，但这实际上是旧瓶装新酒，甚或是酒瓶装水。另一方面，现代表征（意指）既包含有待认知的对象，又包含认知条件，这样的表征只有通过某种"先验的活动能力"才是可能的。例如，如果系统（规范和规则）安排了（功能和冲突）意指的所有实证性，那么总还是需要对系统自身的"揭示"；如果放弃或不信任直接和自发的明见性，而依赖隐晦不明但也许更为根本的范畴，就要无限地面对无意识，因为对于人文科学来说，如果自身认知的条件（来源）是人，那么人也对这个"先验的过分提高"负有责任，这个总是无意识的"先验的过分提高"只能通过人自身"对无意识的揭示"（MC, 376）来澄清。

福柯所说的人类学危险正是出现在这一点上，不管人们通常把它称作"心理主义""社会学至上论"还是"历史主义"。这个危险的本质并非人们通常所认为的人之不可靠性，就好像人本身就是一个模糊不清的对象。实际上，在这每个维度中的人都是明确的，但不无悖谬的是，人之不确定的印象来自人文科学的二级和衍生定义，来自人文科学"倾向普遍的自负"（MC, 359）。后者混淆了经验科学的三个维度和三个区域，而这些维度和区域其实都有自身的原则和历史，"几乎所有人文科学给人留下的不可克服的模糊、不确切、不精确的印象，只是那些让人文科学能够以它们的实证性而被定义的事物的表面效果"（MC, 366）。不幸的是，人类学危险正是在这个意义上得以定义的，也正是在这个意义上，康德批判过早地在知识的诸实践中得以实现。如果人们不从这个"理性游戏"（在"知识的实证领域"中考察人，而不是将人当作"科学对象"考察）（MC, 378）中苏醒，就不应抱怨说人类学危险或康德陷阱是不可避免的。

2. 反-科学：界限边缘的现代人

从 20 世纪开始，相对于这个人类学危险，无论如何出现了一种觉醒，这表现为精神分析、民族学和语言学的出现，"它们消解了人"（MC, 391），但还是在现代"知识型的一般空间中进行的"（MC, 385）。

（1）精神分析

精神分析第一个突破事物表征与人之有限性之间的二难，因为精神分析的任务是"让无意识话语通过意识说话"（MC, 385），也就是越过意识的界限并在其中重新找到表征，但这当然已经不是古典时期的表征和意识。精神分析与所有其他人文科学相区别之点在于：精神分析不仅直接追问无意识，而且逼迫无意识在意识中言说或呈现；精神分析仍然且尤其指向"人之所有理论认知按照定义无法进入的部分"（MC, 385），也就是朝向事物本身（"意识的诸内容"）（MC, 386），即使这有坠入深渊的危险，而不是折回受到表征游戏限制的"人之存在"的有限性。在某种意义上，精神分析违反了康德对事物本身（物自体，Ding an sich）可进入性的禁令，但也是在同样意义上，精神分析以服从的方式违反着这个禁令：精神分析并不是通过表征（既不是意识的表征，也不是范畴的表征）进入事物本身，正相反，精神分析跨越、溢出表征，并同时停留在有限性一边；精神分析像某种刺激，让"赤裸的事实"涌现出来，而不是直接进入其中。通过对表征的这种悬搁和在有限性立场上的挑战，精神分析显露出三个让经验范畴变得可能的形象：为生命功能和规范奠基的死亡、显现为冲突和规则的欲望以及组织意指和系统的法则。

如果仅限于表征游戏，换言之，只接受可表征者（即使仅仅在范畴间的可表征性），那么弗洛伊德就是一个神话作者。但如果敢于窥探从"禁地"涌现的形象，那么这些形象丝毫不是人类想象或人类知识，而是"指出了所有关于人的知识的可能性条件"（MC, 386）。例如，精神分析眼里的疯狂是"我们存在的窟窿本身"（MC, 387），疯狂通过抽离我们有限性的形式而显现，这种矛盾显现并不是来自精神分析师，因为他们并无任何进入疯狂的办法，而是来自作为模糊的照亮或明亮的模糊性的疯狂（精神病）本身。在这个意义上，如果我们坚持谈论进入人之存在本身，那么这就不是一个通过认知达到的进入，"这个突破只能通过在某个实践的内部完成"（MC, 387），这是人的整个投入。

（2）民族学

正如精神分析发现了一个无意识领域，这个领域不仅外在于人之意识，而且外在于表征法则，它是人之存在本身；民族学则通过研究在没有不同民族间历史的情况下结构的不变量，试图寻找某些历史与某些民族间基本和普遍的关系，因而发现了在人的活动之外的历史性领域。这个看起来不可能的计划揭示了"一个西方理性（ratio）"（MC, 388）。就像精神分析不是通过精神分析师或病人的活动而得以定义一样，这个理性不是基于人类殖民者的事件，它是被称作"历史性"的"寂静暴力"。民族学不像其他人文科学那样，将经验内容与"感知经验的主体的历史实证性"（MC, 389）联系起来，而是让种种形式、差异和局限回到诸实证性本身。民族学处理自然与文化的关系，而不是让二者与可疑和复杂的人相对照。

　　民族学不追问人本身，而是追问人背后并使人得以可能的事物。民族学不依赖表征游戏，而是让表征背后（在范畴思想中运行，而不是运行范畴思想）的种种规范、规则和系统涌现出来。精神分析与民族学的共同点在于：在它们作为外在于人的实证知识的意义上，它们都具有无意识和历史性先天的维度。精神分析与民族学不因为显现于人的意识而变成人类和不精确的知识，反过来，精神分析与民族学也不会因为脱离人类知识而不会呈现于人之认知。精神分析与民族学不诉诸人的一般概念，而是寻找"构成这些一般概念的外部限制"（MC, 390），在这个意义上，精神分析与民族学可以说摆脱了康德陷阱。但矛盾的是，精神分析与民族学通过绕过以人的概念为前提的人的认知，恰恰遇到了人无法回避的事物。在这个意义上，精神分析与民族学并未真正逃脱康德陷阱。不过，精神分析与民族学不是在人的最佳、纯粹和自由状态中去发现人，相反，"它们不停地'拆解'这个在人文科学中构造和重构其实证性的人"（MC, 391）。换言之，人并不存在于实证性得以规定的那个领域，因而精神分析与民族学实际上将"诸个体在种种文化的无意识之上的历史"与"诸文化在种种个体无意识上的历史"联系起来。在个体与文化（个体主体与集体主体）之间，历史与无意识共同实施着一个权力，这个权力完全外在于人，外在于人之意识，外在于人之活动，外在于所有拘束人的形式。由此，打开了"有关人可以提出的最为一般的诸问题"（MC, 391），打开了对尼采"人真的存在吗？"这个问题最冰冷和生硬的回答：不，人不存在。

　　还是像精神分析一样，民族学不是在某个社会的意识本身之中，而是在"诸文化无意识的系统"（MC, 391）中寻找文化的历史性先天。也就是说，文化并不在于表面的"集体幻想"，而在每个个体之中，在每个个体因语言的历史语法而空洞但意味深长的言说中，在每个个体由经济规则的融贯性和必然性所激发和支配的欲望中，在每个个体定义生命规范的纯粹动物功能中。正是在这些被巧妙放入每个个体中的形式化结构中，民族学发现了一个社会的无意识。由此，精神分析与民族学之间的共同点不是在从个体到社会的水平道路上形成的，而是通过一个垂直关系形成的：社会的诸系统给予个体经验本身的结构以某种选择的可能性，其他选择的可能性则被排除；反过来，在可能性中的诸选择构成了不同民族和社会的多种多样的独特性。这完成了那个对于人不存在的冰冷回答，即使诸文化的多样性也不能逃脱诸形式系统。换言之，现代主体的部署是由其先验属性决定的：生命、劳动和语言。

（3）语言学

这些先验属性对应于现代思想在考古学层面上对立两方（人类学与反-人类学）的三个区域。在生命区域，有一个从心理学到精神分析的发展；在劳动区域，有一个从社会学到民族学的演化；在语言区域，有一个从文学和神话研究到语言学的进步。语言学就像精神分析和民族学一样，是"一门有完美奠基的科学"（MC, 392），也是反-人类学和后康德主义的科学。语言学之所以是科学的，是因为它建基于实证性；之所以是反-人类学的，是因为这些实证性是外在于人的；之所以是后康德主义的，是因为语言学最终回到人之有限性的问题。相对于文学和神话研究，语言学是一种进化，因为语言学中用于表明人之有限性的实证性不再是在人的内部，而是在人的外部。就像精神分析中的无意识，民族学中的历史性，在语言学中对应的就是描述人之外部有限性特征的形式化。

这个形式化致力于将诸实证性的所有内容纳入某个结构化，在这个结构化中，事物只是作为意指系统的诸要素，因此在人文科学中建立起一种新的恒定和数学关系。这种形式化要比单纯的数学方法的运用更根本，它不要求将实证性数量化，也不要求根据实证性的可测量性对它们进去区分，而是更根本的：形式化要求"在人文科学与数学中谈论的是同一个结构"（MC, 393）。这就像日常语言哲学所付出的努力，语言学不研究人文科学外部的数学运用，而是试图找到人文科学内部的数学，在那里，会出现一些矛盾的概念，比如：外部的内在性或内部的外在性。而这种矛盾性只有在语言的范围内、在事物的能指中才是可能的，因为这些能指既在人之诸科学之内，又在人之外。在这个意义上，语言学找到了相对于人文科学及其人类学危险的演化点，正是在这一点上，语言学宣告找到了对人之经验来说非人类学但又是根本的事物。尼采提出"谁在说话？"的问题，马拉美答曰"语词本身"（MC, 317, 394），而正如所有语言学的追问或所有试图摆脱人类学危险或更深层次地摆脱康德陷阱的努力，每个投入"真理"探寻这个危险之旅的个体必须不停地"侵入自身"，"让自己从自身的语言中消失，直至除非以书本的一个纯粹仪式（在那里，话语自身自行形成）的执行者为名，否则不再想要在自身语言中显形"（MC, 317）。

即使这些科学工作者通过这同一个且矛盾的行为已经成功，即使他们真的让人摆脱知识领域，但是他们让语言包围了知识中处于古典时期话语位置的"人之形象"，他们将所有显现人之存在的经验领域形式化，他们将仍然表征事物本身的认知主体替换为这个只是通过逻辑和数学构造起来的进化的"人之形象"。由此，作为事物本身的人之存在也完全由语言存在支配了，语言存在不仅强调人之有限性和认知主体的种种根本形式，还以此构成了对事物认知的界限：使之服从那个进化的"人之形象"，服从形式化的语言。在这个意义上，可以说现代主体"通过抵达一切可能言说的顶峰，不是到达了自身的核心，而是在限制它的事物边缘"（MC, 395）。

语言学的确值得被称作反-人类学或第三个"反-科学"（MC, 392），但语言学实际上加深了主-客体的二难，加深了"人之形象"，即加深了自我限制之物以及限制事物认知之物。语言学虽然没有以人之存在的复杂和混合实证性将知识人类化，由此确定人类认知的有限性，但语言学通过对其实证性认知的形式化，还是确定了人类认知的有限性。通过这同一举动，认知主体（人）无尽地面对着死亡、无思、不可避免的先验性和不可进入的起源。这就是阿尔多、鲁塞尔、卡夫卡、巴塔耶、布朗肖（MC, 395）以及所有在语言中同时作为表达和沉默而叫喊的疯人所面对的世界。因此，"反-科学"并不是走出康德陷阱的方式，它们没有对丰盈的事物敞开大门；"反-科学"与人文科学一起，构成了人之有限性的两端，一边是混合的实证性，一边是石化的实证性；"反-科学"与人文科学构成了同一和唯一的那个界限，即语言的界限：用语词这个唯一方式构成认知而导致的有限性。

在这个意义上，从文艺复兴开始，经过古典时期，直到现代或当代，认知主体的历史就是语言存在的历史：语言存在闪耀着越来越强的光芒；认知主体的历史就是人之存在的历史：人之存在在语言空间中被悬搁。因此，问题并不在于有一个应该存在或消失的人之存在，而在于人之存在是否与认知主体（如在文艺复兴时期、古典时期、现代或当代）的种种部署不可分离。因此福柯说，"如果这些部署像它们曾经出现那样也会走向消失……人也会消失"（MC, 398），这其实是在说，如果没有某种设定的人的出现，也不会有这种设定的人的死亡；在所有构造人的事物消失的前提下，被构造的人会消失。

第三部分

主体性的用法

——主权主体及其技术

✝ ‖ ‖ ∨ ∥∵ ⌜ ○ ∃⊦⊰

"现在我们不再是奴隶" [1]

<hr />

[1] 参见 Pierre Guyotat, *Eden, Eden, Eden*, Paris, Gallimard, 1970。

导　言

主体性的启蒙

　　认知主体的历史，从文艺复兴开始，经过古典时期，直到现代，与相共性、表征和意指的部署不可分离。这个历史如此深刻地与语言相关联并被遮蔽在语言的阴影之下，而语言既是在自身之中，又被人类认知所转化。康德轻易地站在法官的立场扮演批判的角色，要求其他人提供证明，而自身的法则却缺乏证明，最终掉入主客二难的循环陷阱。不过，这并不是批判的错，因为批判"只与其他事物而不是与自身发生关系：批判是工具和方式，为的是批判也不会知道和不会成为的未来或真理"。[①] 但康德批判所引入的问题或事件并不在于"一个未经审判的批判不能要求审判别人"，而是另有玄机。首先是批判态度，"如同对立者，甚或如同伴侣和敌人，面对着各种统治技艺，如同一种藐视、拒绝、限制、寻求恰当方式、改变、寻求脱离这些统治技术，或者，不

---

①　M. Foucault, « Qu'est-ce que la critique? (Critique et Aufklärung) », Conférence donnée à la Société française de Philosophie le 27 mai 1978 et publiée en français dans le Bulletin de la société française de philosophie, t. LXXXIV, 1990, 84, 2, p. 36.

管怎么说，以一种必然的缄默转移这些统治技术，并且以及正因如此，如同统治技艺本身的发展线索"。[①]这样一个认知主体自己给出的"不被如此统治"的态度，使其具有可以质疑自身真理话语的权利和权力。其次是启蒙（Aufklärung），即通过对自身理性的使用，让人脱离不成熟状态。

从此，人既是真理的认知对象，又是真理的认知主体，既是球员又是裁判，既是演员又是导演。用福柯的话来说，这就是要求人们作为"理性"的志愿者，志愿出演理性大戏。这几乎是康德所引用腓特烈二世的名言"服从，你可以尽你所能地使用你的理性"的哲学版本。因而，为了"不被如此统治"的批判最终并没有将基督教的谦卑（"服从，不要运用理性"）转变成某种不必服从任何权力的成熟人性，而是转变为对人自身的服从，转变为对人自身理性的服从。

18世纪末康德的这个启蒙事件（1784年）开启了现代性，更确切地说，开启了现代人仍未走出的康德陷阱：无论是德国左翼提出"什么样的过度权力，什么样的治理化，因为在理性上得到证明而更加不可避免？这个理性本身难道不是在历史的意义上负有责任？"，[②]还是法国右翼通过大革命"以理性所带有的权力效果之名对理性或理性化所进行的历史性指责"，[③]甚或是科学、人文科学和"反-科学"之间的无尽争论。然而，如果我们仍然或总是处在人性光明的阴影之下，至少有一件事是不可避免也不

---

① M. Foucault, « Qu'est-ce que la critique? (Critique et Aufklärung) », Conférence donnée à la Société française de Philosophie le 27 mai 1978 et publiée en français dans le Bulletin de la société française de philosophie, t. LXXXIV, 1990, 84, 2, p. 38.

② Ibid., p. 42.

③ Ibid., p. 43.

可克服的，就是"坚决不被奴役 / 强制"（inservitude volontaire）和"审慎的不顺从"（indocilité réfléchie）。这是将自我构造为自主主体，总是把历史主体的诸多存在模式与当下主体的存在模式重新一起把握。"我们必须避免在其中和在其外的二难选择；必须处于边界。"① 这也许是面对批判或康德陷阱的最佳方式，即置身真理主体的话语和判真主体的部署之间、规范性主体的自由言论和当下真理之间的交锋边界。这个置身边界的策略，福柯称之为"我们自身的存在论式批判"，在这里，批判既是"对强加在我们身上的局限性的历史分析"，又是"对克服这些局限性的可能体验"。② 福柯在考古学和系谱学研究中做的正是这样的事情，人类理性是一种工具性媒介，不被奴役性则是一种策略性游戏，二者都是为自由服务的。简言之，这个在边界上的工作，就是"给予渴望自由的躁狂以形式的耐心劳作"。③

　　这种耐心劳作从区分提出"主体性与真理"（SV, 12）关系问题的两种不同方式开始。第一种是使康德批判成为某种思辨性陷阱的方式，也就是从柏拉图以来质疑通过认知主体获得真知的条件和可能性的哲学方式。第二种是实证主义者的方式，例如人文科学或人文"反-科学"的工作者，他们在认知主体的主体经验基础上拷问获得真知的条件和可能性。《词与物》的研究证明，这两条道路不可避免地遭到失败，失败的原因正是这两条道路提出问题的方式。在此意义上，与其说康德是一个新起点，不如说

① DE 2001, N°339, « Qu'est-ce que les Lumières? », « What is Enligthenment? », in Rabinow (P.), éd., *The Foucault Reader*, New York, Pantheon Books, 1984.
② Ibid.
③ Ibid.

他是人类知识的致命终结，"康德的诸问题可能有着比 15、16 世纪更远的渊源"。① 因而，如果我们尚未脱离康德陷阱，这不是因为我们置身于作为某个时代的现代性，而是因为我们察觉到，也许是第一次察觉到，"主体性与真理"问题是一个主-客循环。这个认识，甚或这个意识，也许从人开始直立行走开始就注定是无法抹去的。

从这个角度来看，似乎福柯也不能逃脱康德陷阱。因为从历史的角度来看，真理是"一个事实问题。存在着……一些涉及主体的真实话语，它们独立于真理的普世价值，而发生着作用并流通着，它们具有真理的分量，也以真理的面貌被接受着"（SV，13）。如果我们认为福柯的研究是在考察如何进入这些被给予的真理，就已经在福柯的考察之前为福柯假定了某种真理的先天且普遍的决定，并认为福柯也是通过认知主体的某种选择做出某种判定。但福柯关于疯狂、疾病、犯罪或性的漫长工作，揭示的是另一个主体性与真理的关系问题："我们与自己的关系是如何被这些真理话语的存在及其引致的效果，被其强加的义务和许下／构造的承诺所影响、修改、改变和构结的。"（SV, 14）因而，问题并不在于像认识论那样提出进入真理如何可能，也不在于像实证主义者那样提出主体性经验如何能够进入真理。

福柯要问的是：面对这些真理或者这些被给予的义务，"主体自身能经历的经验是什么？""主体与自身的关系是什么？""那个声称说出主体性之真理的话语存在对这个主体性产生的效果是什么？"（SV, 14）也就是说，面对真理，我们自己

---

① M. Foucault, « Qu'est-ce que la critique ?(Critique et Aufklärung) », *op. cit.*

的主体性是什么？批判态度就是主体性的一个例子，在这里，服从不是面对真理唯一可做的事情。尽管批判不立法，但作为有主体性的主体，我们总是有权批判，把自己当作警察，而不是做一个无条件服从的公民。但主体性并不完全如此，批判只是一个既质疑主体性又质疑真理的消极主体性。福柯对主体性所进行的"历史性－哲学性"问题化，是一种对康德批判的积极回应，它在三个方面重建了哲学或实证主义的传统问题。

首先，主体性不再是主体的"先决和普遍"因素，它不再是人绝对的"原初和奠基性经验"。主体性不必然是人类学的，由于它是在"主体与自身真理的建构和改变"中被拷问的，它既源于人（内部），又是可（被外部）建构的。其次，真理也不是被定义为某种在内容上或在形式上普遍有效的认识，它是某种"强制体系"（SV, 15, note 39; GV, 92），就像精神病学、犯罪学或者性行为法则那样，只是在某些历史阶段被看作真理。因而真理问题不在于内容或形式的普适性，而在于其加诸主体上的关联、强制或政治。最后，历史角度并不是为了表明"不存在绝对真理"或"主体性总是相对的"，而是要澄清"主体性作为自我和他者的经验，是如何通过真理的强制，通过我们可称之为判真①的关系建立起来的"（SV, 16）。也就是说，从历史的角度看，主体性通过对真理强制的主体化，表现出其所获得的特性，而且这些特性在不同历史时期（依据真理的不同历史性先天）各不相同。

关于后者，为了研究主体性与真理的关系，福柯所选择的时

---

① "判真"是对法语词 véridiction 的翻译，这个法语词本身也是福柯的发明，表示一种将某话语判断为真的活动。

期特别不同寻常，因而也别具意义。①

在 1981 年的法兰西公学院讲座中，为了说明为什么选择作为人类道德范本的大象的故事，福柯发掘出基督教文学和世俗文学的一个关系，"是这个游戏，这个世俗文学和基督教文学相沟通的游戏吸引了我并将继续吸引我"（SV, 17）。从公元 1—2 世纪的埃利亚努斯②和普林尼③，到中世纪的自然学家阿尔德罗万迪④，直到基督教神学家圣方济各·沙雷⑤，人们无不推崇大象作为人类性行为的典范。如果我们仅仅将其看作某种历史巧合或普适真理，就会失去福柯提出这样一个问题的洞察力："我们溯源于基督教的性道德法典，是否真的属于基督教呢？"（SV, 19）如果不是这样的话，基督教道德或者现代西方道德是什么时候形成的呢？如果世俗主义与基督教分享同一个性行为模式，那么认为二者之间格格不入的看法就"显然是一个在历史意义上极具争议和极其幼稚的看法"（SV, 20）。

福柯 1966 年的《词与物》对 18 世纪末 19 世纪初（即现代性开端时期）的政治和科学进行的反思，对研究现代主体是很有意义的。同样，福柯 1981 年对现代性的伦理进行的反思，将提

---

① 福柯从 1981 年开始对古代哲学进行研究，这个选择有其学理上的需要。福柯 1984 年的离世是突然的，因而不能简单地将这个意外性的个体事件看作对这个历史时期进行选择的学理依据。

② 克劳迪乌斯·埃利亚努斯（Claudius Aelianus, 175—235），使用希腊语的罗马历史学家和演说家，著有《动物的个性》（*Περὶ Ζῴων Ἰδιότητος*）。

③ 盖乌斯·普林尼（Gaius Plinius, 23—79），罗马作家和自然学家，著有里程碑式百科全书《自然史》（*Naturalis historia*）。

④ 乌利塞·阿尔德罗万迪（Ulisse Aldrovandi, 1522—1605），文艺复兴时期意大利著名科学家。

⑤ 圣方济各·沙雷（saint François de Sales, 1567—1622），天主教神学家。

供理解现代主体的另一个面向。①这个反思首先必须提出这样一个问题："在最初一个世纪，也就是世俗伦理和基督教道德更迭的时期，到底发生了什么？"（SV, 21）由于"犹太基督教的观念在19世纪如此重要并且与世俗主义密切相关……然而，这个观念曾在数个世纪或几千年里是难以想象的"（SV, 42）。这就是说，现代性在19世纪的开端并非现代道德本身的开端。后者产生于一个在更遥远的时代，它是对世俗主义、犹太教和基督教的奇特混合，"有必要将它们分辨出来"（SV, 43）。

但凑巧的是，与对知识进行自我分析的康德批判同时代的"19世纪构造了西方社会自我分析的两个大范畴：一个是伴随着资本主义的社会经济范畴，一个是伴随着犹太基督教的社会宗教范畴"（SV, 43）。在黑格尔分析犹太基督教运动之后，在费尔巴哈对犹太基督教和世俗主义的分析达到顶峰之后，在马克思的社会主义对资本主义的分析之后，在马克斯·韦伯蔚为壮观的宗教和经济式自我分析所进行的伟大综合之后，世俗主义和基督教的混合变得显而易见。在这个意义上，福柯对这种混合有所质疑，并对二者做出历史编纂学式的区分，是极有道理的。

正是基于这一点，福柯将他的研究定位于希腊化罗马时期，因为这个时期既是古代世界的结束，又是基督教的开端。这个时期不仅对道德的形成或转化极其重要，对自我分析的可能性也极其重要。对后者的研究可能会将康德的主-客悖论问题的遥远起源向更古老的时期推进。

锚定于这个希腊世界与基督教世界的交叉时期，一个引人注

① 仅仅是另一个面向，不是唯一的，也不是所谓终极的和根本的。

目且具有决定性的结构便浮现出来，这就是围绕着"生活技艺"的结构。对于希腊化罗马时期的人来说，这个生活的技艺可以包括面对生命中艰难时刻的各种技巧、修辞技术，甚至是在公共或私人生活中同时涉及灵魂和身体的一般性节制（SV, 30—31）。它与基督教"生活技艺"的区别是，希腊化罗马时期的人研究"如何存在"，基督教研究"如何做"。因而对于前者来说，这涉及存在的品质，即主体在存在论意义上的状态，比如宁静或喜乐。而这些只能通过"一个繁复的工作"才能达到，即通过"首先是与他者的关系，其次是与真理的关系，随后是与自我的关系"（SV, 34）才能达到。在希腊人那里，这个主体存在的品质是用"生命/生活"（bios）（SV, 36）这个词来表达的，"生活技艺"（tekhnê peri bion）所涵盖的三个关系就是：理知（mathêsis）、沉思（meletê）和操行（askêsis）（SV, 35）。

由此产生了福柯在其晚期澄清的主体性"启蒙"的进路，"自我'关注'和自我'技艺'的历史，就是主体性的历史"（SV, 300）。这不再是通过疯狂、疾病和犯罪经验（如《古典时代疯狂史》《临床医学的诞生》和《规训与惩罚》）来研究主体性的历史，也不是通过在科学客观性领域追寻生命主体、言说主体和劳动主体的痕迹（如《词与物》）来研究主体性的历史，"而是通过研究'与自我的关系'及其技术框架和知识效果在我们文化中的显现和转变"（SV, 300）来研究主体性的历史。古代社会的这个"与自我的关系"，这个"技术框架"，这些"知识效果"就像古典时期或我们现在"疯狂、犯罪和性经验的策源地和模阵"。① 它们显

---

① "模阵"是对法语词 matrice（矩阵，子宫）的翻译，可以仿照《黑客帝国》里的 matrice（母体，模板）来理解。

现出三个中心轴，在福柯看来，就是从基督教到康德乃至我们现在的主体经验中至为根本的三个中心轴，"知识形成轴，行为规范轴和主体存在模式的构造轴"（GSA, 41）。这三个中心轴正是在关注自我，在"自我技艺"中获得它们的源头：与他者的关系源于"理知"，与真理的关系源于"沉思"，与自我的关系源于"操行"。也正是在这三个既现代又古代的中心轴上，福柯给出了对批判甚或对康德陷阱的回应：1）将知识理论替换为对"与真理的关系"所进行的历史分析，这个分析以"话语实践的分析和判真形式的历史"为基础；2）将权力理论替换为对"与他者的关系"所进行的历史分析，这个分析以"治理术的各种进程和技术"为基础；3）将主体理论替换为对"与自我的关系"所进行的历史分析，这个分析以"主体务实的……各种模式和技术"（GSA, 42）为基础。

这三个替换系统性地改换了福柯的研究模式，福柯之前在知识、权力或主体的传统领域对主体性历史所进行的研究，比如关于疯狂、疾病和犯罪的研究，仍然是在"主-客二难"的框架下进行的，或者说古典时期和现代经验本身就深陷在认知主体和被认知客体的循环之中。但从《性史》第二卷的研究开始，从锚定希腊化罗马时期开始，这些替换就像是对康德批判的一个回应，就像历史视角的某种效应，福柯不再依赖于那些具有同时性和孤立性的传统领域，而是围绕着在认识论、存在论和历史意义上相互展开和折叠的三个中心轴。换言之，这些替换不仅与三个场域内容相关，还穿越了从古代、基督教到现代的诸时期。显现这些替换的唯一方式，就是福柯面对康德陷阱的策略："我们必须避免在其中和在其外的二难选择；必须处于边界。"①

　　关于福柯晚期哲学所选择的主体性启蒙进路，还有最后一点需要澄清。这些关于"关注自我"和"自我技艺"的研究不应该被看作福柯毕生研究的最终结论或建议，福柯突如其来的死亡对他自己和对我们来说都是一个意外，这个死亡最终成为其毕生研究的断裂性事件。理论上，这些涉及希腊化罗马时期的探索并不能直接作为我们现在"生活技艺"的模型，它们的意义仅在于其本身在主体性历史上不可磨灭的意义。这也符合福柯晚期研究的原则，即最重要的是，"如果在我们之上，确实存在着和应该有某种真理，一个额外的真理，它对于我们来说是什么，我们应该做什么，我们应该如何行动"（SV, 14）。这就是说，面对"真理"，重要的是确立我们与它的关系，确定我们的对策，决定我们的用法，我们最珍贵的自由或主体性就在这里。

　　如果在福柯的所有分析中，正如福柯本人在法兰西公学院早期课程中所言，"我们能够从中了解到'知识意志形态学的诸片断'"（LVA, 3），那么我们就不能从中看到所谓的原始开端：一方面，福柯写作的编年开端，无论是 1954 年的文章，还是 1961 年的专著，抑或是法兰西公学院的早期课程，对于我们需要分析的内容并无直接意义；另一方面，福柯研究的理论开端，如主体性历史从疯狂、疾病、犯罪的历史分析开始，在关于性的分析中产生，这些研究对象并不是在一个直线和接续的道路上展开的，甚至更糟糕，分析场域的替换完全重构着"形态学的诸片断"。因此，我们只能通过片断组来追踪总体重构的线索。我们只能说

---

① DE 2001, N°339, « Qu'est-ce que les Lumières? », « What is Enligthenment? », in Rabinow (P.), éd., *The Foucault Reader*, New York, Pantheon Books, 1984.

"片断组"，因为在福柯晚期研究的古代，这三个轴心彼此纠缠，彼此生发。例如：一方面，真理意志对知识意志的替换（1970—1971年）和对主体性与真理间不可分离关系的发现（1980—1981年），二者都属于真理关系这一组；另一方面，这个与真理的关系作为福柯20世纪70年代分析的基础，在福柯晚期分成重组和交叉的三个分析轴心，而这三个轴心在福柯对古代的分析内部又发生了转化。

第一章

古希腊的性与判真模式——与真理的关系

导　言

对于福柯来说，1981 年法兰西公学院讲座和《性史》第二、第三卷对性的历史分析，构成了主体性与真理关系主题的"优先例子"和"折射表面"（HS, 3-4）。从先前对"疯狂、疾病、死亡和犯罪"（SV, 16）经验的研究开始，性作为新的优先经验，揭示了主体性历史的独特性。第一个独特性在于，有关性问题的经验不像疯狂、疾病、死亡和犯罪那样被他者或外部判断，性的真相只能通过主体自身显现，通过"关于自身的真言"（dire-vrai sur soi-même）显现，常常是主体对自身进行判断，"关于主体的真话语是围绕坦白实践组织起来的"（SV, 17）。

那么，为什么主体能够且应该自己对自己的性进行判断？性之真相来自何处？甚或，什么是性之真相？换言之，关于自身的真话语何以可能？对这些问题的回答，实际上涉及主体性历史的第二

个独特性：有关性问题的经验不像其他经验那样完全是否定性的，
而是同时具有"拒斥和接收""价值评估和价值贬损"（SV, 17）。
有关性问题的经验一方面引发著名的争论，"需要沉思真理或需要
与上帝保持特权关系的人"是否应该结婚（SV, 38）；另一方面，
有关性问题的经验也是自古代以来（也许直至今日）生活技艺或
自我技术的主要领域。生活技艺所朝向的自我关注、自我掌控和自
我拯救，必然提出"性活动、愉悦经济和不同生活模式"（SV, 39）
的问题。因此，对性问题的经验研究可以提供一个同时关于主体性
和真理、自我判断的主体和用自律掌控臣民的治理术的独特视角。

　　在 1981 年法兰西公学院讲座的开头，大象传说被用于说明
人类的性问题在"自然中的道德范例"（SV, 11）。因为大象是单
配制和对配偶忠诚的典型，是性行为稀少的典型，而且大象的性
行为是且仅是以生育为目的，此外具有秘密、审慎、羞耻的必
要，有性行为后清洗自己的责任（SV, 27）。这种性行为模范很
容易在基督教那里得到认同，正如我们在圣方济沙雷 [①] 那里所看
到的。但有趣的是，随后在 17 世纪博物学家阿尔德罗万迪 [②]、18
世纪博物学家布丰 [③] 那里也能看到这种性行为模范，甚至向上追
溯，在 16 世纪博物学家格雷斯纳 [④] 大约写于公元 2 世纪末到公元

[①]　François de Sales, *Introduction à la vie dévote*, [1609], Paris, Les Belles Lettres, 1961；参见 M. Foucault, *Subjectivité et vérité*, Cours au Collège de France. 1980–1981, Paris, Seuil/Gallimard, 2014, p. 22, note 2。

[②]　Ulisse Aldrovandi (1522–1605)；参见 M. Foucault, *Subjectivité et vérité*, Cours au Collège de France. 1980–1981, Paris, Seuil/Gallimard, 2014, p. 22, note 6。

[③]　Buffon, Histoire naturelle, 174；参见 M. Foucault, *Subjectivité et vérité*, Cours au Collège de France. 1980–1981, Paris, Seuil/Gallimard, 2014, p. 23, note 9。

[④]　Conrad Gessner (1516–1565), *Historiae animalium*, 155；参见 M. Foucault, *Subjectivité et vérité*, Cours au Collège de France. 1980–1981, Paris, Seuil/Gallimard, 2014, p. 23, note 11。

4 世纪初的著名基督教动物集《自然史》（*Physiologus*）（SV, 23,
note 19）中，以及公元 3 世纪异教徒索利努斯[①]、公元 2 世纪异教
徒埃里亚努斯[②]和公元 1 世纪异教徒老普林尼[③]都对此有所记载。
但古希腊在大象典范的这个漫长历史中是缺席的，甚至在唯一提
及大象的亚里士多德那里，大象也仅仅被看作多情且暴力的狂暴
野蛮动物。大象典范的这个断裂同时标志着一个本质改变和重大
开端：一方面是古希腊世界与希腊化罗马世界之间的本质改变，
另一方面是通常被归诸于基督教的现代性行为模式其实始于希腊
化罗马时期。

　　这个断裂首先在福柯对阿特米多鲁斯（Artémidore）《梦的钥
匙》的分析中得到确证。[④]在确证这个问题之前，福柯给出了强调
这个公元 2 世纪解梦文本的四条理由。1）梦像疯狂一样，是一个
"策略之点"和"优先样本"（SV, 49），对于大多数人来说，尤其
对于做梦的主体来说，梦是真相的谜之表面。这里关于梦的讨论
不涉及解梦经常牵扯的迷信或招摇撞骗。在西方知识的发展中，
梦同时是科学和哲学回答真理入口问题的场所：一方面，近代如

[①] Gaius Julius Solinus, *Collectanea rerum memorabilium* (*Recueil de choses mémorables*)；参见 M. Foucault, *Subjectivité et vérité*, Cours au Collège de France. 1980–1981, Paris, Seuil/Gallimard, 2014, p. 24, note 25。

[②] Claude Élien (175–235)；参见 M. Foucault, *Subjectivité et vérité*, Cours au Collège de France. 1980–1981, Paris, Seuil/Gallimard, 2014, p. 24, note 27。

[③] Pline l'Ancien (23–79), *Histoire naturelle*, 77；参见 M. Foucault, *Subjectivité et vérité*, Cours au Collège de France. 1980–1981, Paris, Seuil/Gallimard, 2014, p. 25, note 29。

[④] Artémidore de Daldis, *La Clef des songes. Onirocriticon,* Trad. André Jean Festugière, Paris, Vrin, 1975；参见 M. Foucault, *Subjectivité et vérité*, Cours au Collège de France. 1980–1981, Paris, Seuil/Gallimard, 2014, p. 49–97；还可参见 M. Foucault, *Souci de soi*, « Rêver de ses plaisirs », Paris, Gallimard, 1984, p. 15–20。

笛卡尔要求主体摆脱梦的状态以思考真理；另一方面，现代社会如康德、叔本华和尼采提出"但真理的真相是真的吗？"（SV，50）在精神分析家那里，主体性、真理和梦之间存在巨大的关系空间。2）先将严格意义的真理放在一边，因为这里的问题并不是"什么是真理"，而是"用真理做什么"。梦作为不可抵抗的现实向主体提出这样的问题："当从我们自身的这个在黑夜里闪耀的晦暗部分醒来之时，我们该做什么？"（SV，51）在这个意义上，这涉及做梦主体的生活方式，也就是与自己的梦生活在一起的技艺。3）阿特米多鲁斯既受到斯多葛学派的启发，又对关于梦的传统和流行解释开展了"准-民族学"（SV，52）的考察，因而，阿特米多鲁斯是希腊化罗马时期的视角下对古希腊道德思想的一个见证。4）这个解梦文本中关于性的内容，不仅是当时唯一完整描述（包括真实的、可能的和想象的）性行为的文本，而且不把这些描述处理成文学或道德哲学，而是一种相对"客观"的见证。

　　福柯对阿特米多鲁斯解梦的分析涉及社会与性的同构原则、积极性原则、插入的自然性、性伴侣的社会性。这些问题有助于我们理解古希腊时期对性行为的伦理领会，这些问题将一点一点地验证古希腊经典文本中的相关分析，也会一个接一个地在希腊化罗马时期发生断裂。

　　另一个确证大象典型发生断裂（标志古希腊和希腊化罗马世界之改变以及现代性伦理之开端）的文本是普鲁塔克的《论爱》（*Erôtikos*）（SV，178）。这个文本与阿特米多鲁斯的《梦的钥匙》有一些相似之处：古希腊文化与作者所处时代的参照之间形成并置、对峙和迂回。对福柯来说，"所有古希腊之性的伦理"在公元 2 世纪的这些迂回表明，性道德的历史范式并非像异教或基督教的范式那样是铁板一块，而是有着"一整个系列的道德要素、原则和规则"，这些通常被归诸于且仅仅归诸于基督教，但福柯认为其实它们早已形成（SV, 179）。通过将并非基督教发明的内容抽离出去，就会发现真正属于基督教本质的内容其实是一种独特的肉体经验，"夫妻性道德并不是属于基督教的本质内容……而通过作为肉体经验的其他事物……从修道制度也就是公元4—5世纪苦行主义的发展开始得以形成"（SV, 179）。由此我们可以得到启发，认知主体和认知对象间的康德问题，也就是主客二难问题也许也可以追踪到一个更古老的起源，就像古希腊人著名的"少年悖论"：作为最初主体性的男子气概（virilité）的积极性在灵魂之爱中的服从和抵抗。

我们将在以下三节中追踪社会与性的同构原则以及积极性原则的发展，并与希腊化罗马时期的相应迂回联系起来，以便同时考察古希腊性主体的改变和主体性的转化，这并不是要揭示基督教"肉体经验"的先驱，而是要寻找康德以来存在论意义上的现代主体性经验的来源。

第一节　古希腊的性的问题

一、古希腊时期：积极主体与自愿节制

阿特米多鲁斯《梦的钥匙》所揭示的第一点：古希腊的性 ①

---

① "古希腊的性（aphrodisia），也就是自然所要求的行为，通过自然而与某种强烈的愉悦相连，自然为这些行为带来一种总是会过度和反抗的力量"；参见 M. Foucault, *L'usage des plaisirs*, Paris, Gallimard, 1984, p. 123。

所包含的伦理领会是"自然性"（naturalité）。阿特米多鲁斯的这个"自然性"当然不是自然（nature）和反-自然（contre-nature）意义上的概念，而是指男性插入的性行为，"带有插入能力的男性性器官定义了性行为的普遍和恒定自然性"（SV, 69）。因此，按照这个定义，不插入的自慰不算性行为，女性之间不通过男性性器官而进入阴道的行为属于"反-自然"的范畴。反过来，只要是通过男性性器官插入，无论插入对象是女性、男性还是奴隶，这样的性行为就属于自然。不过，阿特米多鲁斯的这些分析针对的是作为一家之主的男人的性梦（SV, 70），如此细节的分析不会出现在古希腊的医学、哲学或道德论述中，"古希腊人从未表现出……对其所领会的性进行精确定义的迫切关注"（SV, 55）。这说明阿特米多鲁斯很可能将希腊化时代的反思混在他对古希腊传统的叙述中。那么，阿特米多鲁斯是否搞错了插入的自然性，或者对于古希腊人来说，他们是否像基督教时代那样，对某些高度敏感的禁忌保持沉默？

　　我们将在古希腊人对性的反思中发现，这个自然性既是本质的又是不言明的。这种自然性是本质的，因为古希腊的性只会在男性主体／积极主体的视角进行反思，这是古希腊的性的第一原则；但古希腊思考主体的这个立场只能通过对行为-欲望-愉悦（acte-désir-plaisir）这一坚固统一体的反思才会显现出来，就像古希腊人对性的反思必然同时与自然和道德相关，与过度和养生相关，换言之，遵守社会与性的同构原则。

　　1. 积极性原则

　　（1）射精范式

　　古希腊的性的第一原则：男性主体视角下的积极性即插入。

这一点首先可以在希波克拉底的文本中得到确认。在希波克拉底那里，性行为被解释为性器官的摩擦导致发热，性器官的发热传递给性器官中的液体，并将液体转化为泡沫，这个起沫的液体在离开身体猛烈射出时产生愉悦。[①] 这个明显完全属于男性的性行为模式被福柯称为"射精范式"（SV, 155）。这个模式（即男性主体视角）的首要后果是：男性角色与女性角色、被偏好的积极愉悦与被蔑视的消极愉悦之间的本质对峙，换言之，就是积极主体与愉悦对象之间的对峙。

尽管希波克拉底将"射精范式"同时用于男人和女人，但二者在强度、力量和独立性上是不同的，还是男性范式在作为模版或标准，"以对峙和争斗的方式识别男性角色和女性角色的关系……彼此的支配和调节"（UP, 167）。与男性愉悦的力量相比，"女性愉悦强度小得多……女性的愉悦……依赖于男人"（UP, 169）。男性因此同时扮演激发和冷却的角色，"无论如何，男性行为决定、安排、激发和支配"（UP, 110），正是男子气概的支配模式使性行为具有不可抑制的暴力、两性对峙和危险性消耗的特征。道德反思也正是建立在这个基础之上，"性愉悦是一种主体经验"（SV, 90），是积极性的经验，掌控的经验；反过来，"女性愉悦则是无底洞……必然过度"（SV, 90），因为它仅仅被看作"男性插入的相关物"，是被动的愉悦。而在阿特米多鲁斯《梦的钥匙》中，只要是插入就是好的，插入场所并无差别，原因在于"插入行为是主体的积极性活动"（SV, 88），因为主体的

---

① Hippocrate, *De la génération*, I, 1-2 ；参见 M. Foucault, *Subjectivité et vérité*, Cours au Collège de France. 1980-1981, Paris, Seuil/Gallimard, 2014, p. 172, note 21。

愉悦是非关系性的、不可逆的、单边的和独一无二的。因为只有在男性主体视角下，在与其插入的性行为模式相类比的情况下，在支配权力的野心中，才无需想象他人、伴侣和对象的愉悦、道德或美德。

通过男性角色和女性角色的上述对峙，古希腊的性显现为男子气概的积极性，它和社会与性的同构原则不可分离，因此也通过这两个领域显现出来。

首先，在性的领域，积极性原则是基于男性插入的自然性而被定义的，"性行为的插入是区分自然性的内在原则，这个自然性区分自然或非自然的性行为"（SV, 86）。因此，插入绝不是任意个体的任意概念，"插入不是在两个个体之间的过程，而本质上是一个主体且属于主体的积极性／活动"（SV, 87）。这意味着只有一个主体进行插入，只有一个人是积极的，积极性不能在性行为中分享，性伴侣只能是愉悦对象，只能是被插入的对象；这还意味着对于古希腊人来说，男性的插入行为或更一般的性行为，尽管具有支配地位，但只能与对象一起完成，也就是说男性的性伴侣尽管低男性一等，但却是必不可少的。例如，女性"从身体的外部特征来说，从其可能的美貌来说……从其身体的柔和与柔软来说，从其所有意义上的（社会、理智、身体等）次等来说，就是自然的对应物……"（SV, 89），因此，男性理想的性伴侣是女性，或者是柔弱、美丽和无知的男孩，因为他们都处于被插入、诱人和需要指引的地位。

因此，在由男性主体的积极性／活动所定义的自然性中，所有扮演性伴侣、性愉悦对象角色的人，不管是男人还是女人，不管是奴隶还是自由民，永远都不会拥有成为主体的愉悦，因为积极性是古希腊生活的基本和首要特征。也正因如此，处于男性主体视角的古希腊反思自然蔑视任何被动性，不管是来自女人、少年还是奴隶，因为"愉悦是一种主体经验"（SV, 90），是一种积极、支配、权力以及更深层次的自由；即使这种被动性是由自然给予的（如女性身体），或者是由社会制度造成的（如女性被动的社会地位），抑或是由年龄导致的（如尚未成熟的少年）。

（2）行为、欲望与愉悦

在此，必须注意到古希腊的性的一个本质特征，就是它不能仅仅呈现为积极性。因为对于古希腊人来说，这个插入的性行为除了支配的愉悦之外，也会导致不道德的欲望。这些因素显现为一个坚实的统一体，"行为、欲望和愉悦形成一个总体，其诸要素当然有别，但彼此联系紧密"（UP, 59; SV, 287）。任何一个单独要素都不能代表古希腊的性，因此仅仅对其中一个要素的不节制，并不构成不道德的古希腊的性。例如在《尼各马可伦理学》中，[1] 亚里士多德并不指责沉思或听觉的不节制，因为对于他来说，只有涉及"触摸和接触"的愉悦才有不节制的危险，而且，这个接触不包括对身体表面的接触，比如按摩或健身活动中的身体接触。吕西安（Lucien）谈到了另一个例子：人们嘲笑哲学家喜欢少年的原因，不是因为哲学家在少年那里寻求其所欲求的美德或对真理之爱，而是因为哲学家"把手伸进了心爱之人的长内衣"。[2] 这两个例子说明，当涉及古希腊的性的不道德时，被指责

---

① Aristote, *Éthique à Nicomaque*, III, 10, 1118 a-b；参见 M. Foucault, *L'usage des plaisirs*, Paris, Gallimard, 1984, p. 55, note 2。

② Lucien de Samosate (120–180), *Des amours*；参见 M. Foucault, *L'usage des plaisirs*, Paris, Gallimard, 1984, p. 57, note 2。

的不是愉悦或欲望本身，在身体接触之外的，或更确切地说，不涉及性交的纯粹愉悦或欲望从来不会是不节制，它们只是高贵灵魂的愉悦或欲望，不存在消耗精液或生命的危险。

然而，古希腊的性中的欲望，无论是在亚里士多德那里具有指向意义的欲望，即"对怡人事物的欲望"，① 还是柏拉图那里在起源意义上因为被剥夺和缺乏而产生的欲望，② 都不能与插入的性行为和支配的男性愉悦相分离。古希腊的性既不是所有人都会有的存在论意义上的缺乏，也不是可以属于任何性别的普遍自然性，更不是对所有人来说都令人愉悦，"而是以循环方式将三者联合起来的原动力"（UP, 60），它是雄性的原动力，且是在男性及其男子气概的视角下定义的原动力。

而被动者的欲望或愉悦是不存在的，或更确切地说，是不受欢迎的，这不是因为对身体愉悦的认知——因为古希腊的性并非对身体、欲望或愉悦的实证认知，而是在特定结构和特定时期的社会中，观看、评价、论证和强加这个古希腊的性的认知主体视角下的一切。就像性行为的古希腊伦理之所以表现为上述的插入和积极性，正是因为书写者、政治家、一家之主，一切有能力在社会上发声的人，一切拥有提出要求并调节他人权力的人，都是男性；而他们的权力之所以能够被证明合理或被加强，正是通过他们对自身主体自然身份的推崇，他们的主体自然身份本质上就是通过插入定义的男子气概以及插入所意味的积极性。在这里，

① Aristote, *Parties des animaux*, 660 b；参见 M. Foucault, *L'usage des plaisirs*, Paris, Gallimard, 1984, p. 59, note 1。

② Platon, *Philèbe*, 44 e；参见 M. Foucault, *L'usage des plaisirs*, Paris, Gallimard, 1984, p. 59。

男子气概和现实权力相互支撑。

正如在柏拉图的《法律篇》中，相对于人的其他两个基本欲求饮与食，生殖欲求是"更重要且更强烈的"。而男性主体的生殖欲求比其他主体更为强烈，因此男性主体被认为在性愉悦方面具有最强烈的自然活力，这个活力有可能"使性活动越出自然划定的界限"（UP, 68）。男性主体的愉悦来自更为强烈的对生殖或不死的欲望，但又被自然规定为"有条件的、附属性的和次级的"（UP, 67）并依赖有死的身体。因此，这里总是有一个"反抗和造反"① 的张力和趋势，从而成为人之力量和权力的基本来源，它会激发男性主体颠覆所有限制他的自然秩序。因而从起源的意义上说，男性主体的愉悦具有超出自然界限的趋势，换言之，有走向过度、夸张和反自然的趋势。②

在这个意义上，可以说公元前 5 世纪的理性主义运动虽然本质上是人对诸神的反抗，但因为在那个时期，只有男性主体具有足够大的力量，从而使这个理性主义运动变成了人对人的反抗。也就是说，不是一般意义上的人，而是男性的男子气概在反抗自身，以及所有其他人（女人、少年和奴隶）。由此，才诞生了掌控自我和掌控他人的必要性，这个必要性诞生于其所要反抗的欲望和愉悦。如果古希腊的性注定在性与社会的层面被掌控，要么如在柏拉图那里由"三个最强抑制：恐惧、法律和真言"（UP, 69）掌控，要么如在亚里士多德那里由对理性的服从掌控，这

---

① Platon, *La République*, IV, 442 d; IV, 444 b; IX, 586 e; *Phèdre,* 237 d ; 参见 M. Foucault, *L'usage des plaisirs*, Paris, Gallimard, 1984, p. 68, note 3。

② Platon, *La République*, 402 e; *Timée*, 86 b; Aristote, *Éthique à Nicomaque*, III, 11, 1118 b; VII, 4, 1148 a; VII, 7, 1150 b ; 参见 M. Foucault, *L'usage des plaisirs*, Paris, Gallimard, 1984, p. 68, note 3。

不是因为在古希腊的性中性行为因素本身是恶，而是因为其他两个因素（欲望与愉悦）超过了性的范围，将人的力量和权力带向了社会范围的反抗和超越。因为古希腊的性具有社会与性的同构性，来自性（通过生殖达到种族生存）又超越性（不能得到满足）的欲望与愉悦的原动力，很容易与不服从自然和社会秩序的力量合而为一。关于古希腊的性在社会领域的讨论会更清楚地确证这一点。

2. 社会与性的同构原则

在考察男子气概的积极性原则在社会领域发挥的根本作用之前，我们先来考察使男性积极性原则的社会角色得以可能的社会与性的同构原则。

对阿特米多鲁斯来说，或者更确切地说，对于古希腊人而言，将梦中有关性的内容投射到社会事件上，并不像当代精神分析那样依据某个象征性的编码，"性反映社会，是因为它们彼此处于连续性中"（SV, 80）。性行为，不仅是在梦中的性行为，还包括实际发生的性行为，实际上与社会关系拥有"相同性质、相同内容和相同形式"。社会与性同构这一传统创造了社会权力与性行为之间的直接关系。这个关联可以在性权力的方向上得到运用，比如，暴君之所以可以纵欲过度，是因为他拥有政治权力。也可以做相反的运用：性行为的节制可以证明治理权力的正当，比如伊索克拉底给尼古克里斯的祝词。类似地，古希腊反思中对婚外性行为的放弃，既不是来自婚姻中的两个个体，也不是来自他们的夫妻关系。对于妻子来说，由于她的社会身份决定了她在丈夫的家中是"恳求者"，她没有权利（droit，正当性），没有相应的独立性去不顺服丈夫的权力，也就是没有通奸的权利和独立性。相反，对于丈夫来说，婚外禁欲并非如此严格，而是依赖于"给予其生活以某种形式的选择和意志"（UP, 237）。比如，对于一个好的地主、一个理想城邦的公民、受人尊敬的独裁者或懂得治家和治妻的男人，从最根本的意义上说，性行为的节制是能够掌控自我的证据，也是要求别人的条件，性主体等同于道德主体和政治主体。在这个意义上，在性方面的严格要求是一种功绩、美德、理想，而非普遍或绝对的义务，否则就会与古希腊社会自由人的本质原则相抵触。这说明了为什么古希腊社会既存在多种多样的性关系，又存在关于性典范的种种话语。

社会与性的同构原则可以在进入伦理和政治社会领域的积极性原则下得到加强。因为男性最首要的活动就是性行为，所以性行为是体现男性掌控能力的首要领域，"如果古希腊的性实际上是由非关系性的积极性原则所支配，那么规定一切活动（一切社会和家庭活动，一切与其他人、与诸神等相关的活动）的道德和伦理规则同样能够且应该规定男性的这个非关系性的积极性"（SV, 91），换言之，因为在古希腊社会，性主体与社会主体、政治主体和认知主体高度一致，在性活动中的积极性原则也会在所有其所参与的其他领域中发挥作用。这并不是一种概念上的推论，它可以在古希腊时期有关生活制度的理性反思中得到确证。

（1）自由与婚姻

积极性意味着对自我的一种掌控，是一种有能力治理自我和治理他人（按照亚里士多德"贤人统治"原则）的成就，在此意义上，这个积极性可以理解为人类历史上主体性的第一个模式，这个主体性要求对古希腊的性有全面的伦理领会，并且依据社会与性的同构原则，这个主体性也是整个古希腊社会进行评价的基础。

　　首先，古希腊对性的最初不安正是基于"射精范式"产生的，因为这涉及性行为的暴力和消耗。依据希波克拉底，性行为的过程可以出于意愿开始，但"完全以非意愿的方式展开"（UP，168）。例如，身体兴奋完全可以被睡前的轻微活动所激发，梦的图景虽然在一定程度上表露身体的实际状态（UP, 168, note 2），并与之相互传递，但梦也有自身生产的逻辑。后者可能加强身体的运动，直至"遗精"，也就是非意愿的精液流失。在古希腊时期，精液常常被看作"分离、孤立和浓缩'最强'体液过程的结果"（UP, 173）。非意愿的精液流失既表明在自身行为中有着不可控制的暴力，又表明力量的消耗[①]、器质性增长要素的消耗[②]、生命最宝贵要素（有死的身体与不死灵魂的连接点[③]）的消耗。

　　因此，"射精范式"的性行为成为昂贵的消耗，就像对男性个体本身生命质料的脱离。在古代甚至更晚的时期，没有人会认为：女性每个月的消耗（也不是出于任何个体的意愿）也是珍贵的生命资料；月经消耗与精液消耗同样作为消耗，没有产生任何有关性行为或社会的道德反思。在此意义上，男性思想在医学、道德或哲学领域的整个历史中是非常局限的。无论男女，上述昂贵且非意愿的消耗某种程度上指出了人的无力，指出人之死，指出人相对于自然、神圣性或逻各斯的必然谦卑。但古希腊的男性

[①] Hippocrate, *De la génération*, I, 1 ；参见 M. Foucault, *L'usage des plaisirs*, Paris, Gallimard, 1984, p. 173, note 3。

[②] Aristote, *De la génération des animaux*, 724 a-725 b ；参见 M. Foucault, *L'usage des plaisirs*, Paris, Gallimard, 1984, p. 174, note 2。

[③] Platon, *Timée*, 73 b ；参见 M. Foucault, *L'usage des plaisirs*, Paris, Gallimard, 1984, p. 174, note 1。

反思完全没有朝向谦卑的意志和敬畏的谨慎。当这种男性反思走向理性主义层面，个体死亡将通过种族繁衍来解决：最美好的生活只能以永生的方式思考，所以注定走向死亡的个体生命微不足道，个体生命只是为了"通过生殖来参与不死"。[1]

如果古希腊的性只是为了永生，为了种族的延续，为了用最珍贵的质料造人，这与动物或植物并无二致，那么，人类存在自身的意志（积极性）何在？如果人类思想不能逃脱支配、积极性、斗争的男性气概，换言之，如果人类思想本质上相对于死亡的神圣意志就是积极的、男性气概的、自由的和充满野性的，那么为什么"参与永恒事物的欲望"[2]是人类首要和普遍的欲望？古希腊逃脱个体死亡的方式并非真的是为所有值得过的生活提供解决办法，而只是为那些在反思、在人类社会拥有反思权利的人，也即为了以某种方式支配社会的男性主体而采取的特定解决办法。

因此，让我们来分析这个关于永生和子嗣的忧虑如何决定社会中占支配地位的主体的反思。据阿特米多鲁斯，父亲与孩子之间的乱伦之所以被严厉禁止，妻子自愿发生的性关系之所以被高度提倡，其原因并非与发生性关系的两个个体有关，而是与性关系所生育的孩子有关：性关系上的任何禁忌和鼓励都是为了优生。不过，在乱伦和自愿这两个极端之间，阿特米多鲁斯的性梦解释认为，"依据各人的相互视角（其中最重要的因素是年龄、

---

[1] Platon, *Lois*, IV, 721 c；参见 M. Foucault, *L'usage des plaisirs*, Paris, Gallimard, 1984, p. 176, note 4。

[2] Aristote, *De l'âme*, II, 4, 415 a-b；参见 M. Foucault, *L'usage des plaisirs*, Paris, Gallimard, 1984, p. 177, note 5。

社会地位和财富），其中存在着多种多样的关系"（SV, 70）。

阿特米多鲁斯提到的性关系的多样性似乎可以在狄摩西尼的《斥尼亚拉》中得到确证，"我们拥有情妇是为了愉悦，拥有姘妇是为了日常的照顾，拥有妻子是为了合法的后裔和家庭的忠实守护者"。[1] 古希腊对愉悦和婚姻的分离模式似乎结合了基督教一夫一妻制的形式和古代中国一夫多妻制的内容，"对婚姻的高度评价……绝对不构成婚内性行为的排斥性原则"（SV, 83）。但福柯1981年在法兰西公学院讲座中的这个观点，在《性史》第二卷中向一个相对相反的方向演变："夫妻性实践的排斥规则曾经主要是强加给女性的……这个规则，似乎某些人认为也适用于男性"（UP, 236）。这个改变不应理解成福柯研究的不融贯性，因为我们应该关注的不是认知主体认知判断的绝对权威，而是福柯所探讨问题因涉及现实反思而具有的复杂性。

按照福柯晚期的研究，夫妻间排斥性性关系的复杂性表现在五个文本中：狄摩西尼的《斥尼亚拉》、色诺芬的《经济论》、柏拉图的《法律篇》、伊索克拉底的《尼古克里斯》以及伪亚里士多德的《经济学》。这五位作者几乎处于同一时期，但他们分别生活在包含着截然不同的法则和习俗的社会之中。我们将按照这些作者的编年顺序[2] 探讨他们的相关理论。

a. 色诺芬的《经济论》。色诺芬是这五位中最早期的作者，他是雅典的哲学家、历史学家和军事首领。这个文本被认为是

----

[1] Démosthène (384–322 av. J.-C.), « XXXIII. Théomneste et Apollodore contre Nééra », *Les Plaidoyers civils* ；参见 M. Foucault, *L'usage des plaisirs*, Paris, Gallimard, 1984, p. 187。

[2] Xénophon (440–355 av. J.-C.), Isocrate (436–338 av. J.-C.), Platon (428–348 av. J.-C.), Aristote et Démosthène (384–322 av. J.-C.).

古希腊时期"关于婚姻生活的最佳论述"（UP, 198），但只针对"土地所有者的小世界"，因此其活动 / 积极性同时在城邦和家庭中展开，也就是说，一家之主用自己身体的健康和精力照顾田地，推崇恭敬友爱，用土地收成献祭诸神和救济城邦，以此履行公民义务。通过履行接待义务，这些土地所有者对于城邦来说就像可靠的士兵，因为他们习惯吃苦。正因为公共事务和私人事务、家政和国政（政治和军事）都在这些农业物资和土地所有者自己的身体上体现出来，所以二者其实都是由集中在土地所有者身上的同一种操控技艺联系起来的。色诺芬所探讨的夫妻关系问题就是在这个具体框架中展开的。

首先，婚姻的结合对夫妻双方（即使他们结合的意图并非一致）来说有一个共同的目标。对于男人来说，决定事务的是他自己；对于女人来说，决定事务的是家庭。尽管夫妻二人在婚姻中的贡献和角色并不相同，但婚姻并非建立在争斗关系之上，而是建立在共同目标之上。对于作为军事领袖的色诺芬来说，不难想象一个拥有不同要素和不同功能的共同体建构。由于色诺芬的这个文本针对土地所有者，夫妻结合的共同目标当然就是家庭（maison）："维持以及保持增长的活力"（UP, 204）。因为对于农业生活来说，最重要的就是庇护所。时间的庇护所包括通过子嗣维持种族、提供劳动力并支撑年老的父母；空间的庇护所则包括建造房屋，避免像动物一样风餐露宿，同时利用房屋储存剩余的收成。以生育和建立家庭为目的的婚姻因此是"准备适时分配"（农业生活的关键）的完美经济（UP, 205）。

其次，在色诺芬这位军事领袖的想象中，一旦目标确定，各要素只需按其功能行事即可。男人自然拥有强壮的身体，适合在外劳动以带回物质财富；反过来，女人抵抗力较弱，自然有更多恐惧，她就适合"关注储备、担心损失、忧虑消耗"（UP, 206），因此自然而然就是家务主妇。色诺芬正是在家庭范围内，换言之，在农业生活中，根据一般男女本性的不同品质，定义和分配了夫妻双方的角色。

最后，夫妻双方的性关系似乎在此没有任何直接功能，但性关系的负面影响、性行为的必要节制牵涉身体、灵魂和家庭，因此性节制对两性都具有极高价值："无论是丈夫还是妻子，最好的情况是最大程度地分享这一美德"（UP, 209）。色诺芬的反思总是针对作为共同体的婚姻，因而共同体的财富与夫妻二人的生活和身体联系在一起，并应当协调一致。因此，任何一方的欺骗在财富共同体中都是致命的，因而也对城邦是有害的。所以色诺芬不信任装饰、卖弄风情和诱惑，拒绝"用来加强欲望和愉悦的人为手段"（UP, 211），要求对财富和身体的双重"忠诚"。

但这并不暗示性行为的忠诚，对男人和女人都没有这样的约束，对支配家庭的男性技艺进行反思，至关重要的是：每个人保持自身在家庭中的角色。这一点通常会因丈夫的欺骗陷于险境，"不过，婚姻的威胁不是来自男人拈花惹草，而是来自妻子与其他女人之间可能产生的敌对：争夺家庭地位和行使优先权"（UP, 213）。因此，对于色诺芬来说，如果丈夫能"将婚内女人的优先权坚持到底"，那么"放弃从其他人那里获取性愉悦"就是不必要的。因此，丈夫的智慧乃至丈夫的忠诚在于保持妻子的优越感，而不在于对婚外性关系的排斥。至于女人的智慧或忠诚，就是让这种优越感驱散对竞争者的忧虑，女人一旦在年轻时获得这个特权，就不必担心年华老去时无依无靠，因为婚姻对于女人来说是一种保障，更确切地说，是一种福利、生活和身体的承诺，"你越是珍视作为合作者的妻子和作为财产管理人的孩子，你在家中就越受尊重"。[①]

b. 柏拉图、伊索克拉底和亚里士多德的文本针对的是城邦中的（政治）自由人，也就是拥有更多权力的人，如柏拉图那里的理想公民，伊索克拉底那里的国王尼古克里斯，亚里士多德那里的正义之人。正是针对这些人，针对这些自由人，才要求"全部性活动只在夫妻关系之中"（UP, 217），而且这种要求是以拥有意愿、选择和政治价值的方式提出的。

在柏拉图的理想城邦中，性行为规定的矛盾之处是：对于作为自由人的公民，并没有"意愿的道德"，而只有"强制调节"。理性主义编码行为的极端倾向在古希腊时期不可避免地会遇到诸多困难，甚至是为自己的合法性进行辩护的困难。先不论在非日常场合（"存在混乱的时候和最大多数人都不能节制的时候"）（UP, 218）进行调节的合法性问题，还有一个持久的合法性问题——国家目的：好的婚姻是对城邦有用的婚姻。然而，这种强制风格之所以奇怪，在于它只是一个不匹配现实社会的意识形态。柏拉图自己也非常清楚其中的不充分性，所以他又加上了"最有效的说服工具"（UP, 219）。

那么都有哪些说服工具呢？第一个说服工具是源自信仰的观念。例如，对于有信仰的人来说，害怕乱伦是因为神反对乱伦。柏拉图因此在可谴责的性行为中加入了神圣之声。第二个说服工具借自运动员的胜利荣耀：运动员之所以能取得胜利，是由于严

---

① Xénophon, *Économique*, VII, 41–42; 参见 M. Foucault, *L'usage des plaisirs*, Paris, Gallimard, 1984, p. 215。

格的斋戒制度，战胜愉悦的胜利因此也是最卓越的荣耀。第三个说服工具是人类存在的荣誉或优越性，某些动物终身只有一个配偶，过着禁欲的纯粹生活，那么人作为比野兽更理性的存在，就应该自我规训。最后一个说服工具是耻辱，由于暴君常常滥性，因此滥性就受到牵连，即使这里的牵连不可思议地含糊。由此，柏拉图完成了两性性行为的"立法"，因为这些道德工具对两性提出了同样的义务和服从。

　　c.伊索克拉底的《尼古克里斯》。在这个文本中，国王尼古克里斯发展出一套针对性行为的斋戒，这成为治理者有能力治理他人的品质条件。当一个帝王没有别的事物可以证明自己的合法性，没有别的事物可以用来要求他人的服从，就只剩下美德人格的保障，只剩下对纯粹神性精神的接近，而这些首先表现在对性愉悦的掌控上。一方面，是因为对身体与灵魂统一体的信仰，神圣心灵能够通过纯粹和高贵的种族后裔进行传递，换言之，就是通过节制国王的性行为。另一方面，是由于古希腊人相信公共事务与私人事务具有"连续性和同质性"（UP, 223），或更确切地说，二者应该服从同样的原则：让终身伴侣痛苦的人也会让政治生活中的联盟遭罪，同样，治家得力的人也能成为国家的好君主。掌控自我因此成为领导他人的保障，领导者让臣民服从就像让他的妻子服从一样。由于滥性与暴君之间也有一种奇怪的对应性，节制性行为因此成为理性的一种表现，一种掌控自我的证明，一个"反抗对国家有害的懈怠"（UP, 225）的例证，但这一切与婚姻本身或与之关联的妻子并无特别关系。因此，节制性行为获得了一种政治价值，可以为促使他人服从的权力奠基。而婚姻或婚内性行为的排斥性只不过是这种政治建构的一个工具。

d. 亚里士多德的《经济学》。亚里士多德的这本书为城邦的自由人呈现了某种管理妻子的技艺。亚里士多德的独特之处在于：首先，为证明婚姻的正当性，他不仅诉诸动物延续种类的本性——"存在"（être），还诉诸人类的目的性——"安乐"（bien-être, einai, eu einai）（UP, 229），这个亚里士多德概念肯定了子嗣带来的好处："在年富力强的时候，照顾弱小；反过来，到年老体衰的时候，就从变得强大的人那里获得照顾。"① 其次，关于夫妻间的性关系，《经济学》毫无涉及，但《尼各马可伦理学》将之分析为一种政治关联，自由人依据自然权威管理他的妻子。② 这种自然权威与主人对奴隶、父亲对孩子、君主对臣民的权威并无本质差异，但因为女人也是自由人，男人对其并无完全的权威，女人对男人的依赖也不是绝对的。然而，婚姻与公民间的临时组合不同，妻子对丈夫权威的顺从是终身的。对亚里士多德来说，这个终身权威的唯一理由要诉诸"贤人统治"原则，即丈夫的"贤能"（mérite, kat'axian），政治正义因此在夫妻关系中也能证明丈夫权威的正当性。这里没有澄清的是丈夫的"贤能"从何而来。不过，亚里士多德在《经济学》中引用毕达哥拉斯学派时说，家中妻子"如同一个恳求者和一个失去故土之人"（UP, 230, 233），因此丈夫的权威又以一种新的方式得到证明。这种诉诸恳求者身份的方式因此在亚里士多德的论证中具有双重角色：一方面，妻子的这种身份表明她在丈夫的家中是外人，她

---

① Pseudo-Aristote, *Économique*, I, 3, 1, 1343b ; 参见 M. Foucault, *L'usage des plaisirs*, Paris, Gallimard, 1984, p. 229。

② Aristote, *Éthique à Nicomaque*, VIII, 10, 5, 1161a; Politique, I, 12, 1259b ; 参见 M. Foucault, *L'usage des plaisirs,* Paris, Gallimard, 1984, p. 231。

不再处于自家中的权威管理之下，婚姻将她转移到城邦里的一个自由人手中。换言之，女人自己从来就不拥有独立的权威，只是一个自由和脆弱的成人，虽然她既不是奴隶也不是孩子，但其地位与奴隶和孩子并无二致。另一方面，在丈夫的权威之下，在这个按照定义而来的脆弱性中，妻子因此既没有对丈夫不忠诚的权利，也没有要求丈夫忠诚的权利。

这里有一个双重矛盾。从丈夫的角度来看，尽管其忠诚并不来自妻子的要求，但因为妻子没有不忠诚的权利，所以按照贵族统治的原则，妻子就有以正义之名要求丈夫忠诚的"贤能"，"丈夫的非法往来（thuraze sunousiai）就是不正义的"（UP, 230）。因此，通过贵族式正义的方式，在脆弱与权力之间就有一种奇怪的运动：夫妻间的相互节制不是因为夫妻间个人关联的要求，而是因为在弱者（次等的）层面进行协调的正义原则。丈夫与妻子之间表面的不平等由此导致了真实的平等：婚内性行为的排斥性适用于夫妻双方。

e. 狄摩西尼的《斥尼亚拉》。这个文本表现了古希腊婚内性关系的复杂性。尽管这个文本在情妇、妍妇和妻子的多样性中展现了著名的古希腊的性，但我们不能从表面上将之理解为：古希腊人同时允许"唯一一个合法妻子"和多个"婚外性关系"。妻子的节制是由其法律和社会地位要求的，而丈夫的节制是由意愿采纳美德、正义和服务城邦的自由要求的。所有这些都还停留在理想话语甚或精英、理性主义者或空想理论家的伪善层面。狄摩西尼的《斥尼亚拉》几乎与同时代的所有其他观点背道而驰，因此必须"考虑这个看起来唐突的句子得以形成的语境"（UP, 194）。

深刻改变话语含义和意图的这个语境就是：狄摩西尼的《斥尼亚拉》是一个诉讼词，用来取消一个孩子的公民权利，因为这个孩子是妓女和姘妇所生，"因此重点不在于表明人们要在合法妻子之外寻欢作乐，而是合法子嗣只能与妻子本人获得"（UP，195）。福柯的这个解释也许说明了狄摩西尼的原本意图。正如福柯所言，"婚姻与愉悦和激情游戏的彻底分离也许并不是可以表明古代婚姻实存特征的表述"（UP，196）。相反，古希腊也不存在对婚内性行为的强制性和不容置疑的排斥性，尤其是在作为城邦自由人的丈夫那边，更确切地说，排斥原则在两性之间的性质并非一致。

（2）自由人与节制

尽管古希腊反思对古希腊的性的伦理领会并不放弃调节夫妻双方的婚外性行为，尽管这个排斥性对夫妻双方的规定基于不同原则，尽管所有这些与阿特米多鲁斯的分析并不相符：在阿特米多鲁斯的释梦分析中，在极度否定的乱伦与极度赞扬的婚姻之间，古希腊仍然存在着各种可接受程度不同的性关系模式（SV，70），这个针对一家之主的释梦文本表现的终究是比理性主义反思更现实的传统。就像如果古希腊的性之中没有自发、自然和不可抵抗的过度，道德家或哲学家就没必要争前恐后地加强对性节制体制的论证。

福柯的这些分析提出了关于古希腊的性的另一视野：既多样又复杂，既自由又不安。这些矛盾的景象指出：关于古希腊的性的真话语或理性主义反思远不是现实，更不是有效的规范。但这些让自由人的性行为理性化的努力也不是没有结果。在实践上，这些努力在古代现实中揭示了一个对性行为、欲望和愉悦的抵抗领域；在理论上，从第一次理性化的意图，从第一次尝试以人治理人，以及从所有这些努力的第一次失败，都表明性是一个令人不安的问题。

　　这些令人不安的古希腊的性，这些对于过度的忧虑，这些从社会中占支配地位的主体和理性主义者的角度进行反思的节制制度，都汇聚到同一个起点问题：什么是"自由人"？"支配他人的人，在不被法规（从外部）限制的场域展开自己的活动"（SV，91）；这个场域也不会被内部限制，"任由身体愉悦支配且随后无力实践善好的人，你认为是自由人吗？"。①实际上，内外的区别已不再重要。积极性原则排斥的是所有被动运行的事物，比如由其他人强加的约束法则，由身体强加和约束的愉悦。因此，积极性原则完美符合自由的需要，从而以一种积极方式定义了自由。不过，也可以说是对积极的需要或本性产生了对自由的需要，因为一个消极的主体甚至感受不到束缚，因而他没有对自由的需要。

　　因此，我们能够更好地理解为什么古希腊人将积极性与男子气概、自由与自我掌控、自由人与节制的人如此紧密地联系在一起：作为自由人，一位男性公民有权利同时拥有情妇、妍妇和妻子，这其实是自由原则的要求。与自由人的这个身份相对应，如果自由人根据其自由选择而听从身体愉悦的奴役，服从身体或他人，他也就失去了自由人的身份，与自身的积极性原则相悖，不再拥有男性主体的真正愉悦——"其愉悦……只能是其所采取的积极性的对立面或直接效果"。②我们可以从两方面解释这一点：

① Xénophon, *Mémorables*, IV, 5, 2–3；参见 M. Foucault, *L'usage des plaisirs*, Paris, Gallimard, 1984, p. 106。

② Aristote, *Éthique à Nicomaque*, X, 1174 b4；参见 M. Foucault, *Subjectivité et vérité*, Cours au Collège de France. 1980–1981, Paris, Seuil/Gallimard, 2014, p. 91, note 6。

a. 真正自由的人应该首先是积极主体，他能够强制自己遵循自身的节制原则。因此，真正自由的人绝对不能是处于他人权威下的消极主体，这种消极主体的节制只能是对别人强加的秩序和规定的非意愿服从。因此，古希腊的节制本质上是"男子气概的"和"积极的"，是"为男人定制的男人道德"（SV, 112）。古希腊的节制总是在"攻击性的争斗"的形式下，在反对脆弱和次等的"斗争"之中，它是基于作为"伦理上的男性气概"的"性上的男性气概"的支配，最终依赖"社会上的男性气概"的等级制度而建立的。在这个意义上，古希腊的节制对于女人来说毫无意义，因为女人在性上、伦理上和社会上都处于他人权威之下，女人的身份完全与家庭、丈夫和生育功能联系在一起。没有人会要求女人的积极性，相反，为了能够与自身在性上、伦理上和社会上的身份相符，女人的唯一美德就是"服从"（SV, 114）。因而当女人表现出出于意愿的节制时，人们会说"这就显露出……一个非常有男子气概的灵魂"。①古希腊人甚至将不节制定义为女性气质的一种形式，如"没有抵抗力""没有勇气""脆弱""懒散""顺从"等等，"这就是在自我方面不具备男子气概这种态度的能力，也就是不能比自身更强大"（UP, 114）。由此，男性道德家所推崇的男子气概的积极性成了确认不节制的男人和女性化男人的来源，成了不节制的否定性来源和歧视女性气质的原因。

b. 古希腊人对积极性或男性气概的推崇并非没有理由：掌控自我的权力常常与掌控他人的权力同构，拥有支配他人的政治权力的人，"为了不过度和不暴力，为了逃脱（对他人的）暴君

---

① Xénophon, *Économique*；参见 M. Foucault, *L'usage des plaisirs*, Paris, Gallimard, 1984, p. 113。

权威和（因其欲望）残暴灵魂"（UP, 109），必须首先能够支配自己的欲望。不过，政治权力的抱负在自由人的积极节制中，不完全遵循社会与性同构原则，因为在希腊人那里，这种同构性从来不是绝对的。古希腊人之所以能够感受到某种积极性、男子气概或对自我的掌控，并不是因为他们无需服从任何事物，而是他们不会觉得诸神或自然的力量是一种束缚——这甚至会导致对逻各斯的主动服从。因为对古希腊人来说，人的绝对积极性并不存在，反而人的积极性来自、衍生自神性和自然，并由神性和自然所定义。阿伽门农犯下不可理解的罪行并诉诸神性作为其原因的时刻，并非阿伽门农放弃自身积极性的时刻，也不是他放弃自身自由的时刻。因为阿伽门农之所以不能掌控自己而犯下罪行，是因为他并不能理解犯下这些罪行的过程，他无法采取其他可能的行动，因此也无法把相应的罪行归诸自身。换言之，当人抑制自己积极性的时候，当人可以调节其强度、频率、场所和有利时机的时候，当人开始以某种方式消除神秘积极性、神圣力量和这种积极甚至侵犯性的力量的时候，人才开始理解自身的积极性，开始自我掌控。

奇怪和矛盾的是：人越能够自我掌控，就越能够产生理解；人越是有所认知，就越是将神圣性或自然归诸自身；神圣性或自然越是能够被人所掌控，人就越是能运用自身的积极性；最终，人越能自我约束，就越能获得自由。正因如此，在色诺芬的《回忆苏格拉底》中，苏格拉底将不节制者与无知者关联起来。问题并不在于是否有可能在知道的情况下作恶，而是如果人是自我定义和限制自身积极性的积极主体，那么"人只有在同时将自己构造为认知主体的时候，才能在愉悦的使用中将自己构造为道德主体"（UP, 117）。

因此，对于古希腊人来说，自由不仅仅在于"城邦的独立"（UP, 107），还在于或在更本质的意义上在于掌控自我，在于对自身积极性的控制。不过，在古希腊人那里，所有这些只有在对更深层次的逻各斯的服从的前提下才能完成。自由概念所依赖和定义的对积极性的意愿掌控，并不会在抽象的"自由意志"与具体的"约束"之间的二难中受到干扰，因为对于古希腊人来说，没有掌控，人类主体的积极性就不存在。换言之，可以归属于人/人类主体的真正积极性只能是自律或意愿节制，自由只能通过掌控自我获得。不过，逻各斯的角色不仅仅是一个高层级的约束，作为人置放其认知、掌控和自由的完整范围，用福柯的话来说，逻各斯是"结构性的""工具性的"和"存在论意义上的"（UP, 118）：逻各斯可以减轻人的自由与受限（受限于逻各斯无可争议的权威）之间的冲突；逻各斯让人通过掌控自己的积极性，"在应该如此之时，如其应是地随应是而动"；[1] 逻各斯向人呈现一个灵魂领域：其神圣性与人的身体相连，其无可争辩的权力支配着人的积极性、自由以及所有人能够和应该拥有的事物。

二、希腊化罗马时期：讨好型主体与规定性婚姻

1. 从积极性到互逆性

对古希腊人来说，积极性原则涉及可接受的愉悦，因为自由人必须是积极主体，这种积极性不仅体现在社会或政治实践中，还体现在性行为中。但与这种积极的、男人的和男子气概的愉悦

---

① Aristote, *Éthique à Nicomaque*, III, 12, 1119b ；参见 M. Foucault, *L'usage des plaisirs*, Paris, Gallimard, 1984, p. 118。

相对，还自然有一种伴侣的愉悦。但对古希腊人而言，伴侣（女人、少年和奴隶）的愉悦要么被忽略，要么被看作危险的消极性，它会将消极主体带向荒淫，因为消极主体意味着缺乏自我掌控的主体。然而，在希腊化罗马时期，这个积极性原则和积极主体的愉悦原则将因为消极性和伴侣的愉悦问题而受到质疑。

（1）取消积极性

奇怪的是，希腊化罗马时期的哲学家依靠希腊文化的某些要素，通过加强这些要素（如对性的宗教、哲学和医学反思），并借用某些要素（如自由人间的美德之爱），走向了对愉悦的完全贬低。"一切愉悦，无论是什么愉悦，甚至是积极主体的愉悦，自然呈现出让主体丧失对自身掌控的风险和危险"（UP, 105）。为什么积极主体对性进行掌控的优先性被取消了？为什么积极性原则成了性的一个问题？

因为对性行为的指责被加强。从古希腊开始，就有性行为与宗教、哲学和养生活动不相容的传统（UP, 151-158）。如果我们把性行为理解为具有男子气概的男人的一种活动，也就是具有插入性伴侣和社会对象的力量和权力，就能更好地理解为什么这种性活动与宗教、哲学或养生活动不相容，因为在后面这些活动中，没有给男人的积极性留有任何位置。也就是说，当面对诸神，人不可能扮演积极性、主体、发布真理的角色，相反，在宗教活动中的人必须将自身置于消极、谦卑和服从的地位。同样，当人致力于追求真理的时候，也不是人的积极性或人的主体性在其中发挥作用。毕达哥拉斯学派蔑视身体和性愉悦的态度几乎在所有古希腊哲学家那里都有所体现（UP, 153），只有从身体及其积极性中解放出来的永恒灵魂才能进入真理。至于养生，由摩擦、生热、射精和愉悦引起的整个身体联动机制不会给主体、控制和操纵留有任何余地，相反，人只能扮演唯一所剩愉悦的奴隶和不可控的服从角色。只有古希腊时期的理性主义者对人类主体性、人之自由抱有信心，或者这种理性主义只是不得不配合贵族和自由民的政治身份。

由此，与其说希腊化罗马时期加强了对性行为的指责，不如说他们只是绕过了古希腊理性主义时期（公元前 5 世纪左右），回到了古希腊早期（公元前 8 世纪以前）对人的积极性、权力和良好地使用愉悦的能力的那种怀疑态度。在这个意义上，希腊化罗马时期对性行为的指责，在古希腊人眼里其实是对人之积极性、人类力量和成为自由人的能力的指责。因此，对立于古希腊的自愿节制，希腊化罗马时期不仅强化了早期古希腊人那里已经存在的所有关于性危害的内容，还质疑了古希腊未曾质疑且极力推崇的积极愉悦。至少在性领域，希腊化罗马时期不再歌颂积极性的、男性气概的或有主体性的主体，而是指责所有性愉悦，不信任任何性节制机制中个体的努力。

（2）建立婚姻主体

希腊化罗马时期抛弃了古希腊节制制度的结构，构造了一个新的性主体：婚姻，"只有婚内性关系才是合法的"（SV, 163）。这个新的性主体在很大程度上取消了性活动，取消了积极主体的愉悦。换言之，因为性的积极性或人的主体性很难消除，希腊化罗马时期这个新的性主体实际上只会转化为其他事物，这个转化通过三步完成。

a. 对通奸的指责在男女之间是对等的。对古希腊人来说，由于男性主体的自由活动是被高度推崇的，只要不损害自身的自我掌控能力，不破坏家庭与城邦的善好，丈夫的婚外性愉悦就是可接受的。而妻子作为丈夫权威下的财产，其通奸行为会损害婚姻的愉悦经济学，损害司法-社会强加给妻子的义务结构。穆索尼乌斯·鲁弗斯（Musonius Rufus）就对古希腊时期的这种不对称结构提出了质疑：如果一个男人不接受妻子通奸，那么"他也不应接受自己通奸"。[①]通过这个简单的"己所不欲勿施于人"的逻辑，即一种互逆性的伦理，鲁弗斯似乎建立了男女之间的某种平等。但这不应被看作女性社会地位的提高，因为这种"平等"或"提高"是通过障眼法完成的："将男性愉悦降低到女性愉悦的层面"（SV, 165），也就是说，对男性通奸的指责和对女性通奸的指责是一样的，并不是因为女性的积极性地位提高了，而是因为男性的积极性地位降低了。这不是对女性的解放，而是对男性的制服，换言之，是一般意义上的人的屈服。

b. 对通奸的对等指责是通过性行为的夫妻化完成的。对古希腊人来说，虽然性行为也是在婚姻中才具有最佳形式和最高价值，但这并不排斥男人同时拥有其积极性，拥有寻找其他愉悦的自由。正是基于这个自由，古希腊人自愿掌控自己在婚姻中的性行为。到了希腊化罗马时期，这种积极性、自由或主体性完全解体，性行为只在婚姻中才是合法的，合法性只在婚姻主体中而不是个体主体中。但性行为的这种婚姻化意味着什么？意味着"一系列涉及与妻子发生性关系方式的规定"（SV, 168），这些规定包括性羞耻，包括做爱但不在心灵或记忆中留下任何影像，它们

---

① Musonius Rufus, *Prédications*, XII, 8；参见 M. Foucault, *Subjectivité et vérité*, Cours au Collège de France. 1980–1981, Paris, Seuil/Gallimard, 2014, p. 175, note 48。

规定了男人和女人在性上共同的消极性。

c. 当所有合法的愉悦都被定位于婚姻之中，希腊化罗马时期就找到了对性、对性主体以及对社会主体进行本质性巨大改变的场所。这一巨大改变就是夫妻性关系、性愉悦的情欲化，"生孩子不是性行为的唯一目的，性行为应该也是夫妻之间情感关联的形成和发展"（SV, 167）。这个巨大改变回答了一个问题：当男女性愉悦在自然上和在本质上截然不同的情况下，如何建立二者的对称关系？

对斯多葛学派来说，这个对称是通过对性愉悦的完全消除完成的。当女性的性愉悦被贬低为消极性、自然而然的过度，那么按照盲目的互逆性和两性的对称，男性的性愉悦应该也是不可取的，是应被指责和被贬低的。由此，所有性愉悦，无论是男人的还是女人的，都应被指责且应被消除，不仅应该消除婚姻之外的性愉悦，婚姻之内的性愉悦也应被消除。

对普鲁塔克来说，"正如无论如何在与妻子发生性关系时不可能没有一点性愉悦"（SV, 167），可当时的流行文化是指责性愉悦的，那么这"一点性愉悦"就只能诉诸情感上的愉悦。这种"情感上的"并不是真爱意义上的，而是"慈善 / 恩典"（kharis）①，即"讨好 / 好意"（complaisance）、"赞同 / 接受"（acquiescement）、"同意"（consentement），这是一种"听任，做出让步，允许"，接受作为对象、作为自愿的被动性，以积极的态度"成为作为愉悦对象这个角色的主体"（SV, 197）。正是

---

① Plutarque, *Dialogue sur l'amour*, 751 c-d ；参见 M. Foucault, *Subjectivité et vérité*, Cours au Collège de France. 1980–1981, Paris, Seuil/Gallimard, 2014, p. 203, note 24。

通过这种"轻微同意"成为消极的并处在丈夫的权威下的主体，妻子可以让丈夫愉悦并因此赢得丈夫的友爱。这意味着两点：男人在与妻子的性行为中获得的愉悦不在于性行为本身的愉悦，而在于认识到"妻子对他的讨好"；这种好意就如同一种珍贵的友爱，来自愉悦对象、被动主体、妻子，因此后者应该得到尊重、友爱和爱。正是通过这个"慈善/恩典"的链条，夫妻之间在情感上的愉悦才是可能的，妻子的被动性才能成为她的一种愉悦（因为她获得了爱情），男人的愉悦才能被情欲化、齐平化并转化为如同女性愉悦一样的互逆性。

2. 从社会与性的同构到高扬婚姻

古希腊时期的第二个原则"社会与性同构"在希腊化罗马时期被深度转化为"高扬婚姻"（SV, 104）。婚姻主题当然不是希腊化罗马时期的发明，古希腊关于性的规范中已经有对婚姻的诸多讨论，如色诺芬、伊索克拉底或伪亚里士多德都曾回答过"是否应该结婚？"的问题。正是在对这个问题的回答中，这些古希腊哲学家发展出这样的观点：婚姻是让妻子治理家庭和家产的经济方式，妻子可以保证丈夫的休息、慰藉和身体照顾，提供子嗣防老，并且可为守卫和延续城邦做出贡献。不过，古希腊哲学家也提出了婚姻的不便之处，婚姻所有优点都带有消极面，例如，妻子管理家庭和家产会带来附加的金钱问题，照顾丈夫的妻子也会与丈夫争吵，被指望养老和保卫城邦的孩子不仅在养育上花费巨大且令人忧心，而且能否最终成为父母和城邦的支撑也是不确定的。

（1）问题转化：从哲学家能否结婚到如何结婚

但关于婚姻最本质的问题是有关哲学家的问题："哲学家能

否结婚？"（SV, 109）一方面，对于追求生活智慧、自治和真理的人，婚姻意味着对一个女人的激情，意味着对物质的依赖，意味着在城邦中的家庭忧虑，这些都会对独立思想施加责任、义务和干扰。换言之，真理主体与道德主体不相容。另一方面，如果婚姻在社会意义上是重要和必要的，哲学家鼓励婚姻以保障社会秩序，那么根据古希腊的社会与性同构原则，哲学家不仅应该这么说，还应该这么做，哲学家应该言行一致，"婚姻对于哲学家来说与对于任何其他人那样是必须和必要的"（SV, 111）。哲学家的这个两难位置类似于古希腊少年的位置，其（个体的）真理主体或愉悦对象与社会主体之间的角色融贯，会因社会与性同构的逻辑而成为问题。古希腊对于哲学家不结婚和不能与少年有身体关系的建议都是古希腊社会同一个系统逻辑的产物。

　　正是在这点上，希腊化罗马时期转化了古希腊的提问法，"哲学家能否结婚？"的问题变成了"如何在哲学的意义上结婚，如何在哲学的意义上与妻子发生性关系？"（SV, 113）这种提问方式只是在重复柏拉图关于少年之爱的提问方式，"如何在哲学的意义上去爱少年？"[①]但这只是表面上的重复，希腊化罗马时期的这个重复实际上颠覆甚至取消了问题的前提、起源和必要性。柏拉图在神圣灵魂的真理层面崇高化了对少年的爱情，希腊化罗马时期的哲学家就在这种爱情的层面崇高化婚姻。区别在于：柏拉图不取消社会与性同构原则和积极性原则的融贯性，希腊化罗马时期的哲学家则碎片化和重构了这两个原则。

　　因此，我们需要考察希腊化罗马时期哲学家如何建立个体

---

① Platon, *Phèdre*, 249a；参见 M. Foucault, *Subjectivité et vérité*, Cours au Collège de France. 1980–1981, Paris, Seuil/Gallimard, 2014, p. 122, note 12。

（真理）主体与社会（婚姻）主体之间的融贯性，或更确切地说，在高扬婚姻的基础上，如何解决个体主体与社会主体之间的冲突。

　　a. 尽管伊壁鸠鲁学派和犬儒主义学派继承了婚姻的否定性价值，他们想要纯粹智慧且没有婚姻的生活，但他们还是留下了在某些情况下结婚的可能性。正如第欧根尼所引伊壁鸠鲁："哲人会结婚并拥有孩子，但仅仅依据生命中的某些情况而言。"[1] 这句话常常被解释为对哲学家婚姻的否定，正如亚历山大城的克莱蒙所引伊壁鸠鲁："婚姻是要抛弃的，既因为婚姻带来的烦恼，也因为它转移了最必要的事情。"[2] 这种双重性也出现在犬儒主义对斯多葛学派的引用中，例如，据西塞罗，某些犬儒主义者如果有机会还是会接受婚姻，另外一些犬儒主义者则无论什么情况都拒绝婚姻。[3] 爱比克泰德记载的犬儒主义者克拉特斯（Cratès）就是一个很好的例子，克拉特斯完全反对婚姻，并对他的儿子说他是妓女生的。[4] 但不无矛盾的是，克拉特斯与女哲学家希帕奇娅

---

[1] Diogène Laërce, X, 119, trad. Jean Bollack, *La pensée du plaisir, Épicure: textes moraux, commentaires*, Paris, Minuit, 1975, p. 27；参见 M. Foucault, *Subjectivité et vérité*, Cours au Collège de France. 1980-1981, Paris, Seuil/Gallimard, 2014, p. 122, note 20。

[2] Clément d'Alexandrie (150-220), *Les Stromates*, Stromate II, XXIII, 138, 3-4, éd. et trad. Claud Mondésert, 1954, p. 139；参见 M. Foucault, *Subjectivité et vérité*, Cours au Collège de France. 1980-1981, Paris, Seuil/Gallimard, 2014, p. 122, note 21。

[3] Cicéron, *Des termes extrêmes des biens et des maux*, III, XX, 68, éd. et trad. Jules Martha, Paris, Les Belles Lettres, 2003, p. 45；参见 M. Foucault, *Subjectivité et vérité*, Cours au Collège de France. 1980-1981, Paris, Seuil/Gallimard, 2014, p. 122, note 23。

[4] Diogène Laërce, *Vies et Doctrines des philosophes illustres*, VI, 88；参见 M. Foucault, *Subjectivité et vérité*, Cours au Collège de France. 1980-1981, Paris, Seuil/Gallimard, 2014, p. 123, note 24。

（Hipparchia）结婚，因为在这两个哲学家这里，出现了使结婚成为可能的"某些情况"。用斯多葛的术语来说，他们是"存在共同体"。[①]

b. 个体主体与社会主体的融贯问题不仅存在于对婚姻的考虑中，还存在于真理主体（哲学家）方面。在爱比克泰德那里，职业哲学家是"真理侦查者""诸神信使"和"斗士"（SV, 117），是对走向悲剧的阴谋进行批判的人，是与"恶、谎言和幻象"（SV, 118）斗争的人。因此，职业哲学家不应结婚，不应任由女人和孩子的烦心事泛滥，应该像犬儒主义那样生活，"没有城邦，没有衣服，没有房子，没有女人，没有孩子，没有祖国"（SV, 117）。但批判和斗争的使命在"智慧城邦"（sophôn polis）（SV, 118）中完全消失了，因为在那里，真理和理性就是现实，不再需要批判和斗争，犬儒主义的生活不再必要，因此哲学家的婚姻是可取的。

因此，哲学家不应结婚的理由不仅仅在于婚姻的缺陷，更在于哲学家的批判角色。这里有一个根本的社会-个体（性）的同构原则，但这个关联只是在此定义主体功能，而不再再用于根据主体的外部要求（根据其社会主体的角色）调节个体主体的日常行为。个体主体与社会主体的融贯建立在其社会功能上，哲学家的批判功能就是这样的社会功能，哲学家的个体生活要根据其批判功能来建立；这样建立起来的个体生活，不是根据社会需要，而是依据真理理性。在这个意义上，这不是个体主体的融贯，而是

---

① Diogène Laërce, *Vies et Doctrines des philosophes illustres*, VI, 96；参见 M. Foucault, *Subjectivité et vérité*, Cours au Collège de France. 1980-1981, Paris, Seuil/Gallimard, 2014, p. 123, note 26。

个体主体所在的"特定情况"（智慧城邦或者危机城邦）的融贯，换言之，是社会主体的融贯。

c."特定情况"不管是指向"存在共同体"还是指向哲学家的使命，它所揭示的都是婚姻的消极可能性。但正是基于这些消极可能性，斯多葛学派发现了一个积极价值，甚至是婚姻的本质价值——"存在共同体"。"存在共同体"对于伊壁鸠鲁学派或犬儒学派来说也许是没有女人的生活中的一个"特定情况"，但对于婚姻生活本身来说，"存在共同体"成了首要因素，成为最重要的[①]、最主要的[②]和绝对的[③]义务，就好像婚姻中有某种深层次上的积极和可取之处，婚姻由此获得其本质和价值。斯多葛派以这种方式，即通过对婚姻的一个规定性的描述，逆转了"哲学家能否结婚？"的传统否定回答。某种可能性，某种特定情况，某种条件，可以成为本质的、应该做的、应该完成的和首要的。哲学家的独立生活与婚姻生活的唯一的交叉点就变成：婚姻可以成为共同追求哲学生活的"存在共同体"。似乎凭借一个共同目标，独立性就可以整合到共同体中，个体主体就能够建立在社会主体之上。

（2）创造概念：婚姻的理想模式

柏拉图那里服从第三个主体（真爱）的体面游戏在希腊化罗

---

① Épictète, *Entretiens*, III, 22, 67, p. 79；参见 M. Foucault, *Subjectivité et vérité*, Cours au Collège de France. 1980-1981, Paris, Seuil/Gallimard, 2014, p. 122, note 12。

② Épictète, *Entretiens*, III, 7, 24-25, trad. Émile Bréhier, p. 977；参见 M. Foucault, *Subjectivité et vérité*, Cours au Collège de France. 1980-1981, Paris, Seuil/Gallimard, 2014, p. 122, note 17。

③ A. F. Bonhöffer, *Epictet und die Stoa. Untersuchungen zur stoischen Philosophie*, 1890；参见 M. Foucault, *Subjectivité et vérité*, Cours au Collège de France. 1980-1981, Paris, Seuil/Gallimard, 2014, p. 122, note 15。

马时期的哲学家这里重现了，并且是以一种可操作的婚姻方式。这个重现通过两个并不新鲜的步骤完成，但却导向一个全新的婚姻。

第一步：通过自然建立双人关系的原始性。斯多葛学派与古希腊哲学家一样，也用自然证明婚姻合理性。正是自然把人类物种分为两种性别，并为他们设定了对彼此的欲望，以此连接两个个体以用于生育和种族延续。蜂群的比喻在希腊化罗马时期的穆索尼乌斯·鲁弗斯①那里和古希腊的色诺芬②那里是一样的，但对他们而言，需要向自然学习的事物不尽相同。在鲁弗斯那里，两性之间的自然吸引力不仅仅是为了身体结合，也是为了"存在共同体"，为了生活在一起（suzein）（SV, 131）。这个"存在共同体"的主题如同希洛克勒斯（Hiéroclès）的自然论者那里所阐明的："自然不仅要求人类群居，还要求人类……成双……成对……雌雄成对地生活。"③由此，人类从自然那里获得两种形式的社会性：一种是由多个成员组成的群、种族或城邦，另一种是由两个成员组成的对偶、婚姻。

因而，人的自然本性证明了双人关系的正当性，它就像人类的群居生活一样自然。正是这点将希腊化罗马时期的哲学家与古希腊时期的哲学家区别开来。古希腊时期，双人关系的目的并不

---

① Musonius Rufus, *Prédictions*, XIV, 5；参见 M. Foucault, *Subjectivité et vérité*, Cours au Collège de France. 1980–1981, Paris, Seuil/Gallimard, 2014, p. 146, note 16。

② Xénophon, *Économique*, VII, 32–34；参见 M. Foucault, *Subjectivité et vérité*, Cours au Collège de France. 1980–1981, Paris, Seuil/Gallimard, 2014, p. 146, note 15。

③ Stobée, *Florilegium*, 22, p. 8；参见 M. Foucault, *Subjectivité et vérité*, Cours au Collège de France. 1980–1981, Paris, Seuil/Gallimard, 2014, p. 146, note 24。

在于个体自身的本性，而是在于对群体、种族或城邦的本性。例如，在亚里士多德的《政治学》中，人类存在必不可少的双人关系不仅有男女关系，还有主奴关系。[①]男女关系用于生育保卫种族和城邦的后代，主奴关系用于为城邦的保卫者生产食物、工具和武器。无论是男女关系还是主奴关系，都分享同样的"与另一个人进行交易的必要性"（SV, 136）：要么是为了生育与女人进行交易，要么是为了生产与奴隶进行交易。但在希腊化罗马时期，双人关系具有独立的价值或本性，它不再是为达到群居生活或城邦生活的生育工具。"以自身为目的的夫妻生活是由这个目的定义的：将坚实、坚定和适度平衡的生活坚持到底"（SV, 134）。夫妻的社会性与城邦的社会性同样不可或缺。

第二步：创建比友爱（philia）更强烈的双人关系。关于双人关系，亚里士多德在《尼各马可伦理学》中的一段表述似乎表明双人关系比政治更内在："人更是成对生活的（sunduastikos）存在，而不是政治的（politikos）存在……也就是说，人更倾向于两个人一起生活，而不是在一个政治体内部生活。"[②]但在所有双人关系中，如公民间的伙伴友爱、男女间的夫妻友爱、父母和孩子间的亲属友爱，按照亚里士多德的说法，最强烈的是父母和孩子间的亲属友爱，因为父母在孩子身上看到"自身的一部分"，[③]这使这种双人关系不容置疑。至于夫妻关系，并不在友爱

---

① Aristote, *Politique*, I, 2, 1252b；参见 M. Foucault, *Subjectivité et vérité*, Cours au Collège de France. 1980−1981, Paris, Seuil/Gallimard, 2014, p. 147, note 31。

② Aristote, *Éthique à Nicomaque*, 1162a 16；参见 M. Foucault, *Subjectivité et vérité*, Cours au Collège de France. 1980−1981, Paris, Seuil/Gallimard, 2014, p. 147, note 30。

③ Aristote, *Éthique à Nicomaque*, 1161b 30；参见 M. Foucault, *Subjectivité et vérité*, Cours au Collège de France. 1980−1981, Paris, Seuil/Gallimard, 2014, p. 147, note 35。

的一般类型之外，它比伙伴关系更强烈，但并不具有根本地位。不过，夫妻友爱的力量不是来自自身，而是来自"劳动分工和相互帮助"（SV, 138）的有用性。在这个意义上，夫妻关系与政治关联并无本质差异。虽然比政治关联更强烈，但夫妻关系仍然是通过一个共同目标的一致建立起来的，仍受男女之间的正义原则支配。①

与亚里士多德不同，对于斯多葛学派来说，夫妻关系比友爱关系更丰富，"这个关系比其他友爱关系更强烈"。② 阿尔克斯提斯（Alceste）③ 为丈夫牺牲自己生命的例子表明了这一点。但在斯多葛学派那里，婚姻关系到底是由什么组成的呢？婚姻关系超出古希腊人对友爱的所有想象的力量来源是什么呢？

在希腊化罗马时期的想象中，夫妻关系包含在一个实体性的统一体中。首先来看普鲁塔克对三种类型混合体的区分④：1）军队混合体。军队混合体尽管拥有一个共同目标，但构成要素是分离的，缺少其中一个要素并不会损害整个统一体的运行。这类似于城邦的民主统一体，公民为了集体存续联合在一起，但统一体的力量或运行不来自任何个体公民。按照普鲁塔克的说法，这是以身体愉悦为目的的婚姻模式，在这样的结合中，只要每个成员

---

① Aristote, *Éthique à Nicomaque*, 1162a 30；参见 M. Foucault, *Subjectivité et vérité*, Cours au Collège de France. 1980–1981, Paris, Seuil/Gallimard, 2014, p. 147, note 36。

② Musonius Rufus, Prédiction, XIV, 7–8；参见 M. Foucault, *Subjectivité et vérité*, Cours au Collège de France. 1980–1981, Paris, Seuil/Gallimard, 2014, p. 147, note 37。

③ 古希腊女性人物，其事迹见欧里庇得斯同名悲剧《阿尔克斯提斯》（Ἄλκηστις）。

④ Plutarque, *Praecepta conjugalia*, 34；参见 M. Foucault, *Subjectivité et vérité*, Cours au Collège de France. 1980–1981, Paris, Seuil/Gallimard, 2014, p. 141。

具备统一的功能，他们彼此都是无差别的，换言之，每个成员都是可以按照功能被替换。2）建筑混合体。建筑混合体中，诸要素之间的关联对于统一体的运行来说是最重要的，决定性要素的缺乏会摧毁整个统一体，但并不是每个要素都是决定性的。不过，在这种混合体中，诸要素也是分离的，脱离统一体的要素也能作为可发挥作用和独立的个体。这类似于等级制的国家统一体，对统一体的参与使得每个个体都彼此紧密相连，但脱离统一体并不会损害个体自身的存在。按照普鲁塔克的观点，这是因政治或经济原因而结合的婚姻模式，不是所有的要素都必要，但根据要素的重要性差异，不同要素的缺乏会不同程度地缩减统一体的福利。3）动物混合体。每个混合体都是独一无二的，每个要素都在统一体中承担某种功能，任何要素的分离对于个体来说都会造成问题，但对于统一体的摧毁作用则依其功能不同而有所不同。这种混合体不与任何真实的政治统一体相似，但按照普鲁塔克的看法，这是婚姻的理想模式，诸要素通过放弃自身自主性来建立一个实体性的和不可分离的整体，任何脱离都同时损害统一体和个体自身。

斯多葛学派正是依据第三种混合体来建构理想的婚姻模式。这种模式之所以是理想的，是因为这样一种有机统一体是自然的造物，但对于个体的结合尤其对于两性个体的结合，这种模式可实现吗？这是伊壁鸠鲁的问题，对于伊壁鸠鲁来说，夫妻彼此是分离或异质的原子，而婚姻只是同时具有"吸引力和排斥力"（SV, 143）的统一体。但对于认为婚姻是实体性混合体的人来说，如在普鲁塔克那里，夫妻如同"酒和水混合以构成唯一且同一的液体"（SV, 143）；在安提帕特（Antipatros）那里，夫妻如同手足，"如同有机体内部的二元要素"，① 他们不会产生冲突，只会相互完善。斯多葛学派还借助物理概念"构成要素彼此完全融合"，以此说明"完全混合、全部融合"（krasis, krase）（SV, 141）的婚姻。

希腊化罗马时期以此定义了一个全新的婚姻。婚姻不再像色诺芬或亚里士多德那里那样，通过两个不同和独立个体之间的利弊平衡和相互适应，成为一种共同利益的经济关系或是一种为了更大的外部政治的政治关系，而是一种基于自身的关系，是两个个体要素的完全融合，比所有其他社会关系都更首要且更不可化约。因此，婚姻是将个体主体联合为社会主体并因而向个体施加规则、禁忌和规范的完美或理想方式。

第二节 真爱游戏

在 1984 年的《愉悦的使用》中，福柯不再把社会与性的同构原则与积极性原则看作古希腊固有的原则（UP, 279），而且在 1981 年的《主体性与真理》中，福柯指出社会与性的同构原则正是在希腊化罗马时期法典化出现之时消失的，"在新建立的法典中……不再能看到社会与性的同构原则，反倒是出现了非常清晰的社会与性的二态现象"（SV, 260）。也是在这一时期，古希腊时期的男性积极性原则也转化为两性间的某种平等和互逆（SV, 261）。不过，福柯从未低估这两个原则"不可小觑的重要性"和"决定性的力量"。这一点不仅在上述两本著作中是融贯的，而且

---

① Stobée, *Florilegium*, 25；参见 M. Foucault, *Subjectivité et vérité*, Cours au Collège de France. 1980-1981, Paris, Seuil/Gallimard, 2014, p. 140。

在对社会主体和愉悦对象的问题化中是决定性的，它甚至是古希腊世界与希腊化罗马世界的分界线。

一、作为愉悦对象的主体——不相容

1. 成人与少年之爱

在古希腊时期，社会与性的同构原则与积极性原则的融贯性或其融贯的必要性建立在古希腊的社会结构之上，即自由人占有支配地位，同时是积极的和出于意愿的，唯一能限制自由人的是他自身的积极性、对自我和他人的权力以及自愿服从逻各斯的愉悦。因此，节制性行为主要是为了城邦的利益、最佳的子嗣、掌控自我和政治权力。这个同构原则和积极性原则因此产生了性模式与社会模式的可逆性。一方面，因为男性视角下的性行为就是插入、攻击性的比斗、积极与消极间的两极化，因此，社会关系也被同样看作高级和低级、支配和被支配、统治与被统治之间的对立或斗争，或者从更深层次来看，从古希腊时期开始，哲学思想已经开始了主客模式，已经处于二者坚持不懈的对立和关联之中。另一方面，社会的敌对和等级、对他人的支配和权力的愉悦，这些社会性因素反过来也会将同样的价值强加在性实践上，所以在性行为中内在可取的就是"积极、支配、插入和行使其优越性"（UP, 280）。

但在古希腊时期，社会与性的同构原则与积极性原则之间的冲突其实已经深刻地显现出来了。在古希腊的性中，积极性原则在奴役和婚姻中不存在任何问题，因为奴隶和妻子作为个体伴侣的社会地位自然而然地采取了主客对立的形式，奴隶或妻子这样的伴侣在结构上就隶属于自由男人的权威，他们是男性愉悦的完

美对象，是意愿节制的积极性的完美对象。但这种主体性在古希腊的一个特殊关系中遇到了深刻的问题，那就是与少年的爱。当性伴侣是自由人，或更确切地说是少年时，主客模式就会变成愉悦与积极性的二难悖论，社会与性的同构原则与积极性原则就会互相对立。但正因为这种对立，社会与性的同构原则与积极性原则的融贯性被打破，古希腊思想为解决这个问题，提供了关于主客二难的可贵反思。

不过，在考察古希腊人对这个问题的珍贵反思之前，我们需要先清理我们当代人的偏见。对古希腊时期少年关系的考察，不应限于当下语境中与异性恋相对立的同性恋，这样会使对两个支配主体的敌对性的考察消失在依据生育的自然性进行的简单判断和贬低之中，而错失对异性恋主导地位之来源进行分析的可能性，因为后者从根源上，恰恰建立在古希腊思想对少年之爱的反思之上。因此，不应按照当代视角预先判断古希腊时期的成人-少年之爱是否可被接受，是否令人不安，或是否与异性恋对立。在古希腊人那里，与少年的关系和与女人的关系（这甚至不是当代所言的双性恋）由同一种欲望驱使，来自同一事物——对"美"（UP, 245, note 1）的追求。如果女人可以显现出美，这不是因为男人的观看，换言之，女人之美不仅仅是观看下的事物；同样，少年之美也可以是脱离观看的独立事物，也就是说，少年之美并不仅仅因女人的观看才为美。而且，不管是与少年还是女人发生性关系，对古希腊人来说，唯一的问题是不节制。因为对于自由人来说，对所有性关系的意愿节制比性伴侣的（性别）选择更为重要，因为这个选择本身就是自由人之自由选择的证明。

2. 少年悖论

在把同性恋作为"反自然"的偏见抛除之后，古希腊人在这个主题中反思的问题才能真正显现出来。

（1）柏拉图与色诺芬对社会与性同构原则的问题化。a）对不同年龄或身份的反思（UP, 251-254）。古希腊哲学家或道德家之所以对少年之爱感兴趣，不是因为少年之爱在男人的各种性关系中是典型的、独一无二的或常见的，而是因为少年之爱最容易受到批评。因为一个成年男人和一个少年的关系揭示了一个类似于自由人与次等或脆弱伴侣（如奴隶或女人）之间的关系，但少年之爱又与这些关系有一个决定性的不同之处：少年的次等或脆弱特质不是永恒的。b）成年男人与少年之间的独特关系类型不仅出现在（尤其是哲学）教学场景，还出现在"宫廷"（UP, 254-256）。这些独特关系的实践因此要求美学和道德评价，以便让这种对少年之爱的自由实践是"优美的"并且能为所有人所接受。因此，在"熟男"（éraste）与"小鲜肉"（éromène）[①]之间发展出一系列让他们交换愉悦和报偿的规则。c）由于成年男人与少年的关系常常在公共和开放空间进行（UP, 256-258），所以这种关系通常表现为追猎与戒备的自由游戏：如果成年男人没有自愿的激情，就无须付出任何代价；同样，如果少年不是自愿让步，也不会有做任何事的义务。因此这是自由人之间征服与服从的典型游戏，这对天然喜爱争斗和胜利的男人来说是充满刺激和令人兴致盎然的。d）涉及年龄差距，少年的次等和脆弱身份是成年男人和

---

① 参见 Kenneth J. Dover, *Greek Homosexuality*, Harvard University Press, 1978；Eva Cantarella, *Selon la nature, l'usage et la loi: la bisexualité dans le monde antique*, La Découverte, 1991。

少年性关系的条件，这会导致一个时间问题，即少年自身出现男子气概的迹象将成为爱与友爱的分界线（UP, 258–262）。古希腊人认为不可取的不是与少年之爱，而是与一个已经有自身社会身份的男人之爱，"正是青春的身体与其自有的魅力通常被视作愉悦的'绝佳对象'"（UP, 260），因为男子气概的早期形式在性上是美的，在社会层面上是可欲的。

（2）除了围绕社会与性同构原则展开的这些问题，还有另外一系列问题是狄摩西尼以少年的视角提出的积极性原则的问题。a）这种关系的合法性证明或评估建立于少年伴侣自身之上，换言之，与少年的性关系只有在其成为公民主体（拥有自身政治身份，由其最初的男性气概迹象所表明的自身积极性）之前才是可取的。然而，这是一个开放的游戏：它对成年男人并无禁止，只有对少年在道德和社会意义上的耻辱、指责和蔑视。b）对少年的耻辱限制并不与其未来的婚姻相关，而是与其未来的政治身份相关。提马克（Timarque）事件就是一个证明：在性关系中的消极性是取消其政治资格的根据。c）这种消极性并非绝对的，人们指责这种消极性并非因为少年被人追求或屈服于与一个成年男人的性关系，而是因为他的屈服不体面。d）在与成年男人的性关系中，少年需要体现出自己的优越性，屈服也要选择最高贵的、报偿最丰厚的方式，"不要屈服，不要顺从，保持强势，用抵抗、坚决和节制胜出"（UP, 273）。少年在这个爱情领域里的价值因此表现为一种竞争性的争斗，一种为支配而进行的斗争，一种对奴役的抵抗。

（3）社会与性同构原则与积极性原则使成年男人与少年的关系同时具有竞争性和转瞬即逝，只有一个角色是内在可推崇的，"那就是积极、支配、插入和行使优越性"（UP, 280）。在男性视角中，性行为中的伴侣、愉悦对象和被插入的角色是必不可少的。所以奴隶或女人作为性伴侣在（社会）结构上处于对象和消极性的位置，"女人永远也不能成为主体"（SV, 95），奴隶和女人的服从从来都不可指责。但少年同时作为性伴侣和自由人，他在性行为中的消极位置是与其在社会行为中的积极位置不相符的。换言之，自由人不能同时是愉悦对象和政治主体，不能同时服从和治理他人。少年的这个二难位置引出了内在于古希腊文化的关键要素：如果一个主体是自由的，他就有权利去爱美的事物；如果一个主体是积极的，他就不能成为愉悦对象；那么，一个美少年就处在这个古希腊的主客二难之中，这也可以称为"少年悖论"（UP, 286）。

埃斯基涅斯（Eschine）在《反提马克》中的指控说明了这一点。一方面，埃斯基涅斯毫不反对喜欢男性之爱的人，"我们从来不会指责任何喜欢少年、对之有所欲望并享受其中乐趣的人"（UP, 286）。换言之，与少年的积极愉悦对古希腊人来说并不会有任何问题，因为这是自由人的权利。另一方面，埃斯基涅斯指控的是法律问题，他引用了一条法律，"男性卖淫定为褫夺公权"（UP, 283）。提马克的案例中，提马克"为了酬金可以与任何人毫无选择地从事这些实践"。[1]但根据多弗（Dover）的意见，被指控的并不是卖淫本身，而是卖淫所导致的无能，这个法律控诉因此与道德控诉紧密相连。[2]埃斯基涅斯指控年轻的提马

---

[1] Eschine (390–314 AV. J. -C.), *Contre Timarque*, 52；参见 M. Foucault, *L'usage des plaisirs*, Paris, Gallimard, 1984, p. 283.

[2] K. J. Dover, *op. cit.*；参见 M. Foucault, *L'usage des plaisirs*, Paris, Gallimard, 1984, p. 283, note 1.

克"向所有人表现出愉悦对象的那种次等和令人羞耻的地位……他想要这个角色，他寻求这个角色，他热衷于这个角色，并由此获得利益"（UP, 284）。正是愉悦对象的这个次等地位表现出无能，无能作为积极的人，缺乏积极性和男子气概，因而，是一种耻辱，它使少年丧失了成为政治主体的合法性。因此，并不是少年之爱中的性行为或性愉悦成为问题，也不是起支配作用的愉悦主体的位置成为问题，而是被支配的愉悦对象成为问题。正是这个消极的地位与"男性优越性伦理"不相容，与依据"男性插入和主导的范式"（UP, 285）规定的所有性关系不相容，因为插入的性模式必然要求有一个起支配作用的积极主体和一个屈服的消极对象。

这个男性（尤其是性上的男子气概）视角的模式几乎扩展到人类历史的所有思想模式之中。它是主奴、主客、支配与服从关系的原型，它与自由人的深层原则不相容，因为在自由和独立的人之间，没有彼此插入，没有彼此支配，没有彼此的主客对立。如果有什么与自由人原则不相容，那应该是男性的积极性，因为这个积极性天然处在支配与被支配、主客、主奴的结构和张力之中。

3."爱欲"与"友爱"

然而，古希腊思想甚或由男性思想者主导的思想无法逃脱其本身基于性模式的竞争性模式。少年之爱所揭示的这个困难、悖论和二难并不指向思考主体的模式解放。换言之，思考者不是从自身方面来解决问题，而是从对象方面，从思考主体所面对的事物来解决问题，而且还是用思考主体性行为的自然模式，用崇尚积极性、支配和权力的主体来解决问题，而这个主体恰恰永远也不能放弃自由人的角色。不无矛盾的是，这个充满着思考主体意志的坚决要求不是将反思带离主体性模式之外，相反，它将反思带离客观性（实证性）模式之外，即带入对爱、精神之爱的反思，带入谜之主体性的领域。

　　由于成年男人与少年关系中的竞争性和荣誉同时是充满诱惑、令人不安和有问题的，所以这个关系让古希腊人不断反思。少年的男子气概迹象也是其不再是可尊敬的愉悦对象的迹象，这种不稳定的、转瞬即逝的特质促使古希腊人寻求一个可以让这种关系既可取又稳定的解决办法。正如婚姻适于任何人是当代的发明，少年之爱是古希腊的发明。"这里提出的问题是将爱情关系（终将消逝）转化为（在道德上是必要的，在社会上是有用的）友爱关系的可能"（UP, 261）。这要求在"爱欲"（Éros）之中已经有某种"友爱"（philia），"也就是性格和生活形式相似、分享思想和存在，双向仁慈"。① 这个"友爱"将发展成为抵抗衰老，抵抗转瞬即逝爱情的永存基础，它将作为自由人之间双向温存得以持续的保障。这个"友爱"在成年男人与少年之爱中比在夫妻关系中更为必要且本质，因为夫妻关系"为了自我构造和确定其规则，无须爱欲类型的关系存在"（UP, 262）。

　　在这个意义上，不对称的爱与对称的友爱的混合体是对支配与被支配关系的一种掩盖或理想化。在夫妻关系中，因为社会结构允许这样的不对称，允许这样一种支配与服从的关系，用爱来理想化这种关系是不必要的；反过来，在成年男人和少年的关系

---

① Jean-Claude Fraisse, *Philia, la notion d'amitié dans la philosophie antique*, Paris, Vrin, 1974；参见 M. Foucault, *L'usage des plaisirs*, Paris, Gallimard, 1984, p. 261。

中，对另一个自由人的支配不再像对女人的支配那样具有社会结构的保障，但这个缺陷对支配者毫无影响，只会为被支配者带来耻辱。因此对于同时是愉悦对象和政治主体的人来说，必须用友爱来理想化这样的关系。正如婚姻是一个人支配另一个人的法律许可，友爱则是同样支配的道德许可。这个许可其实有另一副面孔——调节。"在成年男人与少年之间，他们都具有独立地位，彼此之间也没有体制性的约束……调节行为的原则就需要向这个关系本身寻求"（UP, 263）。对爱的理论反思就成为对许可和调节的准备，这样的许可和调节证成和规定着对他人的支配、治理和权力。当夫妻间的支配关系不再由社会结构保障时，爱的理论就会像拯救成年男人与少年关系的合法性一样，拯救婚姻关系的合法性。

二、朝向真理的爱情主体——二态现象

1. 双重张力

通过将两个自由男人之爱的对象转向更高的真理，柏拉图的"真爱"似乎解决了社会与性同构原则和积极性原则、"少年悖论"或主客二难在古希腊的性中的冲突。因为吸引性关系双方的不再是积极性的愉悦或男子气概的愉悦，而是为了灵魂的永恒愉悦，认知和掌控自我的愉悦，而性关系双方的爱也成了永恒真爱。因为两个积极主体的对峙消散于他们共同面向爱的第三个对象——真理，这第三个对象是先验的和无可争辩的，具有绝对权威和支配权力，从来不会导致令人耻辱的屈服或服从，并不逾越自由人的两个组织原则，真爱只是"以掌控自我的形式实施自由"（UP, 125）。对爱的精致风格化甚或对"安乐"的完美美学

化并不意味着人同时追求自由和理性的完美时代已经到来，按照多兹（Dodds）的观点，新的冲突在以下两者间出现了：一边是"开放社会强加给其成员进行个体选择的沉重负担"，一边是"哲学思辨固化层面的准宗教教条，向个体提供了不变的生活规则"。[1] 这个冲突的代价是：对个体责任无意识的拒绝，在自由中的畏惧和神经症，"带有某些能量的幻觉回返和某些闪亮但过时的个体参与的……漫长的理智退化"。[2] 多兹也许对古希腊理性主义时代的影响过于悲观，但他指出了这个时代实际上削弱了社会角色和个体角色的紧凑性，用福柯的话说，"这些哲学家质疑了社会与性同构原则"（SV, 104）。因为当对性行为的调节不再来自外部社会，例如来自一家之主的社会责任或治理国家的荣誉，而只是来自内部理性、对自身自由的使用时，社会身份与个体身份的关联就断裂了。

因此存在一个双重张力：一方面，在可见但转瞬即逝的愉悦与不可见但永恒的愉悦之间的自由选择实际上过于沉重，可能二者都不能避免将个体带入疯狂；另一方面，逻各斯的调节显得过于强硬和强制，这自然会引起自由人的反抗。主客二难、"少年悖论"在深层次上正是这个自由的矛盾，这种矛盾存在于社会与性同构原则与积极性原则的融贯之中。因此，希腊化罗马时期"退化"的理智进行的第一个反抗就是对这两个原则的质疑。"退化"是相对于柏拉图这样的理性主义者，因为希腊化罗马时期不再在更高的真理层面寻求主客冲突的解决办法，而是在现实实践的层面寻求解决办法。"退化"是相对于社会与性同构的古希腊

---

① Dodds, *op, cit*., p. 249.

② Ibid., p. 241.

结构，因为希腊化罗马时期解决这个冲突的方式正是分离这个同构结构并将社会与性分别与积极性相连。

对于希腊化罗马时期来说，只需要证明友爱与爱这个混合体的正当性，或更确切地说，只需将其理想化或规范化。在这点上，没有人比柏拉图做得更好了。有很多对性行为进行问题化的理由，比如：有关身体的健康、有关女性的婚姻、有关少年的自由或男子气概，有关真理之爱的进入条件也是上述在性上保持严苛的理由，而只有与少年的关系可以作为这个反思的最佳对象。在性上保持严苛并不是古希腊人达到进入真理所要求的纯洁的唯一方式，例如在毕达哥拉斯学派那里，有很多涉及灵魂与身体关系的实践。[①]进入真理也不是在性上保持严苛并理想化爱情的唯一目的，少年名誉的诸多反思已经给出了一些原则。但这些实践和原则都没有达到苏格拉底-柏拉图学说在解决这个问题上所达到的"高度"。

2. 流行观念与本质转化

首先，我们需要清除在解读柏拉图或色诺芬的苏格拉底时可能涉及的"流行的性观念"（UP, 297），它们只能作为背景，而绝非"真话语"（UP, 304）。

（1）应该抛弃《斐德罗篇》前面两段对话的观点。这两段对话是关于"向谁屈服"的问题，它们表达了古希腊人的一些共同担忧，例如：少年之爱的转瞬即逝、荣誉与耻辱的游戏、令人反感和让人蔑视的消极性、成年男人与少年关系中的女性化以及愉悦与报酬的交换。在考虑这些问题的时候，利西阿斯（Lysias）

---

① Dodds, *op, cit.*, pp. 139–161.

的天真或苏格拉底的讽刺似乎都支持不要"向所爱之人屈服"。这样的观点既不能为真也不能为假，因为"向谁屈服"问题的提出就是一个错误，因此需要抛弃这个问题及对它的任何回答。

（2）柏拉图那里的非理性主义残余[①]也应该作为例外予以抛弃，例如《会饮篇》中阿里斯托芬讲述的传奇理论。初看之下，诉诸神话，即诸神的愤怒，将雌雄同体、男性和女性的圆球人一分为二，似乎可以为男女之爱、男男之爱和女女之爱给出一种神话解释。但如果仔细考察这些预设就会发现，尝试诉诸神话中对称和平等的原始关系并不足以消除古希腊时期不平等和不对称的现实。而且，基于同一原始存在而建立的愉悦主体和客体之间的对称或平等不仅有损男性主体的视角，还完全忽略了认知的理性主义模式——理性之光下的观看。因此作为理性主义代表的柏拉图不可能对这个传奇理论持严肃态度。

（3）色诺芬所代表的传统反思也应抛弃。对色诺芬来说，对愉悦对象的蔑视变成了对身体愉悦的蔑视，因此色诺芬将情欲与"只对所爱本身感兴趣"（UP, 301）的友爱对立起来，好像通过对一个存在者整体的爱就可以消除其作为愉悦对象的状态。但实际上，这只是增添了对象的内容，并不取消被爱者的二难位置，更不会取消被爱者在这个位置上的消极性。友爱的互逆情感只不过是一个双份的"少年悖论"。因此将爱延伸到友爱，并不改变社会与性同构原则和积极性原则之间冲突的本质。因而宣告放弃身体愉悦并非对情欲的拯救，反而是将其取消。

那么，清除这些"流行的性观念"之后，在福柯看来，苏

[①]　Dodds, *op, cit.*, pp. 205–223.

格拉底-柏拉图学说有价值的地方表现在狄奥提玛（Diotime）在《会饮篇》中的言论，以及苏格拉底在《斐德罗篇》中谈到的寓言，因为"这些部分提出的问题不像其他部分……这些话语进行了一些本质性的转化和转移"（UP, 304）。

a. 柏拉图关于"少年悖论"或主客二难的第一个转移：将道义论问题转化为存在论问题。对"流行的性观念"的诸多提问都没有涉及"什么是爱"的问题，就好像"已经被接纳的"爱可以通过自身、通过其现实、通过自然得到证成。但对柏拉图来说并非如此，"狄奥提玛和苏格拉底所追问的是爱的存在本身及其本性、起源、构成其力量的事物以及使之如此固执或疯狂地朝向其对象的事物"（UP, 305）。对"已经被接纳的"爱，对明显现实的这种追问，只能是我思的纯粹反思，一种对魅力、美和完美的反思，这种反思自然会以形而上学和普遍的方式（换言之，在纯粹心灵的领域）引入爱。因此，在《斐德罗篇》需要被抛弃的两段对话之后，苏格拉底用"灵魂理论"发展了一个"冗长的迂回"（UP, 306）。追问领域因而从愉悦对象走向主体，不过，这个主体不再是男性气概、积极性和主体性的主体，而是爱情主体：这种主体因为"苦难与诡计、无知与知识的亲属关系"（UP, 306）而坠入爱河，这个主体缺乏其所欲，欲求其所忆，忆及其所忘，遗忘其已见之"天外奇观"。

b. 柏拉图在转移反思领域、替换到纯粹心灵层面之后，愉悦对象的问题就转移到了其他言说方式之中，少年的名誉问题也由此消失，或更确切地说以其他方式得到保障。这个其他言说方式，是狄奥提玛的言说方式："爱寻求在思想中分娩，根据美之本性的真理，根据美没有混杂的纯粹及其'形式的唯一性'去看到'在自身之中的美'"（UP, 307）；是苏格拉底的言说方式：
灵魂带着它在天上的记忆，只依据纯粹理念即"美本身"的反映
或模仿，去寻求爱的对象。因此，这里让爱的主体（同样具有男
子气概）产生愉悦的不再是积极性的美德和少年的男子气概，不
再是随便哪个人类对象可以呈现为愉悦对象，而是"在去爱的
人本身之中，决定其所爱（对永生的欲望、对在其纯粹之中美
的渴望、对在理念世界所见的回忆）之存在和形式的事物"（UP,
308）。

　　先将身体问题（是否下等、是否应该被排斥在爱之外）放在
一边，柏拉图与所有其他"流行的性观念"相区别之处在于柏拉
图发明了一种更高层面上的爱的形式，即来自爱之主体在理念世
界记忆的"真爱"。柏拉图没有将这个"真爱"与少年转瞬即逝
的美联系在一起，而是朝向真理的永恒之"美"。在此涌现的，
不是对积极性和男性气概的偏好，而是对永生和纯粹的强烈倾向
或猛烈欲念，这个永生或纯粹并不存在于真实生活之中，而是存
在于灵魂之中，存在于纯粹的心灵之中，存在于思想之中。可以
说，柏拉图并不是在真理中寻找爱，而是"真爱……是将真理带
回的事物"（UP, 309），真理是由爱的欲念、对永生之倾向、苦
难与无知的亲属关系、对拯救的需求所定义的事物。真理与真爱
是柏拉图在理性主义时期的同一产物，是对"曾经被设想为非理
性习俗传统负担"[1]的爱之法则（Nomos）的回答，是对带有"如
此固执或疯狂"的"流行的性观念"的回答，是对"人们乐于承
认的自由证明的合法性"（UP, 316）的自然（Phusis）反应。

---

[1]　Dodds, *op. cit.,* p. 182.

　　c. 因此，"少年悖论"就完全被摧毁了，男性主体视角下性伴侣的不对称性被吸收到对真理的"爱之汇合"中。一方面，在爱真理者的视角下，需要一个漫长的旅程，需要坚持不懈的热情，需要各种痛苦和艰难的斗争，人才能成为自我的主人，才能到达真理，才能屈服于其所爱——真理，逻各斯。对这样一个所爱之权威的服从不会成为耻辱，相反，这是一种最高层次的愉悦。另一方面，在因爱真理而被爱的人的视角下，一个这样的爱者的出现"将之置于自身之外……他感到被欲望之潮托起，翅膀和羽毛将之推向其灵魂"（UP, 310）。被爱者不再屈服于任何人的权威，而是屈服于真理的权威，屈服于一个更伟大的普遍被爱者。对这样一个被爱者的屈服不再是消极性，而是灵魂的解放，是纯粹主体性（积极性）的释放。

　　因此，在朝向真理的这种爱中，爱者或被爱者都体验到唯一且同一的运动和爱，这唯一且同一的运动和爱将他们带向真理。换言之，在真理面前，无人是主体，因为爱者或被爱者都服从真理的权威；真理面前，也无人是客体，因为爱者或被爱者通过自愿服从真理，成为认知主体、爱之主体以及他们自身的主体。由此，对更高真理、朝向这个更高真理之爱的形而上学部署就可以取消男子气概积极性（必然导致主客、支配与被支配、插入与被插入的对立）的自然部署。与其说这解决了"少年悖论"或主客二难，说它使积极性、男性气概或主体性不再起支配作用，不如说这些问题不再以人类层面的男性主体之名发挥作用，而是以神圣性、在更高层面的男性主体之名发挥作用，因为这并不是服从的消失，而只是对服从之耻辱的取消。

　　d. 然而，对神圣真理的服从并非抽象的服从。在诸多爱真理者之中，"有在爱之道路上走得更远的，有对真理拥有最真之爱的人"（UP, 311），因此，有人会成为引导他人的导师。在爱的关系中，这就是同时作为爱之对象和认知与操控主体的人。例如，在《会饮篇》最后几个对话中，既不年轻也不英俊的苏格拉底受到诸多渴望智慧的年轻人的追求。但不无悖谬的是，使之成为可欲之人的原因恰恰是"他能抵抗这些年轻人的诱惑……他是由真爱之力所支撑的"（UP, 312）。真爱的对象恰存在于阻止"屈服"于支配性之爱的智慧之中，存在于能够自我掌控并始终作为自身支配者的智慧之中。不过，这个智慧不是"在愉悦的用法中自身欲念需要服从的逻各斯智慧"（UP, 314），而是"其灵魂所相像的真"。按照多兹的观点，这一主张可能是柏拉图从他在萨满那里的灵魂旅行继承而来的。[①]

如果我们没有忘记柏拉图寻找真爱的目的（两个自由人之爱的内在困难），那么我们应该可以看到，灵魂的这种真正存在只是少年荣誉的一个升级版本。这是两种性观念间的过渡：从"与'心'的实践和他人自由相一致的性观念"到"转而围绕主体苦行和真理共同入口的性观念"（UP, 315）。一个与他人相关的积极性变成了天国的绝对积极性，男性主体的灵魂在一种绝对形式中找到了他的灵魂（心灵、积极性、主体性和权力）。对这样一种绝对积极性（即真理）的证成、许可和评价不仅使服从在道义论领域是光荣的，而且让生活在存在论领域变得节制，"一切都是温和的，平静的痛苦、平静的愉悦、温顺的欲望和没有未来的爱"（UP, 315）。在这个意义上，真爱只是为人类脆弱的命运准

---

① Dodds, *op. cit.,* pp. 139–161.

备的一剂鸦片。主客之间的斗争或对立并未消失，只是被引向一个"高层的精神价值"（UP, 316），一个绝对的争斗，一个"完全戒绝的要求"（UP, 317）。

第三节　希腊化罗马时期夫妻之性的真理游戏

一、夫妻之爱的真理

希腊化罗马时期，社会与性同构原则和积极性原则之间不仅断裂了，而且分别被转化了，福柯称之为"婚姻的岛屿化（孤立一部分，高扬另一部分）"（SV, 125）。换言之，就是通过两个理论操作将个体行为安排在可编码化机制中——这两个理论操作分别是：将性愉悦孤立在婚姻中，以及高扬婚姻。不过，这两个理论操作背后隐藏着真理之爱的游戏，即揭示两种类型的爱的策略性游戏：与男人的爱和与女人的爱。这两种类型的爱并非希腊化罗马时期的发明，但基于这两种类型之爱的差异，普鲁塔克在《论爱》中发明了一个全新的概念，"唯一且同一之爱"（SV, 191）。这个作为主体间关系模式的概念不仅在罗马帝国时期是本质性的，在基督教时期甚至当今的资本主义时期也是本质性的。这个唯一且同一之爱的策略游戏是通过三步完成的。

1. 两种对立之爱

通过继承古希腊的传统，普鲁塔克从两种类型的爱的对立开始自己的论证。在《论爱》开头，少年巴松正在两个追求者中进行选择，这两个追求者一个是男人，一个是女人。这个选择的处境类似于古希腊人那里经常会出现的处境，但普鲁塔克这里有一些精心考虑的部署：处于选择位置的不是成年男性，处于被选择位置的男性伴侣也不是少年，处于被选择位置的女性伴侣更不是一个消极的女性，女性追求者的目的也不是性愉悦，而是婚姻。实际上，这里并不是在两种类型的爱之间进行选择，而是在拥有男性情人和与高品质女性结婚之间进行选择。

先论这位高品质女性，她具有所有在古希腊少年之爱中成年男性一方所具有的品质，福柯称之为"男同性恋者般的女性"（SV, 183）。这个女性的处境只在起点和终点与男同之爱有所不同：起点——这是一个成年女性，而非成年男性；终点——为了婚姻，而不仅仅是为了少年的美德。其他方面则完全一致：这位成年女性是积极个体，她提供财富、美名、美德，她是主动者和教育者（SV, 184）。通过对这个女性奇怪和不寻常的部署，古希腊两个原则（社会与性同构和积极性）中的男性角色被颠覆和转化为女性角色，"所有积极的价值，所有传统上赋予少年之爱的有益效果"都转化为女性的品质，并为婚姻的合法性做准备。

再论这位男性情人，少年之爱的支持者，在普鲁塔克的笔下，他也呈现出同性爱的传统特征。首先，这位男性情人对少年的爱，与由自然建立、像所有动物那样对女人的爱与情欲（erós）并不相容，"如果将一个男人带向一个少年的运动能够被称作情欲，那正是因为这并非自然"，证明其正当性的不是自然，而是"友爱、好意……教学的必要……作为指导、榜样……"（SV, 187）。这个"反-自然"的特征对古希腊人来说并不是怪事，相反，这个"反-自然"特征将对少年的情欲引向更高的层面。这也意味着对女人之爱与对少年之爱有着如同自然与反自然一样不可化约的异质性。正是通过这种异质性，对少年之爱可以被积极地评价。其次，女人的自然吸引力因而必然导致冲动、快感和欲望，这个链条注定走向过度和失去控制，因为这一切都是自然所致，并非人力所能控制。而对少年之爱不是来自自然，因而不追求快感，不受欲望所限，不会因不可抗拒的自然之力而泛滥；相反，对少年之爱寻求的是美德，是"整个清醒、监护、照顾、忧心和爱慕的活动"（SV, 189）。最后，正如对女性之爱的传统批判，这种爱会让男人变得女性化，会让男人变得消极，并沉溺于机械的快感。

2. 唯一且同一之爱

基于这两种类型的爱的对立，普鲁塔克惊人地得出"唯一且同一之爱"这一概念。这个唯一之爱不应在我们当今为了理解同性之爱而参照异性之爱的语境中来理解，因为这个"唯一且同一之爱"对于普鲁塔克来说是在两种类型的爱不可化约的异质性传统中提出的。另外，普鲁塔克的论证恰恰与我们当今的逻辑是相反的。正如福柯所言，"这正是历史上对爱进行反思的巨大分水岭"（SV, 191），这个不寻常的表述也需要由一个同样不寻常的论证来证明。

（1）第一种拉近两种类型的爱的方式，是借用男同性恋对愉悦与友爱的结合。对古希腊人来说，男女性关系只是为了身体愉悦和生孩子。这种关系排斥友爱，因为处于被动地位的女性不值得友爱，积极主体与被动主体的关系只有支配与服从，毫无友爱可言。因此，在古希腊时期，爱原本是依据少年之爱来定义的，因为只有少年才能同时是愉悦对象和积极主体。也就是说，在少年之爱里，除了可以有身体愉悦，还有美德主体间、积极性主体间以及平等主体间的友爱。正是因为少年之爱中这个矛盾的和昙花一现的组合，古希腊人才创造了爱这个概念。

到了普鲁塔克，少年之爱这个组合给出了一个可能性，"性关系与友爱并非不相容"（SV, 192）。如果这一点对于少年之爱是可能的，那么对于男女之爱也应该是可能的。关键在于改变友爱和积极性的意义。按照普鲁塔克的转换，女性的积极性体现在"讨好"概念中。通过"讨好"，处于"被插入""从属"位置的愉悦对象可能具有某种积极性或"意愿"，"温和的同意……意愿扮演、非常心甘情愿地接受扮演愉悦对象的角色"（SV, 197）。这个"讨好"主体并非希腊化罗马时期的发明，它在古希腊对少年之爱的反思中已经出现了，那正是带着积极性屈服的少年的角色。在此意义上，女人的"讨好"作为对女人之爱的前提条件，实际上是一个对男同性恋的借用。

（2）描绘唯一且同一之爱的第二种方式，是将少年之爱与男女之爱的起源和形成视为是同一的。这一点是通过对照伊壁鸠鲁学派和柏拉图主义完成的。首先，按照伊壁鸠鲁的机制，身体图像和所爱对象的图像引起的激动使精液得以产生。如果这个机制可以在少年那里运行，没有理由在少女那里不能运行。而且，根据柏拉图的爱情理论，如果少年可以激发对真正的和神圣的美的回忆，那么少女为什么不可以呢？在此，普鲁塔克当然是在玩弄语词。当然少年和少女都能有身体之美，但这种"美"并非是导致少年之爱的唯一因素。普鲁塔克也许有意忽略少年所具有且不可与少女分享的积极美德、男子气概和同时在性（身体）与社会（政治）意义上的积极性之美，这就是福柯所谓希腊化罗马时期对古希腊的性的两个原则"越来越严重的无动于衷"（SV, 184）。

（3）第三个论证在于定义爱之真理——柏拉图真爱概念的颠倒版本。对于普鲁塔克来说，性愉悦（plaisir, aphrodite）与友爱／爱欲（amitié, erôs）不仅相容，而且二者对于唯一之爱都是必不可少的，"性愉悦的持续是由友爱／爱欲保障的，就像友爱／爱欲的目的和终点是由性愉悦保障的"（SV, 194）。性愉悦与友爱之间因此有着坚实的关联。一方面，如果性结合的愉悦缺少了友爱／爱欲，就像与妓女的低下愉悦一样，是会立即消失的瞬间愉悦。与古希腊人欲求永生、永恒甚或平静惰性的理由相同；或者为了节省消耗以便总是可以重新寻求，性愉悦需要一个能够延长、保障和使之持续最长可能时间的要素。这个要素就是从少年之爱、柏拉图的真爱概念那里借来的友爱／爱欲。

不过，对于柏拉图来说，友爱／爱欲之所以可能并能够用于延长少年之爱，不是因为它能延长性结合的瞬间愉悦，相反，是因为它超越了对性愉悦的追求（尽管并不排斥），因为它转向对真理的追求，转向对更高层级的共同欲望的追求。正是朝向神圣的真理，而非性愉悦，友爱／爱欲才拥有永恒的特征。

然而，正是在这点上，普鲁塔克借用了友爱／爱欲的永恒特征，但忽略其永恒性恰在于不考虑性愉悦的这个本质，从而将柏拉图的论题颠倒了。他将性愉悦与友爱共存的可能性转化为性愉悦与友爱不可分离的关联。性愉悦不仅不是无关紧要的，甚至是友爱／爱欲的"目的""终点""完成"。"没有性愉悦的友爱／爱欲是 ἀτελής（没有目的、没有终点），因此没有完成其本质和本性，没有与其为之而生的事物汇合"（SV, 194）。因此，性愉悦在友爱／爱欲中成为本质性的。而与女性的性关系的本质和自然就是性愉悦，因此也可以通过讨好建立友爱／爱欲。与女性的性关系因而不仅成为爱的一种，正如不能化约为少年之爱的一种类型，它也变成本质性的爱，唯一且同一之爱的模型。

3. 排斥少年之爱

因而从普鲁塔克开始直至今日，这个唯一之爱（异性恋）用于制定规则、规定范围和衡量工具，反过来判断和排斥少年之爱。虽然普鲁塔克只是通过分解和重构两种类型的爱，有意选取特定要素，尤其是少年之爱（同性恋）中的要素，才得以构造异性恋的正当性，但这并不妨碍普鲁塔克随后将之作为唯一之爱，指出少年之爱如何与唯一之爱（异性恋）不相符或有所欠缺，并把少年之爱（同性恋）排斥出去。

首先，少年之爱的反-自然特征成为缺陷。男女之爱来自自然，因而是首要的；而古希腊的少年之爱通常在健身房中产生，因而成为次生的。按照某种神话-历史的原则，"次生之物价值较低"（SV, 196），少年之爱因而成为一种功能不全的爱。其次，从少年之爱中借来的"讨好"对于女人来说似乎比对少年来说更容易。对于女人来说，在性的意义上和社会的意义上都处于被动、次级地位，似乎更容易满足于成为愉悦对象。然而对于少年来说，因为他在性的意义上和社会的意义上都是积极的，其"讨好"常常是暂时的和昙花一现的。而且，少年之爱所具有的对屈服的同意和抵抗之间的矛盾使之总是与唯一之爱不相容：如果少年同意，就会像卖淫；如果抵抗，就显不出好意，不能收获友爱。在两种情况下，都没有爱。

普鲁塔克的所有这些精心安排和策略性的论证只是为了表明一件事：爱之真理只存在于夫妻之爱。

二、现实与真理的闪避

1. 真话语及其问题

表面上看，希腊化罗马时期的哲学家指出良好性行为的某种法则，这个规约要求：只允许围绕婚姻开展性行为，只有为了生育且夫妻间具有情感关联的性行为才是好的。但仔细考察的话，问题并不仅仅在于对古希腊的性进行转化的反思，不仅仅在于对性行为的这种双重法则化，还在于根据历史学家的文献（SV，207-222），在帝国时代的现实经验中能够辨别出来的这些转化。奇怪的是，这个与大象一样的良好性行为模范在性的历史中持续时间很长，从古代的普林尼直到亚历山大城的克莱蒙（SV, 230-231）。如果把这种一致性解释为现实与真理的相符，那么所有时代的现实中似乎都存在着性伦理的这个"法则性框架"（SV, 232），从古代到基督教时期直至今天，这个性伦理的"法则性框架"都符合并揭示着性伦理的真理。

然而，正是针对这种一致性，福柯提出了这样的问题：如果婚姻和性行为的现实正如哲学家（"生活大师"）（SV, 149）关于爱之真理和良好的性行为所言的那样，"为什么还有必要去说，并且是在规约的形式下去说？为什么要把行为转化为规则？为什么要把某种实际上已经在现实行为层面获得的事物作为良好生活的建议？"（SV, 223）之所以有必要以真理的方式下命令，是因为现实还没有像"真理"那样存在，[1] 是因为这个"真理话语"的存在只是为了让这个真理存在。但为什么需要让哲学家反思和陈

---

[1]　这也是 *Subjectivité et vérité* 这本法兰西公学院讲座的名称不能翻译成"主体性与真相"的原因，这里的 vérité 并不是"现实"，或者说福柯所讨论的 les vérités（诸真理）尚未成为现实（真相）。

述的真理存在？为什么真理话语是必须的？

　　实际上，被陈述的"真理"背后总是存在一个现实，正是基于这个现实，真理游戏才是可能的或成为必要的。因而在所有使一个话语（命题）为真的必要性和条件中，现实与真理之间的融贯只是其中的一种可能性，这种融贯既不是必不可少也并非是必需的。因为，一方面，"因为天空是蓝色的，所以说'天空是蓝色的'才是真的"（SV, 224），但实际上，"天空是蓝色的"这个事实并不需要被说出来，说出这个事实的事实并不会对事实有任何改变。另一方面，经常是被说出来的事物并非现实，"哲学家只是在说实际发生的事情是不能被承认的"（SV, 223）。

　　由此，真话语之存在有着其他的必要性。福柯关于疯狂、疾病、犯罪和性的研究正是在考察这些其他必要性时，提出了一个问题："真理游戏是如何参与到现实实践之中的？"（SV, 225）正是为了回答这个问题，才出现了主体性的历史。对于福柯来说，在现实与真理间做出天真的解释或绝对命令的要求，都是"绝对无以为继和不充分的"（SV, 225）。对福柯来说，现实、真话语或真理，各自都有自身的独立存在，"现实从不考虑真理游戏的现实"。同样，真话语也并不总是依据现实而被陈述，尤其当需要让一个尚未存在的秩序存在之时。那么，真话语、真理、规则规定或行为法则的其他必要性到底是什么呢？在回答这个必要性的问题之前，首先需要澄清真话语之所在。

　　让我们来考察关于希腊化罗马时期婚姻之性在现实与真理间的两个一致性。

　　首先，帝国时代性行为的实践与良好性行为的哲学规定之间的一致性。不可能将前者看作后者的结果，因为一方面，"哲学家给出的生活建议只能……被一个很小的社会群体，即文化精英所理解和追随"（SV, 234），而按照历史学家的记载，这个时期民间结婚的人数众多，多为农民。另一方面的原因是一个编年事实：婚姻规范大约产生于公元 1—2 世纪，而关于婚姻的实践从公元前 2 世纪就已经开始了。

其次，尽管似乎存在着某种穿越几个世纪的"法则性框架"，但这个"框架"并非毫无改变。用福柯的话来说，这个框架是带着"武器和行李"（SV, 232）穿越诸多世纪的，也就是说，带着"伴随话语"和"多余话语"（SV, 235）。正由于这些"伴随话语"和"多余话语"假装表征现实，但总是添油加醋，在整个"多余"操作之后仍然以符合现实的真理之名进行陈述，所以才让人以为现实与真理是一致的，以为真话语"以法则化的形式重构现实实践，给予似乎在行为层面已经获得之物以真相的表达"（SV, 235），以为这样的真话语一点一点构成了一个"法则性框架"。不过，由于这其中有跨越数个世纪的累积过程，并不容易看到，多余话语实际上在勾勒、环绕和添补这个"法则性框架"。这个过程可以在色诺芬、柏拉图、普鲁塔克、穆索尼乌斯·鲁弗斯、斯多葛学派、克莱蒙·亚历山大里亚和圣奥古斯丁那里的发展变化得到说明。

由此，让现实经验与真话语所陈述真理之间相一致的方式就会导致问题。这并不是如何让它们一致的问题，因为"如何让它们一致"这样的问题只能通过对"表征性复制"（SV, 235）的预设才会产生。关于现实与真理关系最天真或最正派的假定以为：哲学家（"生活大师"）只是在"教授、记录"现实过程，而并没有在制造他们的真理话语。例如，根据克劳德·瓦丹（Claude

Vatin）的研究，柏拉图的婚姻模式（女人和孩子的共同体）只是一个死去的模式，因为没有任何与之相应的现实。相反，按照历史学家的研究，斯多葛学派关于夫妻之性的模式与"帝国现实"非常相符，理由是"它只是在遵循这个现实"（SV, 236）。但只有在这些言论都是"文献工具"（SV, 237）的前提下，这些结论才是可信的；只有在这个严格可信的条件（预设）下，历史学家的话语和哲学家的话语才能相互佐证。这就像古典时期的预设，话语表征现实的可信性尚未经审查。

2. 话语自身的存在

在此，存在一个问题：现实与真理为什么相符或应该相符？为了回答这个问题，福柯提出了另一个现代的类似于康德的问题："我们不再问哲学话语……所能承载的是什么现实……而是问这个话语是由什么现实组成的。"（SV, 237）古典时期的方式就是认为：在话语或文献背后必然有一个融贯的现实，问题只是去找到这个融贯性。现代的方式则是：质疑话语的存在本身，"如果我们追问话语自身的存在，不是在其文献功能而是在其作为纪念碑（在其存在的事实之中，在其实际上被宣告出来的事实之中）的存在中追问这种存在"（SV, 237），当然，是因某些认知主体而存在和被宣告。

作为纪念碑或历史事件而存在的"真理"的现实，首先是被宣告话语的存在。正如康德所强调，我们先不管其所言之中的现实或事物本身是怎样的，唯一真实的事情是这个被当作真理并发挥着"表征现实"功能而宣告出来的话语的存在。现在就只需要去发现这个唯一真实的事物：真话语自身的存在。

如果真话语是与"伴随话语""多余话语"及其假设（"话语

的功能是表征现实"）（SV, 237）一起累积起来的，那么考察其自身存在的首要条件，就是去除其假设。

（1）第一个假设就是"逻辑闪避（esquive logiciste）……在于让核实标准成为存在解释"（SV, 238）。也就是说，为了让话语成真而修改事物、转化现实并建立适应真话语的世界。由此，尽管事物的确如真话语所言，但真话语自身的存在并不是来自这些已经适应的事物。但为什么依据话语而改变事物？因为话语以真理之名被陈述，这种话语是与"逻辑闪避"的假设一起产生的，这种话语是作为世界原则而诞生的。正如福柯在《词与物》中所表明的，话语自身的存在也是一种事物，在这点上，我们会问：为什么在一般事物之外还有话语这样的独特事物？"为什么在存在现实之外还存在真？"（SV, 240）福柯称之为"认识论惊奇"（SV, 240），也许是对海德格尔"存在论惊奇"（为什么"存在"存在，而"无"却不存在？）的一个回响。

那么，这个独特事物是什么？它是话语的额外之物，实际上存在于所有其他事物之间，但"来到现实表面发挥作用，来到现实内部发挥作用，直至来到现实深处发挥作用"（SV, 240）。而且，它不是依据其所表征的事物本身的逻辑发挥作用，而是依据自身的语言逻辑、认知主体和我思之人。这里并不涉及"命题之真"，无论如何，命题之真与现实毫无关系。这里涉及的是"真假游戏""判真游戏"，一个以"真理"之名判断现实的话语游戏，它能够且应该转变现实、转化现实，简言之，以真假演绎现实。正是这个逻辑假设需要首先从真话语自身存在中消除出去。

（2）第二个假设是人们常常认为一个关于现实事物的话语、命名和命题，总是在作为交流方式上是有用的，在作为动作的节省上是高效的。但当我们考虑到这是以什么为代价，要付出何种经济的、政治的、社会的和人的代价时——"这需要直至严格意义上的牺牲和战争"（SV, 241），运行这个真假游戏和节省交流的游戏而得到的好处就变得微不足道、微乎其微和不值一提了。因此，需要消除话语有用性和经济性的这个第二个假设，不考虑话语的实用用法，回到话语的原初状态。

（3）第三个假设是科学性假设。人们坚持"真话语"的原因常常是其科学性。但在所有判真游戏中，科学只是其诸多可能性中的一个；而且，没有唯一的科学，科学判真游戏之本"也许不能在一个统一体中得到确定"（SV, 241）。因此，不可能在普遍可靠的意义上谈论科学，"更应该谈论的是所谓科学的不同真假游戏"，这些游戏的边界并非绝对清晰和持久。所以，也需要去除这种一般化的科学预设，真话语不是必然科学的，其科学性也并非是统一的。

3. 真话语的现实效果

通过去除这些附加的预设，事物与话语、现实与真理之间的原初和互逆联系就显现出来了。真话语／真理在现实中有其自身的效果，尽管现实本身从不会觉察到真话语。正是在这点上，我们可以发现一个"主体性与行为法则的关系，主体为自身与自身行为法则所建立的真理关系"（SV, 233）。因为真话语的现实效果从来都不是由事物本身产生的，而是通过主体自身的经验产生的，正如：依据良好性行为的规定所采取的节制制度的效果，以真理之名排斥非理性所产生的理性心理学的效果，关于疾病的真话语产生的健康效果，关于犯罪的真话语产生的良民效果，等等。主体经验是现实与真理的中介，是真话语转变为现实的工具。

在此基础上，我们可以考察真理／真话语除了反映现实之外，还可以与现实有何种其他类型的关系，真理／真话语有何其他必要性。

（1）因为否认或掩盖现实的需要，现实的真话语具有不反映现实的功能。在这种情况下，与"表征性复制"的情况相反，真相恰恰在真话语所不言之中，在其没有表征的事物之中。例如，高扬婚姻或对夫妻之性的规范完全不表征婚姻的现实实践，而只是一个掩盖现实的意识形态，而现实则是：城邦政治-经济结构的转移，过去等级制度的衰落，新君主政治的构造以及"婚姻生活作为仍然稳定的社会形式……正是来自……旧社会构造坍塌的效果"（SV, 243）。因此婚姻表现为意识形态的必须，闪避了"现实的本质、强大之处、激烈之处、策略要素和中心"（SV, 243）。在此意义上，真话语不是在承载实际的现实，而是转向带来现实的原因、起源或超现实。真话语并没有完全脱离呈现从话语到真理关系的功能，真话语总还是像"表征性复制"那样忠于其存在，只是以一种"相对于公正话语而言……堕落、异化和欺骗的"（SV, 244）方式存在。因此，这种真话语并未改变真假游戏，而只是"逻辑闪避"的颠倒版本：它假设"所言之真理应该最终考虑到话语之现实"（SV, 245），即没有认知主体的操作，没有人类力量，而只有现实与真理的深刻、原始和原初的统一体。这实际上是对"表征性复制"的一种加强。

（2）因为理性化的需要，用逻各斯的操作本身，通过转化现实，而对现实进行实际操作（SV, 245）。例如，根据将现实与多余话语联系起来的必要，斯多葛学派所言并不表征现实实践，也不隐藏或闪避社会或政治的现实转化，而是将之转化为"普遍的行为规则"，多样行为的"融贯系统"——"逻辑的、持久不灭的、不可分离的统一体"，"将地方性现象一般化，将分散的现象系统化，将倾向性的运动极端化"（SV, 246）。然而，正因这个强烈的必要性，福柯提出了他的问题：如果现实本身并不是按照理性运作的，尤其当涉及人类实践的时候，"为什么规定夫妻绝对忠诚比规定相对忠诚更为理性？"（SV, 246）"为什么将现实和实践理性化是理性的？"（SV, 247）如果人类现实本身不是理性的，那么对人类现实的理性化又是在做什么呢？人类现实并不必然蕴含逻各斯，因而理性化的要求并非多余话语、伴随话语、真理的必要性。那么这种理性化是谁的必要？

由这些分析、所有这些真理游戏、所有这些现实与真理的关系出发，"表征性复制""意识形态否认""系统性理性化"的必要性并不能解释为什么帝国时代的夫妻法则足够"有效""坚固"，可以穿越数世纪甚或千年。对福柯来说，在这个神秘的连续性背后的，是"判真体制"、真理的主体化，问题并不是在现实与真理的关系方面，而是在真理与主体的关系方面。

三、性的拆分与自我复制

福柯对帝国时期有关夫妻之性的真话语的有效性、稳定性和持续性的回答之所以重要，在于这个回答摆脱了现实与真理的相符问题。正如康德所为，福柯的这个举动专注于追问真话语本身的现实，以求最终找到真话语所陈述真理与主体性之间的关系。这个主体性当然不是陈述真理的认知主体内部的那个理智主体性，而是实际在真我到现实自我的过程中运行和转化的那个个体主体性。

　　为了解释这个在帝国时代自我与自我进行转化的主体性，还是回到希腊化罗马时期对古希腊的性的转变之中。我们已经说明在古希腊对性的领会中，存在着社会与性同构和积极性两个支配性的原则，而希腊化罗马时期对婚姻制度的法则化完全无视这两个原则。但显然希腊化罗马时期婚姻制度的有效性并不在于这些法则化，因为如果其改变停留在理论或意识形态的反思和宣告上，这些婚姻制度会与柏拉图的理想婚姻落得一样的下场。但历史告诉我们并非如此，相反，希腊化罗马时期的婚姻范式一直延续至今。为什么这个婚姻范式可以打破对希腊原则的推崇和法则化并存活下来？

　　这不是因为法则被削弱以适应希腊原则，相反，斯多葛学派其实将希腊原则极端化了，"从某些倾向走向一夫一妻制、夫妻忠诚、夫妻的某种平等，斯多葛学派造就了一个绝对严格的系统"（SV, 262）。也不是因为希腊原则被削弱了，"没有人比斯多葛学派——这些生活技艺的作者们更支持同构或积极性原则"（SV, 262）。这里的秘密其实在希腊化罗马时期的主体性之中，"主体性被理解为一系列个体归顺其中并自我执行的主体化过程"（SV, 287）；在希腊化罗马时期哲学家发展出来的"生活技艺"或"自我技术"之中。这些技术用于"规定主体自身转化的过程……让主体能够被法则萦绕、实践法则、接受法则并同时保留两个希腊原则的价值"（SV, 262）。

　　因此，让我们来考察主体自身的主体性如何在性的领域对主体进行转变。

1. 性的拆分

希腊化罗马时期在改变社会与性的同构原则上，建立了个体与自身之性的双重关系。在帝国时代对古希腊的性进行的双重法则化之中，性被约束在婚姻中的夫妻之中，相应地，其他社会关系则被"去性化"（désaphrodisées）（SV, 260）。这个双重调整的结果是人的生活被分为两个区域：一个区域是私人生活区域，即双人关系，致力于建构"完全混合、全部融合"、共生和共同体关系，性行为正是被安置在这个具有优先性和排斥性的区域；另一个区域是政治生活区域，即多人关系，所有社会或政治活动都安置在这个区域。由此，男性、丈夫、自由民或过去同时在社会和性的领域都占有支配地位的积极主体，"必须……与其男子气概……拥有两种不同类型的关系"（SV, 264）：在私人生活中，其男子气概显现为与妻子性行为的可能和义务，男人具有一种关系性的性，一种性的积极性，这是对古希腊积极性原则的保留，但只保留在私人生活之中；在公共生活之中，其男子气概、积极性、男性认同不能再像古希腊时期那样表现为性的积极性，而是转化为男子气概的空洞身份，一个积极性的无所指内容的能指名称，男人因而只有身份上的性（性别-身份），这是对社会与性同构原则的保留，但这个同构性分离和孤立了两个角色，通过区分含义，或更确切地说是将其内容碎片化，来保持男子气概的同一性。"这个分野是社会与性的连续性的条件……男人因而持有一个身份上的性和一个关系上的性"（SV, 265）。

对内在生活与外在生活的区分在色诺芬那里已经存在，但对于古希腊人来说，一方面，社会上的积极性与性上的积极性并不是分别在两个领域保持一致的，而是在社会与性的统一体中；另一方面，即使在这两个领域中是有优先性的区别，也是外部生活支配内部生活，后者只是前者的补充，因为古希腊的婚姻首先是要针对种族延续和城邦存续的。而对于希腊化罗马时期来说，同构原则被分化为两个领域，不仅如此，这个优先性关系也被颠倒了：内部生活（私人生活）不再是补充，相反，成为外部生活（公共生活）的条件。不过，这个颠覆并不削减公共生活的作用，公共生活继续像古希腊时期一样在私人生活中拥有其原本具有的形式和效果。由此，社会与性的同构原则保存下来，但只是以一种孤立和颠倒的方式保存下来，用福柯的话来说，就是"更甚似于一种分离……而不是对两个区域的链接"（SV, 264）。这就是其矛盾所在：一边分离一边链接，一边加强互逆关联一边进行分离。

2. 无选择的自我掌控

希腊化罗马时期在积极性原则上的改变，在于将古希腊的性中的一个要素作为掌控自我的对象。在掌控自我的方面，积极性原则得以保留，但存在着差异。

（1）这种积极性不再是在与他人的较量中，而是"在与他人的具有深刻不对称特征的掌控关系"中（SV, 268）体现出来的积极性。如果积极个体与消极个体之间相遇所形成的关系本身不再是无限的，那么也不会有他们之间的内在过度，更不存在主动掌控的必要。在这个意义上，古希腊的自我掌控不仅是存在于与他人的关系之中，而且这个关系还是不对称的。但对于希腊化罗马时期来说，并不是与他人的不对称关系决定着掌控自我的必要性，相反，掌控自我变成有权利掌控他人的条件。换言之，与自我的关系先于社会或政治关系。虽然古希腊掌控自我的模式并未被完全抛弃，但积极性与消极性的对立不是出现在不同个体之间，而是出现在被分为对立部分的同一个体之中。按照斯多葛学派的观点，个体之中积极的部分是作为身份的性（sexe-statut），这部分按照社会或政治需要对自我实施积极控制；个体之中消极的部分是作为积极性的性（sexe-activité），这部分按照夫妻关系的需要对自我的积极性进行控制。

（2）这种积极性不再基于内在自由的主体。当然，古希腊的积极性本质上也是自我掌控，但这种自我掌控是一种自由和自愿的体制，虽然是由外部约束（如健康或城邦）给出控制的界限、尺度和要求，但总是自我掌控的人决定需要掌控到什么程度，正因为他是自由和积极的自我掌控者，他才能实施掌控，并没有内在约束阻止他的自由。而古希腊正是为了尊重人的内在自由才只提出意愿的节制制度，而这个自我掌控从来不是消除性的证明。在苏格拉底与阿尔希比亚德的著名例子中，苏格拉底的自我掌控并不是他不再欲求阿尔希比亚德，而是他在可以欲求的情况下放弃这个性愉悦；正因为有欲望和愉悦，对可能引起欲望和愉悦的性行为的放弃才是一个勇敢的掌控，一个富有美德的行为。而对于斯多葛学派来说，自我掌控不是对性行为的掌控，而是对欲望的掌控，在于对欲望的根除，例如在爱比克泰德那里，"看到美女或漂亮的少年，都不会有任何欲望"。[①] 因此，积极性似乎保留下来，但作为能够自行决定和自行控制的主体性、意志和自由却被摧毁或取消。

3. 主体化技术：欲望概念的诞生

这一点被福柯称为"主体性历史的历史关键"（SV, 287），因为希腊化罗马时期的自我技术对主体实施的两个主体化过程彻底转变了古希腊作为社会与性之积极性的主体性。

---

① Épictète, *Entretiens*, III, 3, 14-19；参见 M. Foucault, *Subjectivité et vérité*, Cours au Collège de France. 1980-1981, Paris, Seuil/Gallimard, 2014, p. 271, note 15。

（1）将性主体化为自我与自我的关系。古希腊的性是一个包含着自然形式的性、猛烈欲望和强烈愉悦的统一体，是一种经常有溢出自身风险的动态和循环的积极性。在希腊化罗马时期，发明和建立了一种主体与自身之性的关系，并且这种关系被一分为二。自我与自我的关系所包含的事物并不清晰，但通过这个关系的发明、建立、分化和分配，曾经作为与他人关系的一系列行动，曾经在双人和社会关系中达成平衡的古希腊的性，被内在化于个体内部，成为"个体自身的一个方面和维度"，成为"主体性的一个永恒维度"（SV, 288），一种自我与自我的关系。

（2）将内在化的性客体化为欲望。由于性已经被定义为主体的内在关系，过去由于自然过度而产生的内在威胁因而转化为主体的内在问题。但何种主体的内在性能够承载这个强烈、猛烈和不可抵挡的活力呢？这需要在自我内部发明、寻找、对象化或认识到某个孤立因素，可以成为"作为控制和观察对象的性活动的来源甚至根源"（SV, 289）。这个孤立要素既可以适应"性-积极性"（作为积极性的性）与"性-身份"（作为身份的性）的新分野，又可以在某种程度上保留古希腊的性概念。这个被孤立的积极性，这个被抽离的要素，这个性活动的起点，这个可以"客观化"的点，正是"欲望"。"这个欲望不停地促使：作为性活动主体的自我，被引诱、引导、带到这一境地，即让我的性活动侵入我赋有性的个体身份"（SV, 290）。希腊化罗马时期因而从古希腊的性中诸多不可分离的要素中借取其中一个要素，构造了这个"欲望"概念，并将古希腊的性中积极性、强烈性、猛烈性和过度性的特征全部归诸"欲望"。这个"欲望"概念现在扮演希腊化罗马时期的性的基础和锚点角色，扮演原本毫无内容的"自我与自我关系"，并成为现在需要控制、掌控和认知的对象。

4.新系统的诞生语境

不应遗忘古希腊的欲望概念是"我的灵魂的一般恳求，相对于这个恳求，我是消极的"，[①] 如果古希腊人关于欲望的这种内在性在希腊化罗马时代还拥有某种积极性，那也不是古希腊的那种原始的积极性，而是具有借用时有意误用的特征。为什么希腊化罗马时期需要一个内在于主体的概念，而这个主体虽然赋有积极性，这个积极性却不能完全赋予主体呢？为什么要组织一个伴有"自我技术"的法则化？为什么不放弃古希腊的两条原则，但在婚姻的法则化中又无视这两条原则？这不再是相对于实践现实所宣称的真理的有效性问题，其起点、动机和过程要比真理与现实的简单融贯性复杂得多。

这里需要考虑希腊化罗马时期诞生关于良好性行为的"生活技艺"与"自我技术"的语境。首先，根据历史学家的记述，帝国时代婚姻生活的模式不是来自希腊化罗马时期的哲学家，也不存在于那些大家族中，而是在穷苦阶层的实践中，"这并不是一种精心考虑的模式……相反，这是一种从乡村到城市……从低到高的向心模式"（SV, 275）。其次，这些哲学教海从来不是针对更广泛的人口，而更是针对"懂得读写的精英阶层，城市精英，经济和政治精英"（SV, 276）。婚姻法则正是针对这个传统贵族阶层。这解释了为什么良好的性行为同时符合新的婚姻法则和旧的性价值。因为正是在这个过去的贵族阶层，两个代表不同时期

[①] Platon, *La République*, IV, 439d; VIII, 558d–559c; *Phèdre*, 237d-238c ; 参见 M. Foucault, *Subjectivité et vérité*, Cours au Collège de France. 1980–1981, Paris, Seuil/Gallimard, 2014, p. 296, note 22。

政治的不相容事物联合起来，正是这个阶层代表了"小集团、家庭、小集团首领和家庭首领之间"永恒的敌对性。① 这种敌对性就表现在古希腊的传统原则与帝国时代的新系统之间的矛盾，而帝国时代新系统的诞生既有新君主的要素，又有因战争而得以从下等阶层走向官僚体制新组织的人员因素。

由此，过去服务于家庭经济、家族斗争和城邦存续的婚姻不再有意义，过去贵族的高贵自由再无安身之所。因此，应该聆听承载着对立价值和法则的哲学话语，为了在这个充满冲突的世界存活，这些话语提出转化和自我转变的技术；由于外部现实如此强大和难以抵抗，人们对外部世界（帝国时代的政治和经济）无计可施，只能创造转换自我/内在自我的"真理"。所以，内在性、自我或主体性得以定义、产生和繁衍，最终反过来入侵现实世界，不仅是自我的现实世界，也包括他人的现实世界。所有这些都是由欲望完成的，用福柯的术语表述就是"历史性的先验"（transcendantal historique）。所有这些历史人物、精神劳作都汇聚在这个欲望概念上，不是被压抑的欲望，而是被发明和构造的欲望。

---

① P. Veyne, « La famille et l'amour sous le Haut-Empire romain » ; 参见 M. Foucault, *Subjectivité et vérité*, Cours au Collège de France. 1980–1981, Paris, Seuil/Gallimard, 2014, p. 276。

第二章

讲真话与治理技术——与权力的关系

导　言　《俄狄浦斯王》与《伊昂》中的讲真话

前一章关于古希腊的性解释了"话语所言或欲为"，这些话语向自由个体、积极主体强加真理，并以真理之名操纵、支配和统治主体，质疑古希腊的积极性、自由和主体性。从本章开始，我们将处理"话语之曾是，或认为其曾是"（SV, 252）。这里讨论的话语当然是真话语或真理话语，那些向我们指出应该做这个、不应该做那个的话语，指出这些是"真""幸福"和"允许"的，指出那些是"假""不幸"和"禁止"的。不过，这些真理话语原本并非具有规则、法则、理论或规定系统的形式，而真理甚至不具有人类主体话语的形式。

福柯在1980年的法兰西公学院讲座《对活者的治理》中探讨了索福克勒斯的古希腊悲剧《俄狄浦斯王》，其中就有"两种真理模式、两种核实模式、两种讲真话的模式"（GV, 47）。福柯称之为两种产生真理的活动（alèthurgie）①类型：神的启示和人的判断。预言家特伊西亚斯（Tirésias）进入真相／真理的方式就是投入到自我的内在，思考、反省，"以便从中找到与之本性相同的（connaturel）真理"（GV, 54），这代表的是柏拉图的方式；克瑞翁（Créon）进入真相／真理的方式则是用度量，通过真相之间的关联认知和对真理的尊重，这代表的是亚里士多德的方式。在福柯看来，这二者都属于神示式的产生真理的活动，"为了呈现为对真理的陈述、表达和显现，讲真话让自己拥有一种权力，这种权力总是先于言说者，或无论如何外在于言说者"（GV, 48）。

不过，俄狄浦斯进入真相／真理的方式则截然不同，他开创了一种判断式的产生真理的活动，这种方式只依据"我"能够说出的真理：我说的是真理因为我看到了这个真相。因此，第一个判断式的真理制造并不是在柏拉图或亚里士多德那里出现的，而是在俄狄浦斯那里出现的，在其至高无上的技艺之中：这种技艺既不是在柏拉图的意义上，即在自身的思想中看到对逻各斯的回忆，也不是在亚里士多德的意义上，即尊重外部关联，而是围绕自我构造来进行产生真理的活动。俄狄浦斯自行-产生真理活动的技术指的是一种通过自身去发现的艺术（GV, 54），通过自身的决定知道如何去做，是一种指导自身和他人灵魂的艺术。这个判断式的产生真理的活动，即通过自身的判断显现真相，类似于笛卡尔的方式，但显然两者之间还需要一条漫长的道路。

---

① 该概念由福柯创造，基于希腊词"真理"（alêtheia）和"行动／创制"（ergon）构成。参见 M. Foucault, *Courage de la vérité*, Paris, Seuil/Gallimard, 2009, p. 20, note 3。

但无论如何，这个古希腊时期判断式的产生真理的活动并不是一个可以适用于所有人的方式，尤其不适用于平庸之人。首先，俄狄浦斯之所以可以通过自己来寻找真相，"我同意某个真相因为我看到了，我见证了"，这个进入真理方法的根据在于：俄狄浦斯是国王，他的臣民相信他的个人见证，他所询问的奴隶因为服从国王的威力，只会对他说真话。其次，寻找真理的必要不是闲暇时的好奇，而是为了拯救城邦和捍卫他的权力，而这必须通过找到瘟疫的原因来实现。最后，揭示真相之后，俄狄浦斯采取的解决办法——自瞎双眼，也说明了俄狄浦斯的个人力量，并不是别人或法律惩罚他变盲，而是他自我惩罚。因而，真理与权力／力量是一个不可分离的统一体，这个统一体"在主体性形式中以一种绝对不可缺少的方式"（GV, 73）显现和运行。

1983 年福柯在《对自我和对他者的治理》中也有一个类似的研究，他在欧里庇得斯的《伊昂》中也发现了两种判真类型（GSA, 140-141）：一种是神的类型，如犯了错但因为耻辱而不肯承认的阿波罗，以及宣告预言的雅典娜；另一种是人的类型，如克勒兹指责权贵不公正并向亲信承认自己的错误。正如福柯所言，这两个悲剧都有同一个"俄狄浦斯式模版"（GSA, 105），但在《俄狄浦斯王》中，人所找到的真相会剥夺权力，在《伊昂》中则相反，人所找到的真相会赋予权力。因为在《俄狄浦斯王》中，展开调查的是俄狄浦斯本人；而在《伊昂》中，是克勒兹的诅咒和坦白揭示了真相。因而这里会产生一个问题：人为什么不聆听诸神的神示，而要通过人自身的调查或发声寻找和说出真相？

1. 在神示方面，对于俄狄浦斯和对于伊昂都是一样，神示提供的只是谜之符号，神示也无需向人说出一切，这不足以揭示真相。福柯引用了杜梅泽对阿波罗一则颂歌的研究（GSA, 113），提洛岛的阿波罗首先是"用神示显露宙斯意志"者（GSA, 114）。不过，这个神示功能不能单独发生作用，必须伴随里拉 / 诗才（lyre①），"神用神示讲出真，而人用歌唱感谢诸神"（GSA, 114）。用杜梅泽的话来说，这就是通过"歌唱和神示的配合"完成"魔法-政治的功能"。其次，阿波罗还是授精之神，但不是大地上的自然繁殖力，阿波罗的这个功能只显现在"黄金交易或黄金供给中"（GSA, 115）。由此，德尔斐的阿波罗有神示和多产的功能，这是古希腊和平时期的两个主要功能，但要发挥这两个功能并非无条件，也不是绝对的义务。

欧里庇得斯正是利用这点构造了《伊昂》中这两个功能的交锋。就像性-身份与性-积极性问题的预兆甚或表征，性-身份与性-积极性问题其实已经出现在"底层"民众之中，也就是出现在悲剧的主要读者之中。而欧里庇得斯这个交锋的部署就像对"神示"（神讲真话）条件的一个追问。一方面，具有神示功能的阿波罗是说出真相者，在这个"社会和政治"的领域，阿波罗只是一个性-身份的主体；另一方面，具有多产功能的阿波罗②引诱女性并生育孩子，他又是性-积极性的主体。在《伊昂》中，作为神示之神做了多产之事，这是可耻的，这也妨碍了阿波罗说出真相，让真理之声（Voix）沉默。在克勒兹的质问中，用来说出

---

① lyre，原义为古希腊竖琴。

② 根据杜梅泽的研究，阿波罗"更是少年之爱的神，而非男女之爱的神"，因此阿波罗的丰产功能要弱于其神示功能。参见 M. Foucault, *Le gouvernement de soi et des autres*, Cours au Collège de France. 1982–1983, Paris, Seuil/Gallimard, 2008, p. 115。

阿波罗"发布神示"（GSA, 115）所用的希腊词都并非中性词，而是"抽签"（klêroô），"神示从神那里脱口而出，我们甚至都不知道到底是从哪里来的"（GSA, 119）。伯罗奔尼撒战争休战期间的悲剧剧本，就像是在对通过神示获得真理之道路的否定和取消，这个悲剧剧本因此准备着和预言着产生真理活动之人、寻求真理之人、通过自身显现真理之人的出现。

2. 在人的方面，涉及人类权力的正义和证成。即使神没有按照其所应该的那样说出真相，即使神用诗意灵感的形式发布真理，这并不妨碍克苏托斯这样的忠实信徒将神示当真。但为什么像伊昂和克勒兹这样寻求和说出真相的人会出现在古希腊时期？伊昂和克勒兹的共同点是他们都属于弱者。克勒兹相对于阿波罗是弱者，阿波罗引诱克勒兹，让她生了孩子并抛弃她；克勒兹失去了自己的孩子，被阿波罗的神示强迫接受丈夫带来的身份不明的孩子，一个将会分享家庭主权、继承丈夫权力的陌生人。伊昂是"弱者"，或更确切地说是无能。因为如果伊昂只是一个闯入的私生子，就像克苏托斯甚至都不是雅典人，那么，在雅典这样一个只赋予雅典人公民权的城邦，他就"不是任何人的儿子：什么都不是"（GSA, 93），没有"居于上等"的权利，也就是不能跻身同时负责逻各斯和城邦的强者之列。用欧里庇得斯的话来说就是"没法活"（abiôton hêmin）（GSA, 97）。正是强者所为的这个不正义之事，正是这个在政治领域什么也做不了的弱主体身份抑制着他。因而他"只能显现为渴望和愤怒……总是憎恨强者"（GSA, 94）。正是这些抑制让在不正义权威之下的弱者需要反抗前者，而这种反抗不能依赖强者本身的神示。

正因如此，克勒兹用一种仪式化的言说行为（如同印度的绝食、日本的自杀）宣告阿波罗的不正义，因为对于遭受不义的弱者，唯一的"斗争"资源就是"自我"，自己的身体、生命或言说。在自身言说的行为和言辞性的仪式中，"弱者不顾其势单力薄，冒险谴责强者所为不正义之事，这种话语确切地说被称作讲真话（parrêsià）"（GSA, 124）。不过，克勒兹指向阿波罗（弱者向强者）的第一个真相话语，是在充满敌意的情绪和绝望中宣告的，而这在欧里庇得斯和任何古代作者那里都并不呈现为讲真话。同样，克勒兹朝向她的老师的第二个真相话语，表现为为了从自身的过错中摆脱出来寻求帮助，而坦白自身的过错，也没有被古代作者视作讲真话。欧里庇得斯唯一用到讲真话一词的地方是保留给雅典公民的权利，伊昂正是为了这个权利而坚持要寻找其出身的真相，"以便从我的母亲那里获得自由言说的权利"[1]。这是一种从母亲（克勒兹，雅典人的后裔）那里继承的民主权利，而不是从父亲（克苏托斯，宙斯的后裔）那里继承的暴君权力。这是一种在城邦中行使的直言不讳的政治权利，一种用理性话语治理人的权力。

然而，在奥克西林库斯（Oxyrhynque）的一个希腊化时期的纸莎草纸文稿中，弱者在遭遇不正义之时，应该向"其必须害怕和尊敬的人"说出"转移的讲真话"（meta parrêsias），[2] 这正是克勒兹的诅咒性判真，现在变成了讲真话，但与雅典的讲真话有所不同，福柯称之为"裁断式讲真话"（parrêsia judiciaire）

---

① Euripide, *Ion*, Vers 669–675；参见 M. Foucault, *Le gouvernement de soi et des autres*, Cours au Collège de France. 1982–1983, Paris, Seuil/Gallimard, 2008, p. 97。

② *Rhétorique à Herennius*；参见 M. Foucault, *Le gouvernement de soi et des autres*, Cours au Collège de France. 1982–1983, Paris, Seuil/Gallimard, 2008, p. 36, note 4–6。

（GSA，142）。更晚一些时候，向值得信赖之人的坦白也成为讲真话，福柯称之为"道德式讲真话"（parrêsia morale）。而欧里庇得斯的讲真话，即作为雅典公民权利的讲真话，福柯称之为"政治式讲真话"（parrêsia politique）。尽管我们可以根据这些讲真话彼此的一些特定要素区分它们，但实际上它们在现实实践中远没有得到澄清或区分，尤其当哲学家的理论和实践在时间之河和历史事件中不断转化这些讲真话。

第一节　伯里克利式的讲真话：政治主体（行为判真）

一、政治式讲真话

伊昂或公元前 5 世纪下半叶的作者所欲求或梦想的讲真话并不是裁断式讲真话，也不是道德式讲真话，即使后两者是被实际实践的，但它们甚至得不到命名。相反，晚期希腊人所向往的是政治式讲真话，他们将之定义为真正的真理话语，即在政治场域表明真相的自由言说。不过，这个政治式讲真话伴随着另一个孪生概念，"言说平等 / 言说的平等权利"（isêgoria）。[1] 根据波利比乌斯（Polybe）的记载，讲真话和"言说平等 / 言说的平等权利"是古希腊民主的一般特征，它们共同执行着民主功能。然而，"言说平等 / 言说的平等权利"虽然是一个民主范围内的概念，但这个概念不能脱离对平等的形式建构。这个概念在于在公

---

[1] Polybe (208-126 AV. J.-C.), *Histoires*, livre II ；参见 M. Foucault, *Le gouvernement de soi et des autres*, Cours au Collège de France. 1982-1983, Paris, Seuil/ Gallimard, 2008, p. 137。

共决策或选举领袖的时候，赋予每个人在法庭的讨论或辩论中言说的权利。但伊昂所欲求的不是"言说平等／言说的平等权利"，而是讲真话，也就是说古希腊人梦想的不仅仅是言说的平等权利，而是在这个平等之外，讲真话中有着其他不能简单化约为言说平等的事物。那么伊昂如此需要的政治式讲真话到底包含什么呢？

1. 民主既基于讲真话，又是讲真话的基础，"民主与讲真话之间有某种循环"（GSA, 142）。伊昂是创建雅典民主的重要人物，他将雅典分成四个部落，让雅典居民可以自由言说并选择他们的领袖，正是伊昂建立的民主使政治式讲真话成为可能。在这个意义上，伊昂欲求的是一个尚未存在的事物，只存在于其"命运"之中，在其想象之中。这是一个他想要在雅典建立的事物，不是无论怎么建立都行，而是要通过讲真话。例如，在欧里庇得斯的《伊昂》中，伊昂之所以能进入雅典并最终实施雅典的民主建制，是通过克勒兹指向阿波罗和对其老师的讲真话，更确切地说，是通过裁断式讲真话和道德式讲真话。

由此，在这个民主与讲真话的表面循环中，讲真话作为民主的"源点"和"锚点"，也是民主中政治式讲真话的"源点"和"锚点"。它本身并不是政治式讲真话，而是裁断式讲真话和道德式讲真话，也就是说，讲真话的现实实践尚未被古希腊人命名或赞赏。伊昂如此需要政治式讲真话也许是有一个深刻的原因：不仅因为这是一个政治权利，一个他认为最好的权利，还因为讲真话的现实实践（裁断式和道德式）不足以实施正义或治理民众。要达到这个目的，需要在这些初步的和自发的实践中加入民主的形式构建和真话语的规则；甚至，需要转化裁断和道德式讲真话。前者由伊昂完成，并由伯里克利实现；后者由古希腊哲学家完成，由希腊化罗马时期的生活大师实现。

2. "优势（ascendant）或优越性（supériorité）游戏"（GSA, 157）。对伊昂来说，或更是对欧里庇得斯来说，甚或对欧里庇得斯的同时代公民来说，力量／权威／执行力／权力的实施（dumamis）（GSA, 143）分为三个阶层（GSA, 94-95, 143）。第一阶层是无能的大众，既无财富亦无智慧来服务城邦；第二阶层是悠闲的精英，生来富有，有时因受教育而具有智慧，但不操心政治或公共事务，他们在闲暇和无忧无虑的安宁生活中嘲笑各种政治实践；第三阶层是强有力的政治家，他们同时操纵政治（polis，负责城邦事务）和言论（logos，"也就是说他们不沉默，他们会言说"）（GSA, 95）。因此，政治式讲真话不属于无能的大众，因为他们没有财富和智慧可以贡献给公共事务，即使给予他们政治式讲真话的权利，他们的言说也没有任何政治优势，而只能显露"渴望和愤怒"（GSA, 94），对强者的仇恨或对权威的嫉妒。同样，政治式讲真话也不能由闲散的精英或智者承担，因为他们并不关心公共事务，他们已经非常满足于他们现成的安宁。

因此只有强有力的政治家阶层可以成为政治式讲真话的主体，换言之，要成为政治式讲真话的主体，必须有能力"在他人面前、在他人之上发言，使自己被听到，劝服他人，指挥他人，统帅他人"（GSA, 157）。在这个意义上，如果民主的建构是为了让政治式讲真话成为可能甚或合法，那么这个讲真话本质上就是建立于某些人的优越性之上，即有权力之人，政治权力（dunasteia）。也就是说，民主中平等的建立实际上只是用于显露优越性，有利于有优势者，换言之，就是服务于不平等。也许正是由于这个原因，贵族制可以完美地与古希腊民主整合，甚至独裁、暴君都可以与民主共有某些因素，比如这里的政治式讲真话。政治式讲真话本质上是一种有优势者的权力，一种事实上的优越性，一种不可抗拒的不平等性。

3. 因此，如果让有优势者用言说发挥作用，换言之，如果玩政治游戏，那么言说的竞争性活力就是必不可少的。这必然向言说者引入风险或向接受言说者引入危险，因为一方面，以言说的优越性（只是潜在的力量）言说的讲真话主体如果相对于接受言说者的威力并无实际的力量，后者的事实权力将藐视前者的潜在权力，因为现实的权力胜过一切；另一方面，如果政治式讲真话引发反抗或实际力量的转化，那么接受言说者就会处于危险之中。

政治式讲真话以这种方式要求不惜一切代价比试动态优越性的勇气和能力。在公共事务方面，展示各自优越性的平等机会就是找到最佳抉择的最佳方式。对什么的最佳抉择？不是对人或权威主体，而是对其力量、治理权力的最佳抉择，即最佳治理术，为城邦和领导他人的最佳治理实践。由此，很容易认识到这就像古老的贵族政治：贤人统治。在个人事务方面，在希望获得事实上更大优越性的个体之间，这种竞争性活力不可避免地激发无尽的野心、对抗、竞争、冲突和争斗。例如，出身良好的年轻政治家很容易获得政治式讲真话的权利，随后通过政治式讲真话的潜在力量，较弱者获得了更多的实际优越性，从而成为最强者。优越性本身，不管是实际的还是潜在的，也可能与某些帝王相关联，但帝王没有竞争者，其优越性没有对抗，因而成为绝对优越性。由此，通过政治式讲真话让诸优越性进行比试，就永远不会出现绝对优越性，换言之，在政治游戏中，在政治式讲真话中，只有相对的优越性。

二、绝对真理与述行陈述

这也是为什么政治式讲真话会声称"行使其权力和优势的逻各斯、在城邦实施其优势者所秉持的逻各斯是真理话语"（GSA，157）。不过，有两种掌握真理话语的方式需要区别于政治式讲真话：

第一种，绝对真理。对于我们现代思想来说，可以想象的是：当需要用言说提出将潜在优势（政治式讲真话）实现为现实优越性，为了保证言说的潜在优势，为了减少现实中的失败，因此需要这个言说（logos）必须是真理话语，也就是说，其所表明的事物必须是无可争议、不可克服和全能的。换言之，就是通过相对优越性的争斗，实际上要求一种绝对优越性。但对于古希腊人来说，绝对优越性不需要讲真话，"在古希腊文学中，诸神从来不需要讲真话"（GSA，141）。也就是说，如果某种优越性是绝对的，那肯定也是现实的和无所不在的，那就完全不需要变成逻各斯，变成言说，变成真话语，变成讲真话，"讲真话是一个人类实践"（GSA，141）。诸神/强者不需要言说，反过来，正是人类/弱者/不完美者，通过潜在的言说让自己完美，以便让他人（比其所言要更弱的人）相信其所言为真。关于这个逻各斯、政治式讲真话的绝对优越性，古希腊人比我们理解的更深刻。因为好的政治式讲真话并不在于将自己等同于绝对真理，否则，根本无需进行优越性的竞争，无需倾尽全力去争取权力；否则，也不会有政治游戏，没有民主建制的必要性，没有讲真话（去说已经和总是现实的真相）的必要。

第二种，对于天真的人来说，也很容易盲目地把政治话语当作"述行陈述"（énoncé performatif），[①]也就是当政治主体这样说的时候：对于将之当作述行话语的人来说，其所言也是其所为，也是真相和现实；接受言说者已经被放在被构造和被安排的位置上，这样的构造和安排就是为了让话语无论如何都被理解为行为，这样的构造和安排就是为了让话语的效果被提前预设、规定和编码，使这些效果无论如何都是行动的效果。就像在一个忽略偶然效果并封闭于中立条件的证明道路之中，只有被决定和已经决定的效果，在这个意义上，话语说的是真理。那么，政治式讲真话并非述行陈述有三个原因：

首先，述行陈述并不是讲真话，因为在讲真话中，没有任何预设的条件可以避免引发不确定的效果或风险，封闭、确定和毫无意外的论证不是讲真话。在述行话语引起被编码效果或机制性事件的地方，讲真话打开开放的或然性和多样的可能性。

其次，述行陈述之所以可以引入一个真相或一个事实，原因在于言说主体的先决身份。主体身份与其述行言说的关系不是个人关系，而是有条件的且往往是体制性的。例如，只有基督教体制内的特定人员才能在给人洗礼的时候说"我为你洗礼"，但重要的也只是这个身份，因为"说着'我为你洗礼'、做着洗礼动作的基督徒，是信仰上帝还是信仰魔鬼并不重要"（GSA，61）。至于讲真话，则在两个层面引入真相：一个是话语层面，另一个是行为的层面，这个行为是对"所言之真"的肯定，"我说的是

---

① 参见 J. L. Austin, *How to do Things with Words*, 1962; J. Searl, *Speech Acts: An Essay in the Philosophy of Language*, 1969 ; M. Foucault, *Le gouvernement de soi et des autres*, Cours au Collège de France. 1982–1983, Paris, Seuil/Gallimard, 2008, p. 59。

真的，而且我的确认为是真的，我认为我在这么说的时候我说的
是真的"（GSA, 62）。

正是在这个行为层面，笛卡尔在我思的行为中引入了"我
在"。这是一个真-话语，不是因为笛卡尔做了一个好的论证，而
是因为他在自己方面做了一个肯定，肯定这个同时在思考、宣告
和肯定的主体。而"我在"这样的真相并不依赖于话语（更不依
赖于其内容），甚至与这个在思考、怀疑和说"我思故我在"的
主体也毫无关系。笛卡尔让所有读者去做这个对事实进行肯定的
言词肯定过程，他让读者去经历一个"说-真话的盛大仪式。在
这里，主体让其所思进入其所言，在对其所言的陈述活动中证实
其所思的真相"（GSA, 62），就好像一个二次肯定（对实现的言
词肯定）可以消除那个同是在思想层面的怀疑。消除怀疑的这个
功能，或更确切地说，这种有效性是凭借一个双重协定完成的，
福柯称之为"主体与自己的讲真话协定（pacte parrêsiastique）"
（GSA, 62）。这个主体协定既是针对"陈述内容"——我肯定
我相信（我思）的真相，我体验到（我在），也是针对"陈述行
为"——我（"我在"）与陈述活动（行为）相连，思考（怀疑
或我思）也与陈述活动（行为）相连：这两个连接同时存在于陈
述活动中，"我在"与我思因此就在真-话语中并置，在笛卡尔以
及所有笛卡尔读者的讲真话中并置。

最后，讲真话并非述行的第三个原因，说-真话向所有风险
或所有可能效果保持开放和未决，从来不会像外部义务、强制力
量那样强加，个体并不会像被强制安排在某个政治处境中，在某
种特定力量的压力下，注定扮演某个特定角色。在所有这些之
外，"诚言者（le parrèsiaste）是利用自身言说个体之自由的人"

（GSA, 63）。诚言者做出真陈述，不是因为处于如此这样说的"权利和义务"立场，不是因为要引入已经如此设计好的效果，而是因为可以自由言说——只有在这种言说自由之中，才可能存在主体自身与陈述和陈述活动的双重协定，正是言说主体自身在思考、在相信、在宣告并对其讲真话负责。这不是因为其"社会身份、主体体制"才必须说出其并不相信的自我"安乐"，而是通过参与的勇气才会自由地说出其相信对自身好的真相。

三、好的讲真话

因此，民主政治在话语中所使用的真理从来都不是绝对真理，也不是设计好的真理，其优越性从来不是由言说的某种潜在威力或言说主体的政治身份所保障。相反，对于民主政治来说，政治游戏是通过讲真话的良好运行在民主建制和竞争性优越性之间完成最佳调节的。伯里克利的例子可以很好地说明这一点，伯里克利式的民主曾经是古希腊好的民主的典范（GSA, 158）。

1. "政制（politeia）顶点"（GSA, 159），即民主建制。在修昔底德的《伯罗奔尼撒战争》中，涉及重大公共事务，比如战争，"雅典人就会召开议会并能够表达意见"（GSA, 159）。参加这样的集会，每个人都可以自由发言，这是一种构造性的平等，以便比试每个人的优越性，这是一种贵族权力的展示，也是绝对权力和全能真理的缺席。

2. "优势顶点"。在是否采取走向战争的决定时候，伯里克利来到议会发挥其优势作用。但其优势何在？修昔底德说，伯里克利是雅典最有影响力的人。为什么伯里克利最有影响力？为什么他在特定事件中说或做什么之前，他已经拥有影响力、威望、使

之在他人之上的潜在权力？因为伯里克利的人品"无人匹敌"，[①]
他具有超出其他雅典人的优越品质，具有在行动前善于说服的品质，无论如何，他能够通过对过去经验的记忆、通过对品质和经验持续性的假设做到这一点。正是这种"个人贤能（mérite）将保障某些人的优势"（GSA, 161），保障民主运行的是相对优势，而不是绝对优势。

3."真话顶点"（GSA, 160）。尽管这里涉及真话语，涉及对真相的一个言说，但并不是针对普遍和绝对真理，这并不是大写的逻各斯（Logos），而只是一个话语（logos）。这个话语针对的是"政治理性……一种在某种程度上为自身而要求的话语，一种自身与之同一的话语……一种以个人整个政治生涯之名而信守的话语……"（GSA, 160）。这是自身思想的真理，它之所以为真，是因为言说者整个一生都相信、执行、实现这个话语。这是一种由主体的人格品质和行动所保障的真理，无论如何，其保障是一种人类的相对性。

4."风险顶点"（GSA, 162）。正因为不是绝对真理，所以需要政制的民主建构作为"讲真话协议"（GSA, 161）：在失败的情况下，一致同意的行动不会招致对讲真话者的个人损害。伯里克利提出这一点的理由很简单：如果想要共同受益于讲真话的成功，那也应该共同承担讲真话失败的可能；如果提出可以说服所有人追随的决定，那么所有人就像共享利益一样，也应该分担风险。

---

① Thucydide (460–395 AV. J.-C.), Histoire de la guerre du Péloponnèse, chap. 60；参见 M. Foucault, *Le gouvernement de soi et des autres*, Cours au Collège de France. 1982–1983, Paris, Seuil/Gallimard, 2008, p. 163。

奇怪的是，这样的"讲真话协议"，或者这样的民主政制，可以在一个紧急事件或某种危机之中，让人去聆听和跟随一个相对具有优势的人，同时让言说平等得以实施。品质的言词竞争实际上证成了一个个体权力的不平等性、杰出性和专制执行，同时证成了贵族制的实际权力和民主制的（言词）潜在权力，证成了人对人的统治和服从。最终，支付失败的代价的（因为有"讲真话协议"）正是承受苦难的人，因为是他们投票和决定冒风险，而"讲真话协议"最终会在失败的情况下保护强者、优势者、政治上诚言者。这就是古希腊好的民主中讲真话的积极例子。

由此，被统治者所能期待和依赖的既不是永恒真理，也不是绝对优越性，而是与自称能够保障实现"共同利益"的具有优越品质的政治家的协定，这些优越品质包括：看到真相（相对真理）的能力，说出真相（说服性话语）的能力，致力公共利益（不腐败的个人承诺）的能力，执行所言（非必然）的能力。

四、坏的讲真话

伯里克利式的民主是古希腊民主和好的政治式讲真话的典范之一，产生了好的影响；当然也有产生坏影响的：坏的民主和坏的政治式讲真话。伯里克利式民主之所以好，是因为它允许强者说话，能够让人的最佳可能发挥作用；它保护讲真话、在危急时刻做出决定、为实现共同利益付出努力的人，并给予其特权。修昔底德在《伯罗奔尼撒战争》中的这种讲真话因此是"一种权利和特权，这些权利和特权是出身良好和值得尊敬的公民存在的一部分，也能让他进入政治生活"（CV, 34），这是一种在积极主体中体现出来的"完全和积极"的自由权利。然而，在同样的民主政制和政治式讲真话中，所有这些也可能颠倒，因为根据积极主体的"伦理差异"（CV, 35），讲真话也可能走向其他道路。这就涉及对民主中讲真话的批判。

1. 第一个批判维度：城邦"共同利益"

第一个批判维度在于对城邦的危害。在言说平等的权利下，就有可能什么人都可以说，也什么都可以说，就会出现利用言说本身力量的煽动性话语；在通过投票进行的优越性之争中，会有取悦公众、毫不冒险也毫不负责的逢迎者，也会因为需要大多数的同意而将观点齐平化的趋势；在虚假的讲真话中，会有无界限的政治谎言。这是民主与讲真话之间的第一个悖谬：言说自由为了让最好的讲真话出现，也会让坏的讲真话出现，后者反过来会驱逐和胜过好的讲真话。因为好的讲真话本性上不仅不能取悦公众，还常常引发愤怒；坏的讲真话则能"通过逢迎听众的情感和观点取悦听众，从而保障自己的安全和成功"（GSA, 150, 167）。例如，在伊索克拉底的《论和平》中，议会处理各种讲真话的方式是不一样的，因为在伊索克拉底看来，议会"不能承受不同声音"。[①]欢迎或驱逐的原则不再是城邦的"共同利益"，而是议会的"欲望"。由此，坏的讲真话泛滥，要说服议会"只要重复别人说的就够了"（GSA, 150, 175）。因此，对民主制中讲真话的第一个批判就在于讲真话变成了"每个人都在说自己的观点，都在说与自己特定意志相符，能够满足自己利益或激情的话"（CV,

---

[①]　Isocrate, *Sur la paix*；参见 M. Foucault, *Le gouvernement de soi et des autres*, Cours au Collège de France. 1982–1983, Paris, Seuil/Gallimard, 2008, p. 174–175；还可参见 M. Foucault, *Le courage de la vérité. Le gouvernement de soi et des autres II*, Cours au Collège de France. 1983–1984, Paris, Seuil/Gallimard, 2009, p. 37。

36）。尽管大众的利益并不容易保持一致，但这些大众的利益完全与城邦的"共同利益"不相符，因为后者只能由优越的、最优秀的和好的讲真话显现。

因此，公元前 5 世纪对坏的民主制讲真话的批判首先表现在对最优秀和最多数的对立。例如，在色诺芬的《雅典政制》中，"符合城邦之善、利益和用处"（CV, 42）的是最优秀者的决定。在伯里克利那里，"城邦之善、利益和用处"作为"共同利益"还不甚明确，在色诺芬这里得到明确，"如果实际上言说和决议是诚实之人的特权，他们会用于有利于其阶层利益和有害于人民的方面"。[①] 同样按照服务于"有利其阶层利益"，决定并规定"对自身最好的事物"的原则，当大多数人都要做出决定、寻求对自身有利和有用的事物之时，这些决定和利益就不可能是为城邦的利益。因为最多数不可能成为最优秀，"因为最优秀者从定义上就是最稀少的"，"如果不是最优秀的那就是最糟糕的"。但这些最糟糕的人寻求自身利益之时，那就是"最糟糕者"的利益，对最糟糕者来说好的事物就是"对城邦来说坏的事物"。

在福柯看来，这些原则作为对民主制讲真话的批判，在公元前 4 世纪得到普遍认可（CV, 43）。这些原则揭示了以数量-伦理-政治-真理为要素的政治思想框架，也就是"最多数的大众"和"最优秀的精英"之间的数量性对立与"好"和"坏"之间的伦理对立同构，而这个伦理对立又与政治对立相对应："最优秀者的善，就是城邦的善……最糟糕者的好，就是城邦的恶。"

---

① Xénophon, *La république des Athéniens*；参见 M. Foucault, *Le courage de la vérité. Le gouvernement de soi et des autres II*, Cours au Collège de France. 1983-1984, Paris, Seuil/Gallimard, 2009, p. 53, note 16。

（CV, 43）因此，为自身之善（城邦之善）而言说的最优秀者无法在民主城邦中存在，因为民主城邦中是最多数的投票（最糟糕者为自身之善——城邦之恶）做决定。在一个最优秀者无法存在的城邦，在善恶之间的伦理划分不再存在的城邦，按照讲真话的定义，只能由最优秀者说出的真相因此也就缺席了，"在由无差别的言说主体所定义的政治场域中，真相是无法被说出来的"（CV, 44）。

2. 言说主体的差异化

那么，为了让真相能够被说出来，言说主体的必要差异化包含什么呢？福柯 1984 年关于亚里士多德的《政治论》的研究显示：亚里士多德一点一点地质疑了这个数量-伦理-政治-真理框架，但这不是为了使之无效，相反，是为了奠基或引向无法避免的不可能性。

（1）对于亚里士多德来说，[①] 根据个体数量对城邦进行划分显得粗糙、不完全且流于浮表：如果穷人数量较少，把权力交给穷人就算不上贵族制，因为个体数量并不改变其质量；个体主体思考与自身善好相融贯的城邦之善好，需要一定的品质、美德和能力，而真正决定这些品质、美德和能力的，是个体主体的财富、地位、出身和教育；同样，如果富人数量较多，把权力交给富人并不能将之变成民主制，因为在富人之间，关键的在于其优秀，正是他们的品质而不是他们的数量在做决定的投票中起支配作用。在这个意义上，伯里克利的民主只不过是一种贵族制，因为

---

① Aristote, *Politique*, 1279b-1280a, livre III；参见 M. Foucault, *Le courage de la vérité. Le gouvernement de soi et des autres II*, Cours au Collège de France. 1983-1984, Paris, Seuil/Gallimard, 2009, p. 46。

亚里士多德对民主的定义与伯里克利的定义迥然有别："穷苦的大多数实施统治的制度称作民主制。"① 尽管亚里士多德似乎通过引入穷富对立质疑了数量原则，但最终穷人群体与其大多数和大众的特征不可分离。

（2）伦理-数量的同构性对于亚里士多德来说也是有问题的。② 因为亚里士多德区分"公民美德"和"好人美德"，就像对一个好人的定义或想象——"在其生活和行为的所有方面总的来说都具有美德"（CV, 47），就可以意味着这样的好人也必然是一个好公民——"有能力决定并规定对自身最好的事物"（CV, 42）。因为是一个好人（所有意义上的"好"），他就必然且同时能够为城邦寻求利益并做出好的选择。由此，通过一个形而上学定义，通过一个理想的想象，"被统治者"与"统治者"、"穷人"与"富人"、"大多数"与"最优"、"城邦"与"个体"之间的政治和经济冲突就消解了，或者更确切地说，就被转化和化约到另外一个领域：个体主体的领域，道德主体的伦理领域——"好人"领域。

（3）亚里士多德还质疑了伦理-政治互逆性原则。③ 对亚里士多德来说，"最优秀者的善，就是城邦的善……最糟糕者的好，就是城邦的恶"这个原则并不成立，因为这显然对应于贵族制拥

---

① Aristote, *Politique*, 1279b, livre III ; 参见 M. Foucault, *Le courage de la vérité. Le gouvernement de soi et des autres II*, Cours au Collège de France. 1983-1984, Paris, Seuil/Gallimard, 2009, p. 53, note 25。

② Aristote, *Politique*, 1276b-1277b, livre III ; 参见 M. Foucault, *Le courage de la vérité. Le gouvernement de soi et des autres II*, Cours au Collège de France. 1983-1984, Paris, Seuil/Gallimard, 2009, p. 47。

③ Aristote, *Politique*, 1279a, livre III ; 参见 M. Foucault, *Le courage de la vérité. Le gouvernement de soi et des autres II*, Cours au Collège de France. 1983-1984, Paris, Seuil/Gallimard, 2009, p. 47。

护者的片面视角。亚里士多德也正是在这一点上进行质疑、修改和完善，"每种统治类型，不管是君主制、贵族制还是全民统治，很容易产生两种倾向"：一个是为了个体利益，一个是为了城邦利益。① 因此，个体与城邦的冲突在这里实际上完全没有消减，反而被普遍化，也就是不管在什么统治形式中都普遍存在个体与城邦的冲突。

通过亚里士多德的这三个质疑，或者用福柯的话来说，通过"亚里士多德式的犹豫"，② "最多数"与"最优"之间的对立扩展到所有三个统治类型之中，群体的伦理区分被化约为个人差异，"因此将是他们的伦理选择，将是他们相对于其他人的伦理分别，使得为所有其他人的统治成为可能和得以保障"（CV, 49）。所有政体（politeia）与政治权力（dunasteia）问题的分量都落在道德主体的肩膀上。

3. 第二个批判维度：个体危险

对民主制讲真话的第二个批判维度，是针对说出真相的个体危险。在伯里克利时代的好民主之中，不成功的风险可能造成对诚言者的指责，但这并不导致诚言者的个人危险，因为伯里克利式民主好的地方正在于有"诚言协定"："我向你们说出真相，你们愿意的话可以追随；但如果你们追随这个真相，要考虑到你们也会与其或好或坏的结果联系起来，我并不是唯一一个对此负有责任的人。"（GSA, 161）相反，在苏格拉底时代的坏民主中：

---

① Aristote, *Politique*, 1279a, livre III；参见 M. Foucault, *Le courage de la vérité. Le gouvernement de soi et des autres II*, Cours au Collège de France. 1983–1984, Paris, Seuil/Gallimard, 2009, p. 53, note 28。

② Ibid., p. 46.

"说出或试图说出真和善的人并非能够取悦于人，他们不会被聆听。更糟糕的是，他们会招致负面的反应，他们会激怒别人。而他们的真话语将把他们置于报复或惩罚之中。"（CV, 37）

但为什么讲真话、说出"真与善"会让人不悦？

首先，波利尼斯的回答可以给出一条理由。波利尼斯是民主制的代表，当他回答其父伊俄卡斯特的问题"失去故乡是不是一种大恶？"时，他说道："作为主人，要懂得容忍蠢事……其他痛苦，与疯人一起疯！"① 对于欧里庇得斯来说，没有民主制，就没有讲真话，没有讲真话，就没有说出真相的权力，那就必须承受那些并非智者之人的权力，承受他们的蠢事、疯狂和盲目。因此，讲真话对于言说对象来说并不令人愉快，讲真话常常因为真而具有合法化的限制，或为了反对假而具有对立性。

其次，在欧里庇得斯的《希波吕托斯》（*Hippolyte*）中，对讲真话权利的个人识别给出另一条理由。如果一个人犯有道德错误，就不可能是诚言者，因为"道德错误使之为奴"（GSA, 149），就像犯下道德错误的阿波罗不再能够说出真相。这也意味着诚言者需要拥有某种道德优越性，某种比其言说对象更高的品质，换言之，讲真话本质上所具有的优越性使之总是具有冒犯性，这种具有优越性和竞争性的位置也是一种令人不悦的事物，尤其对于在民主权力的实践中变得越来越狂妄的人来说。

由此，讲真话实际上是一种道德品质的考验，对于说出真相的人来说如此，对真相言说的聆听者也是如此。"诚言协议"只

① Euripide, *Les Phéniciennes,* vers 388-394；参见 M. Foucault, *Le gouvernement de soi et des autres*, Cours au Collège de France. 1982-1983, Paris, Seuil/Gallimard, 2008, p. 156, note 8。

在具有道德品质的人之中才能发挥作用并保护诚言者，这些具有道德品质的人一方面有勇气与他人的错误对峙，另一方面即使在失败和令人不悦的批评中也尊重"诚言协议"的承诺。然而，在坏的民主中，在坏的讲真话中，丢失的正是这种道德品质。这与亚里士多德在民主制讲真话对城邦危害中的反思一致。但对于公元前4世纪的哲学家来说，这不再是好民主或坏民主的问题，优越性的比试、讲真话的市场在结构上不再是好的讲真话的场所，"劣币驱逐良币"原则必然在此发挥作用。在欧里庇得斯的《俄瑞斯忒斯》①中，杀死克吕泰涅斯特拉为阿伽门农报仇的英雄被民主制处以死刑。

民主制讲真话的阴郁和黑暗胜利正在同时背叛民主和讲真话。苏格拉底和柏拉图的例子稍晚也会证明这一点，不仅证明了这一点，还彻底转化了讲真话的模式。通过讲真话的新模式，苏格拉底和柏拉图不仅在政治领域，还尤其在哲学领域引入了道德主体的本质性位置。

第二节　苏格拉底式的讲真话：伦理主体（真言判真）

前言　苏格拉底之死

福柯对公元前4世纪民主中的讲真话危机最卓越的批判，就是所谓"苏格拉底之死的循环"（CV, 69）。柏拉图的一系列文本

---

① Euripide, *Oreste*, vers 884-930；参见 M. Foucault, *Le gouvernement de soi et des autres*, Cours au Collège de France. 1982-1983, Paris, Seuil/Gallimard, 2008, p. 150-155。

都致力于从这个循环中表明：民主不是讲真话之地。苏格拉底之死的这个循环还标志着福柯所谓"柏拉图的转向"："确认讲-真（dire-vrai）作为某种政体定义的原则，而这个政体恰恰是排除民主的。"（CV, 44）因为在民主体制方面，民主并不能承受讲-真，民主不得不消除讲-真，俄瑞斯忒斯之死，尤其是苏格拉底之死，就能很好地证明这一点。而就讲真话本义而言，优越性、优势以及必不可少的道德主体的品质也不能不消除民主，也就是取消平等，即不承认言说主体具有无差别性。正因如此，柏拉图对讲-真的确认就意味着对民主的消除。在《理想国》[①]中，正因为民主政体其实不能给讲真话留有位置，在洞穴中沉思真理的哲学家需要重新下到城邦，重拾曾经作为公民政治权利的讲真话，从其原初的政治（polis）领域转向伦理（êthos）领域。柏拉图的这一从政治到伦理、从公民到哲学家、从政治主体到道德主体的著名转向，首先就是由苏格拉底的经验，尤其是由"苏格拉底之死的循环"所激发。

在《申辩篇》中，关于苏格拉底的讲真话，从来都不是如同一个普通雅典公民那样向给民众和城邦提出建议和意见的议会和法庭言说的政治讲真话。但为什么苏格拉底从来都不是政治意义上的讲真话者？苏格拉底的著名回答就是："如果我长期以来醉心政治，那我就已经死了很久了……如果有人胆敢反对你们或其他群众集会，如果有人致力于在城邦中制止不公或防

---

① Platon, *La République*, livre VII, 519c–521b；参见 M. Foucault, *Le courage de la vérité. Le gouvernement de soi et des autres II*, Cours au Collège de France. 1983–1984, Paris, Seuil/Gallimard, 2009, p. 45。

止违法，那么很少有人能够幸免于难。"① 正是为了避免在坏的民主中进行政治式讲真话所带来可能致死的危害，苏格拉底才放弃了他的政治式讲真话的公民权利。苏格拉底甚至明确地说，他的守护神警告他不要直接在政治领域言说。② 而且，为了说明这不是勇气的问题，不是因为怕死才不涉足政治，苏格拉底补充了自己的两次政治经历。一段经历是他在雅典民主时代抽签成为五百人会议议员，他反对议会对阿吉纽西之战将领因战后未收拾尸体而进行的指责，"我只是投票反对你们的欲望……我认为我的责任就是用法则和正义对抗危险，而不是因为害怕牢狱和死亡而与你们不正义的意志联合起来"。③ 另一段经历是三十僭主要求作为普通公民的苏格拉底去逮捕一位被不正义指控的公民，当时的雅典处于三十暴君的寡头政治统治，"我用行为而不是语词表明：我对死亡无所畏惧"，④ 苏格拉底拒绝遵照暴君不正义的命令行事。

---

① Platon, *Apologie de Socrate*, 31 d-e, trad., M. Croiset ；参见 M. Foucault, *Le courage de la vérité. Le gouvernement de soi et des autres II*, Cours au Collège de France. 1983-1984, Paris, Seuil/Gallimard, 2009, p. 52, note 8 ；对《申辩篇》的同一引用也会出现在 1983 年的讲座中，参见 M. Foucault, *Le gouvernement de soi et des autres*, Cours au Collège de France. 1982-1983, Paris, Seuil/Gallimard, 2008, p. 297, note 15。

② Platon, *Apologie de Socrate*, 31 d, trad. L. Robin ；参见 M. Foucault, *Le gouvernement de soi et des autres*, Cours au Collège de France. 1982-1983, Paris, Seuil/Gallimard, 2008, p. 292。

③ Platon, *Apologie de Socrate*, 32 b, trad. M. Croiset ；参见 M. Foucault, *Le courage de la vérité. Le gouvernement de soi et des autres II*, Cours au Collège de France. 1983-1984, Paris, Seuil/Gallimard, 2009, p. 85, note 18。

④ Platon, *Apologie de Socrate*, 32 c, trad. M. Croiset ；参见 M. Foucault, *Le courage de la vérité. Le gouvernement de soi et des autres II*, Cours au Collège de France. 1983-1984, Paris, Seuil/Gallimard, 2009, p. 85, note 19。

因政治式讲真话引发过多危险而放弃政治式讲真话，在对峙民主或专制权力时又接受风险，这二者之间的比较，福柯在1983年和1984年的法兰西公学院讲座中两次提到。第一次，福柯用哲学家身份来解释，"诚言者借这个意愿的政治介入，尝试采取某种高于他人的优势来说出真相，这是政治的介入，不是哲学的介入。哲学家不需要置身如此境地"（GSA, 293）。对苏格拉底的这个解释当然是不充分的且表面的，因此，福柯一年后对之进行细化和深化，将之与1982年的另一个相应主题"关照自我"关联起来。

1984年的分析与1983年的分析之所以不同，在于前者更多是考问对政治式讲真话之危险的害怕，"这些危险能否成为弃权的真正原因？"（CV, 74）对这个问题的回答不是简单的是与否，因为在害怕与勇气之间，有一个本质上的细微差别左右了苏格拉底的选择。福柯1983年的一段引用指出了这一点，但未加分析："如果我着手搞政治，我的死亡可能早就实现了，而我对你们和对我自己都不再有用了。"（GSA, 297, note 15）正是这个对自身和对雅典人的有用性成为1984年的问题，"正是这个有用、肯定和有益的关系成为理由……不是因为死亡是一种需要避免的恶，而是因为死亡会使苏格拉底不再能做任何积极之事"（CV, 74）。那么，苏格拉底不惜背负懦夫之名，也要保留生命以便能够做的这个有用、肯定和有益的事，到底是什么呢？

福柯向我们指出诸神托付给苏格拉底的任务。正如所有德尔菲神庙的神示，这个任务并不是作为一个任务而被宣告出来，它原本是对凯勒丰（Chéréphon）所提问题"比苏格拉底更智慧的希腊人是谁？"的回答："没有比苏格拉底更智慧的。"[1] 对于这个神示，苏格拉底没有按照当时希腊人的习惯去处理，也就是解释神示，期待或避免神示的实现。苏格拉底把它当作一个探索（zêtêsis），"我决定去验证此事"。[2] 神示对于当时的希腊人来说是一种神圣、绝对和不容置疑的真理，就像我们时代的"科学"企图给予我们的不容置疑的权威。在这个意义上，苏格拉底面对诸神所予真理采取的求证、验证、探索态度是全新和"革命性"的。换言之，这是一种完全个体的、个人的和主体的态度和活动，因为它越出了真理与面对真理的主体之间习惯、传统和预设的关系。就像在我们的时代，真理与事实之间的完全表征必须成为认知主体对于权威（如科学家、专家、政治家）宣告之真理的本真态度。然而，苏格拉底所要扭转的正是真理与事实之间这个不容置疑的同一性态度，他要寻找一个比他更智慧的人，以"指责、反对、质疑……以求知其是否为真"（CV, 76）。"在真实场域解释和等待"，这是有关真理的通常、传统和符合论式的主体性；"在真实场域探索和求证"，这是苏格拉底式的、哲学的甚或真正的主体性。

如果说苏格拉底验证给定真理的态度揭示了某种不同寻常甚或革命性的主体性，他判真的方式却显示了（按现代的话来说）人类学的开端，即对神示和神圣真理的言说和人类判真——他与

---

[1]　Platon, *Apologie de Socrate*, 21 a, trad., M. Croiset; 参见 M. Foucault, *Le courage de la vérité. Le gouvernement de soi et des autres II*, Cours au Collège de France. 1983–1984, Paris, Seuil/Gallimard, 2009, p. 85, note 21。

[2]　Platon, *Apologie de Socrate*, 21 b, trad., M. Croiset; 参见 M. Foucault, *Le courage de la vérité. Le gouvernement de soi et des autres II*, Cours au Collège de France. 1983–1984, Paris, Seuil/Gallimard, 2009, p. 85, note 24。

从高到低、从低到高的不同范畴的公民和人进行讨论。"将对他人的调查、质疑、提问、检验与他自己的（观点）做比较"（CV, 77），苏格拉底称之为"审查"（exetasis）：将他人的知识与自己对无知的知识做比较。那么，什么是更牢固的人类知识？苏格拉底发现和定义的"更智慧"是什么含义呢？那就是"某物"与"无"的比较，"某种存在"与"虚无"的比较，其结果就是：没有什么比"无"更牢固，没有什么比"否定"更普遍，没有任何知识比"无知"更有知。这就是苏格拉底的"试金石"（CV, 86, note 33）：人类知识的万能陷阱，挫败人之狂妄自大的力量和权力，使像苏格拉底本人那样无限提升的主体性顺服，这就是知识的自律机制。与所有的纪律机制一样，这并不是令人愉快的事情，尤其对于自由人，对于雅典的自由公民来说，这尤其是一种不利的限制。正因如此，苏格拉底对雅典公民的审查为他带来敌意、指控甚至死刑。也正是为了进行这种审查，苏格拉底让自己置身于激发雅典公民愤怒的风险之中。尽管他如此珍惜生命而不愿参与任何政治，但为了这种审查，他无视死亡危险。

那么这个审查是用来干什么的呢？"为了促使人们关照（epimeleia）自身，即理性（phronêsis）、真理（alêtheia）、灵魂（psukhê），而不是他们的财富、名誉、体面和职位"（CV, 79）。

从消极方面来说，苏格拉底的讲真话就像让人提高警惕的牛虻，就像防止沉睡的公鸡，正是为了警醒雅典公民对人类知识的自负，为了让他们觉察到人不可避免的局限，为了召回人类知识的律则和人的谦卑。在这个意义上，判真或审查的人类学方式恰恰是在警醒无限制的人类学。这不是悖论，至少，目标或效果并不仅仅是作为矛盾的一个部分，甚或，矛盾恰恰揭示了矛盾之外的事物：人之知识的有限性。

从积极方面来说，苏格拉底的讲真话提出"一种在伦理轴心上的讲真话"（CV, 79）。必须关照自我，如果人们关照自我，这不是通过预言式的判真，而是通过真理的人类游戏；不是通过学者沉思天地所发生之事的知识，不是通过学者令人迷惑地说出"事物之存在和世界之秩序"的知识，而是通过灵魂的考验；不是通过教授或技师所兜售的技术，不是通过这些可教的知识。苏格拉底认为这里要关照的"理性"，是实践理性，是在运用中的理性，是能够让人做出良好决定的理性，是能够让人拒绝错误选项的理性。苏格拉底要关注的真理，一方面，是理性的指示器、目标和效果；另一方面，还是所有人所隶属的存在，并且人们是以灵魂的形式隶属于这个存在，"如果我们能够拥有理性并做出良好决定，这是因为我们与真理有一定关系，这个关系在存在论意义上基于灵魂的本性"（CV, 79）。灵魂自身存在的这个表达和运作，依据通过运用所获真理来指引的实践理性，正是对真理的主体化，正是主体与真理的关系，这也正是苏格拉底的"伦理奠基"和苏格拉底的伦理原则。基于此，理性、真理和灵魂可以定义何谓"自我"。

由此，探寻、审查、关照的总体，与政治式讲真话相对立，定义了苏格拉底式的讲真话。这种讲真话通过寻求由实践理性而获得的真理，不会肯定任何绝对真理；这种讲真话通过与聆听者的对话，不会面对任何政治；这种讲真话不是告诉人们应该做什么，而是通过激发人们自己去寻找该做什么，通过让人们自己去实践他自己认为合理的事，从而自己摆脱困境。在这个意义上，当人们说苏格拉底之死是坏民主的证据，是从政治到伦理的"柏拉图转向"的起因时，并不像表面上那样是因为害怕政治讲真话的风险和危险，而是因为政治式讲真话在政治事务中（无论是在民主还是在专制种）远不具有应有的效力，是因为苏格拉底式的讲真话（伦理上的讲真话）是在灵魂上做工作，尤其是在君主的灵魂上做工作，这种讲真话在政治场域更具有决定性。柏拉图的经验甚或从经历而来的知识能够很好地说明这一点。

一、柏拉图式的讲真话：哲学主体

1. 柏拉图转向：从言说到行动

在苏格拉底的讲真话经验之后，柏拉图自己的讲真话经验更为直接地指出了从政治到伦理、从政治讲真话到伦理讲真话的"柏拉图转向"，这一转向也许定义了西方思考政治问题的方式，甚或是哲学的现实（GSA, 209）。对于柏拉图自身的这个讲真话，福柯不是在柏拉图的主要著作中寻找，而是在柏拉图谈论他在政治生活中实际角色的书信中寻找。这并不是说这些书信等同于柏拉图在现实中的讲真话经验，但至少，这些书信以一种不确定的方式汇聚了这些经验，这些书信指出柏拉图主义哲学家以何种方式"想要在古希腊的政治场域被看作具有真理宣告者的作用"（GSA, 192）。因为对于福柯来说，无论这些书信是真实的还是虚构的，无论这些书信是由一个真实的名叫柏拉图的人所写，还是由一个以柏拉图之名传播书信的匿名者所写，最重要的不是作者的真实性（这也并非对真实性的否定），而是这些被归于柏拉图的书信本身的存在及其作用。

在这个意义上，柏拉图第五封书信虽然既不被认为是柏拉图的书信，甚至也不被认为是真正的书信，但在历史上的确被归为柏拉图之作，因此也就具有其自身在现实中的价值和意义，"就像一个宣言，一个短论，一个公开书信……由此，可以见证公众，或者至少见证受过教养的公众"（GSA, 194）。那么，这个伪柏拉图书信是要表明什么呢？哲学甚或是哲学家作为政治建言者的角色。

这个角色不在于说出什么是最好的政体，而是其他。这封伪柏拉图书信虽然并非柏拉图所作，但却谈论了一件有关柏拉图的真实事件：柏拉图让他的学生欧弗雷乌斯去找马其顿专制君主帕迪卡斯，"柏拉图"没有提出最好政体的建议，而是提出让政体繁荣和保存政体的方式，就是政体与声音的相符。就像每个有生命物，使之有生命的事物就是不与其自身本性相悖：生命物的构造表达生命物自己的声音，它的声音因构成生命物的本性而与生命物相适宜。如果"一个政体模仿另一个政体的声音，那这个政体就会在此刻消逝"（GSA, 194）。声音就像某种现实政体的表征和真理话语。[①] 政体或城邦的繁荣不在于强加某种最好政体，而在于捍卫现实政体，因为并不是最好者使城邦存活，而是从本性上构成政体的事物使城邦得以存活。因此，哲学或哲学家的角色不是建议所谓最佳者，而是"主张在他看来每个政体的本性和本质……以使在讨论、争议、不同既成观念、各种实际决定中的声音都确实符合政体"（GSA, 194）。这就是哲学家的讲真话，"每个构造的声音卫士"：哲学家的说出真理，就是散布那些捍卫

---

① 关于声音（phônê）与政体（politeia）的关系，可对比《理想国》有关民众之声只是表达愤怒、欲望和"一切不理性事物"的论述。作为自然政体表征的声音与民众之声并不是一回事。参见 M. Foucault, *Le gouvernement de soi et des autres*, Cours au Collège de France. 1982–1983, Paris, Seuil/Gallimard, 2008, pp. 194–195。

和符合国家现实的真理话语，以便让这些现实国家能够按其所应该的那样繁荣。

而且，由于柏拉图对雅典民主保持沉默，却让学生去给专制君主提供建议，这个做法本身非常奇怪。这封伪书信给出一个解释：这是因为对于柏拉图来说，雅典民主的坏习惯是不可变革的，民主中的讲真话不会改变不能接受真理且驱逐批判的民众（如俄瑞斯忒斯或苏格拉底），只会给讲真话者带来无用的危险，"一个不值得去冒的风险，因为在那里不再有行动的可能，不再有改变的可能"（GSA, 197）。

柏拉图真实的第七封书信可以肯定这一点。在这封书信中，柏拉图因苏格拉底之死而指责三十僭主统治后的民主统治。因为根据这封书信的解释，正是苏格拉底圈子里与苏格拉底亲近的人，如克利提亚和卡尔米德这群贵族，不顾苏格拉底对寡头统治的抵制，颠覆了雅典民主；重返雅典的民主正因苏格拉底与这些颠覆民主者的师徒关系而处死苏格拉底。柏拉图由此得出结论：自由个体的社群没有像贵族社群那样为城邦行使权力的时机和友爱，换言之，正是在好的民主或好的专制之中，拥有权力者的美德才能允许公民自由言说，即政治式讲真话；而在自由个体的社群之中，作为讲真话者而行动是不可能的。

然而，考虑到柏拉图在西西里岛的三次政治经验：第一次向大狄奥尼修斯（Denys）谏言，第二次向狄翁（Dion）的朋友谏言，第三次向小狄奥尼修斯谏言，①柏拉图绝不是放弃政治的讲真

---

① 前两次谏言出现在第七封书信中，第三次谏言出现在第八封书信中。参见 M. Foucault, *Le gouvernement de soi et des autres*, Cours au Collège de France. 1982-1983, Paris, Seuil/Gallimard, 2008, pp. 243-254。

话者。如果对于柏拉图来说，这里没有像苏格拉底与阿尔西比亚德之间的友爱或爱，也没有伯里克利时期的好民主，那么，柏拉图为什么要涉足政治领域？如果对于柏拉图来说，要从事政治实践需要爱或时机，那么，这个爱或时机包含什么呢？按照第七封书信的解释，首先，这个时机是一个君主的时机，即柏拉图希望甚或相信，存在一个讲真话会被君主聆听的机会，因为与其等待各种数量众多的臣民达到某种德性，一个君主的德性似乎更值得期待，"在需要劝说大众的地方，在君主制的情况中，最终只需劝说一个人就足够了"（GSA, 206）。其次，柏拉图没有诉诸友爱或个人之爱，而是诉诸他对哲学的"爱"，诉诸他"在哲学家灵魂中的欲望"，诉诸"哲学作为有待成为行动的逻各斯的内在义务"（GSA, 209），诉诸他的哲学王理想（GSA, 200），诉诸哲学的现实（le réel de la philosophie，GSA, 209）。

在柏拉图的这个转向点上，召唤哲学王的想法（政治式讲真话和哲学式讲真话应该同一）不仅仅是政治领域中值得注意的改变，还是哲学领域的深刻转变。这不仅要求行使权力的人从事哲学，还要求从事哲学的人在政治中自我实现。换言之，这个转向有双重效果：它通过把哲学的现实不仅定义为逻各斯（话语），还定义为行动，不仅是理知，还是操行，既结束了政治领域中伯里克利式讲真话的时代，又打开了讲真话者的哲学时代，"我会为看到一个从未想要付诸实施的空洞之词而感到脸红"（GSA, 204, note 14）。

因此，在政治领域方面，不再是随便哪个公民的自由言说（讲真话），而是哲学家的讲真话，"政治场域的讲真完全只能是哲学的讲真"（GSA, 200）。具有策略性甚或具有戏剧性的是：

尽管讲真话从政治领域转向哲学领域，但这并不是为了离开政治领域，相反，这是一种为了重新返回的战术回撤。换句话说，这是一种为了混杂的排斥，为了同一的脱离。因为在讲真话从政治场域的脱离中，不是所有的讲真话者都被排除出去，而只是不属于哲学式讲真话的人被排除出去。因此，并不是所有讲真话者都会最终重返政治领域，而只有哲学家。在此意义上，哲学式讲真话的资格确定实际上取消了普通公民的政治式讲真话。

在哲学领域方面，在预言者给出的命运、智者的存在状态、教学者的技术等问题上，不再只是简单的真理问题，而是真理伦理的问题，是政治伦理的问题。换言之，哲学（至少是哲学的现实）从此是在伦理场域之中，是在政治主体与真理主体"处于个体与处境的独特形式中的事物"①。哲学式讲真话者的位置正是在后者之中。然而，这个讲真话转化为讲真的意志和积极性，转化为作为哲学家在哲学场域的判真行为；正如政治式讲真话作为公民在政治场域的讲真话权利或义务，这种讲真话也可能出错和讲错。

不过，这里的首要问题并不是真假问题，而是哲学的现实问题，这首先是如何将哲学式讲真话（像政治式讲真话一样具有独特的形式：如政治式讲真话的四边形）纳入现实。初看来，柏拉图对从言说（logos）到行动（ergon）的要求似乎是对哲学的一个补充要求，就好像哲学已经说出"真理"、逻各斯，已经在现实中具有某种指导实际行动的功能。但如果更深入地考察，哲学式讲真话与伯里克利式讲真话一样，其实并不能保障在现实中的

---

① 关于判真的四种模式，参见 M. Foucault, *Le courage de la vérité. Le gouvernement de soi et des autres II*, Cours au Collège de France. 1983-1984, Paris, Seuil/Gallimard, 2009, pp. 25-30。

绝对成功，"哲学借以表现为真实的现实、证据，不是言说本身，不是言说本身的固有游戏"（GSA，210）。相反，柏拉图要求哲学的现实不应该是空洞的话语，不应该是既非真亦非假的单纯言说，而是一种行动，一种真-话语（"真"是在讲真话的意义上，而不是在绝对逻各斯的意义上）的实现，能让哲学判真（用言说完成的人的讲真话）为真的唯一条件就是哲学家所言能够在现实中实现。而这个可能性就在于哲学家的言说要朝向掌握权力者、有能力实现者，也就是政治主体，拥有权力的主体。换言之，只有拥有权力/力量的主体能够将言说变成现实，因为如果这种言说的内容不需要附加的权力/力量去实现它，如果这种言说的内容自然就是现实，那么也根本不需要言说。

由此，我们能更好地理解来自柏拉图真实经历的第七封书信为什么要致力于讨论言说转化为行动的条件，为什么第七封书信提出的不是政体的法则，而是其他事物。这两方面实际上构成真理话语效力的一个翻转版本。

2. 哲学式讲真话者的形象

根据柏拉图的第七封书信，关于从言说到行动的转化，涉及三个决定性的循环，这也许决定了西方哲学的方向，也因此建立了哲学式讲真话者的形象。

第一个循环：聆听的循环，"被聆听且得到聆听者遵从所给建议的意志"（GSA，213）。在这一点上，柏拉图引入医生作为哲学式讲真话者的模型。[①]

---

① 关于政治建议与医疗实践的比较也可以在《理想国》（第四卷，425 e—426 a）和《法律篇》（第四卷，720 a）中找到。参见 M. Foucault, *Le gouvernement de soi et des autres*, Cours au Collège de France. 1982–1983, Paris, Seuil/Gallimard, 2008, p. 213。

首先，医学就像基于某种科学、理论或认知的形势艺术，要时刻把握疾病的特殊情况，并实施同样特殊的措施来解决问题。哲学也是一种形势艺术，需要诊断城邦的疾病，在社会或政治危机的时刻予以批评。

其次，存在着两种类型的医生，奴隶的医生和自由人的医生。[①]前者只是给出需要照做的处方，不会劝说病人按照其所愿和其所应当去照顾自己。相反，后者与病人交流，劝说而不是指示。如果病人自我关照并实施某种生活制度，这不是因为医生说必须这样做，不是因为他别无选择，而是因为他自己认为这样生活更好；因为他是自由的，他才可能选择好的生活制度。同样，好的哲学家面对的是自由人，哲学家不是强加法则的立法者，哲学家不仅要说出应该如何做，还要说出为什么应该这样做。哲学家在与聆听者的意志保持一致的情况下进行劝说。[②]

最后，好的医生并不在于治疗这样或那样的疾病，而是全盘考虑病人的整个生活，让人获得健康的是涉及全部生活的生活制度，而不是仅仅消除某种疾病。同样，好的哲学家全盘考虑整个城邦，而不是仅仅治理某些局部问题。

第二个循环：实践的循环，这一点与前者相关联，回应"如何了解谁会听从"的问题。（GSA, 218）不同于苏格拉底用少年之美来判断，柏拉图在与狄奥尼修斯的相遇中采取了非常特别的方法："要向他表明哲学事业的整个范围，其自身特点，其难

---

① Platon, *Les Lois*, livre IV, 720 a-e；参见 M. Foucault, *Le gouvernement de soi et des autres*, Cours au Collège de France. 1982-1983, Paris, Seuil/Gallimard, 2008, p. 214。

② 区别于不顾聆听者意愿的说服性修辞。

点所在，其所需要的劳作……在完全抵达目标或获得足够力量而可以在没有指导者的情况下自行行事之前毫不松懈……要以适度的精神、灵敏的智慧、坚韧的记忆以及灵巧的理性思考，投入哲学，投入到给予他的这种生活……如果不能实践哲学所必需之事，不要指责导师，而是要指责自身。"[①]福柯全文引用了这部分文本，其意义可如下展开。

首先，哲学的现实在于向拥有权力或力量者言说，这不仅仅是指政治权力，而实际上是一种实施、实现哲学的力量。这种哲学的实现、哲学的事业，是一种在活动、努力、困难、辛劳、辛苦意义上的完成之事（pragma），绝不是人的一种自然而然获得的事物。在此意义上，柏拉图哲学与亚里士多德哲学相对立，后者是在闲暇、好奇和愉悦中获得的。这个对立也许揭示了观念论哲学与自然论哲学的区别，前者是通过苦难实现的，后者则是通过闲暇。无论如何，柏拉图的哲学道路要求一以贯之的劳作和苦难。

其次，"以适度的精神"就是对思想、我思、想象和自由要有节制和约束，哲学在日常生活中的痛苦劳作最终形成"智慧""记忆"和"理性"，也就是适应、习惯和加固哲学所引入的思考和行为方式。这个精神的劳作不局限于像阿尔西比亚德回返自我[②]那样的灵魂领域，这个精神的劳作，这个从自我对自我的劳作，更接近希腊化罗马时期的精神劳作。因为它会延伸并整合

---

① Platon, *Lettre VII*, 340 b–341 a；参见 M. Foucault, *Le gouvernement de soi et des autres*, Cours au Collège de France. 1982–1983, Paris, Seuil/Gallimard, 2008, p. 225, note 11。

② 《阿尔西比亚德篇》中的转变与第七封书信中的转变的区别，将在本书第三章中讨论。参见 M. Foucault, *Le gouvernement de soi et des autres*, Cours au Collège de France. 1982–1983, Paris, Seuil/Gallimard, 2008, p. 223。

到日常生活、习惯性活动之中，从而使如此这般在精神上做出努力的主体在现实中自然地实施"理性的"行为，而哲学事业对政治行动的奠基也正在于此。

第三个循环：认知循环，既是对实践者的检验，也是对聆听者的最终回应。不幸的是，狄奥尼修斯在这个考验中失败了，他不仅拒绝采取哲学实践的漫长道路，还写了一篇哲学论文。[1] 对柏拉图来说，后者是一个决定性的标志：狄奥尼修斯不是能够完成哲学的现实之人，也就是说，狄奥尼修斯不会在现实政治中实践柏拉图哲学，柏拉图对狄奥尼修斯的哲学式讲真话因而是徒劳的。

3. 柏拉图的认知理论

由此产生了柏拉图的认知理论。狄奥尼修斯撰写了一篇哲学课程抄写稿的事实只能说明他对哲学的无知，对在现实中实践哲学的拒绝，"实际上不存在将之诉诸表述（mathêmata）的方式"。[2] 按照柏拉图对书写的这个经典拒绝，[3] 认知的标志不在于诉诸表述，不在于诉诸对认知内容的书写，而在于"与之共存（sunousia）、汇合和结合"（GSA, 228）。正是通过这种共在、共存，灵魂之光才能够传递给另一个灵魂。这个"与之共存"的要求，柏拉图是通过灯的隐喻来说明的：光的传播依赖于火的靠近，而照亮的实现则依赖于自身灵魂（灯油）的自我滋养。因此，这是在灵魂上的劳作，而不是在纸上的劳作；用"灵魂的秘

---

① Platon, *Lettre VII*, 341 b；参见 M. Foucault, *Le gouvernement de soi et des autres*, Cours au Collège de France. 1982–1983, Paris, Seuil/Gallimard, 2008, p. 237, note 2。

② Platon, lettre VII, 342 c；参见 M. Foucault, *Le gouvernement de soi et des autres*, Cours au Collège de France. 1982–1983, Paris, Seuil/Gallimard, 2008, p. 237, note 4。

③ 在第二封书信中，柏拉图，或更确切地说新柏拉图主义者，因为毕达哥拉斯学派的秘传论而拒绝书写。此处拒绝书写并非是由于这个原因。

密之油",用"心",而不是用语词代替"心"的作用。狄奥尼修斯的失败就在于他的认知停留在这个表述的认知,而不是与之共存的认知。一方面,因为通过表述,人们会自以为一劳永逸地懂得了哲学或真理,从而陷入自负、自足和轻蔑,不再向外部打开迎接多种多样的环境,正因如此,表述的认知是危险的;另一方面,通过与之共存,光的传播或发光的能力甚至不是通过明示教学完成的,"对于杰出者来说一点就通"。①

某种认知或科学(épistèmê,认识论)理论从第七封书信的 342a 开始显现出来。在五种认识事物的要素中,前三种要素:名称(onoma)、定义(logos)和图像(eidôlon)(GSA, 230)只是通过与事物本身(to on)异质、外来和相反的材料认识事物,"这是喧闹、构画的形象,这是物质性的事物",用现代的话来说,这是表征;第四种要素:科学(épistèmê,认识论),"让人认识事物的性质"(GSA, 231),不在纸上或在言词中,而是在灵魂之中,但人们也并不是通过科学认识事物的存在本身;第五种要素才是认识事物存在本身所依据的要素,它并不独立于前四种要素,它"沿着其他四个认知等级往复、上下,并通过具有其他认知形式特征的工具"(GSA, 231)得以形成。表征与事物本身的这个结构对我们来说并不陌生,它与康德的认知结构完全等同。二者都会导向某种主体理论,只是柏拉图称之为"灵魂",康德称之为"先验主体"。而事物本身对柏拉图来说并非像在康德那里那样神秘和不可进入,因为柏拉图的灵魂概念与事物本身

---

① Platon, *Lettre VII*, 341 e;参见 M. Foucault, *Le gouvernement de soi et des autres*, Cours au Collège de France. 1982–1983, Paris, Seuil/Gallimard, 2008, p. 237, note 10。

概念一样神秘。无论如何，正是这个主体在实践那个缓慢、漫长和艰难的"摩擦"（tribê，GSA，231）工作，由此认识现实和事物本身的存在。"摩擦"，一方面，指接近和接触事物，"与之共存"，共在，共同生活；另一方面，这个接近绝不是某种消极行动，而是蕴含着操行、训练和努力习惯于所有伴随我们生活、围绕着我们的事物。

因此，哲学的现实不在言说、表述的形式中，同样，哲学家的角色也不是向城邦强加法则或最佳政体，"立法者关于法则的书写，或者其他人关于无论什么主题的书写，我们会说作者本人根本不会严肃对待这个书写，他的思想保持封闭在作家最宝贵的部分中"。[①] 由此，《理想国》和《法律篇》就会遭到质疑，哲学的逻各斯中心主义就会是可疑的，分析哲学或语言哲学的总体都会是有问题的，就像《词与物》已经向我们表明的那样。福柯所提出的言说的贫乏和要求行动的观念，是基于柏拉图关于认知的理论。这个认知理论将引入操行、劳苦、劳动、从自我到自我的艰苦关系，也就是说，为了实现某种哲学，为了让某种哲学讲真话成为现实，主体需要在现实事务中进行实践和操行，而不是投入语言、书写和我思的种种噪音和形象之中（HS，200）。

二、犬儒主义的讲真话：主体活出真 / 革命主体性

1. 另一种哲学王

苏格拉底时刻（即讲真话不再在政治场域占有一席之地），将讲真话转移到哲学场域；讲真话反过来定义了哲学的现实，讲

---

① Platon, *Lettre VII*, 344 c–d；参见 M. Foucault, *Le gouvernement de soi et des autres*, Cours au Collège de France. 1982–1983, Paris, Seuil/Gallimard, 2008, p. 238, note 19。

真话不在政体的理论性和话语性定义之中，而是在与政治行动的关系之中。柏拉图式的讲真话者作为伦理建言者，作为君主的灵魂导师，在希腊化罗马时期产生了一系列追随者，如伊壁鸠鲁学派和斯多葛学派。① 不过，从苏格拉底时刻开始，有一种完全不同甚或彻底对立于柏拉图式讲真话的流派，这就是犬儒主义讲真话者，他们以一种完全不同的方式显现哲学的现实。犬儒主义也建立了哲学式讲真话与政治实践、真理与权力的关系，但这是"对某种必然外部性的一种外部的、对峙的、嘲讽的、愚弄的和肯定的"关系（GSA, 264）。正是通过这样一种哲学主体与政治权力的关系，犬儒主义讲真话者与柏拉图式讲真话深刻区别开来，后者与其正相反，在哲学主体与政治权力之间构造了一个"交叉的、教学的和同一的"关系（GSA, 265）。

对犬儒主义讲真话者的研究因此非常重要，不仅哲学的现实（哲学式讲真话）不像在柏拉图的主要著作中那样，是要说出政治要做什么，而且它也完全不是用于获得政治实践与哲学式讲真话之间的一致性（如柏拉图第二封书信声称的那样），"哲学与政治应该在某种关系之中，在某种相关性之中，它们永远不应在某种一致性中"（GSA, 267）。政治对某种普遍理性的要求不是来自哲学式讲真话本身，而是来自对某种政体的证成或许可。权力与真理、政治与哲学之间相一致的这个要求甚或张力，在柏拉图的讲真话经历中以一种切近的方式从内部表现出来，在犬儒主义

---

① 本书将在下一章中讨论伊壁鸠鲁学派和斯多葛学派关于"关照自我"的主题，因为这些理论和实践与关照的关系比与讲真话的关系更紧密。尽管这些理论和实践在《对自我和对他者的治理》中也会表明治理技术，但更多是与自我相关，而不是与权力相关的理论和实践，当然二者在古代是不可分离的。

的讲真话经历中则以一种疏远的方式从外部表现出来，后者将讲真话显现为一个永恒的批判：作为一只忠诚的狗，不是要效忠权力，而是要效忠真理本身。第欧根尼·拉尔修关于生菜的一件轶事可以很好地呈现柏拉图主义与犬儒主义之间的对峙甚或权力与真理之间的张力。柏拉图对第欧根尼说：“如果你对狄奥尼修斯更加礼貌一点，你就不必去洗生菜了。”第欧根尼回答道：“如果你习惯了洗生菜，你就不会是狄奥尼修斯的奴隶了。”[1]

然而，古代的这种公共场所的对抗与哲学和君主灵魂合为一体之间不可化约的对立，在现代哲学家或知识分子那里，从康德的“启蒙”（Aufklërung）开始，就假装可以“同时兼得”（GSA，270），假装甚或梦想同时是哲学家和国王。因为他们满足于在哲学话语（知识）与政治实践（口号）之间公开地持有某种话语上的一致，好像这样就能平息灵魂间的冲突，就能消减不同生活模式的冲突。如果说折衷主义的现代自负不那么成功，也许就应该重新考察什么是哲学王，什么是真理与权力的这个同一化，以及主体能够和应该在此扮演什么角色。

当柏拉图说“我们在同一个主体中看到政治权力（dunamis politikê）与哲学（philosophia）兼备”，[2]哲学王昭示的不是一种话语性的相符，而是一种实践的一致，也就是说，实际实践哲学的人也是实际实施权力的人。这甚至不是话语与实践的简单相

---

① Diogène Laërce, *Vie, doctrines et sentences*, livre VI, 58；参见 M. Foucault, *Le gouvernement de soi et des autres*, Cours au Collège de France. 1982–1983, Paris, Seuil/Gallimard, 2008, p. 274, note 6。

② Platon, *La République*, livre V, 473 c–d；参见 M. Foucault, *Le gouvernement de soi et des autres*, Cours au Collège de France. 1982–1983, Paris, Seuil/Gallimard, 2008, p. 274, note 8。

符，而是实践主体在两个领域的同时发生。柏拉图主义与犬儒主义正是在实践主体这一点上相对立。对于柏拉图主义来说，实践主体是拥有政治权力者，通过对灵魂的心理教育实践哲学（真理，真理话语），其实现哲学的方式就是在权力的实施中真正实践哲学所言。对于犬儒主义来说，这个通过一个灵魂点亮另一个灵魂的漫长过程，也就是在不同主体间传递知识的过程，被还原到唯一的一个实践主体中。这个实践哲学（真理）的主体就是哲学家本人，他不但不是政治主体，还是远离政治的人；他所操行的权力，不是政治权力，而是人对自身的权力，[①] 因此也是一种对整个人性的权力，一种普遍和至高的权力。至少，亚历山大大帝说过："如果我不是亚历山大，我想要是第欧根尼。"（CV, 253）

2. 犬儒主义的历史和哲学迷雾

然而，如果一个个体不真正拥有政治权力，那么犬儒主义如何让那个即使在政治领域都难以结合在一起的权力和真理成为一致的呢？犬儒主义如何通过实践真理、活在真实中，最终不仅获得一种权力，而且是一种至高的权力？这个主体能够实践并在且仅在自身中获得的至高权力是什么呢？在直接回答这些问题之前，首先需要考察究竟什么是犬儒主义。先不论犬儒主义在后世的发展，即使在古代，犬儒主义的历史内核都显得非常复杂和充满迷雾。

首先，在犬儒主义这里，存在着"态度和行为的多样性"（CV, 179）。不应满足于人们对犬儒主义的刻板印象：行乞或无

---

① 这里的权力是在宽泛意义上说的，可以指福柯所说的"治理术""主权权力""掌控"等。

差耻的坦率。当然，这些刻板印象也不是假的，只是当我们具体分析不同犬儒主义者的态度和行为时，会发现他们实际上有非常大的差别。例如，福柯提到两位犬儒主义者的例子，一位是德米特里（Démétrius），他过着完全贫穷的生活，"明确且强烈地"拒绝皇帝的金钱，他说："如果皇帝决心考验我，用整个帝国都不过分。"[①] 对德米特里来说，金钱甚至都不值得他去看一眼，值得拒绝的甚至可以是一个帝国。但必须注意的是，德米特里与反对世袭制的贵族群体有关。这个强烈的拒绝，在一个他认为非正义的帝国中坚决保持贫穷的这个姿态，不是单纯的傲慢，而是对某种真理（至少是其所属贵族群体相信的真理）的郑重检验。福柯提到的另一位犬儒主义者是佩雷格里诺斯（Pérégrinus），他和德米特里一样是流浪者，他也做出了一个惊人之举：公开跳入火海自焚。[②] 同样是公开的激烈行为，一个传为犬儒主义佳话，一个成为对犬儒主义的讽刺。

其次，也是犬儒主义存在"态度和行为的多样性"的原因，那就是在关于犬儒主义或那些自称或者模仿犬儒主义的叙事中，就有着对犬儒主义的双重态度。因为犬儒主义提出某种对生活的极端弃绝和朴素，因为他们"与神法、人法以及所有传统形式或社会组织对立"（CV, 183），他们会显得粗鲁、愚昧和没教养，"他们在受奴役之苦，忙于挣取报酬，从事与其状况相符的

---

① Sénèque, *Lettre à Lucilius*, t. II, livres V–VII, lettre 62 ；参见 M. Foucault, *Le courage de la vérité. Le gouvernement de soi et des autres II*, Cours au Collège de France. 1983–1984, Paris, Seuil/Gallimard, 2009, p. 197, note 11。

② Lucien, *Sur la morte de Pérégrinus* ；参见 M. Foucault, *Le courage de la vérité. Le gouvernement de soi et des autres II*, Cours au Collège de France. 1983–1984, Paris, Seuil/Gallimard, 2009, p. 197, note 18。

职业……他们决心扔掉最后的依靠……浸入疯狂之港，在疯狂的帮助下召唤放肆、无知和轻率"，^① 这些对犬儒主义的伪善模仿成为犬儒主义的特征，使犬儒主义经常遭受批评和谴责。然而，也有一些古代叙事将犬儒主义褒扬为"有分寸的、有反思的、有教养的、审慎的、诚实的和真正严厉的"（CV, 183），好的犬儒主义是有教养的，不囿于特定规范之中，他们献身于自由，进行一种"温和、疗愈以及和平的"实践。^② 例如，在罗马皇帝尤利安的记叙中，第欧根尼和克拉特斯是"将贫穷作为荣誉的……致力于朴实……不做作……在与放纵进行言词战争之前，他们用自己的行动与其做斗争，他们用事实证明自己"。^③

最后，由于犬儒主义是一种现实的斗争，甚至在赫拉克勒斯创建苦行哲学之前，在第欧根尼和克拉特斯最原初的犬儒主义之前，在"希腊人或蛮族"（CV, 186）那里到处都有实践这种"哲学"的人。根据尤利安的记叙，犬儒主义的实践，作为对美德的诚实赞同和对邪恶的自然反感，"适用于所有人且所有人都可以做到"（CV, 186）。按照塞涅卡的说法，"那些隐藏在自然深处的事物难以认知，这是因为这种认知对生活无用"（CV, 191），对生活有用的知识不会隐藏，这种知识对所有人来说都触手可及。

---

① Lucien, *Les Fugitifs*；参见 M. Foucault, *Le courage de la vérité. Le gouvernement de soi et des autres II*, Cours au Collège de France. 1983-1984, Paris, Seuil/Gallimard, 2009, p. 182。

② Lucien, *Démonax*；参见 M. Foucault, *Le courage de la vérité. Le gouvernement de soi et des autres II*, Cours au Collège de France. 1983-1984, Paris, Seuil/Gallimard, 2009, p. 198, note 28。

③ Julien *Contre Héracleios*, 214 b-c；参见 M. Foucault, *Le courage de la vérité. Le gouvernement de soi et des autres II*, Cours au Collège de France. 1983-1984, Paris, Seuil/Gallimard, 2009, p. 198, note 29。

只有"反常的""人为的"思想，才有被遗忘和不为人知的风险，才需要复杂和艰难的论证，以重新实现和获得某种普遍权威。这也解释了为什么在吕西安那里，犬儒主义"对于大多数奴颜婢膝和唯利是图者来说是可鄙的"（CV, 182）。因此，犬儒主义不需要学说和学习，"学识渊博不提供精神"。[①]

初看来，这种普遍性，这种进入的便易，大抵是一种"哲学的诸说混杂"，即如福柯所言，"从各个已有哲学中抽取某种基本的核心力量与美德的实践联系起来，就足够了"（CV, 186）。但如果仔细考察犬儒主义的独特性或边缘性，考察古希腊哲学家对犬儒主义的轻蔑，犬儒主义就不是一种简单的"诸说混杂"。犬儒主义之所以既具有古代哲学的核心，又被古代哲学家所排斥，原因来自哲学本身，而不是犬儒主义。因为犬儒主义代表着某种哲学内核，即基于所有人某种习惯性的同感和反感进行批判和斗争的自然实践，这个平凡的斗争内核正是所有古代哲学的起源。如果犬儒主义的这种平凡和原初的斗争同时被持有某种学说的哲学驱逐，这并不是犬儒主义的错，而实际上是哲学在斗争性实践和教条性学说之间存在张力。由此，哲学家对犬儒主义的双重态度不简单是"伪犬儒"与"真犬儒"的问题。福柯说"对犬儒主义的批评总是以某种固有的犬儒主义为名"（CV, 187），我们还可以说对实践的批评总是以某种学说之名，以某种稳定、确定和绝对的真话语为名。

这就很容易理解为什么犬儒主义很少留下理论文本。犬儒主

---

① Julien, *Contre les cyniques ignorants*, 187 c-d；参见 M. Foucault, *Le courage de la vérité. Le gouvernement de soi et des autres II*, Cours au Collège de France. 1983-1984, Paris, Seuil/Gallimard, 2009, p. 198, note 30。

义作为以自然生活为目的的斗争实践，不是一种哲学学说，它既是所有哲学的起源，又是所有哲学学说的敌人和外部性。另外，如果无论如何必须教授犬儒主义，这也会是一种传递"生活架构"的教学（CV, 189），这种架构是要面对生活中会发生的无论何种事件。因此，犬儒主义的真正训练不是逻辑学、物理学、几何学和音乐，而是道德，"人们支配生活和家庭是通过具有智慧的思想，而不是竖琴的曲调和牙牙学语"。① 犬儒主义通过实践犬儒主义主体的事实、实例、模范和佚事教学，他们用智者的少量箴言来教授这些事实，因为"一位熟练的斗士不是那个掌握所有招式的人……而是漫长和专心地练习一两个招式之后，能够伺机找到使用这些招式之时机的人"。② 犬儒主义模式的这"一两个"招式不是"学说传统"，而是"存在传统"。仍然需要教授和重复犬儒主义实践和模式的原因，不是复活理想和精致的学说，而是"我们现在、如今不再具有这些范例的高度，因为某种失势、衰弱、没落已经使如此这般的可能性丧失"（CV, 194）。那么，犬儒主义给出的是何种高度的范例呢？可以适用于所有人的高度，一种真实生活的基本和自然高度。

3. 讲真话：真实生活

犬儒主义的讲真话就是犬儒主义生活，真实生活，在这种生活中，真话语（讲真话）只能通过主体的实践，通过献身于真理

① Diogène Laërce, *Vies et doctrines des philosophes illustres*；参见 M. Foucault, *Le courage de la vérité. Le gouvernement de soi et des autres II*, Cours au Collège de France. 1983-1984, Paris, Seuil/Gallimard, 2009, p. 198, note 35。

② Sénèque, *De beneficiis*, livre VII；参见 M. Foucault, *Le courage de la vérité. Le gouvernement de soi et des autres II*, Cours au Collège de France. 1983-1984, Paris, Seuil/Gallimard, 2009, p. 191。

（某种真话语）的方式才是真的。初看来，这是柏拉图的哲学王原则；但深入考察这个理想，犬儒主义不是将之寄托在任何其他人身上，而是依靠自身。从寄托他人到依靠自身的这个转变如此重要，它提供了寻找真理、生活在真理中的方式，而不是总诉诸他者。如通过政治，即通过他人实施的正义获得美好生活；如通过科学，通过在物质的机械机制中获得确定和死去的生活。

犬儒主义的历史内核显现为这样一种在生活中的真理实践，显现为非话语的行动，不是话语行动或依据他人真理话语的行动，而是由自我创造真理话语之现实的自我行动，这种行动产生真实，甚至在这个真实被言说或成为真理话语之前。犬儒主义的这个独特和非凡的行动，与实践主体的某种普遍真理和至高权力相一致，不是别的，正是作为"真实生活"的自身生活，"犬儒主义本质上呈现为讲真话的某种形式，在应该如此显现真或说出真的主体自身的生活中，以一种存在显现的形式，找到其工具、场所、涌现点"（CV, 201）。这是与当代哲学或科学不一样的道路，一种在真理与现实、真话语与事物存在本身之间实现融贯性的别样道路。

那么犬儒主义的这个"真实生活"是怎样的呢？由于古代犬儒主义没有产生任何独特学说，这个"真"（alêthês）的概念，这个真理（alêtheia）概念，可以在一般的古希腊哲学中寻找其踪迹。按照福柯的研究，真理/"真"的概念有四种形式：1）当人们说"真"，这是在说毫无隐藏、毫无掩盖，alêthês 一词的前缀 a- 给出否定含义，"自身的任何部分都没有隐瞒或遮蔽"（CV, 201）。2）一个事物停留在自身之中，事物的真理不应有"任何补充和添加"，也就是没有混合，没有异质，没有外来者，因为无论什么补充和添加都可能是对事物本身的一种掩盖，事物的真理本身应该是一种纯粹。[①] 3）为了让一个事物停留在自身之中，既无添加亦无混合，它应该是"正当""直接""端正""符合其所应该"（CV, 202）。4）停留在自身之中的事物有一个水平维度：不混合；还有一个垂直维度："在所有改变之外持存，保持同一性、不变性和不腐性。"（CV, 202）福柯对真理概念的这些分析性定义的有效性可以在古代的适用中得到证明。

首先，真理概念的这个定义与伯里克利式的真话语（logos alêthês）相符。这不单纯是像我们今天在逻辑学或语言学意义上说的命题之真，而是言说主体以毫不隐瞒的方式言说，不掺杂任何他人的观点。也就是说，当言说主体言说之时，即使可能在重复别人的观点，这些观点也已经内化为他自己的观点，因此也是他自身思想的真实表达，真实到言说主体相信、言说和实践这些观点，就像伯里克利在其政治生命中说和做的一致。由于像伯里克利这样的讲真话者呈现出一种在当时代公民中的某种优势，他的真-话语也因此是符合当时规则（民主、城邦法则、伯罗奔尼撒战争的特殊语境）的最佳选择。同样，讲真话者的话语具有真-话语的稳定性，这是由整个生命都相信、言说和实践这一话语的主体所保障的。

其次，真理概念的这个定义也与柏拉图的真爱（alêthês erôs）相符。使少年为人所欲的美和美德正是具有这种不隐匿的

---

① 福柯的这个定义是分析性的，来源并不明确。福柯在手稿中还构造了真理的另一个含义（没有出现在正式讲座中）："alêthes 也与反射、图像、影子、模仿和表面相对立；alêthes 是与其本质完全相符和一致的。"参见 M. Foucault, *Le courage de la vérité. Le gouvernement de soi et des autres II*, Cours au Collège de France. 1983-1984, Paris, Seuil/Gallimard, 2009, p. 201。

特征：自由人之间的真爱没有什么可隐藏，没有什么是耻辱的，"他正是这样可以总是接受在见证者面前显明"（CV, 203），在真爱者之间没有隐藏。关于纯粹，柏拉图式的真爱表明，对同一神圣真理的精神之爱的纯粹性是不掺杂感官愉悦的。也正因如此，柏拉图式的真爱是永恒的，不会随着身体、年龄和变换的环境而腐坏。柏拉图式的真爱也是正当的，符合古希腊社会的社会与性同构原则和积极性原则。

最后，真理概念的这个定义也可以运用于古代传统及犬儒主义的真实生活（alêthês bios）。在真理的四种形式中具体分析传统和犬儒主义的"真实生活"之前，先要考察一下犬儒主义独特的"改变币值"（CV, 208）原则。就像苏格拉底从德尔菲神庙获得的神圣任务一样，对于犬儒主义来说也有一个神圣任务，[①]"因为钱币不能对其真实价值有所欺骗，人们通过在钱币上另外加上一个更好和更恰当的人像来恢复其自身的价值"（CV, 209）。犬儒主义因此是那个改变习俗、规则或法则（nomos）价值的人，就像第欧根尼改变钱币（nomisma）价值。这并不是要改变金属（生活本质），而是为了在钱币被某种人像（人法）强制规定某种价值后恢复其自身价值，为了重建对生活来说更好和更恰当的价值。对生活来说更恰当的价值就是"真理"的价值，当然就是在"真理"的四种形式中的真理，但"究至极致，就是一种实际上

---

① 第欧根尼·拉尔修对这一原则的历史有所记载：第欧根尼和他的父亲都是兑换钱币的人，第欧根尼在阿波罗的建议下在钱币上作假，改变币值。参见 Diogène, Laërce, *Vies et doctrines des philosophes illustres*, livre VI, 20–21 ；参见 M. Foucault, *Le courage de la vérité. Le gouvernement de soi et des autres II*, Cours au Collège de France. 1983–1984, Paris, Seuil/Gallimard, 2009, p. 211, note 21。

与传统上所认为的真实生活相反的生活"（CV, 209）。

4. 古代哲学的破碎之镜

然而，正是因为对真理的极端忠诚，即"无隐藏、无混合、正当和不变"，犬儒主义将真实生活推向真理极致，同时向真理与现实、假装言说生活真理的哲学与真正实践哲学的生活做了一个鬼脸。这使犬儒主义的所有苦难实际上表明了哲学、真理、真-话语的虚伪，使得对犬儒主义丑闻的所有哲学批判最终反过来指向哲学本身的丑闻：对于真-话语，对于所谓真理的现实，按福柯的话来说，"犬儒主义扮演的是古代哲学的破碎之镜的角色"（CV, 209）。我们接下来就要通过真理在古代的这四种形式，考察犬儒主义如何既保持生活这枚钱币的足金（现实），又重建生活的价值直至真理和"真实生活"的完满。在构造与重构的这个双重运动中，人类主体的存在甚或其真理和权力就显露出来。

（1）关于"真实生活"作为无隐藏的生活，古代传统中有多种呈现形式。在《小希庇阿斯篇》中，[①] 这就是阿喀琉斯的生活，即在"所思""所言""所欲为"和"实际所为"（CV, 204）之间，既无隐藏，亦无迂回。在《理想国》中，[②] 这就是神的存在，"在行动和言说上简单和真实"（CV, 205）。在塞涅卡与吕西留的通信中，每个人的生活都在另一个人的观看之下，从而每个人都在实践一种无隐藏的生活。在爱比克泰德的《对话》中，这是一

---

① Platon, *Hippias Mineur*, 365a；参见 M. Foucault, *Le courage de la vérité. Le gouvernement de soi et des autres II*, Cours au Collège de France. 1983–1984, Paris, Seuil/Gallimard, 2009, p. 210, note 4。

② Platon, *La République*, livre II, 382e；参见 M. Foucault, *Le courage de la vérité. Le gouvernement de soi et des autres II*, Cours au Collège de France. 1983–1984, Paris, Seuil/Gallimard, 2009, p. 210, note 7。

种在居于我们自身的神圣性的内在观看下的生活，"当你关闭你的大门，使内部晦暗不明，请记得千万不要说你是独自一人……神在你的内部"。[①]

至于犬儒主义，这个无隐藏生活的观念被延续和重构，直至一种极致乃至骇人听闻的运用。对于犬儒主义来说，对无隐藏生活的实践不是像从思想直到某种行动的通透那么轻巧，不像朋友间的监督那么容易，也不像内在观看那么隐秘，而是将整个个人的、物质的和日常的生活搬上舞台，置于最大数量的公众观看之下。这是对哲学家提出的"真实生活"的最忠诚和最完整的验证方式。对犬儒主义来说，无隐藏的生活，就是没有家、没有衣服、没有隐私、没有秘密，就是在"世界的一切角落"生活并展示，就是当众自慰，就是自焚示众。这并不是区别好的犬儒与伪善模仿的犬儒的问题，而是"犬儒主义游戏"的问题。这个游戏通过激进的实践，使哲学对"无隐藏生活"的建议成为问题。因为哲学家说最美好的生活、最好的生活就是毫无隐藏的"真实生活"，那么如果毫无隐藏，就要公共生活，将所有日常活动（包括第欧根尼的自慰、佩雷格里诺斯的自焚、克拉特斯与希帕奇娅的当众做爱，等等）暴露在最大多数的公众眼中，这不用被看作无耻。如果我们对于自然给予我们的一切都毫无隐藏，就会让人不舒服，这不应该是"真实生活"的错，而是源起于加诸人的生活中的事物：规范、规则、法则、观念、习惯和协定。如果美好生活的观念与规范相悖，犬儒主义的解决办法不是让美好生活服

---

① Épictète, *Entretiens*, livre I, entretiens XII-XIV ; 参见 M. Foucault, *Le courage de la vérité. Le gouvernement de soi et des autres II*, Cours au Collège de France. 1983-1984, Paris, Seuil/Gallimard, 2009, p. 245, note 3。

从规范，而是坚持自然形式的"真实"人类生活。"犬儒主义通过严格运用无隐藏的原则，扯掉了无隐藏原则所关联的羞耻法则"（CV, 235）。换言之，如果哲学家因为指责犬儒主义道德败坏，而将犬儒主义驱逐出哲学场域，哲学家就会与自身相悖（因为犬儒主义只是他们在现实中的影子），而且还会用一个在真理之外的理由（规范）破坏自身的真理原则（无隐藏）。

（2）关于"真实生活"作为无混合的生活，在古代传统中有两种存在类型。一种是柏拉图主义中存在的"关于纯粹的美学"（CV, 235）的风格，① 即将一切无序、纷乱、非意愿麻烦斥责为在神圣统一体中混合和加入了有死因素。② 例如在《理想国》中，参与民主的人就是受欲望的多样性所困之人，就是混淆快乐与痛苦、邪恶与美德、民主与专制的人，"这种无统一体的生活，这种混合的生活，这种注定多样性的生活，就是一种没有真理的生活。这种生活没有能力给真话语留有位置"。③

另一种是伊壁鸠鲁学派或斯多葛学派中"独立、自我满足和自给自足的风格"（CV, 235），即主张一种通过脱离一切外部和不确定事物而回返自我的生活。基于对生活的这种既无混合又无依赖的观念，犬儒主义将之解释为一种即使苏格拉底或塞涅卡都不能反对的贫穷形象，因为他们本身就主张灵魂之美与主体身

---

① 这种"关于纯粹的美学"可能受毕达哥拉斯学派的影响，参见 Dodds, *op. cit.*。

② Platon, *Critias*, 121 a-b；参见 M. Foucault, *Le courage de la vérité. Le gouvernement de soi et des autres II*, Cours au Collège de France. 1983-1984, Paris, Seuil/Gallimard, 2009, p. 210, note 10。

③ Platon, *La République*, livre VIII, 561b-561d；参见 M. Foucault, *Le courage de la vérité. Le gouvernement de soi et des autres II*, Cours au Collège de France. 1983-1984, Paris, Seuil/Gallimard, 2009, p. 210, note 8, note 9。

份（无论是奴隶还是精英）无任何关系，主张真实生活不应与财富有染。然而，在古代社会，存在着最优秀者和大众的对立文化。就像从伊昂开始，最好的生活就是跻身"前列"；再如塞涅卡，尽管他的态度是奴隶或精英的身份没什么区别，但对于他自己的生活，"他绝对主张跻身前列、最优者，与大众相对"（CV，236）。在此意义上，古代哲学就主张真实生活与财富无关的态度、观念或建议，只是"虚拟的脱离"，一个空洞的口号，一种吹嘘的自命不凡，一种理论产物，一种理想的想象，总之，一种提出者自己都不会去实践的生活。

然而，在犬儒主义那里，贫穷的真实生活是"现实的""积极的"和"无限的"（CV, 237-238）。犬儒主义的贫穷不是排斥财富的态度，不是偶尔为之的训练（如塞涅卡向吕西留的建议），而是在全部的生命中放弃家、衣物、食物，是一种真实的贫穷。而且，犬儒主义的贫穷不是一种对原始条件的消极接受，不是对平庸生活萎靡不振的实践（如苏格拉底满足于一家一妻一些孩子和一些拖鞋）。[①]犬儒主义的贫穷是一种真实且有意的行为，为此，犬儒主义者需要某种抵抗、坚忍以及与其真实生活相符的品质。最后，犬儒主义的贫穷并不是命运所至，而是一种致力于不断推进人之弃绝界限的无尽努力，最终是为到达人之基本需要的边界，以实现哲学家所宣扬的独立。

不过，这种对纯粹和自我满足的极端化产生了一个矛盾的

---

① Claude Élien (175-235), *Histoire variée*, IV, 11, in *Les Cyniques grecs*, Diogène n°186；参见 M. Foucault, *Le courage de la vérité. Le gouvernement de soi et des autres II*, Cours au Collège de France. 1983-1984, Paris, Seuil/Gallimard, 2009, p. 246, note 13。

效果。极端贫穷中的犬儒主义者也是依赖他人施舍的乞讨者，或者是等待其不确定命运的奴隶，他们实际上过着肮脏和依赖的生活。这使犬儒主义身败名裂，在古希腊和罗马社会遭到辱骂、蔑视和羞辱。但对于犬儒主义者来说，这样的矛盾效果并非意料之外，相反，他们追求这种效果，"羞辱性处境是有益的，因为这种处境可以磨练犬儒主义者抵抗所有观念、信仰和习俗现象"（CV, 241）。接受侮辱或对侮辱无动于衷是另一种批判自命不凡的荣誉、瓦解名誉与不名誉间世俗约定的方式。犬儒主义的可耻并不是某种导致自我弃绝的基督教式耻辱，相反，犬儒主义者因为自我的骄傲和至上而接受羞辱。因为羞辱越是不可忍受，他们越是在承受这种羞辱的时候肯定了自身的至高无上和对自我的掌控。相对于这个最终和绝对的至高权力，在特定社会意义上的羞辱，或者通过意愿独立而产生的不可再缩减的依赖，只是更高层面荣誉或独立的证明。

（3）真实生活也在古代哲学家那里呈现为符合原则、规则和规范的正当生活。（CV, 206）例如，柏拉图三赴西西里是为了劝说暴君按照哲学规则塑造生活，从而按照哲学法则治理城邦，这样，所有人都能有"幸福和真实的生活"。[1]对柏拉图来说，国王的灵魂"毫无正当"，[2]这些灵魂充满谎言和虚荣，充满欲望、软弱、徒劳，这些灵魂因为不受"真理"支配而应被惩罚。相反，

---

① Platon, *Lettre VII*, 327d ；参见 M. Foucault, *Le courage de la vérité. Le gouver-nement de soi et des autres II*, Cours au Collège de France. 1983–1984, Paris, Seuil/Gallimard, 2009, p. 211, note 12。

② Platon, *Gorgias*, 525a ；参见 M. Foucault, *Le courage de la vérité. Le gouvernement de soi et des autres II*, Cours au Collège de France. 1983–1984, Paris, Seuil/Gallimard, 2009, p. 211, note 13。

哲学家的灵魂充满美，因为与"真理"同在，这些灵魂会去往
"极乐之地"。[①]由此，真实生活应该依照哲学所定义的作为人类、
社会或整治法则的"真理"。

然而，按照犬儒主义将生活界限推至极致的原则，这种正当
的"真理"就是自然法则，就是某种自然性。正因如此，犬儒主
义实践总是显现为对人类社会的协定或规约进行某种永恒的批判
或抵抗。例如，对于犬儒主义来说，婚姻或家庭只是男女之间相
互吸引的"自由结合"；[②]犬儒主义者不拒绝吃生肉甚或人肉；[③]他
们无视乱伦禁忌，因此莱厄斯和俄狄浦斯不需要自责，因为"公
鸡可不会因为这样的冒险而遇到什么麻烦"。[④]所以犬儒主义者
产生了哲学真理的另一个矛盾或丑闻：作为"正当"的真理原则
推向动物性，"无混合"的真理原则极端化直至最大限度地缩减
人的需求，直至某种依赖且仅依赖自然的独立和自由。在自以为
依据真理行动的哲学家面前，犬儒主义实际上显现了人之真理的
丑闻形象。通过显现人性的动物性，显现这个被自命不凡的人视
作丑闻的动物性，犬儒主义施行了一种不可撼动的至高权力，因

① Platon, Gorgias, 526c ; 参见 M. Foucault, *Le courage de la vérité. Le gouvernement de soi et des autres II*, Cours au Collège de France. 1983-1984, Paris, Seuil/Gallimard, 2009, p. 211, note 18。

② Diogène Laërce, *Vies et doctrines des philosophes de l'Antiquité*, VI, 72 ; 参见 M. Foucault, *Le courage de la vérité. Le gouvernement de soi et des autres II*, Cours au Collège de France. 1983-1984, Paris, Seuil/Gallimard, 2009, p. 246, note 19。

③ Diogène Laërce, *Vies et doctrines des philosophes de l'Antiquité*, I, 73 ; 参见 M. Foucault, *Le courage de la vérité. Le gouvernement de soi et des autres II*, Cours au Collège de France. 1983-1984, Paris, Seuil/Gallimard, 2009, p. 246, note 22。

④ Dion Chrysostome (Dion de Pruse, 30-116), *Discours X: Diogène, ou Des domestiques*, § 30 ; 参见 M. Foucault, *Le courage de la vérité. Le gouvernement de soi et des autres II*, Cours au Collège de France. 1983-1984, Paris, Seuil/Gallimard, 2009, p. 246, note 25。

为他们符合人之真理，因为他们过着依据人之本性所重构的正当生活。

（4）真实生活在古代传统中还表现为不可改变、不动和不可腐。例如，在《克里提亚斯篇》中，亚特兰蒂斯的居民在无死者到来之前，过着一种"真实且幸福"的生活；[1] 在《泰阿泰德篇》中，"在日常活动中笨手笨脚和滑稽可笑"的人实际上是过着诸神永恒和不可腐的生活，[2] 这些人因此也如诸神般快乐。真实的幸福生活的这种不可腐性、不动性从苏格拉底时刻开始，就发生着转化：一方面，柏拉图将其转化为人之生活中主导性和不容置疑的理性；另一方面，希腊化罗马时期将之转化为一种至高权力，一种掌控，一种自我相对于所有他者的优越性，以抵抗所有外部改变。例如，在塞涅卡那里，就是一种对自身的把握，[3] 就是成为自身的正当。[4] 凭借着这种不容置疑的至高权力，凭借着对神圣真理或自我真理的这种不可剥夺的拥有，所有可以在自我（灵魂）中找到的事物不再是可腐的，因此达到一种永恒和快乐的真实生活。如塞涅卡在《对赫尔维亚的慰藉》中说："在自我内部

---

① Platon, *Critias*, 121 a–b ; 参见 M. Foucault, *Le courage de la vérité. Le gouvernement de soi et des autres II*, Cours au Collège de France. 1983–1984, Paris, Seuil/Gallimard, 2009, p. 205, p. 207。

② Platon, *Théétète*, 176 a ; 参见 M. Foucault, *Le courage de la vérité. Le gouvernement de soi et des autres II*, Cours au Collège de France. 1983–1984, Paris, Seuil/Gallimard, 2009, p. 211, note 20。

③ Sénèque, *Lettres à Lucilius*, lettre 20, 62, 75; 参见 M. Foucault, *Le courage de la vérité. Le gouvernement de soi et des autres II*, Cours au Collège de France. 1983–1984, Paris, Seuil/Gallimard, 2009, p. 265, note 1, 2, 3。

④ Sénèque, *De brevitate vitae,* V, 3; 参见 M. Foucault, *Le courage de la vérité. Le gouvernement de soi et des autres II*, Cours au Collège de France. 1983–1984, Paris, Seuil/Gallimard, 2009, p. 265, note 4。

寻找所有欢乐吧。"①

　　然而，这种真实生活的至高权力，无论是柏拉图式的还是希腊化罗马式的，因为具有绝对和普遍的形式，必然会"裨益"他人。②在柏拉图那里，就是政治建议；在希腊化罗马时期，就是意识指导。无论如何，真实生活的这种至高权力不能不展现为某种"照顾、帮助或救济"。换言之，这是一种必须，是一种无法回避的效果，而且正是因为至高权力本身的性质，它必须对他人有用，必须对他人有效。"对自我的治理"和"对他人的治理"就只是"唯一且同一至高权力的不同方面"（CV, 251），无人能或该回避，因为这来自至高权力（真理）的命令特征。

　　5. 犬儒主义哲学王

　　犬儒主义实践的戏剧化、极端化和强化将这种不腐的至高权力带向一种傲慢的肯定：犬儒主义者就是国王，而且是唯一的国王。那么这个国王是何种意义上的国王呢？

　　（1）犬儒主义国王是一种反国王的国王，这种国王要表明"国王的专制制度是徒劳、虚幻和不牢固的"（CV, 252）。这种国王是一种极端化，是一种在哲学家提出的至高权力的绝对意义上的国王。这在亚历山大与第欧根尼的著名相遇中可以得到说明。

　　首先，在两种至高权力之间有一个比较，一个是亚历山大的至高权力，这种权力显然非常鲜明有力，因为他是希腊之主，正

---

① Sénèque, *Consolation à Helvia*, V, 1; Sénèque, *De brevitate vitae*, V, 3 ；参见 M. Foucault, *Le courage de la vérité. Le gouvernement de soi et des autres II*, Cours au Collège de France. 1983-1984, Paris, Seuil/Gallimard, 2009, p. 265, note 8。

② 将"裨益"打上引号，因为这种"裨益"的效果并非总是积极的，有时这会是一种强加和恐怖的权力。

在征战波斯；他拥有军队、朝臣、土地和政治权力。但权力的所有这些外部符号也在标明这种权力的依赖性，因为如果没有这些可见的、脆弱的和不牢固的事物，亚历山大什么也不是。相反，第欧根尼的至高权力全无这些外部符号，这正是因为第欧根尼没有任何这些可见和不牢固的事物，它因此是一种不可颠覆、不可消除和不可摧毁的权力。

其次，关于至高权力的来源，亚历山大的至高权力来自继承，来自技艺的训练；第欧根尼的至高权力则更为传奇或神秘，即来自宙斯，第欧根尼直接按照宙斯的模式形成自己的至高权力。按照金嘴狄翁①所言（CV, 254），亚历山大通过教育获得的是一种培养（paideia）。与这种可教的培养相对立的，是第欧根尼从宙斯那里获得的一种雄性气质（andreia），一种阳刚之气和勇气。正是这种雄性气质让第欧根尼比依赖他者的政治国王更强大，因为第欧根尼是一个具有勇敢、阳刚之气和伟大灵魂的人，是拥有优越的至高权力的人。因此，这并不是亚历山大与第欧根尼的对峙，而是世界的外部事物与人的内部灵魂之间的对峙；犬儒主义反-国王的国王所对立的，不是另一个人类主体，而是政治性的国王所依附的一切外部事物，一切脆弱、不确定和不可掌控的事物。在这个意义上，犬儒主义国王是唯一的国王，因为犬儒主义的至高权力是人唯一可以完全掌控的权力。

然后，关于至高权力在外部性和内部性上的对立，最重要和最后的敌人不是米堤亚人、波斯人或任何外部敌人，而是希望成

---

① 金嘴狄翁（Dion Chrysostome，40—115），古希腊演说家、作家、犬儒学派哲学家、罗马帝国史学家，有80篇作品传世。早年因政治原因遭放逐，后因演说和哲学思想而知名，致力于在罗马帝国捍卫希腊的文化传统和伦理价值。

为真正国王的主体其内部的"缺失和恶习"。① 犬儒主义者因为既无缺失，亦无恶习，所以是真正的国王。

最后，同样因为这个外部性的理由，亚历山大这样的国王总是暴露在至高权力的不确定性中，权力颠覆和财富丧失的可能性不断萦绕着他。相反，像第欧根尼这样的国王总是确定的，因为他是因自身的本性，因自身最基本的的生活方式而成为国王，再没有什么可以剥夺一无所有之人。正是在这种无的虚无之中，犬儒主义获得了某种无限、确定、不动和不腐的至高权力，因此这也是真正的最高权力。

（2）基于对一切外在事物的剥夺而建立的至高权力的优越性意味着一种强烈的牺牲精神。这表现在两个方面。

第一个方面，犬儒主义的牺牲精神不可避免地表现为苦难，因为正是通过对苦难的意愿坚忍，通过最大程度地缩减生活条件，犬儒主义才能获得优越的至高权力。所以我们才会在赫拉克勒斯那里看到犬儒主义作为"真正的坚忍英雄"，在实践和话语中具有的坚韧不拔的形象。这样的"坚忍英雄"能够忍受严寒和酷暑，能在坚硬的床上睡觉（CV, 259）：第欧根尼盛夏之时在滚烫的沙子上打滚，严冬之时在雪上打滚。（CV, 255）这些看起来可笑的实践实际上是犬儒主义自我至高权力在人之极限上的操练和证明。

由于犬儒主义的至高权力在于最大限度地剥离外在条件，在于对人之原初自然性的坚决主张，对这种至高权力的捍卫就意味

---

① Dion Chrysostome (Dion de Pruse), *Sur la royauté*, §55-56；参见 M. Foucault, *Le courage de la vérité. Le gouvernement de soi et des autres II*, Cours au Collège de France. 1983-1984, Paris, Seuil/Gallimard, 2009, p. 265, note 15。

着与所有能够改变这个主张的事物做斗争。因此，这不再仅仅是对抗某些激情、欲望或欲念的精神斗争，而尤其是对抗一切协定、习俗、体制、法则以及强加在人类原初自然性之上的人性，对抗能够影响整个人类的一切外在世界的恶习。这种斗争不仅力图改变个体道德，还要改变人类的生活方式、习惯和协定。例如，从色诺芬开始，[①] 赫拉克勒斯就是犬儒主义的伟大代表，他接到欧律斯透斯（Eurysthée）交给他的任务，抗击"世界之恶与人之罪恶……他要去清理世界"（CV, 258）。在金嘴狄翁那里，[②] 赫拉克勒斯是犬儒主义英雄，这不是因为他的美、财富或强力，而是因为他的痛苦、苦难和坚忍，因为他对抗不公正主权者的斗争。因此，对于赫拉克勒斯或所有其他犬儒主义来说，普鲁米修斯为人类盗火，其实是摧毁了人的原初动物性，"这注定了人类之后的所有罪恶"（CV, 260）。因此赫拉克勒斯解救普罗米修斯，不是为了让普罗米修斯继续影响人性，而是为了让他将人性恢复到自然状态。

第二个方面，犬儒主义的牺牲精神还表现为一种侵略性的战斗。尽管真正的至高权力在主体的内部，然而，这种至高权力具有一种惠及他人的效果和价值，就像在塞涅卡那里，这表现为对他人的教诲。对于犬儒主义来说，作为自我最高权力自然效果

[①] Xénophon, *Mémorables*, II, 1, 21–34；参见 M. Foucault, *Le courage de la vérité. Le gouvernement de soi et des autres II*, Cours au Collège de France. 1983–1984, Paris, Seuil/Gallimard, 2009, p. 266, note 18。

[②] Dion Chrysostome, *Discours VIII: Diogène ou De la vertu*, in *Les Cynique grecs*；参见 M. Foucault, *Le courage de la vérité. Le gouvernement de soi et des autres II*, Cours au Collège de France. 1983–1984, Paris, Seuil/Gallimard, 2009, p. 266, note 19。

的惠及他人激变为关照他人的强制和强烈牺牲，"这就是真正的关照他人，去寻找他人之所在，为了关照他人不惜牺牲自己的生命"（CV, 256）。犬儒主义通过自我的剥离、牺牲和弃绝完成自然所提供的裨益，或者更确切地说，完成自我至高权力的逻辑和分析含义所蕴含的裨益。由自我至高权力而来的欢喜和完满因此与这样的弃绝和牺牲有关。

在这个意义上，这个积极惠及他人的裨益也成为医学、物理和社会意义上的干涉主义。例如，按照阿普列尤斯（Apulée）的记载，① 克拉特斯是第欧根尼的早期学生，被第欧根尼称为"开门者"，因为克拉特斯逐户敲门，挨家挨户去给需要的人提供建议。这种基于基本自然性、绝对剥离和完全牺牲的至高权力，这种行动主义和干涉主义的特征很难不转化为战斗精神，很难不变得具有侵略性。它会以捍卫普遍人类的至高权力为名，"为自己毫无保留，为所有人的最大福利可以让自己承受一切苦难"（CV, 256）。犬儒主义的典型形象"犬"因此获得其本身的含义：为主人战斗、咬人和攻击。而这个主人，当然不是在某个封闭环境中招募或捍卫某些个体的政治团体或哲学学派。基于最大剥离、没有什么可以再失去的至高权力这个特征，犬儒主义的这个主人既是完满的又是空洞的，既是来自自我又是反对自我，既是为了他人又是反对他人，这个主人就是那个著名的概念：人性。

---

① Apulée (123-170), *Florides*, XXII, 1-4；参见 M. Foucault, *Le courage de la vérité. Le gouvernement de soi et des autres II*, Cours au Collège de France. 1983-1984, Paris, Seuil/Gallimard, 2009, p. 265, note 17。

第三章

关注自我与自我操练——与自我的关系

导言 自我的诞生

按照福柯1983年在《对自我和对他者的治理》中对研究方法的总结，福柯对古希腊的性的研究是对西方文化中诸多重要经验之一的研究，这些重要经验还包括疯狂、疾病和犯罪。尽管关于古希腊的性的研究主要涉及的是古代，但这个研究与涉及古典时期和现代的其他三个重要经验的研究一样，揭示出古代思想的三个策源地："可能知识的形式""行为的规范矩阵"和"潜在存在模式"（GSA, 4）。本部分第一章"古希腊的性与判真模式"涉及福柯1981年的法兰西公学院讲座《主体性与真理》，对应于古代经验的第一个思想策源地，解释了"这些话语曾经所是，或无论如何认为其所是"（SV, 252），也就是判真的话语实践与规则，例如柏拉图之爱的判真、普鲁塔克夫妻关系的判真。本部分第二章"讲真话与治理技术"涉及福柯《对自我和对他者的治理》的两卷（1983、1984），对应于上面所言第二个策源地，揭示了"真话语所言或欲言"（SV, 252），也就是行为的规范矩阵，例如作为对所有公民之政治决策的伯里克利式讲真话、作为对君主灵魂之哲学指导的柏拉图式讲真话，以及作为对人类一般宗教模式的犬儒主义讲真话。现在需要展开古代经验的第三个思想策源地："主体存在模式的构造"，也就是需要考察自我关系的技术。

　　如果暂不考虑福柯晚期对问题的转化，这三个思想策源地对应的正是知识、权力和主体。如果说这三个策源地是特定时期经验的不同维度，那么实际上需要"将它们彼此重新连接起来"（GSA, 5）。因此，不可能在福柯这里孤立出一个主体理论，因为在福柯这里，现代意义的"主体理论"被"将个体构造为主体的不同形式"（GSA, 6）所取代，而主体的这些存在模式只能通过前两个策源地的叠加才能构成。而且，即使是前两个策源地（判真和规范）本身也不是孤立的，行为规范（即对自我和他者的治理）也是通过话语实践和真理确立，即通过讲真话建立起来的。因此，主体存在模式是由对真理的判真和真实行为的规范共同构造或制造出来的。

　　不过，这里也并不是对（政治的、哲学的或宗教的）诚言者所陈述"真理"的一个简单的主体化问题，不是作为对"真理"的认同、服从和屈服的主体化，例如现代对人的物质化就如语言对劳动、言说和生命主体所为，正如精神分析的语言学式治疗对疯人所为。但这些与古典时期和现代对"真理"的主体化截然不同，后者不仅改变了"真理"的性质，也必然伴随着对主体的客体化。

正因如此，研究希腊化罗马时期主体化或主体存在模式的构造非常重要。面对"真理"的判真和对真实行为的治理术规范，必然和必须提出主体、自我、主体性、"我"的问题。提出这样一个问题的原因，不是存在一个作为某种实体的主体、自我、主体性、"我"，正如我思在提出个体之"我"的存在问题同时预设了普遍之"我"。提出这样一个问题，是为了质疑主体、自我、主体性、"我"本身，让这些概念本身成为问题：这个自我是什么？这个作为疯人、劳动者、言说者、生命体的主体是什么？这个被分化为私人生活和公共生活的主体是什么？这个应该同时不被隐藏和不被混合、正当和静止的真正人性是什么？甚或，如尼采所问，"人真的存在吗？"我们也可以去问"主体真的存在吗？"因为如果人或主体本来就不存在，那么提出关于这个空洞概念的问题或说人／主体已死，是毫无意义的。

然而，福柯晚期的研究并不会提这种类型的问题。这不是因为主体、主体性的概念不构成问题，而是因为不应在预设一个普遍、同质和同一的存在前提下提出这样的问题，不应在一个凝固的、展示性的和纯粹的孤立中理解这个问题，不应在作为真理的框架下思考这个问题。因为这个框架本身都可能是成问题的，或者这个框架有可能改变了我们在主体上所寻求之物的本来状态。因此，福柯在考察主体时提出的问题是：这些主体存在模式是如何构造的，这些构造又是如何与真理的判真、治理术规范联系在一起的。

第一节　关注自我与治理术的用法

一、关注自我与认识自我

福柯为了研究主体问题，在研究了古希腊的性的领域中的"主体性与真理"的关系之后，1982 年第一次提出了相对于传统概念"认识你自己"（gnôthi seauton）的一个"矛盾和讲究"（HS, 4）的概念——关注自我（epimeleia heautou）。"认识你自己"一般被认为是古代主体与真理关系或主体问题的起源、"奠基性表述"（HS, 5）或"一般态度"（HS, 12），因而在这个传统概念之外提出"关注自我"取代"认识你自己"的地位就颇为不寻常。首先需要澄清的就是这两个概念之间的关系，而且，这不只是为人熟知的概念和不为人熟知的概念之间的关系，也是且更根本地是"主体与真理""关注自我"和"认识自我"的关系，这是同时定义和决定主体和真理的关系。

福柯对"关注自我"和"认识你自己"关系的研究首先出现在 1981 年关于古希腊的性的种种问题化之中，随后 1982 年福柯又考察了关注自我（souci de soi）的三个时期（HS, 32）（苏格拉底-柏拉图时期、希腊化罗马时期和公元 4—5 世纪的基督教时期），最后 1984 年又考察了犬儒主义通过"认识你自己"对"关注自我"所进行的毫不留情的实践，也就是自我融化在真理性质的生活之中。在福柯对"关注自我"和"认识你自己"关系的漫长而又丰富的研究中，1981 年的研究提出了主体与真理的关系问题，1984 年的研究考察了这个关系的诸种结果，1982 年的研究揭示了这个关系所包含的内容，或者更确切地说，在这个关系中，什么被消减、忽略或隐藏了。我们就从 1982 年展开的这些问题入手。

1. 被消减、忽略或隐藏的

（1）在"关注自我"和"认识你自己"的关系中，第一个被忽略的就是："认识你自己"在哲学史中的价值或意义是建立在一个误解之上的。按照历史学家和考古学家的研究，[①] 希腊语表达 γνῶθι σεαυτόν（gnôthi seauton，认识你自己）与另外两句希腊语 μηδὲν ἄγαν（mêden agan，勿过度）和 Εγγύα πάρα δ'ατη（eggua para d'ata，许诺带来不幸）都是德尔菲神庙的石刻，[②] 只是用来告诫来德尔菲神庙求神的人，[③] 让人们在求神的时候保持谨慎的一般命令，[④] 也就是在求神时需要遵守的仪式性规则。例如，"勿过度"只是说向神提出的问题要有用，不能对神有过分的要求和期待；"许诺带来不幸"是关于许愿的，不能以神发誓不光彩的事，否则就只会带来不幸；同样，"认识你自己"也是对求神者的劝诫，要求求神者要注意自身，对于想要从求神那里知道什么要细加思量。这些要求在求神时保持谨慎的警告没有关于人一般

---

① 福柯引用的是德国古典语文学家、希腊化罗马神话学专家威廉·海因里希·罗舍尔（Wilhelm Heinrich Roscher，1845—1923）和法国希腊化时期研究专家让·德弗拉达斯（Jean Defradas，1911—1974）。

② J. Defradas, *Le Banquet des sept sages de Plutarque*；参见 M. Foucault, *L'herméneutique du sujet*, Cours au Collège de France. 1981–1982, Paris, Seuil/Gallimard, 2001, p. 22, note 12。

③ 威廉·海因里希·罗舍尔的观点。参见 M. Foucault, *L'herméneutique du sujet*, Cours au Collège de France. 1981–1982, Paris, Seuil/Gallimard, 2001, p. 5。

④ 让·德弗拉达斯的观点。参见 M. Foucault, *L'herméneutique du sujet*, Cours au Collège de France. 1981–1982, Paris, Seuil/Gallimard, 2001, p. 6。

行为的伦理或哲学方面的价值或意义，而只是劝诫关涉神的特定行为，也就是说，正是在神与人的关系中，需要谨慎，需要知道人相对于神的局限性，需要将自己的思想还原到一个谦卑的位置上。换言之，这些规则并不是对古希腊人在所有情况下的一般规定，因为不要忘了，除了与诸神发生关系，古希腊人首先是自由民，他们只在与神的关系上才会削减和约束自己的思想，"我服从神，而不是服从你们（行政长官）"。[①]

（2）在"关注自我"和"认识你自己"的关系中，第二个不为人知的问题涉及二者被颠倒的价值和地位。即使不考虑"认识你自己"在德尔菲神庙石刻上的特定意图，在关于苏格拉底这个人物的诸多哲学文本中，关注自我的意义不仅与认识你自己的意义"成双成对"，前者实际上还框限、安排和奠基后者，"你必须关注你自己……正是在这点之内，'认识你自己'的规则就像凭借这个忧虑而显现和形成起来"（HS, 6）。

2. 苏格拉底遗言

福柯对这种颠倒的价值和地位的论证体现在对《申辩篇》中有关苏格拉底的任务和死亡的分析中，如以下文本：

（1）《申辩篇》29d-e（HS, 7-8; CV, 86, note 38），这个段落表明苏格拉底被定罪的原因——在坏民主中的讲真话，以及为什么即使有生命危险苏格拉底还要坚持讲真话——因为这是神托付的任务。那么致使苏格拉底落罪的这个针对雅典公民的讲真话到底说了什么呢？"向他们指出他们要关注自身、关注他们的理性／实践智慧、关注真理、关注他们的灵魂"（CV, 83）。

---

① Platon, *Apologie de Socrate*, 29 d-e.

（2）在《申辩篇》30a-31c 的段落中，苏格拉底自我辩护说，议会判处他死刑，这并不是苏格拉底的损失，而是雅典人的损失，因为"不再有人敦促他们关注自身和自身固有的美德"（HS，8）。如果不再有人去扮演敦促雅典公民关注自身的角色，扮演这个牛虻 ① 的角色，会有什么结果呢？"你们将以沉睡度过余生"（HS, 23, note 24），这也就意味着，不关注自身的生活就像沉睡中的生活，关注自我因此就是"最初苏醒的时刻"（HS, 9）。

（3）在《申辩篇》36b-c 的段落，苏格拉底说他值得好的对待，因为他已经为雅典公民做了重要的事，"尝试劝说他们关心自己而不是关心属于他们的事物"（HS, 23, note 22）。

（4）《斐多篇》中苏格拉底的最后遗言。福柯在 1984 年的《真理的勇气》中认为，这个段落未被足够重视，"总保持为某种盲点、谜点和小漏洞"（CV, 88），但它非常重要，因为能够更深刻地揭示"关注自我"的价值和地位。"克里同，我们欠阿斯克勒庇俄斯一只公鸡。你们要还这个债，别忘了。" ② 苏格拉底的最后遗言既寻常又神秘，经常被以佛教的方式解读："生命是一种病，死亡因此是对生命的治愈。" ③ 例如，《斐多篇》的法语译者罗宾（L. Robin）就认为，献祭一只公鸡是为了"感谢灵魂与身体结合之病终于被治愈了"。也就是说，生命作为灵魂与身体的混合是一种疾病，在这个疾病中，灵魂与身体并不相容，因此，死亡

---

① Platon, *Apologie de Socrate*, 30 e；参见 M. Foucault, *L'herméneutique du sujet*, Cours au Collège de France. 1981-1982, Paris, Seuil/Gallimard, 2001, p. 23, note 25。

② Platon, *Phédon*, 118 a, trad. P. Vicaire；参见 M. Foucault, *Le courage de la vérité. Le gouvernement de soi et des autres II*, Cours au Collège de France. 1983-1984, Paris, Seuil/Gallimard, 2009, p. 105, note 2。

③ G. Dumézil, *Le moyne noir en gris dedans Varennes*.

消除身体并解放灵魂，就重建了灵魂的健康。这种解释更具有柏拉图倾向（CV, 89-90）①而不是佛教倾向，但这种解释也表现出某种毕达哥拉斯学派（与佛教的东方影响相去不远）的倾向。另一个例子是《斐多篇》英语译者伯尼特（J. Burnet）的解读②：生病的人会去阿斯克勒庇俄斯神庙托梦，神庙之梦会告知治愈的方式；而苏格拉底希望通过死亡进入一个漫长的睡眠，其中伴随的梦会指出如何治愈，而苏格拉底在这个只是用来告知治愈方法的死亡之后的某天终会醒来。

同样，拉马丁③与尼采也都唱出了死亡赞歌："我们向作为解放者的诸神献祭！他们治愈了我！从我的生命中治愈了我。"④"哦，克里同，生命是一种疾病。"⑤但尼采提出了一个别人没有注意到的疑点：苏格拉底是在整个生命中都在遭受痛苦的悲观主义者吗？苏格拉底作为牛虻或履行由神赋予其追问雅典人之任务的生活难道是不可承受的负担？难道雅典的坏民主最终让苏

---

① 关于新柏拉图主义的另外一个主题也用来解释献祭的公鸡，即在对奥林匹奥多罗斯（Olympiodore）的评论中，在生命中，灵魂苦于改变、未来、时间，死亡可以让人进入永恒、逃脱生成。参见 M. Foucault, *Le courage de la vérité. Le gouvernement de soi et des autres II*, Cours au Collège de France. 1983-1984, Paris, Seuil/Gallimard, 2009, p. 89-90。

② J. Burnet, *Plato's Phaedo*, Oxford, Clarendon Press, 1911；参见 M. Foucault, *Le courage de la vérité. Le gouvernement de soi et des autres II*, Cours au Collège de France. 1983-1984, Paris, Seuil/Gallimard, 2009, p. 105, note 7。

③ 阿尔方斯·德·拉马丁（Alphonse de Lamartine，1790—1869），法国著名浪漫主义诗人，作家和政治家。

④ G. Dumézil, *Le Moyne noir en gris dedans Varennes*；参见 M. Foucault, *Le courage de la vérité. Le gouvernement de soi et des autres II*, Cours au Collège de France. 1983-1984, Paris, Seuil/Gallimard, 2009, p. 89。

⑤ F. Nietzsche, *Le Gai Savoir*, trad. P. Klossowski；参见 M. Foucault, *Le courage de la vérité. Le gouvernement de soi et des autres II*, Cours au Collège de France. 1983-1984, Paris, Seuil/Gallimard, 2009, p. 105, note 8。

格拉底对他愉快度过的一生表示鄙视？（CV, 90）

　　杜梅泽对关于苏格拉底死亡的诸多文本的研究给出了否定的和有说服力的回答。首先，就在《斐多篇》中，苏格拉底引用了秘传教义中的一个表述："我们处在监护／监视之中。"[①] "监护／监视"（phroura）一词来自动词"看见"（oraô），指警惕目光下的一个空间（CV, 105, note 12）。这样一个被观看的空间可以具有消极含义，如监狱；也可以具有积极含义，如看护。按照《斐多篇》中苏格拉底自己的解释，"诸神照料我们（epimeleisthai），我们是诸神的所有物／羊群（ktêmata）"（CV, 91）。在神对其所有物的警惕目光下，生命不应该是一种疾病，而且也没有理由自杀来逃避这种照顾。其次，苏格拉底也承认，无论生死，他总是能找到"好的老师和好的伴侣"。[②] 因为苏格拉底有像阿尔西比亚德这样的所爱之人，而且是在一种不被身体玷污的纯粹之爱中，而这种纯粹之爱在生命和死亡之中都可以存在，因此，对于一个活在纯洁之爱中的人来说，生死并无本质差别。对于这样的苏格拉底来说，将死亡作为对生命的治愈是毫无意义的，"对于一个好人来说，在此生和在彼岸，都不可能过得不好，而诸神对他的命运并非无动于衷"。[③]

---

① Platon, *Phédon*, 63 b；参见 M. Foucault, *Le courage de la vérité. Le gouvernement de soi et des autres II*, Cours au Collège de France. 1983−1984, Paris, Seuil/Gallimard, 2009, p. 105, note 11。

② Platon, *Phédon*, 69 d−e；参见 M. Foucault, *Le courage de la vérité. Le gouvernement de soi et des autres II*, Cours au Collège de France. 1983−1984, Paris, Seuil/Gallimard, 2009, p. 106, note 15。

③ Platon, *Apologie de Socrate*, 41 d；参见 M. Foucault, *Le courage de la vérité. Le gouvernement de soi et des autres II*, Cours au Collège de France. 1983−1984, Paris, Seuil/Gallimard, 2009, p. 106, note 17。

3. 福柯遗言

这一系列苏格拉底或柏拉图的段落表明了"关注自我"的本质、基础角色和价值，而"认识你自己"的价值或意义就显得退居其次。但从我们现代来看，或更确切地说，从福柯所谓"笛卡尔时刻"开始，恰恰是这个退居其次的"认识你自己"被视为根本，因为它与"真理"的关系，因为它的"科学"特征；"关注自我"则因为其所谓利己主义的道德维度而被贬低。这个古代人那里"关注自我"的积极原则，在我们现代人的眼里却变成如"自私或自闭"这样的消极方面。那些只关心自己的人似乎与某种利他主义或集体道德的能力背道而驰，而后者似乎占据了某种人性的至高点：如在基督教中那样弃绝自我需要，或如在现代政治中崇尚的利他（民族、阶级、党派或家庭）原则。但不无矛盾的是，如果追溯这个所谓利他主义的来源，也会追到"关注自我"的原则，因为毕竟"关注自我"具有更根本的价值和意义，而"认识你自己"只是随之而来的衍生物。

无论"关注自我"和"认识你自己"在现代的意义和价值如何，这里应该从这两方面提出问题：一方面，"关注自我"的"利己主义"原则如何能够转化为其反面——非利己主义的普遍伦理；另一方面，"关注自我"又是何以化约为其伴随物"认识你自己"。换言之，一个高度评价利他主义主体、弃绝自身需要的神圣主体的世界是如何可以基于"关注自我"的传统或文化而建立起来；一个认识自己的主体何以能够比一个关注自我的主体更有价值和更值得推崇。

我们将在福柯对"关注自我"历史的三个分期（公元前4—5世纪的苏格拉底-柏拉图时期，公元1—2世纪的希腊化罗马时期，公元 4—5 世纪的基督教时期，HS, 32）中考察对这些问题的回答。但必须注意的是，福柯对这三个时期或三种模式的研究份量并非均等。对柏拉图模式的研究，更多是作为一个定位，对基督教或现代模式的研究既是对古代进行研究的起点也是终点。尽管福柯经常在古代研究中定位出这三种模式，但福柯并未来得及对其进行充分展开。正如福柯在 1984 年最后的法兰西公学院讲座中说："我也许尝试明年继续……在古代哲学之后，对基督教〔这个主题〕的研究……对我来说是出发点，如果我继续的话；如果轮到你们重新考察这些问题，那这就是一种激发。"（CV, 290）由于福柯在这次课后不久不幸去世，对基督教（现代）模式的研究相对于古代研究并不那么丰富。[①] 这当然就需要由我们将这些问题在基督教时期直至今日的发展继续研究下去。但我们在捡起福柯被中断的研究之前，首先需要对福柯留给我们的可贵研究线索细加考察。我们会发现，所有在简单粗暴的对立下显得矛盾的事物将在细致的考古学研究下消失。

二、灵魂-自我与生命-自我

福柯对柏拉图模式的研究表现在对两个柏拉图文本的分析上：1982 年关于《阿尔西比亚德篇》的分析，1984 年关于《拉凯斯篇》的分析。这两个研究揭示了柏拉图关于关注自我的两个不同核心。

---

① 由于本书法语版写作完成之时（2015 年 7 月），《性史》第四卷法文版（2018 年 2 月出版）尚未出版，实际上福柯对早期基督教的研究已经从 1975 年出版的《不正常的人》初见端倪，在 1979 年《对活者的治理》中更涉及将在《性史》第四卷中详细讨论的与德尔图良的相关研究。鉴于出版时间的偏差，有关福柯《性史》第四卷的研究将另作探讨。

1. 阿尔西比亚德的 "忧虑"

首先需要注意的是，"必须关注自我"的原则并不来自知识阶层的态度，也不是来自哲学命令，而是"古希腊文化的一句老话"（HS, 32）。在普鲁塔克涉及斯巴达时代的一个文本中，当有人问一个斯巴达人亚历山大里亚：为什么拥有广袤土地的斯巴达人不自己耕种这些土地？亚历山大里亚回答道："就仅仅是为了关注我们自身。"[①] 这个关注自我的原则因此原本是作为一个日常原则，与斯巴达贵族的政治、经济和社会特权有关，因而原本是一个与对于土地或食物的物质关怀相对立或相区别的关注。

《阿尔西比亚德篇》出现了关于关注自我的第一个重要理论，阿尔西比亚德的处境与前述斯巴达人类似，富有、优美和有一定年纪，苏格拉底也以同样的原因上前询问阿尔西比亚德："要么今天就死，要么继续过一种你在其中不会有任何光芒的生活，你倾向于哪一种呢？"（HS, 33）这其实是根植于古希腊文化的一个老问题，就像荷马笔下的阿喀琉斯，对于不再有物质生活和人类有限生命之忧的贵族来说，他们会关注永恒生活，他们认为高贵的荣誉能够带来永生。正是被这种让人类生命放出光彩、将有限生命延至永生的忧虑所鼓动，苏格拉底将贵族生活搬上历史舞台，苏格拉底找到了由关注自我而提出的他的任务、职业和市场。

因此，阿尔西比亚德关注自我的具体理由就是对这个能带来永生的高贵荣誉的具体化，"他是想要将自己的特权身份、身份

---

① Plutarque, *Apophtègmes laconiens*, 217 a；参见 M. Foucault, *L'herméneutique du sujet*, Cours au Collège de France. 1981–1982, Paris, Seuil/Gallimard, 2001, p. 41, note 8。

的至上性转化为政治行动、转化为自身对他人的有效治理"（HS，34）。由于贵族因政治、经济和社会特权而带来的安乐为他们制造了永生的需求，贵族以高贵荣誉的名义为这种需求命名并证明其正当性。正因为贵族忧虑这种"高贵荣誉"、这些贵族特权，所以他们投入到治理他人的政治之中。由于贵族的这种障眼式命名，很难看出政治或对他人的治理或对他人的忧虑究竟是为了赋予自己"高贵荣誉"，还是为了保证贵族特权。因此我们会很奇怪地看到：以"高贵荣誉"的神秘形式表现出来的对永生的需要，也与特权生活的安乐需求有关，这是"关注自我"与"关注他人"联系起来的原因，也是对自我的治理与对他人的治理联系起来的原因。这并不是说对"高贵荣誉"的需要等同于对特权生活之安乐的需要，相反，前者恰恰是后者的一个泛滥、延长和充沛。阿尔西比亚德在从被爱的少年变成积极男性的关键临界之时，不满足于仅仅消极地利用他的财富和优美。按照那个时代社会与性的同构原则，尽管男性的男子气概能量有一半自然地释放于有关生计的活动，但对于没有生计之忧的贵族来说，这个能量需要找到其他出口。

在《阿尔西比亚德》中，苏格拉底挑起关注自我问题，似乎是为了治理城邦和为了关涉城邦的"高贵荣誉"，因为阿尔西比亚德缺乏斯巴达人的那种教育（智慧、正义、节制和勇气）（HS，36），因为他没有可以让他很好地治理他人的技艺，因为他处于"可耻的无知状态"。[①] 福柯也承认，"关注自我的必要性与实施权力有关"（HS，37），但这个关联并非简单的彼此互为条件，正

---

① Platon, *Alcibiade*, 127 d；参见 M. Foucault, *L'herméneutique du sujet*, Cours au Collège de France. 1981–1982, Paris, Seuil/Gallimard, 2001, p. 42, note 22。

如福柯所言，这种关注自我是"从个体实施对他人的政治权力的意志中被指明和被推断出来的"（HS, 37）。如果我们把实施权力的意志理解为这个著名的会随着年龄自然引入的男子气概的积极性，是一种自然而然的争斗性活动，是一种总是要胜过他人的活动，那么为城邦的利他主义"高贵借口"就同时得以揭示和"证成"：这是男性男子气概本身的自然出口。不过，这个有点弗洛伊德式的看法，即实施权力的意志或关注自我的意志只是男性气概的出口，唯有基于福柯对古希腊的性的深刻而丰富的研究才是可能的。

古希腊时期，或者更确切地说，从古希腊早期开始，则是另外一回事，"这个对关注自我的迫切需求……实际上根植于非常古老的实践，这些构成历史基石的行事方式、经验的类型和模式，远早于柏拉图，早于苏格拉底"（HS, 46）。对于早期古希腊人来说，解释男子气概之"忧"和女性气质之"烦"①的并非这种人性的实体性来源，在柏拉图的形而上学实体理论之前，首先是围绕神秘"忧虑"的一系列实践。在古希腊早期与诸神接触的种种仪式化活动中，扰乱人心的这种"忧虑"和"烦恼"可以被排除，但首先必须自我净化。那么这种净化包含什么呢？平息这种人类积极性、这种总是要胜过他人的争斗性男子气概。因为带着这种男子气概，人不可能屈服于任何权威。这在与诸神（或任何权威）的接触中是严格禁止的。在毕达哥拉斯学派中，就有很多涉及关注自我的技艺，例如全神贯注、退省、梦的净化准备、抵抗身体欲念的考验、聆听音乐、香薰，等等（HS, 48-49），毕达

---

①　色拉斯山上的妇女舞蹈，参见 Dodd, *op. cit.* 。

哥拉斯就会"清除白天和嘈杂中的忧虑，净化不安的心神"。[①]

2. 晚期柏拉图：灵魂-自我的诞生

到了柏拉图，仍然有大量毕达哥拉斯学派围绕关注自我之技艺的痕迹，例如《斐多篇》中闭关、退省到自我之中的实践（HS, 62, note 15）；苏格拉底一天一夜静止不动的著名疯狂之举，《会饮篇》中苏格拉底躺在阿尔西比亚德身边却不触碰他的著名守节（HS, 62, note 16, 17）。如果这些技艺从毕达哥拉斯，经过柏拉图，经过希腊化罗马时期被转移、重新激活和重新组织，还是有一个"技术连续性"（HS, 50），那么怎么能否认这里有某种"理论连续性"？如果这个需要被"关注"的"自我"的概念并不必然一致，但这些"自我"概念至少在历史转化中是相关的，只是被不同语词区别或掩饰起来。

这种转化始于柏拉图将"必须关注自我"的原则替换为"这个需要关注的自我是什么"的问题，正是从这一时刻起，毕达哥拉斯学派关于关注自我的实践被柏拉图继承为对"自我"和"关注/忧虑"的分别定义。"关注自我"作为一个实践整体，与男性男子气概的自然、古代信仰和不可解释的有效性混杂在一起，现在被化约为一个理论定义，被化约为一个形而上学命名，被化约为一个既具有传统（德尔菲神庙传统），又具有柏拉图意味的认识你自己。[②]或者更确切地说，柏拉图引入了具有其自身含义的认识你自己以及关注自我："'关注'的那个主体，是作为对象

[①]　Jamblique (242-325), *Vie de Pythagore*, § 64-65; 参见 M. Foucault, *L'herméneu-tique du sujet*, Cours au Collège de France. 1981-1982, Paris, Seuil/Gallimard, 2001, p. 61, note 8。

[②]　Platon, *Alcibiade*, 129 a；参见 M. Foucault, *L'herméneutique du sujet*, Cours au Collège de France. 1981-1982, Paris, Seuil/Gallimard, 2001, p. 62, note 21。

的你自己"①，这个需要关注的"自我"既是忧虑的主体，也是忧虑的对象，是一个在主体和客体方面等同的要素。以柏拉图意义上的认识你自己形式出现的关注自我，不再是贵族日常生活中的具体忧虑，不再是在毕达哥拉斯学派模糊仪式中的实践。这并不是说这些忧虑和实践被柏拉图排斥，而是柏拉图要在实际解决这些问题之前先对他们进行定义，而后按照他自己的定义来解决这些问题。因而可以说，康德陷阱诞生于柏拉图，语词的冒险支撑着事物的冒险。

　　这些在两方面（主客）、两个视角考虑、想象和预设"关注"这一同一事物（行动、实践）的要素，被等同于和合并为既是忧虑的主体（认知主体）又是忧虑的对象（认知对象）。这个要素从此有一个名称，一个既不是发明也不是模仿的名称："必须关注你的灵魂"（psukhês epimelêteon），②自我是一个灵魂，"因此这涉及在所谈到的行动中，要有一个分界线能够孤立、区分行动主体和一系列构成这个行动本身并使之能够施行的要素（语词、噪音等）"（HS, 54）。这个区分主体和行动、将主体从一堆事物中孤立出来（就像把音乐家从演奏音乐的乐器和一系列要素中孤立出来，将鞋匠从制鞋艺术的一系列工具和要素中孤立出来）的"分界线"其实是一个连续性，是日常事务中经验的接续，或者更确切地说，在工具性活动中的接续。

　　凭借对相似性的想象功能，或仅仅凭借隐喻，柏拉图使用

---

① Platon, *Alcibiade*, 129 b；参见 M. Foucault, *L'herméneutique du sujet*, Cours au Collège de France. 1981–1982, Paris, Seuil/Gallimard, 2001, p. 62, note 23。

② Platon, *Alcibiade*, 132 c；参见 M. Foucault, *L'herméneutique du sujet*, Cours au Collège de France. 1981–1982, Paris, Seuil/Gallimard, 2001, p. 62, note 24。

在"发生在身体中的行为"中的魔力"分界线"，使双手、双眼、双耳成为实现拿、看、听的工具。也通过这同样的将音乐家与其乐器、制鞋匠与其工具相分离的"分界线"，必须有一个能够使用这些身体部分的要素。这个要素不能是身体本身，就像音乐家并非其乐器；这个要素也不能是灵魂与身体的混合物，就像音乐家就是音乐家，音乐家不是因为是一个与其乐器在一起的混合物才是音乐家，就算没有乐器他仍然是音乐家。对柏拉图来说，按照以上音乐家与其乐器的隐喻，这个要素就是灵魂，也只能是灵魂，"所有这些身体的、工具性的和语言性的行为的主体，就是灵魂"（HS, 55）。这个灵魂既不是《斐多篇》中"囚徒般的灵魂"，也不是《理想国》中"建构的灵魂"，而是使用身体实现行动的灵魂，它是使用他者的主体，这个他者是一切意义上的他者。例如：诸神、暴力、真理、权力、马匹、激情、愤怒……从工具性活动中借来的"分界线"是抽象的，就像某种"相对于包围主体的事物，相对于受主体支配的对象，也相对于主体与之发生关系的其他事物，也相对于主体的身体本身，最终，相对于主体本身，主体的一个独特、超越的位置"（HS, 56）。

凭借思想的想象，这个在真实经验中"使用"（khrêsthai，名词形式：khrêsis）所蕴含的"分界线"功能变成了一个抽象和普遍的"与……的关系"。正因如此，当福柯尝试考察主体问题时，只能在一系列"与……的关系"中考察主体：与真理的关系（判真），与权力的关系（治理术），最终，与自我的关系（主体性）。由此可以判断：《阿尔西比亚德篇》中，关注自我中的"自我"是某种作为"行动、关系、态度的主体……而绝非作为实体的灵魂"（HS, 57）。

但正是在需要关注的"自我"显现为灵魂（行动主体与其所使用事物间的关系的一个抽象隐喻）之时，"关注自我"的根本问题不再朝向用于消解"忧虑"的技术和实践，而是朝向自我认知，对这个作为灵魂的自我的认知。而这个灵魂，在柏拉图的语境里就是通过对其在神和神圣性那里之所见的回忆而进行认识的镜像之眼。隐喻的魔法，或更确切地说，隐喻的阴差阳错具有双重功能：一方面，灵魂在关注自我中扮演"自我"的角色，它同时是忧虑主体和忧虑对象的两难角色；另一方面，灵魂重拾其命运甚至毕达哥拉斯学派的技术，由此，灵魂只能以一种纯净的方式与神或神圣性发生交换。因为前者，灵魂接收了现实中的"忧虑"问题；因为后者，灵魂将"忧虑"带向对神圣要素的"认知"。借着相共性，"灵魂"这个词折叠了多重意指，反过来让这些意指联合发生作用，这正是"灵魂"一词在思想、思想史中的作用，福柯称之为"'认识你自己'在开放空间借着关注自我所具有的一股力量"（HS, 57）。这股力量正是古代的"柏拉图时刻"，它在我们的现代性也有一个表现形式，那就是"笛卡尔时刻"。

3. 早期柏拉图：生命-自我的启发

但在柏拉图那里不无悖谬的是，柏拉图的理论其实是古希腊早期传统与古希腊理性主义的一个混合体。[1] 这一点首先体现在《阿尔西比亚德》的真实性（HS, 77, note 12）和时期定位上。根据雷蒙德·威（Raymond Weil）的研究，[2] 一方面，所有涉及

---

[1]　参见 Dodd, *op. cit*。

[2]　R. Weil, « La place du Premier Alcibiade dans l'œuvre de Platon », *L'Information littéraire*, 16, 1964 ; 参见 M. Foucault, *L'herméneutique du sujet*, Cours au Collège de France. 1981–1982, Paris, Seuil/Gallimard, 2001, p. 77, note 13。

"社会政治面貌"和"决疑法"的部分都属于早期作品，换言之，是苏格拉底的风格；另一方面，所有涉及粗暴和抽象肯定，比如通过灵魂回忆说达到自我认知，都属于晚期作品，而作为行动主体的灵魂则是柏拉图更晚期的思想，更多属于亚里士多德式的转变（HS, 72）。由此，《阿尔西比亚德》似乎是一个柏拉图晚年或死后的改写，整合和缝合了不同层面。

在这个意义上，就很容易理解为什么在柏拉图早期作品之一《拉凯斯篇》中，柏拉图针对需要关注和显现的事物提出的是完全不同的理论，"既不是像在技术教学中的理性链条，也不是灵魂在存在论意义上的存在模式，而是生命风格、生活方式和我们给予生命的形式本身"（CV, 134）。回头再看《申辩篇》中需要关注的事物，"要关注自身、关注他们的理性/实践智慧、关注真理、关注他们的灵魂"（HS, 83）。因此，《拉凯斯篇》中的问题，既不是理性/实践智慧，也不是灵魂，而是真理，不是如《阿尔西比亚德》中的灵魂真理，而是生命真理。认识到"关注"生命、"自我"作为生活方式的层面，在福柯1984年《真理的勇气》的分析中，揭示出了主体与真理、关注自我与认识你自己的一种完全不同的关系。

（1）福柯在《阿尔西比亚德篇》的文本范围内研究了关注自我之后（尽管其中穿插了对"讲真话"漫长历史的研究），重新回过去研究"关注"的根基，即考察一系列与"关注"（epimeleia）同词根的词，例如，名词形式：epimeleia，动词形式：epimelein，否定性形容词形式：amêlês（漫不经心），人称名词形式：epimeletês（担心的人，注意的人，负有责任的人……关注某事物的人）（HS, 109），而"关注"的词根mel与音乐、歌唱（melôdia）的词根 melos 接近。按照杜梅泽的一个观点，"关注"可能有"这让我挥之不去"（ça me chante）（HS, 110）的意思，这是某种像音乐一样萦绕心头的事物，伴随愉悦和自由而出现。但因为"关注"让人如此印象深刻而一直停留在脑袋里，它最终也会变成一种命令、责任或义务。保罗·韦纳（Paul Veyne）也肯定了"歌唱"的这个观点，但不是一种从头脑中而来的歌唱，而是从其他事物而来的召唤式的歌唱，就像牧羊人召唤他的羊群或其他牧羊人。无论是什么，"关注"行为的确是某种"忧虑 / 不安"的效果，一种萦绕心头的事物，自由和固执地召唤和呼喊去做或去完成某种作为责任和某种缺乏的事物，正是因为这种缺乏或缺席，才会"挥之不去 / 萦绕心头 / 歌唱"，才会"召唤"。

（2）作为召唤之歌的"忧虑 / 不安"揭示了社会与性之积极性的张力，就像欲望与愉悦之间的性张力，这是一种贵族希望出众 / 闪耀而在欲望与愉悦之间产生的社会张力。那么，这种社会张力是由什么组成的呢？《拉凯斯篇》可以给出回答。在两个贵族利西马科斯和梅莱西亚斯的真实处境中，他们担心孩子们的教育，因为一方面，他们是因父辈在城邦中曾经拥有极高天命才获得贵族身份；另一方面，他们自己一生中没有任何丰功伟绩。因此，如果他们想要让自己的孩子拥有个性并建立自身的存在，他们自己无法提供任何建议。但为什么他们会过一种卑微和平庸的生活呢？利西马科斯说，"因为没有人关注我们"（HS, 126），而他们的父母之所以没有关注他们，是因为他们的父母在关注他人、关注城邦、关注战争。

在此，有一种"关注自我"与"关注他人"的循环张力。在

《阿尔西比亚德》中，正是为了治理他人，为了"关注他人"，苏格拉底才能证明"关注自我"的正当性；在《拉凯斯篇》中，人们正是因为关注城邦，才会忽略自己的孩子，更一般化地说就是：因为强者关注某些弱者，这导致其他弱者更加脆弱，例如被关注他人的父母所忽视的孩子。因而这些被忽略的弱者就处在对其脆弱的"忧虑／不安"之中，正如利西马科斯和梅莱西亚斯，他们是弱者，不仅自己过着暗淡无光的平庸生活，也无力关注他人，没有能力照顾自己的孩子，没有能力给他们有关生活方式的建议。柏拉图正是在这点上引入教育，由像尼西阿斯和拉凯斯这样的强者进行的教育。以此方式，"关注自我"与"关注他人"同时被加强和削弱，原因是一样的：因为只要主体的男子气概不消失，只要主体不能承受脆弱，换言之，只要主体总是寻求胜过他人，这样的"忧虑／不安"就没有止境。

（3）这种不能关照自身、不能关照自己的孩子的无能，不是关于物质生活的无能，因为对于利西马科斯和梅莱西亚斯来说，并不是物质生活让他们忧心，而是贵族的荣耀生活，正如年轻的阿尔西比亚德的"忧虑"。正是在这点上，在《拉凯斯篇》中，如在《阿尔西比亚德篇》中一样，苏格拉底上前问利西马科斯和梅莱西亚斯是否有能力认识到自己作为贵族，认识到他们在社会中的优越地位，是否忧心于这种身份优越性与实际脆弱性之间的张力。

但这只是"西方哲学史中两个不同发展的共有基点"（CV，147），《阿尔西比亚德篇》和《拉凯斯篇》实际上朝向两条完全不同的哲学路线。

a. 在《阿尔西比亚德篇》自身内部，就有苏格拉底式柏拉图与晚期柏拉图的明显落差，应该将完全与《拉凯斯篇》不同的《阿尔西比亚德篇》理解为晚期柏拉图的《阿尔西比亚德篇》，这个时期的柏拉图提出灵魂-自我（soi-âme），将灵魂作为一种在存在论意义上区别于身体的现实，赋予灵魂一种用于自我认知和自我关注的沉思和回忆神圣性的神秘能力。这种"灵魂关注"或"灵魂-自我"给出一种判真模式，通过这种判真模式，灵魂的存在可以直至一种灵魂的准神话世界的存在，即神圣、绝对和普遍真理的世界；这因此是一种由形而上学话语所构造的世界，"会告诉人其存在之所是，以及从这个人之存在的存在论基础出发得出行为伦理和规则"（CV, 147）；这是一个既具有话语性又具有命令式的世界，支配着既非话语性又非命令式的人之存在，规定着让人类行为服从和屈服的规则。

b. 苏格拉底式柏拉图的《阿尔西比亚德篇》和《拉凯斯篇》，关涉的是行动和关系的主体，这个主体关注贯穿其整个生存的存在方式和行为方式，这引向"生命，生活，生存和支配这种生存的方式"（CV, 148）。当然，这个关注自我总是要求认识你自己，但这是一种"以生命问题为索引"的认知，而不是由灵魂穿越要求完全屈服的神圣性和绝对真理的某个话语性、形而上学和命令式的神秘沉思所获的认知，这个认知通过人自身的体验、考察和操练而得，这种认知仅仅依赖人，并作为一种生活选择。

这个关于"生命-自我"（soi-bios）的观念与福柯 1981 年在《主体性与真理》中的总结相呼应，在那里，正是"生命""生活"概念应该作为自我技术、自我关注的对象，"这种行为技艺应该针对的，是生命（bios）一词"（SV, 36）。不过，bios 不是指称"生命""生活"的唯一一个希腊词，另外还有一个希腊词是 zên，这个词更多是一个自然生命的概念，现代生物学意义上的生命。而 bios 更多是一个"可以定性的生命"概念，对这样的生命，可以有某些完成和引导的方式，使之"幸福"或"不幸"，"好"或"坏"，这是"带有其意外、必然性，但又是在我们遇事所为的视角下……可以自己创造和决定的生命"（SV, 36）。

正因如此，福柯强调："生命，正是古希腊的主体性。"（SV, 255）这正是福柯 1984 年在《真理的勇气》中的观点："生命-自我"中的自我不是在话语性真理的权威之下，而是在生活方式的选择之中。这就像柏拉图弟子赫拉克利德斯·彭提乌斯（Heraclides Ponticus）提到的全民集会，人们来到这个节日，要么作为政治生命"在斗争中竞争"，要么作为渴望财富的生命"来制造市场"，要么作为追求真理的哲学生命"来制造景观"。[①]在这个意义上，生命不是由所为和所关注的事物定义的，而是由"所欲求、所要做、所寻求"的事物定义的（SV, 254）。这是一个自我与事物之间的关系，"这还是一种人们在事物本身之中加入自身自由、自身目的、自身计划的方式，一种人们展望事物并利用事物的方式"（SV, 255），而这些是通过理知-沉思-苦行（SV, 35）的链条完成的。就像古希腊的性的领域中的一个古老主题，真正的治理术只属于自由人，属于能够依据既定现实选择自己生活方式的人。治理术的用法正在于此，但只是涉及自我的治理术，这个自我是作为人类生命的自我，是一种选择自身存在

---

① A. J. Festugière, « Les trois vies », in *Études de philosophie grecque*；参见 M. Foucault, *Subjectivité et vérité*, Cours au Collège de France. 1980-1981, Paris, Seuil/Gallimard, 2014, p. 271, note 3.

模式的自由或主体性；但涉及对他者的治理，这个他者可能是神圣真理，这个"忧虑"和"关注"的领域就会变成灾难性的主体性和教士权力的胜利。

4. 与基督教主体性的简要区分

与这个生命（古希腊主体性概念）彻底不同的是延续至今的基督教的主体性概念。后者包含三个要素（SV, 255）：1）"某种真实性、深刻真理的存在"，作为当今主体性基础；2）"一个转变操作"，将我们从我们实际和当下所是抽离出来；3）"一个与彼岸的关系"，作为终极目的，我们之所是的本质主体性所在。与古希腊的主体性相比，首先，生命不假设一个彼岸的终极目的，生命就是作为目的而得以定义的，但这是一种"每个人向自己提出的目的"（SV, 256），也就是说，这个目的不是普遍的，不是对所有人都适用的；而且，这是主体自身为自己规定的目的，一个自身生命的目的，是自身主体性去决定自身生命。其次，对于古希腊人来说，没有必须和决定性的转变，而只有"自我对自我的持续劳作"。最后，古希腊的主体性不是由一个自我的隐藏真实性或真相的凝固存在组成，不会需要抛弃实际存在的事物并放弃自我的真实存在而去追寻或等待这样一个自我。古希腊的主体性是一个不断定义的事物，是在无尽的寻求和存在的真实经验中显现的。

如果古希腊的主体性（bios）与基督教（现代）的主体性有如此深刻的区分，那么在这两个时期之间的希腊化罗马时期，一定发生了决定性和本质性的转化。但奇怪的是，由于对性的研究已经表明一些归属不当的关联，即实际上某些被认为是基督教道德的典型特征实际上属于希腊化罗马时期的道德，例如：婚姻特权、性行为专属于婚姻；而某些被认为是古代道德典型特征从而与基督教道德相对立的事物，实际上恰恰存在于基督教道德之中，例如，同性恋从古希腊时期开始到11—12世纪一直是既被容忍又被问题化的，[①] 可以说在这个问题上，"基督教并没有带来根本上的改变"（SV, 257），从古代以来，对待同性恋的态度在行为模式或理论学说上有着重要的连续性。然而，这个学说和社会的连续性似乎与古希腊主体性与基督教主体性之间的巨大差异又相矛盾。这也许可以引向这样一个推测：基督教并不是通过法则化而定义或区别于异教，同样，对于古希腊和希腊化罗马时期来说，其主体性的历史是通过"主体化技艺""生活艺术"和"自我技术"组织、发展和演变的。

因此我们随后将考察"自我技术"，它并不改变学说（法则、真话语和真理），但会深刻改变主体性，改变主体的存在模式和人的生活，这些技术也会不无矛盾地被基督教转变为他者所施加的绝对治理术。

第二节 改变自我与判真的用法（真理）

在哲学史上，主体理论如此深刻和被动地与真理理论相关联，以至我们不是通过一个主体理论发现一个相应的真理理论，而是相反，正是真理理论决定了主体理论，就像在"认识你自己"背后潜藏着柏拉图的真理论，这个真理论定义和决定了需要

---

① J. Boswell, *Christinity, Social Tolerance, and Homosexueality* ；参见 M. Foucault, *Subjectivité et vérité*, Cours au Collège de France. 1980–1981, Paris, Seuil/Gallimard, 2014, p. 271, note 6。

关注和关照的"自我"。不过，正如福柯所言，"对于'认识你自己'，只在其本身和只为其本身而考虑，似乎有建立虚假连续性和构造假历史的风险，就会得出一个自我认知的连续发展"（HS，442）。这个福柯提到的假历史由两条著名的路线构成：一条是柏拉图-笛卡尔-胡塞尔的观念论，另一条是柏拉图-奥古斯丁-弗洛伊德的经验论。福柯指出在这两条连续路线背后，一个或明或暗的主体理论还停留在未阐明的状态，因为一方面，"'认识你自己'原则并非自主"（HS，443），它至少与某种类型的关注自我相关；另一方面需要关注的"自我"的形式也不是自主的，它与某种"这样或那样类型的关注自我的反思性本身"（HS，444）有关。主体理论与反思性或真理理论彼此依赖、彼此构造。

在思想史中，主体与真理的关系并不像笛卡尔或我们当今认为的那样，在绝对真理和普遍主体之间存在着一个准确的表征关系，就如福柯所谓"笛卡尔时刻"（HS，15）只是重新高扬某种形式和功能的"认识你自己"，并同时完全取消"关注自我"的重要性。这个"笛卡尔时刻"正是由这个双重操作定义的，但"笛卡尔时刻"并不只是指笛卡尔本人的操作，而是指所有贬低某种被福柯称之为"精神性/灵性"的哲学，后者"追问使主体得以进入真理的事物"，"试图确定主体进入真理的条件和限制"，"为主体存在本身，构造为进入真理所需要付出的代价"（HS，16）。在这种精神性/灵性中，真理并不是给予主体，主体也不能以任何方式获得真理，而是需要主体经过对其可能的真理的考验，通过主体的深刻转变或转化，换言之，简单的认知行为并不足以进入真理。正是在这个意义上，且只有在与真理一起发生转化的意义上，真理才有可能抵达主体，但这并不是认知的强加，而是照亮主体、给予主体至福和灵魂安宁。"笛卡尔时刻"颠覆的正是这个"精神性/灵性"。在笛卡尔那里，主体的存在模式对于进入真理并无关紧要，与此相应，"真理也不能拯救这个主体"（HS, 20）。

不过，在这个以"认识你自己"为线索的哲学史外，"关注自我"揭示了思想史、反思性历史的另一个视角，在那里，有着哲学史所欠缺的一个部分。那就是希腊化罗马时期的沉思实践，它与古希腊时期的回忆说和古典时期的方法论截然不同（HS, 442）。这是使用判真的时代，是主体拯救的时代。

一、教学的一般化

福柯将这个希腊化罗马时期称作"关注自我历史中的黄金时代"（HS, 79）。这个时期之所以是黄金时代，不是因为苏格拉底的时代较差，而是因为在这个时期"关注自我"不仅在概念上被一般化，而且还通过实践和制度被一般化。在苏格拉底那里，"关注自我"是由要求治理他人的贵族身份在从少年走向成人时期的忧虑所要求的，而且是以获得对自我的必要认知告终；而希腊化罗马时期，"关注自我"会应用于所有人并终其一生，而且也不再是为了城邦或其他任何人，而是为了自身，且只为了自身，它不是通过认知完成的，而是通过整个一生的无数实践和操练完成。希腊化罗马时期的语汇（HS, 82-83）从简单观看的领域，扩展到实存，扩展到医学、司法、宗教活动，直至自我的掌控、至高权力和至福。

这个对"关注自我"的一般化既是时间上的，又是数量上的，必然丰富"关注自我"的内容，也不可避免地改变和转化

"关注自我"。

1. 从"非-主体"到主体

"关注自我"的第一个一般化。古希腊时期基于未成年人无知的培养功能被扩展到基于成人不良教养的批判功能。例如，对于伊壁鸠鲁来说，"关照灵魂从来不会太晚也不会太早。如果有人认为进行哲学活动的时机尚未成熟或已经来不及，那就相当于认为获得幸福的时机尚未成熟或已经来不及"。[1]同样，对于鲁弗斯来说，"正是通过不断关照自身，我们才能够自救"。[2]由于对幸福和自救的需求对所有人都适用，"关注自我"就延伸到所有年纪、所有时刻和整个一生。因此，"关注自我"不仅涉及对无知者（未成年人）的培养，更是对已经形成各种习惯的成年人的批判活动。例如，在塞涅卡给卢西留的第50封信中，"在我们的这个实践中，必须为驱逐、去除、掌控、摆脱、解脱这些我们内在之恶而努力……重新成为我们从未所是之人……灵魂的品质永远只会追随灵魂的不足之处……学习美德，就是去除恶习"。[3]"关注自我"的目的，在古希腊时期是为了治理城邦，现在被一般化为以幸福和拯救为目的；"关注自我"的原因，在古希腊时期是少年的无知，现在变成了内在之恶。西塞罗提到的与

---

[1] Épicure à Ménécée, in Diogène Laërce, *Vies et doctrines des philosophes de l'Antiquité*；参见 M. Foucault, L'herméneutique du sujet, Cours au Collège de France. 1981-1982, Paris, Seuil/Gallimard, 2001, p. 98, note 19。

[2] Plutarque, *Du contrôle de la colère*, 453 d；参见 M. Foucault, *L'herméneutique du sujet*, Cours au Collège de France. 1981-1982, Paris, Seuil/Gallimard, 2001, p. 98, note 21。

[3] Sénèque, *Lettres à Lucilius*, t. II, livre V, lettre 50；参见 M. Foucault, *L'herméneutique du sujet*, Cours au Collège de France. 1981-1982, Paris, Seuil/Gallimard, 2001, pp. 100-101, note 40- note 46。

儿童所喝的奶一起吮吸到的错误，① 塞涅卡提到的对父母所期待之物的普遍鄙视，② 爱比克泰德对"精心打扮、涂脂抹粉和烫头"（这样做不是为了关照自我，而是为了取悦他人）学生的拒绝，共同构成了希腊化罗马时期对古希腊时期儿童、家庭、修辞教学系统的质疑。

"关注自我"的第二个一般化。第一点的后果就是，关注自我或关照自我的实践越来越近乎医学。灵魂的品质，在古希腊只是在理论蕴含中才存在，现在成为自然包含的人的完美健康状态。正是相对于这样的完美状态，"关注自我"的一般化才成为可能。近乎医学并不仅仅表现在对健康的隐喻，而且表现为一系列在激情演化和疾病演化之间的类比（HS, 102, note 57）。从而，"关注"的实践必然需要一个他者，甚至一群他者联合起来实践这个自我关照。因此爱比克泰德将其哲学学校称为"灵魂医院""灵魂诊所"，"当我们从哲学学校出来的时候，我们不应该是获得了乐趣，而是饱受痛苦"（HS, 96, 3）。哲学与医学的这个靠近不是在德谟克利特箴言的意义上，即"医学治愈身体疾病，哲学让灵魂摆脱激情"，也不是在柏拉图的意义上，身体技艺与灵魂技艺界限分明，相反，"我们将看到身体重新显现为操虑的对象……整个心理和身体的混杂将是这个关注的核心"（HS, 104）。

---

① Cicéron, *Tusculanes*, t. II, III, I, 2；参见 M. Foucault, *L'herméneutique du sujet*, Cours au Collège de France. 1981–1982, Paris, Seuil/Gallimard, 2001, p. 101, note 48。

② Sénèque, *Lettre à Lucilius*, lettre 32；参见 M. Foucault, *L'herméneutique du sujet*, Cours au Collège de France. 1981–1982, Paris, Seuil/Gallimard, 2001, p. 101, note 49。

"关注自我"的这两个最初的一般化，一个将自我实践变成整个一生的矫正器，另一个将"忧虑／关注"扎根为所有人的原始情感诉求（pathos）。因此，自我实践不再是作为从少年过渡到成年的先决条件的生活艺术，而是成为生活艺术本身，贯穿整个一生和所有人的生活艺术。因为其所关注的正是相对于完美健康、品质灵魂的内在之恶和自然恶习，"我们与自然从来不会有理性意志的关系，后者会构成道德正确之行为和道德正当之主体的特征"。①

这个希腊化罗马时期所谓的人之原始身份，福柯称之为"非-主体"（non-sujet）（HS, 125）身份。而为了达至"主体身份"，达至自我与自我的充分关系，为了自我构造为主体，则需要他人，需要导师。而这个导师不再是简单地向无知者传递某种认知，这个导师将把一个非-主体改造为一个主体。如果"无知不可能作为知识的操作者"（HS, 126），那么，非-主体也更加不可能自己将自己转化为主体，无知和知的悖论与非-主体和主体的悖论是一致的。

"非-主体"身份状态，不能关照自我的身份状态，就是塞涅卡著名的"蒙昧"（stultitia）："没有人能健康到足以自己走出这个状态，需要有人从外部拉他一把。"②为什么"非-主体"（蒙昧者）不能自己脱离这种状态呢？因为这样的人"随波逐流……任由一切表征进入心灵……不经审查、不经分析其所表征之物就接

---

① Sénèque, *Lettre à Lucilius*；参见 M. Foucault, *L'herméneutique du sujet*, Cours au Collège de France. 1981–1982, Paris, Seuil/Gallimard, 2001, p. 139, note 1。

② Sénèque, *Lettre à Lucilius*, lettre 52；参见 M. Foucault, *L'herméneutique du sujet*, Cours au Collège de France. 1981–1982, Paris, Seuil/Gallimard, 2001, p. 140, note 4。

受这些表征……任由生命流逝……不停改变主意"（HS, 127）。
因此，"非-主体"就是不能有序安排外部表征，任由这些外部
表征与内在心灵混杂，不能将自己的意愿和注意力集中在一个固
定的统一体和目标上。如果"非-主体"能够走出这个"蒙昧"
状态，根据定义，他就已经不是非-主体了。这种无能也深刻根
植于如苏格拉底的无知那样的人之本性，因而"非-主体"不能
"恰到好处地意愿"（HS, 128）。"非-主体"的意志不是自身的自
由意志，即其所意愿不受任何外部或内部的决定，相反，"非-主
体"的意志是被决定的，但没有任何绝对意志去决定它，"非-主
体""意愿某事物，同时又后悔意愿这个事物"（HS, 128）。这种
相对化的意志因此没有坚定性，"非-主体"的意志只是惰性和软
弱的意志。

2. 从无差别的多数到少数获救

"关注自我"的第三个一般化，无差别的主体身份，"奴隶可
能比自由人更自由，如果后者没有从所有恶习、激情和依赖中解
脱出来"。[1]但这并不是说，关注自我是一种普遍的伦理法则，或
者在实践关注自我的不同群体或不同个体之间没有差别。这个一
般化将结果普遍化，但并没有将实践及实践的入口普遍化。希腊
化罗马时期还未像中世纪那样，将关注自我变成一种义务或强加
的法则，相反，伦理法则只是自我实践的一个部分、一个可能技
术，"法则只是构成西方主体漫长历史的诸多方面中的一个方面"
（HS, 109）。

---

[1] Épictète, *Entretiens*, livre IV; Épicure, *Sentences Vaticanes*, 67, 77 ; 参见 M. Foucault, *L'herméneutique du sujet*, Cours au Collège de France. 1981–1982, Paris, Seuil/Gallimard, 2001, p. 120, note 31.

自我实践的群体中还是存在着两大极点：一个是群体贵族阶层，他们因为隶属于贵族，所以关注自我，他们无需关注他们的土地，他们有关注自我的闲暇，对他们来说，自我实践是一种生活模式的选择，因此，这个群体中存在多种有组织、有考究和有文化的派别；另一个是更广泛的民众，较低阶层，这往往是一些围绕特定仪式或仪式化程序的宗教群体，对他们来说，考究的理论和学者的研究都是不必要的，真正展开关注自我实践的是个人的、自我对自我的努力。不过，这两个极端的存在并不妨碍伊壁鸠鲁学派的群体同时是大众化和有文化的，也不妨碍治愈派（Thérapeutes）（HS, 112）的群体同时是精英的和宗教性的。总之，社会身份不再决定参与自我实践的个体。

在这个意义上，这种一般化忽略贫富、家世、强弱的传统区分。但这远不是对最优秀与最多数的一个根本平等化，因为更为深层的古老区分重新出现了：（神的）选民和非选民的区分，"大多数是持酒神杖的，只有少数是酒神"。①实践关注自我的群体众多且多样化，并不能保证所有人从此都能关照自身，自我实践的普遍进入不意味着关照自我能力的普遍性，"原则给予所有人，但只有少数人能够听进去"（HS, 116）。自我实践的这个自然现象被古代人神话化，更被基督教夸张化，笛卡尔主义则试图将其完全消灭。至于希腊化罗马时期，自我实践的这个永不衰竭的特征"普遍召唤和少数获救"（HS, 117），既是教学普遍化之点，也是政治个体化之点。

一方面，涉及"普遍召唤"，关于关注自我的教学是被普遍

---

① Platon, *Phédon*, 69 c；参见 M. Foucault, *L'herméneutique du sujet*, Cours au Collège de France. 1981–1982, Paris, Seuil/Gallimard, 2001, p. 120, note 33。

化的，哲学的实现不再是为了城邦、君主，而是为了所有人，哲学因而也在去职业化的同时被职业化。随着哲学变成越来越有用、重要和政治化，哲学过去"独特的、不可化约的、外在于日常生活的、外在于每日生活的、外在于政治生活的功能"（HS，138）消失了。同时，成为自我之主体、自我之绝对主权者的希望在每个人的灵魂中渗透并膨胀起来。这其实是一种对个体的去政治化，因为政治权力和外部的主权比内部的更容易操纵，这正是第欧根尼蔑视亚历山大大帝的理由。这也奇怪地与奥古斯特 ① 和伊壁鸠鲁的去政治化态度相对应，"我们可以关注城邦事务……在这个范围内的安宁是由政治秩序保障的……而我们也可以在自己的生活中获得足够的闲暇来关注自我"（HS，145）。

另一方面，关于"少数获救"，这就只依赖自身。"自我"又一次像古希腊时期的"灵魂-自我"或"生命-自我"扮演着决定性的角色，那么，在希腊化罗马时期这个"自我"包含什么呢？大众化、一般化、专业化和去政治化的关注自我会引向何种目标呢？

二、政治的个体化

1. 向老而生

回顾《阿尔西比亚德篇》的重要定位，在那里，关注自我同时是对灵魂和城邦的忧虑（HS，179，note 10），因为当阿尔西比亚德最后说"我将关照自我，我将关照正义（dikaiosunê）"

---

① J.-M. André, *Recherches sur l'Otium romain*, 1962；参见 M. Foucault, *L'herméneutique du sujet*, Cours au Collège de France. 1981-1982, Paris, Seuil/Gallimard, 2001, p. 159, note 3。

（HS, 168），这个正义同时是在灵魂和城邦之中的，关注自我的实践同时实现于对自我的关注和对他人的关注。用福柯的话说，就是"陶冶与政治并没有彼此分化……这是同一个步骤"（HS, 169）。"关注自我"和"关注他人"以一种目的、互逆性和蕴涵的方式相关联。也就是说，我实践"关注自我"这种陶冶的技艺，是为了成为一个政治主体，而凭借这个自我实践，这个陶冶，这个回忆神圣真理的行为，城邦秩序也会找到它的神圣正义，这个沉思真理、管理城邦的政治主体从而也会在城邦的获救中获得自身的回报和拯救。

然而，到了希腊化罗马时期，有一个深刻分离这个"关注自我"与"关注他人"古老关联的主题或运动，并同时对立和伴随着"关注自我"的一般化。这个主题或运动可以称为"权力的个体化"。关注自我只以唯一的"自我"为目标，只有自我对自我的主权作为最终回报。想要走出"非-主体"状态的主体可以"自由地、绝对地和永远地"欲求的就只是"自我"（HS, 128）。由于自我实践延续整个一生，因此只有到老，才能抵达完成和回报之点，因而"非-主体"在老年状态才能最终成为主体。过去索福克勒斯所推崇的从爱、"狂热和野蛮存在"中解脱出来的老年价值与实践一生的自由一起被加强。政治野心、家庭束缚、儿时恶习以及对他人的依赖均被清除，老年人的脆弱和无能为力则被忽略，因为自我的全部欢乐和满足并不依赖于任何这些事物，自我的主权正是在这个对所有依赖事物的脱离以及对独立自我的完全回返之时完成的。因而，老年并不是一个时期，也不是一个生命阶段，相反，老年是积极的目标，整个生命正是朝着老年凝聚的。传统的人生分期（青年、成年、老年）只是对本就不长的人生进行肤浅的分割，"一下又一下地重新开始又重新开始，我们把生命碎片化和粉末化"。① 因此，必须"向老而生"（HS，107），把人生的每一刻都过成老年：无所期待，不与任何他物相依附，无所期望，不垂涎权势和财富，因为这种老年状态是自我主权、安宁和完美饱足的可靠避难所，"快点老去吧！"

2. 拯救自我

在塞涅卡"向老而生"的这个箴言中，"应该如何活"的问题与"为了让自我成为和保持其应所是，应该怎么做"（HS，171）的问题难以察觉地混为一谈，"生活技艺"问题被化约为"自我技艺"的问题。由此，福柯所谓"关注自我的黄金时代"或"自我修养"的时代获得了全部含义：在这个时代，修养自我是为了通过自我和为了自我而拯救自我。

在柏拉图那里，"拯救自我"的主题毫无地位，因为"关注自我"作为"拯救自我"的缘起问题，在苏格拉底的无知难题中具有根本作用，而这在柏拉图那里，只会引出一个从自我和神圣真理的认知转向对城邦和他人的拯救。正如在柏拉图那里，"关注自我"被淹没在"自我认知"之中，"拯救自我"也被"对城邦（他人）的拯救"所吸收。不过，"拯救自我"实际上只是一个宗教主题，其之所以存在，是由于毕达哥拉斯学派"重要而漫长"的影响。② 在毕达哥拉斯学派那里，"拯救自我（灵魂）"只

---

① Sénèque, *Lettre à Lucilius*, t. I, livre IV, lettre 32；参见 M. Foucault, *L'herméneutique du sujet*, Cours au Collège de France. 1981–1982, Paris, Seuil/Gallimard, 2001, p. 118, note 6。

② M. Détienne, *Les Maîtres de vérité dans la Grès archaïque*；参见 M. Foucault, *L'herméneutique du sujet*, Cours au Collège de France. 1981–1982, Paris, Seuil/Gallimard, 2001, p. 179, note 12。

有在灵魂有多个生命的意义上才存在"拯救"的问题。因而，问题在于这个"拯救灵魂"的宗教观念如何能够在哲学反思性中发挥作用，尤其是在古希腊理性主义时期之后，在希腊化罗马时期这样一个特别强调个体生活的时代。

在"拯救自我"和个体日常生活之间必然有某种固执的关联。我们可以在古代的不同意指中找到这一关联。例如，在柏拉图的《克拉底鲁篇》中，毕达哥拉斯学派那里的身体就像"灵魂的围墙"（peribolon tês psukhês），① 如果我们在积极意义上理解这个"围墙"，那就不应是一种监狱，而是一种用于看管、保护和保持灵魂在自身特有状态中的事物。这个将灵魂保存在其永恒同一性（换言之，即某种神秘的神圣性）之中的观念，是有死之人对永生的深层需求。这一点在爱比克泰德那里转化为对"廉耻、忠诚、智慧"的保存，② 人因此而与他人、诸神或动物区别开来，这就是所谓在自然动物性和神秘神圣性间的"人之觉醒"。不过，这个应该保存或保护的状态也可能是一个"先前或原初的状态""未经改变"（HS, 176）的状态。例如，暴君保持其权力，酒保留其鲜美，女孩保持贞洁，真理永恒不变。因此，这涉及对过去的一种传统偏好。最终，相对于这种对过去、一种特殊或原初状态的偏好，希腊化罗马时期可能提出了一种新的需要保留和保护的状态，那就是并非停留在过去的"安乐"和"好"。例如，普鲁塔克在《阿波罗尼奥斯的安慰》中提到：一个父亲失去了女儿，但他不能停留在过去，尽管这个过去很特殊、很原初，也很

---

① Platon, *Cratyle*, 400 c ; 参见 M. Foucault, *L'herméneutique du sujet*, Cours au Collège de France. 1981–1982, Paris, Seuil/Gallimard, 2001, p. 179, note 13。

② Épictète, *Entretiens*, I, 28, 21 ; 参见 M. Foucault, *L'herméneutique du sujet*, Cours au Collège de France. 1981–1982, Paris, Seuil/Gallimard, 2001, p. 179, note 15。

让人喜爱，但他必须继续生活下去。

无论如何，"拯救自我"就像关注自我的一个隐含的衬里，完全不是一个在希腊化罗马时期才发明的主题，也不是一个在这个时期会结束的主题。希腊化罗马时期并不是在这一点上凸显出来，而是通过利用这个主题，将之与过去的政治伴随物"拯救他人"相分离，希腊化罗马时期颠倒了它们的关系，"拯救自我"现在成为以自我为目标的、作为自我对自我实践的关注自我周围的一个独立要素；而"拯救他人成为我们对自己进行顽强拯救活动的一个补充回报"（HS, 185）。

3. 有用性：与他人的关系

有趣的是，从这一刻开始，当所有活动都转向自我且只转向自我时，与他人的关系并未也不能被消除，这个关系奇怪地进入了一个我们今天非常熟悉的概念：有用性。例如，在伊壁鸠鲁学派那里，"一切友爱都是可欲的，但友爱总是始于有用性"。[①] 与他人的关系正是以自我的视角进行解释的，"有用性，就是利益／帮助（ôpheleia）……所为与为何而为之间的外在关系"（HS, 186）。不应将之理解为我们现在的利己主义或实用主义，因为正是通过帮助和福利的交换关系，友爱才在个体间最深刻的关系中扎根，而根本的关注自我正是在这里支配着人类生活。正因如此，真实的有用性成为友爱的开端，但有用性也不是友爱的全部，"只有对这种帮助的主体充分信任，才能获得朋友相应的帮助"。[②] 实

---

① Épicure, *Sentence Vaticane*, 23；参见 M. Foucault, *L'herméneutique du sujet*, Cours au Collège de France. 1981–1982, Paris, Seuil/Gallimard, 2001, p. 195, note 5。

② Épicure, *Sentence Vaticane*, 34；参见 M. Foucault, *L'herméneutique du sujet*, Cours au Collège de France. 1981–1982, Paris, Seuil/Gallimard, 2001, p. 195, note 8。

际的有用性会刺激某种超越有用性的事物，超越实际帮助的"真相（有用性）"，这就是对幸福的确信、信任和保障。

如果有用性如此深刻地切入主体的"关注"和"拯救"，就不能不是可信的和确信的，除非这个个体不是一个能够忠于自己、忠于自身之善的主体，没有一个自己对自己的坚定关系。在这种情况下，在这种"非-主体"的情况下，"看不见的手"的经济原则就不再起作用。但为什么"看不见的手"会发生作用？出于神意（Providence）？正如爱比克泰德所言，"宙斯为理性动物安排了这样的本性，这样他就不会得到任何特殊利益，除非带来共同的有用性"。[①] 这正是亚当·斯密的经济原则——资本主义经济的原则，这只会在所做一切都是为了自己的理性主体那里才会发挥作用。按照爱比克泰德对神意的反思，动物产生毛皮不是为了别人，而是为了它们自己。不过，这个原本为了自己的毛皮也不是反社会的，相反，它会造福他人，尤其造福人类，因为人类"不具有任何可以不关照自我的优势"（HS, 189）。因此，人更有关照自我、履行责任的理由，而因为人又是人类共同体的一员，所以，实现自身之善好，履行自身作为父亲、儿子、配偶或公民的责任，就同时是共同体的善好，就像动物"善好"的皮毛既是这些动物的"责任"，又是动物总体的善好。

4. 自我伦理与治理术

在这个意义上，现代经济（资本主义）是否运行良好，取决于其个体是"所做一切皆为自己"的主体，还是"毫不利己"的非-主体。为自己或为共同体之善的力量／权力，不在别人手中，

---

① Épictète, *Entretiens*, I, 19, 13–15；参见 M. Foucault, *L'herméneutique du sujet, Cours au Collège de France. 1981–1982*, Paris, Seuil/Gallimard, 2001, p. 195, note 11。

而在每个人手中。不过，这个在公元1—2世纪建立起来的自我伦理或美学被基督教对自我的完全弃绝摧毁，从16世纪的蒙田直至19世纪的叔本华、尼采、波德莱尔和无政府主义，都在以碎片的方式和艰难的尝试重构这个自我伦理（HS, 240-241）。整个这一系列为重建自我伦理，为回到成为自我，为重新找到真正自我的努力，似乎不能或难以给出这个空洞"自我"的具体内容，因为基于他们自身的真理理论以及主体与真理的关系，这是不可能的。"如果无论如何，除了在自我对自我的关系中，的确没有别的可以抵抗政治权力的点（最初点和最终点），那么，构造一个自我伦理，这也许是一个紧迫的、根本的和在政治上不可或缺的任务"（HS, 241）。

由此，希腊化罗马时期对"自我"的总体和持续构造具有一个其他时代都不具有的意义：政治个体化。在我们的时代，我们寻求这个意义却徒劳无功。福柯尝试给我们指出其标志："如果我们把治理术理解为权力关系的策略领域……在最广泛的意义上而非仅仅在政治意义上……我认为对这个治理术概念的反思不能不在理论上和实践上通过由自我对自我的关系所定义的主体要素进行。"（HS, 241）也就是说，对政治权力的分析不像通常那样是在"权利主体的法律概念"（HS, 257, note 13）中进行，而要同时在连接和框限真理和权力的主体伦理中进行。

三、转向自我

由于从非-主体身份状态转变到主体身份状态的能力是围绕着每个个人，"关注自我"的实践因此变成一个自转的陀螺（HS, 198）：总是朝自身旋转，但这种自转并不能没有外力；总是朝向自身，但也总是呈现出周围的多种视野；它是积极的，但又相对于某点保持静止。不过，自我的理想实践梦想着去除任何非意愿的外部运动，因为这个主体实践的定义要求一个完全的转向自我。所有的运动都必须是自我对自我的运动、从自我到自我的运动，自我同时是起点和目的、原因和效果。

1. 与前人和后世的区别

由此，这个从自我到自我的完全和理想关系，与柏拉图自我关系的区别和与基督教自我关系的区别一样大。在柏拉图那里，为了使灵魂-自我回忆或认识到大写存在的彼世而不是此世的神圣真理，人们绕过表象转向自我，从生命-自我转向灵魂-自我，这就是福柯所谓的"柏拉图式的上行转向（epistrophê）"（HS, 201）。在基督教那里，人们粗暴地弃绝自我为了走向另一类型的存在，即彼岸世界的存在，这是福柯所谓的"基督教式的苦修转变（metanoia）"（HS, 207）。希腊化罗马时期的回返自我似乎处于这两种转变之间：人们绕过此世的表象为了转向自我，但并不朝向一个所谓真理的其他世界，而总是回到这个既栖居于又脱离于此世的这个自我。当然，人们用主体自我代替了非-主体的自我，人们脱离了此世的表征，但这些只是目光的转变，只涉及"自我观看，将目光转向自我"（se respicere），是对自我在此世所发生之事的回溯一瞥。回溯，而不是回忆；"自我-主体化"，而不是"跨-主体化"（HS, 206）。

比如，斯多葛学派的转向自我就与柏拉图的目光转向迥异。

在柏拉图那里，为了让"眼睛看向自己"，[①] 个体被一分为

---

① Platon, *Alcibiade*, 133 b ；参见 M. Foucault, *L'herméneutique du sujet*, Cours au Collège de France. 1981-1982, Paris, Seuil/Gallimard, 2001, p. 454, note 2。

二：一个是（灵魂）主体在看，另一个是被看的内在对象。而在斯多葛学派那里，这个"思想对思想的操练"绝不是镜像运动，绝不是从一个更高内在向一个更低内在的运动，"在这个通过自我把握自我之中，同一性要素并不恰切，而更是一种蕴含落差的内在重叠"（HS, 437）。因为，在这个操练中蕴含的不再是一个观看的活动，而是一个"关注"的活动。在这种活动中，一种与其他官能（faculté）完全不同的官能在运用对其他官能的"关注"，这种官能控制和决定着其他官能的用法，决定着这些用法的好坏。正如对于爱比克泰德来说，上帝给予我们的不是灵魂的神圣真理，而是"理解这些事物并运用方法使用这些事物"的官能。① 由此，在希腊化罗马时期，自我对自我的关系是通过官能的重叠和落差建立起来的，而不是确定一个具有双重角色的实体性灵魂。因而，自我认知不应在一个形而上学意义上的实体性灵魂的本质中寻找，而是在诸官能的运动中寻找：这些官能会说话，会聆听，会表演音乐，会做人之所有可能活动。

斯多葛学派与柏拉图都与神圣有关联，但在柏拉图那里，这种关联成为一种对人来说就像对诸神来说一样的在灵魂中凝固的客体性，这种神圣性是绝对的、普遍的和不容置疑的。而对于斯多葛学派来说，正如爱比克泰德所言，"我们应该反思神圣治理，反思我们与世界其余部分的关系"。② 给予人的神圣性不像给予动物的皮毛，动物从来不需要反思、关注、关照它的皮毛，因为

---

① Épictète, *Entretiens,* I, 16, 18；参见 M. Foucault, *L'herméneutique du sujet*, Cours au Collège de France. 1981-1982, Paris, Seuil/Gallimard, 2001, p. 454, note 5。

② Épictète, *Entretiens*, III, 13, 7；参见 M. Foucault, *L'herméneutique du sujet*, Cours au Collège de France. 1981-1982, Paris, Seuil/Gallimard, 2001, p. 454, note 6。

神圣性已经给予动物所有所需。正因如此，"动物不是为它们自己而存在，而是为服务而存在"，[①] 换言之，人如果被赋予所有其所需，就不需要关照自我，只剩下为诸神或其他人服务，成为工具。但人几乎没有任何不需要担心的生活能力，人不得不观察宙斯如何生活：为自身、用自身而存在（auto heautô sunestin），他过着不动心（ataraxie）的生活（HS, 440）。正是在这点上，斯多葛学派找到了人与神圣性的关联，这种关联不在于某种客观、凝固和消极的灵魂（真理），而在于一种在自身中活着的方式。神圣治理就是自我对自我的治理，运用思想来面对事件、认识苦痛，在其中得到纠正并从中脱身出来。主体就像一种治理自身生命的神圣性。一言以蔽之，对于斯多葛学派来说，神圣性不在客体性之中，而在主体性之中。

这种朝向自我似乎很好理解，就像我们今天的意识自我省查，就像把自我作为观看的对象。但这种理解仍然是柏拉图式的目光转向，而非希腊化罗马时期的转向自我，后者的独特之处在于，这种转向自我涉及绕过他者，绕过"日常纷扰、让我们对他人感兴趣的好奇心"（HS, 210）。这可以用普鲁塔克在《论好奇》中的隐喻来解释，例如，为了避免不利的气流和阳光，人们会调整房屋的朝向。同样，不把窗户对着邻居开设，也是为了避免同样的危害：认识他人的危害和对他人不健康的好奇心。那么为什么这些是有害的？正如马克·奥勒留所言，如果我们耗费自己的生命去想象他人在做什么、在他人那里发生了什么，我们就浪费了严肃省察自身的时间，"他们感到不幸就是不可避免的"（HS,

---

[①] Épictète, *Entretiens*, I, 16, 3；参见 M. Foucault, *L'herméneutique du sujet*, Cours au Collège de France. 1981–1982, Paris, Seuil/Gallimard, 2001, p. 454, note 7.

218, note 44）。但这并不是说不需要了解世间其他事物，而是要避免从观察他人的错误中获取快乐，与其在与自身无关的事情上取乐，"不如关注你自己的缺点和错误"。[①] 这个转向自身错误的观看也不在于自责和否定自我，而是转向"更为诚实和宜人的主题"，[②] 如自然、历史或伴侣。这种转向还涉及"有目的性的全神贯注"（HS, 213），也就是说，所有有关他者的反纷扰、反好奇、反冲动，都是为了清空自身周围事物，就像一个运动员只看他的目标，以便更好地专注于自己需要做的事情，将自己构造成为自身行动的主体。

2. 自我认知与世界认知：风气创制

希腊化罗马时期"自我认知"与"世界认知"的关系，也就是真理（判真）与主体的关系，正是通过这样一个观看显现出来的。这个问题体现在两个方面：一方面，不能因为我们转向自我就忽略对世界的认知，正如大多数历史学家所观察到的，苏格拉底派常常在强调伦理的同时排斥逻辑或物理（HS, 234, note 3）；另一方面，不能因为我们转向自我，就把自我当作认知、审查、解密的对象，正如基督教随后所为。希腊化罗马时期的转向自我是对所有认知类型（真理、判真）的使用，无论是对树的认知还是对人的认知。[③] 观看、区分认知的唯一原则，就是"风气创

---

① Plutarque, *De la curiosité*, 515 d-e；参见 M. Foucault, *L'herméneutique du sujet*, Cours au Collège de France. 1981-1982, Paris, Seuil/Gallimard, 2001, p. 218, note 48。

② Plutarque, *De la curiosité*, 517 c；参见 M. Foucault, *L'herméneutique du sujet*, Cours au Collège de France. 1981-1982, Paris, Seuil/Gallimard, 2001, p. 218, note 50。

③ 参见《斐多篇》230，苏格拉底选择去认人，而不是认识树木。参见 M. Foucault, *L'herméneutique du sujet*, Cours au Collège de France. 1981-1982, Paris, Seuil/Gallimard, 2001, p. 234, note 2。

制"（éthopoétique，ethopoiesis），也就是制造风俗／主体存在模式（êthos）、改变主体存在模式的能力。这个原则可以在犬儒主义和伊壁鸠鲁学派那里得到解释。

在犬儒主义那里，塞涅卡赞颂的著名犬儒主义者德米特里制作了两个清单：一个是"值得知道的事物"，另一个是"不值得知道的事物"。[①] 对于德米特里来说，值得知道的事物是可以改善我们生活的认知，可以让我们更好或幸福的事物，这类认知在自然中并不会隐藏起来。这类事物包含哪些呢？首先，是关系性的知识，例如，有关诸神、他人、宇宙、世界，必须认识到人"以诸神和众人的土地为限，相信自己对人少有畏惧，对神毫无畏惧"。[②] 其次，是规范性的确认，原则是"作为真理给予的事物要立即和直接理解为告诫"（HS, 226）。例如，当第欧根尼看到一只老鼠的生活，他立即理解了人们能够和应该生活在洞里。正是在这个"真实生活"的原则上，在自身去过真实生活的原则上，犬儒主义将真理与自我联系起来。最后，是能够改变主体存在模式的认知。例如痛苦、光彩或死亡 [③] 可能是真实的事物，但它们绝不是规范性，也不是能改变主体存在模式的事物，因此了解这种事物是无用的。由此，认知区分不是从内容上，而是从其与自我的关系上进行的，用福柯的话来说，就是在真理的伦理之中，在于"主体的风气（êthos）……这是某种具有转化个体存在模式之品质的事物"（HS, 227）。

---

① Sénèque, *Des bienfaits*, t. II, VII；参见 M. Foucault, *L'herméneutique du sujet*, Cours au Collège de France. 1981–1982, Paris, Seuil/Gallimard, 2001, p. 235, note 9。

② Ibid., note 10。

③ Ibid.

在伊壁鸠鲁那里，能够形成主体风气 / 存在模式的认知是"生命力发生学"（phusiologia）。那么应该如何理解这个"生命力发生学"呢？首先，它与古希腊的儿童教育（paideia）（HS, 235, note 18）相对，这是一种自然认知。对伊壁鸠鲁来说，古希腊的儿童教育是一种"自高自大"和"语词工匠"的知识，是为了吸引和满足大众欲念的知识，这样的文化知识的目的只有"实际上毫无根基"（HS, 229）的荣誉、名声和虚荣，只会制造叫卖的声音（phônê，而非 logos）和利益。其次，"生命力发生学"的认知能够准备、装备和武装个体，使之成为能够面对生活中所有可能环境的主体，使之能够抵抗所有外部煽动和非意愿骚动。"生命力发生学"使人"自尊和独立，为他们自己的善好而自豪，而不是为来自环境的事物而自豪"。[1]这个"自尊"（sobaroi）是一种难以屈服的动物机敏和无畏，这个"独立"（autarkeis）则是一种满足于自我的能力，不仅不再需要其他任何事物，而且还可以在自身中找到满足的来源。这种骄傲、这种独立的来源，依赖于自身而不是他人，使自我的完全、绝对和无限掌控成为可能。由此，伊壁鸠鲁的"生命力发生学"就包含气象、原子、天空和大地，引入"最完美的宁静"，[2]一种"不动心和坚实自信"的结局，[3]世界知识因此也成为可以转化主体存在模式的要素。

---

[1]　Épicure, *Sentence* 45；参见 M. Foucault, *L'herméneutique du sujet*, Cours au Collège de France. 1981–1982, Paris, Seuil/Gallimard, 2001, p. 235, note 16。

[2]　Épicure, *Lettre à Hérodote*；参见 M. Foucault, L'herméneutique du sujet, Cours au Collège de France. 1981–1982, Paris, Seuil/Gallimard, 2001, p. 235, note 22。

[3]　Épicure, *Lettre à Pythoclès*；参见 M. Foucault, L'herméneutique du sujet, Cours au Collège de France. 1981–1982, Paris, Seuil/Gallimard, 2001, p. 235, note 23。

第三节 自我操练与主体性的用法（主体）

对于"关注自我"的柏拉图模式或者希腊化罗马时期的模式来说，不仅涉及自我认知或一种精神上的观看，这样的认知或这样的观看视野，可以在一般意义上称作理知，而获得这样的认知必不可少地需要操行。带着"痛苦、热情和驱动力"（HS, 302）的操行在毕达哥拉斯学派、柏拉图和伊索克拉底（HS, 313, note 3, 4, 5）那里已经存在。

福柯特别研究希腊化罗马时期的操行，不是因为这个时期形成了操行，或者这个时期有着彻底的更新，而是因为希腊化罗马时期呈现了自我实践的一种集中、可见和明显的现象。更重要的是，在相对于真理的方面，精神观看（斯多葛式我思）不是自我对法则的服从，也不是根据世界真理对自我进行客观化，相反，斯多葛式我思是对世界知识的改变，以此让知识具有精神性／灵性的价值，可以为拯救主体而服务；在相对于实践的方面，操行也不是主体对法则的屈从，"操行是一种将主体与真理连接起来的方式"（HS, 303）。主体应该做的不是被世界法则或真理强制，而是由主体应该和想要的自我存在模式蕴含的。世界的法则或真理还是一样，但人不是为了屈从这些法则和真理而存在，而是为了自我构造成行动主体来实践个体所适应、操练和转变的法则或真理。因此，区别在于自我在这个个体与法则、主体与真理之间的关系中所处的位置。个体不是无缝执行法则的工具，而是带着精神性／灵性实现真理的主体。

在这个意义上，同质性的主体性历史是不存在的，换言之，没有统一的主体性概念，只存在"主体性部署"的漫长和缓慢转化。在希腊化罗马时期，这个主体性部署不像我们今日是由"主体自身对自身的认知"和"主体对法则的服从"的问题所定义，而是通过"知识的精神性／灵性"和"主体对真理的实践"（HS，305）得以定义。

那么这个有关希腊化罗马时期主体性部署的操行是由什么组成的呢？初看之下，希腊化罗马时期的操行似乎与古代或基督教那里的操行一样，会产生严苛、弃绝、禁忌的效果，但仔细考察的话，会发现两者截然不同。

希腊化罗马时期的操行是为了构造自我，为了形成自我对自我的"丰满、完善、完全和自足"（HS，305）的关系，因而这个关系可以对自我和被自我感到满足。当然，在塞涅卡或奥勒留的观看改变中，个体相对于自然，被看作无限的小，但这种自我的精神模式化不是用于弃绝自我。换言之，这种精神模式化弃绝的是古希腊的实体性灵魂，弃绝的是在某个城邦中的公民角色或个体的所有外部依赖。

通过这样一种弃绝，自我（重新）构造为另一个自我，由另一套装备或以另一种方式装备、配备和准备个体成为一个为自身实践真话语的主体。在柏拉图或基督教那里，个体实践或服从法则或真理，是因为法则或真理具有绝对权威，个体只能严格和完全服从；而在希腊化罗马时期，个体也会实践真理，甚至更深层次地实践真理，真理必须嵌入和根植于自我，真理必须成为个体的存在模式。其间的差异或者说希腊化罗马时期的诡计就在于这个自我的构造，这是一个只与自身发生关系的主体，是一个装备和操习真理的主体。法则或真理从来不会留给个体以选择的余地，但不能因为这个绝对权威而屈服，人们实践这个真理或法则也不是为了屈服，而是为了为己所用，为了成为真理的主体才让真理武装自己，"因此理性逻各斯的物质要素实际上就像行动的矩阵刻入主体"（HS, 309）。这个行动矩阵具有领航的功能，也具有堡垒、城墙、药剂以及可为主体所用的其他功能。

由此，真理的操行就像好运动员的肌肉训练，是智慧的锻炼式养成，在这种养成中，法则被植入基本运动，但总是运动员本身面对和实现在不同环境下的各种运动。这就像马克·奥勒留那里的摔跤运动员，"必须总是保持警惕和平衡以便对抗突然猛扑过来的袭击"。[①]生活艺术和生物发展（hê biôtikê），不是为了成为做出理想动作不断超越他人或自己的完美舞者，而是为了"不被打倒，不比我们会遇到的任何打击更弱"。柏拉图式的运动员就是朝向完美的舞者，基督教的运动员是与来自自身的打击做斗争，斯多葛式的运动员则是主体为了抵御外来事件才将自己置于斗争状态，主体为了在危险中寻求援助才援引根植于自身的真理。因此，希腊化罗马时期的运动员不能只是一个知道、谈论、服从真理的主体，他既不是逢迎者也不是奴隶，而是真理在手、化为肌肉，"要以这种方式拥有真理，这样我们就能立刻和毫不拖延地以自动的方式重新实现真理"（HS, 311）。

一、真理的伦理：主体性的净化用法

为了让个体在自我对自我的关系中成为真话语的主体，为了让福柯称为"真话语的主体化"（HS, 316）得到保障，为了让已

---

① Marc Aurèle, *Pensée*, VII, 61；参见 M. Foucault, *L'herméneutique du sujet*, Cours au Collège de France. 1981-1982, Paris, Seuil/Gallimard, 2001, p. 314, note 10。

经被传统转化为真的我们所知的事物和所闻的话语能够在手、化为肌肉、进入骨髓，就需要个体进行哲学操行，这就像运动员进行身体锻炼。这些哲学操行首先包括在伦理上有所要求的听说读写的认知。

1. 听

将个体转化为真话语和行动主体的哲学操行从听开始，从所有感官中最消极的感官听觉开始，听是灵魂从外到内的接收和入迷，没有任何拒绝的可能，就像尤利西斯①虽然能很好地掌控自己，但也不能逃开塞壬的诱惑。尽管听觉有这种被动性，但正是通过这种被动性，听觉成为接收逻各斯的最佳感官，用来接收"不能与逻各斯……实际呈现、形成、说出的语言（在声音中言词性地说出，通过理性合理地说出）"（HS, 319）相分离的美德。正如普鲁塔克②、塞涅卡③、爱比克泰德④所强调的，听觉的被动特征本身是中性的，它一方面可以产生直接进入逻各斯的诸多好处，甚至没有主体介入的意图或注意，对听觉的自然利用就像"置身太阳下被晒黑"（HS, 320）；另一方面，由于美德与逻各斯联系在一起，就不能以赤裸状态传递，总是会伴有某种述说（说

①　Homère, *Odyssée*, chant XII, 160-200；参见 M. Foucault, *L'herméneutique du sujet*, Cours au Collège de France. 1981-1982, Paris, Seuil/Gallimard, 2001, p. 335, note 5。

②　Plutarque, *Traité de l'écoute*, 37 f-38 a；参见 M. Foucault, *L'herméneutique du sujet*, Cours au Collège de France. 1981-1982, Paris, Seuil/Gallimard, 2001, p. 335, note 3, 4。

③　Sénèque, *Lettre à Lucilius*, t. IV, livre XVII-XVIII, lettre 108；参见 M. Foucault, *L'herméneutique du sujet*, Cours au Collège de France. 1981-1982, Paris, Seuil/Gallimard, 2001, p. 335, note 8。

④　Épictète, *Entretiens*, II, 23, 40；参见 M. Foucault, *L'herméneutique du sujet*, Cours au Collège de France. 1981-1982, Paris, Seuil/Gallimard, 2001, p. 335, note 13。

话方式）和语义选择，"不可能说出事物而没有说的方式"，没有"某种语汇的多样性和精细性"（HS, 322），正是在通过逻各斯传递的美德的这些伴随物中，听者有可能被误导，被这些必要但非本质的要素迷惑。

正因如此，爱比克泰德引入听的操行，以避免被动的听觉可能产生的无用或有害效果。必须注意的是，这些用来获得美德认知的操行本身并非某种意味着柏拉图式的认知技术，[①] 而是一种做事方式，所有人，甚至是最无知的人都能操作。为了能积极地利用听觉的效果，那么需要做什么呢？

（1）保持安静。这是一个古老的毕达哥拉斯学派传统，[②] 即新手在五年内没有说话的权利。对于普鲁塔克[③] 来说，话多是学习哲学第一个需要避免的恶习，因为"正是诸神教人安静"（HS, 325）。因此，如果想要真理通过语言穿过灵魂，[④] 就需要尽可能保持安静。

（2）积极态度。这表现在两个方面：

一方面，听的积极态度首先呈现为某种身体的静止。为了让灵魂能够接收言说，灵魂必须处于纯净和无扰的状态，由此，身体不应对任何外在刺激做出回应，应该能够保持规矩而无任何自发动

---

① Platon, *Phèdre*, 270 b；参见 M. Foucault, *L'herméneutique du sujet*, Cours au Collège de France. 1981-1982, Paris, Seuil/Gallimard, 2001, p. 335, note 15。

② Porphyre de Tyr (234-305), *Vie de Pythagore*, § 19；参见 M. Foucault, *L'herméneutique du sujet*, Cours au Collège de France. 1981-1982, Paris, Seuil/Gallimard, 2001, p. 335, note 16。

③ Plutarque, *Traité sur le bavardage*, 504 a; M. Foucault, *L'herméneutique du sujet*, Cours au Collège de France. 1981-1982, Paris, Seuil/Gallimard, 2001, p. 335, note 18.

④ Plutarque, *Traité sur le bavardage*, 502 d; M. Foucault, *L'herméneutique du sujet*, Cours au Collège de France. 1981-1982, Paris, Seuil/Gallimard, 2001, p. 335, note 20.

作。正是在这种保持静止、控制非意愿动作的能力中，个体处于自身的主人和主权者状态，而不是总是被动接受外部或内部干扰的软弱之人。而且，这个积极态度也表现在身体的符号学游戏之中，这个符号学游戏会在静止聆听的过程中，通过目光和头的运动指出跟随状态，通过微笑指出赞许，通过摇头或举手指出障碍。

另一方面，听的积极态度也应该是意志的投入。福柯所引爱比克泰德的著名例子[①]是关于一个"精心打扮、喷香水和卷头发"的年轻人，爱比克泰德拒绝和这个年轻人谈论哲学，因为"你不能激发我，你不能让我振奋"。[②]导师言说真理的欲望，显然不是像苏格拉底那样对学生身体和精神之美的欲望，不是像苏格拉底那样凭借导师对学生的情欲／友爱。爱比克泰德言说真理的欲望脱离了"所有修饰、矫揉造作、奉承和幻象"（HS, 331），而只是对真理的纯粹欲望，就像在柏拉图的真爱中一样。但在爱比克泰德这里，剥离所有昙花一现的欲望，代之以对真理的永恒欲望，不是像柏拉图那样为了延长爱情，相反，是一种"去情欲／去友爱化"。本来作为脆弱爱情解决方法的真理，现在成为生命目标本身，成为组织人类所有活动的原则和规则。

（3）为了不让聆听变成无用或有害的，还需要引导注意力。由于不可能不以某种方式去说，那就需要听者有能力在语汇和修辞要素之中区分出"事物，语词的所指物（to pragma）"。[③]注意

---

① Épictète, *Entretiens*, II, 24, 1 ; 参见 M. Foucault, *L'herméneutique du sujet*, Cours au Collège de France. 1981–1982, Paris, Seuil/Gallimard, 2001, p. 336, note 31。

② Épictète, *Entretiens*, II, 24, 28 ; 参见 M. Foucault, *L'herméneutique du sujet*, Cours au Collège de France. 1981–1982, Paris, Seuil/Gallimard, 2001, p. 336, note 33。

③ P. Hadot, *Concepts et catégories dans la pensée antique* ; 参见 M. Foucault, *L'herméneutique du sujet*, Cours au Collège de France. 1981–1982, Paris, Seuil/Gallimard, 2001, p. 337, note 37。

力不应该朝向"形式之美""语法和词汇""哲学或智者的诡辩反驳"（HS，332），重要的是逻各斯"所言之物"，而非逻各斯。那么，如何抓住"所言之物"、所指物呢？这就是可以被转化为行动箴言的部分。例如，塞涅卡给卢西留的第108封信是关于维吉尔的，"时间流逝，不可修复"，对此有很多语法和语言学评论针对这里的语词做文章，并寻找相似的引用。但基于这样一个判真"时间流逝"，哲学聆听、哲学工作在于寻找道德激励、行动箴言，可以在灵魂中装备起来、操练起来和铭刻起来的事物。正是通过这种方式，被说出的真理不会白说，真理的实现正是通过主体的行动。

2. 读与写

在当今学术中，读和写非常接近，但在希腊化罗马时期却完全不同。当今给予阅读的建议一般是"读得越多越好""读更多书""最大可能地多读文本、多读二手文献"。但在希腊化罗马时期，甚至在整个古代，关于阅读的建议是相反的：只读最重要的和尽量少的概要、选集或引用。正因如此，古代著作才得以保存且只是以概要的方式保存，因为"哲学阅读不是去认识某个作者的著作，甚至不是为了深化其学说。阅读本质上是……促进沉思"（HS，339）。

这个作为阅读目的的沉思当然不是我们如今所理解的：思考主体努力阐释、澄清所读内容，并在这个阐释中演绎自己的思想、演绎思想的对象或演绎其所在时代约定俗成的某些事物。在希腊化罗马时代，阅读后的沉思是用来将个体构造为行动主体，用来深刻劝服个体，以至使之信其为真，并以真理进行再叙述和再实践。阅读后的沉思因此是一种"让思想在主体自身实施的活动"（HS, 340）。就像在笛卡尔那里，他所怀疑的并不是世间可疑之事，他也不是在这些事物中寻求不可怀疑之物；笛卡尔所怀疑的正是思考主体，是其自身。笛卡尔将自己置于正在怀疑之人的处境，那正是主体状态，正是他自己的状态本身，因而他对此进行怀疑的同时，就是对他自己的这个存在状态的肯定。同样，在希腊化罗马时期，思想、沉思、个体通过思想将自己置于一个虚构处境，就像某种实验或考验，用来构造主体，用主体状态替换其过去状态。

因此，促进沉思的阅读"无关乎作者，无关乎表达或句子的语境"（HS, 341），因为知道别人想说什么并没有什么用处。阅读是为了用这些真命题／建议装备自己，如果我们不这样通过阅读为自己装备某些自我行为的原则，那么阅读实际上就只是对知识混合物的复制再复制，有时忠实，往往也并不忠实。

也正因如此，为了沉思，为了把所读变为己有，个体才需要写作。因而，读与写的互逆性只有在二者都作为沉思要素时才是可能的：写作将沉思主体通过阅读所获具体化，阅读又给出沉思写作诉诸文本内容的机会。沉思主体从而逐渐通过这个阅读-写作-重读的重复和循环运动自我构造和自我修改。沉思主体因此并不是用自身的思想运动来核实一个普遍真理，而是将真话语吸收到沉思主体之中。康德陷阱在此就毫无意义。

主体沉思的这个本质功能在于转变主体，从而引入写作的另一重要效果：在希腊化罗马时期，写作更是一种"个人和个体"的活动，[①] 与我们当今的学术写作又是截然不同。希腊化罗马时期

---

① « Corps écrit », in DE 2001, N°102 ; 参见 M. Foucault, *L'herméneutique du sujet*, Cours au Collège de France. 1981-1982, Paris, Seuil/Gallimard, 2001, p. 351, note 6.

的写作，即使不只是为了自己而写，也绝不是为了发表而写，不是为了发现一个适用于所有人的普遍真理，不是为了证明或肯定某种学术权威，而是为了在朋友、师生之间交流每人获得的进步，为了在美德的实践中交换建议，为了相互肯定自我实践所实现的真理。在这些关于个人经验和活动的写作中，导师并不是知道得更多、读得更多和写得更多的人，而是在美德中的进步能够给予他人更多建议的人，而这些给予他人的建议也是已经并且仍将应用于自身的建议。如果从这里发现某种普遍性，我们可以看到，这种普遍性不是通过（人类或神圣）思想的逻辑论证，而是通过个体组织自我转变的实际实践。

3. 说：导师的讲真话

如果在听的领域，要求新手沉默并区分何为真话语中的所指物；在读和写的领域，美德实践中最有进步者有权给予他人建议；那么，在说的领域，也有一个严苛的伦理要求。因为并不能因为在行为上具有美德，就可以随便说什么、随便怎样。当要求新手努力在真话语中找到真事物，当然就不应通过附加的说话方式而让真话语复杂化；当新手说话的权利被剥夺，就更不应危险地滥用导师说话的权利；当言说只是用来传递自我实践的建议、交流掌控自我的经验，那么言说就只是在表达被实践和可被实践的经验或现实时才是真话语。因而在这个表达过程中，存在着真实经验与真理话语之间的顽固问题。但这类似于在人的真实生活中存在的奉承或修辞问题，而不是康德那里物自体与主体知识之间不可化约的距离，也不是苏格拉底那里人相对于诸神神圣真理的绝对无知。

由此，我们在说的伦理中发现了讲真话概念，即要求言说的一方（导师）以诚言者的方式言说，以便聆听的一方可以顺利将其言说化为己有。导师在意识指导中的讲真话与伯里克利、苏格拉底、柏拉图和犬儒主义不同，但又像是所有这些讲真话的一个变形：它就像伯里克利那里，有一个诚言的协定，但不会以悬而未决的难题告终；它像柏拉图那样关注灵魂，但灵魂概念以及学生的范围有着深刻的变化；它像犬儒主义那样实施考验，但又不是整个一生的考验。除了与这些讲真话不同模式的关联以外，希腊化罗马时期的讲真话有一个独特的功能，它用于传递真话语，从而在主体自我之上构造主体的至高权力，构造主体自我对自我的判真，因此同时作为风气／存在模式和技术：它既是导师的风气／存在模式，导师可以自由言说，因为导师自身就是其言说的主体；它又是导师的技术，导师需要有能力掌控语词，能够使用／控制语词而不是为语词服务。正是在这个意义上，讲真话的拉丁翻译是自由（libertas），它本质上是言说者的自由，是判真主体的自由，因为判真主体也同时是自我的主体。

相对于树立导师的风气／存在模式和技术，还有两个可以取消导师言说权威的敌对形象：一种是作为奉承的道德敌人，一种是作为修辞的技术敌人。

（1）讲真话是一种"反-奉承"（HS, 362）。奉承作为诚言者的道德敌人并不新鲜。在民主或宫廷的场景中，奉承者总是与冒着生命危险说出真相的诚言者相对立。在希腊化罗马时期，奉承问题还要更为普遍，但并不是在政治层面，而是在道德层面。因而奉承与专制时代的另一个具有重要角色的缺陷接近，与之并驾齐驱，这就是"愤怒"，"这是暴力……不可控的行为，愤怒的人认为有权利和地位实施自己的权力并滥用自己的权力"（HS,

358）。不能自我控制，不能对自我实施其权力，必然导致对他人的权力过度和滥用，如父亲的愤怒，将军的愤怒，直至君主的愤怒，所有拥有身份或自然优越性的人都可能使权力的运用变成对家庭、军队甚至帝国的灾难。奉承正在这种优越者身边，属于次等人，属于面对权力滥用者的人，奉承是用语言投其所好，甚至将其置于语言的幻象之中。而在优越者一边，奉承、语言快感错误地加强了其优越性，使其认为自己比自己实际所是的更美、更富、更强。优越者因而会处于幻象之中而不再能正确认识自己、关注自己，从而相对于自身变得无力和盲目，最终失去自身的权力，因为这种权力已经在现实中被奉承者夸张和转化为语言中虚构权力的虚荣，从而会处于滥用状态。

　　而正是当权力实施处于这两个孪生恶习的危机中时，需要一种不会制造自我幻象的自我技艺，需要建立一种恰当和充分的自我对自我的关系，使之不在易于"将自身的自我、自身的主体性置于自以为是、越出其真实功能的权力谵妄之中"（HS, 361）。这就需要一种"自足"，通过这种自我对自我的完满关系，使奉承或愤怒都变得无用或无意义；"自足"是一种独处能力，一种独立于他者的能力。这个自我对自我的自治、独立、完满的关系，与奉承效果相反，只能通过讲真话获得，因为通过讲真话，每个人都在自己的真相之中，在自己的现实之中，在真实处境之中，这样话语的内在化或主体化才不会徒劳无功。

　　（2）讲真话与修辞的关系是矛盾的。首先，因为修辞本身只是一种用于劝说的中性的和有组织的技术，可以作为劝说他人的工具，但劝说的内容可以是真理也可以是谎言。不过，作为技术，修辞本身与某种只有言说者才知道的真相挂钩，这个真相并不必然与话语所言真相等同。正如罗马著名法学家昆体良所言，"在自己有某种见解与试图用之激发他人之间有着巨大的区别"。[1] 例如，一个好的将领激励士兵说，敌人并不可怕，但将领自己知道，敌人其实很可怕。在这个意义上，修辞有某种超越真相、说谎的功能，因而与讲真话相对立。其次，讲真话即使以赤裸状态传递真相，也不能没有某种修辞来实现，因为讲真话本身"就是审慎、巧妙的规则，是说出真相的条件"（HS, 367），它本身并不是一个修辞之外的技术或艺术，它是在某个时机（kairos）说出真相的要求。然后，作为技术的修辞本质上有让他人行动、指挥他人和使之转向的功能。在这个意义上，修辞对旨在将个体构造为自身主体的讲真话是有用的，对言说者也是有益的，"它发出闪电和惊雷，并为之收获荣誉"。[2] 由此，个人利益和对他人的慷慨可以融合在必然是某种修辞的讲真话之中。修辞与哲学的这个矛盾关系在公元前 5 世纪至公元 4 世纪的智者学派那里已经出现，这个矛盾关系在公元 1—2 世纪的主体指导和培养中也会继续制造问题。

　　由于这两个敌对形象，在主体指导中的讲真话必然要求导师的伦理。在希腊化罗马时期，这个导师伦理更是由导师的仁慈或互逆的友爱完成的。正如这些操练的任务本身就是培养能够成为自身主权者、自我掌控的主体，这些听、读、写、说的领域向指导者和被指导者提出了相同的要求：真理伦理，对主体性的良好使用。

---

[1]　Quintilien (35-96), *Institution oratoire*, chap. XII, 9, 19 ; 参见 M. Foucault, *L'herméneutique du sujet*, Cours au Collège de France. 1981-1982, Paris, Seuil/Gallimard, 2001, p. 376, note 19。

[2]　Quintilien, *Institution oratoire*, chap. XII, 10, 24；参见 M. Foucault, *L'herméneutique du sujet*, Cours au Collège de France. 1981-1982, Paris, Seuil/Gallimard, 2001, p. 376, note 27。

二、真实的风气：主体性的精神性用法

在操练领域，为获得真理认知而要求自我的至高权力 / 主权，可以被称作"真理伦理"，这个真理需要内化和主体化于自我的认知。而作为实现真话语的操练领域，自我的至高权力 / 主权不再是一种伦理，一种态度，一种主体性的净化用法，而是一种考验，一种风气，一种对主体性的政治用法，"这是一种生活风格……具有某种形式的观念……佳作"（HS, 406）。

1. 筹划

这种风气 / 存在模式首先是以所谓筹划（melatan）的方式实施的。古代的筹划概念蕴含着某种真实到可以是农业劳作的活动（HS, 416, note 16），也可以包括像修辞学家在自由和即兴演说之前的准备工作那样的思想准备。由此，作为沉思的筹划指的是一种"对思想的思想练习"（HS, 436）。福柯区分了两种形式的筹划范畴：一个是"对所思真理的审视"，另一个是"作为真理主体的自我考验"（HS, 444）。对于第一个范畴来说，可以举斯多葛学派的两个例子，世界认知根据生活艺术（自我艺术）而组织起来，因以自我为中心的观看而发生转向。这两个斯多葛学派的独特文本分别来自塞涅卡和奥勒留，给出了两种同时相关和相反的方式，福柯称之为"对世界知识的精神化 / 灵性化"（HS, 277），即"对所思真理的审视"（HS, 444）。

（1）对所思真理的审视

a. 塞涅卡的"俯视"

希腊化罗马时期对知识的虚荣有诸多批评，斯多葛学派就是其中的典型代表。对于塞涅卡来说，亚历山大城的图书馆不是为

了"满足帝王的虚荣"。^①塞涅卡与普鲁塔克一样，反对好奇心的扩散，反对繁复的阅读，^②他批评传统教育中的美术教学只是在教授不确定、无用和工具性的认知。^③看起来有些矛盾的是，塞涅卡自己正好有一部百科全书式的著作《自然问题》，正是在这部广泛讨论自然问题的著作中，给吕西留的信成为一些章节的前言，用来解释世界知识与自我的关系。

第一个例子是第三章的前言，即解释为什么写自然问题的一封信。首先，因为塞涅卡已经老了，已经花费太多时间在无谓的研究上。因而在这个年老的节点上，在没有做有用研究的生命的最后这些时刻，需要"心灵完全关注、忙于自身"（HS，252），以便"在（时间）流逝的运动本身之中将目光转向对自我的沉思"。^④其次，那些需要绕过的无用和虚荣的研究是帝王的荣耀和胜利故事，因为指出帝王生活模式的并不是这些可见的光彩，而是他们对自我的个人掌控；因为人之伟大之处，不在于命运与自然已经承诺的威力，而在于在威胁和利益之上坚实和安宁的灵魂，这是不依赖于任何外在、总是已经准备好离开的自由灵

---

① Sénèque, *De la tranquillité de l'âme*, IX, 5 ；参见 M. Foucault, *L'herméneutique du sujet*, Cours au Collège de France. 1981–1982, Paris, Seuil/Gallimard, 2001, p. 258, note 22。

② Sénèque, *Lettre à Lucilius*, lettre 2 ；参见 M. Foucault, *L'herméneutique du sujet*, Cours au Collège de France. 1981–1982, Paris, Seuil/Gallimard, 2001, p. 258, note 23。

③ Sénèque, *Lettre à Lucilius*, lettre 88 ；参见 M. Foucault, *L'herméneutique du sujet*, Cours au Collège de France. 1981–1982, Paris, Seuil/Gallimard, 2001, p. 258, note 25。

④ Sénèque, *Questions naturelles*, préface de la troisième livre ；参见 M. Foucault, *L'herméneutique du sujet*, Cours au Collège de France. 1981–1982, Paris, Seuil/Gallimard, 2001, p. 252。

魂。如果对历史（或自然）的认知不能作为这种类型的掌控和精神超脱的例子，那么也就是无用和徒劳的。最后，将世界认知与自我的目标挂钩的直接原因是自然权利而非城邦权利所给予的自由。通过对自然的研究，我们可以从自我最严重、最顽固和最强迫的屈从中解放出来，可以摆脱由特定社会的传统生活所要求的义务，不再依据某种文化中通常所赋予的回报或痛苦来采取自我行动。

然而，世界或自然认知如何能够让我们从对某种历史社会或文化的服从中解放出来呢？塞涅卡《自然问题》第一章的前言回答了这个问题。在这章中，有两个部分是关于哲学，一个涉及人，另一个涉及诸神。前者是为了避免大地生活上的错误，这是一种有限光明；后者是所有光明的来源，这是因为通过后者我们能够从自我中解放出来并使用自我。初看之下，这与柏拉图那里表象与真理的区分相似，但仔细来看，在塞涅卡这里，这涉及主体的另一种运动。为了进入自然认知，正如在其他古代人那里一样，需要在反抗恶习和缺点的内在斗争中取得胜利。但塞涅卡的不同之处在于，这不是依据某些人类法则获得对恶习的胜利，而是对人类社会规则的完全逃脱。这种让人能够认知自然的纯净性，不是对有关人的哲学的肯定，而是否定。

不过，这也不是引向对自我完全弃绝的基督教式否定，"你逃脱了很多事物，但你不能逃脱你自己"（HS, 264）。自然认知将人引向上帝，引向光明之源，但这并不会让人的存在陷入深渊，相反，这能够让人重新找到自己，因为正是"在某种相对于上帝的共同-自然或共同-作用中……人类理性与神圣理性性质相同"（HS, 264）。这种重逢似乎更像柏拉图的回忆说，但这种自我的重逢不像在柏拉图或基督教那里，处在彼世或大写存在的另一现实之中，而是就在此世，在人刚刚完全逃脱但只是通过心灵逃脱的这个人类世界。在自然认知、光明之源的顶峰，人们所见之真理，人们与诸神分享的自然性，不是说出"该做什么"的规则，而是通过参与神圣理性，"我们会懂得我们之渺小"（HS，265）。在上帝视角的顶峰，应该有两个收获：一方面，我们永远是这片土地上的存在，不是因为我们看到"神圣真理"，我们就可以或应该同时成为神圣的；另一方面，由此我们可以看到，特定社会的回报或痛苦，特定文化的善恶，不再那么具有决定性，不是必然要遵循并毫无选择的。自然认知，关于诸神的哲学，只是用于这个后退的视角，用于这种能够让人蔑视所有虚假光环或阴影的方式，它让我们从特定人类社会的虚假价值中解放出来，但这并不让我们脱离我们所生活的地方。

b. 奥勒留的"仰视"

相对于塞涅卡的"俯视"，存在着另一个"系统性颠倒"的观看运动，这就是马克·奥勒留的"仰视"。《沉思录》中的这个"精神练习"首先包含通过呈现于心里的图像而对对象的定义和描述。① 希腊语的"定义"一词是 poieisthai horon（追踪边界）（HS, 280），这可以是逻辑和语法意义上的定义，也可以是蕴含价值或价格规定的流行词汇意义上的定义。相反，希腊语的"描述"一词是 hupographên poieisthai（追踪细节），就是对所有自发和非意愿地来到心灵的事物予以有意和警惕性的注意，按照它

---

① Marc Aurèle, *Pensées*, livre III, 11 ; 参见 M. Foucault, *L'herméneutique du sujet*, Cours au Collège de France. 1981-1982, Paris, Seuil/Gallimard, 2001, p. 298, note 3.

们来到和被给予的样子去理解。

奥勒留的精神练习因此在于那个时代甚至是对立的两个行动（HS, 298, note 8）：定义和描述。但从笛卡尔开始，这种蕴含着两种对立和不可分行动的斯多葛式精神练习，被分化为两个分离和相互排斥的部分："理智方法"和"精神练习"，"从精神练习到理智方法的过渡显然在笛卡尔那里是非常清楚的"（HS, 281）。换言之，笛卡尔式我思（如果我们把我思理解为一般意义上的精神练习）通过同时实践奥勒留意义上（定义和描述）的理智方法和精神练习，走向自我定义为"理智方法"，而同时去除其所实践的"精神练习"。在这个意义上，笛卡尔式我思是由斯多葛意义上的我思实践确立的，但它不无矛盾地反过来将作为其中一个部分的理智方法定义为其全部。

因此，让我们来看这个原始的我思，这个奥勒留那里的对表征之流的精神练习，"这个对表征的'截取'……现在将发展为特定的两个练习，也会实际上给予这个纯粹理智的工作以其精神价值……这两个练习……就是我们所谓的本相（eidétique）沉思和本源（onomastique）沉思"（HS, 282）。

首先，对被表征对象的观看应该让其"按照本质"（hopoion esti kat'ousian）显现，[①] 这个本质状态就是"全部和全面赤裸的"状态。所有一切都不能逃过观看、沉思或我思。不应否认对象在赤裸状态的这些要素即使是在观看的秩序中也是会呈现的。

其次，"在自身中说出其名称（legein par'heautô）以及其被构成和分解的诸要素的名称"，[②] 也就是对每个将事物构成为观看对象

---

① Marc Aurèle, *Pensées*, livre III, 11.

② Ibid.

的要素进行命名，这是一种为了记忆的语词化。所有这些都在自我之中并为了自我而进行，按现代的话来说，这完全可以是一种"私人语言"。而且，观看-命名-记忆，这三个不同行为在这个精神练习中是同时的，也就是说，所有被命名的要素也同时正在被观看，每个名称对应于对象的一个要素，事物和语词是共同存在的，没有任何一方的缺席。而记忆是一种总体记忆，对语词和事物的记忆同时进行，在观看的同一时机发生，在同一空间发生。最后，这两个练习（定义和描述）可以看到事物本身：一方面是赤裸、总体的状态，另一方面是组成部分，组成事物的元素也是分解事物的元素。当然存在着观看秩序、接续的重组，但这些都不妨碍事物的碎片如呈现于观看那样存在。不过，重要的不是组成方式，而是组成的事实，"因此通过这个练习，我们抓住对象本质现实的复杂完满性，及其在时间中之存在的脆弱性"（HS, 283）。

最后，这个分析练习的目的是"让灵魂变得伟大"（mega-lophrosunê）。[1] 这不涉及对一个绝对世界或绝对主体的肯定，也不涉及去问什么是真，而是涉及认识到相对于这些引发见解和激情的事物，相对于这些有着它们自身本性和目标的事物，我们是独立和无关紧要的。而观看这些事物、与它们并像它们那样共存的（人的）自我"是自然依据神圣神意放置在宇宙内部的自然秩序中的一个存在"（HS, 285），（人的）自我既是一般意义上的世界公民，也是特定城邦（就像世界大城邦中的房屋）的公民。这些事物可以在时间中（HS, 289）被物质（HS, 291）分解在取消性的化约（HS, 293）之中。就像音乐或舞蹈的运动，如果我们

---

[1] Marc Aurèle, *Pensées*, livre III, 11.

以不连续的方式和分析的方式观看（给予注意力），它们就不再有让我们着迷的魅力。因此，我们可以蔑视它，可以自我解放，"如果我们想保留这种优越性……如果我们想因此抵抗它并保证自身的自由，那就将它一瞬间一瞬间地分解"（HS, 289）。这个分解事物并确认分解事物的主体的练习预设："对主体来说最真实的就是当下给予"。这个预设在观看时间之中主体连续性的法则，保障了进行分解的事物总是强于被分解的事物。这个主体的时间同一性也可以是一种美德同一性。当所有事物都是可分解和可分析的，那就也可能将我们的生命置于不连续性，置于碎片之中。但我们的生命中有一个要素是不可分解的，它也是可以建立我们同一性的事物，那就是美德，"除了美德和依附于美德的事物"，[1] 因为美德按照定义就是一个统一体、一种融贯性、一种非分散性。也就是说，在这个世界上，唯一可以等同/同一某个事物的方式，那就是同一化本身。

（2）作为真理主体的自我考验

在这个筹划的练习中要提出的问题是："我就是那个在思考的人……并如对真实事物的认知那样去行动吗？"（HS, 444）需要肯定或构造的不是一个认知性的主体，一个同时是真理决定者和被决定者的主体，而是一个伦理主体，一个使用真理在其自身真实生活中采取行动的主体。在斯多葛学派那里，这是通过两种类型的练习完成的：一个是"死亡练习"（HS, 445），另一个是"意识省查"（HS, 460）。相对于水平意义上的"俯视"和"仰视"的精神化，这两个考验伦理主体的练习是在时间线上展开

[1] Marc Aurèle, *Pensées*, XI, 2；参见 M. Foucault, *L'herméneutique du sujet*, Cours au Collège de France. 1981-1982, Paris, Seuil/Gallimard, 2001, p. 299, note 31。

的，换言之，这是一种时间性的练习。

　　a. "死亡练习"：过去、当下、未来

　　这并不是一个特别典型的斯多葛学派练习。在整个古代，对厄运的推定或对未来的不信任是一个不可化约的传统。因此，这涉及一种青睐过去、贬低未来的古希腊思想传统，即基于过去准备未来，而不是通过未来关照当下。古希腊人正是通过这样的准备未来而找到他们的自由，找到其在时间性生命中的主体角色。这种关于过去和未来的文化是由某些思想主体本身建立的。思想中首要的是记忆，由于记忆只能与过去相连，对未来的思想只能通过想象、不确定性和非-真相构造。实际上，在记忆中的过去与想象中的未来之间的区分预设了一个人类学存在论：过去，也就是已经经历过的，是存在的，且肯定在人类学意义上存在；相反，未来不存在，因为尚未经历，也是在人类学意义上尚未经历；如果预设未来预先存在，也就是未来预先被确定了，那人就什么也做不了，毫无人的自由可言。

　　"如果未来是虚空或预先决定的，我们就注定或者想象或者无能为力"（HS, 446）。在这两种情况中，总是在人类学的考虑之中，没有个体能够成为其所思之伦理主体的位置，也就是说，在想象中和在无能为力之中一样，谁都无法掌控，谁都不是主权主体。正因如此，普鲁塔克区分了两种范畴的人[①]：理智的和不理智的，换言之，就是不疯的和疯的。一边朝向过去，处理过去已经发生的事情，并因此得到保障，在这个意义上，他们是理智

---

①　Plutarque, *De la tranquillité de l'âme*, 473 b；参见 M. Foucault, *L'herméneutique du sujet*, Cours au Collège de France. 1981-1982, Paris, Seuil/Gallimard, 2001, p. 455, note 14。

的，他们关照自身，是自身的主权者；另一边是朝向未来，投入到没有任何依据的想象之中，在这个意义上，他们是不理智的，他们没有关照自身，也就是没有关照对他们来说已经发生的事情，因而不是自身的主体。

福柯认为当下是"唯一实际上真实的事物"（HS, 447），那些朝向未来和朝向过去的其实都没有关照当下。但也不仅仅是从当下的角度来说过去区别于未来。在普鲁塔克所引的古老寓言中，驴吞下了自己编织的事物，失去了其所有所获，没有任何可以用于闲暇的食物，因而必须不停编织，"人……任由遗忘啃噬所有发生之事，没有社会生活……令人愉悦的闲暇……行动的能力"（HS, 448）。因而，贬低未来的原因，也是贬低想象和疯狂的理由，这就在于对社会、积极、愉悦和闲暇生活的整体化，在于同一性和连续性。如果生命的流逝没有连续性，那么每天都是一种剥夺，每刻都活在重新开始的空无之中。一言以蔽之，正是因为对这种虚无的恐惧，人们要与过去挂钩；正是不连续、空无、无尽重新开始的劳作，让人们贬低有关未来、想象和疯狂的思想；正是成为主权者的人类学需求决定了朝向过去的存在论思想。在这个意义上，装备真话语是救援的需要，而这个装备是通过对厄运的事先考虑、通过对最糟糕未来的想象来进行的，而这些都同时是对当下的取消。

这个练习首先在于在思想中想象一切未来糟糕之事的可能，并认为这些糟糕之事终究会发生，且立即发生，"顷刻之间足以倾国"。① 这个厄运假定不应被理解为关于未来的思想，因为未

① Sénèque, *Lettre à Lucilius*, T. IV, livre XIV, lettre 91；参见 M. Foucault, *L'herméneutique du sujet*, Cours au Collège de France. 1981-1982, Paris, Seuil/Gallimard, 2001, p. 456, note 32.

来多样和开放的诸可能性实际上被堵塞，用福柯的话来说，就是"通过将所有可能性现时化在某种实际的思想体验中而取消未来"（HS, 452）。时间性生命被化约为一个确定之点："老年"，老年的当下，主权主体的精神当下。正是通过一个精神性／灵性的实现，人们取消现实的真实性，取消未来真实性的现实，将未来视为人人皆可施以想象的虚无。

因此，斯多葛学派以最可获益和最现实的方式运用想象：使你恐惧之事只是对未来的想象，恐惧本身就是想象，"你是死亡……你是痛苦……如果仍可承受，那就轻如鸿毛；如果不能承受，那就会转瞬即逝"。[①] 如果痛苦让人痛苦，那就是我们还活着；如果痛苦还可承受，那就是还没那么糟糕；如果痛苦糟糕到让人死去，那么不可承受的痛苦也只是一个将我们带向死亡的短暂瞬间，死亡会让我们无所知觉，即使最严重的痛苦也不再能感受到了。这就是斯多葛学派矛盾的"死亡练习"：在思想的现实中，我们发现思想、情感、激情和恐惧只是想象的非-现实。思想的虚无用自身证实自身并取消自身。

不过，斯多葛学派的这个精神操练本身并非一个想象性事物，也不是为了在想象中寻求救援。死亡沉思并不是为了进入某种死亡状态，相反，是为了让现实的价值显现出来，"我们总是在过生命最后一刻"（HS, 458）。这最后一刻的伟大价值值得精心组织，细心严肃地体验，"每天都当作末日去过让我们拥有完美道德"。[②] 这个完美道德不是别的，正是自我感知，对自我存

① Sénèque, *Lettre à Lucilius*, lettre 24；参见 M. Foucault, *L'herméneutique du sujet*, Cours au Collège de France. 1981–1982, Paris, Seuil/Gallimard, 2001, p. 456, note 34。
② Marc Aurèle, *Pensées*, VII, 69；参见 M. Foucault, *L'herméneutique du sujet*, Cours au Collège de France. 1981–1982, Paris, Seuil/Gallimard, 2001, p. 468, note 3。

在、自我意志、自我权力的感知。因为这个静止、瞬间和珍贵的
生命最后一刻让我们所做的每件事、在整个生命中已做之事的真
实价值显现出来，因为在这个回溯性的整体化之中，所有价值达
到平衡并且消散，只剩下（在思想中被清空后的）自由和独立的
自我。在自我的这个自由和独立的时刻，个体最终成为自我的主
权者，成为所有其所想和所能行动的主体。这个召回现实的功能
更多地表现在意识省察之中。

b. 意识省察

希腊化罗马时期的意识省察同时区别于毕达哥拉斯传统和基
督教的发展，这个意识省察既不是为了净化灵魂，也不是为了忏
悔错误，既不是为了进入真理，也不是为了进入彼世。例如，在
马克·奥勒留的晨省中，[①] 意识省察是为了反思一日所为，但这不
是为了将自己置于悔罪的法庭，用福柯的话来说，这是"管理"
（HS, 462）类型而不是"审判"类型的反思。当然，这种意识省
察也关涉错误，但这都是技术性错误，"你在这个讨论中过于激
烈……你对此斥责过于严厉……"[②] 这些错误不需要指责，但也
不应忽视。"从此不再与无知者争斗……以后不仅要看所言是否
为真，还要看所言对象是否有能力理解真理"，[③] 这是为了取得进
步、纠正未来行动的建议，是为了自行决定并由自己决定应该如
何做的建议。

---

① Marc Aurèle, *Pensées*, V, 1；参见 M. Foucault, *L'herméneutique du sujet*, Cours
au Collège de France. 1981–1982, Paris, Seuil/Gallimard, 2001, p. 469, note 16。
② Sénèque, *De la colère*, III, XXXVI, 4；参见 M. Foucault, *L'herméneutique du sujet*,
Cours au Collège de France. 1981–1982, Paris, Seuil/Gallimard, 2001, p. 469, note 19。
③ Ibid.

2. 操练

（1）节制与自由

除了筹划（思想练习），希腊化罗马时期的风气创制还体现在操练（HS, 407）之中。当然，筹划本身也意味着自己对自己的练习，在这个意义上，筹划也是一种操练，但只是一种思想操练，是在思想中的操练。操练与筹划的区别之处在于，前者是一种在真实处境中的实践，是在实际行动中的筹划。因此，操练的实践具有制度范围的规定性，也具有自由范围的临时性。

制度范围的操练在于节制活动，其目的既是抵抗外部事件——这是某种勇气（andreia），又是抵抗内部事件——这是某种掌控（sôphrosunê）。① 这类练习在古希腊人那里已经存在，在基督教那里也存在甚至被强化，但它们之间还是有本质差异。

一方面，在古希腊尤其是柏拉图的制度中，健身是以一种积极的方式实现的。也就是说，为了形成和加强涉及外部世界的勇气和涉及自我内部的掌控，种种练习多是身体的、运动员式的，是锻炼肌肉准备搏斗。为了运动员或士兵的这个搏斗目标，需要过一种特别守节的生活，需要放弃某些性活动。② 至于希腊化罗马时期，奇怪的是，同样是为了达到勇气和掌控的目标，所有积极练习都消失了，只剩下节制活动；操练是为了强化身体耐力，而不是形成运动员式的身体。勇气和掌控不再是通过锻炼强健的

---

① A.-J. Festugière, *Deux prédicateurs dans l'Antiquité, Télès et Musonius* ；参见 M. Foucault, *L'herméneutique du sujet*, Cours au Collège de France. 1981–1982, Paris, Seuil/Gallimard, 2001, p. 417, note 21。

② Platon, *Les lois*, livre, VIII, 840 a ；参见 M. Foucault, *L'herméneutique du sujet*, Cours au Collège de France. 1981–1982, Paris, Seuil/Gallimard, 2001, p. 417, note 23。

身体，而是通过身体与灵魂的工作而获得：在身体上，消极地承受饥饿、寒冷、炎热、困顿或生活中所有艰苦的条件；在灵魂上，通过"健康状况不佳的孱弱身体的轻微支持"（HS, 410），摆脱所有智力锻炼上的沉重练习，也从理智的积极活动中解放出来。

另一方面，基督教尤其是僧侣制度中的禁欲，是一种终身苦行；而希腊化罗马时期的节制活动只是反复、规律的考验或练习，"时而运用一些严厉的对待来让自己很好地服从灵魂"。[①] 这种时而的节制练习只是为了形成一个能够在遇到不幸之时超然于外的必要和充分态度或能力。

因此，希腊化罗马时期的操练更多地表现为自由范围内的考验。首先，与预设或普遍方式要求的节制不同，操练的考验更多是以个体化和量身定制的方式进行的，需要自问有何能力，需要定位自身在什么位置，可以向何种程度前进。通过这些考验，我们才能了解自己、掌控自己，以循序渐进和个人的方式克制自己。例如，在爱比克泰德那里，通过与自身制定一个记录进步的协定，与愤怒的斗争逐日进步。其次，通过这些个人化的考验，节制或剥夺就不是由他人或盲目地强加而来，更是在一种自身澄明的意识中进行。正是在这个意义上，操练的考验是一种同时在现实和思想中进行的练习，一种行动与意识的融贯。爱比克泰德在意识上节制的著名例子经常与苏格拉底的节制相比较：在苏格拉底的节制中，苏格拉底在阿尔西比亚德身边却不会触碰他，尽管苏格拉底有这个欲望；而在爱比克泰德这里，在遇到美

---

① Sénèque, *Lettre à Lucilius*, t. I, livre I, lettre 8；参见 M. Foucault, *L'herméneutique du sujet*, Cours au Collège de France. 1981–1982, Paris, Seuil/Gallimard, 2001, p. 417, note 28。

丽的女孩时，行动上的节制是不够的，还需要毫无感觉、毫无想法，"心灵完全放空和淡然"。① 因此，意识控制原本来自自我规则，来自一个自我为自我的努力，来自一个从内心深处自我节制的主体。这种意愿和有意识的节制的正当性在于，它呈现了一种自我对自我的掌控，一种自我在自我上的主权，不仅对于过度的情感（pathos），还对于自然和合法的运动（diakhusis）（HS，414）；不仅要脱离社会习俗，还要脱离自然依赖。这与苏格拉底节制中的世俗纯洁深刻不同，与基督教的贞洁相去不远，但斯多葛学派的节制只是为了自我的主权，为了让自己成为自己的主体。

（2）苦难的必要

不过，为了成为自我主权者这个完全自然和正当的目的而进行的这些作为临时考验的练习，逐渐在斯多葛学派的理智演绎中变成一种终身考验的要求。例如，在塞涅卡那里，② 上帝的父亲般的爱蕴含着一种严厉的教育，只有针对好人，上帝才会用这种严厉的教育（痛苦、困难和苦难）去训练、强化、磨练他，"（上帝）他为好人准备了一系列构成生命的考验"（HS，421）；而对于坏人来说，不无矛盾的是，上帝任其享乐、安逸、舒适，因为在这些纵容中并无上帝的真爱，坏人就会在没有任何作为自我主权者的准备或装备的情况下逐渐衰弱。因此，与《阿尔西比亚

---

① Épictète, *Entretiens*, II, 18, 15–16；参见 M. Foucault, *L'herméneutique du sujet*, Cours au Collège de France. 1981–1982, Paris, Seuil/Gallimard, 2001, p. 418, note 32。

② Sénèque, *De la providence*, II, 5–6；参见 M. Foucault, *L'herméneutique du sujet*, Cours au Collège de France. 1981–1982, Paris, Seuil/Gallimard, 2001, p. 432, note 2。

德》因为缺少治理城邦的充分教育情况下要关注自我不同，对于斯多葛学派来说，要通过生命的所有不幸来关照自我和形成自己的整个生命。爱比克泰德在这点上就指出，像犬儒主义那样将"生命作为考验"的人，是面对局限性、战胜危险并深化作为主权主体的人之领域的人。[①]正是这样的主体才拥有"赫尔墨斯神杖"（HS, 423），能够变恶为善，能够将恶劣的现实变成存在论意义上的善。这个"赫尔墨斯神杖"不是别的，是在考验中生活的态度，是格外理性之主体的主观力量，是在痛苦本身内部、在与社会习俗和自然依赖相脱离中形成的事物，"正是在苦难让我们痛苦的意义上，苦难并非坏事"（HS, 425）。

不管是在筹划中，还是在操练中，不管是思想还是现实的练习，希腊化罗马时期的操行都是一种因为关注自我而关照自我的实践。在希腊古典时期，这种源自关注自我的自我实践是在生活技艺（tekhnê tou biou）的必要性中，也就是说，正是为了获得一种为城邦、法律、宗教所需的技艺，获得一种生存能力，人们才关照自我，就像阿尔西比亚德的关注自我是其政治生涯的必要性所要求的，是其自然欲求生命光彩的贵族忧虑所召唤的。而希腊化罗马时期，关注自我、自我操行不是为了获得生存技艺，关照自我与生活技艺的关系完全颠倒了，关注自我或操行不再是生活技艺的必要和不可或缺的要素或方式。相反，关注自我或操行"从头到尾穿越、支配、支撑生活技艺……现在是生活技艺完全

---

① Épictète, *Entretiens*, III, 22, 24-25；参见 M. Foucault, *L'herméneutique du sujet*, Cours au Collège de France. 1981-1982, Paris, Seuil/Gallimard, 2001, p. 432, note 8。

在自主化的关照自我的框架中"（HS, 429）。不是为了"生活得更好"才关照自我、自我操练、自我节制，而是为了"为自己而活"（HS, 430）。

因此，这里有一个自我对自我的纯粹关系，一个纯粹的主体性，它不是为了生活而存在，是生活为了它而存在。希腊化罗马时期，不再像古希腊人那样为城邦而活，也不像基督教那样为彼世而活，而是把生存当成一个考验，一个对主权具有最高权力的主体性的考验。这个主体性独立且空洞，不会把我们带到任何地方，而是把我们框限在自身经验之中，以此让我们逃脱对我们无动于衷的世界。通过自我本身的经验，既是精神的也是现实的，个体自我完善、自我转化，直至技艺（tekhnê，合理和理性的艺术）的目标不再是生命（bios，古希腊的主体性，希腊化罗马时期作为考验的生命），而是主体及其主权。这个主权主体、自我之王的点，也是拯救之点，是对一个公民的生存技艺在能予以拯救的世界中的拯救。也就是说，当政治技艺无法拯救生活的时候，只能回退到自我拯救。

不过，这个将人从人类社会和政治中解放出来的拯救，随后又将人封闭到一个漫长的自我真理的历史之中，封闭在对自身主体性的忏悔之中，封闭在对其主权的坦白之中，直至这个自我之王的主权"一点一点地被另一种可被称作认知知识的知识模式限制、覆盖并最终抹去"（HS, 296）；直至浮士德彻底出卖了他对精神性/灵性的知识，"浮士德退场，革命者入场"（CV, 196），我们进入了启蒙时代，我们将自身的主权不断付诸不知疲倦地重新开始的认知的批判。悲伤的拯救不是拯救（HS, 297）。

结　　论

主体的拓扑空间

　　主体问题是哲学的核心问题之一。从笛卡尔"我思故我在"将认知主体作为知识的奠基开始，人面临既是认知主体又是认知对象的双重身份。世界与人、人与自身之间存在的知识（真理）与主体关系就成为诸多问题的关键。传统哲学在康德批判之后更加陷入批判与启蒙的闭环，现代人是更自由了还是更封闭了呢？福柯的主体问题考古学打开了主体存在模式的历史和社会、语言和话语、伦理和政治的拓扑空间。这里涉及疯狂主体和理性主体，认知主体与言说、劳动和生命主体以及道德主体与主权主体；在对这诸种主体在经济、社会和政治条件上的历史构成进行了细致和漫长的考古学研究之后，在对自我（主权主体）、"国王"（认知主体）和疯人（构造和被构造主体）进行考古学分析之后，我们得到了福柯对主体问题的诸多重构。这些被重构的主体不是在一个线性的时间、逻辑或概念关系之中，也不是在一个三维立体的空间中。福柯通过考古学向我们揭示的主体不是固定在某个社会或某个历史时代或某些概念逻辑的平面结构中，而是一个自远方（过去）投射并在近处

（当下）构造的结构。它看上去像是历史尘埃的堆叠，但因福柯所展开的远方本身就是由诸多褶皱构成，致使我们的当下虽然直接，却具有丰富、隐蔽和难以破解的空间层次。不同时代的哲学概念及其变化因便利、无知或强力而依附在每一个这样的历史"当下"，致使我们的当下厚重而无法辨认。因此，不应认为福柯对主体问题的考古学研究是对现代主体哲学的简单否认，也不应把它当作历史结构的天真蔓延。福柯的考古学方法中有一种基于对"当下"的复杂性而产生的"抵抗"意识，或者说是"斗争"意识，但不能将这种意识简单化为对真理的完全拒绝或对主体性的绝对否定。福柯当然有拒绝和否定，但从来都不是完全和绝对的。

1. 莫比乌斯带：疯狂与理性的关系

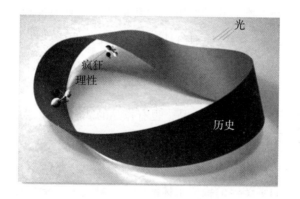

这里需要用一个莫比乌斯带来解释福柯对古典时期和现代主体问题的重构。这条莫比乌斯带就是福柯所研究的历史，也是诸多哲学问题所立足的"大地"。福柯的考古学研究对古代、中世纪、古典时期、现代的分期以一种编年史般的连续性构成了这条莫比乌斯带，但这种连续性只存在于认知主体的视角之中。历史学家按照线性时间叙述历史，就如同沿着莫比乌斯带的同一个表面前进。而福柯的知识考古学所强调的不连续性或断裂，就如同莫比乌斯带的褶子部分：如果在莫比乌斯带的两个光亮面间跳跃，就不会察觉这其实已经不是同一平面，我们只会发现事件之间发生了奇怪的断裂和差异。这就是我们（历史学家）通常所说的历史巨变。这条莫比乌斯带并不是在描述时间本身的拓扑性，而是在描述使我们能够思考、认知、言说、工作和生活的历史条件的统一体。

这个只有一个表面的历史统一体描述了福柯所揭示的疯狂主体和理性主体的构造。这两个构造实际上分享同样的历史条件，就像莫比乌斯带只有一个表面，简单来说，就像一枚硬币的两面。福柯将我们通常看到的理性与疯狂的对立看作莫比乌斯带上的光照效应：光芒照射到的地方是理性，可其背面就是疯狂。这些光芒就是人类思想的视野，尤其是必然在有限视野下的我思，在这个光芒下，理性如同白日，疯狂就是黑夜。理性主体与疯狂主体并不必然出现在两个不同个体中，同一个人可能在莫比乌斯带的同一个表面上行走或垂直逾越莫比乌斯带，尼采、梵高就是这样的例子，他们既有作品，也有作品的缺席。

这个莫比乌斯带也可以描述主体与历史（知识）的互逆关系，这比通常认为的主体在历史上前进或后退的线性关系要复杂。福柯引导我们去关注的构成主体的经济、社会和政治条件，就如同莫比乌斯带，这些条件既是主体的营养也是主体的负担，既是条件也是限制，不仅可以让主体在历史上行走，还可以让主体创造历史。在主体与历史的这种互逆性中，福柯提醒我们要警惕：这些历史要素可以让主体生，也可以让主体死。在这个意义上，认知主体与其知识的关系就体现在蚂蚁及其行囊的关系上。福柯与康德一样承认知识行囊的有限性，但福柯的知识行囊不像康德那

样是内在的／属人的，而是有着自身的物质性及其历史，这个物质
性是由语言构成的，其历史本身也与认知主体有着互逆关系。

　　2. 克莱因瓶：三种知识型

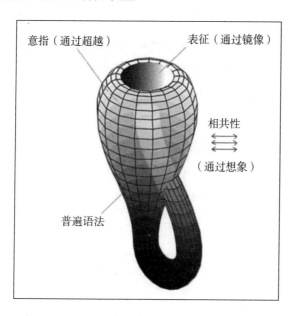

　　《词与物》揭示认知主体的知识与历史的关系，我们提出用
克莱因瓶来理解认知主体的知识模式：中世纪的相共性模式，古
典时期的表征模式，现代的意指模式。中世纪的认知主体通过对
事物相共性的想象来获得知识，认知主体作为一个观察者，与其
所观察的其他事物一样是上帝眼中的事物。这种上帝视角下人与
万物的平等性使认知主体与事物本身以事物的方式进行交流：相
近性的可见效果、无接触的模仿、通过隐喻的类比和事物内在的
相通，因为都是上帝的产物，天然具有确定性和可沟通性。中世
纪的认知就是一个光滑、流畅和绝对通透的克莱因瓶：所有的
世界存在物也都存在于认知中，认知与现实经验是等同的，没有

内外，没有筛滤。而古典时期在克莱因瓶的瓶口加了一面人类之镜：这面镜子会过滤掉所有不符合人类意识"清楚分明"需求的事物。悖谬的是，这面人类之镜并非由人主宰。古典时期的认知主体的确有一定的主权，但这个主权是以理知为框架的，即我思在线性时间中的接续秩序。当克莱因瓶的人类之镜以"清楚分明"过滤认知的时候，作为复杂和拥有晦暗面的人也被部分地过滤了。现代将这种缺失更加深化了。如果说古典时期只是在世界和认知之间加了一面人类之镜，现代则因主体悖谬完全关闭（或忽略）了这个入口（即康德对物自体不可认知的判断）。世界不再与认知主体不分你我，认知主体只能通过其内在性认知世界。认知与世界的分离，使得人类认知呈现为克莱因瓶的自循环。

3. 波伊曲面：主体–知识–权力关系

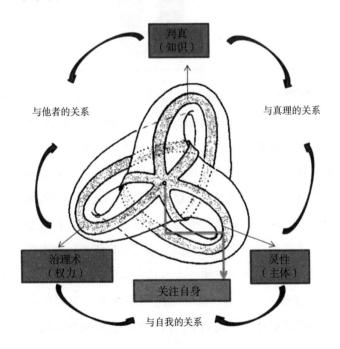

那么主体悖谬的出路在哪里？福柯的方案是摆脱主体的至上地位，重新找到主体作为节点的角色。我们用波伊曲面来说明福柯晚期对主体的新构造：三条交叉的莫比乌斯带形成了波伊曲面，这个交叉点就是被哲学史遗忘的关注自我；基于这个中心点，三条莫比乌斯带分别代表判真、治理术和精神性／灵性。

这里每条莫比乌斯带都代表一种主体关系模式，例如，判真表示主体与真理的关系，主体与真理并非两个独立要素，真理基于关注自我的道德主体实践，如古希腊的性的真理基于健康、婚姻、少年之爱，这种真理并不导致没有选择的绝对强制，因为这种真理本身就以人的积极性为前提并为之服务：自由人本身决定为什么和如何节制自身。沿着判真的莫比乌斯带下行，就到了精神性／灵性的莫比乌斯带：对某种真理的判真，如伯里克利对战争局势的判断、苏格拉底得到的神启和塞涅卡的自然认知，都是运用精神性／灵性的领域：既有为认识真理的主体性的净化用法，即传统的真理伦理领域，进入真理有一系列的伦理要求；也有为美好生活的主体性的政治用法，即传统的真实风气领域，对

真理的认知需要运用于生活，体现在主体的实际行动之中。判真的莫比乌斯带通过精神的莫比乌斯带再次上升，并不是直接回到判真，而是走向治理术的莫比乌斯带，这是古代的权力领域，这不是外部的支配或利用，而是从掌控自我到掌控他人的古希腊模式，这一点通过讲真话完成。在讲真话走向判真或精神性／灵性之前，它首先是一种有关政治的主体性，是弱者克勒兹与强者阿波罗的斗争工具，是在民主制度中以竞争方式彰显优越性的必要途径。

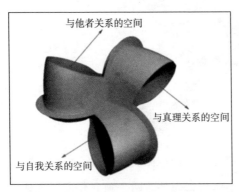

与他者关系的空间

与真理关系的空间

与自我关系的空间

主体性的统一体

福柯晚期在古希腊和希腊化罗马时期的研究中所建立的正是这种由与真理的关系空间、与自我的关系空间和与他者的关系空间共同构成的主体统一体，即三条莫比乌斯带闭合形成的波伊曲面。

4. 主体的拓扑空间

不过，福柯晚期形成的这个波伊曲面式的主体模式并非福柯对主体的最终主张，这个模式只是用来说明我们当下主体的历史性先天所具有的复杂结构。福柯不是一个历史的简单学习者，他的主体问题考古学不是用来解决别样意志与不可避免的历史性的冲突，不能直接断章取义地用作行动手册。福柯主体考古学的意义在于展现主体的本来结构，展现主体与真理之间的所能存在的深刻问题。福柯在其知识考古学的研究中，总是会去寻找真理伦理的要素。如笛卡尔在哲学论证中对疯狂怀疑步骤的否定，来自当时认知主体资格的社会限定；在语言的考古学中，方尖碑上最早用象形文字记载征战胜利，是为了让民众承认并服从征战结果；在皮奈尔和图克的精神病院里找到的疯狂真相，其实是疯狂的社会隔离、沉默以及茶话会伦理。

福柯的真理伦理就是主体与真理的关系。如果只有一种真理，就没有其他认知主体的可能。福柯遵循康德的判断：是否只有一种真理是不可知的。但可以知道的是：有多种探真活动，对真理的认知从来都与产生真理的活动相关；同时，即使相对于某种特定真理，还有多种主体存在模式，这种模式从来都是个人的而不是普适的。福柯从古代到古典时期直至现代的主体问题考古学所要做的，正是提供知识、权力和主体的多种模式。福柯并不是要鼓吹某种模式而否定其他模式，而是要打开一个可能性的多样空间，打开主体的拓扑空间，让每个人有做出自己选择的可能性，这正是主体的要旨所在。

此外，福柯的主体问题考古学还启发我们至少在三个领域继续前进：1）对疯狂的考古学研究不应止于古典时期，尤其是福柯从 1954 年对宾斯万格梦的研究到对希腊化罗马时期阿特米多鲁斯的梦的解析的研究。福柯的考古学方法在这个领域显示出历史性的丰富维度，即我们可以在古代和中世纪继续理性与非理性问题的考古学研究。2）福柯《词与物》中的问题在《雷蒙·鲁塞尔》中已经有所预示，作品与作者的关系，深层次上也是知识与主体的关系。不过鲁塞尔代表的是眼睛，如果我们将福柯在鲁塞尔的眼睛上使用的考古学方法扩展到布里塞（Brisset）的耳朵、沃尔夫森（Wolfson）的嘴巴，知识的界限和规则也会发生相应的变化。3）福柯在讲真话的考古学考察中显示出真理生活与别样生活之间的张力，显示出基督教的真话语作为现代性根基的一面。那么基督教的真话语技术也许会是理解现代性困境的一把钥匙。

因此本书的结束也是一个开始：福柯的主体问题考古学在历史的线索上拆解主体，但并不抛弃主体，反而提供了主体的拓扑空间；定位主体的诸历史部署，才可能在当下主体的拓扑空间中选择自我的位置。

参考书目

福柯著作

Histoire de la folie à l'âge classique, Paris, Éditions Gallimard, 1972.

Les mots et les choses, Paris, Édition Gallimard, 1966.

L'usage des plaisirs, Paris, Gallimard, 1984.

Le souci de soi, Paris, Gallimard, 1984.

Du gouvernement des vivants, Cours au Collège de France. 1979-1980, Paris, Seuil/Gallimard, 2012.

Subjectivité et vérité, Cours au Collège de France. 1980-1981, Paris, Seuil/Gallimard, 2014.

L'herméneutique du sujet, Cours au Collège de France. 1981-1982, Paris, Seuil/Gallimard, 2001.

Le Gouvernement de soi et des autres, Cours au Collège de France. 1982-1983, Paris, Seuil/Gallimard, 2008.

Le courage de la vérité. Le gouvernement de soi et des autres II, Cours au Collège de France. 1983-1984, Paris, Seuil/Gallimard, 2009.

Dits et écrits, Paris, Gallimard, 2001:

-N°1, « Introduction », in Binswanger (1.), *Le Rêve et l'Existence* (trad. J. Verdeaux), Paris, Desclée de Brouwer, 1954;

-N° 5, « La folie n'existe que dans une société » (entretien avec J.-P. Weber),

Le Monde, no 5135, 22 juillet 1961;

-N° 48, « Sur les façons d'écrire l'histoire » (entretien avec R. Bellour), *Les Lettres françaises*, no 1187, 15−21 juin 1967;

-N° 50, « Che cos'è Lei Professor Foucault? » (« Qui êtes-vous, professeur Foucault? » ; entretien avec P. Caruso; trad. C. Lazzeri), *La Fiera letteraria*, année XLII, no 39, 28 septembre 1967;

-N° 54, « En interview avec Michel Foucault » (« Interview avec Michel Foucault » ; entretien avec I. Lindung; trad. C. G. Bjurström), Bonniers Litteräre Magasin, Stockholm, 37ᵉ année, no 3, mars 1968;

-N° 55, « Foucault répond à Sartre » (entretien avec J.-P. Elkabbach), *La Quinzaine littéraire*, no 46, 1ᵉʳ-15 mars 1968;

-N° 69, « Qu'est-ce qu'un auteur? », *Bulletin de la Société française de philosophie*, 63ᵉ année, no 3, juillet-septembre 1969;

-N° 79, « Il y aura scandale, mais... », Le Nouvel Observateur, no 304, 7−13 septembre 1970;

-N° 84, « Nietzsche, la généalogie, l'histoire », Hommage à Jean Hyppolite, Paris, P. U. F., coll. « Épiméthée », 1971;

-N°102, « Mon corps, ce papier, ce feu », in Foucault (M.), *Histoire de la folie*, Paris, Gallimard, 1972, appendice II.

-N° 132, « Human Nature: Justice versus Power » (« De la nature humaine' justice contre pouvoir »; discussion avec N. Chomsky et F. Elders, Eindhoven, novembre 1971; trad. A. Rabinovitch), in Elders (F.), éd., *Reflexive Water: The Basic Concerns of Mankind*, Londres, Souvenir Press, 1974;

-N° 139, « A verdade e as formas juridicas » (« La vérité et les formes juridiques »); trad. J. W. Prado Jr.), Cadernos da P. U. C., no 16, juin 1974;

-N° 143, « Le pouvoir psychiatrique », Annuaire du Collège de France, 74ᵉ année, *Histoire des systèmes de pensée*, année 1973−1974, 1974;

-N° 146, « La casa della follia » (« La maison des fous »), in Basaglia (F.) et Basaglia-Ongardo (F.), *Crimini di pace*, Turin, Einaudi, 1975;

-N° 200, « Non au sexe roi » (entretien avec B.- H. Lévy), *Le Nouvel Observateur*, no 644, 12−21 mars 1977;

-N° 219, « Introduction by Michel Foucault » (« Introduction par Michel

Foucault »), in Canguilhem (G.), *On the Normal and the Pathological*, Boston, D. Reidel, 1978;

-N° 234, « Tetsugaku no butai » (« La scène de la philosophie »; entretien avec M. Watanabe, le 22 avril 1978), Sekai, juillet 1978;

-N° 281, « Conversazione con Michel Foucault » (« Entretien avec Michel Foucault »), entretien avec D. Trombadori, Paris, fin 1978;

-N° 306, « The Subject and Power » (« Le sujet et le pouvoir »; trad. F. Durand-Bogaert), in Dreyfus (H.) et Rabinow (P.), *Michel Foucault: Beyond Structuralism and Hermeneutics*, Chicago, The University of Chicago Press, 1982;

-N° 326, « On the Genealogy of Ethics: An Overview of Work in Progress » (« A propos de la généalogie de l'éthique: un aperçu du travail en cours » ; entretien avec H. Dreyfus et P. Rabinow ; trad. G. Barbedette et F. Durand-Bogaert), in Dreyfus (H.) et Rabinow (P.), *Michel Foucault: Beyond Structuralism and Hermeneutics*, 2ᵉ éd. 1983;

-N° 330, « Structuralism and Post-Structuralism » (« Structuralisme et poststructuralisme »; entretien avec G. Raulet), Telos, vol. XVI, no 55, printemps 1983;

-N° 338, « Usage des plaisirs et techniques de soi », *Le Débat*, no 27, novembre 1983;

-N° 339, « Qu'est-ce que les Lumières? », « What is Enligthenment? », in Rabinow (P.), éd., *The Foucault Reader*, New York, Pantheon Books, 1984;

-N° 340, « Preface to the History of Sexuality » (« Préface à l'Histoire de la sexualité »), in Rabinow (P.), éd., *The Foucault Reader*, New York, Pantheon Books, 1984;

-N° 343, « Archaeology of a passion » (« Archéologie d'une passion » ; entretien avec C. Ruas, 15 septembre 1983), in Foucault (M.), *Raymond Roussel, Death and the Labyrinth*, New York, Doubleday, 1984;

-N° 354, « Le retour de la morale » (entretien avec G. Barbedette et A. Scala, 29 mai 1984), *Les Nouvelles littéraires*, no 2937, 28 juin-5 juillet 1984;

-N° 363, « Technologies of the self » (« Les techniques de soi »; université du Vermont, octobre 1982; trad. F. Durant-Bogaert), in Hutton (P. H.), Gutman (H.) et Martin (L. H.), éd., *Technologies of the Self. A Seminar with Michel Foucault,* Anherst, the University of Massachusetts Press, 1988.

« Qu'est-ce que la critique? (Critique et Aufklärung) », Conférence donnée à la Société française de Philosophie le 27 mai 1978 et publiée en français dans le *Bulletin de la société française de philosophie,* t. LXXXIV, 1990, 84, 2.

其他著作

古代著作

Homère (VIIIe siècle av. J.-C.), *Iliade*; *Odyssée.*

Confucius (551−479 av. J.-C.), *Entretiens de Confucius.*

Euripide (480−406 av. J.-C.), *Ion*; *Les Phéniciennes*; *Oreste*; *Tragédie d'Euripide*, traduction français par M. ARTAUD, Paris, Charpentier Libraire-éditeur, 1842.

Hippocrate (460−370 av. J.-C.), *De la génération.*

Thucydide (460−400 av. J.-C.), *Histoire de la guerre du Péloponnèse.*

Lex Duodecim Tabularum (451−449 av., J.-C.)

Xénophon (440−355 av. J.-C.), *Économique*; *Mémorables*; *La république des Athéniens.*

Isocrate (436−338 av. J.-C.), *Sur la paix.*

Platon (428−328 av. J.-C.), *Phédon*; *Cratyle*; *Philèbe*; *La République*; *Timée*; *Lois*; *Phèdre*; *Apologie de Socrate*; *Lettre VII*; *Lettre II*; *Hippias Mineur*; *Critias*; *Gorgias*; *Théétète*; *Criton*; *Alcibiade.*

Eschine (390−314 av. J.-C.), *Contre Timarque.*

Aristote (384−322 av. J.-C.), *L'homme de génie et la mélancolie.* Problème XXX, 1, traduction, présentation et notes par Jackie Pigeaud, Paris, édition Payot & Rivages, 2006 ; *L'Organon,* livre II, Peri Hermeneias; *Éthique à Nicomaque*; *Éthique à Eudème*; *Parties des animaux*; *De la génération des animaux*; *De l'âme*; *Politique*; (Pseudo-Aristote) *Économique*.

Démosthène (384–322 av. J.-C.), *Les Plaidoyers civils* (XXXIII. Théomneste et Apollodore contre Nééra); *Éroticos*.

Épicure (342–470 av. J.-C.), *Sentence Vaticane*; *Lettre à Hérodote*; *Lettre à Pythoclès*.

Titus Maccius Plautus (254–184 av. J.-C.), *Accii Plauti Comœdiœ*.

Polybe (208–126 av. J.-C.), *Histoires*.

Cicéron (106–43 av. J.-C.), *Tusculanes*; *Des termes extrêmes des biens et des maux*.

Sénèque (4 av. J.-C.–65 ap. J.-C.), *De vita beata* (*De Brevitate vitœ*, *De la vie heureuse*); *Lettre à Lucilius*; *De beneficiis*; *Consolation à Helvia; Des bienfaits*; *De la tranquillité de l'âme*; *Questions naturelles*; *De Ira*; *De la colère*; *De la providence*.

Musonius Rufus (20–79), *Prédications*.

Pline l'Ancien (23–79), *Histoire naturelle*.

Dion Chrysostome (30–116), *Discours X: Diogène, ou Des domestiques*; *Sur la royauté*.

Quintilien (35–96), *Institution oratoire*.

Plutarque (46–125), *Dialogue sur l'amour*; *Praecepta conjugalia*; *Apophtègmes laconiens*; *Du contrôle de la colère*; *De la curiosité*; *Traité de l'écoute*; *Traité sur le bavardage; Consolation à Apollonius*.

Épictète (50–125), *Entretiens*.

Justin de Naplouse (100–165), *Apologia*.

Didachè, *La doctrine des douze apôtres* (fin du Ier siècle ou au début du IIe siècle).

Lucien de Samosate (120–180), *Des amours*; *Sur la morte de Pérégrinus*; *Les Fugitifs*; *Démonax*.

Marc Aurèle (121–180), *Pensées*.

Apulée (123–170), *Florides*.

Clément d'Alexandrie (150–220), *Les Stromates*.

Tertullien (150–160), *Contre praxéas ou sur la trinité*.

Claude Élien (175–235), *Histoire variée*.

Artémidore de Daldis (IIe siècle), *La Clef des songes. Onirocriticon*, Trad. André Jean Festugière, Paris, Vrin, 1975.

Jamblique (242–325), *Vie de Pythagore* [310], Introduction, traduction et notes par Luc Brisson et Alain Philippe Segonds, Paris, Les belles lettres, 1996.

Porphyre de Tyr (243–305), *Vie de Pythagore. Lettre à Marcella*, Les Belles Lettres, 1982.

Diogène Laërce (250), *Vies et Doctrines des philosophes illustres*.

Gaius Julius Solinus (IIIe siècle), *Collectanea rerum memorabilium (Recueil de choses mémorables)*.

Julien II (331–363), *Contre Héracleios; Contre les cyniques ignorants*.

Évagre le Pontique (346–399), *Traité pratique ou le Moine*.

Stobée (Ve siècle), *Florilegium*.

Les stoïciens, ed. par Pierre-Maxime Schuhl, Paris, Gallimard, 1962.

中世纪著作

René d'Anjou, *Traité de la forme et devis comme on fait les tournois*, 1451–1452.

Dieric Bouts, *La Chute des damnés*, 1470.

Jérôme Bosch, *La Lithotomie (ou La cure de la folie)*, 1488–1516; *La Nef des fous*, vers 1500; *La Tentation de saint Antoine*, 1501; *Jardin des Délices*, vers 1503.

Albrecht Dürer, *Les quatre cavaliers de l'Apocalypse*, 1496–1498.

Érasme, *Éloge de la folie*, 1509.

Paracelse, *Sämtliche Werke; Die neun Bücher De natura rerum*, 1537; *Archidoxis magicae libri VII (Les sept livres de l'Archidoxe magique)*, 1524.

Jean Calvin, *Institution de la religion chrétienne*, 1536; *Sermon II sur l'Épître aux Éphésiens*.

Catéchisme de Genève, 1530.

Sébastien Franck, *Paradoxa*, 1534.

Conrad Gessner, *Historiae animalium*, 1551.

Pierre Belon, *Histoire de la nature des oiseaux*, 1555.

Paulus Zacchias, *Questiones medico-legales*, 1557.

Giambattista della Porta, *De magia nalurali* (*La Magie naturelle*), 1558−1560.

Pieter Brueghel, *Margot la Folle*, 1562; *La Chute des anges rebelles*, 1562.

Montaigne, *Essais*, 1572−1592.

Pierre Grégoire, *Syntaxeon artis mirabilis*, 1578.

Juan González de Mendoza, « Histoire des faits mémorables, des rites et coutumes du grand royaume de Chine » (*Historia de las cosas más notables, ritos y costumbres del gran reyno de la China*, 1586).

André Césalpin, *De plantis libri*, 1583.

近代著作

Pierre Charron, *De la sagesse*, 1601.

Félix Platter, *Praxeos Tractatus*, 1609.

Saint François de Sales, *Introduction à la vie dévote*, 1609, Paris, Les Belles Lettres, 1961.

Oswald Crollius, *Traicté des signatures ou vraye et vive anatomie du grand et petit monde*, vers 1610.

Claude Duret, *Thrésor de l'histoire des langues de cest univers*, 1613.

Francis Bacon, *Novum Organum*, 1620.

Tommaso Campanella, *De sensu rerum et magia*, 1620.

Sentence du Saint-office, 22 juin 1633.

Jean de Serres, *Œuvres pharmaceutiques*, 1638.

René Descartes, *Règles pour la direction de l'esprit* (1628−1629); *Discours de la méthode* (1637), Paris, Flammarion, 2000; *Méditations métaphysiques* (1641), Paris, Flammarion, 1992; *Correspondance avec Élisabeth et autres lettres* (1643−1649), Flammarion, Paris, 1989; *Principes* [1644]; *Les Passions de l'âme* (1649) .

Ulisse Aldrovandi, *Monstrorum historia*, 1642.

Jan Jonston, *Idée universelle de la médecine*, 1644.

Diego Rodríguez de Silva y Velázquez, *Ménines*, 1656.

Jérôme Cardan, *Métoposcopie*, 1658.

John Wilkins, « An Essay towards a Real Character and a Philosophical Language », 1668.

Malebranche, *Recherche de la vérité*, 1674‒1675.

Thomas Willis, *De Morbis convulsivis*, 1681.

Michael Ettmüller, *Chirurgia transfusoria*, 1682.

Thomas Sydenham, *Dissertation sur la petite vérole* (*Dissertatio epistolaris*), 1682; *Dissertation sur l'affection hystérique in Médecine pratique*, 1682.

Jacques de Sainte-Beuve, *Résolution de quelques cas de conscience*, 1689.

Jacques-Bénigne Bossuet, *Traité de la concupiscence*, 1691‒1693.

Thomas Arnold, *Observations on the Nature, Kind, Causes, and Prevention of Insanity, Lunacy and Madness*, 1702.

Thomas Fallowes, *The Best Method for the Cure of Lunatics with Some Accounts of the Incomparable Oleum Cephalicum*, 1705.

Philippe Hecquet, *Réflexion sur l'usage de l'opium, des calmants et des narcotiques*, 1726.

John Locke, *Essai sur l'Entendement humain*, 1729.

George Cheyne, *The English Malady*, 1733.

Giovanni Maria Lancisi, *De nativis Romani coeli qualitatibus*, in *Opera omnia*, 2 voL, Genève, 1748.

Georges-Louis Leclerc de Buffon, *Histoire naturelle*, 1749; *Discours sur la manière de traiter l'histoire naturelle*, 1753.

Pierre Louis Moreau de Maupertuis, *Essai sur la formation de corps organisés*, Paris-Berlin, 1754.

Joseph Raulin, *Traité des affections vaporeuses du sexe*, 1758.

Hieronymus David Gaubius, *Institutiones pathologiae medicinalis*, 1758.

Nicolas Lémery, *Dictionnaire des drogues*, 1759.

Denis Diderot, *Le Neveu de Rameau*, 1762‒1773; *Paradoxe sur le comédien*, 1773‒1777.

Carl von Linné, *Genera morborum*, 1763; *Philosophie botanique*, 1788.

Darut, *Les bains froids sont-ils plus propres à conserver la santé que les bains chauds?* 1763.

Robert Whytt, *Traité des maladies nerveuses*, 1764.

Voltaire, *Dictionnaire philosophique*, 1764.

Paradoxe sur le comédien, 1773–1777.

Carl von Linné, *Genera morborum*, 1763; *Philosophie botanique*, 1788.

Samuel Auguste Tissot, *Avis aux gens de lettres sur leur santé*, 1767.

Pierre Pomme, *Traité des affections vaporeuses des deux sexes, ou maladies nerveuses, vulgairement appelées maux de nerfs*, 1767.

Jean-Baptiste Pressavin, *Nouveau traité des vapeurs*, 1769.

Pierre-Joseph Buchoz, *Lettres périodiques curieuses*, 1769.

François Boissier de Sauvages de Lacroix, *Nosologie méthodique*, 1771.

J. D. T. de Bienville, *De la nymphomanie*, 1771; *Traité de la nymphomanie*, 1778.

Jean Astruc, *Traité des maladies vénériennes, Chez la Veuve Cavelier et fils*, 4ème édition, 1773.

Louis Vitet, *Matière médicale réformée ou pharmacopée médico-chirurgicale*, 1780.

Antoine-Laurent de Jussieu, *Genera planarum*, 1788–1789.

Georges Cuvier, *Tableau élémentaire de l'histoire naturelle*, 1797–1798; *Rapport historique sur les sciences naturelles*.

Kant, *Von der Macht des Gemüts, durch den bloßen Vorsatz seiner krankhaften Gefühle Meister zu sein*, 1797; *Anthropologie d'un point de vue pragmatique*, 1798; *Logique*, 1800.

Pierre Jean Georges Cabanis, *Vue sur les secours publics*, 1798.

George Nicholls, *History of the English Poor Law*, Londres, 1898–1899.

George Berkeley, *Principes de la connaissance humaine*, 1710.

Jean-François Melon, *Essai politique sur le commerce*, 1734.

Warburton, *Essai sur les hiéroglyphes des Égyptiens*, 1744.

Johann Bernhard Merian, *Réflexion philosophique sur la ressemblance*, 1753.

Richard Cantillon, *Essai sur le commerce en général*, 1755.

Étienne Bonnot de Condillac, *Essai sur l'origine des connaissances humaines*, 1746; *Grammaire*, 1775.

Le Bel, *Anatomie de la langue latine*, 1764.

De Brosses, *Traité de la formation mécanique des langues*, 1765.

Charles Batteux, *Nouvel examen du préjugé de l'inversion*, 1767.

J.-J.-Louis Graslin, *Essai analytique sur la richesse et sur l'impôt*, Londres, 1767.

Abbé Copineau, *Essai synthétique sur l'origine et la formation des langues*, 1774.

Adam Smith, *Recherches sur la nature et les causes de la richesse des nations*, 1776.

Johann Carl Wilhelm Moehsen, *Geschichte der Wissenschaften in der mark Brandenburg*, 1781.

Edmé François Pierre Chauvot de Beauchêne, *De l'influence des affections de l'âme*, 1781.

Melchior Adam Weikard, *Der philosophische Arzt*, 1790.

Joseph Daquin, *Philosophie de la folie*, Paris, 1792.

Antoine-Isaac Silvestre de Sacy, *Principes de grammaire générale*, 1799.

现代著作

Destutt de Tracy, *Élément d'idéologie*, 1800.

J. B. Lemercier, *Lettre sur la possibilité de faire de la grammaire un Art-Science*, Paris, 1806.

Charles Pinot Duclos, *Remarque sur la grammaire générale et raisonnée*, 1806.

Abbé Sicard, *Élémens de grammaire générale appliqués à la langue française*, Paris: Deterville, 1808.

Frédéric Schlegel, *Langue et la philosophie des Indiens*, 1808.

Wilhelm Grimm, *L'origine du langage*, 1813.

Johann Gaspar Spurzheim, *Observations sur la folie*, 1818.

Philippe Pinel, *Dictionnaire des sciences médicales*, 1819.

David Ricardo, *De la protection de l'Agriculture*, 1822.

Élias Régnault, *Du degré de compétence des médecins dans les questions judiciaires relatives aux Aliénations Mentales*, Paris, 1828.

Franz Bopp, *Grammatica critica linguae sanscritae*, 1829–1832.

A. F. Bonhöffer, *Epictet und die Stoa. Untersuchungen zur stoischen Philosophie*, 1890.

La Logique de Port-Royal (1662), Librairie classique d'Eugène Berlin, 1898.

Jorge Luis Borges, « El idioma analítico de John Wilkins », La Nación (in Castilian), Argentina, 8 February 1942; traduction Français, « La langue analytique de John Wilkins », dans Enquêtes, trad. P. et S. Bénichou, Paris, Gallimard, 1957.

Isaiah Berlin, *Deux concepts de liberté*, Texte de sa leçon inaugurale à l'université d'Oxford le 31 octobre 1958.

Friedrich Nietzsche, *Le Gai Savoir*, trad. P. Klossowski, in *Œuvres complètes* t. V, G. Colli et M. Montinari éd., Gallimard, Paris, 1967.

Roland Barthes, *Le plaisir du texte*, Paris, Éditions du Seuil, 1973.

John Langshaw Austin, *How to do Things with Words*, Second Edition, Oxford, Oxford University Press, 1975.

Willard van Orman Quine, *Le Mot et la Chose*, trad. J. Dopp & P. Gochet, avant-propos de P. Gochet, Paris, Flammarion, coll. « Champs », 1977.

工具书

Dictionnaire encyclopédique des sciences médicales, 3ème série, tome 14: 302–401, Paris Asselin et Masson.

Dictionnaire latin-français des auteurs chrétiens, Albert Blaise, Turnhout, 1954–1967.

Le Grand Bailly Dictionnaire Grec Français, Paris, Hachette, 2000.

Le grand Gaffiot Dictionnaire Latin Français, Paris, Hachette, 2000.

二手文献

Dodds, Eric Robertson., *Les Grecs et l'irrationnel*, Pais, Flammarion, 1977.

Le Goff, Jacques., *La civilisation de L'Occident médiéval*, Paris, B. Arthaud, 1964.

Mâle, Émile., *L'Art religieux de la fin du Moyen Age*, Paris, A. Colin, 1908.

Langlois, Charles-Victor., *La connaissance de la nature et du monde au Moyen Âge d'après quelques écrits français à l'usage des laïcs*, Paris, Hachette et Cie, 1911.

Laharie, Muriel., *La folie au Moyen Âge XIe–XIIIe siècles*, Paris, édition Le léopard d'or.

Albaret, Laurent., *L'inquisition rempart de la foi?*, Paris, Gallimard, 1998.

Pontual, Sylvie Bukhari-de., « Des chrétiens et la peine de mort ».

Labalette, Françoise., « Les terribles ravages du "grand hyver" » in Historia, mars 2009, no. 759.

Gilson, Étienne., *Études sur le rôle de la pensée médiévale dans la formation du système cartésien*, Paris, Vrin, 1930.

Lefèvre, Roger., *La bataille du "cogito"*, Paris, PUF, 1960.

Catel, Robert., *L'ordre psychiatrique*, Paris, Minuit, 1978.

Pigeaud, Jackie., *La maladie de l'âme. Étude sur la relation de l'âme et du corps dans la tradition médico-philosophique antique*, Paris, Les belles lettres, 2006.

Rohde, Erwin., *Psyché. Le culte de l'âme chez les Grecs et leur croyance à l'immortalité*, Paris, Payot, 1952.

Les mots et les choses de Michel Foucault. Regards critiques 1966–1968, Presses Universitaires de Caen, 2009.

Cohen, S. Marc., « Aristotle's Metaphysics », *Stanford Encyclopedia of Philosophy*, 2012.

Driver, G. R., *Semitic writing, from Pictograph to Alphabet*, Oxford University Press, 1948, nouvelle édition 1976.

Bollack, Jean., *La pensée du plaisir, Épicure: textes moraux, commentaires*, Paris, Minuit, 1975.

Dover, Kenneth J., *Greek Homosexuality*, Harvard University Press, 1978.

Cantarella, Eva., *Selon la nature, l'usage et la loi: la bisexualité dans le monde antique*, La Découverte, 1991.

Fraisse, Jean-Claude., *Philia, la notion d'amitié dans la philosophie antique*, Paris, Vrin, 1974.

Veyne, Paul., « La famille et l'amour sous le Haut-Empire romain », *Annales.*
Économies, Sociétés, Civilisations, Année 978, Volume 33, Numéro 1, pp.
35–63.

Defradas, Jean., *Le Banquet des Sept Sages*, Paris, Klincksieck, 1954.

Roscher, Wilhelm Heinrich., « Weiteres über die Bedeutung des E[ggua] zu
Delphi und die übrigen grammata Delphika », *Philologus*, 1901.

Dumézil, Georges., *Le moyne en gris dedans Varennes, Divertissement sur les
dernières paroles de Socrate: Sotie nostradamique*, Paris, Gallimard, 1984.

Burnet, John., *Plato's Phaedo*, Oxford, Clarendon Press, 1911.

Weil, Raymond., « La place du Premier Alcibiade dans l'œuvre de Platon »,
L'Information littéraire, 16, 1964.

Festugière, André-Jean., « Les trois vies », in *Études de philosophie grecque*,
Paris, Vrin, 1971; *Deux prédicateurs dans l'Antiquité, Télès et Musonius*,
Paris, Vrin, 1978.

Boswell, John., *Christinity, Social Tolerance, and Homosexueality*, Chicago,
University of Chicago Press, 2005.

André, Jean-Marie., *Recherches sur l'Otium romain*, Paris, Les belles lettres,
1962.

Détienne, Marcel., *Les Maîtres de vérité dans la Grès archaïque*, Paris,
François Masperon, 1967.

Aubenque, Pierre., *Concepts et catégories dans la pensée antique*, Paris, Vrin,
1980.

Gandillac, Maurice de., *Valeur du temps dans la pédagogie spirituelle de Jean
Tauler*, Montréal, Institut d'Études médiévales et Paris, Vrin, 1956.

Bercé, Yves-Marie., *La naissance dramatique de l'absolutisme 1598–1661*,
Paris, Seuil, 1992.

Drège, Jean-Pierre., « Des ouvrages classés par catégories: les encyclopédies
chinoises », In: *Extrême-Orient, Extrême-Occident*. 2007, N°1, pp. 19–38.

Alleton, Viviane., « Présentation: classifications chinoises ou les dangers du
réductionnisme », In: *Extrême-Orient, Extrême-Occident*. 1988, N°10, pp.
7–12.

专家推荐信一

福柯是 20 世纪 60 年代以来被称作"后现代思潮"的标杆性人物，其从社会边缘的问题和经验出发进行的独到和深刻反思，在西方乃至中国的文学、历史、社会学、经济学（主要是政治经济学）、政治学、法学、精神病学、科学史（主要是医学史）、批判理论和性别研究等诸多领域产生了深远影响。正因为福柯研究考察领域的广泛，他在这些经验领域研究中所蕴涵和渗透的对传统哲学的反思和批判变得隐晦不明。但如果福柯在这些领域的研究中没有诉诸哲学问题的反省，他的经验研究也不会在诸人文社会科学领域出类拔萃。这种看似矛盾但又具有根本生产力的跨学科性在我国哲学界一直未得到应有的重视，即使我国 20 世纪 80、90 年代出现过"福柯热"，也未能在我国哲学研究领域产生持续和应有的影响。《福柯的主体问题考古学》是一个努力改变这种状况的尝试，这个努力体现在以下几个方面：

一、作者从近代哲学核心问题"我思"出发，引入了福柯对疯狂与理性主体诸机制的考古学考察。这种主体机制的考察，一方面打破了单纯在哲学史内部研究主体构造的研究传统，从与哲学家同时期文学作品、宗教制度、社会运动乃至政治决策等方面研究哲学家之"我思"及其对"我思"特定理论取向的现实条件和可能性。这无疑呈现了特定时期、特定社会中哲学思想发展更为丰富但常为哲学本身所忽视的维度。另一方面，将"疯狂"问题纳入对"我思"的反思，由"医生"和"病人"的对峙去反思认知主体与认知对象（尤其是作为客体的主体）的关系，在"疯狂"中看到作为"我思"前提的灵魂与身体、主体与客体、可见与不可见等人为二元划分所凸显的问题，揭示出理性与疯狂在无限与有限、真理与表象、良知与理念之间的张力和可逆性。如果认真对待作者所强调的这些问题，哲学领域反思其理性条件和可能性的研究会有更深入的发展。我认为以上这一点是该书探讨主体问题的第一个重要特色。

　　二、该书的全部研究完全基于法文原著，并首先以法文写作，在法国巴黎第一大学博士论文答辩时；答辩委员们肯定其学术理解深度和学术观点创新对恰当理解福柯原著将是一大贡献。作者博士论文的答辩委员之一、唯一在福柯指导下完成博士论文写作和答辩的皮卡第-儒勒·凡尔纳大学（又称亚眠大学）哲学系荣休教授弗朗索瓦·德拉波尔特（François Delaporte）说："汤明洁女士对福柯法文著作的直接阅读，避免了把福柯当作结构主义者和历史学家的解读陷阱，对福柯一系列不仅在中国甚至在法国都没有得到很好理解的艰深著作进行了有意义的反思。"这一点尤其体现在该书对《词与物》法文原著的细致阐释和解读。如果说我国读者（包括各专业学者）对福柯其他知名著作的理解可能并无太大困难，但《词与物》作为福柯的经典和核心著作，不仅对我国读者甚至哲学专业人士显得艰深晦涩，难以进入，对法国本土甚至英美的哲学研究者来说也颇有阅读难度并充满理解陷阱。该书将"主体"问题放在"人文科学考古学"的语境中进行反思，继"疯狂"主体之后，在语言主体、劳动主体和生命主体的意义上探讨了主体的构造性功能及其有限性，这部分研究不仅反思和批判了近代哲学的主体奠基，也强调了（后）现代所谓"语言学转向"可能存在的主体问题。对《词与物》的细致研究构成该书处理"主体"问题的第二个重要特色。

三、我国早期对福柯思想产生兴趣的起点多是其转向古代世界的独辟蹊径的《性史》研究，但国内学者对《性史》的关注一般很少与福柯1980—1984年在法兰西公学院讲座系列的相关研究联系起来。本书对这部分法文文献的强调，恰恰引入了福柯主体问题考察的一个非常深刻的哲学问题：批判态度、启蒙教条与主体乃至知识和权力构造之间的关系所形成的张力和问题域。在西方近现代主体哲学（启蒙理性）一味强调主体的自由价值之时，考察主体的"自由"构造在古希腊、希腊化罗马时期实践（性的实践以及讲真话的实践）中的含义和困境，乃至对柏拉图哲学即西方主流哲学起点的决定性作用和误导，在基督教早期发生的一般化转变，使得传统的"主体"哲学问题不再仅仅是一个单纯的、无历史/时间的形而上学问题，而是一个需要面对"当下"的我们自身的本体论问题。在这个意义上，也许不能说脱离了形而上学就不再是哲学，反而哲学可能恰恰需要理解其形而上学的条件以及在其之外的可能性和意义。福柯对西方古代哲学中"自我技术"问题的反思是该书探讨"主体"问题的第三个特色。

清华大学马克思主义学院特聘教授

中国现代外国哲学学会法国哲学专业委员会主任

中华全国外国哲学史学会笛卡尔专业委员会主任

专家推荐信二

　　《福柯的主体问题考古学》一书，是作者留学法国期间撰写的博士论文。作者的指导教师是法国著名的福柯研究专家。此书作者从福柯的法文原著出发，同时参阅了大量与主题相关的重要的二手文献，以"主体考古学"的话题作为总的线索，几乎涵盖了福柯不同时期的基本思想。此书内容丰富，以崭新的学术视角重新理解西方思想史，这使得此书的写作难度极大，而作者相当准确地理解了各个章节所涉及的问题之细节，表述清晰，说理性强，显示了作者深厚的理论功底和广阔的学术视野。

　　此书所探讨的问题之学术价值，在于它实际上涉及的是作为法国当代哲学或后现代哲学的杰出代表的福柯的思想，如何从学理上转变笛卡尔和康德所代表的传统启蒙思想，实现了一种问题域的变革，它集中表现在告别近代以来的观念论传统，将思想的触角延伸到语言哲学、政治学、社会学等广泛的人文和社会科学领域，这些都是当下国内外学界的前沿问题。由这些问题所延伸的话题，例如知识与权力的关系、治理术、人的解放以及女性主义等等，尤其受到当下国内学界关注。

　　此书的内容，质言之，将传统哲学的"宏大叙事"转变为微观观察，导入思想与社会生活的具体事件，与我们所处时代息息相关，提供了新型的人文社会科学的研究方法，具有十分重要的学术参考价值。

尚杰

中国社会科学院哲学所研究员

日新文库

第一辑

第二辑

第三辑

图书在版编目（CIP）数据

福柯的主体问题考古学 / 汤明洁著. --北京：商务印书馆，2024. --（日新文库）. --ISBN 978-7-100-24062-8

Ⅰ. B565.59

中国国家版本馆CIP数据核字第2024MG9762号

权利保留，侵权必究。

日新文库

福柯的主体问题考古学

汤明洁 著

———————————————————————

商 务 印 书 馆 出 版
（北京王府井大街36号 邮政编码100710）
商 务 印 书 馆 发 行
北京市艺辉印刷有限公司印刷
ISBN 978 - 7 - 100 - 24062 - 8

2024年8月第1版　　　开本 880×1240　1/32
2024年8月北京第1次印刷　印张 20³⁄₈

定价：136.00元